선박안전범죄론

Investigation Guide of Ship Safety Crimes

손 영 태

Profile

손영태

국립경상대학교 해양과학대학 기관공학과 졸업(공학사)
서울디지털대학교 경찰학과(법학 복수전공) 졸업(경찰(법)학사)
목포해양대학교 일반대학원 해양경찰법학과 해양경찰법학전공(법학석사)
동국대학교 일반대학원 법학과 범죄수사법전공(법학박사)
한국해양경찰학회 상임이사

선박안전범죄론

2016년 5월 25일 초판 1쇄 인쇄
2016년 5월 30일 초판 1쇄 발행

지은이 | 손영태
펴낸이 | 김종욱
펴낸곳 | 지식인
등 록 | 제301-2013-134호
주 소 | 서울시 도봉구 도봉로 476, 415호(삼성쉐르빌퍼스티)
전 화 | 02)2266-8606(대)
팩 스 | 02)2266-8607
E-mail | jisikin2013@naver.com
홈페이지 | www.jisikinbook.co.kr

ISBN 978-89-98591-73-1 (93360)

값 30,000원

선박안전범죄론

머리말

본 저서는 현행 법률 중에서 선박운영 등과 관련한 각각의 범죄행위에 대한 성립 여부를 확인하는데 있어 필요한 사항을 체계적으로 기술하였다. 이에 따라 이후 해당 법률의 벌칙조항 등 관련 규정(행정규칙 등)이 개정된다하더라도 범죄행위에 대한 수사의 접근방법은 동일하므로 크게 어려움은 없을 것으로 사료된다.

현행 국내법 중 선박의 안전성 확보를 위해 필요한 사항을 규정하고 있는 주요법률로는 「선박안전법」, 「어선법」, 「낚시 관리 및 육성법」, 「수상레저안전법」 및 「유선 및 도선 사업법」 등이 있으며, 이러한 각각의 개별법에서는 "선박등"을 운영하는 과정에서 발생할 수 있는 위법행위를 범죄로 규정하고 이에 해당하는 벌칙조항을 두고 있다.

본 저서는 이와 같은 범죄행위를 수사하는데 있어 좀 더 쉬운 이해를 돕기 위한 목적으로 집필되었다.

선박과 관련한 범죄행위를 수사하기 위해서는 해당법률의 정확한 이해 및 관련 기준(선박검사 관련 기준 등)에 대한 일정수준의 숙지(熟知)가 필요하다. 또한 단편적 법률 위반사항이라 할지라도 업무를 명확하게 수행하기 위한 제도적 전문지식 이외에 사회적 여건 등 다양한 배경지식이 요구된다.

2014년 11월 19일 개정된 「정부조직법」에 따라 해양경찰청장의 소관사무 중 수사 등에 관한 사무(해상에서 발생한 사건의 수사 등에 관한 사무는 제외)의 일부를 경찰청장이 승계하였다.

하지만 해양경찰청은 1996년 8월 8일 「정부조직법」 개정과 동시에 경찰청 소속에서 해양수산부 독립외청으로 분리되면서 두 기관은 약 20여 년 동안 조직 간의 긴밀한 교류가 없었다. 이는 결국 해양관련 전문분야에 대한 이해와 이를 기반으로 원활한 수사업무를 담당해야 하는 경찰청의 입장에서는 다소 부담으로 작용될 수 있을 것이다.

뿐만 아니라 해양범죄에 대한 수사권의 일부가 해양경찰청에서 경찰청으로 승계된 것과 관련해서 종전 해양경찰청 소속 경찰공무원 중 수사 분야 담당자를 경찰청 소속으로 일부 흡수하였으나, 실제 해양 분야(조선 · 항해 · 선박기관 등) 관련 전공자가 아닌 구성원(과거 해양경찰청에서는 수사 분야의 역량을 강화하기 위한 일환으로 법학 전공자 등의 다수를 수사요원으로 채용한 사례가 있음)이 상당수 포함되어 있어 인력운영에 있어서도 다소 애로사항이 있을 것으로 보인다.

이와 같이 해양경찰청으로부터 승계한 해양 관련 법률 위반 범죄(해상에서 발생한 사건은 제외) 수사업무를 체계적으로 수행하기 위한 시스템을 갖추고 있지 못한 경찰청에서는 전문교육과정 개설 등의 제도적 뒷받침이 따라야 할 것으로 사료된다.

대체로 선박등과 관련한 범죄는 선상에서의 살인, 폭행, 절도, 강도 및 선박 매매 과정에서의 사기사범 등 선박을 범행의 장소 또는 수단으로 이용하는 경우(형법범의 영역)와 선박을 운영하는 과정에서 발생하는 범죄(특별법범의 영역)로 구분할 수 있다.

즉 다시 말해서 선박등과 관련한 범죄는 각각의 사건(사례)에 따라 다양한 법률적 해석을 필요로 할 수 있다. 따라서 본 저서에서는 형법범과 같은 형법각칙에 따라 규율하고 있는 범죄의 적용 여부는 배제하고, 행정의 원활한 수행을 위하여 행정법규 위반행위를 처벌하도록 규정하고 있는 벌칙 내용에 한해 집필하였다.

더욱이 각각의 법조문에 대한 이해를 돕기 위해 관련 법률 및 행정규칙 등을 일목요연하게 집약해서 기술하는 등의 이론적 내용 전달에 충실하고자 하였다. 이는 현장 실무자(수사관 등)가 선박안전범죄와 관련한 업무를 수행하는데 있어 보다 체계적으로 쉽게 접근하기 위한 가이드 역할을 하고자 한 것이다. 그리고 무엇보다도 관련 업무를 처음 접하는 실무 관계자에게 좀 더 쉽고 명료하게 직무를 담당할 수 있도록 하는데 주안점을 두었다.

참고로, 본 저서에서는 선박과 관련한 각각의 법률에서 규정하고 있는 벌칙조항 이외 과태료 부과 기준에 대한 내용은 생략하였으며, 현행 해양범죄 수사 업무를 수행하는 정부기관의 불합리한 제도에 있어서의 개인적 견해 또한 가급적 배제하도록 하였다.

끝으로 본 저서를 통해 선박안전범죄를 좀 더 쉽게 이해하고 현장에서 업무를 수행하는데 있어 조금이나마 도움이 되었으면 한다.

본 저서를 마무리하면서 항상 진심어린 조언과 격려를 아끼지 않으시고, 필자의 꿈을 잃지 않도록 응원해 주신 동국대학교 박병식 교수님을 비롯하여 용인대 정용기 교수님, 그리고 경찰대 이기호 교수님, 국민안전처(해양경비안전본부) 구자영 과장님, 해군헌병대 김영수 대령님께도 깊은 감사를 드립니다.

또한 힘들 때 버팀목이 되어주시고 초년의 꿈을 심어주신 경상대학교 노기덕 교수님, 목포해양대학교 박성일 교수님, 이창희 교수님, 임채현 교수님, 대전대학교 이봉한 교수님, 조선대학교 김종구 교수님께도 감사를 드립니다. 뿐만 아니라 여러 해 동고동락한 동국대학교 대학원 원우님들과 지식인 사장님께도 고마움을 전합니다.

끝으로, 오늘의 제가 있도록 해주신 부모님, 형님, 형수님, 조카들 그리고 장인어른, 장모님, 처제들, 더욱이 어려운 환경에서도 남편을 끝까지 지켜봐 주고 뒤에서 소리 없이 도와준 아내 하영과 우리 늦둥이 아들 건희, 딸 담희에게도 다시 한 번 더 감사의 마음을 전합니다.

2016년 5월
저자 손영태

차 례

제3장 어선법 위반 범죄수사 277

제4장 낚시 관리 및 육성법 위반 범죄수사 391

제6장 유선 및 도선 사업법 위반 범죄수사 505

표차례

그림차례

참고차례

제1장 선박안전범죄 일반

제1절 선박안전범죄의 개요

우리나라의 주권이 미치는 수역(水域)에서는 다양한 범죄가 발생하고 있으며, 그 중 "선박등"[1]의 운영과 관련한 범죄(이하 "선박안전범죄"라 한다)는 「형사소송법」, 「경찰관 직무집행법」 이외 관련 법령[2]에서 규정하고 있는 직무범위와 수사 관할에 따라 해당 정부기관[국민안전처(해양경비안전본부), 경찰청]에서 관장하고 있다.

현행 국내법 중 특히 선박등의 안전 저해사범에 대한 구성요건을 다루고 있는 주요 개별법으로는 「선박안전법」, 「어선법」, 「낚시 관리 및 육성법」, 「수상레저안전법」 및 「유선 및 도선 사업법」 등이 있으며, 이는 일종의 행정법으로 위반자에게 행정형벌에 해당하는 벌칙(징역형 또는 재산형)이 주어진다.[3] 또한 선박안전범죄는 단편적으로 해당 법률에 국한해서 적용되지 않고, 「형법」 등과 병행하여 처리(검토)되는 사건이 대부분을 차지하고 있다.[4]

한편, 선박안전범죄와 관련한 과실범에 대한 처벌은 각각의 법률에서 특별하게 규정하고 있는 경우에 한하여 예외적으로 적용되므로 범죄로 규정한 행위발생 시 고의에 의한 것임을 수사 과정에서 입증해야 하는 신중함이 필요하다.

해양에서의 경찰권 행사는 해양에서 전개되는 여러 활동(해사활동, 海事活動)과 관련한 법규를 총칭하는 해사법규(maritime law, 海事法規)를 근거로 하고 있으며, 이에 해당하는 법규는 그 목적이 각각 다름에 따라 여러 가지로 분류할 수 있다.

---

1) 본 저서에서의 "선박등"이라 함은 수상(水上) 또는 수중(水中)에서 항해용으로 사용하거나 사용될 수 있는 것 이외 해당 법률(법규)에서 각각 규정하고 있는 해상구조물(시설물) 등을 포함한 것으로 한다.

2) 여기에서의 관련 법령은 「정부조직법」, 「국민안전처와 그 소속기관 직제 시행규칙」 및 「경찰청과 그 소속기관 직제 시행규칙」 등이 해당된다.

3) 그 밖에 선박의 운영 등과 관련한 법률로는 「해양환경관리법」이 이에 해당한다 할 것이나, 이 법은 주로 해양환경의 보전 및 관리에 관한 기본사항을 정함으로써 해양환경의 훼손 또는 해양오염으로 인한 위해를 예방하기 위한 것을 목적으로 하는 등 선박의 안전운항과는 직접적인 연관성을 두고 있지 않으므로 본 저서에서는 생략하기로 한다.

4) 예컨대 건조허가를 받지 아니하고 어선을 건조한 자가 이 어선을 다른 어업허가 상에 명시된 어선과 동일 어선으로 속여 양도할 경우, 「어선법」 제43조(불법건조, 3년 이하의 징역 또는 2천만원 이하의 벌금) 및 「형법」 제347조(사기, 10년 이하의 징역 또는 2천만원 이하의 벌금)의 적용을 받을 수 있다.

이와 관련해서 해사법규를 업무유형별로 구분해서 정리하면 다음의 〈표 1-1〉과 같다.5)

〈표 1-1〉 해양범죄와 관련한 주요작용법의 종류

<table>
<tr><td rowspan="4">업무유형별 분 류</td><td>해양정책 관련 법규</td><td>• 영해 및 접속수역법, 배타적 경제수역법
• 배타적 경제수역에서의 외국인어업 등에 대한 주권적 권리의 행사에 관한 법률
• 해양과학조사법, 해저광물자원 개발법
• 해양생태계의 보전 및 관리에 관한 법률
• 해양생명자원의 확보 · 관리 및 이용 등에 관한 법률
• 공유수면 관리 및 매립에 관한 법률
• 습지보전법, 해양환경관리법
• 유류오염손해배상 보장법</td></tr>
<tr><td>해운항만(노동) 관련 법규</td><td>• 해운법, 선박투자회사법, 항만운송사업법
• 선주상호보험조합법, 선원법, 항만법
• 선박직원법, 한국해운조합법, 어촌 · 어항법
• 항만공사법, 어선원 및 어선 재해보상보험법</td></tr>
<tr><td>수산어업 관련 법규</td><td>• 수산업법, 어업자원보호법, 어장관리법
• 농수산물 품질관리법, 낚시 관리 및 육성법
• 수산업협동조합법, 수산자원관리법</td></tr>
<tr><td>해상안전(보호) 관련 법규</td><td>• 선박안전법, 어선법, 수상레저안전법, 유선 및 도선 사업법
• 선박법, 해사안전법, 선박의 입항 및 출항 등에 관한 법률, 항로표지법
• 수난구호법, 도선법, 공간정보의 구축 및 관리 등에 관한 법률</td></tr>
</table>

선박안전 저해사범 관련 법규	• 선박안전법, 어선법, 낚시 관리 및 육성법 • 수상레저안전법, 유선 및 도선 사업법

5) 박성일, 『신해사법규』, 해인출판사, 2007, 3면.

또한 해사법규는 공법인가 사법인가에 따라 해사공법과 해사사법으로 나누고 있으며, 본 저서에 거론하고 있는 각각의 개별법은 해사공법에 해당된다. 그리고 다른 한편에서는 해사법규를 '선박의 효율적 운영과 안전한 항해[6] 활동을 해 나가기 위해 필요한 사항을 규정하고 있는 규범(법규)'으로 정의하고 있다.[7]

---

6) 본 저서에서는 '항해(航海)'와 '항행(航行)'의 용어를 병행하여 사용하였다. 이는 각각의 개별법에서 사용되고 있는 용어 그대로를 준용한 것이다. 현재 「선박안전법」 각 조문에서는 '항해'라는 용어를 사용하고 있으나, 이 법이 2007년 1월 3일 법률 제8221호로 전부개정 되기 이전까지는 '항해' 대신 '항행'이라는 용어를 사용한 것으로 볼 때 구별에 따른 실익은 크게 없는 것으로 보인다. 예컨대 '선박'의 정의를 규정하고 있는 각각의 개별법에서도 위의 용어 사용에 대해 불일치를 보이고 있다. ⅰ) 「선박안전법」 제2조제1호 "선박"이라 함은 수상(水上) 또는 수중(水中)에서 항해용으로 사용하거나 사용될 수 있는 것(선외기를 장착한 것을 포함한다)과 이동식 시추선 · 수상호텔 등 해양수산부령이 정하는 부유식 해상구조물을 말한다. ⅱ) 「해사안전법」 제2조제2호 "선박"이란 물에서 항행수단으로 사용하거나 사용할 수 있는 모든 종류의 배(물 위에서 이동할 수 있는 수상항공기와 수면비행선박을 포함한다)를 말한다. ⅲ) 「선박법」 제1조의2제1항 이 법에서 "선박"이란 수상 또는 수중에서 항행용으로 사용하거나 사용할 수 있는 배 종류를 말한다. 이상과 같이 각각의 개별법에서는 '항해'와 '항행'의 용어 표기를 다르게 사용하고 있는 실정이다.

7) 공길영, 『선박항해용어사전』, 한국해양대학교. 〈네이버검색사이트〉.

제2절 선박안전범죄 수사의 주체

Ⅰ. 수사기관

지금까지 해사법규에서 규정하고 있는 범죄행위 중 특히 선박안전범죄와 관련한 대부분의 수사는 해양경찰청 소속 해양경찰관이 담당하였다. 하지만 2014년 11월 19일 「정부조직법」 개정(법률 제12844호)으로 해양경찰청이 폐지되고, 이와 함께 해양경찰청장의 소관사무 중 수사 및 정보에 관한 사무(해상에서 발생한 사건의 수사 및 정보에 관한 사무는 제외)를 경찰청장이 승계하면서, 국민안전처 소속 경찰공무원과 경찰청 소속 경찰공무원으로 그 기능이 이원화되었다.

현행 「형사소송법」 제196조제1항 · 제2항 · 제5항에 따라 수사관, 경무관, 총경, 경정, 경감, 경위는 사법경찰관(경사, 경장, 순경은 사법경찰리로서 수사의 보조담당)으로서 모든 수사에 관하여 검사의 지휘를 받아, 범죄의 혐의가 있다고 인식하는 때에는 범인, 범죄사실과 증거에 관하여 수사를 개시 · 진행하여야 한다고 규정하고 있다. 이에 해당하는 사법경찰관리에는 국민안전처 소속 경찰공무원과 경찰청 소속 경찰공무원이 있으며, 이는 "일반사법경찰관리"를 가리킨다.

또한 「형사소송법」 제197조에서는 삼림, 해사, 전매, 세무, 군수사기관 기타 특별한 사항에 관하여 사법경찰관리의 직무를 행할 자와 그 직무의 범위는 법률로써 정하도록 규정하고 있으며, 여기에서의 사법경찰관리는 "특별사법경찰관리"로서 이 법 제196조에서 규정하고 있는 일반사법경찰관리와 동일한 수사권을 행사할 수 있다. 하지만 직무범위와 수사 관할은 「사법경찰관리의 직무를 수행할 자와 그 직무범위에 관한 법률」(이하 "사법경찰직무법"이라 한다) 제6조에 따라 이 법에서 규정된 범죄로 한정하고 있어 제한된 범위 내에서 수사권을 행사한다.[8)]

---

8) 참고로 특별사법경찰관리제도를 두고 있는 이유는 직무특성과 관련된 특정한 범죄를 발견할 기회가 많고, 또한 그 직무 수행과 관련된 전문지식이 범죄를 수사하는데 더 용이하여 사안에 따라 특별한 조치를 취하는데 있어서도 적합하기 때문이다. 뿐만 아니라 일반사법경찰관리의 수사권이 미치기 어려운 지역의 특수성을 고려한 것이기도 하다(中尾 巧 · 城祐一郎 · 竹中ゆかり · 谷口俊男 『海事犯罪』, 立

한편, 현행 「사법경찰직무법」에서는 이 법 제5조제37호 · 제6조제34호가목에 따라 해양수산부와 그 소속 기관, 광역시 · 도 및 시 · 군 · 구에 근무하며 해양환경 관련 단속 사무에 종사하는 4급부터 9급까지의 국가공무원 및 지방공무원에게 소속 관서 관할 구역에서 발생하는 위법행위 중 「해양환경관리법」에 규정된 범죄에 한해서 사법경찰관리의 직무(수사)를 수행하도록 하고 있다.

반면, 「선박안전법」, 「어선법」, 「낚시 관리 및 육성법」, 「수상레저안전법」 및 「유선 및 도선 사업법」에 규정된 범죄에 대해서는 특별사법경찰권 행사의 근거 규정을 두고 있지 않다.

따라서 선박안전 저해사범에 대한 수사는 국민안전처(해양경비안전본부) 및 경찰청에서 전담하게 된다. 이상과 같은 내용을 통해 선박안전범죄를 담당하고 있는 수사기관 및 수사 업무를 수행하는 근거 법령의 현황을 종합해서 정리하면, 다음의 〈표 1-2〉와 같다.

참고로 「어선법」이 1999년 2월 8일 법률 제5921호로 개정되기 이전 이 법 제12조[9]에서는 제11조[10]의 규정에 의하여 어선 등의 현장을 확인하는 공무원은 해당 위법행위에 관하여 당시 「사법경찰직무법」이 정하는 바에 따른 사법경찰관리의 직무를 수행하는 규정을 두고 있었으나, 현재는 폐지된 상태이다.[11]

花書房, 2010, 2면); 즉 직무의 범위에 있어서 일반사법경찰관리는 일반적(一般的)인 성격을 가지고 있는 반면, 특별사법경찰관리는 사항적(事項的)인 성격을 가지고 있어 확연한 차이를 보이고 있다(손영태, 『해양경찰법체계』, 지식인, 2014, 289면 재인용).

9) **구, 「어선법」 제12조 (현장확인공무원의 직무)** 제11조의 규정에 의하여 어선 등의 현장을 확인하는 공무원은 이 법 또는 이 법에 의한 명령에 위반한 행위에 관하여 사법경찰관리의직무를행할자와그직무범위에관한법률이 정하는 바에 의하여 사법경찰관리의 직무를 행한다.

10) **구, 「어선법」 제11조 (현장의 확인)** ① 해양수산부장관 또는 시 · 도지사는 필요하다고 인정하는 때에는 관계공무원으로 하여금 다음의 장소 등에서 공사내용이나 관계서류를 확인하게 할 수 있다.
1. 어선 또는 그 어선의 소유자나 관리자의 사무소
2. 어선을 건조 · 개조하는 현장 또는 사무소
3. 어선기관 · 어로장비 기타 어선용설비 · 기자재의 제작장소 또는 정비장소
② 제1항의 규정에 의한 관계공무원은 그 권한을 나타내는 증표를 지니고 이를 관계인에게 내보여야 한다.
③ 제1항의 규정에 의한 현장확인공무원의 자격 및 증표에 관하여 필요한 사항은 대통령령으로 정한다.

11) **구, 「사법경찰직무법」**(1993년 6월 11일 법률 제4559호로 개정되고, 1999년 2월 8일 법률 제5921호로 개정되기 전의 것) 제5조제25호 및 제6조제20호에서는 「어선법」 제11조의 규정에 따라 현장확인공무원에게 그 소속 관서 관할구역 안에서 발생하는 「어선법」 제9조(어선의 건조 · 개조공사)에 규정된

<표 1-2> 선박안전범죄 수사기관 및 수사근거 법령 현황

수사기관(소속기관)		수사 근거 법률
일반사법 경찰관리	국민안전처 (해양경비안전본부)	• 「형사소송법」 제196조 • 「경찰관 직무집행법」 제2조제2호 • 「해양경비법」은 국민안전처의 소관 법령이나, '수사 활동'의 근거 조항 부재
	경찰청	• 「형사소송법」 제196조 • 「경찰법」 제3조제2호 • 「경찰관 직무집행법」 제2조제2호
특별사법 경찰관리	해양수산부, 광역시 · 도 및 시 · 군 · 구	• 「형사소송법」 제197조 • 「사법경찰직무법」 제5조제37호 및 제6조제34호가목(선박안전범죄 중 「해양환경관리법」에 규정된 범죄 수사에 한함)

Ⅱ. 직무범위와 수사 관할

범죄행위를 수사하는 정부기관의 주체는 동일한 개별법 내에서도 발생한 사건의 사실관계(사건이 발생한 장소 및 사건의 주요내용)에 따라 달라지므로 직무를 수행하게 되는 수사기관의 직무범위와 수사 관할은 해당 법률에서 규정하고 있는 범죄의 내용에 따라 명확히 구분해서 접근해야 한다.

다시 말해서 국민안전처(해양경비안전본부)와 경찰청의 수사기관별 직무범위와 수사 관할은 각각의 해당 소속기관 직제에 따른 관할구역(소속 관서 관할 구역)에서 발생하는 범죄 중 사건발생장소(육상 또는 해상)에 따라 구분하고 있으며, 다음의 <표 1-3>에서는 이와 관련한 근거 규정을 나타내고 있다.

범죄에 대해 특별사법경찰관리의 직무를 수행하도록 하는 근거 규정을 두고 있었다. 하지만 이는 당시 「행정규제기본법」에 의한 규제정비계획에 따라 어업인의 자율성을 제한하거나 실효성이 없는 규제를 폐지 또는 개선함으로써 어업인의 어업활동을 적극 지원하고, 경미한 의무위반행위에 대한 벌금형을 과태료로 전환하는 등 현행 제도의 운영상 나타난 일부 미비점을 개선 · 보완하기 위한 일환으로 공무원이 어선을 건조 · 개조하는 현장에서 공사내용이나 관계서류 등을 확인하는 '현장확인제도' 폐지를 주요 골자로 하는 「어선법」이 개정되면서 「사법경찰직무법」에서의 「어선법」에 규정된 범죄에 대한 특별사법경찰권도 함께 폐지되었다.

〈표 1-3〉 선박안전범죄 수사기관별 직무범위와 수사 관할

수사기관(소속기관)	직무범위와 수사 관할
국민안전처 (해양경비안전본부)	• 「정부조직법」 제22조의2제3항[12)] • 「정부조직법」 부칙 〈법률 제12844호, 2014.11.19.〉 제2조 • 「국민안전처와 그 소속기관 직제 시행규칙」 제13조제7항[13)] 및 제23조(관할구역) * 다만, 지방해양경비안전관서의 관할구역 중 「해양경비법」 제2조제3호에 따라 내수(內水)의 해당 수역 중 「내수면어업법」 제2조제1호에 따른 내수면은 제외(경찰청 관할 범위)
경찰청	• 「정부조직법」 부칙 〈법률 제12844호, 2014.11.19.〉 제2조 • 「경찰청과 그 소속기관 직제 시행규칙」 제9조제7항[14)] 및 제21조제1항 및 제2항(관할구역 등)

【비고】 다음의 {참고 1-1} 참조

* 내수(內水)의 범위: 일반적으로 영해의 폭을 측정하는 기준선이 되는 직선기선(基線)으로부터 육지 쪽에 있는 수역(水域)을 의미한다.

〈육지 쪽에 있는 수역(水域)인 내수의 범위와 수사 관할〉

1. 해양경비안전본부 관할: 해안의 저조선(低潮線)과 고조선(高潮線)과의 사이에 있는 수역[직선기선 안쪽의 해역(海域)] – 세부내용은 {참고 1-2} 참조
2. 경찰청 관할: 하천, 댐, 호수, 늪, 저수지와 그 밖에 인공적으로 조성된 담수(淡水)나 기수(기수: 바닷물과 민물이 섞인 물)의 물 흐름 또는 수면에 해당하는 수역(「내수면어업법」 제2조제1호 및 「유선 및 도선 사업법」 제2조제5호 참조)

---

12) 「정부조직법」 제22조의2(국민안전처) ③ 국민안전처에 소방사무를 담당하는 본부장을 두되 소방총감인 소방공무원으로 보하고, 해양에서의 경비 · 안전 · 오염방제 및 해상에서 발생한 사건의 수사에 관한 사무를 담당하는 본부장을 두되 치안총감인 경찰공무원으로 보한다.

13) 「국민안전처와 그 소속기관 직제 시행규칙」 제13조제7항에 따라 국민안전처 소속 해양경비안전본부 해양경비안전국(해상수사정보과장)에서는 해상에서 발생한 사건에 한정해서 다음의 제1호부터 제24호까지의 사무를 분장하고 있다. 1. 수사 및 형사업무에 관한 기획 · 지도 및 조정, 2. 해양범죄 기록의 수집 · 관리 · 지도 및 통계의 관리 · 분석, 3. 지능범죄 등에 관한 기획수사 및 지도, 4. 살인 · 강도 · 절도 · 폭력 등 강력범죄의 수사 및 지도, 5. 광역수사업무와 그 기획 · 지도 및 조정, 6. 마약사범에 관한 정보의 처리, 수사 및 지도, 7. 수사과정에서의 인권보호와 유치관리에 관한 사항, 8. 수사민원 사건(고소 · 고발 · 진정 · 탄원)의 접수 및 처리, 9. 범죄감식 등 과학수사 기법에 관한 기획 및 지도, 10. 정보업무 및 보안경찰업무에 관한 기획 · 지도 및 조정, 11. 치안정보 및 정책정보의 수집 · 종합 · 분석 · 작성 및 배포, 12. 해상집회 · 시위 등 집단사태의 관리에 관한 지도 · 조정, 13. 보안사범에 대한 수사의 기획 · 지도 및 조정, 14. 보안과 관련된 정보의 수집 · 분석, 15. 외사수사 및 외사정보에 관한 기획 및 지도 · 조정, 16. 밀입 · 출국, 밀수 등 외사사범의 수사, 17. 외사방첩업무에 관한 사항, 18. 외사정보의 수집 · 분석 및 관리, 19. 국제형사경찰기구에 관한 사항, 20. 국제형사업무 공조에 관한 사항, 21. 국제해항 보안활동에 관한 계획의 수립 및 지도, 22. 해양경비안전통역센터의 운영, 23. 외국 해양치안기관 및 주한외국공관과의 교류 · 협력 업무, 24. 해양경비 · 안전 관련 국제기구 참여 및 국제협약 등에 관한 사항

14) 「경찰청과 그 소속기관 직제 시행규칙」 제9조제7항에 따라 경찰청 소속 수사국 수사2과에서는 다음의 사무를 분장하고 있다. 1. 해양 관련 범률 위반 범죄(해상에서 발생한 사건은 제외한다)에 대한 정보의 처리 및 수사 · 지도, 2. 밀수 · 관세와 관련된 범죄에 대한 정보의 처리 및 수사 · 지도

예컨대 「선박안전법」에서 규정하고 있는 범죄행위 중 해상에서의 선박 운항과 관련한 위반행위를 범한 경우에는 국민안전처(해양경비안전본부)에서 수사를 담당하게 된다. 반면, 선박의 운항과 직접적인 연관을 두고 있지 않은 선박검사와 관련한 행위 등 주로 육상에서 발행한 범죄행위에 대해서는 경찰청에서 경찰권을 행사하게 된다.

하지만 현실적으로는 범죄의 발생장소에 관계없이 사건을 먼저 인지한 수사기관에서 해당 사건에 대한 수사를 담당하고 있는 실정이다. 이는 앞서 언급한 바와 같이 「정부조직법」 등 관련 법령에서 국민안전처(해양경비안전본부)와 경찰청의 직무범위 및 수사 관할을 엄격히 구분해 규정하고 있는 것에 반하여 수사기관별로 수사 대상의 범위를 다소 포괄적으로 적용한 것으로 사료된다.[15]

한편, 앞서 예시에서 언급한 '해상에서의 선박 운항과 관련한 위반행위를 범한 경우'에서 "운항"의 의미는 「선박 및 해상구조물에 대한 위해행위의 처벌 등에 관한 법률」(이하 "선박위해처벌법"이라 한다) 제2조제2호에 따라 항해, 정박(碇泊), 계류(繫留), 대기(待機) 등 해양에서의 선박의 모든 사용 상태를 말하는 것으로 해상에서 발생된 모든 범죄행위에 대한 수사는 국민안전처(해양경비안전본부)에서 담당하는 것이 합당하다.

이와 같이 원칙적으로 '해상에서 발생한 사건'에 대한 수사는 국민안전처(해양경비안전본부)에서 담당해야 할 것이나, 이를 경찰청에서도 일부 수행하고 있다. 이는 경찰 작용법 중 「경찰관 직무집행법」에 근거를 두고 이를 포괄적으로 해석하여 적용한 것으로 사료된다. 「경찰관 직무집행법」 제2조제2호에서는 경찰관 직무의 범위 중 '범죄의 예방 · 진압 및 수사'를 규정하고 있으며, 이 경우 범죄에 대한 수사의 범위를 사건 발생장소에 관계없이 모든 범죄행위를 대상으로 집행하고 있는 것으로 보인다.[16]

---

15) 「선박기관기준」 제164조제1항 및 제2항에서는 화물유탱크의 부속장치로 '압력진공밸브' 및 '고액면경보장치(또는 유면감시관)' 등을 설치하도록 하고 있으며 이를 설치하지 않은 선박은 해상에서 발생된 안전저해 위반사범으로 국민안전처(해양경비안전서)에서 수사를 담당하는 것이 합당할 것이나, 경찰청(OO경찰서)에서 이에 대해 먼저 인지하면서 수사를 담당한 사례가 있다.

16) 최근 「정부조직법」이 2014년 11월 19일 개정되기 이전임에도 불구하고 낚시어선 불법개조와 관련한 수사를 해양경찰청이 아닌 경찰청 소속의 일부 지방경찰청 '외사과' 등에서 수행한 사례가 있다(손영태, "해양경비안전본부의 해양경찰권 적정 운영방안에 관한 연구", 한국경호경비학회 제42호, 2015, 372면). 또한 「정부조직법」이 개정된 이후에도 국민안전처(해양경비안전서)와 경찰청(경찰서)에서 낚시어선 불법 증 · 개축과 관련한 수사를 각각 수행한 경우도 있다. 한편, 이와 관련해서는 「사건의

이처럼 실제 현장에서는 수사기관별 수사대상의 적용범위 및 수사 관할에 있어서의 명확한 구분을 하고 있지 못한 실정이다.

{참고 1-1} 내수(內水)의 범위에 따른 수사기관

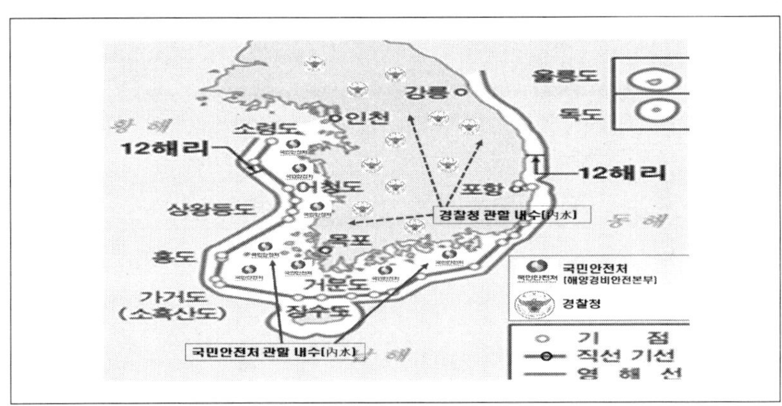

출처: 한국해양수산개발원 해양아카데미, http://aca.kmi.re.kr

【비고】

* 기선(基線, Baseline): 연안국의 주권이 미치는 영역 중 영토와 영해를 구분 짓는 기준선을 기선이라고 하며, 기선은 최저조위선(最低潮位線)인 썰물 때의 해안선이 됨. 한편, 해안선의 복잡한 정도나 섬이 많고 적음에 따라 통상기선, 직선기선 등으로 구분하고 있음
* 통상기선(通常基線, Normal baseline): 해안선이 단순하고 섬이 적은 바다에서는 영해의 폭을 측정하기 위한 통상의 기선으로 대한민국이 공식적으로 인정한 대축척해도(大縮尺海圖)에 표시된 해안의 저조선(低潮線)으로 함(우리나라 동해안, 제주도, 울릉도, 독도에 적용)
  (「영해 및 접속수역법」 제2조제1항)
* 직선기선(直線基線, Straight baselines): 해안선이 복잡하고 섬이 많아 최저조위선에 해당하는 해안선을 설정하기 어려운 경우 가장 바깥쪽에 있는 섬들의 썰물 때 연결한 해안선을 직선 기선이라 함(황해, 남해, 대한해협에 적용)
  (「영해 및 접속수역법」 제2조제2항)

관할 및 관할사건수사에 관한 규칙」 제3조제1호 및 제5조제1항에 따라 사건의 관할은 범죄지 등을 관할하는 해양경비안전서(경찰서)를 기준으로 하고 있으므로 사건의 발생장소에 관계없이 범죄 사실을 먼저 인지한 수사기관에서 수사를 개시하고 있는 것으로 사료된다.

{참고 1-2} 해양경비안전본부의 해양경찰권 관할 영역

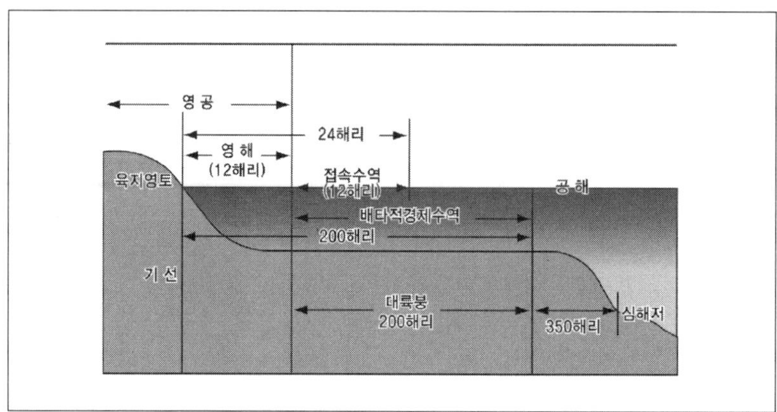

출처: 한국해양수산개발원 해양아카데미, http://aca.kmi.re.kr

【비고】

* 해양경비안전본부는 대한민국의 내수 · 영해 · 배타적 경제수역 · 대륙붕 등 대한민국의 주권 · 주권적 권리 또는 관할권이 미치는 해역과 헌법에 의하여 체결 · 공포된 조약 또는 일반적으로 승인된 국제법규에 의하여 대한민국의 정부 또는 국민이 개발 · 이용 · 보전에 참여할 수 있는 해역을 관할 함(「해양수산발전 기본법」 제3조제1호 및 「해양경비법」 제2조제2호)
* 영해(領海, Territorial Sea)는 기선으로부터 측정하여 그 바깥쪽 12해리(1해리 = 1,852m)까지의 수역. 단, 대한해협은 3해리까지(「영해 및 접속수역법」 제1조 및 제2조)
* 접속수역(接續水域, Contiguous Zone)은 기선으로부터 측정하여 그 바깥쪽 24해리의 선까지에 이르는 수역 중 영해를 제외한 수역(「영해 및 접속수역법」 제3조의2)
* 배타적 경제수역(排他的經濟水域, Exclusive Economic Zone, EEZ)은 기선으로부터 그 바깥쪽 200해리의 선까지에 이르는 수역 중 영해를 제외한 수역(「배타적 경제수역법」 제2조제1항)

☞ 「해양법에 관한 국제연합 협약」(이하 "유엔해양법협약"이라 한다)[17]에서도 위의 국내법과 관련한 기준을 규정하고 있음(관련: 제3조부터 제8조까지, 제33조, 제57조 및 제76조 등)

---

17) 「유엔해양법협약」: United Nations Convention on the Law of the Sea; UNCLOS.

제3절 행정벌의 의의 및 적용범위

본 저서에서 다루고 있는 법률인 「선박안전법」, 「어선법」, 「낚시 관리 및 육성법」, 「수상레저안전법」 및 「유선 및 도선 사업법」은 행정상의 법률관계에 관한 법으로 일종의 행정법이다.

이 같은 행정법에서는 의무위반행위에 대하여 일반 통치권에 기하여 일반 사인에게 과하는 제재수단으로 행정벌을 사용하고 되며, 이 행정벌에는 행정형벌과 행정질서벌(과태료 등)로 크게 구분하고 있다.

여기에서의 행정벌은 「형법」에서 규정하고 있는 형사범[18]과는 달리 행정벌이 과해질 의무위반에 해당하는 행정범의 경우 그 행위의 성질 자체는 반윤리성 · 반사회성을 띠지 않는 경우가 대부분이며 특정한 행정목적의 실현을 위한 국가의 제정법에 의한 명령 · 금지를 위반했기 때문에 비로소 반윤리성 · 반사회성을 띠게 되고 범죄로서 처벌되는 행위이므로 일반적으로 "법정범"으로 칭하기도 한다.[19]

선박의 운영 등과 관련한 범죄는 원칙적으로 각각의 개별 해사법규에서 규정하고 있는 벌칙조항을 따르도록 하고 있으며, 범죄의 대부분은 특별법범이 주를 이룬다.[20] 하지만 「형법」 제1편 총칙은 일반원칙으로 해사법규의 벌칙에도 적용된다 할 것이다.

한편, 「형법」 제8조에서는 '본법 총칙[21]은 타 법령에 정한 죄에 적용한다. 단, 그 법령에 특별한 규정이 있는 때에는 예외로 한다'고 규정하고 있다. 또한 이 법 제14조 "과실"과 관련해서는 '정상의 주의를 태만함으로 인하여 죄의 성립요소인 사실을 인

18) 형사범은 국가의 제정법을 기다릴 것도 없이 그 성질자체로 보아 반윤리성 · 반사회성을 띠며 그것이 일반국민에게 의식된 행위로서 '자연범'이라고도 한다(법제처, 『법령 입안 · 심사 기준』, 2012, 471면).

19) 법제처, 앞의 책, 471면.

20) 종전 해양경찰청에서는 범죄의 유형을 형법범(살인, 절도, 폭력, 사기, 재물손괴, 횡령 · 배임, 업무과실 등)과 특별법범(수산사범, 안전사범, 해양환경사범 등)으로 구분하였다(구 해양경찰청, 『해양경찰백서』, 2012, 154~165면).

21) 「형법」 총칙은 형법의 적용범위, 죄의 성립과 형의 감면, 미수범, 공범, 누범, 경합범, 형의 종류와 경중, 형의 양정(量定), 형의 선고유예, 형의 집행유예, 형의 집행, 가석방, 형의 시효, 형의 소멸, 기간으로 구성되어 있다.

식하지 못한 행위는 법률에 특별한 규정이 있는 경우에 한하여 처벌한다'고 규정하고 있다.[22)]

즉 고의범 처벌을 원칙으로 하되 특별한 규정이 있는 경우에 한해서 예외적으로 과실범에 대해 벌칙을 적용한다.

따라서 본 저서에서 다루고 있는 「선박안전법」, 「어선법」, 「낚시 관리 및 육성법」, 「수상레저안전법」 및 「유선 및 도선 사업법」에서 규정하고 있는 벌칙을 과실범에 대해 적용하는데 있어서는 「형법」의 일반원칙과 함께 과실범에 대해서 특별한 규정이 있는 경우에 한해 제한적으로 적용된다 할 것이다. 하지만 현행 이들 법률에서는 과실범에 대한 벌칙 규정을 두고 있지 않다.

다만, 본 저서에서는 다루고 있지 않으나 선박의 운영 등과 관련한 법률 중 「해양환경관리법」 제127조제2호[23)] 및 제128조제1호[24)]에서 일부 제한적으로 과실범에 대한 처벌규정을 두고 있다.

이와 관련해서 위에서 언급한 고의범은 문제의 행위로 인하여 반드시 의도한 결과가 초래되는 것은 아니지만 의도하지 않았더라도 어느 정도는 결과의 예상이 가능한 행위, 다시 말해서 자기의 행위로 인하여 어떤 범죄결과의 발생가능성을 인식(예견)하였음에도 불구하고 그 결과의 발생을 인정하여 받아들이는 심리상태인 "미필적 고의"(未必的 故意)를 포함하고 있다.[25)]

참고로 범죄사실의 입증과 관련한 내용으로 형사재판에 있어서 공소가 제기된 범죄사실(구성요건 해당성, 위법성, 책임의 존재)에 대한 거증책임(擧證責任, 입증책임

---

22) 일반적으로 '과실'이란 사회생활에서 요구되는 주의의무를 위반하거나 게을리함으로써 구성요건적 결과 발생을 예견하지 못하거나 회피하지 못한 경우를 말한다(법제처, 앞의 책, 493면).

23) 「해양환경관리법」 제127조(벌칙) 다음 각 호의 어느 하나에 해당하는 자는 3년 이하의 징역 또는 3천만원 이하의 벌금에 처한다.
2. 과실로 제22조제1항 및 제2항의 규정을 위반하여 선박 또는 해양시설로부터 기름을 배출한 자

24) 「해양환경관리법」 제128조(벌칙) 다음 각 호의 어느 하나에 해당하는 자는 2년 이하의 징역 또는 2천만원 이하의 벌금에 처한다.
1. 과실로 제22조제1항 및 제2항의 규정을 위반하여 선박 또는 해양시설로부터 폐기물 · 유해액체물질 · 포장유해물질을 배출한 자

25) 박영선, 『선박안전법해설』, 재단법인 한국해사문제연구소, 2008, 354면; (미필적 고의의 예시: 엽총으로 조류를 쏘는 경우에 자칫하면 주위의 사람에게 맞을 지도 모른다고 생각하면서 발포하였는데, 역시 사람에게 맞아 사망하였을 경우에 미필적 고의에 의한 살인죄가 성립된다).

이라고도 한다)과 관련해서 살펴보면 다음과 같다.[26)]

형사소송에 있어 권리 또는 법률관계의 존부(存否)를 판단하는 데 필요한 사실에 관하여 소송에 나타난 모든 증거자료에 의하여도 법원이 어느 쪽으로도 존부를 결정할 수 없는 경우에, 법원은 이것을 어느 당사자에게 불리하게 가정하여 판단하지 않는 한 재판할 수 없게 된다.

이러한 가정을 할 경우에 당사자 일방이 받는 불이익을 거증책임이라 하며, 어느 당사자에게 그 사실에 대한 존부를 불이익한 결과로 가정할 것인지에 대해 정하는 것을 거증책임의 분배(입증책임의 분배)라고 한다.

다시 말해서 거증책임은 요증사실(要證事實, 소송에서 당사자의 입증을 필요로 하는 사실)의 존부가 증명되지 않을 경우 불이익을 받게 되는 당사자의 법적지위로, 예컨대 재판에서 피고인의 유죄를 검사가 증명하지 못하였을 경우 검사가 불이익을 당하게 되는 것이다.

여기에서의 “당사자”는 소송적 법률관계의 주체로서 소송법적인 권리 · 의무의 귀속주체가 되는 소송주체(재판권의 주체인 법원, 공소권의 주체인 검사, 방어권의 주체인 피고인을 말한다) 가운데 재판을 받는 주체인 검사와 피고인을 말한다.[27)]

형사소송에서는 거증책임은 원칙적으로 검사가 지는 것으로 되어 있다. 최선의 심리를 다하여도 범죄사실의 존부에 관하여 법원이 확신을 가질 수 없는 경우에는 거증책임의 분배에 따라서 피고인은 무죄가 된다. 이와 관련해서는 「형사소송법」 제325조[28)]에서도 ‘범죄사실의 증명이 없는 때’는 무죄로 하여야 한다는 뜻을 규정하고 있다.

그 밖에 검사는 소송범죄사실의 존부에 관한 것뿐만 아니라 정당방위 · 긴급피난 등의 위법성 또는 책임조각사유의 부존재, 형의 가중사유[예, 누범전과(累犯前科)[29)]의 존재 등의 사항에 관하여도 모두 거증책임을 진다. 그러나 예외적으로 피고인 측에

26) 법제처, 국가법령정보센터, 법률용어 검색, 2015.11.10. 방문. 〈http://www.law.go.kr〉.

27) 신효진, 『형사소송법요론』, 한국서원, 1999, 35면.

28) 「형사소송법」 제325조(무죄의 판결) 피고사건이 범죄로 되지 아니하거나 범죄사실의 증명이 없는 때에는 판결로써 무죄를 선고하여야 한다.

29) 일반적으로 누범은 범죄를 되풀이 하는 것으로 「형법」 제35조제1항에 따라 금고 이상의 형을 받아 그 집행을 종료하거나 면제를 받은 후 3년 내에 금고 이상에 해당하는 죄를 범한 자는 누범으로 처벌하도록 규정하고 있다.

거증책임이 있는 경우가 있다. 가령, 「형법」 제263조[30]에 따른 동시범과 이 법 제307조제1항[31] 및 제310조[32]에 따른 명예훼손의 행위에 대한 위법성 조각사유를 증명해야 하는 경우가 이에 해당한다 할 것이며, 이는 피고인 측에서 증명하지 못하게 되면 피고인의 불이익으로 인정될 수 있는 것이다.

30) 「형법」 제263조(동시범) 독립행위가 경합하여 상해의 결과를 발생하게 한 경우에 있어서 원인된 행위가 판명되지 아니한 때에는 공동정범의 예에 의한다.

31) 「형법」 제307조(명예훼손) ① 공연히 사실을 적시하여 사람의 명예를 훼손한 자는 2년 이하의 징역이나 금고 또는 500만원 이하의 벌금에 처한다.

32) 「형법」 제310조(위법성의 조각) 제307조제1항의 행위가 진실한 사실로서 오로지 공공의 이익에 관한 때에는 처벌하지 아니한다.

제4절 범죄행위의 적용시점

「형법」 제1조제1항에서는 '범죄의 성립과 처벌은 행위 시의 법률에 의한다(행위시법주의)'고 규정하고 있다. 이는 죄형법정주의로부터 도출되는 "소급효금지의 원칙"을 의미하는 것으로 형벌법규는 그것이 시행된 이후의 행위에 대해서만 적용되고 시행 이전의 행위에까지 소급하여 적용할 수 없다는 원칙을 말한다.[33)]

이와 같이 범죄수사에 있어서 위법행위에 대한 법 적용 시점은 매우 중요하다 할 것이다.

따라서 본 저서에서는 "선박등"의 운영과 관련한 법령(「선박안전법」, 「어선법」, 「낚시 관리 및 육성법」, 「수상레저안전법」 및 「유선 및 도선 사업법」)의 부칙(연혁)에 대해 전반적으로 살펴보고, 그 밖에 이에 추가하여 각각의 개별법과 관련한 부칙의 세부 내용에 대해서도 자세히 다루고자 한다. 즉 부칙에 대한 올바른 숙지 및 이해는 업무를 수행하는데 있어 필수사항이라 할 수 있다.

부칙(附則)은 법령에서 주된 내용을 담고 있는 본칙에 대해 보충해서 필요사항(시행일, 각종 경과조치 및 다른 법률의 개정사항 등)을 기재하고 있는 것으로 법률의 원활한 운영을 위하여 하부 규정인 '시행령' 및 '시행규칙'에 대한 정비도 동시에 이루어지는 것이 일반적이다.

부칙의 구성내용 중 시행일은 「민법」 제157조(기간의 기산점)를 준용하고 있으며 다음과 같다. '기간을 일, 주, 월 또는 연으로 정한 때에는 기간의 초일은 산입하지 아니한다. 그러나 그 기간이 오전 영시로부터 시작하는 때에는 그러하지 아니하다.'

여기에서의 초일(初日)은 어떤 일이 처음으로 시작되는 날을 의미하므로 일반적으로 시행일은 공포한 날 다음 날이 된다.

예를 들어 「선박안전법」은 2007년 1월 3일(전부개정, 법률 제8221호) 공포 후 10개월이 경과한 날부터 시행하는 것으로 하고 있어 시행일은 2007년 11월 4일이 된다.

또한 부칙에서는 새로운 법률 시행에 따른 사회적 혼란을 최소화하기 위하여 일정

33) 신효진, 『형법요론』, 한국서원, 2002, 16, 36면.

기간 동안 법률의 적용을 유예하기 위한 경과조치를 두고 있으며, 부칙의 대부분은 경과조치(경과조치를 담은 규정을 경과규정이라 함)로 이루어진다.

이와 같은 경과조치는 새로운 법질서로 전화하는 과정에서의 과도적 조치로 신·구 양 법질서 사이에서의 제도적 변화와 법적 안전성의 요구를 적절히 조화시키는 역할을 한다.[34]

이에 따라 최근 개정된 법령의 시행일자를 중심으로 "선박등"의 운영과 관련해서 해당 범죄수사 시 검토되어야 하는 법령의 주요부칙 연혁을 정리해 보면, 다음의 〈표 1-4〉와 같다.

〈표 1-4〉 선박등의 운영과 관련한 법령별 주요부칙 연혁

법률명		부칙(시행일자)
선박안전법 관련 법령	법률	법률 제8221호, 2007.1.3.(2007.11.4.)
		법률 제9871호, 2009.12.29.(2009.12.29.) (다만, 제3조제2항제3호 및 법률 제8221호 부칙 제7조의 개정규정은 2010년 11월 4일부터 시행)
		법률 제12999호, 2015.1.6.(2015.7.7.)
	시행령	대통령령 제20300호, 2007.9.28.(2007.11.4.)
		대통령령 제26385호, 2015.7.6.(2015.7.7.) (다만, 제2조제1항제3호나목 단서의 개정규정은 2015년 10월 8일부터 시행)
	시행규칙	해양수산부령 제390호, 2007.11.23.(2007.11.23.) (개정 2009.7.1.)
		국토해양부령 제249호, 2010.6.17.(2010.6.17.)
		국토해양부령 제252호, 2010.6.30.(2010.6.30.)
		국토해양부령 제429호, 2012.1.3.(2012.1.3.)
		국토해양부령 제482호, 2012.6.26.(2012.6.26.) (다만, 제23조제1항제4호라목의 개정규정은 2012년 7월 1일부터 시행)
		해양수산부령 제151호, 2015.7.15.(2015.7.15.)

34) 법제처, 앞의 책, 552면.

법률명		부칙(시행일자)
어선법 관련 법령	법률	법률 제9718호, 2009.5.27.(2009.11.28.) (다만, 제15조 단서의 개정규정은 공포일(2009.5.27.)부터 시행)
		법률 제11754호, 2013.4.5.(2013.10.6.)
		법률 제12482호, 2014.3.18.(2014.3.18.)
	시행령	어선 운영 등과 관련한 개정 내용 없음
	시행규칙	농림수산식품부령 제101호, 2009.12.14.(2009.12.14.)
		농림수산식품부령 제181호, 2011.3.30.(2011.3.30.)
		농림수산식품부령 제264호, 2012.3.16.(2012.3.16.) (다만, 제42조의2의 개정규정은 2012년 7월 15일부터 시행)
		해양수산부령 제51호, 2013.10.30.(2013.10.30.)
		해양수산부령 제130호, 2014.12.31.(2014.12.31.)
낚시 관리 및 육성법 관련 법령 (낚시어선업법 폐지 후 2011.3.9., 제정)	법률	법률 제10458호, 2011.3.9.(2012.9.10.) (단, 제47조제1항 · 제3항 및 제55조제1항제13호는 공포 후 2013년 9월 10일부터 시행)
	시행령	대통령령 제24097호, 2012.9.7.(2012.9.10.)
	시행규칙	농림수산식품부령 제309호, 2012.10.5.(2012.10.5.) (다만, 제25조는 2013년 9월 10일부터 시행)
수상레저안전법 관련 법령	법률	법률 제7478호, 2005.3.31.(2006.4.1.)
		법률 제9068호, 2008.3.28.(2008.3.28.) (다만, 제9조 각 호 외의 부분 단서, 제13조제1항제5호부터 제9호까지, 제22조제2항부터 제4항까지, 제33조의2, 제33조의3, 제51조제4호부터 제6호까지 및 제59조제2항의 개정규정은 2008년 7월 1일부터 시행)
		법률 제10799호, 2011.6.15.(2011.6.15.) (다만, 제4조의2, 제7조제1항, 제30조제1항 · 제3항 · 제4항, 제31조제3항 · 제4항 · 제5항, 제33조제1항, 제34조, 제36조, 제37조제1항 · 제5항 · 제6항, 제39조제1항 · 제4항, 제39조의2, 제52조제1항 · 제2항의 개정규정은 공포 후 6개월이 경과한 날(2011.12.16.)부터 시행)
		법률 제13754호, 2016.1.7.(2016.7.8.)
	시행령	대통령령 제19297호, 2006.1.26.(2006.4.1.)
		대통령령 제19977호, 2007.3.27.(2007.3.28.)
		대통령령 제22827호, 2011.4.4.(2011.10.5.)
	시행규칙	국토해양부령 제31호, 2008.7.1.(2008.7.1.)
		국토해양부령 제127호, 2009.5.13.(2009.5.13.)
		국토해양부령 제415호, 2011.12.14.(2011.12.14.)
		국토해양부령 제432호, 2012.1.6.(2012.1.6.)
		해양수산부령 제58호, 2013.12.19.(2013.12.19.)
		해양수산부령 제79호, 2014.4.17.(2014.4.17.)
		총리령 제1266호, 2016.3.4.(2016.3.4.)

법률명		부칙(시행일자)
유선 및 도선 사업법	법률	법률 제11344호, 2012.2.22.(2012.8.23.)
		법률 제13193호, 2015.2.3.(2015.2.3.) (다만, 제4조의2 및 제9조의 개정규정은 공포 후 1년이 경과한 날(2016.2.4.)부터 시행)
		법률 제13441호, 2015.7.24.(2016.1.25.)
		법률 제13751호, 2016.1.7.(2016.7.8.)
	시행령	대통령령 제21216호, 2008.12.31.(2008.12.31.) (다만, 제21조 개정규정 중 교육시간의 변경부분은 2009년 1월 1일부터 시행)
		대통령령 제22624호, 2011.1.17.(2011.1.17.) (다만, 제17조 및 제18조의 개정규정은 공포 후 3개월이 경과한 날(2011.4.18.)부터 시행)
	시행규칙	행정안전부령 제75호, 2009.4.13.(2009.4.13.)
		행정안전부령 제304호, 국토해양부령 제492호, 2012.6.29.(2012.8.23.)
		총리령 제1247호, 2016.1.27.(2016.1.27.)

제5절 법령해석

선박안전범죄와 관련한 각각의 개별법에서는 위법행위에 대한 규정을 두고 있으나, 현장에서는 이와 관련한 법 적용에서 있어 모호한 경우 정부기관(법제처, 법령소관부처 등)에 유권해석을 요청하는 경우가 있다.

하지만 유권해석을 통한 법령해석은 무조건적인 법적 구속력을 가지는 것이 아니며, 유권해석에 따라 업무를 수행한 경우일지라도 이에 따른 이해관계자와의 분쟁이 발생한 경우 최종판단은 사법부의 판결에 따르게 된다. 따라서 해당 사건에 있어 유권해석을 통한 법 적용에 있어서는 보다 실질적인 사실관계에 따른 신중한 검토가 요구된다.

다음에서는 정부유권해석의 정의, 법집행작용과 정부유권해석의 기능, 정부유권해석의 기속력 및 사법해석과 정부유권해석의 기능에 대해 법제처 홈페이지에 게재된 내용을 통해 이해를 돕고자 한다.[35)]

정부유권해석은 행정기관이 법령을 집행하기 위한 전제로 법령해석을 하는데 있어서 의문이 있거나 다른 행정기관의 관장업무와 관련된 법령에 대한 해석이 서로 엇갈리는 경우에 정부견해의 통일을 위하여 정부 전체 차원에서 법령해석에 대한 전문적인 의견을 제시하는 업무를 말한다.

또한 정부유권해석은 「정부조직법」과 「법제업무 운영규정」 등의 법령에 따라 민사·상사·형사, 행정소송, 국가배상관계법령 및 법무부 소관 법령과 다른 법령의 벌칙조항에 대한 해석을 제외하고는 정부입법의 총괄기관인 법제처가 수행하고 있다.

일반적으로 법집행작용과 정부유권해석에 있어 행정기관의 법집행작용은 구체적 사실을 확인하고 해당 사실에 적용될 법령의 의미와 내용을 해석하여 해당 사실에 적용하는 일련의 과정을 거치는 것으로서 이러한 법집행작용은 각 법령에 따라 각 행정기관이 수행한다. 그리고 정부유권해석은 행정기관의 법집행작용을 위한 해석에 대하여 하나의 기준을 제시하여 주는 기능이다.

---

35) 법제처, 법령·해석정보, 법령해석, 법령해석 안내, 2015.12.10. 방문. 〈http://www.law.go.kr〉.

정부유권해석의 기속력은 민원인의 질의에 대한 행정기관의 법령해석이나 하급 행정기관의 질의에 대한 상급 행정기관의 법령해석은 그와 다른 법원의 사법해석이 나올 경우 그 효력이 부인된다. 따라서 행정기관인 법제처의 정부유권해석은 법원의 사법해석과 달리 관계 행정기관을 법적으로 구속하는 효력은 없다.

그러나 법제처의 정부유권해석은 정부 견해의 통일성과 행정 운영의 일관성을 위한 기준을 제시한다는 점에서 관계 행정기관이 정부유권해석과 달리 집행할 경우 부적절한 집행으로 인한 징계나 감사원의 감사 등을 통한 책임문제가 제기될 수 있으므로 법제처의 정부유권해석은 관계 행정기관에 대한 사실상의 구속력은 가진다고 할 수 있다.

한편, 사법해석과 정부유권해석에 있어서는 차이를 보이고 있으며, 법원이 행하는 사법해석은 구체적 쟁송의 해결을 목적으로 추상적인 법규범의 객관적 의미를 파악하는데 중점을 둔다. 반면, 법제처가 행하는 정부유권해석은 행정기관이 앞으로 법령을 집행하여 행정목적을 달성하는데 있어 그 방향과 기준을 제시, 즉 해당 법령의 집행으로 달성하려는 목적의 효율적 수행에 중점을 두고 있다. 따라서 법제처의 정부유권해석은 법령에 담긴 정책집행의 방향을 제시하는 기능을 수행한다는 점에서 법 집행의 결과 발생한 구체적이고 특정한 법적 분쟁에 대하여 하는 사법해석과는 기능적으로 차이가 있다.

Investigation Guide of Ship Safety Crimes

제2장 선박안전법 위반 범죄수사

제1절 선박안전법의 개요

Ⅰ. 선박안전법의 목적

「선박안전법」의 목적은 선박의 감항성(堪航性, seaworthiness) 유지 및 안전운항에 필요한 사항을 규정함으로써 국민의 생명과 재산을 보호함을 목적으로 하고 있다(제1조). 여기에서의 "감항성"이란 이 법 제2조제6호에 따라 '선박이 자체의 안정성을 확보하기 위하여 갖추어야 하는 능력으로서 일정한 기상이나 항해조건에서 안전하게 항해할 수 있는 성능'으로 규정하고 있다.

그 밖에 감항성과 관련한 유사 규정을 살펴보면 다음과 같다. 현행 「상법」 제794조(감항능력 주의의무)에서는 '운송인[1]은 자기 또는 선원이나 그 밖의 선박사용인이 발항 당시 ⅰ) 선박이 안전하게 항해를 할 수 있도록 할 의무(제1호), ⅱ) 필요한 선원의 승선, 선박의장(艤裝)과 필요품을 보급하여야 할 의무(제2호), ⅲ) 선창·냉장실, 그 밖에 운송물을 적재할 선박의 부분을 운송물의 수령·운송과 보존을 위하여 적합한 상태에 두어야 할 의무(제3호)에 관하여 주의를 해태(懈怠)[2]하지 아니하였음을 증명하지 아니하면 운송물의 멸실·훼손 또는 연착으로 인한 손해를 배상할 책임이 있다'고 규정하고 있다.[3]

한편, 「선박안전법」 제2조제2호[4] 및 같은 법 시행규칙 제4조[5]에서는 선박시설의

---

1) 여기에서의 운송인은 「상법」 제125조에 따라 육상 또는 호천, 항만에서 물건 또는 여객의 운송을 영업으로 하는 자를 말한다.

2) 해태(懈怠): 법률상 해태의 의미는 지체 또는 불이행(default), 권리의 행사를 태만히 하는 것(laches), 어떤 행위를 할 의무를 지고 있는 자가 그 행위를 게을리하거나 할 수 없었던 것(nonfeasance)으로 해석된다(이상도, 『법률영한사전』, 청림출판, 2002, 152, 320, 394면).

3) 다른 한편에서는 「상법」 제794조의 감항능력을 선체(船體)능력, 운항(運航)능력, 감하(堪荷)능력으로 구분하고 있다(김인현, 『해상법』, 법문사, 2003, 135~136면).

4) 「선박안전법」 제2조(정의)제2호 "선박시설"이라 함은 선체·기관·돛대·배수설비 등 선박에 설치되어 있거나 설치될 각종 설비로서 해양수산부령이 정하는 것을 말한다.

5) 「선박안전법」 제2조제2호에서 규정하고 있는 "해양수산부령이 정하는 것"이란 다음 각 호의 것을 말한다(「선박안전법 시행규칙」 제4조). 1. 선체, 2. 기관, 3. 돛대, 4. 배수설비, 5. 조타(操舵)설비, 6. 계선

정의 및 그 해당 범위에 대해 별도로 규정하고 있으므로 위의 내용들과 종합해서 살펴보면, 「선박안전법」에서의 감항성 유지는 선체를 비롯한 각종 설비가 안전운항을 위해 충분히 견딜 수 있는 능력으로 해석될 수 있다.

결국 선박의 감항성 유지 및 안전운항에 필요한 사항을 위반한 행위는 이 법에서 규정하고 있는 벌칙을 적용하는데 있어 우선적으로 검토되어야 하는 중요한 기본 사항이 된다.

Ⅱ. 선박의 정의 및 적용범위

1. 선박의 정의

「선박안전법」 제2조제1호에서는 선박의 정의에 대해 '수상(水上) 또는 수중(水中)에서 항해용으로 사용하거나 사용될 수 있는 것(선외기[6]를 장착한 것을 포함한다)과 이동식 시추선 · 수상호텔 등 해양수산부령이 정하는 부유식 해상구조물[7]'로 한정해

(繫船)설비: 배를 항구 등에 매어 두기 위한 설비, 7. 양묘(揚錨)설비: 닻을 감아올리기 위한 설비, 8. 구명설비, 9. 소방설비, 10. 거주설비, 11. 위생설비, 12. 항해설비, 13. 적부(積付)설비: 위험물이나 그 밖의 산적화물을 실은 선박과 운송물의 안전을 위하여 운송물을 계획적으로 선박 내에 배치하기 위한 설비, 14. 하역이나 그 밖의 작업설비, 15. 전기설비, 16. 원자력설비, 17. 컨테이너설비, 18. 승강설비, 19. 냉동 · 냉장 및 수산물처리가공설비, 20. 선박의 종류 · 기능에 따라 설치되는 특수한 설비로서 해양수산부장관이 인정하는 설비

6) 「선박안전법」 제2조(정의)제5호 "선외기(船外機)"라 함은 선박의 선체 외부에 붙일 수 있는 추진기관으로서 선박의 선체로부터 간단한 조작에 의하여 쉽게 떼어낼 수 있는 것을 말한다.

7) 「선박안전법 시행규칙」 제3조(부유식 해상구조물) 법 제2조제1호에서 "해양수산부령이 정하는 부유식 해상구조물"이란 다음 각 호와 같다.

1. 이동식 시추선: 액체상태 또는 가스상태의 탄화수소, 유황이나 소금과 같은 해저 자원을 채취 또는 탐사하는 작업에 종사할 수 있는 해상구조물(항구적으로 해상에 고정된 것은 제외함)
2. 수상호텔, 수상식당 및 수상공연장 등으로서 소속 직원 외에 13명 이상을 수용할 수 있는 해상구조물 (항구적으로 해상에 고정된 것은 제외함)

* 여기에서 "항구적으로 해상에 고정된 것"에 대한 인정기준은 다음의 어느 하나를 만족하는 경우로 하고 있다.

i) 부유식 해상구조물이 파일시공방식으로 해상(수상)에 고정 · 설치된 것으로서 구조물을 지지하는 파일을 절단하지 않고서는 이동할 수 없는 경우

ii) 부유식 해상구조물을 「공유수면 관리 및 매립에 관한 법률」 제2조제1호에 따른 공유수면(바다 · 하천 · 호소(湖沼) 등)에서 사용하고자 하는 자가 이 법 제8조에 따라 공유수면관리청으로

서 그 범위를 명확히 규정하고 있다.[8)]

여기에는 추진기가 선체의 수선하부인 수중에 위치한 선박 이외 날개 및 선체와 수면사이의 유체동력학적인 상호작용에 의하여 발생되는 높은 압력의 공기쿠션효과(수면효과)를 이용하여 수면과 접촉 없이 수면으로부터 가까운 높이에서 운항하는 "수면비행선박"(「수면비행선박기준」 제2조제1호)[9)] 및 선박의 운항에 걸쳐 근접수면상

부터 공유수면의 점용 · 사용허가를 받아 해당 지정구역을 벗어나 임의로 다른 구역으로의 이동이 행정적으로 불가능한 경우로서 해당 부유식 해상구조물이 싱카와 체인 또는 기타 구조물 등으로 육지나 강바닥(해저)에 연결되어 있으면서 이를 절단 등 물리적 변경 없이는 이동이 불가능한 상태인 경우(예, 부유식 해상구조물의 고정설비와 싱카를 체인으로 연결할 경우 연결부로 사용하는 섀클(shackle)과 핀을 완전히 용접(부분용접은 불가)하여 고정시킨 경우, 또한 연결부로 사용하는 섀클 등을 부유식 해상구조물 고정설비에 완전하게 용접(부분용접은 불가)하여 고정시킨 경우)

〈부유식해상구조물 중 항구적으로 고정된 것의 사례〉

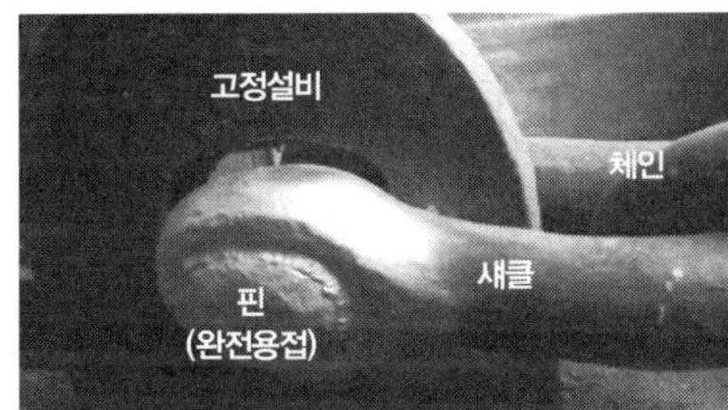

섀클과 핀의 완전용접 상태　　　　섀클과 고정설비의 완전용접 상태

3. 다음 각 목에 해당하는 기름 또는 폐기물 등을 산적하여 저장하는 해상구조물
   가. 「해양환경관리법」 제2조에 따른 기름
   나. 「폐기물관리법」 제2조에 따른 폐기물
   다. 「하수도법」 제2조에 따른 하수, 분뇨 및 하수도 · 공공하수도 · 하수처리구역의 유지 · 관리와 관련하여 발생되는 준설물질 및 오니(汚泥)류
   라. 「수질 및 수생태계 보전에 관한 법률」 제2조에 따른 폐수
   마. 「가축분뇨의 관리 및 이용에 관한 법률」 제2조에 따른 가축분뇨
   바. 선박 및 해양시설에서 사람의 일상적인 활동에 따라 발생하는 분뇨
4. 법 제41조에 따른 위험물을 산적하여 저장하는 해상구조물

8) 일반적으로 선박이 갖추고 있어야 하는 기능적 요건에는 ⅰ) 물에 뜰 수 있는 성질(부양성), ⅱ) 다른 물건을 적재할 수 있는 성질(적재성), ⅲ) 이동할 수 있는 성질(이동성)을 들 수 있다(박경현, 『선박법규해설』, 한국해사문제연구소, 1985, 19면).
   * 적재: 물건이나 짐을 특정 용기에 넣어 선박 등에 쌓아 실음

9) 또한 수면비행선박은 「선박안전법 시행규칙」 제2조제4호의2에서 표면효과 작용을 이용하여 수면에 근접하여 비행하는 선박으로 정의하고 있다. 한편, 「수면비행선박기준」 제3조에서는 수면비행선박을

에 연속적으로 발생되는 부양공기의 공기쿠션으로 정지 또는 운동상태에서 선체중량의 전체가 지지되어질 수 있고, 추진기가 수선상부에 위치한 "호버크래프트"(Hovercraft, 공기부양정)(「공기부양정의 구조 및 설비 등에 관한 기준」 제2조제1호)를 포함하고 있다.[10)]

그 밖에 이 법에서는 선박의 정의에 대해 용도별로 구분해서 별도로 규정하고 있으며, 이와 관련해서는 다음의 〈표 2-1〉과 같다.

〈표 2-1〉 선박의 용도별 정의

법률명(법조문)	선박의 용도별 정의
선박안전법 (제2조제10호부터 제13호 및 제15호)	• 여객선: 13인 이상의 여객을 운송할 수 있는 선박(법 제2조제10호) * "여객"이라 함은 선박에 승선하는 자로서 선원, 1세 미만의 유아, 세관공무원 등 일시적으로 승선한 자로서 해양수산부령이 정하는 자를 제외한 자를 말함(법 제2조제9호) * 또한 여기에서의 해양수산부령이 정하는 자란 선박의 항해기간 동안 일시적으로 승선하는 자(임시승선자)로서 다음의 어느 하나에 해당하는 자를 말함(같은 법 시행규칙 제5조) 1. 선원과 동승하여 생활하는 선원의 가족 2. 선박소유자(선박관리인 및 선박임차인을 포함한다) 및 선박회사의 소속 직원과 선박수리 작업원 3. 시험 · 조사 · 지도 · 단속 · 점검 · 실습 등에 관한 업무에 사용되는 선박에 해당 업무를 수행하기 위하여 승선하는 자 4. 세관공무원, 검역공무원, 도선사, 운항관리자 등으로서 선원업무가 아닌 업무를 하는 자 5. 제3조제2호에 따른 수상호텔, 수상식당 및 수상공연장 등의 소속 직원과 이를 이용하는 자 6. 「수산업법 시행령」 제29조제1항제1호에 따른 나잠어업(裸潛漁業)[11)]을 위하여 승선하는 자 7. 삭제 〈2010.11.18.〉 8. 국가 · 지방자치단체 또는 「공공기관의 운영에 관한 법률」 제2조제1항에 따른 공공기관의 선박을 이용하여 「항만법」에 따른 항만을 견학하는 자 9. 여객선에 적재가 곤란한 악취가 나는 농산물 · 수산물 운송차량, 혐오감을 주는 가축운송차량 및 폭발성 · 인화성 물질 운송차량의 화물관리인(운전자는 화물관리인을 겸할 수 있다)

A형 및 B형으로 구분하고 있다. 여기에서의 "A형 수면비행선박"은 수면효과의 범위에서만 운항하도록 승인된 수면비행선박을 말하며(제2조제15호), "B형 수면비행선박"은 수면효과범위를 벗어나 고도를 일시적으로 증가시킬 수 있는 수면비행선박으로서 국제민간항공기구에서 규정한 항공기의 최소한의 안전고도인 150m 미만의 비행고도에서 운항하는 수면비행선박을 말한다(제2조제16호).

10) 수면비행선박 및 호버크래프트(Hovercraft, 공기부양정)의 시설 등에 관한 사항은 각각 「수면비행선박기준」 및 「공기부양정의 구조 및 설비 등에 관한 기준」을 따르도록 하고 있다.

11) 「수산업법 시행령」 제29조제1항제1호에 따른 나잠어업(裸潛漁業)은 신고어업의 일종으로 산소공급 장치 없이 잠수한 후 낫 · 호미 · 칼 등을 사용하여 패류, 해조류, 그 밖의 정착성 수산동식물을 포획 · 채취하는 어업을 말한다.

법률명(법조문)	선박의 용도별 정의
선박안전법 (제2조제10호부터 제13호 및 제15호) (계속)	• 소형선박: 이 법 제27조제1항제2호의 규정에 따른 측정방법으로 측정된 선박길이가 12미터 미만의 선박(법 제2조제11호) * 위에서의 '이 법 제27조제1항제2호의규정에 따른 측정방법으로 측정된 선박길이'에 대한 산정방법은 「선박법 시행규칙」제11조제1항제9호에 따르며(「선박안전법 시행규칙」 제70조), 그 선박의 길이는 '최소 형(型) 깊이의 85퍼센트의 위치에서 계획만재흘수선에 평행한 흘수선(吃水線) 전장(全長)의 96퍼센트와 그 흘수선상의 선수재(船首材)전면으로부터 타두재(舵頭材) 중심선까지의 거리 중 긴 것'을 말함(선박의 길이는 일명 "등록길이"라고도 하며, 「선박법」에 의해 지방청[12]에서 발급되는 '선박국적증서'상의 길이 란에 기재된 숫자에 해당함). 이하 이와 관련한 내용은 같다.
	• 부선(艀船): 다른 선박에 의하여 끌리거나 밀려서 항해하는 선박(법 제2조제12호)
	• 예인선(曳引船): 다른 선박을 끌거나 밀어서 이동시키는 선박(법 제2조제13호)
	• 산적화물선(散積貨物船): 곡물 · 광물 등 건화물(乾貨物)을 산적하여 운송하는 선박(법 제2조제15호) * 유조선(油槽船): 화물창의 대부분이 산적한 기름을 운반하기 위한 구조로 된 선박(「선박에서의 오염방지에 관한 규칙」 제2조제13호)

참고로 선박용도(Type of Ship)는 같은 법 시행규칙 제13조제1항제1호(별제 제5호서식) 및 제2호(별지 제6호서식)에 따라 발급된 '선박검사증서(Ship Survey Certificate)'[13]상에서 확인할 수 있으며, 다음의 [그림 2-1]은 용도별 선박의 형태를 나타내고 있다.

---

12) 「해양수산부와 그 소속기관 직제」 제2조제2항에서는 해양수산부장관의 소관사무를 분장하기 위하여 해양수산부장관 소속으로 지방해양수산청을 두고 있으며, 이는 해양 · 항만정책과 수산정책의 상호 연계를 통한 해양기능의 융합 효과를 높이기 위하여 지방해양항만청을 지방해양수산청으로의 개편(대통령령 제25985호, 2015.1.6., 시행일 2015.1.6.)한 것이다. 하지만 「선박안전법」을 비롯하여 다른 개별법에서는 종전의 지방해양항만청을 그대로 사용하고 있으며 현재 이와 관련한 법규 개정이 없는 관계로 본 저서에서는 지방해양항만청(장)[지방해양항만청장 소속 해양사무소(장)을 포함한다]을 언급하고 있는 관련 법규를 인용하는데 있어서는 '지방청'으로 대신 표기하고자 한다.

13) 「선박안전법 시행규칙」 제13조(선박검사증서의 서식 등) ① 법 제8조제2항에 따른 선박검사증서는 다음 각 호와 같다. 다만, 여객선과 위험물산적운송선은 선박길이에 관계없이 제2호에 따른 서식으로 한다.
1. 선박길이 12미터 미만의 선박: [별지 제5호서식]
2. 선박길이 12미터 이상의 선박: [별지 제6호서식]
② 제1항에 따른 선박검사증서에는 대한민국 정부의 권한으로 발행한다는 내용이 포함되어야 한다. 이 경우 선박검사증서를 대행검사기관이 발행하는 경우에는 대한민국 정부의 권한을 위임받아 발행한다는 사실을 나타내야 한다.

선외기 선박 | 여객선

부선 | 예인선

산적화물선 | 컨테이너선

부유식해상구조물(수상공연장) | 부유식해상구조물(이동식시추선)

공기부양정(호버크래프트, Hovercraft)

수면비행선박

출처: 구글검색사이트(Google), http://www.google.co.kr

[그림 2-1] 선박의 용도별 형태

한편, 해양수산부에서는 선박검사증서 상의 용도표기를 '선박검사증서의 선박용도 표기 지침'에서 다음의 〈표 2-2〉와 같이 정하고 있다.

〈표 2-2〉 선박검사증서 상의 용도표기 방법

대분류	검사증서상 용도 표기 방법	영문표기	설 명
여객선 (10종)	여객선 (일반여객선)	Passenger Ship	해운법을 적용 받는 여객 13인 이상의 일반 여객선
	여객선 (카페리여객선)	Passenger Ship (Car Ferry)	여객 13인 이상으로 여객 및 자동차를 운반하는 설비 및 구역을 가진 선박
	여객선 (고속여객선)	High Speed Passenger Ship	여객 13인 이상의 일반 여객선으로 HSC Code* 적용선박 * HSC Code: 고속선 안전에 관한 국제규칙(International Code of Safety for High Speed Craft, 이하 같다)
	여객선 (화객선)	Passenger Ship (Cargo)	여객 13인 이상으로 여객 및 일반 화물을 운반하는 선박
	여객선 (도선)	Passenger Ship (Ferry)	유선 및 도선 사업법을 적용 받는 여객 13인 이상 도선
	여객선 (유선)	Passenger Ship (Leisure)	유선 및 도선 사업법을 적용 받는 여객 13인 이상 유선
	여객선 (잠수정)	Passenger Ship (Submersible)	유선 및 도선 사업법을 적용 받는 여객 13인 이상으로 잠수가 가능한 선박
	여객선 (수면비행선박)	Passenger Ship (WIG Craft)	여객 13인 이상의 수면비행선박
	여객선 (수륙양용선박)	Passenger Ship (Amphibian vehicle)	여객 13인 이상의 수륙양용선박
	여객선 (기타여객선)	Passenger Ship (Other)	해운법, 유선 및 도선 사업법을 적용 받지 아니하는 여객 13인 이상 선박(통선, 통학선 등)
화물선 (17종)	화물선 (일반화물선)	Cargo Ship (General)	일반화물선
	화물선 (카페리선)	RoRo Ship (Car Ferry)	롤온, 롤오프 선박으로 화물이 선적된 차량을 화물구역에 탑재하여 운송하는 선박
	화물선 (자동차운반선)	RoRo Ship	롤온, 롤오프로 차량 또는 화물을 RoRo 구역에 탑재하여 운송하는 선박
	화물선 (화물 및 카페리선)	RoRo Ship (Cargo & Car Ferry)	롤온, 롤오프 선박으로 일반 화물 및 차량탑재 구역을 가진 구조의 선박

대분류	검사증서상 용도 표기 방법	영문표기	설 명
화물선 (17종) (계속)	화물선 (냉동운반선)	Refrigerated Cargo Carrier	냉동화물선
	화물선 (고속화물선)	High Speed Cargo Ship	일반화물선으로서 HSC Code 적용선
	화물선 (모래운반선)	Cargo Ship (Sand)	모래를 전용으로 운반하는 선박
	화물선 (모래채취운반선)	Cargo Ship (Sand Collecting)	모래 채취 설비를 갖춘 모래운반선
	화물선 (컨테이너운반선)	Container Ship	컨테이너 전용 운반선
	화물선 (폐기물운반선)	Cargo Ship (Waste)	폐기물 전용 운반선 (분뇨 등)
	화물선 (임산물전용운반선)	Cargo Ship (Forest Product)	임산물 전용 운반선
	화물선 (시멘트운반선)	Cargo Ship (Cement)	시멘트 전용 운반선
	화물선 (가축운반선)	Cargo Ship (Livestock)	가축 전용 운반선
	화물선 (산적화물선)	Bulk Carrier	산적화물선
	화물선 (광석운반선)	Ore Carrier	산적상태의 광석을 전용로 운반하는 산적화물선
	화물선 (광석 / 액체화학품산적운반선)	Ore & Chemical Carrier	광석을 운반할 수 있는 화물창과 액체화학품을 운반할 수 있는 탱크를 가진 구조의 선박
	화물선 (광석 / 유류운반선)	Ore & Oil Carrier	광석을 운반할 수 있는 화물창과 유류를 운반할 수 있는 탱크를 가진 구조의 선박
유조선 (10종)	유조선 (액화천연가스운반선)	Liquefied Natural Gas Carrier (LNG)	LNG 운반선
	유조선 (액화석유가스운반선)	Liquefied Petroleum Gas Carrier (LNG)	LPG 운반선
	유조선 (원유운반선)	Tanker (Crude Oil)	원유운반선
	유조선 (액체화학품산적운반선)	Tanker (Chemical)	액체화학품산적운반선
	유조선 (유류 및 액체화학품산적운반선)	Tanker (Oil & Chemical)	유류 및 액체화학품산적운반선
	유조선 (아스팔트운반선)	Tanker (Asphalt)	아스팔트전용 운반선

대분류	검사증서상 용도 표기 방법	영문표기	설 명
유조선 (10종) (계속)	유조선 (석유제품운반선)	Tanker (Product Carrier)	석유화학제품 운반선
	유조선 (원유 및 석유제품운반선)	Tanker (Crude & Product)	원유 및 석유제품운반선
	유조선 (급유선)	Tanker (Supply)	타 선박에 급유를 목적으로 사용하는 선박
	유조선 (기타유조선)	Tanker (Other)	그 밖의 유조선
부선 (33종)	부선 (일반부선)	Barge (General)	일반화물 운반에 사용하는 부선
	부선 (유류운반부선)	Barge (Oil)	유류 운반에 사용하는 부선
	부선 (액화천연가스운반부선)	Barge (LNG)	액화천연가스 운반에 사용하는 부선
	부선 (액화석유가스운반부선)	Barge (LPG)	액화석유가스 운반에 사용하는 부선
	부선 (케미칼운반부선)	Barge (Chemical)	케미칼 운반에 사용하는 부선
	부선 (폐기물운반부선)	Barge (Waste)	폐기물 운반에 사용하는 부선
	부선 (크레인부선)	Barge (Crane)	크레인을 사용하여 주작업을 하는 부선
	부선 (방제부선)	Barge (Oil Recovery)	방제업무에 사용하는 부선
	부선 (유출유회수부선)	Barge (Spilled Oil Recovery)	유출유 회수 설비가 있는 부선
	부선 (준설 및 운반부선)	Barge (Dredger & Carrying)	준설 및 준설토를 운반하는 부선
	부선 (모래운반부선)	Barge (Sand)	모래 운반에 사용하는 부선
	부선 (모래채취운반부선)	Barge (Sand Collecting)	모래 채취 설비를 갖춘 부선
	부선 (해저조망부선)	Barge (Sea Sighting)	해저를 조망할 수 시설을 설치한 부선
	부선 (압항부선)	Barge (Intergrated, General)	일반화물 운반에 사용하는 압항부선
	부선 (압항유류운반부선)	Barge (Intergrated, Oil)	유류 운반에 사용하는 압항부선

대분류	검사증서상 용도 표기 방법	영문표기	설 명
부선 (33종) (계속)	부선 (압항액화천연가스운반부선)	Barge (Intergrated, LNG)	액화천연가스 운반에 사용하는 압항부선
	부선 (압항액화석유가스운반부선)	Barge (Intergrated, LPG)	액화석유가스 운반에 사용하는 압항부선
	부선 (압항케미칼운반부선)	Barge (Intergrated, Chemical)	케미칼 운반에 사용하는 압항부선
	부선 (압항폐기물운반부선)	Barge (Intergrated, Waste)	폐기물 운반에 사용하는 압항부선
	부선 (압항크레인부선)	Barge (Intergrated, Crane)	크레인을 사용하여 주작업을 하는 압항부선
	부선 (압항방제부선)	Barge (Intergrated, Oil Recovery)	방제업무에 사용하는 압항부선
	부선 (압항유출유회수부선)	Barge (Intergrated, Spilled Oil Recovery)	유출유 회수 설비가 있는 압항부선
	부선 (압항준설 및 운반부선)	Barge (Intergrated, Dredger, Carrying)	준설 및 준설토를 운반하는 압항부선
	부선 (압항모래운반부선)	Barge (Intergrated, Sand)	모래 운반에 사용하는 압항부선
	부선 (압항모래채취운반부선)	Barge (Intergrated, Sand Collecting)	모래 채취 설비를 갖춘 압항부선
	부선 (압항해저조망부선)	Barge (Intergrated, Sea Sighting)	해저를 조망할 수 시설을 설치한 압항부선
	부선 (이동식시추선)	Barge (Mobile Off Shore Unit)	이동식 시추 업무에 사용하는 선박
	부선 (수상호텔)	Barge (Floating Hotel)	수상호텔로 사용되는 해상구조물
	부선 (수상식당)	Barge (Floating Restaurant)	수상식당으로 사용되는 해상구조물
	부선 (수상공연장)	Barge (Floating Hall)	수상공연장으로 사용되는 해상구조물
	부선 (기름저장 해상구조물)	Barge (Floating Oil Storage Structure)	해양환경관리법 제2조에 따른 기름을 저장하는 해상구조물
	부선 (폐기물저장 해상구조물)	Barge (Floating Waste Storage Structure)	폐기물관리법 제2조에 따른 폐기물을 저장하는 해상구조물
	부선 (기타해상구조물)	Barge (Other Floating Structure)	부유식 해상구조물 중 수상호텔/수상식당/수상공연장/기름 저장 해상구조물 및 폐기물 저장 해상구조물 이외의 수상구조물

대분류	검사증서상 용도 표기 방법	영문표기	설 명
기타선 (36종)	기타선 (예인선 및 작업선)	Other Ship (Tug and Work)	예인선 및 작업선 설비가 있는 선박
	기타선 (예인선)	Other Ship (Tug)	예인업무를 전용으로 하는 선박
	기타선 (압항예선)	Other Ship (Intergrated Pusher Tug)	압항설비를 가진 예인선
	기타선 (예인선 겸 방제선)	Other Ship (Tug and Oil Recovery)	예인 및 방제 겸용선
	기타선 (도선)	Other Ship (Ferry)	유선 및 도선사업법을 적용 받는 여객 13인 미만 도선
	기타선 (유선)	Other Ship (Leisure)	유선 및 도선사업법을 적용 받는 여객 13인 미만 유선
	기타선 (잠수정)	Other Ship (Submersible)	유선 및 도선사업법을 적용 받는 여객 13인 미만으로 잠수가 가능한 선박
	기타선 (수면비행선박)	Other Ship (WIG Craft)	여객 13인 미만 수면비행선박
	기타선 (수륙양용선박)	Other Ship (Amphibian vehicle)	여객 13인 미만 수륙양용선박
	기타선 (기타선)	Other Ship (General)	그 밖의 선박
	기타선 (플레저보트)	Other Ship (Pleasure Boat)	스포츠 또는 레크리에이션용으로 사용하는 선박길이 24미터 미만 선박(여객 13인 이상 제외)
	기타선 (요트)	Other Ship (Yacht)	플레저보트를 제외한 유도선사업법을 적용 받지 아니한 요트
	기타선 (작업선)	Other Ship (Work)	작업에 사용하는 선박
	기타선 (지도선)	Other Ship (Guide)	어업지도 등 지도업무에 사용하는 선박
	기타선 (실습선)	Other Ship (Training)	학생 등을 교육 및 실습 목적으로 사용하는 선박
	기타선 (소방선)	Other Ship (Fire Fighting)	화재진압을 주목적으로 하는 선박
	기타선 (순찰선)	Other Ship (Patrol)	개항질서 유지와 항만내 오염행위 단속 등의 업무에 사용하는 선박
	기타선 (폐기물수거선)	Other Ship (Waste)	폐기물 수거에 사용하는 선박
	기타선 (어장정화선)	Other Ship (Fishing Ground Cleaning)	어장관리법 시행령에 따라 어장정화 및 정비업에 사용하는 선박

대분류	검사증서상 용도 표기 방법	영문표기	설 명
기타선 (36종) (계속)	기타선 (탐사선)	Other Ship (Seismic)	탐사업무에 사용하는 선박
	기타선 (토사운반선)	Other Ship (Soil)	토사 운반에 사용하는 선박
	기타선 (시험조사선)	Other Ship (Research)	해양환경조사 등 업무에 사용하는 선박
	기타선 (수로측량선)	Other Ship (Hydro Survey)	수로측정 등에 사용하는 선박
	기타선 (방제선)	Other Ship (Oil Recovery)	해양오염 방제 업무에 사용하는 선박
	기타선 (청항선)	Other Ship (Water Surface Cleaner for harbour)	항만 청소업무에 사용하는 선박
	기타선 (청방선)	Other Ship (Water Surface Cleaner and Oil Recovery for harbour)	항만 청소 및 방제업무에 사용하는 선박
	기타선 (급수선)	Other Ship (Water Supply)	선박에 물을 공급하는 선박
	기타선 (항로표지선)	Other Ship (Buoy Laying)	항로표지 작업에 사용하는 선박
	기타선 (준설선)	Other Ship (Dredger)	준설업무에 사용하는 선박
	기타선 (준설 및 운반선)	Other Ship (Dredger & Carrying)	준설 및 준설토를 운반하는 선박
	기타선 (항만견학선)	Other Ship (Harbour Tour)	항만 견학 등에 사용하는 선박
	기타선 (앵커작업선)	Other Ship (Anchor)	원유선 등의 SBM 작업 시 앵커작업에 사용하는 선박
	기타선 (병원선)	Other Ship (Hospital)	낙도 등에 병원업무를 지원하는 선박
	기타선 (통선)	Other Ship (Commute)	여객 13인 미만 통학 또는 통근 업무에 사용하는 선박
	기타선 (쇄빙선)	Other Ship (Ice Breaker)	얼음이 덮여 있는 결빙해역(結氷海域)에서 수역의 얼음을 부수어 항로를 만들기 위해 사용되는 선박
	기타선 (해저케이블 가설선)	Other Ship (Cable Layer)	해저 케이블을 부설하거나 수리하기 위한 선박. 선수나 선미에 케이블 부설용, 인양용 도르래를 장비하고 있으며 케이블을 감아올리거나 풀어내는 케이블 엔진 및 케이블 탱크 등을 장착하고 있다.

* 총 106종: 여객선(10종), 화물선(17종), 유조선(10종), 부선(33종), 기타선(36종)

2. 적용범위

「선박안전법」 제3조제1항 내지[14] 제3항에서는 이 법의 적용대상 선박과 적용제외 선박에 대해 규정하고 있다. 한편, 적용대상 선박은 선박검사 대상임과 동시에 이 법에서 범죄로 규정하고 있는 행위 발생 시 수사 대상 여부를 판단하는 기준이 된다. 이와 관련한 내용은 다음에서 구체적으로 살펴보고자 한다.

가. 대한민국 국민(또는 정부)이 소유하는 선박

이 법 제3조제1항에서는 대한민국 국민 또는 대한민국 정부가 소유하는 선박에 대하여 적용하고 있으나, 예외적으로 ⅰ) 군함 및 경찰용 선박(제1호), ⅱ) 노와 상앗대만으로 운전하는 선박(제2호), ⅲ) 「어선법」 제2조제1호에 따른 어선(제2호의2), ⅳ) 앞의 ⅰ)~ⅲ) 외의 선박으로서 대통령령이 정하는 선박(제3호)에 대하여는 그러하지 아니하는 것으로 규정하고 있다. 다음은 위의 적용제외 선박에 대해 자세히 살펴보고자 한다.

첫째, 군함 및 경찰용 선박은 국방부, 국민안전처(해양안전경비본부)[15] 및 경찰청에서 보유하고 있는 선박을 말하며, 보안상의 이유로 자체 정비 · 관리하고 있다.

둘째, 노[16]와 상앗대[17]만으로 운전하는 선박은 주기관(선외기 포함)인 원동기를 설치하고 있지 아니한 '무동력선박'을 의미한다.

또한 노와 상앗대 이외 다른 장치(충전식 전기모터 등)로 추진동력을 얻는 선박도 무동력선박에 해당하므로 이 법의 적용대상에서 제외된다. 이와 관련한 내용은 다음의 {참고 2-1}에서 상세히 다루었다.

셋째, 어선은 어선관리업무의 일원화를 위하여「어선법」을 2009년 5월 27일 법률

---

14) '내지'의 의미는~부터~까지의 뜻으로 본 저서에서는 이를 병행하여 사용하였다. 이는 각각의 개별법에서 사용되고 있는 용어 그대로를 준용한 것이다.

15) 해양경찰청은 2014년 11월 19일 「정부조직법」 개정에 따라 해양수산부 외청에서 국민안전처 소속 해양경비안전본부로 재편성되었으나, 경찰직 신분을 유지하면서 현행과 같이 「선박안전법」 적용대상 제외 선박으로 규정하고 있다.

16) 노(櫓, oar): 물을 헤쳐 배를 앞으로 나가게 하는 기구를 말한다(이희승, 『국어대사전』, 민중서림, 2003, 717면).

17) 상앗대(a row pole): 배질을 할 때에, 물이 얕은 곳에서 바닥을 밀어 배를 나가게 하거나 배를 언덕에 댈 때에 쓰는 장대를 말한다(이희승, 앞의 책, 1,930면).

제9718호로 개정하면서 「선박안전법」에 규정된 어선의 설비기준 및 검사업무 등 어선관리업무에 관한 사항을 「어선법」으로 이관하여 규정함으로써 「선박안전법」에서 제외되었다.

넷째, 이 법에서는 대통령령이 정하는 선박에 대해서도 적용제외 하도록 하고 있다. 이는 같은 법 시행령 제2조제1항제1호부터 제3호까지에서 별도로 규정하고 있으며, 그 주요내용은 다음과 같다.

〈선박안전법 시행령 제2조제1항제1호부터 제3호까지와 관련한 내용〉

1. 「선박안전법 시행령」 제2조제1항제1호에서는 선박검사증서를 발급받은 자가 일정기간 동안 운항하지 아니할 목적으로 그 증서를 해양수산부장관에게 반납한 후 해당 선박을 계류(이하 "계선"이라 한다)한 경우 그 선박에 대해서는 적용제외토록 규정하고 있다.

⇒ 계선 신청은 단지 검사대상 선박에서 제외된다는 의미로 이 법에서 규정하고 있는 위법행위 당시 해당 선박을 도구로 사용한 자는 계선신청 여부에 관계없이 처벌대상이 된다.

〈계선 절차 및 기간 등〉

가. 선박의 소유자 또는 관리인(이하 이 조에서 "선박소유자등"이라 한다)은 해양수산부령으로 정하는 바에 따라 해당 선박의 계선기간 및 계선사유 등을 기재한 서류를 해양수산부장관에게 제출하도록 하고 있다(「선박안전법 시행령」 제2조제2항).

* 제출처: 선박안전기술공단 및 선급법인(이하 "대행검사기관"이라 한다)[18] ⇒ 여기서의 선급법인은 '한국선급'을 가리킨다(선급과 관련한 내용은 다음의 {참고 2-2} 참조).[19]

나. '계선사유서'에 해당 선박의 선박검사증서를 첨부하여 대행검사기간에 접수하여야 한다(「선박안전법 시행규칙」 제7조제1항).

다. 계선사유서의 계선기간은 2년 이내로 하되, 그 기간이 끝난 경우 1년 단위로 연장할 수 있다(「선박안전법 시행규칙」 제7조제2항).

* "계선" 신청(신규 또는 연장) 시에는 별도의 현장 확인절차를 생략하고 있다.

2. 「선박안전법 시행령」 제2조제1항제2호에서는「수상레저안전법」 제37조에 따른 안전검사를 받은 수상레저기구에 대해서는 적용제외토록 규정하고 있다.

〈수상레저기구 안전검사 대상〉(「수상레저안전법」 제30조제3항 및 같은 법 시행령 제22조)

가. 수상오토바이

나. 총톤수(「선박법」 제3조제1항제2호에 따른 총톤수를 말한다) 20톤 미만의 모터보트 및 세일링요트(선내기 또는 선외기 모두 포함)

다. 추진기관 30마력 이상의 고무보트(공기를 넣으면 부풀고 접어서 운반할 수 있는 고무보트는 제외)

3. 「선박안전법 시행령」 제2조제1항제3호에서는 2007년 11월 4일 전에 건조된 선박 중 다음 각 목의 어느 하나에 해당 해당하는 선박에 대해서는 적용제외토록 규정하고 있다.
   가. 추진기관 또는 범장(帆檣)이 설치되지 아니한 선박으로서 평수(平水)구역(호소 · 하천 및 항내의 수역(「항만법」에 따른 항만구역이 지정된 항만의 경우 항만구역과 「어촌 · 어항법」에 따른 어항구역이 지정된 어항의 경우 어항구역을 말한다)과 해양수산부령으로 정하는 수역(〈참고 2-17〉 참조)을 말한다. 이하 같다)안에서만 운항하는 선박. 다만, 여객운송에 사용되는 선박 등 해양수산부령으로 정하는 선박은 제외함
   나. 추진기관 또는 범장이 설치되지 아니한 선박으로서 연해구역(영해기점으로부터 20해리 이내의 수역과 해양수산부령으로 정하는 수역(〈참고 2-18〉 참조)을 말한다. 이하 같다)을 운항하는 선박 중 여객이나 화물의 운송에 사용되지 아니하는 선박. 다만, 추진기관이 설치되어 있는 선박에 결합하여 운항하는 압항부선(押航艀船) 또는 잠수선 등 특수한 구조로 되어 있는 선박으로서 해양수산부장관이 정하여 고시하는 선박은 제외함

---

18) 「선박안전법」 제67조제1항에서는 선박안전기술공단, 선급법인, 컨테이너검정등대행기관 및 위험물검사등대행기관을 대행검사기관으로 규정하고 있다. 그 밖에 선체두께 측정에 있어서는 이 법 제63조제1항에 따라 두께측정대행업체를 선정해 이를 대행하게 할 수 있도록 하고 있다.

19) 해양수산부장관은 「선박안전법」 제60조제1항 및 제2항에 따라 건조검사 · 선박검사 및 도면의 승인 등에 관한 업무를 선박안전기술공단(Korea Ship Safety Technology Authority, KST) 및 선급법인에게 대행(정부대행검사권 부여)하게 할 수 있도록 규정하고 있다. 여기에서의 선급법인은 현재 우리나라 한국선급(Korean Register of Shipping, KR)을 말하는 것으로 1975년 12월 3일 한국선급을 정부대행기관으로 지정한 이래 현재까지 이 법 적용대상 선박에 대한 정부검사업무를 대행하는 선급기관으로 한국선급만을 인정해 오고 있다. 그러나 2014년 4월 16일 발생한 세월호 사고 이후 국회 등에서 한국 선급의 독점에 따른 문제점 등이 지적되어 왔고, 이를 해소하기 위해서는 외국선급에도 정부검사 대행업무를 개방할 필요가 있다는 요구가 있어 왔다. 이에 해양수산부는 관련 업 · 단체 의견을 수렴하고 계층분석법(AHP, Analytic Hierachy Process: 다기준 의사결정 시 평가기준을 계층적 구조로 파악하여 최적대안 제시, 선급간 비용 · 기술력 · 서비스 · 공신력 등 평가) 및 제도 · 경쟁력 분석 등 연구용역을 거쳐 개방 후보 외국선급 3곳을 선정했다. 해양수산부는 2015년 10월경 관련 산업계 대표와 해사분야에 이해도가 높은 전문가가 참여하는 '정부검사업무 대행 외국선급 선정위원회'를 개최하여 용역결과 후보군으로 선정된 노르웨이 · 독일선급(DNV-GL), 영국선급(LR) 및 프랑스선급(BV) 중에서 개방 대상 1개 선급을 최종 선정할 계획을 두고 있다(해양수산부, 보도자료(2015.10.19.), 2015.11.15. 방문. 〈http://www.mof.go.kr〉).

다만, 위의 표 중에서 「선박안전법 시행령」 제2조제1항제3호가목(나목) 단서의 규정에 따른 선박은 적용제외 선박에서 배제하고 있다. 이에 해당하는 선박은 같은 법 시행규칙 제6조에 따라 ⅰ) 13명 이상의 여객운송에 사용되는 선박(제1호), ⅱ) 제3조제3호 각 목에 해당하는 기름 또는 폐기물 등을 산적하여 운송하는 선박(해상구조물)(제2호), ⅲ) 이 법 제41조에 따른 위험물을 산적하여 운송하는 선박(제3호), ⅳ) 추진기관을 가지고 있는 선박에 결합되어 운항하는 압항부선(押航艀船)(제4호), ⅴ) 잠수선 등 특수한 구조로 되어 있는 선박으로서 해양수산부장관이 정하여 고시하는 선박(제5호)으로 이상과 같이 구체적으로 언급하고 있으며, 별도의 면제 규정을 적용받고 있지 않는다.

참고로 위의 ⅴ)에서의 해양수산부장관이 고시하는 선박은 「선박안전법 적용을 받는 특수한 구조로 되어 있는 선박의 종류에 대한 고시」 제3조를 따르고 있다.[20)]

---

20) 「선박안전법 적용을 받는 특수한 구조로 되어 있는 선박의 종류에 대한 고시」 제3조(특수한 구조로 되어 있는 선박) 「선박안전법 시행규칙」 제6조제5호의 특수한 구조로 되어 있는 선박이란 항타기 또는 지반개량장비가 설치된 선박 중 건설기계관리법령에 의한 안전도검사를 받지 않은 부선을 말한다. 여기에서의 항타기, 지반개량장비 및 안전도검사에 대한 정의는 이 고시 제2조에서 다음의 각 호와 같이 정의하고 있다.

1. "항타기"란 「건설기계관리법 시행령」 [별표 1]의 제23호에 따른 항타기(원동기를 가진 것으로 헤머 또는 뽑는 장치의 중량이 0.5톤 이상인 것)를 말한다. (* 참고로 항타기는 건설기계로 분류되어 「선박안전법 시행규칙」 제4조에 따른 선박시설에 포함하고 있지 않으므로 선박검사 대상에서 제외하고 있음)
2. "지반개량장비"란 시멘트 혼합장비(Deep Cement Mixing Method 장비), 모래 다짐장비(Sand Compaction Pile장비) 등 항타기와 유사한 형태의 지반개량을 목적으로 하는 장비를 말한다.
3. "안전도검사"란 「건설기계관리법 시행규칙」 [별표 8]의 제6호다목에 따라 선박안전기술공단 또는 한국선급(이하 "선박검사기관"이라 한다)이 실시하는 검사 또는 선박검사기관이 실시하는 이와 동등한 수준의 검사를 말한다.

   * 참고로 「건설기계관리법」 제2조제1항제1호 및 같은 법 시행령 제2조에 따른 [별표 1]에서는 건설기계의 범위에 대해 규정하고 있으며, 여기에는 불도저, 굴삭기 등과 같은 육상작업용 건설기계 이외 수상작업용 건설기계(자갈채취기, 준설선에 한함)를 포함하고 있다. 반면, 이 고시에서 규정하고 있는 항타기 등을 설치한 항타선(pile driving boat, 杭打船)은 수상작업용 건설기계와 유사한 작업환경을 가지고 있으나, 「선박안전법」 적용대상 선박으로 구분하고 있다. 한편, 자갈채취기 및 준설선의 범위는 건설기계관리법 시행령 제2조 [별표 1] 24호 및 25호에서 각각 다음과 같이 규정하고 있다. ⅰ) 자갈채취기: 자갈채취 장치를 가진 것으로 원동기를 가진 것, ⅱ) 준설선(浚渫船): 펌프식·바켓식·딧퍼식 또는 그래브식으로 비자항식인 것. 다만, 해상화물운송에 사용하기 위하여 「선박법」에 따른 선박으로 등록된 것은 제외한다(아래의 그림 참조).

한편, 「선박안전법 시행령」 제2조제3항에서는 같은 조 제1항제3호가목 본문 또는 나목 본문에 해당하는 적용제외 선박으로서 이 법의 적용을 받으려는 선박의 선박소유자 등은 해당 선박에 대하여 이 법 제7조제4항에 따른 별도건조검사[21]를 받도록 하고 있으며, 별도건조검사와 관련해서는 뒤에서 구체적으로 다루고자 한다.

다음은 앞서 언급한 선박의 추진기관인 주기관(원동기)과 관련해서 자세히 살펴보면 다음과 같다.

〈건설기계관리법 적용〉

자갈채취기

준설선(비자항식에 한함)

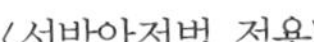

〈선박안전법 적용〉

항타선(건설기계로 분류되는 좌측의 항타기를 설치한 선박)

21) "별도건조검사"는 외국에서 수입되는 선박 등 「선박안전법」 제7조제1항의 규정에 따른 건조검사를 받지 아니하는 선박에 대하여 건조검사에 준하는 검사로서 해양수산부령이 정하는 검사를 말한다(「선박안전법」 제7조제4항).

{참고 2-1} 주기관(추진기관)의 정의 및 허용 범위

주기관(추진기관)은 선박의 주된 추진력을 얻기 위한 원동기를 말한다(「선박기관기준」 제2조제2호[22]). 여기에서의 원동기는 천연적(자연적)으로 축적된 에너지(석탄 · 석유 · 수력 · 풍력 · 지열 · 조력 · 원자력 · 태양열 등)를 기계적 에너지로 바꿔서 다른 기계류를 운전(구동)하는 장치 즉, 자연의 에너지를 기계적 에너지로 바꾸는 설비(장치)를 의미한다. 따라서 사람의 힘(인력)에 의해 추진되는 선박(페달식 추진 선박 등)이나 선박 내부에 천연(자연) 에너지를 저장할 수 있는 설비(연료유탱크 등)를 갖추지 아니하고 육상에 특정 설비(충전시설 등)에 의해 에너지원을 공급받아 추진하는 선박(충전식 전기모터 추진 선박 등) 등은 선박에서의 추진력을 얻기 위한 주기관으로 간주하지 않는다.[23] 다시 말해서 이와 같은 페달식 · 충전식 전기모터 추진방식의 선박은 「선박안전법」 제3조제1항제2호에 따라 이 법에서 적용제외 선박으로 구분하고 있는 '노와 상앗대만으로 운전하는 선박'과 동일하게 무동력선으로 취급한다.

한편, 「선박안전법」이 2007년 1월 3일 법률 8221호로 개정되기 이전 선박에서의 추진기관은 선체 내부에 고정되어 장착된 것(일명, 선내기)만을 인정하였으며, 선박의 선체 외부에 붙일 수 있는 추진기관으로서 선박의 선체로부터 간단한 조작에 의하여 쉽게 떼어낼 수 있는 '선외기'는 추진기관으로 인정하지 않았다.

따라서 선외기 장착 선박은 실질적으로는 기선(기관을 사용하여 추진하는 선박, 機船)에 해당함에도 불구하고 무동력선으로 취급을 받아 총톤수 5톤 미만의 선박에 선외기가 장착된 경우에는 이 법의 적용대상에서 제외되었다. 하지만 해상에서의 안전항해를 위하여 선박검사대상에서 제외되었던 선외기 장착 선박에 대해 선박의 감항성을 확보하고 최소한의 안전기준을 지키도록 하기 위한 일환으로 선외기 장착 선박을 이 법의 적용대상 선박에 포함시키면서 선외기도 주기관으로 취급하게 되었다.[24]

이와 관련해서는 해양레저활동의 발달에 따른 안전관리 강화를 위하여 모터보트와 같이 기관(機關)을 선체 밖에 설치하는 수상레저기구를 기선에 포함시켜 등록 · 관리하는 것을 주요내용으로 한 「선박법」이 2007년 8월 3일 법률 제8621호로 개정되면서 이 법에서 규정하고 있는 기선의 범위에 '선체 밖에 기관(선외기)을 붙인 선박으로서 그 기관을 선체로부터 분리할 수 있는 선박'을 포함하게 되었다(「선박법」 제1조의2제1항제1호).

---

22) 「선박기관기준」 제2조(정의)제2호 "주기관"이라 함은 선박의 주된 추진력을 얻기 위한 원동기를 말하며 전기추진장치를 갖는 선박에서는 발전기를 구동하는 원동기를 유압모터에 의하여 추진되는 선박에서는 당해 유압펌프를 구동하는 원동기(전동유압펌프인 경우에는 당해 발전기를 구동하는 원동기)를 말한다.

23) 반면, 현행 「축전지 추진어선의 설비기준」 제2조 및 제3조에 따라 총톤수 10톤 미만의 어선에는 재충전이 가능한 추진용 축전지를 이용하여 추진축을 구동하는 전동기에 의한 추진방식을 허용하고 있으나, 이는 「어선법」에서 정의하고 있는 어선(총톤수 10톤 미만)에만 해당하는 것으로 「선박안전법」 적용대상 선박을 포함하고 있지 않다.

그 밖에 선박의 추진(기관)과 관련해서 추가적으로 살펴보면, 범선은 주로 돛(sail)을 사용하여 추진하는 선박으로서 범선의 추진에 관계되는 기관(선내기 또는 선외기)은 주기관이 아니며, 보조수단으로 사용되고 있다. 한편, 「선박법」 제1조의2제1항제2호[25] 및 「해사안전법」 제2조제10호[26] 등에서는 돛을 추진설비인 주기관(풍력 에너지원을 이용)으로 규정하고 있으므로 별도의 원동기(기계적 설비)가 설치되어 있지 않더라도 「선박안전법」의 적용을 받는다.

참고로 기관설비와 선원실 등을 갖추지 않으며 순전히 바람의 힘만을 이용해서 항해하는 딩기(dinghy)요트(대부분 2톤 미만)는 범선과 추진방식(풍력)은 동일하나, 「범선의 구조 및 설비 등에 관한 기준」을 만족하고 있지 못하므로 「선박안전법」의 적용대상에서 제외하고 있다. 따라서 딩기요트를 이용하여 이 법에 따른 위반행위를 한 경우에는 처벌대상이 되지 않는다.[27]

---

24) 박영선, 앞의 책, 73면.

25) 「선박법」 제1조의2(정의)제1항제2호에서는 "범선"에 대해 돛을 사용하여 추진하는 선박(기관과 돛을 모두 사용하는 경우로서 주로 돛을 사용하는 것을 포함한다)으로 규정하고 있다.

26) 「해사안전법」 제2조(정의)제10호 "범선"(帆船)이란 돛을 사용하여 추진하는 선박을 말한다. 다만, 기관을 설치한 선박이라도 주로 돛을 사용하여 추진하는 경우에는 범선으로 본다.

27) 우리나라 선박은 「선박법」에 의해 등록된 선박에 한해서 「선박안전법」에 따른 검사업무를 집행하고 있으므로, 원칙적으로는 선등록(수행기관: 지방청) · 후검사(수행기관: 선박안전기술공단 및 선급법인) 제도를 수용하고 있다. 하지만 「선박법」 및 「선박안전법」은 각각 선박의 등록 및 검사사항에 관해 규정하고 있는 개별법으로 비록 등록 가능한 선박(「선박법」 적용대상 선박)이라 할지라도 검사집행이 불가한 선박이 발생할 수 있는 반면, 등록대상 선박은 아니나 검사대상 선박(「선박안전법」 적용대상 선박)은 될 수 있다. 따라서 선박 등의 운영과 관련한 위법행위에 있어 「선박안전법」상의 처벌규정을 적용하는데 있어서는 다음과 같은 검토가 필요하다. 가령, ⅰ) 수상오토바이 및 고무보트는 「선박법」으로 등록은 가능하나, 「선박안전법」에 따른 검사기준(해양수산부 고시) 부재로 등록여부에 관계없이 검사집행(다만, 「수상레저안전법」에 따른 검사는 가능)을 할 수 없으므로 「선박안전법」을 적용할 수 없다. ⅱ) 그 밖에 「선박법」 제26조에서는 ㉮ 총톤수 5톤 미만인 범선 중 기관을 설치하지 아니한 범선(제2호), ㉯ 총톤수 20톤 미만인 부선(제3호), ㉰ 총톤수 20톤 이상인 부선 중 선박계류용 · 저장용 등으로 사용하기 위하여 수상에 고정하여 설치하는 부선(제4호), ㉱ 「건설기계관리법」 제3조에 따라 건설기계로 등록된 준설선(浚渫船)(제7호)은 「선박법」의 적용제외 선박으로 규정하고 있는 반면, 「선박안전법」의 적용을 받도록 하고 있다. 여기에서 준설선은 자항식과 비자항식으로 구분하고 있으며, 「선박법」에서는 자항식 및 비자항식 모두를 등록대상으로, 「건설기계관리법」에서는 비자항식에 한해 적용하고 있어 해당 소유자가 비자항식 준설선을 「건설기계관리법」을 등록하지 않을 경우 「선박법」으로 등록하여 「선박안전법」으로 적용받도록 하고 있다. 이상의 내용을 정리하면, 선박의 구조 및 형태를 가지고 물 위에서 항해하는 것에 대한 위법행위 여부를 판단하기 위해서는 「선박안전법」 및 「선박법」 등 관련 개별법에서 규정하고 있는 적용대상의 상호관계를 우선 파악하는 것이 중요하다. 참고로 「선박법」 적용제외 선박 중 「선박안전법」의 적용을 받는 선박에 대한 선박검사 처리와 관련해서는 '유류저장부선 등의 안전도 검사기준'을 준용하여 선박검사를 하도록 하고 있다(국토해양부 해사기술과-2372호, 2009.12.10.).

{참고 2-2} 선급(船級, classification)의 개념

〈선급(Classification society)의 유래〉

• 해상무역에 사용되는 선박의 보험가입을 위하여 선박 안전성(감항성) 등 상태를 검사하여 선박의 안전등급*을 분류하던 일에서 유래

– 해상무역 초기 노후선박 침몰 등으로 보험금 손실 발생, 보험사 · 무역업자는 손해를 줄이기 위해 선박 안전성을 최우선으로 고려

* 선박의 등급을 부여하는 것은 아니며, 보험 가입 또는 할인 여부를 판정

〈선급의 역할 및 지위〉

• 보험대상 선박을 선주, 보험사가 아닌 제3자적 위치에서 평가하는 기관

• 선박건조 및 선체구조 관련 기술력을 축적한 민간기술단체로 발전

– 현재는 각국 정부도 공신력을 인정, 자국 선박에 대한 정부검사업무를 선급에 대행(한국선급도 세계 66개국의 정부검사권을 위임 받음)

* 대부분 정부가 선급에 정부검사를 대행시키고 있으며, 국제협약(해상에서의 인명안전을 위한 국제협약 등)에서도 선급의 정부검사 대행을 인정하고 있음

〈세계 선급 현황〉

• 세계 각국에 100여개의 선급이 있으나, 기술력과 공신력을 확보한 12개 선급(국제선급연합회)이 중추적 역할 수행(세계 선급시장의 97% 점유)

– 국제선급연합회(International Association of Classification Societies, IACS)는 회원선급에 대해 주기적인 심사를 통해 품질시스템 검증

⇒ 국제선급연합회(IACS) 회원선급 현황과 관련해서는 다음의 표 참조

〈국제선급연합회(IACS) 회원선급 현황〉

국가	선급	국가	선급	국가	선급
노르웨이 · 독일	노르웨이 · 독일선급 (DNV · GL)	프랑스	프랑스선급(BV)	러시아	러시아선급(RS)
일본	일본선급(NK)	한국	한국선급(KR)	인도	인도선급(IRS)
미국	미국선급(ABS)	중국	중국선급(CCS)	폴란드	폴란드선급(PRS)
영국	영국선급(LR)	이탈리아	이탈리아선급(RINA)	크로아티아	크로아티아선급(CRS)

출처: 해양수산부, 보도자료(2015.10.19.) 발췌, http://www.mof.go.kr

나. 외국선박으로서 대통령령이 정하는 선박

외국선박으로서 다음의 선박에 대하여는 대통령령이 정하는 바에 따라 이 법의 전부 또는 일부를 적용하도록 하고 있으며(법 제3조제2항), 이와 관련해서는 같은 법 시행령 제3조(외국선박에 대한 법의 적용범위)[28]에서 별도로 규정하고 있다.

해당 선박으로는 ⅰ) 「해운법」 제3조제1호 및 제2호의 규정에 따른 내항정기여객운송사업 또는 내항부정기여객운송사업에 사용되는 선박(법 제3조제2항제1호)[29], ⅱ) 「해운법」 제23조제1호에 따른 내항화물운송사업에 사용되는 선박(법 제3조제2항제2호)[30], ⅲ) 국적취득조건부나용선(國籍取得條件附裸傭船, Bare Boat Charter Hire Purchase, BBCHP)(법 제3조제2항제3호)[31]이 있다.

---

28) 「선박안전법」 제3조제2항에 따라 외국선박에 대한 이 법의 적용범위는 같은 법 시행령 제3조에서 다음과 같이 규정하고 있다. 법 제4조(선박시설 기준의 적용), 법 제5조(국제협약과의 관계), 법 제6조(선박의 검사 등에의 참여 등), 법 제7조(건조검사), 법 제8조(정기검사), 법 제9조(중간검사), 법 제10조(임시검사), 법 제11조(임시항해검사), 법 제13조(도면의 승인 등), 법 제14조(검사의 준비 등), 법 제15조(선박검사 후 선박의 상태유지), 법 제16조(선박검사증서 및 국제협약증서의 유효기간 등), 법 제17조(선박검사증서 등이 없는 선박의 항해금지 등), 법 제18조(형식승인 및 검정)제6항, 법 제20조(지정사업장의 지정)제3항, 법 제22조(예비검사), 법 제26조(선박시설의 기준), 법 제27조(만재흘수선의 표시), 법 제28조(복원성의 유지), 법 제29조(무선설비), 법 제30조(선박위치발신장치), 법 제31조(선장의 권한), 법 제32조(항해용 간행물의 비칭), 법 제33조(조타실의 시야확보 등), 법 제34조(하역설비의 확인 등), 법 제35조(하역설비검사기록 및 비치), 법 제36조(화물정보의 제공), 법 제37조(유독성가스농도 측정기의 제공 등), 법 제38조(소독약품 사용에 따른 안전조치), 법 제39조(화물의 적재 · 고박방법 등), 법 제40조(산적화물의 운송), 법 제41조(위험물의 운송), 법 제41조의2(위험물 안전운송 교육 등), 법 제42조(유조선 등에 대한 강화검사), 법 제43조(예인선에 대한 예인항해검사), 법 제44조(고인화성 연료유 등의 사용제한), 법 제60조(검사등업무의 대행)제1항 · 제2항, 법 제71조(특별검사), 법 제72조(재검사 등), 법 제73조(선급법인의 선박검사), 법 제74조(결함신고에 따른 확인 등), 법 제75조(보고 · 자료제출명령 등), 법 제76조(선박검사관), 법 제77조(선박검사원), 법 제80조(수수료), 법 제83조(벌칙)부터 제86조(벌칙)까지, 법 제88조(벌칙의 적용) 및 법 제89조(과태료)

29) 「해운법」 제3조(사업의 종류) 해상여객운송사업의 종류는 다음과 같다.
1. 내항정기여객운송사업: 국내항[해상이나 해상에 접하여 있는 내륙수로에 있는 장소로서 상시(常時) 선박에 사람이 타고 내리거나 물건을 싣고 내릴 수 있는 장소를 포함한다. 이하 같다]과 국내항 사이를 일정한 항로와 일정표에 따라 운항하는 해상여객운송사업
2. 내항부정기여객운송사업: 국내항과 국내항 사이를 일정한 일정표에 따르지 아니하고 운항하는 해상여객운송사업

30) 「해운법」 제23조(사업의 종류)제1호에서는 "내항화물운송사업"을 국내항과 국내항 사이에서 운항하는 해상화물운송사업으로 규정하고 있다.

31) 「선박안전법」 제2조(정의)제18호 "국적취득조건부나용선"이란 나용선(裸傭船) 기간 만료 및 총나용

다만, 이 법 제68조(항만국통제)[32]의 규정은 모든 외국선박에 대하여 이를 적용한다(법 제3조제2항 단서).[33]

다. 기타 대통령령이 정하는 선박

이 법의 적용대상 선박 중 다음의 선박에 대하여는 대통령령이 정하는 바에 따라 이 법의 전부 또는 일부를 적용하지 아니하거나 이를 완화하여 적용하도록 하고 있다(법 제3조제3항). 여기에서 대통령령이 정하는 바는 같은 법 시행령 제4조(협정체결에 따른 적용배제 등)에서 별도로 규정하고 있다.

i) 대한민국 정부와 외국 정부가 이 법의 적용범위에 관하여 협정을 체결한 경우의 해당 선박(법 제3조제3항제1호), ii) 조난자의 구조 등 해양수산부령이 정하는 긴급한 사정이 발생하는 경우의 해당 선박(법 제3조제3항제2호), iii) 새로운 특징 또는 형태의 선박을 개발할 목적으로 건조한 선박을 임시로 항해에 사용하고자 하는 경우의 해당 선박(법 제3조제3항제3호), iv) 외국에 선박매각 등을 위하여 예외적으로 단 한번의 국제항해[34]를 하는 선박(법 제3조제3항제4호)이 해당된다.[35] 다음은 이와 관

선료 완불 후 대한민국 국적을 취득하는 매선(買船) 조건부 나용선을 말한다. 한편, 선박의 건조에는 막대한 자본이 투여되는 경우가 많기 때문에 일시에 선박건조자금을 조달하기 어려운 경우에 일반적으로 이루어지며 용선료에 선박대금을 포함시켜, 용선기간 만료 시에 소유권을 이전 받는 특징을 보이고 있다(공길영, 『선박항해용어사전』, 한국해양대학교. 〈네이버검색사이트〉).

32) 「선박안전법」 제68조(항만국통제) ① 해양수산부장관은 외국선박의 구조 · 시설 및 선원의 선박운항지식 등이 대통령령이 정하는 선박안전에 관한 국제협약에 적합한지 여부를 확인하고 그에 필요한 조치(이하 "항만국통제"라 한다)를 할 수 있다. 한편, 항만국통제(Port State Control, PSC)는 자국 항만에 입항하는 외국 선박에 대하여 선박 안전에 관한 각종 국제기준의 준수 여부 등을 점검하는 것으로 선박에 대한 기국주의(旗國主義)의 예외사항이며, 연안국의 자위책(自慰策)이 제도화된 것이다. 그 밖에 「선원법」 제132조(외국선박에 대한 점검)에서도 관련 내용을 규정하고 있다.

33) 「선박안전법」이 1961년 12월 30일 법률 919호로 제정 당시 제14조에서는 외국선박에 대해 이 법의 전부 또는 일부를 준용하는 규정을 두고 있었으며, 이에 대한 세부 적용범위는 같은 법 시행령이 1970년 10월 8일 대통령령 제5355호로 전부개정 되면서 처음으로 반영(제50조, 외국선박에 대한 법의 준용범위)되었다. 이후 국적취득조건부나용선에 대한 안전성을 확보하기 위하여 국적취득조건부나용선을 법의 적용대상에 포함시키는 등의 내용으로 「선박안전법」이 2009년 12월 29일 법률 제9871호로 개정됨에 따라 국적취득조건부나용선 등 외국선박에 대한 「선박안전법」의 적용범위에 국제협약에 관한 사항을 추가하고, 안전운송에 관한 교육 의무를 위반한 자 등에 대한 과태료의 부과기준을 정하는 한편, 그 밖에 현행제도의 운영상 나타난 일부 미비점을 개선 · 보완하여 규정하고 있다(법제처, 법률검색, 2015.6.2. 방문. 〈http://www.law.go.kr〉).

련한 내용을 중심으로 자세히 살펴보고자 한다.

첫째, 대한민국 정부와 외국 정부가 이 법의 적용범위에 관하여 협정을 체결한 경우의 해당 선박은 이에 대하여 적용되는 국가상호 간 협정의 내용에 따르도록 하고 있으며, 별도의 구체적인 내용을 언급하고 있지 않다.

일반적으로 협정(agreement, 協定)은 정부가 행정권에 속하는 사항에 대하여 입법부의 동의 없이 단독으로 외국정부와 맺는 약정(約定: 정부간협정)을 말한다. 다시 말해서 국제법상 실질적 의의의 조약에 해당하는 하나의 명칭이기도 하다.

또한 다른 한편에서는 중요한 정치적 조약에서 협정이라는 명칭을 사용하기도 하며, 이와 같이 중요한 협정은 각국 헌법의 규정에 따라 다르지만, 입법부의 동의를 얻도록 하고 있는 것이 일반적이다.[36)]

한편, 「대한민국헌법」 제6조제1항에서는 '헌법에 의하여 체결 · 공포된 조약과 일반적으로 승인된 국제법규는 국내법과 같은 효력을 가진다'고 규정하고 있다.

여기에서 현행 우리나라 「선박안전법」은 국제기준인 [「해상에서의 인명안전을 위한 국제협약」(International Agreement for Safety of Human Life at Sea, SOLAS 협약)]을 수용한 것으로 이 협약이 개정되면 원칙적으로 이를 수용하기 위한 정식절차를 거쳐 국내법과 동일한 효력을 가지도록 한다.

---

34) 국제항해: 한 나라에서 다른 나라의 항구에 이르는 항해 또는 그 반대의 항해를 말한다(「선박안전법 시행규칙」 제2조제4호). 한편, 「선박안전법 시행령」 제6조제1항제3호에서는 국제항해구역을 항해하는 선박 중 항해를 시작하는 항구부터 최종 목적지의 항구까지의 항해거리 또는 항해를 시작한 항구로 회항할 때까지의 항해거리가 1천해리를 넘지 아니하는 항해를 짧은 거리의 항해로 규정하고 있다. 이는 일명 "단거리 국제항해"로 정의하기도 한다.

35) 「선박안전법 시행령」 제4조(협정체결에 따른 적용배제 등) ① 법 제3조제3항에 따라 법의 전부 또는 일부를 적용하지 아니하거나 이를 완화하여 적용하는 사항은 다음 각 호의 구분에 따른다.
1. 법 제3조제3항제1호의 선박: 해당 선박에 대하여 적용되는 협정의 내용에 따른다.
2. 법 제3조제3항제2호의 선박: 법 제17조제2항을 적용하지 아니한다.
* 법 제17조(선박검사증서등이 없는 선박의 항해금지 등) ② 누구든지 선박검사증서 등에 기재된 항해와 관련한 조건을 위반하여 선박을 항해에 사용하여서는 아니된다.
3. 법 제3조제3항제3호의 선박: 법의 전부를 적용하지 아니한다.
4. 법 제3조제3항제4호의 선박: 법 제2조제2호의 선박시설에 관한 규정을 완화하여 적용한다.
② 해양수산부장관은 제1항제1호 및 제4호에 따라 법의 전부 또는 일부를 적용하지 아니하거나 이를 완화하여 적용하는 경우 그 내용을 해양수산부령으로 정하는 바에 따라 공고하여야 한다.

36) 네이버, 지식백과, 2015.5.2. 방문. 〈http://terms.naver.com〉

따라서 「선박안전법」은 「대한민국헌법」 제6조제1항 중 "헌법에 의하여 체결·공포된 조약"에 해당된다 할 것이다.[37]

그 밖에 「선박안전법」 제5조에서는 '국제항해에 취항하는 선박의 감항성 및 인명의 안전과 관련하여 국제적으로 발효된 국제협약의 안전기준과 이 법의 규정내용이 다른 때에는 해당 국제협약의 효력을 우선한다. 다만, 이 법의 규정 내용이 국제협약의 안전기준보다 강화된 기준을 포함하는 때에는 그러하지 아니하다'고 규정하고 있어 무조건적으로 국제협약이 우선시 되는 문제점을 보완하고 있다.

둘째, 조난자의 구조 등 해양수산부령이 정하는 긴급한 사정이 발생하는 경우의 해당 선박에 대해서는 선박검사증서에 기재된 조건을 위반하여도 이에 대한 제재조치를 면제하고 있다.

여기에서의 "해양수산부령이 정하는 긴급한 사정이 발생하는 경우"란 ① 전쟁 또는 천재지변 등으로 조난자의 구조를 위하여 이 법 제8조제2항에 따른 최대승선인원을 초과하는 경우, ② 황천(荒天)[38] 그 밖의 불가항력으로 이 법 제8조제2항에 따른 항해구역을 벗어나는 경우로 이는 같은 법 시행규칙 제8조(적용완화)에서 규정하고 있다.

셋째, 새로운 특징 또는 형태의 선박을 개발할 목적으로 건조한 선박을 임시로 항해에 사용하고자 하는 경우에는 이 법의 전부를 적용하지 아니하는 것으로 규정하고 있다. 인류는 새로운 기술개발을 통하여 많은 발전을 거듭하였으며, 선박분야에서도 다양한 시도가 이루어지고 있다. 따라서 새로운 특징 또는 형태의 선박을 개발할 목적으로 건조한 선박을 기존의 규정에 국한해서 제한적으로 적용한다면 새로운 시도를 통한 신기술의 개발은 어려울 것이므로 이는 이에 대한 보완책으로 마련된 규정이다.[39]

---

37) 반면, '일반적으로 승인된 국제법규'는 별도의 승인절차 없이 세계 다수국가에서 수용하고 있는 국제규범을 말한다(박영선, 앞의 책, 100~103면).

38) 황천(荒天)은 비바람이 심한 날씨로 일컫는다(이희승, 앞의 책, 4,474면).

39) 「SOLAS 협약」 부속서 제1장 제4규칙(b)에서는 연구목적을 위하여 주관청은 전혀 새로운 특징의 선박에 대하여 선박의 구조(제2-1장 및 제2-2장), 구명설비(제3장) 및 무선통신(제4장)에 관한 규정을 면제할 수 있도록 허용하고 있다. 또한 이러 허용한 주관청은 그 내용을 다른 나라에서 회람할 수 있도록 국제해사기구(International Maritime Organization, IMO)에 통보하도록 하고 있다. 여기에서

넷째, 외국에 선박매각 등을 위하여 통상 국제항해에 취항하지 아니하는 선박이 예외적으로 단 한 번의 국제항해를 하고자 할 경우에는 이 법 제2조제2호의 선박시설에 관한 규정을 완화하여 적용하도록 하고 있다.

이는 단 한 번의 국제항해를 위해 「SOLAS 협약」에서 규정하고 있는 모든 안전기준을 만족해야 하는 불합리한 점을 해소하기 위한 조치로, 특히 연안에서 항해하도록 허용하고 있는 선박이 충족해야 하는 구조 등과 관련한 규정(복원성 및 구획기준 등)은 국제항해 선박과 많은 차이를 보인다.

한편, 이에 따라 단 한 번의 국제항해를 하고자 하는 선박은 주관청(우리나라의 경우 해양수산부)이 적당하다고 인정하는 최소한의 안전요건을 갖추어야 한다.[40]

Ⅲ. 선박안전법 관련 법령 부칙

여기서는 앞서 언급한 바와 같이 선박안전법 관련 법령(법 · 시행령 · 시행규칙) 제 · 개정이 있을 경우 법률의 시행일 및 경과조치에 대해 규정하고 있는 부칙 조항 중 최근 개정된 법령을 중심으로 "선박등"의 운영과 관련해서 해당 범죄수사 시 검토되어야 하는 주요부칙 조항을 중심으로 살펴보았으며, 다음의 〈표 2-3〉~〈표 2-5〉와 같다.

이는 이 법에서 규정하고 있는 위법행위에 대한 법 적용 시점을 적용하는데 있어 중요한 사항이므로 범죄수사에 있어 반드시 검토되어야 한다. 한편, 이와 관련한 내용은 이후 제시하고자 하는 「어선법」, 「낚시 관리 및 육성법」, 「수상레저안전법」 및 「유선 및 도선 사업법」에서도 동일한 범위에서 살펴보고자 한다.

의 "주관청"이라 함은 선박이 그 국가의 국기를 게양할 자격을 가진 국가의 정부를 말한다(SOLAS 협약 제1장 제2규칙(b)).

40) 참고로 「국제선박톤수측정협약」에서는 「SOLAS 협약」과는 달리 이와 같은 예외 규정을 두고 있지 않다(박영선, 앞의 책, 99면).

〈표 2-3〉 선박안전법 주요부칙 조항

부 칙	주요내용
선박안전법〈법률 제8221호, 2007.1.3.〉	**제1조(시행일)** 이 법은 공포 후 10개월이 경과한 날부터 시행한다. 다만, 제3조제2항제3호의 개정규정과 법률 제8221호 선박안전법 전부개정법률 부칙 제7조의 개정규정은 2010년 11월 4일부터 시행한다(단서는 2009년 12월 29일 개정된 내용임).
	제2조(추가적용선박에 대한 적용례 등)41) ① 제3조제1항의 개정규정에 따라 새로이 이 법의 적용대상이 되는 총톤수 2톤 미만의 선박, 총톤수 5톤 미만의 선박으로서 추진기관을 설치하지 아니한 선박, 총톤수 5톤 미만의 범선 및 부유식해상구조물(이하 이 조에서 "추가적용선박"이라 한다)은 2008년 10월 1일 이후 건조되는 선박부터 이를 적용한다. ② 제1항의 규정에 불구하고 2008년 10월 1일 전에 건조되었거나 건조에 착수된 추가적용선박에 대하여는 다음 각 호의 기준에 의한 날부터 이를 적용한다. 1. 길이 7미터 이상: 2009년 4월 1일 2. 길이 6미터 이상 7미터 미만: 2010년 4월 1일 3. 길이 6미터 미만: 2011년 4월 1일 ③ 제2항의 각 호의 규정에 따른 추가적용선박은 제7조제1항의 개정규정에 따른 건조검사는 이를 받은 것으로 본다.
	제3조(조타실의 시야확보에 관한 적용례) 제33조제1항의 개정규정은 이 법 시행 후 건조계약을 체결하는 선박부터 적용한다.
	제4조(하역설비의 검사대상에 관한 적용례) 이 법 시행당시 종전의 규정에 따라 하역장치 및 하역장구에 대한 제한하중 등의 지정이 면제되었던 선박은 이 법 시행 후 최초로 정기검사 또는 제1종 중간검사를 받는 분부터 제34조제1항의 개정규정을 적용한다.
	제5조(유독성가스농도 측정기의 제공 등에 관한 적용례) 제37조 및 제42조의 개정규정은 이 법 시행 후 최초로 정기검사 또는 제1종 중간검사를 받는 분부터 적용한다.
	제6조(일반적 경과조치) 이 법 시행당시 종전의 규정에 따라 행정기관이 행한 처분 그 밖의 행위 또는 행정기관에 대한 각종 신청 그 밖의 행위는 그에 해당하는 이 법에 따른 행정기관의 행위 또는 행정기관에 대한 행위로 본다.
	제7조 삭제 〈2009.12.29〉 * 이 법이 2007년 1월 3일 전면개정 되면서 부칙 제7조(외국선박에 관한 경과조치)에서는 "이 법 시행당시 종전의 규정에 따라 한국선박을 소유할 수 있는 자가 차용한 선박으로서 이 법 시행지와 그 밖의 지역 간의 항행에 종사하는 외국선박(국적취득조건부나용선)은 제3조제2항의 개정규정에 불구하고 이 법 시행 후 3년이 경과한 날까지 종전의 규정에 따른다"고 규정됨. 하지만 국적취득조건부나용선에 대한 선박안전성을 확보하기 위하여 이 법의 적용범위에 이를 포함시키는 것으로 개정(법률 제9871호, 2009.12.29.) 되면서 해당 부칙 제7조는 기존 법률 제8221호 부칙에서 삭제됨.

41) 추가적용선박에 대한 검사유예 기간은 길이별로 구분하고 있으나, 2013년 3월 31일 이후 모든 대상 선박의 적용기간이 만료되면서 이 기간까지 검사를 받지 아니하고 운항 할 경우 위법행위에 해당된다. 참고로 여기에서의 추가적용 선박 중 '총톤수 5톤 미만의 선박으로서 추진기관을 설치하지 아니한 선박'은 단지 무동력 선박만을 의미하는 것은 아니며, 추진기관으로 취급받고 있지 못한 기관설비(선외기 등)를 장착한 선박을 포함하고 있다. 이와 관련한 내용은 앞의 [참고 2-1]에서 자세히 설명하

부 칙	주요내용
선박안전법 〈법률 제8221호, 2007.1.3.〉 (계속)	**제8조(건조검사 등에 관한 경과조치)** ① 이 법 시행당시 종전의 규정에 따라 제조검사를 받은 경우에는 이 법에 따른 건조검사를 받은 것으로 본다. ② 이 법 시행당시 종전의 규정에 따라 선박의 설계도서에 대한 심사를 받은 경우에는 이 법에 의한 도면의 승인을 얻은 것으로 본다. ③ 이 법 시행당시 종전의 규정에 따라 선박의 검사를 받은 경우에는 이 법에 따른 선박검사 및 국제항해검사를 받은 것으로 본다. ④ 이 법 시행당시 종전의 규정에 따라 우수사업장의 인정을 받은 경우에는 이 법에 따른 우수사업장의 지정을 받은 것으로 본다.
	제9조(컨테이너에 관한 경과조치) 이 법 시행당시 형식승인을 얻지 아니하고 선박의 화물운송에 사용되는 컨테이너는 제23조제8항의 개정규정에 불구하고 2011년 12월 31일까지는 국제항해에 취항하지 아니하는 선박에 한하여 적재할 수 있다.
	제10조(만재흘수선 표시에 관한 경과조치) 이 법 시행당시 종전의 규정에 따라 만재흘수선 표시가 면제된 선박은 제27조의 개정규정에 불구하고 종전의 규정에 따른다. 다만, 해당 선박의 길이 · 너비 · 깊이의 변경이 있는 경우에는 그러하지 아니하다.
	제11조(복원성의 유지 등에 관한 경과조치) ① 이 법 시행당시 종전의 규정에 따라 복원성의 유지를 하는 것이 면제된 선박은 제28조의 개정규정에 불구하고 종전의 규정에 의한다. 다만, 해당 선박의 길이 · 너비 · 깊이의 변경이 있는 경우에는 그러하지 아니하다. ② 이 법 시행당시 종전의 규정에 따라 선박소유자가 선장에게 제공한 복원성자료는 제28조제2항의 개정규정에 따라 제공한 것으로 본다.
	제12조(하역설비의 확인에 관한 경과조치) 이 법 시행당시 종전의 규정에 따라 하역장치 및 하역장구에 대한 제한하중 등의 지정을 받은 경우에는 이 법에 따른 하역설비의 확인을 받은 것으로 본다.
	제15조(벌칙에 관한 경과조치) 이 법 시행 전의 행위에 대한 벌칙의 적용에 있어서는 종전의 규정에 의한다.
선박안전법 〈법률 제9871호, 2009.12.29.〉	① (시행일) 이 법은 공포한 날부터 시행한다. 다만, 제3조제2항제3호의 개정규정과 법률 제8221호 선박안전법 전부개정법률 부칙 제7조의 개정규정은 2010년 11월 4일부터 시행한다. ② (벌칙에 관한 경과조치) 이 법 시행 전의 행위에 대하여 벌칙을 적용할 때에는 종전의 규정에 따른다.
선박안전법 〈법률 제12999호, 2015.1.6.〉	**제1조(시행일)** 이 법은 공포 후 6개월이 경과한 날부터 시행한다.
	제2조(지정사업장에 대한 경과조치) 이 법 시행 당시 종전의 규정에 따라 우수사업장의 지정을 받은 경우에는 이 법에 따른 지정사업장의 지정을 받은 것으로 본다.
	제3조(검사에 관한 경과조치) 이 법 시행 당시 종전의 규정에 따라 해양수산부장관에게 검사를 신청한 경우에는 종전의 규정에 따른다.

고 있어 별도의 언급은 생략하고자 한다.

〈표 2-4〉 선박안전법 시행령 주요부칙 조항

부 칙	주요내용
선박안전법 시행령 〈대통령령 제20300호, 2007.9.28.〉	**제1조(시행일)** 이 영은 2007년 11월 4일부터 시행한다.
	제3조(대행업무의 취소 등에 관한 적용례) 제11조부터 제14조까지의 개정규정은 이 영 시행 후 최초로 취소 또는 업무정지의 사유가 발생하는 분부터 적용한다.
	제4조(지정시험기관의 지정기준 등에 관한 경과조치) 이 영 시행 당시 해양수산부장관으로부터 지정시험기관으로 지정된 기관은 제7조제1항의 개정규정에 따른 지정기준을 갖춘 것으로 본다. 다만, 이 영 시행 후 2년 이내에 이 영에 따른 지정기준을 갖추어야 한다.
선박안전법 시행령 〈대통령령 제26385호, 2015.7.6.〉	이 영은 2015년 7월 7일부터 시행한다. 다만, 제2조제1항제3호나목 단서의 개정규정은 2015년 10월 8일부터 시행한다.

〈표 2-5〉 선박안전법 시행규칙 주요부칙 조항

부 칙	주요내용
선박안전법 시행규칙 〈해양수산부령 제390호, 2007.11.23.〉 (부칙 개정 2009.7.1.)	**제1조(시행일)** 이 규칙은 공포한 날부터 시행한다.
	제3조(선체두께의 측정에 관한 적용례) 제30조제2항의 개정규정은 이 규칙 시행 후 최초로 정기검사를 받는 분부터 적용한다.
	제4조(형식승인의 취소 등에 관한 적용례) 제46조, 제53조 및 제60조의 개정규정은 이 규칙 시행 후 최초로 취소 또는 효력정지의 사유가 발생하는 분부터 적용한다.
	제5조(선박위치발신장치 설치대상 선박에 관한 적용례) 제73조의 개정 규정에 따라 선박위치발신장치를 설치하여야 하는 선박에 대하여는 다음 각 호의 기준에 따른 날부터 적용한다. 〈개정 2009.7.1〉 1. 2008년 7월 1일: 제73조제3호, 제4호(총톤수 150톤 미만) 및 제5호의 선박 2. 2009년 7월 1일: 제73조제1호나목(총톤수 150톤 미만)의 선박 2의2. 2010년 7월 1일: 제73조제1호다목의 선박 3. 공포한 날: 제1호, 제2호 및 제2호의2 외의 선박 * 제73조제1호나목의 선박: 「유선 및 도선 사업법」에 따른 유선 * 제73조제1호다목의 선박: 삭제(「낚시어선업법」에 따른 낚시어선) * 제73조제3호 선박: 여객선이 아닌 선박으로서 국제항해에 취항하지 아니하는 총톤수 500톤 이상의 선박 * 제73조제4호 선박: 연해구역 이상을 항해하는 총톤수 50톤 이상의 예선, 유조선 및 위험물산적운송선 * 제73조제5호 선박: 삭제(선박길이 45미터 이상의 어선)
	제6조(강화검사 등에 관한 적용례) ① 제80조제3항의 개정규정에 따라 강화검사를 받아야 하는 선박은 이 규칙 시행 후 최초로 정기검사 나 제1종 중간검사를 받는 분부터 적용한다. ② 제81조의 개정규정에 따라 예인선항해검사를 받아야 하는 선박은 이 규칙 시행 후 최초로 정기검사나 중간검사를 받는 분부터 적용한다. ③ 제91조의 개정규정에 따라 특별점검을 받아야 하는 선박은 이 규칙 시행 후 최초로 적용받게 되는 사유가 발생하는 분부터 적용한다.

<table>
<tr><th>부 칙</th><th>주요내용</th></tr>
<tr><td rowspan="9">선박안전법 시행규칙
〈해양수산부령 제390호, 2007.11.23.〉
(부칙 개정 2009.7.1.)
(계속)</td><td>제7조(일반적 경과조치) 이 규칙 시행 당시 종전의 규정에 따라 행정기관이 한 처분이나 그 밖의 행위 또는 행정기관에 대한 각종 신청이나 그 밖의 행위는 그에 해당하는 이 규칙에 따른 행정기관의 행위 또는 행정기관에 대한 행위로 본다.</td></tr>
<tr><td>제8조(부유식 해상구조물에 관한 경과조치) 이 규칙 시행 당시 종전의 규정에 따라 선박검사 등을 받아 온 제3조제1호 · 제3호 및 제4호의 개정규정에 따른 부유식 해상구조물은 이 규칙에 따라 선박검사 등을 받은 것으로 본다.</td></tr>
<tr><td>제9조(계선기간 등의 서류 제출에 관한 경과조치) 이 규칙 시행 전 계선 중인 선박에 대한 제7조의 개정규정에 따른 계선기간 등의 서류 제출은 이 규칙 시행 후 6개월 이내에 제출하여야 한다.</td></tr>
<tr><td>제10조(건조검사 등에 관한 경과조치) ① 이 규칙 시행 당시 종전의 규정에 따라 제조검사가 면제된 선박은 제10조의 개정규정에도 불구하고 종전의 규정에 따른다.
② 이 규칙 시행 당시 종전의 규정에 따라 설계도서의 심사가 면제된 선박은 제29조의 개정규정에도 불구하고 종전의 규정에 따른다. 다만, 제11조제2항의 개정규정에 따른 별도건조검사를 받는 경우와 선박을 개조하는 경우에는 그러하지 아니하다. 〈개정 2015.7.15.〉</td></tr>
<tr><td>제11조(별도건조검사에 관한 경과조치) 다음 각 호의 어느 하나에 해당하는 선박용기관에 대하여는 제11조제2항의 개정규정에 따른 별도건조검사 사항 중 별표 1 제2호의 개정규정에도 불구하고 이 규칙에 따라 별도건조검사를 받은 것으로 본다.
1. 도입 전 해당 외국정부 등이 실시한 검사이력을 확인할 수 있는 기관
2. 제작 및 거치한 기간이 1년 미만인 기관</td></tr>
<tr><td>제12조(도면 승인에 관한 경과조치) 법 부칙 제2조제1항에 따른 추가적용선박이 최초의 정기검사를 받는 경우에는 이 규칙에 따라 도면의 승인을 받은 것으로 본다.</td></tr>
<tr><td>제13조(선박검사증서 등에 관한 경과조치) 이 규칙 시행 당시 종전의 규정에 따라 발급된 제조검사합격증명서 · 선박검사증서 · 임시변경증 · 임시항행검사증 · 국제협약검사증서 · 선박구조등변경허가서 · 선박검사증서유효기간연장승인서 · 국제협약증서유효기간연장승인서 · 형식승인증서 · 형식승인시험합격증서 · 검정합격증명서 · 우수사업장지정서 · 확인서 · 팽창식구명설비정비시설등확인서 · 예비검사합격증명서 · 컨테이너형식승인증서 · 컨테이너형식승인시험합격증서 · 컨테이너검정증서 · 컨테이너형식승인판 · 컨테이너정기(계속)점검방법승인서 · 제한하중등지정서 및 하역설비검사기록부는 이 규칙에 따라 발급된 것으로 본다.
이 경우 “제조검사합격증명서”는 “건조검사증서”로, “임시항행검사증”은 “임시항해검사증서”로, “형식승인시험합격증명서”는 “형식승인시험합격증서”로, “검정합격증명서”는 “검정증서”로, “예비검사합격증명서”는 “예비검사증서”로, “컨테이너형식승인시험합격증명서”는 “컨테이너형식승인시험합격증서”로, “컨테이너검정합격증명서”는 “컨테이너검정증서”로, “하역장치제한하중등지정서”는 “제한하중등지정서” 로 본다.</td></tr>
<tr><td>제14조(소형선박에 관한 경과조치) 이 규칙 시행 당시 종전의 규정에 따른 소형선박이 이 규칙의 시행으로 소형선박이 아닌 선박으로 된 경우 적용되는 선박시설기준은 종전의 규정에 따른다. 다만, 해당 선박의 길이 · 너비 또는 깊이가 변경된 경우에는 그러하지 아니하다.</td></tr>
<tr><td>제15조(중간검사 등에 관한 경과조치) 이 규칙 시행 당시 종전의 규정에 따라 최초로 중간검사를 받아야 할 선박이 이 규칙의 시행으로 중간검사의 종류가 변경된 선박은 이 규칙에 따라 중간검사의 종류가 변경된 것으로 본다.</td></tr>
</table>

부 칙	주요내용
선박안전법 시행규칙 〈해양수산부령 제390호, 2007.11.23.〉 (부칙 개정 2009.7.1.) (계속)	**제16조(우수사업장의 지정기준 등에 관한 경과조치)** 이 규칙 시행 당시 해양수산부장관으로부터 우수사업장으로 지정된 기관은 제47조 및 제48조제2항의 개정규정에 따라 우수사업장으로 지정된 것으로 본다.
	제17조(예비검사에 관한 경과조치) ① 이 규칙 시행 당시 종전의 규정에 따라 예비검사를 받은 경우에는 이 규칙에 따른 예비검사를 받은 것으로 본다. ② 이 규칙 시행 당시 종전의 규정에 따라 선박길이가 12미터 이상 24미터 미만인 특수재질선박으로 선체에 관한 예비검사를 신청한 선박에 대하여는 종전의 규정에 따른다.
	제18조(컨테이너지정시험기관의 지정기준 등에 관한 경과조치) 이 규칙 시행 당시 해양수산부장관으로부터 컨테이너지정시험기관으로 지정된 기관은 제61조의 개정규정에 따른 지정기준을 갖춘 것으로 본다.
	제19조(강화검사에 관한 경과조치) 이 규칙 시행 당시 「해상에서의 인명안전을 위한 국제협약」에 따른 강화된 검사(ESP)를 받은 경우에는 이 규칙에 따른 강화검사를 받은 것으로 본다.
	제21조(컨테이너검정등대행기관 등에 관한 경과조치) 이 규칙 시행 당시 종전의 규정에 따라 지정검정기관 또는 지정검사기관의 지정을 받은 경우에는 각각 이 규칙에 따른 컨테이너검정등대행기관 또는 위험물검사등대행기관의 지정을 받은 것으로 본다.
	제24조(다른 법령과의 관계) 이 규칙 시행 당시 다른 법령에서 종전의 규정을 인용한 경우 이 규칙 가운데 그에 해당하는 규정이 있으면 종전의 규정을 갈음하여 이 규칙의 해당 규정을 인용한 것으로 본다.
선박안전법 시행규칙 〈국토해양부령 제249호, 2010.6.17〉	**제1조(시행일)** 이 규칙은 공포한 날부터 시행한다. 다만, 별표 6 제4호 및 제4호의2의 개정규정은 국제노동기구 해사노동협약이 우리나라에서 효력을 발생하는 날부터 시행한다.
	제2조(최대승선인원의 산정기준에 관한 적용례) 제18조제3항에 따른 최대승선인원의 산정기준에 관한 별표 6 제4호 및 제4호의2의 개정규정은 국제노동기구 해사노동협약이 우리나라에서 효력을 발생하는 날 이후에 건조계약을 체결하는 선박부터 적용한다.
선박안전법 시행규칙 〈국토해양부령 제252호, 2010.6.30.〉	**제1조(시행일)** 이 규칙은 공포한 날부터 시행한다.
	제2조(개방검사의 준비 면제에 관한 적용례) 별표 15의 개정규정은 이 규칙 시행 후 선박검사를 실시하는 선박부터 적용한다.
선박안전법 시행규칙 〈국토해양부령 제429호, 2012.1.3.〉	**제1조(시행일)** 이 규칙은 공포한 날부터 시행한다.
	제2조(최대승선인원의 산정에 관한 적용례) 별표 6(제2호는 제외한다)의 개정규정은 이 규칙 시행 후 최초로 정기검사를 신청하는 것부터 적용한다.
	제3조(서식개정에 관한 경과조치) 이 규칙 시행 당시 종전의 규정에 따른 서식은 이 규칙 시행 후 1개월이 경과할 때까지 이 규칙의 개정규정에 따른 서식과 함께 사용할 수 있다.
선박안전법 시행규칙 〈국토해양부령 제482호, 2012.6.26.〉	**제1조(시행일)** 이 규칙은 공포한 날부터 시행한다. 다만, 제23조제1항제4호라목의 개정규정은 2012년 7월 1일부터 시행한다.
	제2조(처리기간에 관한 경과조치) 이 규칙 시행 당시 제48조 및 제49조에 따른 우수사업장의 지정 또는 지정변경 절차가 진행 중인 경우에 그 처리기간에 관하여는 별지 제48호서식의 개정규정에도 불구하고 종전의 규정에 따른다.
선박안전법 시행규칙 〈해양수산부령 제151호, 2015.7.15.〉	**제1조(시행일)** 이 규칙은 공포한 날부터 시행한다.
	제2조(선박시설의 변경허가에 관한 적용례) 제32조의 개정규정은 이 규칙 시행 후 선박의 길이 · 너비 · 깊이 · 용도의 변경 또는 설비의 개조를 위하여 선박시설의 변경허가를 신청하는 경우부터 적용한다.

제2절 선박검사 관련 위반사범 수사

「선박안전법」 제83조제1호 내지 제14호에서는 대부분 선박검사와 관련해서 발생할 수 있는 위반행위에 대한 구성요건 및 양형(量刑)기준을 규정하고 있다.[42)]

한편, 앞서 언급한 바와 같이 2014년 11월 19일 「정부조직법」 개정에 따라 대부분 육상에서 발생될 가능성이 높은 이 법 제83조제1호 내지 제8호 및 제12호 내지 14호에 대한 위반사범 수사는 경찰청에서 전담하게 된다. 반면, 해상에서의 선박 운항과

---

42) 「선박안전법」 제83조(벌칙) 다음 각 호의 어느 하나에 해당하는 자는 3년 이하의 징역 또는 3천만원 이하의 벌금에 처한다.

1. 제7조의 규정을 위반하여 건조검사를 받지 아니한 자
2. 거짓 그 밖의 부정한 방법으로 제7조 내지 제12조의 규정에 따른 건조검사 · 선박검사 또는 국제협약검사를 받은 자
3. 제15조제1항(제43조제4항에 따라 준용되는 경우를 포함한다)을 위반하여 건조검사 또는 선박검사를 받은 후 해당 선박의 구조배치 · 기관 · 설비 등을 변경하거나 개조한 선박소유자
4. 제15조제2항을 위반하여 해양수산부장관의 허가를 받지 아니하고 선박의 길이 · 너비 · 깊이 · 용도를 변경하거나 설비를 개조한 선박소유자
5. 거짓 그 밖의 부정한 방법으로 제18조제1항 · 제4항 · 제6항의 규정에 따른 형식승인, 그 변경승인 및 검정을 받은 자
6. 거짓 그 밖의 부정한 방법으로 제20조제1항의 규정에 따른 지정사업장의 지정을 받은 자

6의2. 거짓, 그 밖의 부정한 방법으로 제20조제4항에 따른 합격증서를 발행하거나 또는 자체검사기준에 합격하였음을 나타내는 표시를 한 자

7. 거짓 그 밖의 부정한 방법으로 제22조제1항의 규정에 따른 예비검사를 받은 자
8. 거짓 그 밖의 부정한 방법으로 제23조제1항 · 제3항 · 제4항의 규정에 따른 컨테이너형식승인, 그 변경승인 및 검정을 받은 자
9. 제27조제2항을 위반하여 만재흘수선을 초과하여 여객 또는 화물을 운송한 자
10. 제28조제1항을 위반하여 복원성을 유지하지 아니하고 선박을 항해에 사용한 자
11. 제39조제2항을 위반하여 승인을 받은 내용에 따르지 아니하고 화물을 적재 또는 고박한 자
12. 거짓 그 밖의 부정한 방법으로 제42조제1항의 규정에 따른 강화검사를 받은 자
13. 거짓 그 밖의 부정한 방법으로 제43조제1항의 규정에 따른 예인선항해검사를 받은 자

13의2. 거짓, 그 밖의 부정한 방법으로 제60조제1항에 따른 검사 등 업무를 한 자
13의3. 거짓, 그 밖의 부정한 방법으로 제63조에 따른 선체두께 측정을 한 자
13의4. 거짓, 그 밖의 부정한 방법으로 제64조에 따른 컨테이너의 검정 등을 한 자
13의5. 거짓, 그 밖의 부정한 방법으로 제65조에 따른 위험물 관련 검사 · 승인을 한 자

14. 제74조제4항의 규정을 위반하여 다른 사람에게 알려주거나 공개 또는 보도한 자

직접적으로 관련하고 있는 이 법 제83조제9호 · 제10호 · 제11호에 대한 위반사범 수사는 국민안전처(해양경비안전본부)에서 담당하게 된다.

이 경우 제83조제11호는 승인을 받은 내용에 따르지 아니하고 화물을 적재 또는 고박한 자에 대한 처벌규정으로 실제 선박을 항해에 사용한 경우는 아니나, 해상에 위치한 상태에서 이루어진 행위이므로 이에 대한 수사는 국민안전처(해양경비안전본부)에서 담당하는 것이 합당하다.

참고로 본 저서에서는 이러한 선박의 운영 등과 관련한 범죄행위에 대한 해당 수사기관을 언급하면서 실제 범죄가 발생한 장소에 관계없이 이루어지고 있는 수사기관의 업무 형태는 배제하고, 현행 관련 법령인 「정부조직법」, 「국민안전처와 그 소속기관 직제 시행규칙」 및 「경찰청과 그 소속기관 직제 시행규칙」에서 엄격히 규정하고 있는 직무범위와 수사 관할을 기준으로 구분해서 나타내고자 하였다.

Ⅰ. 건조검사 관련 위반사범

제83조(벌칙) 다음 각 호의 어느 하나에 해당하는 자는 3년 이하의 징역 또는 3천만원 이하의 벌금에 처한다.

1. 제7조의 규정을 위반하여 건조검사를 받지 아니한 자

「선박안전법」 제83조제1호는 실제 불법으로 선박을 건조한 자를 처벌대상으로 하고 있으므로 건조 당사자가 명확하지 않을 경우 수사기관에서는 벌칙적용에 어려움이 있을 수 있다.[43)]

한편, 이 법 제7조제4항에서는 외국으로부터 수입되는 선박 등에 대하여 건조검사에 준하는 검사인 "별도건조검사"를 받도록 하고 있어 건조검사를 받지 아니한 선박에 대한 별도의 검사허용 기준을 두고 있다.

43) 실제 수사기관에서는 불법 건조선박에 대해 인지하고도 실질적인 선박 건조자가 명확하지 않아 수사개시를 하지 못하는 사례가 있다. 하지만 이러한 선박에 대해 아무런 조치 없이 별도건조검사를 적용할 경우 이를 악용할 수 있으므로 신중한 검토가 요구된다.

하지만 별도건조검사는 외국으로부터 수입되는 선박(여객서은 제외)에 대해서는 별다른 조건 없이 적용하고 있으나, 국내에서 불법적으로 건조된 선박은 합법적으로 건조검사를 받은 자와의 형평성에 따라 벌칙 적용 등 추가적인 조치를 취한 후 적용하도록 하고 있다.

별도건조검사와 관련해서는 다음의 {참고 2-4}에서 자세히 설명하고자 한다. 참고로 건조검사를 받지 아니하고 불법으로 건조한 선박에 대한 사실관계는 대행검사기관(선박안전기술공단 및 선급법인)을 통해 확인할 수 있다.

여기에서는 건조검사를 받지 아니한 자의 위법행위에 대한 사실 관계를 이와 관련한 법령 등에서 규정하고 있는 건조검사의 정의 및 대상, 관련 서류 등의 제출 및 착수 시기 등을 통해 살펴보고자 한다.[44)]

1. 건조검사의 정의 및 대상

일반적으로 "건조검사"라 함은 선박을 건조하고자 할 때, 조선소 등 선박을 건조하기에 적합한 장소에서 건조에 착수한 때부터 받아야 하는 검사를 말한다.

현행 「선박안전법」 제7조에서 규정하고 있는 건조검사 제도는 이 법이 2007년 1월 3일 법률 제8221호로 개정되기 이전 "제조검사"란 명칭으로 규정되고 있었으며, 그 적용대상 선박에 있어서도 변화를 보이고 있다.

한편, 이 법 법률 제8221호 부칙 제8호 및 같은 법 시행규칙 해양수산부령 제390호 부칙 제10조에서는 건조검사 등에 관한 경과조치 규정을 두고 있으며, 적용대상 선박에 있어서의 연혁을 살펴보면 다음의 {참고 2-3}과 같다.

이 법 제7조제1항에서는 '선박을 건조하고자 하는 자는 선박에 설치되는 선박시설에 대하여 해양수산부령이 정하는 바에 따라 해양수산부장관의 검사를 받아야 한

44) 건조(별도건조) 검사신청서(「선박안전법 시행규칙」 [별지 제2호서식])에는 검사신청에 필요한 구비서류, 제출기관, 벌칙 규정, 건조검사 대상 선박 및 유의사항 등이 자세히 기재되어 있으며, 이러한 절차 없이 선박을 임의로 건조한 자(불법건조한 자)는 처벌을 받도록 규정하고 있다. 한편, 선박검사 등과 관련하여 검사를 받고자 하는 자가 준비해야 할 사항 및 유의사항 등에 대한 전반적인 정보는 해당 검사신청서를 통해 확인할 수 있다. 이와 같이 검사신청서에는 해당 검사와 관련한 상세 정보 등을 담고 있다.

다'고 규정하고 있으며, 건조검사증서는 같은 법 시행규칙 제10조제4항의 [별지 제3호서식]과 같다.45)

또한 건조검사의 대상은 총톤수 등 선박의 규모에 관계없이 대한민국 국민 또는 대한민국 정부가 소유하고자 하는 모든 선박에 대하여 적용하는 것을 원칙으로 하고 있으나, 앞서 언급한 바와 같이 이 법 제3조 및 같은 법 시행령 제2조에서는 적용범위 및 적용제외 선박 등에 대해 별도로 규정하고 있다.

{참고 2-3} 건조(제조)검사 적용 및 면제 대상 선박 연혁

「선박안전법」 부칙 〈법률 제8221호, 2007.1.3.〉
제8조(건조검사 등에 관한 경과조치) ① 이 법 시행당시 종전의 규정에 따라 제조검사를 받은 경우에는 이 법에 따른 건조검사를 받은 것으로 본다.

「선박안전법 시행규칙」 부칙 〈해양수산부령 제390호, 2007.11.23.〉
제10조 (건조검사 등에 관한 경과조치) ① 이 규칙 시행 당시 종전의 규정에 따라 제조검사가 면제된 선박은 제10조의 개정규정에도 불구하고 종전의 규정에 따른다.

45) 「선박안전법」 제8조제1항에 따른 정기검사 시 대행검사기관에 제출되어야 하는 서류 중에는 「선박안전법 시행규칙」 제10조제4항 또는 제11조제3항에 따른 건조검사증서 또는 별도건조검사증서를 포함하고 있으나, 건조검사 또는 별도건조검사를 정기검사와 동시에 실시하는 경우에는 생략하도록 하고 있다(「선박안전법 시행규칙」 제12조제1항제1호).

〈선박안전법에서의 건조(제조)검사 적용대상 선박〉

규정(시행일자)	건조(제조)검사 적용대상 선박
법 제6조(제조검사) [시행 1961.12.30.] [법률 제919호, 제정]	• 길이 30미터 이상의 선박 * 길이 30미터 미만의 선박은 제조자 선택사항
법 제6조(제조검사) [시행 1970.2.1.] [법률 제2195호]	• 길이 24미터 이상의 선박 * 길이 24미터 미만의 선박은 제조자 선택사항
법 제6조(제조검사 등) [시행 1991.9.9.] [법률 제4360호]	• 여객선(13인이상의 여객을 운송할 수 있는 선박을 말함) • 길이 24미터 이상의 선박 * 그 밖의 선박은 제조자 선택사항
법 제6조(제조검사 등) [시행 1998.6.18.] [법률 제5470호]	• 여객선 • 길이 24미터 미만의 선박 • 해양수산부령이 정하는 특수재질로 제조되는 선박 – 강화플라스틱제(FRP) 선박 – 알루미늄합금제 선박 – 시멘트제 선박 ⇒ 구. 「선박안전법 시행규칙」 제18조(제조검사) (해양수산부령 제70호, 1998.9.5., 전부개정)
법 제7조(건조검사) [시행 2007.11.4.] [법률 제8221호]	• 모든 선박(다만, 법 제3조제1항 단서에 해당하는 아래의 선박 제외) – 군함 및 경찰용 선박 – 노와 상앗대만으로 운전하는 선박
법 제7조(건조검사) [시행 2009.12.29.] [법률 제9871호]	• 모든 선박(다만, 법 제3조제1항 단서에 해당하는 아래의 선박 제외) – 군함 및 경찰용 선박 – 노와 상앗대만으로 운전하는 선박 – 「어선법」 제2조제1호에 따른 어선

〈선박안전법 시행규칙에서의 제조검사 적용면제 선박〉

규정(시행일자)	제조검사 적용면제 선박
시행규칙 제20조 [시행 1971.7.10.] [교통부령 제402호, 제정]	• 외국의 국적을 취득할 목적으로 제조에 착수한 뒤 한국의 국적을 취득하게 된 선박으로서 교통부장관이 법 제6조제1항 단서의 규정에 의하여 제조검사를 행하기가 곤란한 것으로 인정되는 선박
시행규칙 제20조 [시행 1981.9.24.] [교통부령 제714호]	• 평수구역만을 항행할 선박으로서 여객선 · 위험물산적선 및 특수선 이외의 것 • 외국의 국적을 취득할 목적으로 제조에 착수한 후 한국의 국적을 취득할 목적으로 제조하게 된 선박으로서 해운관청이 법 제6조제1항의 제조검사를 행하기가 곤란하다고 인정되는 것
시행규칙 제20조 [시행 1991.12.27.] [교통부령 제963호]	• 외국의 국적을 취득할 목적으로 제조에 착수한 후 한국의 국적을 취득할 목적으로 제조하게 된 선박으로서 해운관청이 법 제6조제1항의 제조검사를 행하기가 곤란하다고 인정되는 것
시행규칙 제19조 [시행 1998.9.5.] [해양수산부령 제70호]	• 법 제6조제1항 단서의 규정에 의하여 제조검사를 받지 아니하는 선박은 외국의 국적을 취득할 목적으로 제조에 착수한 후 국적을 변경하여 한국의 국적을 취득하게 될 선박으로서 제조검사를 행하기가 곤란하다고 해양수산부장관이 인정하는 선박으로 한다.

2. 건조검사 관련 서류제출 및 착수시기

「선박안전법」 제7조제1항 및 같은 법 시행규칙 제10조제1항에 따라 건조검사를 받으려는 자는 [별지 제2호서식]의 건조검사신청서에 해당 구비서류를 첨부하여 선박의 건조를 시작하기 전에 대행검사기관에 제출하여야 한다.[46)]

다만, 건조검사신청 시 제출하는 서류 중 기본설계도면 외의 설계도면과 검정증서 · 확인서 또는 합격증서 · 예비검사증서는 해당 선박시설의 공사착수 전까지 제출할 수 있도록 하고 있다.[47)]

이와 관련한 검정증서 · 확인서 또는 합격증서 · 예비검사증서와 관련한 업무에 대해서는 뒤에서 자세히 다루고자 한다.

여기에서 요구하고 있는 설계도면의 종류는 같은 법 시행규칙 제29조제1항 [별표 7]의 '해당 선박의 검사종류별 관련 도면'에서 상세히 규정하고 있으며, 제출된 설계도면 등은 대행검사기관인 선박안전기술공단 또는 선급법인에 제출하여 건조를 시작하기 전에 별도의 승인을 득하여야 한다.

한편, 해당 선박의 검사종류별 관련 도면은 i) 건조(별도건조)검사 관련도면[선박길이 12미터 미만인 선박(여객선은 제외한다), 선박길이 12미터 이상 24미터 미만인 선박(여객선은 제외한다) 및 여객선 · 선박길이 24미터 이상인 선박에 해당하는 도면],[48)] ii) 정기검사 관련 도면, iii) 임시검사 관련 도면, iv) 예비검사 관련 도면으로

---

46) 위의 [참고 2-3]에서와 같이 「선박안전법」에서는 선박의 건조(제조) 과정을 검사하도록 하는 규정을 두고 있으며, 이 경우 해당 선박의 관련 도면(설계도서)을 공사착수 전까지 대행검사기관에 제출하여 사전 승인을 받도록 하고 있다. 다시 말해서 건조검사 이전 제도인 제조검사 당시 이에 대한 적용을 받지 아니하는 선박은 별도의 설계도서 승인을 받지 않아도 되도록 하고 있다. 참고로 현행 건조검사 시 제출하도록 하고 있는 "도면"은 제조검사에서는 "설계도서"라는 용어로 사용되었다.

47) 「선박안전법 시행규칙」 제10조제1항에 따라 선박용물건 또는 소형선박의 검정증서 · 확인서 또는 합격증서 · 예비검사증서는 해당되는 경우에만 첨부하도록 규정하고 있다.

48) 「선박안전법 시행규칙」 제29조제1항과 관련한 해당 선박의 검사종류별 관련 도면 중 건조(별도건조) 검사 시 제출되어야 하는 도면은 다음과 같다.

가. 선박길이 12미터 미만인 선박(여객선은 제외한다)

1) 일반배치도 또는 선박의 길이, 너비, 깊이, 최대 승선인원, 격벽위치, 기관의 종류 및 출력 등이 기재된 제작사의 카탈로그

2) 강재배치도 또는 재료배치도

3) 중앙횡단면도

4) 강도계산서(강화플라스틱 재질인 선박은 선체판두께 측정 등에 의한 강도계산서를 말하고, 2) 및 3)의 도면을 제출할 수 없는 경우로 한정한다)

나. 선박길이 12미터 이상 24미터 미만인 선박(여객선은 제외한다)

1) 건조사양서(별도 건조검사 대상 선박은 제외한다)

2) 일반배치도

3) 선체선도(만재흘수선 표시 및 복원성기준 대상 선박으로 한정한다)

4) 배수량등곡선도(만재흘수선 표시 및 복원성기준 대상 선박으로 한정한다)

5) 중앙횡단면도

6) 강재배치도 또는 재료배치도

7) 외판전개도(강선과 알루미늄선으로 한정한다)

8) 기관실전체장치도

9) 흘수표배치도(복원성자료 승인대상 선박으로 한정한다)

10) 제개구폐쇄장치도(만재흘수선 지정 선박으로 한정한다)

11) 전기계통도(동시에 사용하는 발전기 합계용량이 50kVA 이상인 것으로 한정한다)

다. 여객선 및 선박길이 24미터 이상인 선박

1) 나목의 도면

2) 구조 및 배치를 나타내는 설계도면

가) 선체

(1) 선체구조도(선체 형상이 단순한 상자형 구조인 부선은 제외한다)

(가) 상갑판하 선체구조도(별도건조 검사 대상 선박은 제외한다)

(나) 선미재 및 스트러트 구조도

(다) 선루 및 갑판실 구조도(별도건조 검사 대상 선박은 제외한다)

(라) 램프게이트 구조도

(마) 화물창코밍 및 덮개구조도

(2) 타(舵)구조도

(3) 삭제 〈2009.2.13〉

(4) 손상제어도 및 화재제어도(해당 선박으로 한정한다)

(5) 방화구조도 및 방화용재료표(해당 선박으로 한정한다)

(6) 돛대의 기초부 구조도(범선으로 한정한다)

(7) 돛대의 강도계산서(범선으로 한정한다)

나) 기관

(1) 축계장치도

(2) 제관장치도(갑판배관장치를 포함한다)

(3) 냉동기기배치도, 열부하계산서 및 이에 따른 배관도(해당 선박으로 한정한다)

(4) 비틀림진동계산서(중간축구조도, 프로펠러축구조도, 프로펠러구조도 및 계산 관련 자료를 포함하며 해당 선박으로 한정한다)

다) 조타 · 계선 및 양묘 설비(별도건조 검사 대상 선박은 제외한다)

(1) 조타장치도(해당 선박으로 한정한다)

(2) 양묘설비장치도(무간묘를 비치하는 선박으로 한정하며 양묘설비, 호스파이프, 체인스토

구분해서 각각의 도면종류를 규정하고 있다.

또한 같은 법 시행규칙 제10조제2항에 따라 건조검사는 제4조제1호(선체) · 제2호(기관) · 제4호(배수설비) · 제5호(조타설비) · 제6호(계선설비) · 제7호(양묘설비) · 제15호(전기설비)의 시설과 만재흘수선(滿載吃水線)에 대하여 건조에 착수한 때부터 검사하도록 하고 있다.

참고로 건조검사는 선박을 건조하는 과정에 대해 받게 되는 검사일 뿐이므로 이 검사에 합격한 선박에 대하여 교부받은 건조검사증서 만으로는 선박을 항해에 사용할 수 없으며, 이를 위반할 경우에는 이 법 제84조제1항제5호[49]에 따라 처벌받을 수 있다.

퍼, 체인파이프 등의 배치를 나타내는 것을 말한다)
라) 구명설비
구명설비배치도(각종 구명설비의 위치, 탈출경로, 신호장치 등을 나타내는 것. 국제항해에 취항하는 선박 또는 연해구역 이상을 항해구역으로 하는 여객정원 36명 이상인 여객선으로 한정한다)
마) 소방설비
소방설비배치도(각종 소방설비의 위치, 용량, 수량 등을 나타내는 것. 국제항해에 취항하는 선박 또는 연해구역 이상을 항해구역으로 하는 여객정원 36명 이상의 여객선으로 한정한다)
바) 거주설비: 객석 · 출입구 · 통로 · 계단 등의 배치도(여객선으로 한정한다)
사) 위험물이나 그 밖의 특수화물의 적부설비
(1) 위험물 적부설비(관련 지지구조, 배관장치, 통풍장치, 불활성가스장치, 측정장치, 제어장치, 감시장치를 포함한다)의 사양서, 배치도, 구조도, 용접시공요령서, 강도계산서, 위험구역배치도, 그 밖에 필요하다고 인정하는 서류(위험물산적운송선으로 한정한다)
(2) 펌핑장치도(유조선과 위험물산적운송선으로 한정한다)
(3) 화물적재고박지침서(해당 선박으로 한정한다)
아) 하역이나 그 밖의 작업설비: 하역장치 배치 및 구조도(강도계산서 포함하며 해당 선박으로 한정한다)
자) 전기설비
(1) 전력조사표(동시에 사용하는 발전기 합계용량이 50kVA 이상인 것으로 한정한다)
(2) 전기기기 배치도(동시에 사용하는 발전기 합계용량이 50kVA 이상인 것으로 한정한다)
(3) 선등배치도(전기기기 배치도에 포함시킬 수 있다)

49) 「선박안전법」 제84조(벌칙) ① 선박소유자, 선장 또는 선박직원이 다음 각 호의 어느 하나에 해당하는 행위를 하는 때에는 1년 이하의 징역 또는 1천만원 이하의 벌금에 처한다.
5. 제17조제1항을 위반하여 선박검사증서등이 없거나 선박검사증서등의 효력이 정지된 선박을 항해에 사용한 때

{참고 2-4} 별도건조검사의 개요

ⅰ) 별도건조검사 정의(「선박안전법」 제7조제4항)

「선박안전법」 제7조제4항에서는 외국으로부터 수입되는 선박 등, 이 법 제7조제1항의 규정에 따른 건조검사를 받지 아니하는 선박에 대하여 건조검사에 준하는 검사(별도건조검사)를 받도록 하고 있다.

ⅱ) 별도건조검사 대상

㉮ 외국에서 수입되는 모든 선박(「선박안전법」 제7조제4항)

㉯ 2007년 11월 4일 이전에 선박안전법령에 따라 제조검사(현, 건조검사)를 받지 아니한 모든 선박(다만, 「선박안전법 시행령」 제2조제3항에 따라 선박소유자 등(선박의 소유자 또는 관리인)의 요청이 있는 경우 별도건조검사를 받은 수 있음)

* 별도건조검사 불가 대상선박: 「선박안전법」 제2조제10호에 따른 여객선으로 사용하고자 수입되는 선박 중 수입하고자 하는 국가에서 여객선으로 건조검사를 받은 이력이 없는 선박 등은 별도건조검사 대상에서 제한하고 있다(여객선은 다수의 여객을 운송하는 특성상 일반 다른 선박보다 더 강화된 검사가 필요하므로 별도건조 검사대상이 아님). 한편, 건조검사 이력이 있는 경우에는 이 법 제66조(외국정부 등이 행한 검사의 인정)를 만족하도록 하고 있다.

〈「선박안전법」 제66조〉

① 외국선박의 해당소속 국가에서 시행 중인 선박안전과 관련되는 법령의 내용이 이 법의 기준과 동등하거나 그 이상에 해당하는 때에는 해당 외국정부 또는 그 외국정부가 지정한 대행기관(이하 "외국정부등"이라 한다)이 행한 해당외국선박에 대한 검사등업무는 이 법에 따른 검사등업무로 본다.

② 제1항의 규정에 따라 외국정부등이 검사등업무를 행하고 교부한 증서는 이 법에 따라 교부한 증서와 동일한 효력을 가진 것으로 본다. 다만, 이 법에 따라 교부한 증서의 효력을 인정하지 아니하는 국가의 외국정부등이 발행한 증서에 대하여는 그러하지 아니하다.

ⅲ) 별도건조검사 선박의 운항제한(「선박안전법 시행규칙」 제16조제3항)

「선박안전법」 제7조제4항에 따라 별도건조검사를 받은 선박에 대하여는 해당 선박의 크기·구조·용도 등을 고려하여 항해구역을 제한하여 지정할 수 있도록 하고 있다(건조검사 선박보다 감항성이 떨어질 가능성이 높은 것을 고려한 조치임).

iv) 별도검사의 검사범위 및 준비사항

별도검조검사의 검사범위 및 준비사항 등은 「선박안전법 시행규칙」 제11조제2항 및 제30조제1항제1호에서 규정하고 있다.

* 별도건조검사는 「선박안전법 시행규칙」 제11조제2항 관련 [별표 1] 및 제30조제1항제1호 관련 [별표 9]에서 각각 검사의 범위 및 준비사항에 대해 규정하고 있다.

---

v) 불법건조선박에 대한 별도건조검사 업무 절차 및 문제점

〈업무절차〉

「선박안전법」 제7조제4항에서는 "외국으로부터 수입되는 선박 등"은 국내에서 건조검사를 받지 아니한 선박으로서 건조검사에 준하는 검사(별도건조검사)를 받도록 하고 있다. 여기서 "외국으로부터 수입되는 선박 등"에서 "선박 등(等)"의 범위에 불법건조선박이 포함된다.

하지만 현행 「선박안전법」 제83조제1호에서는 건조검사를 받지 아니한 자에 대한 벌칙 규정을 두고 있으므로 이에 대한 행정처분 등의 완료 후 별도건조검사를 받을 수 있도록 하고 있다.

〈문제점〉

「선박안전법」 제83조제1호에서 규정하고 있는 처벌대상은 선박소유자가 아니며, 선박을 불법으로 직접 건조한 자에게 적용하고 있다. 따라서 선박을 불법으로 건조한 자가 명확하지 않을 경우 불법건조선박에 대해 별다른 법적조치를 취하지 못하는 문제점이 발생할 수 있으며, 오히려 적법하게 검사를 받은 자와의 형평성 논란 등으로 별도건조검사제도 도입의 근본 목적이 훼손 될 수 있다.

---

vi) 건조검사와의 관계

「선박안전법」 제7조에서는 전반적으로 건조검사와 관련한 내용을 규정하고 있으나, 이 법 제7조제1항에서는 "건조검사"를, 제7조제4항에서는 "별도건조검사"에 대한 용어 정의를 명확히 구분하고 있다. 따라서 제83조제1호에서 벌칙으로 규정하고 있는 건조검사의 범위에 별도건조검사는 제외되어야 할 것으로 보인다. 따라서 별도건조검사를 받지 아니한 선박을 항해에 사용한 경우에는 이 법 제84조제1항제5호를 적용할 수 있다.

* 「선박안전법」 제84조제1항제5호에서는 선박소유자, 선장 또는 선박직원이 이 법 제17조제1항을 위반하여 선박검시증서등이 없거나 선박검사증서등의 효력이 정지된 선박을 항해에 사용한 때에 1년 이하의 징역 또는 1천만원 이하의 벌금에 처할 수 있도록 규정하고 있다.

Ⅱ. 위계에 의한 검사 관련 위반사범

1. 건조검사 · 선박검사 또는 국제협약검사 위반사범

제83조(벌칙) 다음 각 호의 어느 하나에 해당하는 자는 3년 이하의 징역 또는 3천만원 이하의 벌금에 처한다.

2. 거짓 그 밖의 부정한 방법으로 제7조 내지 제12조의 규정에 따른 건조검사 · 선박검사 또는 국제협약검사를 받은 자

선박검사를 받고자 하는 자는 해당 검사종류에 따른 검사준비를 하여야 하며, 이를 준비하는 과정에서 거짓, 그 밖의 부정한 방법으로 검사를 받은 자에게는 이 법에서 규정하고 있는 벌칙을 적용하게 된다.

일반적으로 선박 관련 검사는 사전 승인된 도면을 기반으로 선박검사원의 현장 검사를 통한 전문 분야별(선체 · 기관 · 전기 등) 검사과정을 거치게 된다. 한편, 이 법에 따라 검사를 받는 과정에서 발생한 특정 행위에 있어서의 위법성 유무를 판단하기 위해서는 선박검사와 관련한 여러 규정의 충분한 이해를 필요로 한다.

즉 선박을 검사하는 공정의 전 과정에 대한 이해를 통해 어떤 단계에서 어떠한 내용을 위반하여 선박소유자 등이 검사를 받았는지에 대한 사실관계를 명확히 확인하기 위한 과정이 있어야 한다.

이에 따라 여기에서는 거짓, 그 밖의 부정한 방법으로 건조검사 · 선박검사 또는 국제협약검사를 받은 자의 위법행위에 대한 사실 관계를 이와 관련한 법령 및 행정규칙 등을 통해 살펴보고자 한다.

가. 건조검사 위반사범

건조검사의 신청 등과 관련한 일반적인 내용은 앞에서 이미 언급하였으므로 생략하고, 건조검사 진행 절차 등과 관련한 나머지 내용을 중심으로 살펴보고자 한다. 건조검사를 받고자 하는 자는 먼저 「선박안전법」 제13조제1항에 따라 해당 선박의 도

면에 대하여 해양수산부령이 정하는 바에 따라 미리 대행검사기관인 선박안전기술공단 또는 선급법인의 승인을 얻도록 하고 있다.

또한 이 법 제13조제2항에서는 승인요청을 받은 도면이 제26조 내지 제28조의 규정에 따른 기준(선박시설의 기준, 해당 선박의 만재흘수선 표시 및 복원성[50]의 유지)에 적합한 때에는 이를 승인하고 해양수산부령으로 정하는 사항을 해당 도면의 적절한 곳에 표시하도록 하고 있다.

이 경우 이 법 제13조제2항에서 "해양수산부령으로 정하는 사항"이란 같은 법 시행규칙 제29조제2항에서 다음과 같이 규정하고 있다. ⅰ) [별표 8]에 따른 증인(證印)(제1호), ⅱ) 도면의 승인 또는 변경승인을 한 선박검사관의 성명(대행검사기관이 대행하는 경우 선박검사원의 성명을 말한다. 이하 같다)(제2호), ⅲ) 승인 날짜(제3호)

뿐만 아니라 이 법 제13조제3항에서는 건조검사를 받고자 하는 자에게 승인을 얻은 도면과 동일하게 선박을 건조(개조 포함)하도록 하고 있다.

이와 관련해서는 같은 법 시행규칙 제29조제1항에 따라 선박의 도면에 대하여 승인 또는 변경승인을 받으려는 자는 [별지 제31호서식]의 도면승인(변경)신청서에 [별표 7]에서 정한 해당 선박의 검사종류별 관련 도면 3부를 첨부하여 대행검사기관에 제출하도록 하고 있다.

다만, ⅰ) 도면의 승인을 받은 후 변경이 없는 경우 해당 선박의 도면(제1호), ⅱ) 같은 조선소에서 같은 내용으로 승인된 도면에 따라 건조되는 같은 형태의 후속 선박의 도면(제2호), ⅲ) 대행검사기관을 변경하여 검사를 받으려는 선박의 기존 도면(다만, 기존 도면이 해당 선박과 같지 아니하거나 변경된 경우에는 그러하지 아니하다)(제3호), ⅳ) 해당 대행검사기관에서 설계하거나 설계 감리한 도면(제4호) 중 어느 하나에 해당하는 경우에는 도면의 승인을 생략할 수 있도록 하고 있다.

한편, 같은 법 시행규칙 제29조제2항에 따라 도면에 표시하여야 하는 사항 중 증인(證印)은 [별표 8]과 같으며, 다음의 [그림 2-2]와 같은 형태(〈참고 2-5〉 참조)로 하고 한다.

50) 복원성: 수면에 평형상태로 떠 있는 선박이 파도·바람 등 외력에 의하여 기울어졌을 때 원래의 평형상태로 되돌아오려는 성질을 말한다(「선박안전법」 제2조제8호).

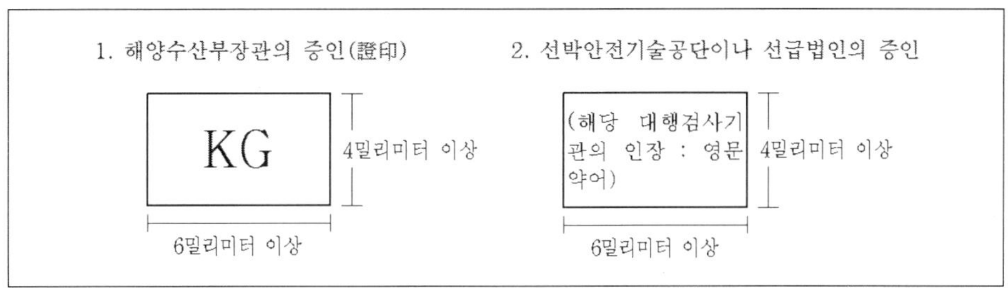

[그림 2-2] 도면승인 표시(증인)

{참고 2-5} 대행검사기관의 도면승인 표시

[선박안전기술공단]	
• 승인하는 경우 승 인 필(APPROVED) 지적사항 등 유·무 Date : . . 선 박 안 전 기 술 공 단 ____ KOREA SHIP SAFETY TECHNOLOGY AUTHORITY 이 도면은 관련 법령에서 정한 바에 따라 승인함 (This document was approved in accordance with the related provisions) ※ 규격 : 가로(65mm) × 세로(40mm)	• 지적사항, 권고사항 또는 유의사항을 표시하는 경우(고무증인) 8 KST 6
• 재발급하는 경우 재 발 급(REISSUED) Date : . . 선 박 안 전 기 술 공 단 ____ KOREA SHIP SAFETY TECHNOLOGY AUTHORITY 이 도면은 년 월 일 승인된 도면과 동일한 내용임 (This was reissued in accordance with the approved document) ※ 규격 : 가로(50mm) × 세로(40mm)	• 표지 외의 내지에 내용변경방지 또는 확인을 표시하는 경우(고무증인) 선박안전기술공단 Korea Ship Safety Technology Authority KST 22 30
[한국선급]	
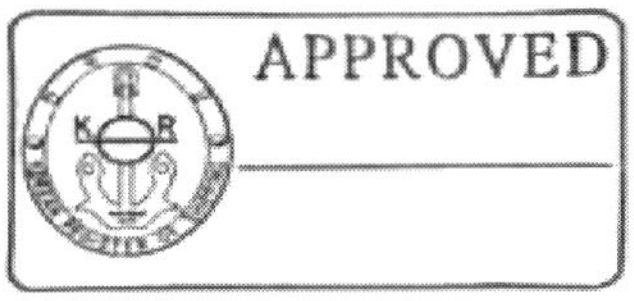 APPROVED ____	 APPROVED ____ ____ KOREAN REGISTER OF SHIPPING
KR	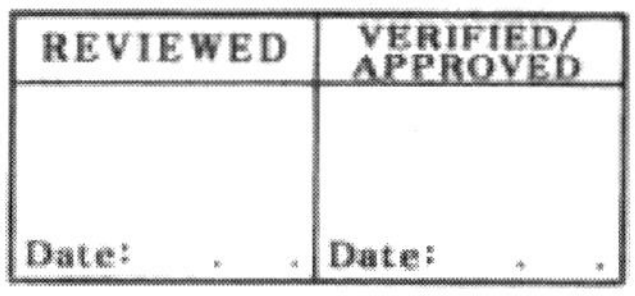 REVIEWED | VERIFIED/APPROVED Date: . . | Date: . .

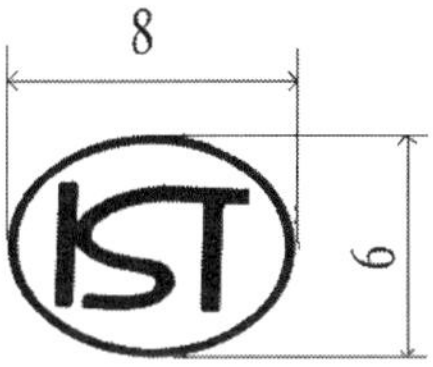

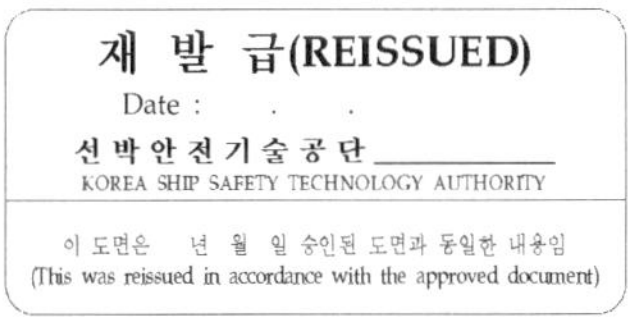

또한 건조검사 집행과 관련해서는 이 법 제14조제1항에 따른 검사의 준비와 같은 법 시행규칙 제10조제1항에 따른 절차를 따르도록 하고 있다. 이 경우 대행검사기관은 건조검사에 합격한 선박에 대하여 이 법 제7조제2항 및 같은 법 시행규칙 제10조제4항에 따른 [별지 제3호서식]의 건조검사증서를 교부한다.[51)]

한편, 건조검사의 준비사항 등은 같은 법 시행규칙 제30조제1항제1호와 관련한 [별표 9]를 따르도록 하고 있다.

참고로 이상의 내용을 바탕으로 선박의 건조단계에서 부터 항해 등에 사용하기까지의 단계를 살펴보면 다음과 같다. 먼저 대행검사기관의 도면승인 및 건조검사 완료 후 최초의 정기검사[52)]를 받도록 하고 있다. 이와 관련해서는 대체로 도면승인 신청서 제출 시 건조검사 및 최초의 정기검사 신청서를 동시에 제출하는 것이 일반적이다.[53)]

---

51) 「선박안전법」 제7조(건조검사) ② 해양수산부장관은 건조검사에 합격한 선박에 대하여 해양수산부령으로 정하는 사항과 검사기록을 기재한 건조검사증서를 교부하여야 한다. 여기에서 "해양수산부령으로 정하는 사항"이란 같은 법 시행규칙 제10조제3항에서 다음과 같이 규정하고 있다. i) 선박검사관의 성명(제1호), ii) 검사완료일 및 검사장소(제2호), iii) 다음 검사 기준일 및 검사종류(제3호). 하지만 건조검사증서에는 위의 iii) 다음 검사기준일 및 검사종류(제3호)에 대한 기입란을 두고 있지 않으며, 이와 관련해서는 비고란에 해당 내용을 기입하도록 하고 있다. 예컨대 건조검사와 동시에 정기적 검사가 신청되어 있는 경우에는 신청된 검사종류 및 임검 예정을 건조검사증서 비고란에 기재, 다음으로 정기적 검사가 신청되어 있지 않은 경우에는 선박소유자가 제시하는 검사종류(계선신청 포함) 및 예정일을 건조검사증서 비고란에 기재하도록 하고 있다. 이하 이와 관련한 내용을 동일하게 적용한다.

52) 「선박안전법」 제8조제1항에서는 최초로 항해에 사용하는 선박에 대하여 정기검사(이를 "최초의 정기검사"라고 하며 건조검사신청과 동시에 이루어짐)를 받으려는 선박소유자는 같은 법 시행규칙 제12조에 따른 [별지 제4호서식]의 선박검사신청서에 관련 서류를 첨부하여 대행검사기관에 제출하여야 하며, 건조검사 또는 별도건조검사 신청 시에 첨부한 서류는 제외하도록 하고 있다.

53) 선박소유자는 「선박안전법」 제8조제1항에 따라 선박을 최초로 항해에 사용하는 때에는 최초의 정기검사를 받도록 하고 있으며, 이에 해당되는 경우는 건조검사를 받은 선박 이외 다음의 선박에도 적용된다. i) 건조(별도건조)검사를 받는 선박으로서 처음으로 법에 따른 검사를 받으려는 선박, ii) 외국으로부터 도입 또는 차용하여 이 법 제66조(외국정부등이 행한 검사의 인정)에 해당하는 선박으로서 처음으로 법에 따른 검사를 받으려는 선박, 이 경우 도입국 정부의 정기검사를 받아 운항한 선박으로서 해당 정부의 선박안전과 관련한 법령에 따라 건조검사대상인 것에 대하여는 건조검사를 받은 것으로 본다, iii) 등록이 말소된 후 재등록(등록기관이 변경되는 경우를 포함한다)하여 검사를 받으려는 선박. 이 경우 등록이 말소된 날부터 3년 이내에 재등록하는 선박에 대하여는 N차 정기검사 신청을 접수한다. 다만, 6개월 이내에 어선에서 일반선박으로 등록기관을 변경하는 경우에는 해

여기에서의 건조검사에는 앞서 언급한 바와 같이 같은 법 시행규칙 제4조제1호·제2호·제4호 내지 제7호 및 제15호의 선박시설과 만재흘수선 검사를 포함하고 있다(시행규칙 제10조제2항).

그 밖에 이 법 제29조 및 제30조의 규정에 따른 무선설비 및 선박위치발신장치에 대하여는 「전파법」의 규정에 따라 검사를 받았는지에 대한 여부를 확인하도록 하고 있으며, 이를 설치해야 하는 대상 선박은 같은 법 시행규칙 제72조 및 제73조에서 각각 규정하고 있다. 이와 관련한 내용은 뒤에서 언급하고 있는 '제2장 제3절 Ⅳ. 무선설비 미설치 위반사범'에서 자세히 다루고자 한다.

나. 선박검사 위반사범

「선박안전법」 제14조제1항에서는 건조검사 또는 정기검사(최초의 정기검사 포함)·중간검사·임시검사·임시항해검사를 "선박검사"로 규정하고 있다. 이중 건조검사와 관련한 내용은 앞에서 다루었으므로 여기에서는 이에 대한 부분을 생략하기로 한다.

이 법 제8조부터 제11조까지에서는 국내항해에 종사하는 선박 중 건조검사(별도건조검사 포함) 및 최초의 정기검사 이후 이 법에서 규정하고 있는 검사를 받도록 하고 있으며,[54] 검사를 받으려는 선박소유자는 같은 법 시행규칙에서 규정하고 있는 [별지 제4호서식]의 선박검사신청서에 해당 구비서류를 첨부하여 대행검사기관에 제출하도록 하고 있다.[55]

당 선박의 선박검사증서는 유효한 것으로 보고 이 법 제10조(임시검사)에 따른다. iv) 대행검사기관을 변경하여 검사를 받으려는 선박 중 국제항해에 종사하는 선박. 다만, 대행검사기관을 변경하여 검사를 받으려는 선박 중 국제항해에 종사하지 아니하는 선박에 대해서는 변경 전 대행검사기관의 검사이력을 인장하여 N차 정기검사를 받도록 하고 있다. 이와 관련한 내용은 선박안전기술공단의 「선박검사지침」 1.3.4에 따른 것으로 이 지침에 대한 설명은 이 장 각주 62번으로 갈음한다.

54) 예외적으로 「선박안전법」 제11조 '임사항해검사'는 정기검사(최초정기검사 포함)를 받기 전에 임시로 선박을 항해에 사용하고자 하는 때에도 적용된다.

55) [별지 제4호서식]에 해당하는 검사종류에는 정기검사(제8조)·중간검사(제1종 및 제2종)(제9조)·임시검사(제10조)·임시항해검사(제11조)·유조선 등에 대한 강화검사(제42조)·예인선에 대한 예인선항해검사(제43조)·특별검사(제71조)가 있으며, 정기검사에는 건조검사와 동시에 수반되는 최초의 정기검사를 포함한다. 또한 같은 법 시행규칙 제19조, 제21조 및 제22조에서는 중간검사의 시기, 임시검사의 적용범위 및 임시항해검사의 절차 등에 대해 각각 규정하고 있다.

이에 따른 검사종류별 구비서류는 같은 법 시행규칙 제12조제1항 · 제2항[56], 제21조제1항 및 제22조제1항을 따르고 있다.[57]

이와 관련해서 정기검사(최초의 정기검사 포함), 중간검사, 임시검사, 임시항해검사를 받고자 하는 선박소유자는 이 법 제14조제1항 및 같은 법 시행규칙 제30조제1항제2호부터 제5호까지에 따라 해당 검사종류별로 검사준비를 하여야 한다.[58]

선박소유자가 검사종류별로 선박검사를 받기 위한 준비사항 및 적용범위 등에 관한 내용을 정리하면 다음의 〈표 2-6〉과 같다.

〈표 2-6〉 검사종류별 준비사항 및 설비 검사에 관한 사항

검사종류	준비사항 및 적용범위	관련규정
정기검사	선박안전법 시행규칙 [별표 10]	선박안전법 시행규칙 제30조제1항제2호
중간검사	선박안전법 시행규칙 [별표 11]	선박안전법 시행규칙 제30조제1항제3호
임시검사	선박안전법 시행규칙 [별표 10] 중 해당 선박시설	선박안전법 시행규칙 제30조제1항제4호
임시항해검사	선박안전법 시행규칙 [별표 10] 중 해양수산부장관이 지정하는 사항	선박안전법 시행규칙 제30조제1항제5호

여기서 위 〈표 2-6〉의 내용 중 임시검사에 있어서의 '해당 선박시설'은 앞서 언급한 바와 같이 이 법 제2조제2호 및 같은 법 시행규칙 제4조에서 규정하고 있는 시설을 말한다.[59]

56) 「선박안전법 시행규칙」 제12조제1항은 최초로 항해에 사용하는 선박의 정기검사(최초의 정기검사)에 해당하며, 제12조제2항은 선박검사증서의 유효기간이 끝나는 선박에 있어서의 정기검사 및 다음검사 기준일이 만료된 중간검사에 해당한다.

57) 예외적으로 「선박안전법 시행규칙」 제31조제9항 관련 [별표 15] (검사준비 및 서류제출의 완화 등) 제4호가목에 따라 선박검사신청 시 제출하는 선박검사증서는 선박이 항해 중이거나 부득이한 사유로 제출할 수 없는 경우 해당검사 착수 전까지 제출할 수 있도록 하고 있다.

58) 「선박안전법」 제7조제3항에 따라 같은 조 제1항의 규정에 따른 건조검사에 합격한 선박시설에 대하여는 이 법 제8조제1항의 규정에 따른 정기검사 중 선박을 최초로 항해에 사용하는 때 실시하는 검사는 이를 합격한 것으로 보고 있다. 따라서 건조검사를 받으면서 '최초의 정기검사' 준비사항을 포함하고 있는 경우에는 별도의 검사준비를 생략하도록 하고 있다.

59) 임시검사 사항 중 「선박안전법」 제10조제1항제5호 및 같은 법 시행규칙 제21조제3항제10호에서는

또한 임시항해검사에 있어서의 '해양수산부장관이 지정하는 사항'은 「외국적 시운전 선박에 대한 임시항해검사 지침」 제4조에서 규정하고 있는 검사의 범위(해당 선박의 기관설비, 조타설비, 계선설비, 양묘설비, 구명설비, 소방설비, 거주설비, 위생설비 및 항해설비)를 말한다.[60] 또한 이 예규 제3조에서는 이 법 제11조에 따라 국내의 조선소에서 건조된 후 외국에서 등록되었거나 외국에서 등록될 예정인 선박으로서 시운전을 하고자 하는 선박에 한해 적용하고 있다. 그리고 예외적으로 신청인은 시

선박시설의 보완 또는 수리가 필요하다고 인정되어 해양수산부장관이 특정한 경우, 선박소유자에게 임시검사를 받도록 하고 있다. 여기에서 "선박시설의 보완 또는 수리가 필요하다고 인정되는 특정한 사항"은 선박소유자가 같은 법 시행규칙 제30조제1항에서 규정하고 있는 검사의 준비 사항([별표 9]~[별표 11]) 중 검사준비 미비에 따른 보완(또는 수리)이 필요한 사항에 대해 임시검사를 지정한 후 다음 검사 시에 받도록 하고 있는 것은 아니다. 단지, 이 규정은 같은 법 시행규칙 제31조제9항과 관련한 [별표 15] '검사준비 및 서류제출의 완화 등'에서 특정하고 있는 설비에 대한 검사유예(조정) 기간이 정해져 있는 경우에 한해 이에 대한 검사의 준비를 면제하고 이 기간이 도래하는 시기에 맞추어 검사준비 면제에 따른 임시검사를 별도로 지정하여 추후 의무적으로 검사를 받도록 하기 위한 제도이다. 예컨대 정기검사 [별표 10] 및 중간검사 [별표 11]의 준비사항 중에는 주(보조)기관 개방 및 추진축계 발출 검사준비를 요구하고 있으나, 같은 법 시행규칙 제31조제9항 관련 [별표 15] 제1호 및 제3호바목에서는 프로펠러축 발출검사의 조정 및 내연기관(고속기관에 한함)의 개방검사 준비를 면제할 수 있는 예외조건[검사주기(시간)]을 각각 두고 있다. 이에 따라 검사당시 검사시기가 도래하지 않은 해당설비에 대해서는 별도의 임시검사를 지정하여 검사받도록 하고 있다. 그 밖에 팽창식구명뗏목 정비 등과 관련해서도 마찬가지로 검사주기(시간)에 따라 검사면제를 받은 경우 별도의 임시검사를 지정하고 있다(「선박구명설비기준」 제129조(팽창식구명뗏목등의 정비) 참조). 참고로 여기에서의 "고속기관"에 관한 내용은 「선박기관기준」 제2조제5호에서 규정하고 있으며, 다음 조건을 동시에 만족하는 내연기관을 말한다.

$$\frac{S \cdot n^2}{1.8 \times 10^6} \geqq 90, \qquad \frac{\pi \cdot d \cdot n}{6 \times 10^4} \geqq 6$$

s는 행정(밀리리터), n은 연속최대회전수(매분회전수), d는 크랭크축 저널의 지름(밀리미터)

* "연속최대출력"이라 함은 추진용기관(이하 "주기관"이라 한다)에 있어서는 만재흘수선으로 항해하는 상태에서, 추진용기관 이외의 기관(이하 "보조기관"이라 한다)에 있어서는 계획한 상태에서 안전하게 연속사용 할 수 있는 최대출력을 말한다(「선박기관기준」 제2조제6호).
* "연속최대회전수"라 함은 연속최대출력시의 기관의 매분회전수를 말한다(「선박기관기준」 제2조제7호).

60) 「외국적 시운전 선박에 대한 임시항해검사 지침」은 「선박안전법」 제11조, 같은 법 시행규칙 제22조 및 제30조에 따라 임시항해검사의 절차, 방법 및 검사범위 지정 등에 관하여 필요한 사항을 규정함을 목적으로 하고 있는 해양수산부예규로써 다만, 이 예규 제3조 단서에 따라 선박안전법 적용대상으로서 대행검사기관에서 검사하는 선박은 제외하고 있다.

운전 전에 이 예규 [별지 제1호 서식]에 따라 대행검사기관이 아닌 관할 지방청에 검사를 신청하도록 하고 있다.

참고로 임시항해검사는 건조검사 또는 정기검사(최초의 정기검사 포함) · 중간검사 · 임시검사와는 달리 검사기관 및 검사대상 등을 세부적으로 구분해서 규정하고 있으므로 이와 관련한 내용을 정리하면 다음의 {참고 2-6}과 같다.

{참고 2-6} 임시항해검사 대상선박 및 검사기관에 따른 세부 내용

구 분	세부 내용
대상선박(1) (검사기관: 대행검사기관)	• 정기검사(최초의 정기검사 포함)를 받기 전에 임시로 선박을 항해에 사용하고자 하는 때(「선박안전법」 제11조제1항) – 정기검사를 받고 선박검사증서가 발급되기 전 선박소유자 또는 선박의 건조자가 선박검사원 입회 없이 임의로 자체 해상 시운전을 하는 경우와 다른 지역 검사장소로의 이동 등 임시로 선박을 항해에 사용하고자 하는 때에 적용하고 있음 – 또한 같은 법 시행규칙 [별표 10] 제16호에서는 선박소유자의 정기검사(최초의 정기검사 포함) 준비사항으로 해상 시운전을 포함하고 있음에도 불구하고 최초의 정기검사 시에 한해서는 선박검사원이 입회 할 경우라 할지라도 별도의 임시항해검사를 받도록 하고 있음[61] • 선박검사증서 뒷면의 다음 검사로 기재된 중간 · 임시검사를 기간 내 받지 못하여 선박검사증서의 효력이 상실한 선박으로 자체 해상 시운전 및 다른 지역 검사장소로의 이동 등 임시로 선박을 항해에 사용하고자 하는 경우 • 유효한 검사증서 없이 외국으로부터 도입되는 선박을 국내로 항해하고자 하는 경우

61) 대행검사기관에서는 이와 관련해서 「선박안전법」 제11조제1항에 따라 정기검사를 받기 전에 임시로 선박을 항해에 사용하고자 하는 때에는 임시항해검사를 받도록 하고 있는 규정을 근거로 최초의 정기검사(총톤수 2톤 미만 선박 제외) 시 해상 시운전을 실시할 경우 선박검사원의 입회여부와 관계없이 임시항해검사 신청을 받아 검사를 실시한 후 해상 시운전이 이루어질 수 있도록 조치하고 있다. 하지만 최초의 정기검사 준비사항 중 선박소유자가 해상 시운전을 준비하도록 규정하고 있는 점 등을 감안할 때 최초의 정기검사 시 무조건적으로 임시항해검사를 받도록 하는 것은 이중규제에 해당한다 할 것이다. 한편, 이와 같이 최초의 정기검사 시에 임시항해검사를 받도록 하는 것은 이 법 제17조제1항에 따라 선박검사증서등이 없는 선박을 항해에 사용하지 못하도록 하는데 따른 것으로 이는 선박검사증서등의 효력이 정지된 선박을 항해에 사용하지 못하도록 하는 것과의 구별에 따른 차이가 없다 할 것이다. 현재 최초의 정기검사 이후에 정기적인 검사에 해당하는 제2회 정기검사를 받기 전에 선박검사증서의 유효기간에 관계없이 선박검사원이 입회하여 해상 시운전을 실시하는 경우에는 별도의 임시항해검사를 받고 있지 않다. 따라서 이러한 점 등을 고려해 볼 때 최초의 정기검사 시 선박검사원 입회여부에 관계없이 무조건적으로 임시항해검사를 받도록 하는 조치는 재검토가 필요할 것으로 사료된다. 다만, 예외적으로 선박검사원이 입회하더라도 해당 선박의 정기검사 준비사항 및 선박검사증서 상에 표기될(된) 사항(최대승선인원, 항해구역, 항해와 관련한 조건 등)을 불가피하게 준수하지 못한 상태에서 시운전 등 임시로 선박을 항해에 사용하고자 하는 경우에는 승선

구 분	세부 내용
대상선박(2) (검사기관: 지방청)	• 국내의 조선소에서 건조된 외국선박(국내의 조선소에서 건조된 후 외국에서 등록되었거나 외국에서 등록될 예정인 선박을 말한다. 이하 같다)의 시운전을 하고자 하는 경우(「선박안전법」 제11조제1항) – 국내의 조선소에서 건조된 외국선박의 시운전을 하고자 하는 경우 해양수산부장관은 이와 관련한 검사를 대행검사기관이 아닌 지방청에 권한을 위임하고 있음(같은 법 시행령 제21조제1항제1호)
제출서류	• 임시항해검사를 받으려는 선박소유자 또는 선박의 건조자는 [별지 제4호서식]의 선박검사신청서에 해당 선박의 운항계획서를 첨부하여 지방청(국내의 조선소에서 건조된 외국선박의 시운전을 하고자 하는 경우) 또는 대행검사기관(지방청 검사대상 선박 이외의 선박인 경우)에 제출(같은 법 시행규칙 제22조제1항)
검사범위	• 임시항해검사 대상 선박 중 국내의 조선소에서 건조된 외국선박(같은 법 시행규칙 제22조제2항) – 해양수산부장관이 정하는 바에 따라 「외국적 시운전 선박에 대한 임시항해검사 지침」에 따름 • 그 이외의 선박 – 선박안전법 관련 법령에서는 이에 대한 내용을 별도로 규정하고 있지 않으며, 대행검사기관에서는 일반적으로 해당 임시항해의 목적, 내용 및 항해상의 조건에 따라 선박시설 등에 대하여 관련 기준에 적합한지를 확인하고, 선체, 기관, 만재흘수선 및 각종 설비(배수 · 조타 · 구명 · 소방 · 항해 · 무선설비 등)에 대한 검사를 실시하여 해당 선박에 요구되는 항해능력이 있는 지를 확인하도록 하고 있음[62]

한편, 이 법 제14조제3항 및 같은 법 시행규칙 제31조에서는 해당 선박의 구조 · 시설 · 크기 · 용도 또는 항해구역 등을 고려하여 해양수산부령이 정하는 바에 따라 검사준비 · 서류제출 등에 대하여 전부 또는 일부를 완화하거나 면제할 수 있는 규정을 별도로 두고 있다. 이와 관련한 내용을 정리하면 다음의 〈표 2-7〉과 같다.

자의 안전을 확보하기 위한 차원에서 임시항해검사를 실시하는 것으로 제한해야 할 것이다. 여기에서 '선박검사증서 상에 표기될(된) 사항'이란 다음과 같이 구분할 수 있다. 먼저 '선박검사증서 상에 표기될 경우'는 최초의 정기검사 이후 발급 예정인 선박검사증서 상에 표기되어질 사항을 말하며, 다음으로 '선박검사증서 상에 표기된 경우'는 최초의 정기검사 이후 정기적인 검사를 받고 있는 선박에 이미 발급된 선박검사증서 상에 표기되어진 사항을 말한다.

62) 「선박안전법」 제60조(검사등업무의 대행)에 따른 '검사등업무'를 대행검사기관이 대행함에 따라 그 시행에 필요한 사항을 정하여 정부대행 업무에 통일을 기하고 효율적인 업무수행을 목적으로 하기 위해 대행검사기관별로 해양수산부의 승인을 얻어 별도의 검사지침을 각각 운영하고 있다(선박안전기술공단: 「선박검사지침」, 한국선급: 「한국정부대행검사지침」). 한편, 「선박안전법」 적용대상으로서 대행검사기관에서 검사하는 선박에 대한 임시항해검사 관련 기준은 대행검사기관별로 운영하고 있는 각각의 지침에서 규정하고 있다(「선박안전법」 제60조제4항에서는 공단 및 선급법인이 검사 등 업무의 대행을 하는 때에는 대행과 관련된 자체검사규정을 제정하여 해양수산부장관의 승인을 얻도록 하고 있다).

〈표 2-7〉 검사의 준비 및 서류제출의 완화 등과 관련한 주요내용

대상선박	검사의 준비 및 서류제출의 완화 등과 관련한 주요내용
원자력설비 및 잠수설비 등 특수한 구조나 설비를 가진 선박	선박안전법 시행규칙 [별표 13]
정기검사나 중간검사에서 해당 정기검사일이나 중간검사일 전 6개월 이내에 부분적인 수리나 정비를 하고 임시검사에 합격한 사항이 있는 선박	선박안전법 시행규칙 [별표 10] 및 [별표 11] 중 임시검사에 합격한 사항에 대해 검사준비를 면제
총톤수 2톤 미만의 선박	선박안전법 시행규칙 [별표 10] 의 제2호자목(효력시험만 해당한다), 제3호마목, 제4호가목 · 다목, 제5호다목 및 제6호나목 외의 검사준비를 면제
부유식 해상구조물	정기검사 및 제1종 중간검사에 대하여는 선박안전법 시행규칙 [별표 10] 제1호가목 및 [별표 11] 제1호가목의 선체에 관한 준비사항 중 선체에 대한 입거(入渠) 또는 상가(上架)준비를 수중검사[63] 준비로 갈음할 수 있고, [별표 10] 제1호나목부터 라목까지의 준비는 면제(제1종 중간검사 시에도 적용)
선령 30년 이상의 선박길이 24미터 이상인 선박	선박안전법 시행규칙 [별표 11] 제1호에 따른 제1종 중간검사준비사항 중 같은 표 제1호나목1)부터 6)까지의 준비를 면제할 수 있음. 다만, 연속하여 3회를 면제할 수 없음
i) 내수면안에서만 항해하는 선박 ii) 선령 15년 미만인 선박(여객선은 제외)	선박안전법 시행규칙 [별표 11] 제1호가목의 선체에 관한 준비사항 중 [별표 10] 제1호가목의 선체에 대한 입거 또는 상가준비를 수중검사[64] 준비로 갈음할 수 있고, [별표 10] 제1호나목부터 라목까지 및 제3호나목의 준비는 면제할 수 있음. 다만, 여객선에 대하여는 연속하여 3회를 갈음하거나 면제할 수 없음
그 외 선박	선박안전법 시행규칙 [별표 15]와 같이 완화하거나 면제할 수 있음

지금까지의 내용에 따라 각각의 해당 검사에 합격한 경우에는 이 법 제8조제2항에 따른 선박검사증서(정기 · 중간 · 임시검사 해당), 제10조제3항에 따른 임시변경증, 제11조제2항에 따른 임시항해검사증서를 발급하고 있다.

63) 「선박안전법 시행규칙」 제31조제7항 및 제8항에서는 같은 조 제4항 및 제6항에 따른 수중검사 결과 부식 또는 손상 등으로 인하여 입거 또는 상가가 필요하다고 판단되는 경우에는 입거 또는 상가를 하게 할 수 있다. 또한 수중검사준비와 그 검사방법 등은 제31조제8항 관련 [별표 14]와 같다.

64) 참고로 수중검사 적용대상 선박 중 위의 〈표 2-7〉에서 보는 바와 같이 "부유식 해상구조물"의 경우에는 정기검사 및 제1종 중간검사 모두에 해당되나, 그 밖의 선박에 적용되고 있는 수중검사는 제1종 중간검사 시에 한해 적용되고 있다. 특히 여객선에 대해서는 제1종 중간검사일지라도 연속하여 3회를 적용하지 못하도록 규정하고 있다.

이 경우 해당 검사 종류별로 발급하고 있는 검사증서는 대행검사기관 소속 검사원이 현장에서 직접 발급할 수 있도록 하고 있다.[65]

다. 국제협약검사 위반사범

「선박안전법」 제12조제1항에서는 국제항해에 취항하는 선박의 소유자는 선박의 감항성 및 인명안전과 관련하여 국제적으로 발효된 국제협약(SOLAS 협약)에 따른 "국제협약검사"를 받도록 규정하고 있으며, 같은 법 시행규칙 제25조제1항에 따른 [별지 제30호서식]의 국제협약검사신청서에 구비서류를 첨부하여 대행검사기관에 제출하도록 하고 있다.[66] 다만, 신청 시기가 선박검사 시기와 같을 경우에는 관련 서류를 제출하지 아니할 수 있다.[67]

국제협약검사의 종류 및 시기는 이 법 제12조제5항 및 같은 법 시행규칙 제24조에서 최초검사, 정기검사, 중간검사, 연차검사, 임시검사로 구분하고 있으며,[68] 같은 법

65) 선박검사증서, 임시항해검사증서, 건조(별도건조)검사증서, 예비검사증서, 임시변경증, 선박검사증서(국제협약검사증서)유효기간연장승인서, 국제협약검사증서, 제한하중등확인서, 해양오염방지증서, 위험물운송적합증서, 예인선항해검사증서 등(이하 "선박검사증서등"이라 한다)은 검사원이 검사현장에서 직접 발급할 수 있도록 하고 있다(선박안전기술공단의 「선박검사지침」 1.6.6).

66) 「선박안전법 시행규칙」 제25조제2항에서는 국제항해에 종사하지 아니하는 선박의 소유자도 그 구조 및 설비가 해당 국제협약에서 정하는 요건에 적합한 선박에 대하여는 신청에 따라 제1항에 따른 국제협약검사를 받을 수 있도록 규정하고 있다.

67) 국제협약검사를 받으려는 선박소유자는 「선박안전법 시행규칙」 제25조제1항에 따라 국제협약검사 신청서에 ⅰ) 선박검사증서 또는 임시항해검사증서, ⅱ) 「전파법」에 따른 무선국검사필증(여객선안전증서, 원자력여객선안전증서, 화물선안전무선증서 또는 원자력화물선안전증서를 발급받은 경우로 한정), ⅲ) 해당 국제협약에서 규정하는 구조 및 설비를 확인할 수 있는 도면 및 자료(제23조제2항의 면제증서나 같은 조 제3항의 국제만재흘수선면제증서를 발급받은 경우에는 제외), ⅳ) 소지하고 있는 해당 국제협약검사증서(최초로 국제협약검사증서를 발급받으려는 경우에는 제외)를 대행검사기관에 제출하여 한다.

68) 「선박안전법 시행규칙」 제24조(국제협약검사의 종류) 법 제12조제5항에 따른 국제협약검사의 종류는 다음 각 호와 같다.

1. 최초검사: 최초로 국제항해에 사용하는 경우 받게 되는 검사
2. 정기검사: 국제협약검사증서의 유효기간이 끝난 경우 받게 되는 검사
3. 중간검사: 국제협약검사증서의 두 번째 검사기준일 또는 세 번째 검사기준일 전후의 3개월 이내에 받게 되는 검사

* 검사기준일: 선박검사증서의 유효기간 시작일부터 해마다 1년이 되는 날을 말한다(「선박안전법 시행규칙」 제2조제5호).

시행규칙 제23조에서는 선종별로 발급되어야 하는 국제협약검사증서의 종류(서식) 등에 관하여 규정하고 있다.69)

---

4. 연차검사: 국제협약검사증서의 매 검사기준일 전후의 3개월 이내(제3호의 중간검사를 받는 연도의 검사기준일은 제외한다)에 받게 되는 검사
5. 임시검사: 국제항해에 취항하는 선박으로서 제21조제2항 각 호 및 제3항 각 호의 사유가 발생하여 받게 되는 검사

참고로 국제협약검사종류별 영문표기는 다음의 표와 같으며, 이와 관련해서는 이 장 각주 69번에서 언급하고 있는 국제협약검사증서를 통해 확인할 수 있다.

증서의 종류	영문표기(약어)	선박검사종류와의 비교
최초검사	Initial Survey(IN)	「선박안전법시행규칙」 제12조제1항의 최초의 정기검사에 해당
정기검사	Renewal Survey(RS)	「선박안전법 시행규칙」 제12조제2항의 정기검사에 해당
중간검사	Intermediate Survey(IS)	「선박안전법 시행규칙」 제19조제2항의 제1종 중간검사에 해당
	Periodical Survey(PS)	아래의 (*표) 참조
연차검사	Annual Survey(AS)	「선박안전법 시행규칙」 제19조제2항의 제2종 중간검사에 해당
임시검사	Occasional Survey(OS)	「선박안전법 시행규칙」 제21조의 임시검사에 해당

* 국제협약검사에서는 중간검사의 의미로 Intermediate Survey(IS) 및 Periodical Survey(PS)를 사용하고 있으며, 이는 국제협약검사의 종류(구조 및 설비 등)에 따라 각각 다르게 구분해서 적용된다. 여기에서 Intermediate Survey(IS)는 위 표에서 보는 바와 같이 「선박안전법 시행규칙」 제19조제2항의 제1종 중간검사에 해당되며, Periodical Survey(PS) 정기검사 이후 다음 정기검사 시 까지 중간에 받게 되는 검사의 의미로 사용하고 있다. 예컨대 '화물선안전구조검사(Cargo Ship Safety Construction Survey, SC)'에서는 중간검사를 Intermediate Survey(IS)로 규정하고 있는 반면, '화물선안전설비검사(Cargo Ship Safety Equipment Survey, SE)에서는 중간검사를 Periodical Survey(PS)로 규정하고 있다.

69) 「선박안전법 시행규칙」 제23조(국제협약검사증서의 서식 등) ① 법 제12조제2항에 따른 국제협약검사증서는 다음 각 호와 같다.

1. 여객선(원자력여객선은 제외한다): 별지 제10호서식의 여객선안전증서
2. 원자력여객선: 별지 제11호서식의 원자력여객선안전증서
3. 총톤수 300톤 이상 500톤 미만의 화물선: 별지 제12호서식의 화물선안전무선증서
4. 총톤수 500톤 이상의 화물선
   가. 별지 제12호서식의 화물선안전무선증서
   나. 별지 제13호서식의 화물선안전구조증서
   다. 별지 제14호서식의 화물선안전설비증서
   라. 별지 제14호의2서식의 화물선안전증서
5. 원자력화물선: 별지 제15호서식의 원자력화물선안전증서
6. 액화가스산적운송선
   가. 1986년 7월 1일 이후에 건조되거나 개조된 선박으로서 국제액화가스산적운송코드에 규정된 물질을 운송하는 선박: 별지 제16호서식의 국제액화가스산적운송적합증서
   나. 1986년 6월 30일 이전에 건조되거나 개조된 선박: 별지 제17호서식의 액화가스산적운송적합증서
7. 위험화학품산적운송선

가. 1986년 7월 1일 이후에 건조되거나 개조된 위험화학품산적운송선으로서 국제산적화학물코드에 규정된 물질을 운송하는 선박: 별지 제18호서식의 국제위험화학품산적운송적합증서
나. 1986년 6월 30일 이전에 건조되거나 개조된 선박: 별지 제19호서식의 위험화학품산적운송적합증서
8. 다음 각 호의 어느 하나에 해당하는 선박으로서 「해상에서의 인명안전을 위한 국제협약」 부속서 제7장제2규칙에서 규정하는 위험물을 포장된 형태나 산적고체 형태로 운송하는 선박: 별지 제20호서식의 위험물운송적합증서
가. 1984년 9월 1일 이후에 건조되거나 개조된 여객선
나. 1984년 9월 1일 이후에 건조되거나 개조된 총톤수 500톤 이상의 화물선
다. 1992년 2월 1일 이후에 건조되거나 개조된 화물선
9. 여객선 및 총톤수 500톤 이상의 화물선 중 고속선안전코드의 적용을 받는 다음 각 목의 고속선
가. 1996년 1월 1일 이후부터 2002년 6월 30일 이전에 건조되거나 개조된 고속선: 별지 제21호서식의 고속선안전증서 및 별지 제22호서식의 고속선운항허가증
나. 2002년 7월 1일 이후에 건조되거나 개조된 고속선: 별지 제23호서식의 고속선안전증서 및 별지 제24호서식의 고속선운항허가증
10. 국제방사능핵연료 화물운송코드에서 규정하는 방사능물질을 운송하는 선박: 별지 제25호서식의 국제방사능핵연료화물운송적합증서
11. 총톤수 500톤 이상의 선박 중 특수목적선 안전코드의 요건에 적합한 선박: 별지 제26호서식의 특수목적선안전증서
12. 여객선이나 화물선으로서 선박길이가 24미터 이상인 선박: 별지 제27호서식의 국제만재흘수선증서
② 다음 각 호의 어느 하나에 해당하는 선박에 대하여는 별지 제28호서식의 면제증서를 발급하여야 한다.
1. 국제항해에 취항하는 여객선 및 총톤수 500톤 이상의 화물선으로서 법 제26조에 따라 해양수산부장관이 정하여 고시하는 선박시설기준으로 정하는 바에 따라 해당 국제협약검사증서에 관한 요건의 일부 또는 전부가 면제된 선박
2. 국제항해에 종사하지 아니하는 여객선 및 총톤수 300톤 이상의 화물선으로서 법 제10조제3항에 따른 임시변경증이나 법 제11조제2항에 따른 임시항해검사증서를 발급받아 단일의 국제항해를 하는 선박
③ 제1항제12호의 선박으로서 다음 각 호의 어느 하나에 해당하는 선박에 대하여는 별지 제29호서식의 국제만재흘수선면제증서를 발급하여야 한다.
1. 잠수선, 수중익선, 공기부양선 및 임시항해검사증서를 발급받은 선박과 그 밖에 그 구조상 만재흘수선을 표시하는 것이 곤란하거나 부적당한 선박
2. 국제항해에 종사하지 아니하는 선박으로서 법 제10조제3항에 따른 임시변경증이나 법 제11조제2항에 따른 임시항해검사증서를 발급받아 단일의 국제항해를 하는 선박
3. 법 제26조에 따라 해양수산부장관이 정하여 고시하는 선박시설기준으로 정하는 바에 따라 국제만재흘수선증서에 관한 요건의 일부 또는 전부가 면제된 선박
④ 제1항부터 제3항까지의 규정에 따른 국제협약검사증서에는 대한민국 정부의 권한으로 발행한다는 내용이 포함되어야 한다. 이 경우 국제협약검사증서를 대행검사기관이 발행하는 경우에는 대한민국 정부의 권한을 위임받아 발행한다는 사실을 나타내야 한다.
⑤ 법 제12조제2항에도 불구하고 국제협약검사가 끝난 후 새로운 국제협약검사증서를 발급하지 아니하는 경우에는 종전의 국제협약검사증서에 해당 국제협약검사가 완료되었다는 내용을 적어 선박

참고로 국제협약검사증서는 이 법 제12조제5항 및 같은 법 시행규칙 제26조에 따라 국제협약검사 이외 이 법에서 규정하고 있는 국내 선박검사를 받지 않을 경우에는 그 효력이 정지된다.

다시 말해서 국제항해를 하고자 하는 선박은 국제협약검사증서 이외 해당 선박에 적용되는 유효한 선박검사증서를 선박에 동시에 비치하고 있어야 한다. 이와 관련한 내용은 뒤에서 언급하고 있는 '제2장 제3절 Ⅰ. 4. '선박검사증서등'의 효력정지 등과 관련한 위반사범'에서 자세히 다루고자 한다.

2. 형식승인(형식승인 변경) 및 검정 위반사범

제83조(벌칙) 다음 각 호의 어느 하나에 해당하는 자는 3년 이하의 징역 또는 3천만원 이하의 벌금에 처한다.

5. 거짓 그 밖의 부정한 방법으로 제18조제1항 · 제4항 · 제6항의 규정에 따른 형식승인, 그 변경승인 및 검정을 받은 자

일반적으로 형식에 관한 승인(이하 "형식승인"이라 한다)은 제조자의 제품 형식이 일정 기준을(규격 등) 만족할 경우 정부가 부여하는 증명제도의 일종으로, 선박분야 이외 다양한 산업분야에 폭넓게 적용되고 있다.[70)]

또한 형식승인은 「선박안전법」 제18조제1항에 따라 해양수산부장관이 정하여 고시하는 선박용물건[71)] 또는 소형선박[72)]을 제조하거나 수입하고 하는 자가 해당 선박

소유자에게 발급하여야 한다.

⑥ 법 제12조제2항에서 "해양수산부령으로 정하는 사항"이란 다음 각 호의 사항을 말한다.

1. 선박검사관의 성명
2. 검사완료일 및 검사장소

70) 박영선, 앞의 책, 161~162면. 한편, 우리나라의 형식승인제도는 「선박안전법」이 1982년 4월 1일 법률 제3547호로 개정되면서 수용되었다.

71) 「선박안전법」 제18조제1항에 따라 해양수산부장관이 정하여 고시하는 선박용물건은 「선박용물건의 형식승인 시험 및 검정에 관한 기준」 제2조에 따른 이 법 제2조제3호의 선박용물건으로 [별표 1](선박용물건 품목별 시험항목, 시험방법 및 판정기준)에서 정한 품목을 말한다. 한편, 이 기준 [별표 1]

용물건 또는 소형선박에 대하여 같은 조 제6항의 규정에 따라 검정(檢定)을 받고자 할 경우 미리 해양수산부장관의 형식승인을 얻도록 하는 제도이다.

한편, 검정은 정부에서 해당 물건에 관하여 그것이 관련 법규에서 정하고 있는 기준에 적합한지에 대한 여부를 검사하고, 합당할 경우 그 물건에 대한 품질 등을 인정하는 제도를 말한다.

이에 따라 형식승인(변경승인) 및 검정을 받고자 하는 자가 이를 준비하는 과정에서 거짓 그 밖의 부정한 방법을 취할 경우 이 법에서 규정하고 있는 벌칙을 적용한다.

여기에서는 거짓, 그 밖의 부정한 방법으로 형식승인, 그 변경승인 및 검정을 받은 자의 위법행위에 대한 사실 관계를 이와 관련한 법령 및 행정규칙 등을 통해 살펴보고자 한다.

가. 형식승인(형식승인 변경) 위반사범

「선박안전법」 제18조제8항에 따라 형식승인의 절차, 형식승인을 얻은 자 및 지정시험기관에 대한 지도 · 감독, 선박용물건의 보관범위, 검정증서의 서식 · 교부 등에 관한 사항은 해양수산부령으로 정하고 있다. 또한 이에 따라 형식승인을 받으려는 자는 같은 법 시행규칙 제36조제1항과 관련한 [별지 제36호서식]의 형식승인신청서(전자문서[73]로 된 신청서를 포함한다)를 지방청에 제출하도록 하고 있다.

이 때 형식승인을 얻고자 하는 자는 이 법 제18조제2항에 따라 '형식승인시험'을 거치도록 하고 있으나, 「산업표준화법」에 따른 검사에 합격한 선박용물건 또는 소형선박을 생산하는 등 해양수산부령이 정하는 경우에는 형식승인시험을 생략할 수 있

에서는 "소형선박"을 포함하고 있지 않으나, "선박길이 24미터 미만 비사업용 플레저보트(FRP)의 선체"에 대한 품목은 수용하고 있다. 여기에서의 이 기준은 「선박안전법」 제18조제1항, 제6항 및 제8항 후단에 따라 해양수산부장관이 정하여 고시하는 선박용물건을 정하고 선박용물건의 형식승인 시험 및 검정기준 등을 정함을 목적으로 한다.

72) 소형선박은 이 법 제27조제1항제2호의 규정에 따른 측정방법으로 측정된 선박길이가 12미터 미만인 선박을 말한다(「선박안전법」 제2조제11호). 여기에서 제27조제1항제2호에 따른 선박길이의 산정방법은 「선박법 시행규칙」 제11조제1항제9호를 따르도록 하고 있다(「선박안전법 시행규칙」 제70조).

73) "전자문서"란 「정보통신망 이용촉진 및 정보보호 등에 관한 법률」(약칭: 정보통신망법) 제2조제1항제5호에 따라 컴퓨터 등 정보처리능력을 가진 장치에 의하여 전자적인 형태로 작성되어 송수신되거나 저장된 문서형식의 자료로서 표준화된 것을 말한다. 이하 같다.

도록 하고 있다(법 제18조제2항 단서).[74)]

그리고 형식승인시험을 받으려는 자는 같은 법 시행규칙 제38조제1항에 따라 [별지 제40호서식]의 형식승인시험신청서(전자문서로 된 신청서를 포함한다)에 다음의 해당 서류를 첨부하여 지정시험기관(형식승인시험을 담당하는 시험기관)에 제출하여야 한다.

i) 사업체의 개요(연혁, 인원 및 조직 등에 관한 사항을 포함한다)(시행규칙 제38조제1항제1호)

ii) 삭제 〈2011.4.11.〉[75)](시행규칙 제38조제1항제2호)

iii) 수입허가서 사본(수입하려는 선박용물건 또는 소형선박으로 한정한다)(시행규칙 제38조제1항제3호)

iv) 선박용물건 또는 소형선박의 제조사양서, 구조도면 및 사용방법에 관한 설명서(시행규칙 제38조제1항제4호)

v) 제조하거나 수입할 선박용물건 또는 소형선박의 제조 및 검사설비개요서(수입하여 시험하는 경우에는 형식승인 신청자가 보유한 설비개요서)(시행규칙 제

---

74) 「선박안전법 시행규칙」 제35조(형식승인시험의 면제) 법 제18조제2항 단서에서 "해양수산부령이 정하는 경우"란 다음 각 호의 경우를 말한다.
 1. 형식승인시험의 전부 변제
  가. 형식승인 신청일 기준으로 과거 2년 동안 매년 1회 이상 법 제22조제1항에 따른 예비검사에 합격한 선박용물건
  나. 「산업표준화법」 제17조제4항에 따른 인증을 받은 선박용물건으로서 선박시설기준에 적합한 선박용물건
 2. 지정시험기관이 인정하는 경우 형식승인시험의 전부 또는 일부 면제
  가. 해당 형식승인시험 항목에 대하여 「국가표준기본법」 제23조에 따라 인정을 받은 시험 · 검사기관의 시험에 합격한 경우
  나. 해당 형식승인시험 항목에 대하여 국제공인시험기관으로 인정받은 시험 · 검사기관의 시험에 합격한 경우
  다. 형식승인을 받은 선박용물건의 일부 요건을 변경하여 추가로 형식승인을 받거나 형식을 변경하는 경우

75) 「선박안전법 시행규칙」 제38조제1항제2호에 해당하는 삭제된 서류는 '사업자등록증'으로 이는 2011년 4월 11일(국토해양부령 제350호) 이 규칙 제38조제1항의 후단 부분이 다음과 같이 개정되면서 삭제되었다. '이 경우 지방해양항만청장은 「전자정부법」 제36조제1항에 따른 행정정보의 공동이용을 통하여 사업자등록증을 확인하여야 하며, 신청인이 확인에 동의하지 아니하는 경우에는 그 사본을 제출하도록 하여야 한다.'

38조제1항제5호)

vi) 형식승인신청업체의 품질관리에 관한 기준을 정한 서류(품질관리에 관하여 국제 표준화기구의 인증을 받은 경우에는 그 인증서 사본)(시행규칙 제38조제1항제6호)

vii) 제35조제2호 각 목에 따른 형식승인시험 면제대상 여부를 증명할 수 있는 서류(시행규칙 제38조제1항제7호)

여기에서의 지정시험기관은 이 법 제18조제3항 및 같은 법 시행령 제7조(지정시험기관의 지정기준 및 절차 등)에서 정하는 바에 따라 해양수산부장관이 지정 · 고시하는 기관으로 하고 있다.[76]

이에 따른 지정시험기관은 같은 법 시행규칙 제38조제4항에 따라 형식승인시험에 합격한 선박용물건 또는 소형선박에 대하여는 [별지 제41호서식]의 형식승인시험합격증서 및 시험성적서[77]를 신청인에게 발급하고, 위 i)~vii)의 서류, 형식승인시험 합격증서 및 시험성적서 각 1부를 관할 지방청과 선박안전기술공단 또는 선급법인에 제출(전자문서를 통한 제출을 포함한다)하여야 한다.

지방청은 이상의 절차 등에 따라 형식승인신청을 받은 때에는 같은 법 시행규칙 제36조제2항에 따른 형식승인에 필요한 관련 서류(형식승인시험합격증서 또는 형식승인시험의 면제를 증명하는 서류와 형식승인시험의 신청 관련 서류 등, 전자문서를 포함한다)를 확인하고, 이상이 없는 경우에는 [별지 제37호서식]의 '형식승인증서'를 신청인에게 발급하여야 한다.

한편, 이 법 제18조제4항에 따라 형식승인을 얻은 자가 그 내용을 변경하고자 하는 경우에는 해양수산부장관으로부터 변경승인을 얻도록 하고 있다. 이 경우 선박용물

76) 「선박안전법 시행령」 제7조제4항에 따라 지정시험기관으로 지정을 받으려는 자는 같은 법 시행규칙 제40조에 따른 [별지 제44호서식]의 지정시험기관신청서에(전자문서로 된 신청서를 포함한다) 해당 서류를 구비하여 해양수산부장관에게 제출하도록 하고 있다. 한편, 지정시험기관이 다른 시험설비를 이용하거나 지정된 시험품목에 대한 시험의 일부를 다른 시험기관에 의뢰하는 경우에는 [별지 제42호서식]의 '일부시험의 외부의뢰 등 승인신청서'(전자문서로 된 신청서를 포함한다)를 해당 구비서류와 함께 해양수산부장관에게 제출하여 별도의 승인을 받아야 한다(「선박안전법 시행규칙」 제39조).

77) "시험성적서"는 「선박안전법 시행규칙」 제38조제3항과 관련한 「선박용물건의 형식승인 시험 및 검정에 관한 기준」 제3조(시험기준 등)에 따라 실시한 시험을 말한다.

건 또는 소형선박의 성능에 영향을 미치는 사항을 변경하는 때에는 해당 변경 부분에 대하여 추가 형식승인시험을 거쳐야 한다.

또한 이와 관련해서는 같은 법 시행규칙 제37조제1항에 따라 [별지 제38호서식]의 '형식승인사항변경승인신청서'에 변경내용을 적은 서류(성능에 영향을 미치지 아니하는 경우로 한정한다)를 첨부하여 지방청에 제출하도록 하고 있으며, 지방청은 형식승인사항 변경승인신청을 받은 때에는 같은 조 제2항에 따라 지정시험기관이 지방청에 제출한 형식승인시험합격증서 등 관련 서류 또는 위 ⅰ)~ⅶ)에 따른 서류(전자문서를 포함한다)를 확인하고 이상이 없는 경우에는 [별지 제39호서식]의 '형식승인사항변경승인서'를 신청인에게 발급하여야 한다.

그 밖에 형식승인 업무와 관련해서는 지정시험기관이 지정받은 사항(지정요건)의 변경에 따른 절차(시행규칙 제41조), 지정시험기관이 지정받은 품목의 시험내용 또는 시험품목에 변경이 있을 경우 이에 따른 절차(시행규칙 제42조), 형식승인을 받은 자와 지정시험기관이 보관하여야 하는 선박용물건의 종류(시행규칙 제43조)[78]에 대한 규정을 두고 있다.

나. 검정 위반사범

앞서 언급한 「선박안전법」 제18조제1항 및 제4항에 따라 형식승인 또는 변경승인을 얻은 자는 당해 선박용물건 또는 소형선박에 대하여 「선박용물건의 형식승인 시험 및 검정에 관한 기준」에 따라 대행검사기관의 검정을 받도록 하고 있다(법 제18조제6항 전단).

이 경우 이 법 제18조제8항 및 같은 법 시행규칙 제44조에 따라 검정을 받으려는 자는 해당 선박용물건 또는 소형선박에 형식승인 품명 · 형식 및 규격(규격이 있는 경우로 한정한다), 형식승인증서 번호 및 형식승인 일자, 제조연월일 표시 일련번호를 표시(크기나 모양을 고려하여 표시할 수 없는 경우는 제외한다)하고 [별지 제46호서식]의 신청서를 대행검사기관에 제출하여야 한다.

---

78) 형식승인을 받은 자와 지정시험기관이 보관하여야 하는 선박용물건은 「선박안전법 시행규칙」 제43조 관련 [별표 17]에서 다음과 같이 규정하고 있다. ⅰ) 구명설비(구명조끼(팽창식 구명조끼 포함), 방수복, 수동 이탈장치, 레이더 반사기), ⅱ) 소방설비(개인장구 중 방열복)

신청서를 제출받은 대행검사기관은 검정 대상 선박용물건 또는 소형선박에 대해 같은 법 시행규칙 제44조제2항에 따라 해당 선박용물건 또는 소형선박이 형식승인을 받은 제조공정, 부품, 자재 및 각 부품의 시험성적서를 확인하여 제조사양서대로 제조되었는지와 이 법 제18조제6항에 따른 검정기준 적합 여부를 이 기준 제4조(검정기준) 및 제5조(검정표본의 발췌)[79]에 따라 확인해야 한다.

한편, 이 기준 제6조제1항 전단에서는 검정항목 중 검정장소에서 시험이 불가능한 항목은 형식승인시험기관에 시험의뢰 하도록 하고 있다.[80]

이에 따라 대행검사기관에서는 형식승인을 얻은 자의 선박용물건 등이 검정기준에 합격한 경우에는 같은 법 시행규칙 제44조제3항에 따른 [별지 제47호서식]의 검정증서를 교부하여야 한다. 또한 이와 관련한 검정의 합격을 나타내는 표시는 [별표 18]을 따르고 있으며, 대행검사기관별 검사 합격표시는 다음의 〈표 2-8〉과 같다.

다만, 검정에 합격한 선박용물건 또는 소형선박은 성능에 대한 안정성 등을 미리 확인한 것으로 인정되어 건조검사 또는 선박검사 중 최초로 실시하는 검사에서는 이를 합격한 것으로 보고 있어 별도의 검사를 행하지 아니하는 것으로 규정하고 있다(법 제18조제6항 후단).

그 밖에 이 기준 제6조제1항 후단 및 제2항에 따라 다음의 경우에는 검정항목 중 일부를 생략할 수 있도록 규정하고 있다.

ⅰ) 검정항목 중 검정장소에서 시험이 불가능한 항목을 형식승인시험기관에 시험

79) 「선박용물건의 형식승인 시험 및 검정에 관한 기준」 제4조(검정기준) ① 형식승인을 얻은 자가 형식대로 제조 되었는가에 대하여 시행하는 검정의 기준은 별표 1의 일부 또는 전부를 준용하되 품목별 검정항목은 별표 2와 같다. 다만, IMO 기준 등을 형식승인시험기준으로 채택한 경우 동 품목의 검정기준은 채택된 형식승인시험기준의 일부 또는 전부를 준용할 수 있다.
② 별표 2의 품목란에 기재한 물건별로 검정항목 란에 해당하는 검정을 하여야 한다.
제5조(검정표본의 발췌) ① 검정을 하기 위하여 발췌하는 검정표본의 발췌 수량은 별표 2의 발췌검사 방식 란에서 지정하는 방법을 별표 3에 적용하여 정한다. 이때 검정표본은 임의로 발췌한다.
② 검정신청한 선박용물건 중 임의로 발췌한 물건에 대하여 검정시험 완료한 후에 성능에 이상이 없다고 판단될 경우에는 해당물건을 합격한 것으로 할 수 있다.

80) 이 경우 검정표본의 발췌 수량은 「선박용물건의 형식승인 시험 및 검정에 관한 기준」 제6조제1항 후단에 따라 이 기준 제5조제1항의 [별표 3]에도 불구하고 제2조 및 제3조에 따른 [별표 1]에서 정한 시험재료 수량으로 할 수 있도록 하고 있다.

의뢰할 경우, 해당 검정항목을 시험 의뢰하여 합격한 때에는 합격일로부터 1년 동안의 검정 시 해당 검정항목에 대하여 검정을 생략할 수 있다(기준 제6조제1항 후단).

ii) 형식승인을 얻은 선박용물건을 검정할 때에 검정항목 중에 형식승인 시험 기관에 의뢰할 항목이 포함되어 있는 경우에는 형식승인을 얻은 날로부터 최초 1년 동안은 해당 검정항목에 대한 검정을 생략할 수 있다(기준 제6조제2항).

〈표 2-8〉 대행검사기관별 검정 합격표시[81]

[별표 18] 감정의 합격을 나타내는 표시(제44조제3항 관련)

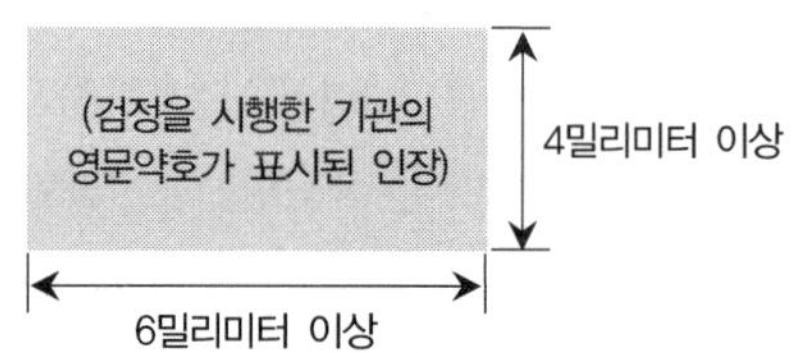

대행검사기관	표시의 종류		비 고
선박안전 기술공단	A형	KST (10 × 7)	금속제품의 크기에 따라 각인
	B형	KST (8 × 6)	
	D형	선박안전기술공단 Korea Ship Safety Technology Authority KST (30, 22)	구명뗏목 등 금속제 외의 제품에 대하여 각인할 수 없는 경우 스탬핑하거나 특수페인트로 날인
한국선급		KR	–

81) 대행검사기관별 검정 합격표시는 뒤에서 언급하고 있는 "확인표시" 및 "예비검사 합격표시" 및 "컨테이너 검정 합격표시(한국선급에 한함)"에 있어서도 〈표 2-8〉을 따른다.

3. 지정사업장의 지정 등 위반사범

제83조(벌칙) 다음 각 호의 어느 하나에 해당하는 자는 3년 이하의 징역 또는 3천만원 이하의 벌금에 처한다.
6. 거짓 그 밖의 부정한 방법으로 제20조제1항의 규정에 따른 지정사업장의 지정을 받은 자
6의2. 거짓, 그 밖의 부정한 방법으로 제20조제4항에 따른 합격증서를 발행하거나 또는 자체검사기준에 합격하였음을 나타내는 표시를 한 자

현행「선박안전법」제20조에서 규정하고 있는 지정제조사업장 또는 지정정비사업장(이하 "지정사업장"이라 한다) 제도는 이 법이 2015년 1월 6일 법률 제12999호로 개정되기 이전 "우수사업장"(우수제조사업장 또는 우수정비사업장)이란 명칭으로 운영되었다.

한편, 지정사업장 등과 같은 성격의 지정제도는 검사업무를 합리적이면서 효율적으로 운용하기 위한 목적으로 도입된 제도로써, 이 법이 1982년 4월 1일 법률 제3547호로 개정 당시 형식승인제도와 함께 처음으로 시행된 제도이다.[82)]

지정사업장 제도는 근본적으로 정부와 민간 상호간의 상호 신뢰를 바탕으로 하고 있다. 하지만 업무의 효율성만을 강조한 지정사업장제도는 자칫 관리 소홀에 따른 부작용이 발생할 가능성이 높으므로 정부의 철저한 지도 · 감독이 동시에 수반되어야 한다.[83)]

---

82) 「선박안전법」이 1982년 4월 1일 법률 제3547호로 개정될 당시 그 주요이유를 살펴보면, 선박의 안전운항을 확보하기 위한 일환으로 선박검사에 관한 사항을 보완하면서 해운항만청장이 선박 및 선박시설에 대한 정비의 능력을 인정한 정비사업장에서 정비를 한 것에 대하여는 개별검사를 생략하도록 하고 있다. 또한 선박 또는 선박용 물건 중 교통부령으로 정한 물건에 대한 형식승인제도를 신설하고, 형식승인에 의하여 제조 또는 수입된 선박 또는 물건에 대하여는 지정검정기관의 검정에 합격한 경우에 선박검사를 생략하도록 하고 있다. 참고로 이 법이 1982년 4월 1일 법률 제3547호로 개정될 당시에는 현재의 지정정비사업장 제도만 수용하였으며, 이후 선박 또는 선박용물건 등의 검사능률의 향상을 기하기 위하여 1986년 12월 31일 법률 제3907호로 개정되면서 현재의 지정제조사업장에 해당하는 제도를 추가로 도입하였다.

83) 박영선, 앞의 책, 175, 183면; 「선박안전법」 제20조제5항 및 같은 법 시행규칙 제52조의 규정에 따라

이에 따라 여기에서는 거짓, 그 밖의 부정한 방법으로 지정사업장의 지정을 받은 자는 물론, 동일하게 부정한 방법으로 합격증서를 발생하거나 또는 합격표시를 한 자의 위법행위에 대한 사실 관계를 이와 관련한 법령 및 행정규칙 등을 통해 살펴보고자 한다.

이 법 제20조제1항에서는 해양수산부장관이 정하여 고시하는 선박용물건 또는 소형선박을 제조 또는 정비하는 자는 해당 사업장에 대하여 해양수산부장관으로부터 지정사업장으로 지정받을 수 있도록 하고 있다.[84)]

이에 따라 지정사업장으로 지정받고자 하는 자는 그 시설 · 설비, 제조 · 정비의 기준, 자체검사기준 및 인력 등에 대하여 해양수산부령이 정하는 기준에 따라 해양수산부장관의 승인을 얻어야 하며, 승인을 얻은 사항을 변경하고자 하는 때에도 또한 같다(법 제20조제2항).[85)]

이와 관련해서는 같은 법 시행규칙 제48조제1항 및 제49조제1항에 따라 [별지 제48호서식]의 지정사업장지정(변경) 신청서에 해당 구비서류를 첨부하여 지방청에 제출하여야 한다.

한편, 지정한 지정사업장에서 제조 또는 정비하여 이 법 제20조제2항의 규정에 따른 자체검사기준에 합격한 선박용물건 또는 소형선박에 대하여는 건조검사 또는 선

해양수산부장관은 지정사업장에 대한 제조 · 정비 및 운용 · 관리에 대한 지도 · 감독을 연 1회 이상 하도록 하고 있다.

84) 「선박안전법」 제20조제1항에서의 해양수산부장관이 정하여 고시하는 지정 사업장지정대상 선박용물건 또는 소형선박의 범위는 「지정사업장의 설비 및 확인대상 선박용물건 등에 관한 기준」 제2조 관련 [별표 1]과 같다. 한편, 여기에서의 이 기준은 「선박안전법」 제20조제2항, 제3항 및 같은 법 시행규칙 제47조제2항에 따른 지정사업장의 설비 및 확인대상 선박용물건 또는 소형선박을 정하는 것을 목적으로 한다.

85) 「선박안전법」 제20조제2항에 따른 지정사업장의 지정기준은 같은 법 시행규칙 제47조제1항 관련 [별표 20]과 같다. 또한 지정사업장의 설비는 같은 법 시행규칙 제47조제2항 각 호에서 규정하고 있는 설비(절삭가공기계, 제봉설비, 용접기 등 제조 또는 정비설비와 인장시험기, 내압시험기 등 시험 및 검사설비)로서 선박용물건별로 해양수산부장관이 정하여 고시하는 설비 중 외주 또는 구매하는 부분에 대한 설비를 제외한 설비를 말한다(다시 말해서 다른 업체에 외주를 주거나 다른 회사에서 제작되어진 해당 설비를 구매하는 부분에 대하여는 굳이 해당 설비를 갖출 필요가 없다). 다만, 시험 · 검사설비의 경우 다른 사람의 시험 · 검사설비를 3년 이상 사용할 수 있는 사용권이 있음을 증명하는 때에는 이를 갖춘 것으로 인정하고 있다. 한편, 이와 관련해서 지정사업장이 갖추어야 하는 선박용물건별 설비는 「지정사업장의 설비 및 확인대상 선박용물건 등에 관한 기준」 제3조 관련 [별표 2]와 같다.

박검사 중 최초로 실시하는 검사는 이를 합격한 것으로 보고 있다(법 제20조제3항).

이 경우 지정사업장에서 자체검사기준에 합격한 선박용물건 또는 소형선박에 대하여는 지정사업장이 직접 같은 법 시행규칙 제51조에 따른 [별지 제52호서식]의 합격증서를 발행하고, 해당 선박용물건에는 자체검사에 합격하였음을 나타내는 표시를 [별표 22]([그림 2-3] 참조)와 같이 하도록 하고 있다(법 제20조제4항).

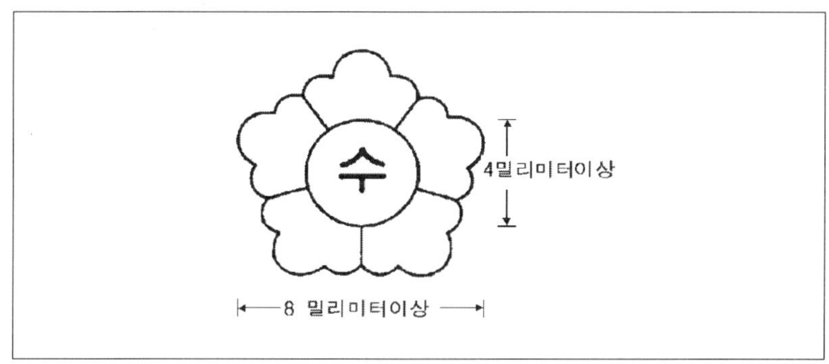

[그림 2-3] 지정사업장 자체검사 합격표시

다만, 해양수산부장관이 정하여 고시하는 선박용물건 또는 소형선박에 대하여는 대행검사기관으로부터 직접 확인을 받은 경우에 한하여 동 검사에 합격한 것으로 인정하고 있다(법 제20조제3항 단서).[86] 이와 같이 대행검사기관으로부터 직접 확인을 받아야 하는 선박용물건 또는 소형선박에 대하여는 대행검사기관이 같은 법 시행규

86) 「선박안전법」 제20조제3항 단서에 따라 대행검사기관으로부터 직접 확인을 받은 경우에 한하여 동 검사에 합격한 것으로 인정하는 확인대상 선박용물건 또는 소형선박의 범위는 「지정사업장의 설비 및 확인대상 선박용물건 등에 관한 기준」 제4조에서 아래와 같이 규정하고 있다.

1. 지정제조사업장 확인대상
   가. 소형선박 및 선박길이 24미터 미만인 비사업용 플레저보트의 선체로서 다음의 어느 하나에 해당하는 것
      (1) 강화플라스틱제 선체
      (2) 알루미늄합금제 선체
   나. 연속최대출력 600마력 미만의 내연기관
2. 지정정비사업장 확인대상
   연속최대출력 600마력 미만의 내연기관
3. 지정사업장으로 지정받은 자가 지정받은 선박용물건 등 중 확인을 받고자 희망하는 선박용물건 등

칙 제50조제1항 및 제50조제3항에 따라 [별지 제51호서식]의 제조(정비)확인서를 교부한다. 또한 해당 선박용물건의 확인을 나타내는 표시는 [별표 21]과 같으며, 이는 검정 합격표시인 앞의 〈표 2-8〉과 동일하다(법 제20조제4항 단서).

참고로 선박용물건 중 팽창식구명뗏목을 지정정비사업장에서 정비한 경우에는 정비에 따른 예비검사를 받은 것과 동일한 효력을 가지므로 대행검사기관에서는 별도의 추가 검사를 실시할 필요가 없다. 이 경우 선박소유자로부터 정비기록부를 제출받아 이전 정비기록부와 대조 확인하고 이를 선박검사보고서에 첨부하도록 하는 것으로 대신하고 있다.[87]

4. 예비검사 위반사범

> 제83조(벌칙) 다음 각 호의 어느 하나에 해당하는 자는 3년 이하의 징역 또는 3천만원 이하의 벌금에 처한다.
> 7. 거짓 그 밖의 부정한 방법으로 제22조제1항의 규정에 따른 예비검사를 받은 자

앞서 언급한 바와 같이 「선박안전법」은 선박의 감항성(堪航性) 유지 및 안전운항에 필요한 사항을 선박소유자 등에게 의무적으로 부과하는 일종의 행정규제법이다.

하지만 이 법 제22조제1항에서는 해양수산부장관이 지정하여 고시하는 선박용물건 또는 소형선박의 선체[88](이하 "선박용물건등"이라 한다)를 제조 · 개조 · 수리 · 정비 또는 수입하고자 하는 자는 선박용물건이 선박에 설치되기 전에 해양수산부장관이 정하여 고시하는 기준에 따라 해양수산부장관의 검사(이하 "예비검사"라 한다)를

87) 선박용물건 중 팽창식구명설비에 대해 예비검사를 하고자 하는 경우에는 비록 '지정정비사업장'일지라도 「선박안전법 시행규칙」 제54조제2항 후단 · 제3항 · 제4항 · 제6항 단서에 따른 별도의 '팽창식구명설비정비시설등확인서'를 받도록 하고 있으며, 이 경우 합격을 나타내는 표시는 예비검사증서를 갈음하여 '정비기록부'에 선박검사관(대행검사기관의 검사원)이 서명하는 것으로 있다. 예비검사와 관련한 자세한 내용은 다음의 '4. 예비검사 위반사범'을 참고하도록 한다.

88) 소형선박의 선체에 대한 예비검사 시 검사범위는 선체 선각공사 중 상갑판 취부공사까지로 한다(선박안전기술공단의 「선박검사지침」 3.1.3).

받을 수 있도록 규정하고 있다.[89)]

즉 예비검사는 형식승인에 따른 검정과 같은 법적 의무가 부여된 강제규정이 아니며, 지정사업장에 부여된 확인제도 등과 같은 임의규정이다. 다시 말해서 해양수산부장관이 지정하여 고시하는 선박용물건 등을 제조 · 개조 · 수리 · 정비 또는 수입하고자 하는 자에게 반드시 예비검사를 받도록 하고 있는 것은 아니다.

단지, 이러한 선박용물건 등을 선박에 설치 · 비치된 상태에서 검사를 받으려면 매우 번거로우며, 경우에 따라서는 검사준비에 애로가 발생될 수 있으므로 검사대상 선박이 특정되기 전이라도 검사를 받을 수 있도록 허용하고 있는 제도이다.

다시 정리하면, 선박용물건 또는 소형선박은 앞서 언급한 형식승인에 따른 검정, 지정사업장에서의 확인 및 예비검사제도 중 하나를 만족한 경우에 한해 선박에 설치하도록 하고 있다.

한편, 앞서 언급한 「예비검사의 대상 및 기준」 제2조제1항 관련 [별표 1](예비검사의 대상) 이외 이 기준 같은 조 제2항에 따라 다음의 어느 하나에 해당하는 선박용물건등에 대하여는 예비검사를 하지 아니하도록 하고 있으며 다만, 소유자가 요청하는 경우에는 그러하지 아니하도록 규정하고 있다.

i) 여객선 외의 선박에 탑재하는 선박용물건 등 중 [별표 2]에 해당하는 선박용물건등(제1호)
ii) 다음의 어느 하나에 해당하는 선박용물건 등으로서 「해상에서의 인명안전을 위한 국제협약」 당사국 정부 또는 해양수산부장관이 인정하는 선급법인의 검사를 받은 선박용물건 등(제2호)
  ㉮ 외국에서 건조나 수리한 선박에 비치된 선박용물건 등(제2호가목)
  ㉯ 외국으로부터 도입하거나 차용한 선박에 비치된 선박용물건 등(제2호나목)
  ㉰ 국내에서 생산되지 아니하는 선박용물건 등(제2호다목)

89) 예비검사는 모든 "선박용물건등"을 대상으로 하고 있지 않으며, 해양수산부장관이 정하여 고시하는 「예비검사의 대상 및 기준」 제2조에 따른 [별표 1]의 범위로 제한하고 있다. 한편, 여기에서의 이 기준은 「선박안전법」 제22조제1항에 따른 선박용물건 또는 소형선박의 선체에 관한 예비검사 대상 및 기준 등을 정하는 것을 목적으로 한다.

iii) 다른 선박에 설치되어 검사를 받아오던 선박용물건 등(제3호)

iv) 총톤수 2톤 미만 선박에 설치하는 기관(제4호)

한편, 위 i)에서의 [별표 2]와 같이 예비검사의 대상으로 하지 아니하는 선박용물건의 범위는 다음의 〈표 2-9〉와 같으며, 이는 이 법 적용대상 선박 중 여객선을 제외한 모든 선박에 적용된다.

〈표 2-9〉 예비검사 비대상 선박용물건 등의 범위

선박용물건등	예비검사의 대상으로 하지 아니하는 선박용물건 등의 범위(여객선 제외)
원동기	22kW(30PS) 미만의 것
공기압축기	수동식의 것
중간축	직경 60밀리미터 미만의 것
프로펠러축	직경 50밀리미터 미만의 것
선미관	직경 50밀리미터 미만의 프로펠러축에 사용되는 것
프로펠러	직경 700밀리미터 미만의 것
관류(플렉시블호스 포함)	1류관용 외의 것[90]
펌프류	수동식의 것
밸브류	안전밸브 · 선체붙이밸브 및 1류관용 외의 것
쇠사슬	계선 또는 계류장치에 사용되는 지름 14밀리미터 이상의 것 외의 것
로 프	계선 또는 계류장치에 사용되는 다음의 로프 외의 것 (1) 지름 14밀리미터 이상의 와이어로프 (2) 지름 24밀리미터 이상의 와이어로프 외의 로프
현 창	한국산업규격 C급 이하의 것[91]
발전기	정격출력 5킬로와트 또는 5킬로볼트암페어 미만의 것
배전반	정격출력 5킬로와트 또는 5킬로볼트암페어 이상의 발전기에 사용되는 것 외의 것
변압기	정격출력 5킬로볼트암페어 미만의 것
전동기	정격출력 1킬로와트 미만의 것
제어기	정격출력 1킬로와트 이상의 전동기에 사용되는 것 외의 것
하역장치	1톤 미만의 화물의 하역에 사용되는 것
냉동설비(냉매압축기 · 압력용기 · 열교환기 · 안전밸브)	사용동력이 7.5kW(10PS) 이하로서 1차냉매를 R12, R22, R404a 또는 R502로 하는 냉동설비일 것

90) 「선박기관기준」 제2조제34호 "1류관"이라 함은 사용하는 유체의 종류에 따라 최고사용압력 또는 최고사용온도가 다음의 표 범위 내에 있는 관(버터워스관을 제외한다)을 말한다.

한편, 선박검사 시 해당 선박에 대해서는 검정증서, 제조(정비)확인서, 합격증서 및 예비검사증서 중 하나를 제출하도록 하고 있다. 이에 따라 여기에서는 거짓, 그 밖의 부정한 방법으로 예비검사를 받은 자의 위법행위에 대한 사실 관계를 이와 관련한 법령 및 행정규칙 등을 통해 살펴보고자 한다.

이 법 제22조제2항에 따라 예비검사를 받고자 하는 자는 해양수산부령이 정하는 바에 따라 해당 선박용물건 또는 소형선박의 선체의 도면에 대하여 대행검사기관의 승인을 얻어야 한다. 이 경우 예비검사의 도면 승인에 대한 표시와 관련해서는 앞서 언급한 바 있는 이 법 제13조제2항의 규정을 준용하고 있다.

이와 관련해서는 같은 법 시행규칙 제29조제1항에 따라 예비검사도면에 대하여 승인 또는 변경승인을 받으려는 자는 [별지 제31호서식]의 도면승인(변경)신청서에 이와 관련한 [별표 7]의 '4. 예비검사 관련 도면'에서 정한 선박길이 12미터 미만인 소형선박의 선체 및 해당 선박용물건별 관련 도면 3부를 첨부하여 대행검사기관에 제출하도록 하고 있다(시행규칙 제54조제5항).[92]

그리고 예비검사를 받으려는 자는 같은 법 시행규칙 제54조제1항 [별지 제53호서식]

1류관		
유체의 종류	최고사용압력	최고사용온도
연료유	7바를 초과하는 범위	섭씨 60도를 초과하는 범위
증기		섭씨 170도를 초과하는 범위
물 및 공기	16바를 초과하는 범위	섭씨 200도를 초과하는 범위
윤활유(유압 및 열매체유를 포함한다)		

【비고】 암모니아, LPG, LNG 등의 액체가스는 최고사용압력 및 온도에 관계없이 1류관으로 한다.

91) 현창은 한국산업규격 'KS V ISO 1751'에 따라 A형, B형, C형으로 구분하고 있다.

92) 반면, 「선박안전법 시행규칙」 제31조제9항 관련 [별표 15] (검사준비 및 세류제출의 완화 등) 제4호다목 및 라목에서는 제출서류의 일부를 조정 또는 면제하는 규정을 두고 있으며, 다음과 같다. ⅰ) 이미 승인받은 설계도면(건조 당시의 시설기준에 변경이 없는 것으로 한정한다)에 따라 동일업체에서 동일한 내용으로 선박용물건(그 부품을 포함한다)을 제조하려는 경우 또는 한국산업규격(이하 "KS규격"이라 한다)에 따른 선박용물건을 제조하려는 경우에는 제조사양서 및 [별표 7] 제4호의 서류제출을 면제한다. 이 경우 예비검사신청서 비고란에 승인받은 설계도면의 내역 또는 KS규격번호를 기재토록 한다(제4호다목). ⅱ) 선박용물건의 수리(기존 설비 중 그 부품을 신환하는 경우를 포함한다) 또는 정비에 따른 예비검사를 받으려는 선박용물건(중고품이 이에 해당함)에 대하여는 제조사양서 및 [별표 7] 제4호의 서류제출을 면제한다. 다만, 필요하다고 인정하는 경우에는 카탈로그 등 참고자료를 요구할 수 있도록 하고 있다(제4호라목).

의 예비검사신청서에 승인받은 도면을 첨부하여 마찬가지로 대행검사기관에 제출하여야 하며, 예비검사의 준비사항은 같은 법 시행규칙 제54조제7항에 따른 [별표 26]과 같다.

하지만 같은 법 시행규칙 제31조제9항 관련 [별표 15]의 제3호자목 · 차목 · 카목 · 파목에서는 [별표 26]에서 규정하고 있는 예비검사 준비사항 중 일부를 면제할 수 있는 규정을 두고 있다.[93)]

이와 관련한 예비검사는 같은 법 시행규칙 제54조제2항 전단에 따라 해당 선박용물건 또는 소형선박의 선체에 대하여 제조 · 개조 · 수리 또는 정비에 착수한 때부터 검사를 받아야 하며, 예비검사의 적용기준 및 방법은 각각 이 기준 제3조[94)] 및

---

93) 「선박안전법 시행규칙」 제31조제9항 관련 [별표 15] (검사준비 및 세류제출의 완화 등) 제3호에서는 검사 준비사항 중 그 일부를 면제하는 규정을 두고 있으며 다음과 같다. ⅰ) 예비검사를 받으려는 선박용물건이 형식승인 대상품목으로서 검사신청 이전 최근 2년 동안 매년 2회 이상 형식승인시험기관의 환경시험에 합격한 경우에는 해당 선박용물건에 대한 환경시험의 준비를 면제한다(제3호자목), ⅱ) 선박용물건(규칙 제4조제8호부터 제12호까지의 것은 제외한다)의 예비검사를 할 때에 외국정부의 검사 등을 받은 것 또는 ISO9000시리즈의 인증을 받은 제조업체에서 생산된 부품으로서 시설기준에 적합하다고 인정되는 것에 대하여는 재료시험 및 그 부품에 대한 검사 준비를 면제할 수 있다(제3호차목), ⅲ) 개조, 수리 또는 정비에 따른 예비검사를 할 때에 다음의 어느 하나에 해당하는 선박용물건에 대하여는 개방검사, 비파괴검사 및 효력시험 외의 검사준비를 면제한다(제3호카목) ① 다른 선박에 사용되었던 선박용물건(예비검사의 대상범위에서 제외되는 선박용물건으로서 다른 선박에 설치되어 검사를 받아오던 것은 제외한다) ② 선박 외의 다른 용도로 사용되던 것을 선박용으로 구조변경하여 선박에 설치하려는 다음 어느 하나에 해당하는 선박용물건

가. 총톤수 5톤 미만인 선박(여객선은 제외한다)으로서 호소 · 하천 및 항내의 수역 안에서 항해하는 선박에 설치하려는 주기관

나. 주기관을 제외한 것으로서 출력 220킬로와트(300PS) 미만인 내연기관

다. 삭제 〈2010.11.18〉

ⅳ) 선외기 및 선내외기의 예비검사를 할 때에 동력전달장치 및 축계장치는 해당 기관의 단일조립완성품으로 간주하며, 외국정부의 검사를 받은 것 또는 ISO9000시리즈의 인증 받은 제조업체에서 생산된 것에 대하여는 효력시험외의 검사준비를 면제할 수 있다(제3호파목).

94) 「예비검사의 대상 및 기준」 제3조(예비검사의 적용기준) ① 법 제22조제1항에 따른 선박용물건 등에 관한 성능을 확인하기 위한 기준은 법 제26조에 따른 선박시설기준을 적용하며, 필요한 경우 「선박용물건의 형식승인시험 및 검정에 관한 기준」(이하 "형식승인시험기준"이라 한다)을 적용할 수 있다. ② 제1항에도 불구하고 다음 각 호의 어느 하나에 해당하는 경우에는 한국산업규격(KS), 국제표준규격(ISO) 또는 협약을 적용할 수 있다.

1. 법 제26조에 따른 선박시설기준에 규정되어 있으나 형식승인시험기준에는 규정되지 아니한 경우
2. 협약이 채택되어 시행될 예정인 경우
3. 협약이 시행되었으나 국내기준에 수용되지 아니한 경우

제4조[95]를 따르고 있다.

한편, 예비검사에 합격한 선박용물건 또는 소형선박의 선체에 대하여는 건조검사 또는 선박검사 중 최초로 실시하는 검사는 이를 합격한 것으로 보고 있다(법 제22조제4항).

이 경우 대행검사기관이 발급하는 예비검사증서는 이 법 제22조제3항 및 같은 법 시행규칙 제54조제6항에 따른 [별지 제56호서식]과 같으며, 합격을 나타내는 표시는 [별표 25] ([그림 2-4] 및 〈표 2-8〉 참조)와 같다.

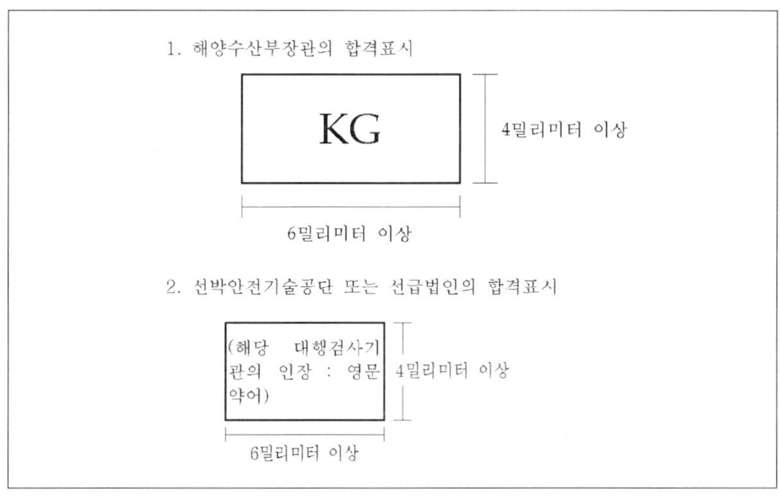

[그림 2-4] 예비검사의 합격을 나타내는 표시

지금까지의 경우와는 달리 선박용물건 중 예외적으로 팽창식구명설비[96]의 수리 또는 정비에 따른 예비검사인 경우에는 지방청의 확인을 받은 곳에서 수리 또는 정

---

95) 「예비검사의 대상 및 기준」 제4조(예비검사의 방법) 예비검사는 다음 각 호의 방법에 따라 실시한다.
  1. 예비검사의 장소는 해당 선박용물건 등의 제조 또는 정비사업장에서 수행한다. 다만, 같은 사업장에서 검사를 할 수 없는 항목은 「선박안전법 시행규칙」(이하 "규칙"이라 한다) 제40조에 따른 지정시험기관 또는 국제공인시험기관(이하 "지정시험기관등"이라 한다)에 의뢰하거나 해당 검사에 필요한 설비가 있는 장소에서 검사할 수 있다.
  2. 예비검사 시 시험을 하는 항목에 대하여는 담당검사원이 입회하여 실시한다. 다만, 지정시험기관등에 의뢰하는 시험은 그러하지 아니하다.

96) 팽창식구명설비의 종류에는 팽창식 구명뗏목, 팽창식 구명부기, 팽창식 구명조끼, 팽창형(복합형) 구조정 및 강하식 탑승장치가 있다(「선박안전법 시행규칙」 제54조제3항 관련 [별지 제54호서식] '팽창식구명설비정비시설등확인신청서' 상의 유의사항 참조).

비에 착수한 때부터 검사를 받도록 하고 있다.

이와 관련해서 확인을 받으려는 자는 같은 법 시행규칙 제54조제3항에 따라 [별표 24]의 '팽창식구명설비의 수리 또는 정비에 따른 시설 등의 기준'에 맞는 시설 등을 갖추고 [별지 제54호서식]의 '팽창식구명설비정비시설등확인신청서'에 다음의 서류를 첨부하여 지방청에 제출하도록 하고 있다.

i) 시설명세서(시행규칙 제54조제3항제1호)
ii) [별표 24] 제2호가목에 따른 정비기술자의 요건에 적합함을 증명하는 서류(시행규칙 제54조제3항제2호)
iii) [별표 24] 제4호에 따른 자체 정비기준(시행규칙 제54조제3항제3호)

지방청은 확인신청을 받은 경우 같은 법 시행규칙 제54조제4항에 따라 그 팽창식구명설비 정비시설 등이 [별표 24]의 기준에 적합하다고 인정되면 [별지 제55호서식]의 '팽창식구명설비정비시설등확인서'를 발급하고 이를 고시하여야 한다.

그리고 팽창식구명설비의 수리 또는 정비에 따른 예비검사인 경우에는 예비검사증서를 갈음하여 정비기록부에 선박검사관(원)이 서명하는 것으로 대신하고 있다(시행규칙 제54조제6항 단서).

5. 컨테이너형식승인(형식승인 변경) 및 검정 위반사범

제83조(벌칙) 다음 각 호의 어느 하나에 해당하는 자는 3년 이하의 징역 또는 3천만원 이하의 벌금에 처한다.
8. 거짓 그 밖의 부정한 방법으로 제23조제1항 · 제3항 · 제4항의 규정에 따른 컨테이너형식승인, 그 변경승인 및 검정을 받은 자

「선박안전법」 제23조에 따른 '컨테이너[97]의 형식승인 및 검정 등'과 관련한 규정은 앞선 언급한바 있는 선박용물건 또는 소형선박의 형식승인 및 검정 관련 규정과 절

차 등이 매우 유사하다. 다만, 형식승인시험을 담당하는 지정시험기관에 있어서는 다소 차이를 보이고 있다.[98)]

이 법 제23조제1항에 따라 선박에 적재되어 화물운송에 사용되는 컨테이너를 제조하고자 하는 자는 해양수산부장관으로부터 형식에 관한 승인(이하 "컨테이너형식승인"이라 한다)을 얻도록 하고 있으며, 이 경우 컨테이너형식승인의 대상은 컨테이너 바닥의 면적이 해양수산부령이 정하는 면적 이상인 경우로 하고 있다.[99)]

한편, 컨테이너형식승인(변경승인) 및 검정을 받고자 하는 자가 이를 준비하는 과정에서 거짓 그 밖의 부정한 방법을 취할 경우 이 법에서 규정하고 있는 벌칙을 적용한다.

이에 따라 여기에서는 거짓, 그 밖의 부정한 방법으로 컨테이너형식승인, 그 변경승인 및 검정을 받은 자의 위법행위에 대한 사실 관계를 이와 관련한 법령 및 행정규칙 등을 통해 살펴보고자 한다.

가. 컨테이너형식승인(형식승인 변경) 위반사범

「선박안전법」 제23조제7항에 따라 컨테이너형식승인 및 그 변경승인의 절차, 컨테이너지정시험기관의 지정기준 및 절차, 형식승인시험의 기준, 컨테이너형식승인을 얻은 자 및 컨테이너지정시험기관에 대한 지도 · 감독 등에 관하여 필요한 사항은 해양수산부령으로 정하도록 규정하고 있다.

이에 따라 컨테이너형식승인을 받으려는 자는 컨테이너의 형식별로 같은 법 시행규칙 제56조제1항과 관련한 [별지 제57호서식]의 컨테이너형식승인신청서를 지방청

---

97) 「선박안전법」 제2조제14호에서는 "컨테이너"에 대해 선박에 의한 화물의 운송에 반복적으로 사용되고, 기계를 사용한 하역 및 겹침방식의 적재(積載)가 가능하며, 선박 또는 다른 컨테이너에 고정시키는 장구가 부착된 것으로서 밑 부분이 직사각형인 기구로 정의하고 있다.

98) 선박용물건 또는 소형선박의 형식승인시험을 담당하는 지정시험기관은 「선박안전법」 제18조제3항, 같은 법 시행령 제7조 및 같은 법 시행규칙 제40조에 따른 요건을 만족하는 자로 하고 있는 반면, 컨테이너의 형식승인시험을 담당하는 컨테이너지정시험기관은 같은 법 시행규칙 제61조제1항에 따라 선박안전기술공단 및 선급법인 등으로 지정운영하고 있다. 한편, 컨테이너 형식승인 및 검정과 관련한 대행검사기관은 선급법인(한국선급)에 한하고 있다.

99) 여기에서의 "해양수산부령이 정하는 면적 이상인 컨테이너"란 「선박안전법 시행규칙」 제55조에 따른 바닥면적이 7제곱미터(윗부분에 모서리끼움쇠가 없는 컨테이너인 경우에는 14제곱미터) 이상인 컨테이너를 말하며, 이는 컨테이너형식승인의 대상이 된다.

에 제출하여야 한다.

뿐만 아니라 컨테이너형식승인을 얻고자 하는 자는 이 법 제23조제2항에 따라 해양수산부장관이 지정하여 고시하는 시험기관(이하 “컨테이너지정시험기관”이라 한다. 현재 한국선급에만 지정)의 형식승인시험을 거치도록 하고 있다.[100)]

이와 관련해서 컨테이너의 형식승인시험을 받으려는 자는 같은 법 시행규칙 제58조제1항에 따라 [별지 제61호서식]의 컨테이너형식승인시험신청서(전자문서로 된 신청서를 포함한다)에 다음의 서류(형식승인사항의 변경을 위한 형식승인시험시에는 성능에 영향을 미치는 부분에 대한 서류만 첨부한다)를 첨부하여 컨테이너지정시험기관에 제출하여야 한다.

i) 컨테이너의 제조사양서, 구조도면 및 사용방법에 관한 설명서(제1호)
ii) 컨테이너의 제조 및 검사설비개요서(제2호)

컨테이너지정시험기관은 이와 같이 형식승인시험신청을 받은 경우에는 같은 법 시행규칙 제58조제2항에 따라 해양수산부장관이 정하여 고시하는 컨테이너형식승인시험기준에 따라 시험을 하여야 하며,[101)] 컨테이너형식승인시험에 합격한 컨테이너

---

100) 「선박안전법 시행규칙」 제61조(컨테이너지정시험기관의 지정기준 및 절차) ① 법 제23조제7항에 따른 컨테이너지정시험기관의 지정기준은 다음 각 호와 같다.
1. 공단 또는 선급법인일 것
2. 컨테이너형식승인시험 · 검사를 담당할 검사원이 있을 것
② 컨테이너지정시험기관으로 지정받으려는 자는 다음 각 호의 사항을 적은 신청서를 해양수산부장관에게 제출하여야 한다.
1. 주된 사무소와 분사무소의 명칭 및 소재지
2. 법인의 정관
3. 임원의 성명
4. 컨테이너형식승인시험 · 검사를 담당할 조직의 인력 구성
5. 컨테이너형식승인시험의 방법 및 절차
③ 해양수산부장관은 제2항에 따른 신청을 받은 경우에는 해당 컨테이너지정시험기관이 대행할 업무의 범위와 기간을 정하여 신청인에게 통지하고 그 사실을 고시하여야 한다.

101) 컨테이너의 형식승인 시험은 「컨테이너 형식승인 시험 및 검정기준」 제8조에 따른다. 여기에서의 이 기준은 「선박안전법」 제23조제4항 · 제7항 및 같은 법 시행규칙 제58조제2항에 따른 컨테이너형식승인시험기준 및 검정기준 등에 관하여 필요한 사항을 규정함을 목적으로 하고 있다. 한편, 이

에 대하여는 같은 법 시행규칙 제58조제4항에 따라 [별지 제62호서식]의 컨테이너형식승인시험합격증, 같은 조 제2항에 따라 실시한 컨테이너형식승인시험성적서 및 위의 ⅰ)~ⅱ) 해당 서류에 컨테이너지정시험기관이 날인 또는 각인한 서류를 신청인에게 발급한다.

또한 컨테이너형식승인시험합격증서, 컨테이너형식승인시험성적서 및 위의 ⅰ)~ⅱ)에 해당하는 서류(전자문서를 포함한다) 각 1부를 관할 지방청에 제출하여야 한다.

다음으로 지방청은 같은 법 시행규칙 제56조제1항에 따른 컨테이너형식승인신청을 받은 경우에는 제58조제4항에 따라 컨테이너지정시험기관이 지방청에 제출한 서류(전자문서를 포함한다)를 확인하고 이상이 없으면 [별지 제58호서식]의 컨테이너형식승인증서를 신청인에게 발급하여야 한다(시행규칙 제56조제2항).

한편, 이 법 제23조제3항에 따라 컨테이너형식승인을 얻은 자가 그 내용을 변경하고자 하는 경우에도 해양수산부장관으로부터 변경승인을 얻어야 한다. 이 경우 컨테이너의 성능에 영향을 미치는 사항을 변경하는 때에는 해당 변경부분에 대하여 추가 형식승인시험을 거쳐야 한다.

또한 이와 관련해서는 같은 법 시행규칙 제57조제1항에 따라 [별지 제59호서식]의 '컨테이너형식승인사항변경승인신청서'를 첨부하여 지방청에 제출하여야 한다.

마찬가지로 지방청은 같은 법 시행규칙 제57조제1항에 따른 컨테이너형식승인사항변경승인신청을 받은 경우에는 제58조제4항에 따라 컨테이너지정시험기관이 지방청에 제출한 서류(전자문서를 포함한다)를 확인하고 이상이 없으면 [별지 제60호서식]의 '컨테이너형식승인사항변경승인서'를 신청인에게 발급하여야 한다(시행규칙 제57조제2항).

다만, 해당 변경사항이 성능에 영향을 미치지 아니하는 변경인 경우 지방청은 별

기준의 구성은 목적(제1조), 정의(제2조), 재료(제3조), 컨테이너의 주요치수(제4조), 컨테이너의 설계(제5조), 컨테이너 각부의 구조(제6조), 포크 포켓 및 터널리세스의 설치(제7조), 형식승인 시험(제8조), 형식승인 시험기기의 검정 및 교정(제9조), 검정(제10조), 재검토기한(제11조)으로 되어있다. 뿐만 아니라 이 기준 [별표 1]~[별표 6]에서는 컨테이너의 주요치수(제4조 관련), 포크포켓 및 터널리세스(제7조 관련), 일반 컨테이너의 형식승인시험기준(제8조제1호 관련), 방열컨테이너의 형식승인시험기준(제8조제2호 관련), 탱크컨테이너의 형식승인시험기준(제8조제3호 관련) 및 컨테이너의 검정기준(제10조 관련)과 관련한 규정을 포함하고 있다.

도의 컨테이너지정시험기관으로부터의 확인은 생략하고 자체 확인한 후 [별지 제60호서식]의 컨테이너형식승인사항변경승인서를 발급하도록 하고 있다(시행규칙 제57조제2항 단서).

나. 컨테이너검정 위반사범

「선박안전법」 제23조제4항에서는 컨테이너형식승인 또는 그 변경승인을 얻은 자는 당해 컨테이너에 대하여 해양수산부장관이 정하여 고시하는 검정기준에 따라 해양수산부장관의 검정(이하 "컨테이너검정"이라 한다)을 받도록 하고 있다.

이 경우 이 법 제23조제7항 및 같은 법 시행규칙 제59조제1항에 따라 검정을 받으려는 자는 [별지 제63호서식]의 신청서를 '컨테이너검정등대행기관'에 제출하여야 한다.[102] 여기에서 컨테이너검정등대행기관은 앞서 언급한 바와 같이 선급법인(한국선급)으로 제한하고 있다.

한편, 이 법 제23조제3항에 따른 컨테이너 검정기준은 「컨테이너 형식승인 시험 및 검정기준」 제10조 관련 [별표 6]과 같으며, 컨테이너검정등대행기관에서는 이와 관해서 컨테이너검정에 합격한 컨테이너에 대하여는 같은 법 시행규칙 제59조제2항에 따른 [별지 제64호서식]의 컨테이너검정증서를 발급하도록 하고 있다.

참고로 「컨테이너 형식승인 시험 및 검정기준」 제10조 관련 [별표 6]에 따른 컨테이너 검정기준은 다음의 〈표 2-10〉과 같으며, 일반컨테이너, 방열컨테이너 및 탱크컨테이너로 구분하고 있다.

---

102) 「선박안전법」 제64조(컨테이너검정 등의 대행) ① 해양수산부장관은 다음 각 호에 해당하는 업무를 해양수산부장관이 정하여 고시하는 지정기준에 적합한 자로서 해양수산부장관이 정하여 고시하는 대행기관(이하 "컨테이너검정등대행기관"이라 한다)으로 하여금 대행하게 할 수 있다.
1. 제23조제4항의 규정에 따른 컨테이너검정
2. 제23조제5항의 규정에 따른 컨테이너형식승인판의 확인 표시

〈표 2-10〉 컨테이너 검정기준

컨테이너의 종류	검정항목	검정수량
일반컨테이너	외관검사, 치수검사, 풍우밀검사	전수
	질량계측, 상부달아올리기검사, 마루검사	50개마다 1개
방열컨테이너	외관검사, 치수검사, 풍우밀검사, 기밀성능검사, 냉동 또는 가열장치에 대한 운전 작동검사	전수
	질량계측, 상부달아올리기검사, 마루검사, 단열 및 냉동장치 성능검사	50개마다 1개
탱크컨테이너	외관검사, 치수검사, 풍우밀검사, 내압검사	전수
	질량계측, 상부달아올리기검사, 마루검사	50개마다 1개

이와 관련한 컨테이너검정의 합격을 나타내는 표시는 같은 법 시행규칙 제59조제3항에 따른 [별지 제65호서식]의 컨테이너형식승인판([그림 2-5] 참조)[103]에 [별표 28]과 같은 합격표시(검사증인, 〈표 2-8〉 참조)[104]를 하는 것으로 한다.

103) [그림 2-5]의 컨테이너형식승인판 관련 비고 내용은 다음과 같다.

1. 1행: [1]은 승인국으로서 국제도로교통에 있어서 차량의 등록국을 표시하는데 쓰이는 식별부호로 표시하며, [2]는 승인 식별번호를 표시한다(예: ROK/KR-001/13).
2. 2행: 컨테이너 제조일(월 및 년)
3. 3행: 제조자 일련번호, 단 형식승인판이 컨테이너와 관련된 타 규정에 따른 승인판과 통합된 형식이라면 제조자 일련번호는 통합된 형식승인판의 다른 곳에 표시할 수 있다. 또한, ISO 6346에 따른 소유자 일련번호를 통합된 형식승인판의 다른 곳에 표시할 수 있다.
4. 4행: 컨테이너 최대총질량
5. 5행: 허용되는 겹칩적재하중
6. 6행: 가로방향 래킹시험하중
7. 7행 및 8행: 끝벽 및 옆벽이 각각 0.4Pg 및 0.6Pg보다 크거나 작은 힘에 견딜 수 있도록 설계되어 있는 컨테이너에서는 형식승인판 하부의 공백에 끝벽 및 옆벽 강도를 표시한다.
   (예: END-WALL STRENGTH 0.5P, SIDE-WALL STRENGTH 0.5P).
8. 9행: 형식승인판에 보수점검일을 기입할 목적으로도 사용하려는 경우에는 신조 컨테이너의 최초 보수점검일(월 및 년) 또는 다음 보수점검일(월 및 년)을 기입한다.
9. 한쪽 문이 열린 상태에서 운송 가능하도록 설계된 컨테이너는 한쪽 문이 열린 상태에서의 겹칩적재 및 가로방향 래킹시험 하중을 표시한다.
   (예: ALLOWABLE STACKING LOAD ONE DOOR OFF FOR 1.8g........kg........lbs
   TRANSVERSE RACKING TEST FORCE ONE DOOR OFF........newtons)
10. 형식승인판은 영구성, 내식성 및 내화성을 가지는 것으로서 컨테이너에 영구적으로 부착되어야 한다.
11. CSC SAFETY APPROVAL 문자의 크기는 8㎜ 이상, 다른 문자 및 숫자의 크기 5㎜ 이상으로 하고 판 위에 각인 또는 부각시키든가, 다른 영구적이면서 보기 쉬운 방법으로 표시한다.
12. 검사증인: 「선박안전법 시행규칙」 제59조 제3항에 따른 컨테이너검정의 합격을 나타내는 확인 표시

■ 선박안전법 시행규칙 [별지 제65호서식] <개정 2015.7.15.>

CSC SAFETY APPROVAL

컨테이너형식승인판

[1] / [2] 검사 증인

DATE MANUFACTURED

IDENTIFICATION No.

MAXIMUM OPERATING GROSS MASS	kg	lbs
ALLOWABLE STACKING LOAD FOR 1.8g	kg	lbs
TRANSVERSE RACKING TEST FORCE		newtons

가로: 200㎜ 이상, 세로: 100㎜ 이상

[그림 2-5] 컨테이너형식승인판의 형식

지금까지 위에서 언급한 컨네이너형식승인 및 검정 업무와 관련한 내용을 도식으로 나타내면 다음의 [그림 2-6]과 같다.

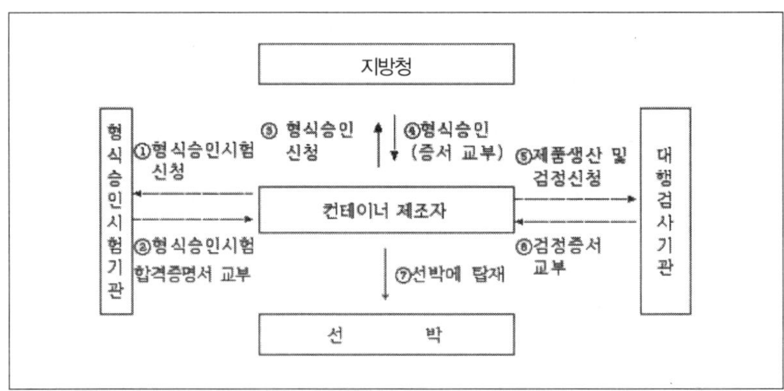

[그림 2-6] 컨테이너형식승인 및 검정 업무 절차도

104) 컨테이너 검정의 합격을 나타내는 확인 표시는 컨테이너검정등대행기관의 인장(영문약어)으로 하며, 크기는 가로 6밀리미터 이상, 세로 4밀리미터 이상으로 규정하고 있다.

6. 강화검사 위반사범

> 제83조(벌칙) 다음 각 호의 어느 하나에 해당하는 자는 3년 이하의 징역 또는 3천만원 이하의 벌금에 처한다.
> 12. 거짓 그 밖의 부정한 방법으로 제42조제1항의 규정에 따른 강화검사를 받은 자

「선박안전법」 제42조제1항에서는 유조선[105]·산적화물선[106] 및 위험물산적운송선[107](액화가스산적운송선을 제외한다)의 선박소유자는 건조검사 및 선박검사 외에 선체구조를 구성하는 재료의 두께확인 등 해양수산부령이 정하는 사항에 대하여 해양수산부장관의 검사(이하 "강화검사"라 한다)를 받도록 하고 있다.

다만, 국제항해를 하지 아니하는 유조선·산적화물선 및 위험물산적운송선으로서 같은 법 시행규칙 제80조제3항에 따라 ⅰ) 선령[108] 5년 미만의 선박(제1호), ⅱ) 선령 5년 이상의 선박 중 총톤수 300톤 미만의 선박(제2호)은 강화검사가 면제된다(제42조제1항 단서). 즉 유조선·산적화물선 및 위험물산적운송선 중 ⅰ) 국제항해에 종사

105) 유조선: 화물창의 대부분이 산적한 기름을 운반하기 위한 구조로 된 선박을 말한다(「선박에서의 오염방지에 관한 규칙」 제2조제13호)(아래의 그림 참조).

106) 산적화물선(散積貨物船): 곡물·광물 등 건화물(乾貨物)을 산적하여 운송하는 선박을 말한다(「선박안전법」 제2조제15호).

107) 위험물산적운송선: 액체상태의 위험물을 산적(散積)하여 운송할 수 있는 구조로 된 선박을 말한다(「선박안전법 시행규칙」 제2조제3호)(아래의 그림 참조).

유조선　　　위험물산적운송선

108) 선령(船齡): 선박이 진수(進水)한 날부터 지난 기간을 말한다(「선박안전법 시행규칙」 제2조제1호). 여기에서의 진수는 일반적으로 조선소 등에서 건조된 선박을 처음으로 물에 띄우는 것을 말한다.

하는 선박, ii) 국제항해를 하지 않는 선박 중 선령이 5년 이상이고 총톤수가 300톤 이상인 선박을 대상범위로 하고 있다(「강화검사 등에 관한 기준」 제3조).

한편, 이 법 제42조제3항에서는 강화검사의 방법과 절차를 해양수산부령으로 정하도록 하고 있다. 이에 따른 강화검사는 이 법 제42조제1항 본문에서 해양수산부령으로 정하는 사항과 같은 조 제3항에 따른 강화검사의 방법 및 절차 등에 관한 사항에 대해 규정하고 있는 「강화검사 등에 관한 기준」[109]을 따르도록 하고 있다(시행규칙 제80조제2항).

여기에서는 거짓, 그 밖의 부정한 방법으로 강화검사를 받은 자의 위법행위에 대한 사실 관계를 이와 관련한 법령 및 행정규칙 등을 통해 살펴보고자 한다.

강화검사는 같은 법 시행규칙 제12조제2항 및 제19조제2항에서 정하고 있는 정기검사, 중간검사(제1종 및 제2종)의 검사준비사항(앞의 〈표 2-6〉 참조) 이외 해당 선박별로 강화검사와 관련한 검사준비사항을 추가해서 요구하고 있다(「강화검사 등에 관한 기준」 제5조).[110]

이에 따라 강화검사를 받으려는 선박소유자는 정기검사 또는 중간검사를 신청하는 때에 같은 법 시행규칙 제12조제1항에 따른 [별지 제4호서식]의 선박검사신청서에 이 기준 제7조에서 규정하고 있는 '강화검사계획서'[111]를 작성하여 대행검사기관에 함께 제출하여야 한다(시행규칙 제80조제1항 및 「강화검사 등에 관한 기준」 제6조).

강화검사는 이 법에서 규정하고 있는 정기검사 및 중간검사 등과 같이 검사의 한 종류로 구분하고 있으나, 강화검사의 검사결과를 확인하기 위한 별도의 검사증서 서식을 두고 있지 않다.

이에 따라 강화검사의 결과는 이 법 제42조제2항 및 같은 법 시행규칙 제80조제4항에 따라 대행검사기관에서 선박검사증서 뒤쪽에 검사사항 및 선박검사원의 성명을 적어 표기하도록 하고 있다. 참고로 「강화검사 등에 관한 기준」에는 위에서 언급하

---

109) 「강선검사 등에 관한 기준」 제1조(목적) 이 기준은 「선박안전법 시행규칙」 제80조제2항에 따른 유조선 · 산적화물선 및 위험물산적운송선(액화가스산적운송선을 제외한다. 이하 같다)의 강화검사의 방법 및 절차 등 필요한 사항을 규정함을 목적으로 한다.

110) 「강화검사 등에 관한 기준」 제4조(검사의 범위) 강화검사의 적용범위는 [별표 1]에서 정한 선종별 적용범위에 따라 선체구조 및 배관장치의 검사에 적용하고 있으며 세부내용은 다음의 표와 같다.

고 있는 내용 이외 검사의 집행방법(제8조), 현상확인 및 정밀확인(제9조), 두께측정(제10조), 허용기준(제11조), 검사보고서의 작성(제12조), 검사보고서 검토(제13조), 국제협약의 적용(제14조)[112] 등을 포함하고 있다.

구 분	강화검사의 선종별 적용범위
일 반	이 규정은 검사, 두께측정 및 탱크시험에 대한 최소한의 범위를 포함하고 있으며 과도한 부식(부식의 정도가 이 기준 제11조제3항에서 정하고 있는 부재별 쇠모한도(衰耗限度) 이내에 있으나 쇠모한도의 75%를 초과하여 부식된 상태를 말한다) 또는 구조적 결함이 발견되면 검사 범위를 확대할 수 있고, 검사관등이 필요하다고 인정하는 경우 정밀확인(검사관 등의 손이 닿을 수 있는 거리에서 선체 구조부재(構造剖材)의 상태를 육안으로 확인하는 세밀한 확인을 말한다)을 추가 할 수 있다.
유조선	이 규정은 모든 유조선에 대하여 다음 사항에 대한 선체구조 및 배관장치의 검사에 적용한다. (1) 화물구역 내에 있는 화물탱크, 펌프실, 코퍼댐(cofferdam), 파이프터널 및 보이드스페이스(void space) (2) 모든 평형수탱크
산적화물선	이 규정은 모든 산적화물선(화물구역 내에 있는 갑판이 단층구조이고 이중저, 톱사이드탱크(topside tank), 호퍼사이드탱크(hopper side tank) 및 단일 또는 이중선체구조를 가지는 선박)에 대하여 다음 사항에 대한 선체구조 및 배관장치의 검사에 적용한다. (1) 화물구역 내에 있는 화물창, 코퍼댐, 파이프터널, 보이드스페이스 및 연료유탱크 (2) 모든 평형수탱크
위험물산적 운송선	(1) 이 규정은 일체형탱크로 된 모든 위험물산적운송선에 적용한다. 일체형탱크(integral tank)와 독립형탱크(independent tank) 등 두 가지 형식으로 건조된 위험물산적운송선인 경우에는 일체형탱크가 있는 화물구역의 길이 범위에 대하여만 이 규정을 적용한다. 가스운반선 및 독립형탱크를 가진 위험물산적운송선 겸용선박은 가스운반선에 대한 검사를 적용한다. (2) 이 규정은 다음 사항에 대한 선체구조 및 배관장치의 검사에 적용한다. 갑판상의 독립형탱크에 대하여는 이 규정을 적용하지 아니한다. (가) 화물구역 내에 있는 화물탱크, 펌프실, 코퍼댐, 파이프터널 및 보이드스페이스 (나) 모든 평형수탱크

111) 「강화검사 등에 관한 기준」 제7조(검사계획서) 강화검사를 받고자 하는 선박의 소유자는 다음 각 호의 사항을 포함하여 강화검사계획서를 작성하여야 한다. 다만, 중간검사 시 선박안전법 시행규칙 제21조제2항제1호에서 정한 선체 주요부의 변경이 없는 경우에는 종전 정기검사 시 제출한 강화검사계획서로 갈음할 수 있다.
1. 탱크 배치도
2. 도장(塗裝) 및 방식(防蝕)조치가 된 정보를 포함한 탱크목록
3. 강화검사준비상태(예: 탱크세정, 가스프리, 환기, 조명 등에 관한 정보)
4. 구조부재에 접근하기 위한 설비 및 수단
5. 강화검사에 필요한 장비 목록
6. 정밀 확인을 위해 지정된 탱크 및 구역
7. 탱크 압력시험을 위해 지정된 탱크
8. 두께측정을 위해 지정된 두께측정 구역
9. 선박의 손상 이력
10. 구조적 취약구역 및 의심구역

112) 「강화검사 등에 관한 기준」 제14조(국제협약의 적용) 이 기준에 규정되지 아니한 사항은 국제해사기구(IMO)가 채택한 검사강화제도(ESP)의 기준에 따른다. 여기에서 검사강화제도(ESP, Enhanced Survey

7. 예인선항해검사 위반사범

제83조(벌칙) 다음 각 호의 어느 하나에 해당하는 자는 3년 이하의 징역 또는 3천만원 이하의 벌금에 처한다.

13. 거짓 그 밖의 부정한 방법으로 제43조제1항의 규정에 따른 예인선항해검사를 받은 자

「선박안전법」 제43조제1항에서는 예인선의 선박소유자가 부선[113] 및 구조물 등을 예인하고자 하는 때에는 해양수산부령이 정하는 바에 따라 해양수산부장관의 검사(이하 "예인선항해검사"라 한다)를 받도록 하고 있다.

이 경우 예인선항해검사는 같은 법 시행규칙 제81조제1항에 따라 예인선이 부선과 구조물 등을 예인하기 위하여 갖추어 둔 예인설비 등에 대하여 1년마다 예인선항해검사증서의 유효기간이 끝나는 날 전후 3개월 이내에 검사를 받아야 한다.

다만, 압항부선(押航艀船)[114]과 결합하여 운항하는 예인선[115]과 평수구역에서만 운항하는 예인선의 경우에는 예인선항해검사를 받지 아니하는 것으로 규정하고 있다(시행규칙 제81조제1항 단서).

여기에서는 거짓, 그 밖의 부정한 방법으로 예인선항해검사를 받은 자의 위법행위에 대한 사실 관계를 이와 관련한 법령 등을 통해 살펴보고자 한다.

Program)는 「선박에서의 오염방지에 관한 규칙」이 일부 개정됨에 따라 실효성이 없어 폐지된 종전 「상태평가검사 등에 관한 기준」 제2조제11호에서 '국제해사기구의 총회 결의문 744(18)에 따라 화물지역 내에 있는 화물창 또는 화물탱크, 펌프실, 파이프 터널 및 보이드 스페이스와 모든 밸러스트 탱크에 대한 선체구조 및 배관장치에 대한 강화된 검사방법'으로 정의하고 있다.

113) 부선(艀船): 다른 선박에 의하여 끌리거나 밀려서 항해하는 선박을 말한다(「선박안전법」 제2조제12호). 또한 추진장치가 설치되지 아니하여 자력 항해능력이 없어 다른 선박에 의하여 끌리거나 밀려서 항해되는 선박으로 말하기도 한다(「부선의 구조 및 설비 등에 관한 기준」 제2조제1호).

114) 압항부선: 추진기관을 가지고 있는 선박에 결합되어 운항하는 부선(선박)을 말한다(「선박안전법 시행규칙」 제6조제4호). 또한 기선과 결합되어 밀려서 추진되는 선박으로 나타내기도 한다(「선원법 시행규칙」 제45조제1항제3호). 즉 별도의 예인설비[예인삭, 예인삭 연결용체인, 연결용섀클, 예인용 캡스턴, 삼각판, 훅, 볼라드(비트나 페어리더를 포함) 등] 없이 예인선과 부선이 결합된 상태로 추진되는 선박으로 정의된다([그림 2-7 참조]).

115) 예인선(曳引船): 다른 선박을 끌거나 밀어서 이동시키는 선박을 말한다(「선박안전법」 제2조제13호).

출처: 구글검색사이트(Google), http://www.google.co.kr

[그림 2-7] 압항부선의 형태

같은 법 시행규칙 제81조제2항과 관련한 [별표 32]에서는 예인설비의 비치 및 검사에 관한 사항을 규정하고 있다.

좀 더 자세히 살펴보면, 예인선항해검사와 관련한 예인설비의 비치 및 검사에 관한 사항인 [별표 32]는 '예인선이 갖추어야 하는 예인설비의 요건'과 '예인선항해검사의 검사사항'에 대해 규정하고 있으며, 주요내용을 살펴보면 다음과 같다.[116]

i) 예인선이 갖추어야 하는 예인설비는 예인장치(예인훅, 볼라드, 비트 또는 페어리더, 예인용 캡스턴) 및 예인장구[예인삭(강삭 또는 로프), 예인삭 연결용체인,

---

116) 참고로 예인선항해검사와 관련해서 해당 선박검사 시 검토되어야 하는 사항은 다음과 같다. i)「선박안전법 시행규칙」 제81조제2항 [별표 32]에 따른 예인설비의 절단하중 등에 대하여는 이 시행규칙 [별지 제4호서식]의 선박검사증서 상에 기재되어 있는 '통상 예인하는 부선의 제원(최대길이 · 너비 및 깊이)'과 '예인속력(노트, Knot)' 및 해당 부선의 기존 검사보고서 등을 참조하여 계산하고 이에 대한 기록을 유지한다. 다만, 계산식 및 값을 예인선소유자가 제출하는 경우에는 이를 검토하고 해당 검사보고서에 첨부하는 것으로 갈음할 수 있다. ii) 예인설비의 확인 시 예인삭이 예인선에 비치되지 아니하고 부선에 비치되어 있는 경우에는 이를 확인하지 않는다. 이 경우 해당 예인선항해검사보고서에 예인삭이 부선에 비치됨을 기재한다. iii) 예인선소유자에게는 해당 예인선의 절단하중 등의 계산 시 기준으로 사용한 부선보다 그 값이 크게 나오는 부선을 예인하는 경우 항해상 조건에 위반됨을 알리도록 한다(선박안전기술공단의 「선박검사지침」 2.7).

삼각판, 연결용섀클]로 구분하고 있다. 또한 각각의 예인설비 요건 중 ㉮ 예인삭의 길이, ㉯ 예항설비에 대한 절단하중(예인삭, 예인삭 연결용체인, 연결용섀클, 삼각판 및 링, 예인훅 등) 및 극한강도(볼라드, 비트, 페어리더 및 브래킷 등), ㉰ 예인삭에 걸리는 저항은 이 규정에서 정하고 있는 산식(또는 계산)에 따른 값 이상일 것을 요구하고 있다.

ii) 예인선항해검사의 검사사항은 예인선 및 예인설비로 각각 구분해서 규정하고 있으며, 다음의 〈표 2-11〉과 같다.

〈표 2-11〉 예인선항해검사의 검사사항

구 분	주요검사사항
예인선	1) 총톤수 2,000톤 이상인 부선을 예인하는 예인선의 경우에는 「항만법 시행규칙」 제16조제1항 제5호에 따른 예항력증명서(이하 "예항력증명서"라 한다)상의 예항력(예항력증명서가 없는 경우에는 다음 산식에 따라 산정된 값)이 해양수산부장관이 정하는 바에 따라 산정된 부선 등의 저항 값 이상인지 확인할 것 * 예항력(P) = 1.1 x 엔진마력(BHP) / 100(톤) 2) 해당 예인선의 검사이력 등을 검토하여 선박안전법령에 따라 정기적인 검사를 받고 감항성이 유지되고 있음을 확인할 것 3) 수선 상부의 선체 외판, 갑판, 수밀격벽 등의 주요 부재와 수선 하부에 대하여는 전회 정기검사 등 검사기록을 조사하고 이상이 없는가를 확인할 것 4) 폭로부의 모든 개구를 검사하고 각종 폐쇄장치의 작동상태를 확인할 것
예인설비[117]	1) 예인삭, 예인삭 연결용체인, 연결용섀클 등의 재질 · 치수 및 현상을 확인할 것 2) 예인용 캡스턴, 삼각판, 훅, 볼라드(비트나 페어리더를 포함한다)등의 현상을 확인할 것 3) 예인설비의 배치가 적합하게 배치되어 있는가를 확인할 것 4) 예인삭 또는 연결용 체인 등이 항해 중에 선체부재와 접촉되어 마찰로 인한 손상을 일으킬 우려가 있는 곳에는 적절히 보강을 하거나 가이드롤러 등의 방법으로 마찰이 최소가 되도록 할 것

한편, 이 법 제43조제1항에 따라 예인선항해검사를 받으려는 예인선의 소유자는 같은 법 시행규칙 제81조제4항에 따른 [별지 제4호서식]의 선박검사신청서를 대행검사기관에 제출하도록 하고 있다.

117) 예인설비의 설치 또는 비치요건은 예인장치 및 예인장구로 구분하여 다음과 같이 규정하고 있다. i) 예인장치인 예인훅은 훅으로 선체에 고정하는 경우로 한정, 예인용 캡스턴은 설치되어 있는 경우로 한정하고 있다. ii) 예인장구인 예인삭(강식 또는 로프)은 예인하려는 부선에 비치된 경우에는 생략할 수 있으며, 삼가판은 예인방식에 따라 필요시 비치하도록 하고 있다(「선박안전법 시행규칙」 [별표 32] 제1호가목).

또한 대행검사기관에서는 이에 따라 예인선항해검사에 합격한 예인선에 대하여 이 법 제43조제2항 및 같은 법 시행규칙 제81조제5항에 따른 [별지 제76호서식]의 예인선항해검사증서를 교부하여야 한다.

8. 대행검사업무 등 위반사범

> 제83조(벌칙) 다음 각 호의 어느 하나에 해당하는 자는 3년 이하의 징역 또는 3천만원 이하의 벌금에 처한다.
> 13의2. 거짓, 그 밖의 부정한 방법으로 제60조제1항에 따른 검사등업무를 한 자
> 13의3. 거짓, 그 밖의 부정한 방법으로 제63조에 따른 선체두께 측정을 한 자
> 13의4. 거짓, 그 밖의 부정한 방법으로 제64조에 따른 컨테이너의 검정 등을 한 자
> 13의5. 거짓, 그 밖의 부정한 방법으로 제65조에 따른 위험물 관련 검사·승인을 한 자

2014년 4월 16일 발생한 세월호 전복사고로 재발 방지 및 문제 척결을 위하여 선박 안전을 도모하는 제도들의 전반적인 보완 및 대책 마련의 일환으로 「선박안전법」을 2015년 1월 6일 법률 제12999호로 개정하면서 선박 안전 관련 검사 및 시험의 책임소재를 명확히 하는 벌칙조항이 신설되었다.[118)]

한편, 이 벌칙조항의 적용은 해당 검사종류별로 정부로부터 검사대행을 받은 대행검사기관 및 두께측정대행업체(선체두께 측정에 한함)에 소속된 자를 대상으로 하고 있다.

여기에서는 이와 같은 사회적 환경을 반영한 이 법 제83조제13호의2 내지 제13호의5에 해당하는 자의 위법행위에 대한 사실 관계를 관련 법령 및 행정규칙 등을 통해 살펴보고자 한다.

---

118) 법제처, 법률검색, 2015.5.5. 방문. 〈http://www.law.go.kr〉. 앞에서 언급한 거짓, 그 밖의 부정한 방법으로 이 법 제20조제4항에 따른 합격증서를 발행하거나 또는 자체검사기준에 합격하였음을 나타내는 표시를 한 자에 대한 벌칙조항인 제83조제6호의2 또한 이와 같은 이유에서 신설된 것으로 검사와 연관한 처벌조항이다. 현행 「선박안전법」 제83조제6호의2 및 같은 조 제13호의2 내지 제13호의5 등에 따른 검사업무와 관련한 처벌조항이 신설되기 이전에는 검사행위와 관련한 위반자에 대해 사법기관에서는 「형법」 제314조(업무방해)를 적용한 사례가 있다.

가. 검사등업무 위반사범

「선박안전법」 제83조제13호의2에서는 거짓, 부정한 방법으로 검사등업무를 한 자에 대한 벌칙을 규정하고 있으며, 여기에서의 "검사등업무"는 이 법 제60조제1항제1호 내지 제18호에 해당하는 건조검사 · 선박검사 및 도면의 승인 등에 관한 업무로 규정하고 있다. 그리고 이에 따른 검사등업무는 앞서 언급한 바와 같이 이 법 제60조제1항 및 제2항에 따라 대행검사기관(선박안전기술공단과[119], [120]) 또는 선급법인[121])에서 대행하고 있으므로 이 법 제83조제13호의2에서의 "검사등업무를 한 자"는 이에 소속되어 검사등업무를 수행하는 자를 말한다.

한편, 이와 같은 정부대행검사권을 대행검사기관에서 대행하는데 있어서는 이 법 제60조제1항 각 호 외의 부분 후단 및 제2항 후단을 근거로 같은 법 시행령 제10조(검사등업무의 대행 등)에서 정하는 바에 따라 해양수산부장관과 대행검사기관 간의 상호 협정 체결을 통해 수행하도록 하고 있다. 따라서 대행검사기관이 수행하는 검사등업무의 범위는 대행협정서에 명시된 범위로 제한해서 정하고 있으며, 이 법 제60조제1항제1호 내지 제18호를 포함하고 있다. 참고로 협정의 기간은 5년으로 하고 있다.

실제 검사등업무는 해당 법령 및 관련 해양수산부고시 등을 근거로 집행하고 있으므로 대행검사기관에서 수행하고 있는 정부대행업무를 이 법 제60조제1항제1호 내지 제18호와 관련해서 정리하면 다음의 〈표 2-12〉와 같다.[122]

---

119) 「선박안전법」 제45조(선박안전기술공단의 설립) ① 해양수산부장관의 업무를 위탁받거나 대행하여 선박의 항해와 관련한 안전을 확보하고 선박 또는 선박시설에 관한 기술을 연구 · 개발 및 보급하기 위하여 선박안전기술공단(이하 "공단"이라 한다)을 설립한다.
② 공단은 법인으로 한다.

120) 「선박안전법」 제60조(검사등업무의 대행) ① 해양수산부장관은 다음 각 호에 해당하는 건조검사 · 선박검사 및 도면의 승인 등에 관한 업무(이하 "검사등업무"라 한다)를 공단에게 대행하게 할 수 있다.

121) 「선박안전법」 제60조(검사등업무의 대행) ② 해양수산부장관은 선박보험의 가입 · 유지를 위하여 선박의 등록 및 감항성에 관한 평가의 업무(이하 "선급업무(船級業務)"라 한다)를 하는 법인으로서 해양수산부장관이 지정하여 고시하는 법인(이하 "선급법인"이라 한다)에게 해당 선급법인이 관리하는 명부에 등록하였거나 등록하고자 하는 선박(이하 "선급등록선박"이라 한다)에 한하여 이 법 제60조제1항 각 호의 검사등업무를 대행하게 할 수 있다.

122) 참고로 선박검사원의 직무분담은 대행검사기관별로 다소 차이가 있을 수 있으나, 직무와 관련한 선박시설 및 선박용물건의 검사업무 범위는 전문분야별로 다음의 표와 같이 구분하여 지정 · 운영하고 있는 것이 일반적이다(선박검사원 1인 단독 선박검사일 경우에는 제외한다). 따라서 거짓, 부정한 방법으로 검사등업무를 한 자에 대해 「선박안전법」 제83조제13호의2를 적용하는데 있어서는

〈표 2-12〉 검사등업무 관련 규정

<table>
<tr><th colspan="2">검사등업무 종류</th><th>선박안전법 관련 법규</th><th>해양수산부고시</th></tr>
<tr><td rowspan="8">선박검사업무</td><td>건조검사</td><td>• 법 제7조제1항
• 시행규칙 제10조 및 제30조제1항 제1호[별표 9]</td><td rowspan="8">〈선질별 기준〉
• 강선의 구조기준
• 강화플라스틱(FRP)선의 구조기준
• 목선의 구조기준
• 알루미늄선의 구조기준 등

〈선종별 기준〉
• 소형선박의 구조 및 설비 기준
• 범선의 구조 및 설비 등에 관한 기준
• 부선의 구조 및 설비 등에 관한 기준
• 부유식 해상구조물의 구조 및 설비 등에 관한 기준
• 고속선 기준
• 잠수선 기준
• 카페리선박의 구조 및 설비 등에 관한 기준
• 공기부양정의 구조 및 설비 등에 관한 기준
• 플레저보트 검사기준 등

〈설비별 기준〉
• 선박설비기준
• 선박구명설비기준
• 선박소방설비기준
• 선박기관기준 등

〈기타〉
• 선박구획기준
• 선박방화구조기준
• 선박만재흘수선기준
• 선박복원성기준 등</td></tr>
<tr><td>별도건조검사</td><td>• 법 제7조제4항
• 시행규칙 제11조[별표 1] 및 제30조제1항제1호[별표 9]</td></tr>
<tr><td>정기검사</td><td>• 법 제8조제1항
• 시행규칙 제12조 및 제30조제1항 제2호[별표 10]</td></tr>
<tr><td>중간검사
(제1종 및 제2종)</td><td>• 법 제9조제1항
• 시행규칙 제19조 및 제30조제1항 제3호[별표 11]</td></tr>
<tr><td>임시검사</td><td>• 법 제10조제1항
• 시행규칙 제21조 및 제30조제1항 제4호[별표 10] 중 해당 선박시설</td></tr>
<tr><td>임시항해검사</td><td>• 법 제11조제1항
• 시행규칙 제22조 및 제30조제1항 제5호[별표 10] 중 해양수산부장관이 지정하는 사항
* 임시항해검사는 선박의 구조와 관련한 검사(건조검사 등) 이후 이루어지므로 우측의 기준 중 선종별(해당 설비에 한함) · 설비별 기준이 주로 해당됨</td></tr>
<tr><td>국제협약검사</td><td>• 법 제12조제1항
• 시행규칙 제24조</td></tr>
</table>

분야별 해당 직무와 관련한 자로 해야 한다.

검사원별 직무분야	직무와 관련한 선박시설 및 선박용물건의 검사업무 범위
선체검사원	1. 선각 및 타, 2.돛대, 3.계선 및 양묘설비(닻, 닻쇠사슬 및 로프류), 4.구명설비, 5.방화구조 및 설비(기계통풍장치 및 고속배기장치는 제외한다), 6.거주 및 위생설비(기계식통풍장치 및 냉난방장치는 제외한다), 7.항해설비, 8. 위험물 기타 특수화물의 적부설비, 9. 하역이나 그 밖의 작업설비(윈치류 등 기계장치는 제외한다), 10. 컨테이너설비, 11.잠수설비(선체검사원의 직무에 해당하는 설비), 12. 복원성, 13. 만재흘수선 및 건현 지정요건, 14. 강화검사(강화검사사항 중 선체두께 계측 등 선체검사원의 직무에 해당하는 설비), 15. 무선설비
기관검사원	1.「선박기관기준」 제2조에 따른 기관, 2.배수설비, 3. 조타설비, 4.계선 및 양묘설비(윈들러스, 윈치 등 기계장치), 5.소방설비, 6.방화구조 및 설비(기계통풍장치 및 고속배기장치), 7.거주설비 및 위생설비(기계식통풍장치 및 냉난방장치), 8. 하역이나 그 밖의 작업설비(윈치류 등 기계장치), 9. 전기설비, 10. 원자력설비, 11. 승강설비, 12. 냉동 · 냉장 및 수산물처리가공설비, 13. 잠수설비(기관검사원의 직무에 해당하는 설비), 14. 강화검사(강화검사사항 중 배관장치 등 기관검사원의 직무에 해당하는 설비)

<table>
<tr><th colspan="2">검사등업무 종류</th><th>선박안전법 관련 법규</th><th>해양수산부고시</th></tr>
<tr><td rowspan="6">검사증서 교부 업무</td><td>건조검사증서</td><td>• 법 제7조제2항
• 시행규칙 제10조제4항
[별지 제3호서식]</td><td rowspan="6">–</td></tr>
<tr><td>별도건조검사증서</td><td>• 법 제7조제4항 후단
• 시행규칙 제11조제3항
[별지 제3호서식]</td></tr>
<tr><td>선박검사증서</td><td>• 법 제8조제2항
• 시행규칙 제13조제1항제1호 및 제2호
[별지 제5호 · 제6호서식]</td></tr>
<tr><td>임시변경증</td><td>• 법 제10조제3항
• 시행규칙 제21조제8항
[별제 제8호서식]</td></tr>
<tr><td>임시항해검사증서</td><td>• 법 제11조제2항
• 시행규칙 제22조제3항
[별지 제9호서식]</td></tr>
<tr><td>국제협약증서</td><td>• 법 제12조제2항 및 제4항
• 시행규칙 제23조제1항부터 제6항까지
[별지 제10호~제29호서식]</td></tr>
<tr><td colspan="2">도면승인 및 승인표시 업무</td><td>• 법 제13조제1항 및 제2항
• 시행규칙 제29조제1항[별표 7] 및 제2항</td><td>• 위의 기준 중 선질별 · 선종별 · 설비별 기준 등(각종 해당 기준)이 이에 해당</td></tr>
<tr><td colspan="2">선체두께측정 업무[123]
(대행검사기관에서 검사한 경우에 한함)</td><td>• 법 제14조제2항
• 시행규칙 제30조제2항[별표 12]</td><td>–</td></tr>
<tr><td rowspan="2">검사증서
유효기간
연장업무</td><td>선박검사증서</td><td rowspan="2">• 법 제16조제2항
• 시행령 제6조제1항부터 제3항까지</td><td rowspan="2">–</td></tr>
<tr><td>국제협약증서</td></tr>
<tr><td rowspan="2">검정업무
(선박용 물건
또는 소형선박)</td><td>검정 및
검정증서교부</td><td>• 법 제18조제6항 및 제7항
• 시행규칙 제44조제3항
[별지 제47호서식]</td><td rowspan="2">• 선박용물건의 형식승인 시험 및 검정에 관한 기준</td></tr>
<tr><td>검정합격표시</td><td>• 법 제18조제7항
• 시행규칙 제44조제3항
[별표 18]</td></tr>
</table>

123) 「선박안전법 시행규칙」 제30조 ② 법 제14조제2항에 따른 선체두께의 측정은 선령 10년 이상의 강선으로서 여객선 및 선박길이 24미터 이상인 선박에 대하여 해당 선박의 정기검사 시에 측정하며, 그 측정범위 및 측정방법은 [별표 12]와 같다.

검사등업무 종류		선박안전법 관련 법규	해양수산부고시
제조(정비) 확인업무 (선박용 물건 또는 소형선박)	확인 및 확인서 교부	• 법 제20조제3항 단서 • 시행규칙 제50조제3항 [별지 제51호서식]	• 지정사업장의 설비 및 확인대상 선박용물건 등에 관한 기준
	확인표시	• 법 제20조제4항 단서 • 시행규칙 제50조제3항 [별표 21]	
예비검사업무 (선박용 물건 또는 소형선박의 선체)	예비검사	• 법 제22조제1항 • 시행규칙 제54조제1항 · 제2항 및 제7항[별표 26]	• 예비검사의 대상 및 기준
	예비검사의 도면 승인 및 승인표시	• 법 제22조제2항 • 시행규칙 제54조제5항([별표 7]의 4. 예비검사 관련 도면) 및 제29조 제2항	
	예비검사증서 교부 및 합격표시	• 법 제22조제3항 • 시행규칙 제54조제6항 [별지 제56호서식] 및 [별표 25]	
복원성자료 승인 업무		• 법 제28조제1항부터 제4항까지 • 시행규칙 제29조제2항 및 제71조	• 선박복원성기준
제한하중등의 확인업무	제한하중등[124]의 확인[125]	• 법 제34조제1항 • 시행규칙 제76조[별표 31]	–
	제한하중등확인서 교부	• 법 제34조제2항 • 시행규칙 제77조제2항 [별지 제72호서식]	
하역설비[126] 검사업무	하역설비 검사기록부의 작성 및 내용기재	• 법 제35조제1항 • 시행규칙 제78조제1항 [별지 제73호서식]	–

124) 「선박안전법」 제34조제1항에 따라 하역장치 및 하역장구(이하 "하역설비"라 한다)를 갖춘 선박의 소유자는 해양수산부령이 정하는 기준에 따라 제한하중 · 제한각도 및 제한반경(이하 "제한하중등"이라 한다)의 사항에 대하여 해양수산부장관의 확인을 받도록 하고 있다. 여기에서의 "하역장치"라 함은 화물(당해 선박에서 사용되는 연료 · 식량 · 기관 · 선박용품 및 작업용 자재를 포함한다)을 올리거나 내리는데 사용되는 기계적인 장치로서 선체의 구조 등에 항구적으로 부착된 것을 말한다(「선박안전법」 제2조제16호). 또한 "하역장구"라 함은 하역장치의 부속품이나 하역장치에 부착하여 사용하는 물품을 말한다(「선박안전법」 제2조제17호).

125) 「선박안전법 시행규칙」 제77조(하역설비의 확인신청) ① 법 제34조제1항에 따라 1톤 이상의 화물의 하역에 사용되는 하역설비에 대하여 다음 각 호의 어느 하나에 해당하는 제한하중등의 확인을 받으려는 선박소유자는 별지 제71호서식의 제한하중등신청서를 해양수산부장관에게 제출하여야 한다.
1. 데릭(Derrick)장치: 제한하중 및 제한각도
2. 지브크레인(Jib Crane): 제한하중 및 제한반경

<table>
<tr><th colspan="2">검사등업무 종류</th><th>선박안전법 관련 법규</th><th>해양수산부고시</th></tr>
<tr><td colspan="2">화물적재 고박지침서의 승인업무</td><td>• 법 제39조제1항
• 시행규칙 제29조제2항
• 특수화물 선박운송 규칙 제2조의5</td><td>• 화물적재고박 등에 관한 기준
• 고체화물 개별운송요건</td></tr>
<tr><td colspan="2">강화검사 업무</td><td>• 법 제42조제1항부터 제3항까지
• 시행규칙 제80조제2항 및 제4항</td><td>• 강화검사 등에 관한 기준</td></tr>
<tr><td rowspan="2">예인선
항해검사 업무</td><td>예인선
항해검사</td><td>• 법 제43조제1항
• 시행규칙 제81조제2항
[별표 32]</td><td rowspan="2">–</td></tr>
<tr><td>예인선항해
검사증서교부</td><td>• 법 제43조제2항
• 시행규칙 제81조제5항
[별지 제76호서식]</td></tr>
</table>

그 밖에 선박검사와 관련한 해당 행정규칙은 분야별로 다양하게 마련되어 있다(〈참고 2-7〉 참조).

참고로 검사등업무와 관련한 해양수산부고시(각종 검사기준 등)는 선질별(Ship's Material)로 강(鋼)·강화플라스틱(Fiber Reinforced Plastics, FRP)·목(木)·알루미늄(Al) 등으로 각각 구분하고 있으며, 선종별(Type of Ship)로는 소형선박·범선·부선·부우식해상구조물·고속선·잠수선·카페리선박·공기부양정·플레저보트 등으로 구분하고 있다.

그 외 각종 설비별(구명·소방·전기·기관 등)로 구분하고 있는 등 수많은 선박검사 관련 기준들이 해당 선박에 따라 각각 다르게 적용되고 있다. 앞의 〈표 2-12〉에서 나타내고 있는 검사기준(해양수산부고시)은 현장에서 주로 적용되고 있는 것을 열거한 것이다.

---

3. 그 밖의 하역장치: 제한하중
4. 하역장치에 처음으로 사용되는 하역장구와 용접 등에 의하여 수리를 한 하역장구: 제한하중

③ 법 제34조제3항에 따른 제한하중등의 표시는 하역설비의 잘 보이는 곳에 금속제 판을 고정시키거나 용접 등 항구적인 방법으로 하여야 한다.

126) 일반적으로 선박에 설치·비치되는 설비 등에 관한 규정은 국제해사기구(International Maritime Organization, IMO)에서 제정한 「SOLAS 협약」 등에 근거를 두고 있으나, 하역설비는 이와는 다르게 국제노동기구(International Labour Organization, ILO)의 「제152호 부두작업에서의 작업상 안전과 보건에 관한 협약」(Occupational Safety and Health (Dock Work) Convention, 1979)에 근거를 두고 있다.

한편, 각종 검사기준에서도 법령과 마찬가지로 별도의 경과조치 및 적용례 등을 두어 해당 기준의 적용과 관련한 대상선박 및 적용시기 등을 정하고 있으므로 검사업무등과 관련한 위법행위는 행위 당시의 적용 기준으로 확인해야 한다.

{참고 2-7} 기타 선박검사 관련 주요 해양수산부고시

가스연료 추진선박기준	위험물 선박운송 기준
수면비행선박기준	수면비행선박 톤수측정기준
컨테이너 안전점검 기준	컨테이너 형식승인 시험 및 검정기준
선박위치발신장치의 설치기준 및 운영 등에 관한 기준	선령 20년 초과 내항여객선의 선박검사기준
원자력선기준	방사성물질 운송선박의 안전기준
선박평형수 관리 등을 위한 기준	산적액체위험물 운송선박의 시설 등에 관한 기준

나. 선체두께측정대행업무 위반사범

「선박안전법」 제14조제2항에서는 선박소유자에게 선박검사의 준비로서 해양수산부령이 정하는 바에 따라 선체두께측정을 받도록 하고 있으며, 이 경우 제83조제13호의3에서는 거짓, 부정한 방법으로 '선체두께 측정을 한 자'에 대한 벌칙 규정을 두고 있다.

한편, 여기에서의 선체두께 측정을 한 자는 대행검사기관에 소속된 자가 아니며, 이 법 제63조제1항에 따른 선체두께 측정을 대행하는 업체(이하 "두께측정대행업체"라 한다)에 소속된 자를 말하는 것으로서 해양수산부장관이 정하여 고시하는 지정기준에 적합한 두께측정업체로 하여금 선체두께 측정을 대행할 수 있도록 하고 있다.[127]

두께측정대행업체가 행하는 선체두께측정 업무는 같은 법 시행규칙 제30조제2항 관련 [별표 12]의 '선체두께 측정범위 및 측정방법'[128]에 따라 행하고 있으며, 이는 이 법 제60조제1항 및 제2항에 따른 대행검사기관이 행하는 업무와 동일한 규정을 적용한다.

127) 「선박안전법」 제60조제1항제8호에서의 '선체두께의 측정' 업무는 대행검사기관에서 행하고 있는 것으로 두께측정대행업체와는 동일한 업무를 수행하고 있으나, 이 법 제83조제13호의3과 관련한 벌칙은 두께측정대행업체에게만 적용하는 것으로 구분하고 있다. 한편, 두께측정업체의 지정에 관한 사항은 이 법 제63조제1항에 따른 「선체 두께측정업체 지정기준」에 의한다.

128) '선체두께 측정범위 및 측정방법'에서는 선령별 두께측정의 범위, 두께측정방법, 선체 주요부재의 쇠모한도, 두께측정 결과의 조치 및 기록 등에 관한 사항을 규정하고 있다.

하지만 두께측정업체가 선체두께측정을 실시하는 경우 대행검사기관은 두께측정의 전 과정에 대하여 통제 및 현장감시를 실시하고 전 측정과정의 100분의 50 이상을 입회하도록 하고 있다. 또한 입회하지 않는 나머지 측정부위에 대하여는 최소한 100분의 30을 무작위로 확인하여 100분의 10 이상이 기록치와 다를 경우 전체 측정치에 대하여 확인하도록 하고 있다(시행규칙 [별표 12] '선체두께 측정범위 및 측정방법' 제2호라목).

그 밖에 해외수역에서의 장기간 항해 · 조업 등 부득이한 사유로 인하여 국내에서 선체두께를 측정할 수 없는 경우에는 같은 법 시행규칙 제86조에 따라 공단 또는 선급법인이 인정하는 외국의 두께측정업체에 의한 두께측정을 할 수 있으며, 이 경우에는 해양수산부장관과 협의를 하도록 하고 있다.

다. 컨테이너검정업무 위반사범

「선박안전법」 제83조제13호의4에서는 거짓, 부정한 방법으로 '컨테이너의 검정' 등을 한 자에 대한 벌칙을 규정하고 있다.

여기에서 컨테이너의 검정에 관한 업무는 이 법 제64조제1항에 따라 컨테이너검정등대행기관에 소속된 자로서 대행업무의 범위는 이 법 제23조제4항의 규정에 따른 컨테이너검정 및 제23조제5항의 규정에 따른 컨테이너형식승인판의 확인표시 업무로 규정하고 있다.

컨테이너검정 및 컨테이너형식승인판의 확인표시 업무와 관련한 내용은 본 저서 '제2장 제2절 Ⅱ. 5. 컨테이너형식승인(형식승인 변경) 및 검정 위반사범'을 참조하고 별도의 설명은 생략하기로 한다.

현재 컨테이너검정등에 관한 대행업무는 같은 법 시행규칙 제61조제1항제1호에 따른 선급법인(한국선급)에 한해 정부와의 대행 협정이 체결된 상태이다.

라. 위험물 관련 검사 · 승인업무 위반사범

「선박안전법」 제41조제1항 및 제2항에서는 선박으로 위험물을 적재 · 운송하거나 저장하고자 하는 자는 항해상의 위험방지 및 인명안전에 적합한 방법에 따라 적재 · 운송 및 저장하여야 하며, 그 방법의 적합 여부에 관하여는 해양수산부장관의 검사를 받거나 승인을 얻도록 하고 있다.

이 경우 해양수산부장관은 이 법 제65조제1항에 따라 위험물의 적재 · 운송 및 저장 등에 관한 검사 및 승인에 대한 업무를 위험물검사등대행기관으로 하여금 대행하게 할 수 있으며, 이와 관련한 업무를 거짓, 부정한 방법으로 한 자에 대해서는 이 법 제83조제13호의5에 따라 처벌하도록 규정하고 있다.

여기에서 위험물 관련 검사 · 승인 업무를 한 자는 위험물검사등대행기관에 소속된 자로서 현재 이와 관련한 대행업무는 한국해사위험물검사원 및 선급법인(한국선급)에서 수행하고 있다.

위험물의 종류와 그 용기 · 포장, 적재 · 운송 및 저장의 방법, 검사 또는 승인 등에 관하여 필요한 사항은 해양수산부령인 「위험물 선박운송 및 저장규칙」[129]에서 정하고 있다(법 제41조제3항).

이 경우 「선박안전법」과 「위험물 선박운송 및 저장규칙」에서 해양수산부장관이 정하도록 한 위험물운송에 관한 기준은 「위험물 선박운송 기준」을 따르고 있다.

다만, 방사성물질을 운송하는 선박과 액체의 위험물을 산적하여 운송하는 선박의 시설은 「방사성물질 운송선박의 안전기준」 및 「산적액체위험물 운송선박의 시설 등에 관한 기준」을 따르도록 하고 있다(법 제41조제4항).

참고로 여기에서의 위험물에 대한 정의 및 분류 등 이와 관련한 세부적인 사항은 「위험물 선박운송 및 저장규칙」 제2조 · 제3조 및 「위험물 선박운송 기준」 제2조에서 규정하고 있다.

---

129) 「위험물 선박운송 및 저장규칙」은 「선박안전법」 제41조, 제41조의2 및 제65조에 따른 선박에 의한 위험물의 운송 및 저장, 위험물 취급자에 대한 위험물 안전운송 교육과 상용위험물의 취급에 관한 사항을 규정함을 목적으로 한다.

Ⅲ. 선박검사 후 선박의 상태유지 관련 위반사범

제83조(벌칙) 다음 각 호의 어느 하나에 해당하는 자는 3년 이하의 징역 또는 3천만원 이하의 벌금에 처한다.

3. 제15조제1항(제43조제4항에 따라 준용되는 경우를 포함한다)을 위반하여 건조검사 또는 선박검사를 받은 후 해당 선박의 구조배치 · 기관 · 설비 등을 변경하거나 개조한 선박소유자
4. 제15조제2항을 위반하여 해양수산부장관의 허가를 받지 아니하고 선박의 길이 · 너비 · 깊이 · 용도를 변경하거나 설비를 개조한 선박소유자

「선박안전법」 제83조제3호의 위반사항에 해당하는 자에게 적용되는 양형기준은 이 법이 2015년 1월 6일 법률 제12999호로 개정되기 이전 제89조제2항제3호[130]에서 이에 해당하는 자에 대해 200만원 이하의 과태료에 처하던 것을 3년 이하의 징역 또는 3천만원 이하의 벌금에 처하도록 강화하면서 처벌의 범위도 "변경"에서 "개조"[131]까지를 포함하는 것으로 확대되었다.

그리고 이 법 제83조제4호의 위반사항 또한 이 법이 2015년 1월 6일 법률 제12999호로 개정되기 이전 제84조제1항제4호[132]에서 이에 해당하는 자에 대해 1년 이하의 징역 또는 1천만원 이하의 벌금에 처하도록 하던 것을 이 법 제83조제3호와 마찬가

---

130) 구, 「선박안전법」 제89조(과태료) ② 다음 각 호의 어느 하나에 해당하는 자는 200만원 이하의 과태료에 처한다.
   3. 제15조제1항의 규정을 위반하여 선박의 구조배치 · 기관 · 설비 등을 변경한 자

131) 일반적으로 "변경(變更)" 및 "개조(改造)"는 '다르게 바꾸어 새롭게 고친다', '고쳐 만들거나 새로이 바꾼다'는 뜻으로 사용된다. 한편, 이와 관련한 구체적 의미를 살펴보면 다음과 같은 차이를 보이고 있다. i) 변경은 기존에 있던 것을 다른 것으로 바꾼 것을 의미(A⇒B)하고 있으며, ii) 개조는 기존의 것에 다른 추가요소를 더해 새로운 것으로 바꾸는 것을 의미(A⇒A')하는 것으로 별도의 변경이 이루어지지 않는 경우를 말한다.

132) 구, 「선박안전법」 제84조(벌칙) ① 선박소유자, 선장 또는 선박직원이 다음 각 호의 어느 하나에 해당하는 행위를 하는 때에는 1년 이하의 징역 또는 1천만원 이하의 벌금에 처한다.
   4. 제15조제2항의 규정을 위반하여 해양수산부장관의 허가를 받지 아니하고 선박의 길이 · 너비 · 깊이 또는 선박의 용도를 변경한 때

지로 3년 이하의 징역 또는 3천만원 이하의 벌금에 처하도록 강화되었으며, 처벌의 범위도 기존 선박의 길이 · 너비 · 깊이 · 용도를 변경하는 것에서 설비를 개조한 경우를 추가하는 등 그 양형기준이 이 법 제83조제3호와 동일하게 강화되었다.

이에 따라 여기에서는 건조검사 또는 선박검사 후 선박의 상태유지와 관련한 위법행위에 대한 사실 관계를 이와 관련한 법령 및 행정규칙 등을 통해 살펴보고자 한다.

이 법 제15조제1항에 따라 선박소유자는 건조검사 또는 선박검사를 받은 후 해당 선박의 구조배치[133] · 기관[134] · 설비[135] 등의 변경이나 개조를 하여서는 아니 되며, 선체 · 기관 · 설비 등이 정상적으로 작동 · 운영되도록 상태를 유지하도록 하고 있다.

여기에는 이 법 제43조제4항에 따라 예인선항해검사를 받은 예인선에 대해서도 이를 준용하여 적용한다. 다시 말해서 이 벌칙 조항은 선박소유자에게 선박검사 후 선박의 상태유지를 의무화하고 있다. 이는 이 법의 목적에 따라 선박의 감항성 유지 및 안전운항에 필요한 사항을 검사받은 이후 임의로 구조 및 설비 등을 변경할 경우 당초에 확보된 감항성의 유지 및 안전운항에 지장을 초래할 가능성이 있기 때문이다.

반면, 이와 같은 규정에도 불구하고 이 법 제15조제2항에 따라 선박소유자는 해양

---

133) 여기에서의 구조배치(선체외판 및 거더 등과 같은 구조부재 배치)는 해양수산부장관이 정하여 고시하는 선박의 시설기준에 해당하는 것으로 「강선의 구조기준」, 「강화플라스틱(FRP)선의 구조기준」, 「목선의 구조기준」 및 「알루미늄선의 구조기준」 등에서 규정하고 있는 각각의 구조기준을 만족해야 하는 것으로 하고 있다. 한편, 「선박안전법」 제26조에 따라 선박시설은 해양수산부장관이 정하여 고시하는 해당 선박시설기준에 적합하도록 하고 있다.

134) 「선박안전법」 제2조제4호에서는 "기관"에 정의를 원동기 · 동력전달장치 · 보일러 · 압력용기 · 보조기관 등의 설비 및 이들의 제어장치로 구성되는 것으로 말하고 있으며, 이와 관련한 설비들에 대해서는 「선박기관기준」에서 다음과 같이 규정하고 있다. i) 원동기: 주기관 및 보조기관 등과 같은 기계류를 말한다(기준 제2조제2호 및 제3호), ii) 동력전달장치: 주기관의 동력을 전달하는 장치를 말한다(기준 제51조), iii) 보일러: 화염 · 고온가스 또는 전기에 의하여 증기 또는 온수를 발생시키는 장치를 말하며 그 부속설비를 포함한다. 다만, 발생시킨 증기 또는 온수를 다른 곳에 공급하지 아니하는 장치는 보일러에 포함시키지 아니 한다. 또한 보일러는 제1종 보일러 · 제2종 보일러 · 소형보일러 · 주보일러 · 주요한 보조보일러로 구분하고 있다(기준 제2조제13호 내지 제18호), iv) 압력용기: 보일러를 제외한 기체 또는 액체를 내부에 보유하는 용기 또는 열교환기로서 내부의 상용 최대압력이 1바를 초과하는 것을 말한다. 또한 압력용기는 제1종 압력용기 · 제2종 압력용기 · 제3종 압력용기로 구분하고 있다(기준 제19조 내지 제22조), v) 보조기관: 주기관 이외의 원동기를 말한다(기준 제2조제3호).

135) 여기에서의 설비는 「선박안전법」 제2조제2호 및 같은 법 시행규칙 제4조에서 규정하고 있는 것(선박시설)을 말한다(이 장 각주 4번, 5번 참조).

수산부령으로 정하는 복원성 기준을 충족하는 범위[136)]에서 해양수산부장관의 허가를 받아 선박의 길이·너비·깊이[137)]·용도의 변경 또는 설비의 개조를 할 수 있도

---

136) 「선박안전법 시행규칙」 제31조제9항 관련 [별표 15] 제3호라목에 따라 다음의 어느 하나에 해당하는 경우에는 [별표 10] 제12호에 따른 복원성시험에 관한 준비를 생략할 수 있다.

1) 여객선을 제외한 선박으로서 같은 조선소에서 같은 내용으로 승인된 도면에 따라 건조되는 같은 형태의 후속 선박들에 대하여 경하중량 및 길이 방향의 무게중심위치(LCG) 산정을 위한 시험(이하 "경하중량산정시험"이라 한다)을 한 결과 선행 호선과의 경하중량 또는 LCG의 차이가 다음 조건을 초과하지 아니하는 경우

경하중량(LWT) 차이		길이방향 무게중심위치(LCG) 차이
선박의 길이(Lf) 50미터 이하	2.0퍼센트 LWT	0.5퍼센트 LBP
선박의 길이(Lf) 160미터 이상	1.0퍼센트 LWT	
선박의 길이가 중간인 경우 보간법에 따른다.		

2) 선박의 주요 치수의 변경 없이 선박용물건의 증설·탑재·철거 등으로 경하중량 및 중심의 위치에 영향을 미치는 개조를 하는 경우에는 경하중량 및 무게중심 위치(LCG 및 VCG)의 변화를 정확하게 계산한 경하중량산정표에서 경하중량의 증·감량이 기존 경하중량의 2.0퍼센트 또는 2톤 중 큰 값 미만이거나, LCG의 차이가 1.0퍼센트 LBP 미만인 경우

3) 재등록, 용도변경, 도입·차용한 선박으로서 승인받은 복원성자료가 있는 경우로서 복원성에 영향을 미치는 개조 또는 수리가 없었다고 판단되는 경우

4) 갑판에 개스킷붙이 수밀강제덮개로 폐쇄되는 작은 출입구만을 가지는 폰툰부선 또는 KG의 값이 갑판상면보다 낮다고 정확히 산출할 수 있는 폰툰부선에 있어서 KG의 값을 갑판상면까지 한 경우로서 해당 부선에 대한 복원성 규정에 적합한 경우. 이 경우 경하중량 및 LCG의 값은 경하중량산정을 하여 정하는 것으로 한다.

또한 「선박안전법 시행규칙」 제31조제9항 관련 [별표 15] 제5호에서는 선박의 주요 치수의 변경 없이 선박용물건의 증설·탑재 또는 철거 등으로 인한 중량 및 중심위치의 변화량을 정확히 산출할 수 있는 경우로서 다음의 어느 하나에 해당하는 선박의 복원성자료에 대하여는 승인하지 아니하도록 하고 있다. i) 여객선을 제외한 선박으로서 상갑판 상부의 증설·탑재 또는 그 하부의 철거 등으로 경하상태의 KG가 상승이 예상되는 경우로서 중량증감량이 경하중량의 0.5퍼센트 미만인 경우(가목), ii) 상갑판 하부의 증설·탑재 또는 그 상부의 철거 등으로 KG의 하강이 예상되는 경우로서 중량증감량이 경하중량의 1.5퍼센트 미만인 경우(나목)

137) 선박의 길이·너비·깊이는 「선박법 시행규칙」 제11조제1항제9호부터 제11호까지에서 다음과 같이 규정하고 있다. i) 선박의 길이: 최소 형(型) 깊이의 85퍼센트의 위치에서 계획만재흘수선에 평행한 흘수선(吃水線) 전장(全長)의 96퍼센트와 그 흘수선상의 선수재(船首材)전면으로부터 타두재(舵頭材) 중심선까지의 거리 중 긴 것을 말한다. ii) 선박의 너비: 선박 길이의 중앙에서 금속제 외판(金屬製 外板)이 있는 선박의 경우에는 늑골 외면(肋骨 外面) 간의 최대너비를 말하고, 금속제 외판 외의 외판이 있는 선박의 경우에는 선체 외면(船體 外面) 간의 최대너비를 말한다. iii) 선박의 깊이: 선박 길이의 중앙에서 금속제 외판이 있는 선박의 경우에는 용골(龍骨)의 윗면으로부터, 금속제 외판 외의 외판이 있는 선박의 경우에는 용골의 아랫면으로부터 선측에 있어서의 상갑판의 아랫면까지의 수직거리를 말한다. 그 밖에 선박의 길이·너비·깊이와 관련해서는 「선박톤수의 측정에 관한 규칙」 제2조제5호부터 제7호까지, 선질별 검사기준에 해당하는 「강선의 구조기준」, 「강화

록 허용하고 있다. 이 경우 "설비의 개조"는 이 법 제15조제1항에서의 설비와 마찬가지로 건조검사 또는 선박검사를 받을 당시 선박에 설치되어 있는 각종 설비를 개조한 경우를 말한다.

하지만 개조 전 별도의 허가를 받아야 하는 설비의 범위는 같은 법 시행규칙 제32조제2항제3호부터 제7호에 따라 이 법 제2조제2호 및 같은 법 시행규칙 제4조에서 규정하고 있는 선박시설 중 기관(선박의 추진용 원동기에 한함)(제2호) · 조타설비(제5호) · 구명설비(제8호) · 소방설비(제9호) · 거주설비(제10호) 관련 설비로 제한하고 있다.

이와 관련해서 "해양수산부령으로 정하는 복원성 기준"은 같은 법 시행규칙 제32조제1항 관련 [별표 15의2]에서 규정(〈표 2-13〉 참조)하고 있으며, 이 법 제15조제2항에 따라 허가를 받아 개조하여야 하는 대상은 같은 법 시행규칙 제32조제2항에서 다음의 어느 하나에 해당하는 경우로 하고 있다.

i) 선박의 길이 · 너비 · 깊이의 변경(제1호)
ii) 이 법 제26조부터 제30조[138]까지에 따른 선박시설의 기준 등의 적용이 다르게 되도록 하는 선박의 용도 변경(제2호)
iii) 선박의 추진용으로 사용되는 원동기의 변경 또는 개조[139](제3호)
iv) 조타설비의 변경 또는 개조[140](제4호)
v) 구명뗏목, 구명정 또는 강하식탑승장치의 변경 또는 개조[141]. 다만, 제작일 이후 1년이 경과되지 아니한 설비로 교체하는 경우는 제외한다(제5호).

플라스틱(FRP)선의 구조기준」, 「목선의 구조기준」 및 「알루미늄선의 구조기준」, 「선박만재흘수선기준」에서 각각 별도로 규정하고 있다.

138) 「선박안전법」 제26조부터 제30조까지와 관련한 내용은 다음과 같다.
i) 제26조(선박시설의 기준): 앞의 〈표 2-12〉 검사등업무 관련 규정 참조
ii) 제27조(만재흘수선의 표시 등): 본 저서 제2장 제2절 Ⅳ. 만재흘수선 초과 운송 위반사범 참조
iii) 제28조(복원성의 유지): 본 저서 제2장 제2절 Ⅴ. 복원성 유지 미이행 선박의 항해 위반사범 참조
iv) 제29조(무선설비) 및 제30조(선박위치발신장치): 본 저서 제2장 제3절 Ⅳ. 무선설비 미설치 위반사범 참조

139) [참고 2-1]의 '주기관(추진기관)의 정의 및 허용범위' 참조.

140) 「선박설비기준」 제71부터 제83조까지 참조.

141) 「선박구명설비기준」 제10조부터 제22조까지 및 제63조 참조.

vi) 고정식 가스 · 포말 · 가압분무 · 불활성가스 소화장치 및 스프링클러 소화설비의 변경 또는 개조[142](제6호)

vii) 여객선 거주설비의 변경 또는 개조[143](제7호)

〈표 2-13〉 복원성 기준(선박안전법 시행규칙 제32조제1항 관련)

구 분	복원성 기준
여객선	변경이나 개조 후 기선1)으로부터 경하상태2)에서의 무게중심까지의 수직거리가 변경이나 개조 전보다 늘어나지 아니할 것. 다만, 법 제26조에 따른 선박시설기준의 제 · 개정 또는 새로운 적용 등에 따른 선박시설의 변경이나 개조 및 구명설비와 소방설비의 변경이나 개조에 따른 것은 그러하지 아니하다.
여객선 이외의 선박	변경이나 개조 후 경하상태에서 액체의 자유표면의 영향을 고려한 무게중심으로부터 횡메타센타까지의 높이(GoM)가 영(0) 이상일 것. 다만, 법 제28조에 따른 복원성의 유지의무가 없는 선박은 그러하지 아니하다.

1) 「선박톤수의 측정에 관한 규칙」제2조제11호에 따른 기선을 말한다.
2) 선박에 사람, 화물, 연료, 윤활유, 선박평형수, 탱크안의 청수(淸水) 및 보일러수, 소모저장품과 여객 및 선원의 휴대품을 적재하지 아니한 상태

그 밖에 이와 관련한 허가의 절차 등은 이 법 제15조제3항 및 같은 법 시행규칙 제32조제3항부터 제5항까지에서 다음과 같이 규정하고 있으며, 이를 위반하여 불법으로 선박의 길이 · 너비 · 깊이 · 용도를 변경하거나 설비를 개조한 선박소유자는 이 법 제83조제4호에 따라 처벌할 수 있도록 하고 있다.

i) 선박소유자가 이 법 제15조제2항에 따른 허가를 받고자 하는 경우에는 [별지 제32호서식]의 선박구조등변경허가신청서에 ㉮ 변경 또는 개조사항을 표기한 도면, ㉯ 같은 법 시행규칙 제31조제9항 관련 [별표 15] 제5호 각 목의 어느 하나에 해당하는 경우: 중량 및 중심위치의 변화량을 산출한 계산서 및 이 법 제28조제2항에 따라 승인받은 복원성자료(이하 이 조에서 "복원성자료"라 한다), ㉰ 그 밖에 복원성 유지 의무 선박의 경우: 변경 또는 개조사항을 표시한 복원성자료를 첨부하여 지방청에 제출하도록 하고 있다(시행규칙 제32조제3항).

142) 「선박소방설비기준」 제13조부터 제21조까지, 제52조, 제57조, 제58조, 제67조, 제73조 및 제74조 참조.
143) 「선박설비기준」 제4조부터 제29조의2까지 참조.

ii) 지방청은 이 법 제15조제2항에 따른 선박구조변경허가의 공정성과 전문성 등을 확보하기 위하여 선박·조선(造船)·운항 분야 전문가 및 해당 기항지 또는 기항 예정지를 관할하는 지방자치단체 장이 지정하는 자 등으로 구성된 자문위원회를 구성하여 선박구조변경허가에 관한 자문을 하게 할 수 있도록 하고 있다(임의규정). 다만, 같은 법 시행규칙 제32조제2항제1호, 제2호 및 제7호에 따른 허가의 신청을 받은 경우에는 자문위원회의 자문을 거쳐 심사를 하여야 하는 것으로 강제규정하고 있다(시행규칙 제32조제4항).

iii) 지방청은 이와 관련한 허가신청의 내용이 관련 규정에 적합하고 타당하다고 인정되는 경우에는 [별지 제33호서식]의 선박구조변경허가서를 신청인에게 발급하여야 한다(시행규칙 제32조제5항).[144)]

한편, 선박의 용도(설비) 변경 및 개조는 건조당시의 선박 용도를 바꾸어서 사용하고자 하는 것으로 경우에 따라 상당수의 선박개조 공사를 필요로 할 수 있으므로 선박안전법 관련 법령에서는 선박의 감항성 등의 안전성 확보를 위해 사전 허가를 받도록 하고 있는 것이다.

예컨대 위의 같은 법 시행규칙 제32조제2항제2호에서 규정하고 있는 것과 같이 여객선이 아닌 선박을 여객선으로 용도 변경하고자 하는 경우, 여객선은 다른 용도의

144) 「선박안전법」 제15조제2항 및 같은 법 시행규칙 제32조제3항에 따라 선박의 길이·너비·깊이·용도의 변경 또는 설비의 개조를 하고자 하는 선박소유자는 개조 전 사전 지방청의 허가를 받도록 하고 있는 것과 관련해서 해양수산부에서는 이에 해당하는 선박은 총톤수, 용도 등과 관계없이 모든 선박에 적용되고 있는 것으로 해석하고 있다(이는 같은 법 시행규칙 제32조제2항을 단편적으로 해석한 것으로 이 법 제15조제2항과 상호 연계하지 않은 것으로 보인다). 하지만 이 법 제15조제2항에서는 해양수산부령으로 정하는 복원성 기준을 충족하는 범위에서 개조를 할 수 있도록 규정하고 있다. 또한 여기에서 "해양수산부령으로 정하는 복원성 기준"은 같은 법 시행규칙 제32조제1항과 관련한 [별표 15의 2] 복원성 기준에 따르고 있으며, 이 기준 중 '여객선 이외의 선박'에 해당하는 단서 규정에서는 이 법 제28조에 따른 복원성의 유지 의무가 없는 선박은 그러하지 아니하는 것으로 하고 있다. 더욱이 같은 법 시행규칙 제32조제2항에서는 개조에 따른 사전 허가 대상을 이 법 제15조제2항에 따르도록 하고 있다. 따라서 이 법 제15조제2항에 따라 해양수산부장관의 허가를 받아 선박의 길이·너비·깊이·용도의 변경 또는 설비의 개조 시 사전 지방청의 허가를 받아야 하는 대상 선박은 이 법 제28조에 따라 복원성을 유지하여야 하는 선박(여객선 및 선박길이가 12미터 이상인 선박)으로 제한해야 할 것으로 사료되므로 이와 관련해서는 추가적인 검토가 필요할 것으로 보인다.

선박보다 일반적으로 갖추어야 하는 선박의 시설(구명 · 소방설비 등)에 있어 좀 더 강화된 규정을 적용하고 있으므로 해당 선박의 용도를 변경하고자 하는 선박소유자는 사전허가를 받은 후 적정 조치를 취하도록 하고 있다.

여기에서 같은 법 시행규칙 제32조제3항부터 제5항까지에 따른 선박시설의 변경절차 등에 따라 선박구조등변경허가서를 받은 이후, 선박소유자가 취하여야 하는 적정한 조치는 이 법 제10조제1항제3호 및 같은 법 시행규칙 제21조에 따라 대행검사기관으로부터 임시검사를 받아야 하는 것이다. 하지만 선박의 정기적인 검사(정기 · 중간검사)를 받을 때에 임시검사사항이 포함되는 경우에는 같은 법 시행규칙 제21조제6항에 따라 별도의 임시검사를 받지 아니하도록 하고 있다.

이상의 내용과 관련한 선박시설의 개조 및 용도 변경 등에 따른 임시검사에 대한 사항은 이 법 제10조제1항[145] 및 같은 법 시행규칙 제21조제1항부터 제7항까지에서 규정하고 있다.[146]

---

145) 「선박안전법」 제10조(임시검사) ① 선박소유자는 다음 각 호의 어느 하나에 해당하는 경우에는 해양수산부령이 정하는 바에 따라 해양수산부장관의 검사(이하 "임시검사"라 한다)를 받아야 한다.
1. 선박시설에 대하여 해양수산부령이 정하는 개조 또는 수리를 행하고자 하는 경우
2. 제8조제2항의 규정에 따른 선박검사증서에 기재된 내용을 변경하고자 하는 경우. 다만, 선박소유자의 성명과 주소, 선박명 및 선적항의 변경 등 선박시설의 변경이 수반되지 아니하는 경미한 사항의 변경인 경우에는 그러하지 아니하다.
3. 제15조제2항의 규정에 따라 선박의 용도를 변경하고자 하는 경우
4. 제29조의 규정에 따라 선박의 무선설비를 새로이 설치하거나 이를 변경하고자 하는 경우
5. 만재흘수선의 변경 등 해양수산부령이 정하는 경우

146) 「선박안전법 시행규칙」 제21조(임시검사) ① 법 제10조제1항에 따라 임시검사를 받으려는 선박소유자는 별지 제4호서식의 선박검사신청서에 다음 각 호의 서류를 첨부하여 해양수산부장관에게 제출하여야 한다. 다만, 제2호부터 제5호까지의 서류는 해당되는 경우에만 첨부하여야 한다.
1. 선박검사증서
2. 임시검사 관련 승인도면(도면승인을 한 대행검사기관에 신청하는 경우에는 생략한다)
3. 법 제18조제7항에 따른 선박용물건 또는 소형선박의 검정증서
4. 법 제20조제4항 단서에 따른 선박용물건 또는 소형선박의 확인서
5. 법 제22조제3항에 따른 선박용물건 또는 소형선박의 예비검사증서

② 법 제10조제1항제1호에서 "해양수산부령이 정하는 개조 또는 수리"란 다음 각 호의 어느 하나에 해당하는 경우를 말한다.
1. 선박의 선박길이, 너비, 깊이 또는 다음 각 목의 어느 하나에 해당하는 선체 주요부의 변경으로 선체의 강도, 수밀성(水密性) 또는 방화성에 영향을 미치는 개조 또는 수리
가. 상갑판 아래의 선체, 선루(船樓) 또는 기관실위벽(圍壁)의 폭로부(暴露部)

이와 같이 선박검사 후 선박의 상태유지는 이 법 제15조제1항에 따른 평상시 상태유지와 이 법 제15조제2항에 따른 조건부 상태유지로 구분할 수 있다.

나. 갑판실(승선자가 거주하거나 항상 사용하는 것으로 한정한다)의 측벽 또는 정부갑판(頂部甲板)
다. 선루갑판 아래의 폭로부 외판
라. 격벽에 설치되어 폐위(閉圍)구역을 보호하는 폐쇄장치(목제창구덮개 또는 창구복포는 제외한다)
2. 선박의 추진과 관계있는 기관 및 그 주요부의 교체 · 변경 등으로 기관의 성능에 영향을 미치는 개조 또는 수리
3. 타(舵) 또는 조타장치의 변경으로 선박의 조종성에 영향을 미치는 개조 또는 수리
4. 탱크, 펌프실, 그 밖에 인화성 액체 또는 인화성 고압가스가 새거나 축적될 우려가 있는 곳에 설치되어 있는 전선로를 교체 · 변경하는 수리

③ 법 제10조제1항제5호에서 "해양수산부령이 정하는 경우"란 다음 각 호의 어느 하나에 해당하는 경우를 말한다.

1. 선박시설에 관한 선박용물건 중 선박에 고정 설치되는 것으로서 새로 설치하거나 변경하는 경우. 다만, 여객선 및 선박길이 24미터 이상의 선박이 아닌 선박의 경우에는 선박에 고정 설치되는 것으로서 제4조제8호, 제9호, 제12호 및 제14호의 선박시설로 한정한다.
2. 법 제27조제1항에 따른 만재흘수선을 새로 표시하거나 변경하려는 경우
3. 법 제28조제1항에 따른 복원성기준을 새로 적용받거나 그 복원성에 영향을 미칠 우려가 있는 선박용물건을 신설 · 증설 · 교체 또는 제거하거나 위치를 변경하려는 경우
4. 원자력선의 원자로에 연료체를 투입하거나 원자로 안에서 연료체의 배치를 바꾸려는 경우
5. 보일러 안전밸브의 봉인을 개방하여 조정하려는 경우
6. 법 제34조제1항에 따라 확인받은 하역설비의 제한하중, 제한각도 및 제한반경을 변경하려는 경우
7. 승강설비의 제한하중 또는 정원을 변경하려는 경우
8. 해양사고 등으로 선박의 감항성(堪航性) 또는 인명안전의 유지에 영향을 미칠 우려가 있는 변경이 발생한 경우
9. 법 제8조제3항에 따른 제17조제1호부터 제4호까지 및 제6호에 해당하는 경우(같은 조 제2호의 경우 검사시설이 없는 섬에서 선박검사를 받기 위하여 검사시설이 있는 장소로 항해하려는 경우는 제외한다)
10. 선박시설의 보완 또는 수리가 필요하다고 인정되어 해양수산부장관이 특정한 사항에 관하여 임시검사를 받을 것을 지정하는 경우. 이 경우 해양수산부장관은 선박검사증서의 뒤쪽에 검사받을 내용 및 검사 시기를 적어야 한다.

④ 제2항에 따라 개조 또는 수리를 하는 선박소유자는 해당 시설의 개조 또는 수리에 착수한 때부터 검사를 받아야 한다.

⑤ 선박소유자는 제3항제10호에 따라 지정된 임시검사의 시기를 앞당겨 받을 수 있다.

⑥ 선박소유자는 정기검사 또는 중간검사를 받을 때에 임시검사사항이 포함되는 경우에는 별도의 임시검사를 받지 아니한다.

⑦ 법 제10조제2항에 따른 검사결과는 선박검사증서의 뒤 쪽에 다음 검사 시기, 검사종류 및 선박검사관의 성명을 적어야 한다.

참고로 이 법 제83조제3호 및 제4호를 적용하는데 있어 고려하여야 할 검토사항에 대해 구체적으로 살펴보면, 다음의 {참고 2-8}과 같다.

{참고 2-8} 선박의 상태유지 관련 위반사범 벌칙적용 검토

〈현행규정〉

「선박안전법」 제15조제1항(제43조제4항에 따라 준용되는 경우를 포함한다)을 위반하여 건조검사 또는 선박검사를 받은 후 해당 선박의 구조배치 · 기관 · 설비 등을 변경하거나 개조한 선박소유자: 제83조제3호 적용

〈검토사항〉

⇒ 이 경우는 해양수산부장관의 사전허가(선박구조등변경허가서)를 받아야 하는 사항은 아니나, 해당 선박과 관련한 설비 등의 변경 또는 개조에 따라 수반되어야 하는 적법한 검사(임시검사 등)를 받지 아니한 때에는 다음의 처벌규정을 적용할 수 있음. 여기에서의 설비는 같은 법 시행규칙 제4조에 해당하는 모든 설비가 해당됨

i) 거짓 그 밖의 부정한 방법으로 해당 검사를 받은 자: 제83조제2호 적용

ii) 변경 및 개조 전 검사를 받지 아니한 자: 제83조제3호 적용

〈현행규정〉

「선박안전법」 제15조제2항을 위반하여 해양수산부장관의 허가를 받지 아니하고 선박의 길이 · 너비 · 깊이 · 용도를 변경하거나 설비를 개조한 선박소유자(여기에서의 허가 대상은 같은 법 시행규칙 제32조제2항제3호부터 제7호까지에 한함): 제83조제4호 적용

〈검토사항〉

⇒ 이 경우는 해양수산부장관의 사전허가를 받지 아니하고 선박의 길이 · 너비 · 깊이 · 용도를 변경하거나 설비를 개조한 경우에 처벌하도록 하고 있으나,

⇒ 이 같은 사전허가는 그 타당성 및 관련 규정에 적합하다고 인정되는 경우에 한해 제한적인 범위 내에서 허가하고 있으므로 비록 사전허가를 받은 경우일지라도 선박의 길이 · 너비 · 깊이 또는 선박의 용도를 변경하거나 설비를 개조할 시에는 임시검사 등의 적법한 절차를 필요로 하고 있으며, 이는 선박의 감항성을 유지하기 위한 필수사항임

⇒ 따라서 이 법 제15조 및 같은 법 시행규칙 제32조에 따라 '선박구조등변경허가서'를 받은 경우라도 해당 선박과 관련한 설비 등의 변경 또는 개조에 수반되어야 하는 적법한 검사(임시검사 등)를 받지 아니한 때에는 위의 경우와 마찬가지로 다음의 처벌규정을 적용할 수 있음
i) 거짓 그 밖의 부정한 방법으로 해당 검사를 받은 자: 제83조제2호 적용
ii) 변경 및 개조 전 검사를 받지 아니한 자: 제83조제3호 적용

〈기타 – 선박검사를 받지 아니한 자에 대한 조치〉
「선박안전법」 제89조제2항제1호에서는 '정당한 사유 없이 선박검사를 받지 아니한 자'에 대해 500만원 이하의 과태료에 처하도록 하고 있으나, 이는 이미 검사기일이 지정된 검사(정기 · 중간 · 임시)를 받지 아니하는 경우에 한해 적용되는 것임

* 「선박안전법」 제14조에서는 선박검사의 범위(정의)를 건조검사 또는 정기검사 · 중간검사 · 임시검사 · 임시항해검사로 규정하고 있으나, 같은 법 제89조제2항제1호에서의 "선박검사"는 정기 중간 · 임시검사에만 해당됨
* 과태료 부과기준은 「선박안전법 시행령」 제22조 관련 [별표 2]를 따르도록 하고 있음

Ⅳ. 만재흘수선 초과 운송 위반사범

제83조(벌칙) 다음 각 호의 어느 하나에 해당하는 자는 3년 이하의 징역 또는 3천만원 이하의 벌금에 처한다.
9. 제27조제2항을 위반하여 만재흘수선을 초과하여 여객 또는 화물을 운송한 자

「선박안전법」 제83조제9호의 위반사항은 이 법이 2015년 1월 6일 법률 제12999호로 개정되기 이전 제84조제1항제9호[147]에서 이동한 것으로 양형기준에 있어 좀 더 강화되었다. 이에 따라 여기에서는 만재흘수선을 초과하여 여객 또는 화물을 운송한

147) 구, **「선박안전법」 제84조(벌칙)** ① 선박소유자, 선장 또는 선박직원이 다음 각 호의 어느 하나에 해당하는 행위를 하는 때에는 1년 이하의 징역 또는 1천만원 이하의 벌금에 처한다.
9. 제27조제2항의 규정을 위반하여 만재흘수선을 초과하여 여객 또는 화물을 운송한 때

자의 위법행위에 대한 사실 관계를 이와 관련한 법령 및 행정규칙 등을 통해 살펴보고자 한다.

1. 만재흘수선의 정의 및 지정

만재흘수선(滿載吃水線)은 「선박안전법」 제2조제7호에서 선박이 안전하게 항해할 수 있는 적재한도(積載限度)의 흘수선[148]으로서 여객[149]이나 화물을 승선 또는 적재하고 안전하게 항해할 수 있는 최대한도를 나타내는 선으로 정의하고 있다.

한편, 대행검사기관에서는 이 법 제8조제2항, 제9조제3항 및 제10조제2항에 따라 선박검사(정기 · 중간 · 임시검사)에 합격한 선박에 대하여는 항해구역 · 최대승선인원 및 만재흘수선의 위치 등을 각각 지정하여 같은 법 시행규칙 제13조제1항제1호 및 제2호에 따른 [별지 제5호서식] 및 [별지 제6호서식]의 선박검사증서에 표기하여 교부하고 있다.

이 경우 만재흘수선의 위치를 지정한 검사기록은 선박길이 12미터 이상의 선박에 대해 교부하고 있는 [별지 제6호서식]의 선박검사증서 뒤쪽에 기입하고 있으며, 다음의 [그림 2-8]과 같다.

148) 흘수선(draft)은 선체가 수중에 잠겨있는 부분의 깊이를 뜻하는 것으로 선체 하부로부터 수면까지의 연직거리를 말한다.

149) 앞의 〈표 2-1〉 '선박의 용도별 정의' 참조.

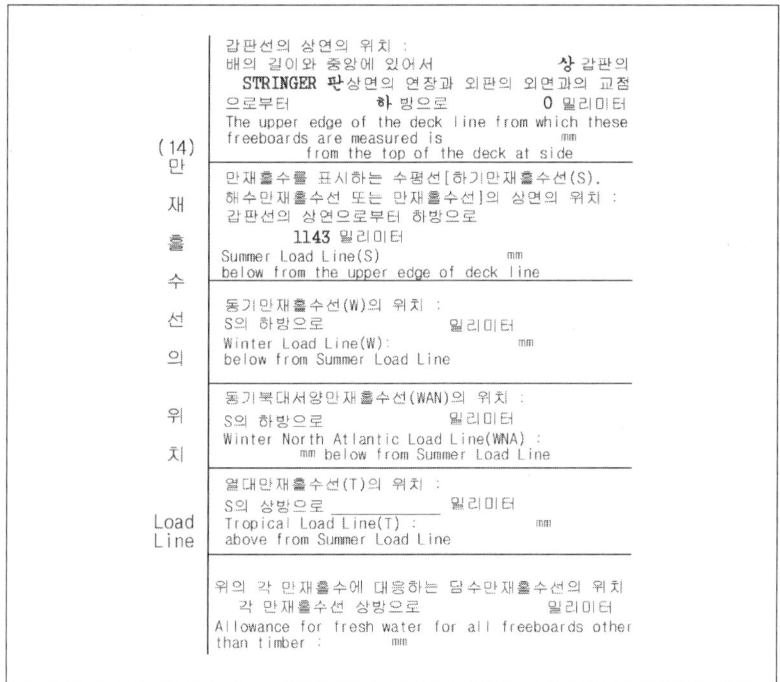

(14) 만재흘수선의 위치 Load Line	갑판선의 상연의 위치 : 배의 길이와 중앙에 있어서 상 갑판의 **STRINGER 판**상면의 연장과 외판의 외면과의 교점 으로부터 **하** 방으로 0 밀리미터 The upper edge of the deck line from which these freeboards are measured is mm from the top of the deck at side
	만재흘수를 표시하는 수평선[하기만재흘수선(S). 해수만재흘수선 또는 만재흘수선]의 상연의 위치 : 갑판선의 상연으로부터 하방으로 **1143** 밀리미터 Summer Load Line(S) mm below from the upper edge of deck line
	동기만재흘수선(W)의 위치 : S의 하방으로 밀리미터 Winter Load Line(W): mm below from Summer Load Line
	동기북대서양만재흘수선(WAN)의 위치 : S의 하방으로 밀리미터 Winter North Atlantic Load Line(WNA) : mm below from Summer Load Line
	열대만재흘수선(T)의 위치 : S의 상방으로 ____________ 밀리미터 Tropical Load Line(T) : mm above from Summer Load Line
	위의 각 만재흘수에 대응하는 담수만재흘수선의 위치 각 만재흘수선 상방으로 밀리미터 Allowance for fresh water for all freeboards other than timber : mm

[그림 2-8] 선박검사증서 뒤쪽 만재흘수선의 위치 검사기록 사항

2. 만재흘수선 표시 대상 및 면제 선박

만재흘수선 표시 대상 선박은 「선박안전법」 제27조제1항에 따라 다음과 같이 규정하고 있다.

i) 국제항해에 취항하는 선박(제1호)
ii) 해양수산부령으로 정하는 방법에 따른 선박의 길이(이하 "선박길이"라 한다)가 12미터 이상인 선박(제2호)
iii) 선박길이가 12미터 미만인 선박으로서 여객선과 이 법 제41조의 규정에 따른 위험물을 산적하여 운송하는 선박(제3호)

다만, 잠수선 및 그 밖에 해양수산부령이 정하는 선박에 대하여는 만재흘수선의 표시를 생략할 수 있으며(법 제27조제1항 단서), 여기에서의 "해양수산부령이 정하는 선박"이란 같은 법 시행규칙 제69조에서 다음의 선박으로 하고 있다.

i) 수중익선[150], 공기부양선, 수면비행선박 및 부유식 해상구조물(같은 법 시행규칙 제3조제1호 및 제2호[151])는 제외한다)(제1호)

ii) 운송업에 종사하지 아니하는 유람 범선(帆船)(제2호)

iii) 국제항해에 종사하지 아니하는 선박으로서 선박길이가 24미터 미만인 예인·해양사고구조·준설 또는 측량에 사용되는 선박(제3호)

iv) 이 법 제11조제2항에 따라 임시항해검사증서를 발급받은 선박(제4호)

v) 시운전을 위하여 항해하는 선박(제5호)

vi) 만재흘수선을 표시하는 것이 구조상 곤란하거나 적당하지 아니한 선박으로서 해양수산부장관이 인정하는 선박(제6호)[152]

3. 만재흘수선 표시 및 표시방법

만재흘수선 표시는 「선박안전법 시행규칙」 제14조제2항에 따라 선박길이의 중앙

---

150) 수중익선(hydrofoil boat, 水中翼船)은 수면 하 날개의 양력에 의해 선체가 물위로 떠올라 항주하는 선박을 말하며, 수면 하 양력을 발생하는 날개와 이를 선체에 연결하는 스트럿으로 구성되어 있다. 일반적으로 날개에 의해 발생하는 양력은 선박의 무게와 일치하며 이때의 속력은 항주 속도일 때를 나타낸다(전승환, '쾌속여객선 수중부유물 충돌관련 안전성 제고방안 연구', 한양대학교 산학협력단, 2008, 16면). 다음의 [그림 2-12]는 수중익선의 형태를 보이고 있다.

151) 「선박안전법 시행규칙」 제3조제1호 및 제2호는 만재흘수선 표시 대상 선박으로 구분하고 있으며, 그 대상 선박은 다음과 같다.

1. 이동식 시추선: 액체상태 또는 가스상태의 탄화수소, 유황이나 소금과 같은 해저 자원을 채취 또는 탐사하는 작업에 종사할 수 있는 해상구조물(항구적으로 해상에 고정된 것은 제외한다)
2. 수상호텔, 수상식당 및 수상공연장 등으로서 소속 직원 외에 13명 이상을 수용할 수 있는 해상구조물(항구적으로 해상에 고정된 것은 제외한다)

152) 사회는 빠르게 변화(신기술 개발 등)하고 있으나, 모든 규정에서는 이러한 사회적 현상으로 인해 발생되는 모든 경우를 미리 예측하여 반영할 수 없으므로 대부분의 규정에서는 포괄적 예외조항을 두어 특이사항이 발생할 때마다 그 타당성 및 적정성을 현행 규정을 기초로 해서 추가 검토(유권해석) 할 수 있는 여지를 두고 있다. 즉 이와 같은 규정을 두는 것은 법령상의 한계에 대한 입법 기술적 한계를 보완하고, 법령을 탄력적으로 운영하기 위한 것으로 이러한 사안 발생 시에는 해양수산부장관에게 별도의 질의 후 이에 따른 조치를 받아야 한다. 이하 이와 관련한 내용의 부연설명은 동일하다.

양쪽 가장자리의 외판(外板)에 용접 등 항구적인 방법으로, 외판과 구별되는 한 가지 색으로 알아보기 쉽게 하도록 하고 있다. 국내 연안선박에 적용되는 만재흘수 표시 및 표시방법의 대부분은 다음의 [그림 2-9] 및 [그림 2-10]과 같으며, 본 저서에서는 이에 한해 자세히 다루고자 한다.

한편, 선박의 만재흘수선에 관하여 필요한 사항은 「선박만재흘수선기준」을 따르도록 하고 있으며, 이 기준에서는 선박길이, 항해구역 및 선종 등으로 만재흘수선의 표시 및 이 표시와 함께 사용되는 선 및 표시방법을 구별하여 다음과 같이 규정하고 있다.[153]

먼저 국제항해에 취항하지 아니하는 선박 길이 12미터 이상 선박(어선을 제외한다)의 만재흘수선 표시 및 이 표시와 함께 사용되는 선과 표시방법은 이 기준 제17조 관련 [별표 8]을 따르고 있으며(〈참고 2-9〉 참조), 다음의 [그림 2-9]는 이를 근거로 하고 있다.

다음으로 선박길이 12미터 미만의 여객선 및 위험물산적운송선의 만재흘수선 표시 및 이 표시와 함께 사용되는 선과 표시방법은 이 기준 제29조 관련 [별표 11]을 따르고 있으며(〈참고 2-10〉 참조), 다음의 [그림 2-10]은 이를 근거로 하고 같다.

153) 「선박안전법 시행규칙」 제14조(만재흘수선의 지정 등) ① 법 제8조제2항에 따른 만재흘수선은 다음 각 호에 따른다.

1. 국제항해 및 근해구역 이상의 항해구역을 항해하는 선박에 표시하는 만재흘수선의 종류별로 적용되는 대역 또는 구역, 계절기간 또는 기간 및 이에 대응하는 건현(乾舷): [별표 2](이 경우 대역 또는 구역별로 적용되는 해면 및 계절기간은 [별표 3]과 같다)
2. 갑판에 목재를 적재하여 운송하는 선박: 제1호 준용
3. 국제항해를 하지 아니하는 선박길이 12미터 이상의 선박에 표시하는 만재흘수선의 종류별로 적용되는 구역 및 건현: 아래의 표 참조

구 분	적용되는 구역	건 현
해수만재흘수선	해면	해수 건현
담수만재흘수선	비중 1.000인 수면	담수 건현

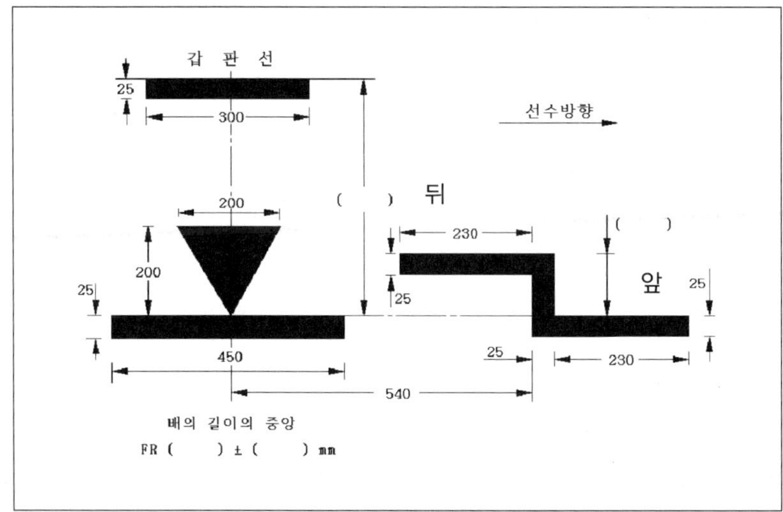

[그림 2-9] 만재흘수선의 표시 및 표시방법(선박만재흘수선기준 제17조 관련)

{참고 2-9} 선박만재흘수선기준 제17조 관련 [별표 8]

명 칭	양 식	표시방법
갑판선	25, 300	건현용 길이의 중앙 양현의 외판에 표시하고, 윗가장자리는 원칙적으로 건현용 깊이의 상단의 위치에 일치시키는 것으로 한다.〈개정 2008.7.18〉
만재흘수선표시	200, 200, 25, 450	1. 건현용 길이의 중앙 양현측의 외판에 표시한다.〈개정 2008.7.18〉 2. 수평선의 윗가장자리는 해수만재흘수선의 위치에 일치시키는 것으로 한다.
만재흘수선을 나타내는 선	25, 뒤, 앞, 230, 25, 230	1. 수직선의 뒷가장자리는 만재흘수선 표시의 중심선에서 앞쪽으로 540밀리미터의 위치에 둔다. 2. 수직선의 앞쪽에 있는 수평선의 윗가장자리는 해수만재흘수선의 위치에, 수직선의 뒤쪽에 있는 수평선의 윗가장자리는 담수만재흘수선의 위치에 일치시키는 것으로 한다.
【비고】 1. 〈삭제 2007.11.02〉 2. 〈삭제 2007.11.02〉 3. 각 치수의 단위는 밀리미터로 한다.		

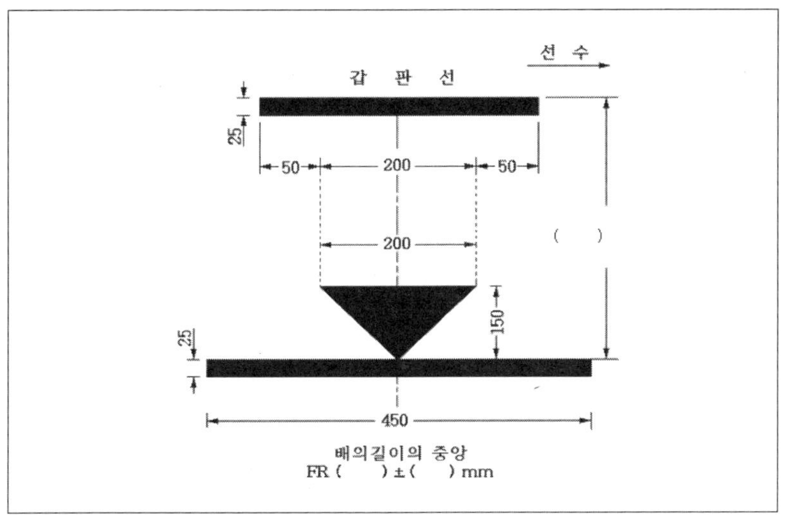

[그림 2-10] 만재흘수선의 표시 및 표시방법(선박만재흘수선기준 제29조 관련)

{참고 2-10} 선박만재흘수선기준 제29조 관련 [별표 11]

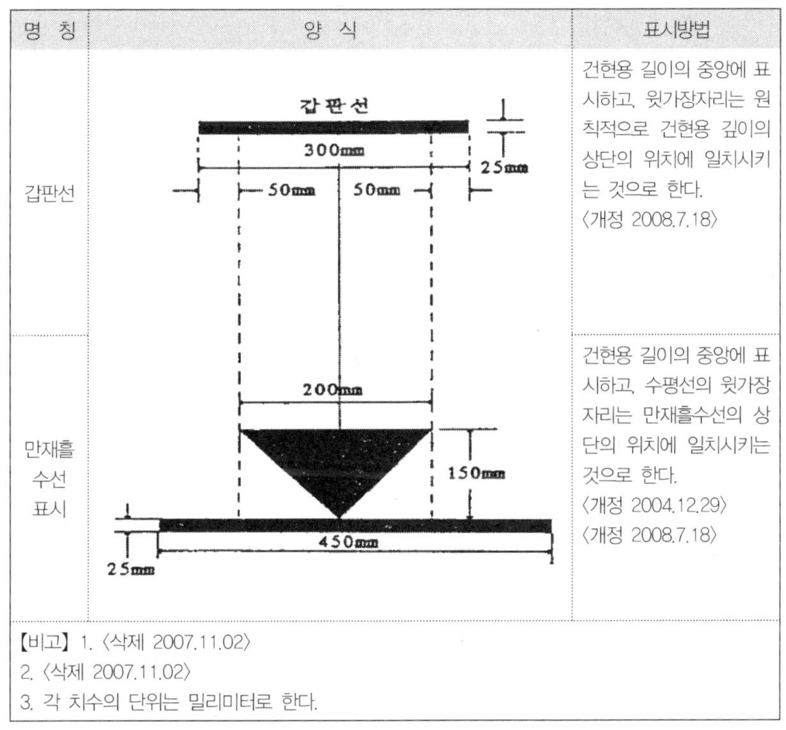

명 칭	양 식	표시방법
갑판선		건현용 길이의 중앙에 표시하고, 윗가장자리는 원칙적으로 건현용 깊이의 상단의 위치에 일치시키는 것으로 한다. 〈개정 2008.7.18〉
만재흘수선 표시		건현용 길이의 중앙에 표시하고, 수평선의 윗가장자리는 만재흘수선의 상단의 위치에 일치시키는 것으로 한다. 〈개정 2004.12.29〉 〈개정 2008.7.18〉
【비고】 1. 〈삭제 2007.11.02〉 2. 〈삭제 2007.11.02〉 3. 각 치수의 단위는 밀리미터로 한다.		

그 밖에 이 기준 제24조제1항에서는 호소 및 하천만을 항해하는 선박의 만재흘수선의 표시 및 건현[154]의 결정에 대하여는 위의 선박길이 12미터 미만의 여객선 및 위험물산적운송선의 만재흘수선기준을 적용할 수 있도록 하고 있으므로 비록 선박길이가 12미터 이상인 경우에도 호소 및 하천과 같은 특정수역에서의 항해에만 사용되는 선박은 [그림 2-10]을 적용할 수 있다. 이에 따라 선박검사증서 뒤쪽에 표기된 만재흘수선 위치가 실제 선박에 표시되는 각각의 형상은 다음의 {참고 2-11} 및 {참고 2-12}와 같다.

참고로 국제항해 및 근해구역이상 항해 선박의 만재흘수선 표시 및 이 표시와 함께 사용되는 선과 표시방법은 이 기준 제6조제1항 관련 [별표 3]과 같다({참고 2-13} 참조). 또한 갑판적목재운송선박(일명, "목재운반선"이라고도 한다)에 대한 목재만재흘수선 표시 및 이 표시와 함께 사용되는 선과 표시방법은 이 기준 제14조제1항 관련 [별표 7]과 같이 규정하고 있다({참고 2-14} 참조).

4. 만재흘수선 초과기준

만재흘수선은 앞서 언급한 바와 같이 선박이 안전하게 항해할 수 있는 적재한도의 흘수선으로 이를 초과하여 과적상태에서 항해를 할 경우 선박의 복원성을 저해하는 등 안전운항에 필요한 감항성 유지에 악영향을 미치게 되므로 그 적정상태를 반드시 유지하도록 규정하고 있으며, 이를 위반할 시에는 「선박안전법」 제83조제9호에 따라 처벌하도록 하고 있다.

만재흘수선의 표시대상 선박이 만재흘수선을 초과하여 여객 또는 화물을 운송한 경우는 다음과 같다.

앞의 {참고 2-9}와 {참고 2-10}에서의 '만재흘수선표시(▼)' 및 '만재흘수선을 나타내는 선' 일부 또는 전체가 해수(또는 담수) 수면의 아래로 잠기게 되어 완전한 형상을 보이지 못한 상태에서 항해를 하게 될 경우 이는 만재흘수선을 초과하게 되어 위법

154) 건현(freeboard, 乾舷): 선박이 안전한 항해를 하기 위해서는 상당한 양의 예비부력을 가져야 하고, 예비부력은 선체가 물에 잠기지 않은 부분의 높이로 표시되며 이를 건현으로 정의한다. 즉 건현은 선체중앙부 건현갑판의 현측 상면으로부터 만재흘수선까지의 연직거리를 말한다. 또한 "건현용 길이"는 「선박만재흘수선기준」 제2조제1호가목부터 라목까지에서 규정하고 있다.

한 행위가 된다.

이를 구분해서 자세히 살펴보면, 만재흘수선 표시대상 선박 중 같은 법 시행규칙 제14조제1항제3호에 따라 국제항해를 하지 아니하는 선박길이 12미터 이상의 선박이 해면과 비중 1.000인 수면을 교차해서 항해하는 경우에 있어서의 만재흘수선 표시는 앞의 [그림 2-9]와 다음의 {참고 2-11}과 같으며, 이에 따라 해당 항해구역에서의 만재흘수선 초과기준은 각각 '해수만재흘수선'과 '담수만재흘수선'으로 구분하고 있다.[155)]

예컨대 앞의 [그림 2-9]의 만재흘수선을 적용받는 선박이 해수에서 항해할 경우와 담수에서 항해할 경우에 있어서의 만재흘수선 초과기준은 다음과 같이 각각 다르게 적용하게 된다('해수만재흘수선'과 '담수만재흘수선'은 다음의 [그림 2-11] 중 점선 표시 참조).

i) 해면에서 항해할 경우에는 앞서 언급한 바와 같이 해수만재흘수선을 적용하고 있으며, 만재흘수선 초과기준은 앞의 {참고 2-9}에 따른 표시방법 대로 만재흘수선표시(▼)와 만재흘수선을 나타내는 선에서의 수직선 앞쪽에 있는 수평선(해수만재흘수선)의 윗가장자리로 하고 있다. 따라서 만재흘수선표시(▼)와 해수만재흘수선인 이 표시가 완전히 해면위로 노출되지 않은 상태에서 항해할 경우 위반행위에 해당된다.

ii) 수면에서 항해할 경우에는 담수만재흘수선을 적용하고 있으며, 만재흘수선 초과기준은 마찬가지로 {참고 2-9}에 따른 표시방법을 따르고 있다. 이에 따라 만재흘수선표시(▼)를 만재흘수선을 나타내는 선에서의 수직선 뒤쪽에 있는 수평선(담수만재흘수선)의 윗가장자리에 놓여 진 것으로 볼 수 있다. 따라서 담수만재흘수선인 이 표시가 완전히 수면위로 노출되지 않은 상태로 항해할 경우 위반행위에 해당된다.

---

155) 해수와 담수의 비중은 각각 1.025와 1.000으로 총톤수 1,025톤 선박이 해수에서는 그 부피가 1,000㎥ [1,025(총톤수) / 1.025(비중)]인 반면, 담수에서는 1,025㎥(1,025(총톤수) / 1.000(비중)]로 부피가 늘어나므로 이에 대한 해당 구역의 환경적 특성을 반영하고 있다.

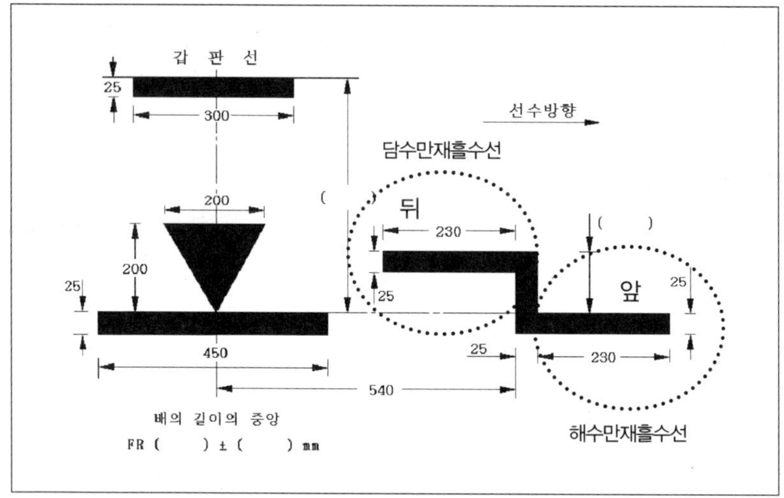

[그림 2-11] 담수만재흘수선과 해수만재흘수선 표시

참고로 만재흘수선 관련 법령 및 행정규칙은 제정 이후 여러 차례 개정과정을 거치면서 그 적용대상의 선박에도 변화가 있었다.

따라서 현행 이 법 제27조제1항 및 같은 법 시행규칙 제69조에서 규정하고 있는 만재흘수선 적용 및 면제 대상 선박이 건조 당시의 해당 선박과는 다를 수 있으므로 이 법 제83조제9호 및 제84조제1항제3호 · 제8호의 처벌대상 선박을 명확히 구분하여 적용하기 위해서는 대상 선박에 대한 변천과정의 확인이 필요할 것이므로 이와 관련해서 살펴보면 다음의 [참고 2-15]와 같다.

{참고 2-11} 만재흘수선 표시 예(1)

* 용도: 여객선(유선), 총톤수: 117톤, 선박길이: 31.08미터, 선질: 강, 항해구역: 평수구역

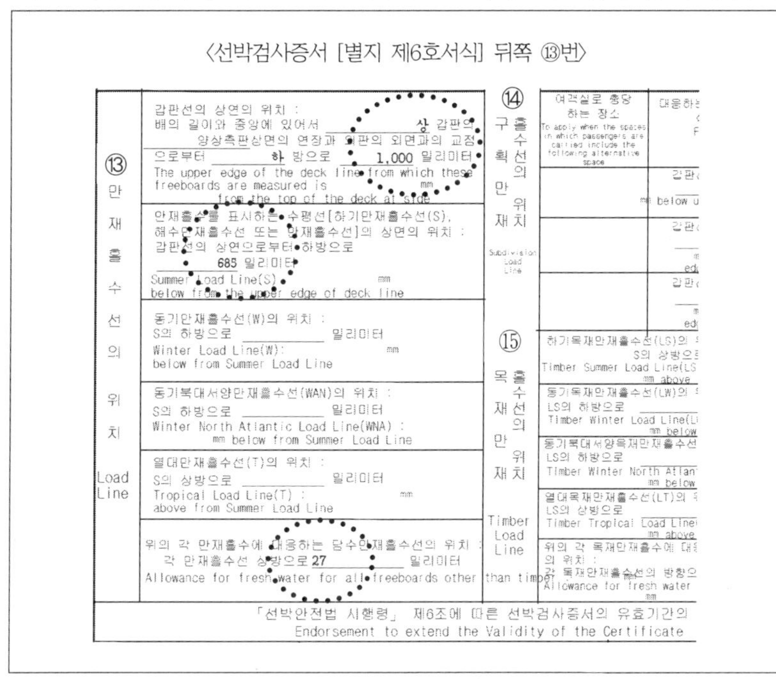

〈선박검사증서 [별지 제6호서식] 뒤쪽 ⑬번〉

⑬ 만재흘수선의 위치 Load Line	
	갑판선의 상연의 위치 : 배의 길이와 중앙에 있어서 상 갑판의 양상측판상면의 연장과 외판의 외면과의 교점으로부터 하 방으로 1,000 밀리미터 The upper edge of the deck line from which these freeboards are measured is mm from the top of the deck at side
	만재흘수를 표시하는 수평선[하기만재흘수선(S), 해수만재흘수선 또는 만재흘수선]의 상면의 위치 : 갑판선의 상연으로부터 하방으로 685 밀리미터 Summer Load Line(S) mm below from the upper edge of deck line
	동기만재흘수선(W)의 위치 : S의 하방으로 ______ 밀리미터 Winter Load Line(W): mm below from Summer Load Line
	동기북대서양만재흘수선(WAN)의 위치 : S의 하방으로 ______ 밀리미터 Winter North Atlantic Load Line(WNA) : mm below from Summer Load Line
	열대만재흘수선(T)의 위치 : S의 상방으로 ______ 밀리미터 Tropical Load Line(T) : mm above from Summer Load Line
	위의 각 만재흘수에 대응하는 담수만재흘수선의 위치 : 각 만재흘수선 상방으로 27 밀리미터 Allowance for fresh water for all freeboards other than timber

⑭ 구획만재흘수선의 위치 Subdivision Load Line	여객실로 충당하는 장소 To apply when the spaces in which passengers are carried include the following alternative space	대응하는
		갑판 mm below u
		갑판 mm ed
		갑판 mm ed

⑮ 목재만재흘수선의 위치 Timber Load Line	
	하기목재만재흘수선(LS)의 S의 상방으로 Timber Summer Load Line(LS mm above
	동기목재만재흘수선(LW)의 LS의 하방으로 Timber Winter Load Line(L mm below
	동기북대서양목재만재흘수선 LS의 하방으로 Timber Winter North Atlan mm below
	열대목재만재흘수선(LT)의 LS의 상방으로 Timber Tropical Load Line mm above
	위의 각 목재만재흘수에 대응 의 위치 : 각 목재만재흘수선의 방향으 Allowance for fresh water mm

「선박안전법 시행령」 제6조에 따른 선박검사증서의 유효기간의
Endorsement to extend the Validity of the Certificate

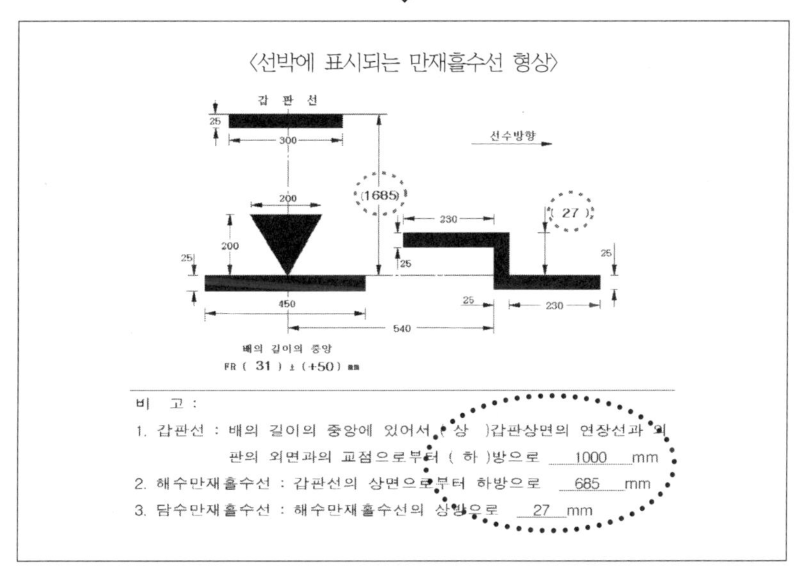

비 고 :

1. 갑판선 : 배의 길이의 중앙에 있어서 (상)갑판상면의 연장선과 외판의 외면과의 교점으로부터 (하)방으로 1000 mm
2. 해수만재흘수선 : 갑판선의 상면으로부터 하방으로 685 mm
3. 담수만재흘수선 : 해수만재흘수선의 상방으로 27 mm

{참고 2-12} 만재흘수선 표시 예(2)

* 용도: 여객선(유선), 총톤수 194톤, 선박길이 37.04미터, 선질 강, 항해구역 평수구역(호수 · 하천에 한함)

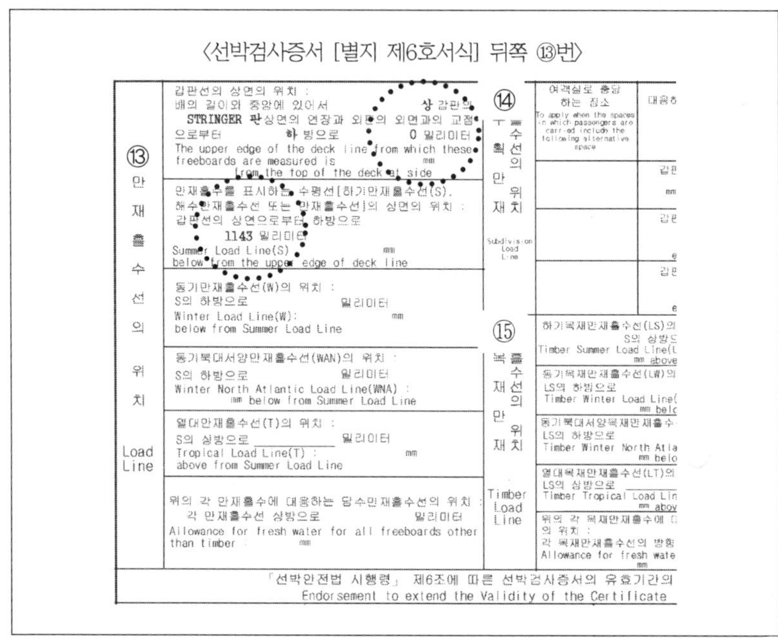

〈선박검사증서 [별지 제6호서식] 뒤쪽 ⑬번〉

⑬ 만재흘수선의 위치 Load Line

갑판선의 상면의 위치 :
배의 길이와 중앙에 있어서 상 갑판의
STRINGER 판 상면의 연장과 외판의 외면과의 교점
으로부터 하 방으로 0 밀리미터
The upper edge of the deck line from which these freeboards are measured is mm from the top of the deck at side

만재흘수를 표시하는 수평선[하기만재흘수선(S),
해수만재흘수선 또는 만재흘수선]의 상면의 위치 :
갑판선의 상면으로부터 하방으로
1143 밀리미터
Summer Load Line(S) mm
below from the upper edge of deck line

동기만재흘수선(W)의 위치 :
S의 하방으로 밀리미터
Winter Load Line(W): mm
below from Summer Load Line

동기북대서양만재흘수선(WAN)의 위치 :
S의 하방으로 밀리미터
Winter North Atlantic Load Line(WNA) :
mm below from Summer Load Line

열대만재흘수선(T)의 위치 :
S의 상방으로 ________ 밀리미터
Tropical Load Line(T) : mm
above from Summer Load Line

위의 각 만재흘수에 대응하는 담수만재흘수선의 위치 :
각 만재흘수선 상방으로 밀리미터
Allowance for fresh water for all freeboards other than timber mm

⑭ 구획만재흘수선의 위치 Subdivision Load Line

여객실로 충당하는 장소
To apply when the spaces in which passengers are carried include the following alternative space

⑮ 목재만재흘수선의 위치 Timber Load Line

하기목재만재흘수선(LS)의 … S의 상방으 … Timber Summer Load Line(L… mm above

동기목재만재흘수선(LW)의 … LS의 하방으로 … Timber Winter Load Line(… mm belo…

동기북대서양목재만재흘수… LS의 하방으로 … Timber Winter North Atla… mm belo…

열대목재만재흘수선(LT)의 … LS의 상방으로 … Timber Tropical Load Lin… mm abov…

위의 각 목재만재흘수에 … 의 위치 : 각 목재만재흘수선의 방향 … Allowance for fresh wate… mm

「선박안전법 시행령」 제6조에 따른 선박검사증서의 유효기간의 …
Endorsement to extend the Validity of the Certificate

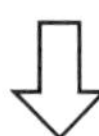

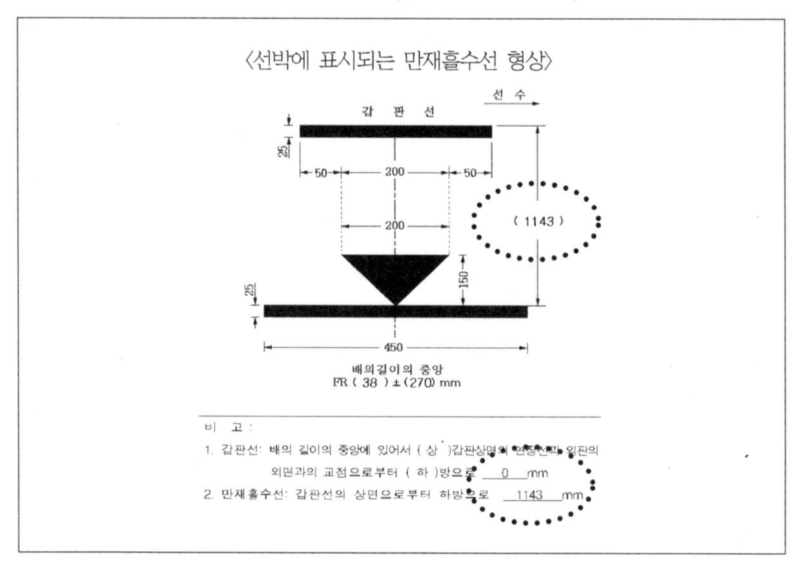

비 고 :

1. 갑판선: 배의 길이의 중앙에 있어서 (상)갑판상면의 연장선과 외판의 외면과의 교점으로부터 (하)방으로 0 mm
2. 만재흘수선: 갑판선의 상면으로부터 하방으로 1143 mm

{참고 2-13} 선박만재흘수선기준 제6조제1항 관련 [별표 3]

명칭	양 식	표 시 방 법
갑판선	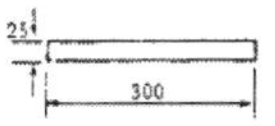	건현용 길이의 중앙에 표시하고, 윗가장자리는 원칙적으로 건현용 깊이의 상단의 위치에 일치하는 것으로 한다.<개정 2008.7.18>
만재흘수선표시	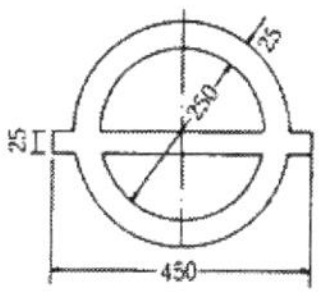	1. 원의 중심은 건현용 길이의 중앙에서 건현용 깊이의 상단에서 하방으로 향하여 수직으로 하기건현과 같은 거리에 두는 것으로 한다.<개정 2008.7.18>
		2. 수평선의 상방에서 원의 양측에 높이 115밀리미터, 너비 75밀리미터의 기호 K 및 T(선박안전법 제73조의 규정에 의한 선박에 있어서는 K 및 R)를 표시하는 것으로 한다.
만재흘수선을 나타내는 선	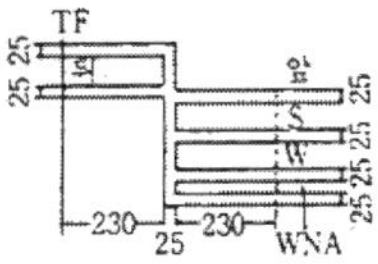	1. 수직선의 뒷가장자리는 만재흘수선 표시의 원의 중심에서 앞쪽으로 540밀리미터의 위치에 둔다.
		2. 다음의 각 목에 의한 기호를 붙인 선의 윗가장자리는 당해 기호에 의한 만재흘수선의 위치를 나타낸다. 가. T : 열대만재흘수선 나. S : 하기만재흘수선 다. W : 동기만재흘수선 라. WNA : 동기북대서양만재흘수선 마. TF : 열대담수만재흘수선 바. F : 하기담수만재흘수선
		3. 기호 W를 붙인 선과 기호 WNA를 붙인 선이 일치하는 경우에는 기호 W만을 표시한다.

비 고 : 1. <삭제 2007.11.02>
2. <삭제 2007.11.02>
3. 각 치수의 단위는 밀리미터로 한다.

위의 {참고 2-13}을 근거로 선박에 표시되는 만재흘수선 형상은 다음과 같다.

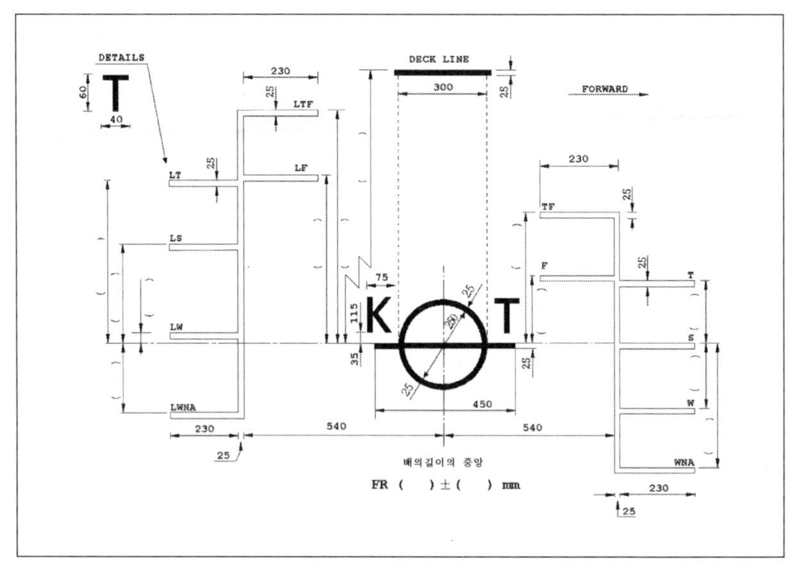

{참고 2-14} 선박만재흘수선기준 제14조제1항 관련 [별표 7]

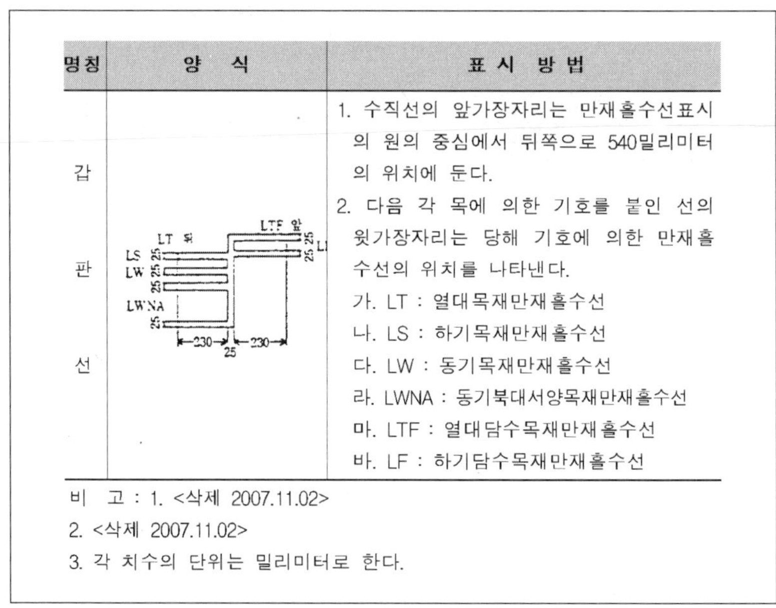

명칭	양 식	표 시 방 법
갑판선		1. 수직선의 앞가장자리는 만재흘수선표시의 원의 중심에서 뒤쪽으로 540밀리미터의 위치에 둔다. 2. 다음 각 목에 의한 기호를 붙인 선의 윗가장자리는 당해 기호에 의한 만재흘수선의 위치를 나타낸다. 가. LT : 열대목재만재흘수선 나. LS : 하기목재만재흘수선 다. LW : 동기목재만재흘수선 라. LWNA : 동기북대서양목재만재흘수선 마. LTF : 열대담수목재만재흘수선 바. LF : 하기담수목재만재흘수선

비 고 : 1. <삭제 2007.11.02>

2. <삭제 2007.11.02>

3. 각 치수의 단위는 밀리미터로 한다.

{참고 2-15} 만재흘수선 적용 및 면제 대상 선박 연혁

「선박안전법」 부칙 〈법률 제8221호, 2007.1.3.〉
제10조 (만재흘수선 표시에 관한 경과조치) 이 법 시행당시 종전의 규정에 따라 만재흘수선 표시가 면제된 선박은 제27조의 개정규정에 불구하고 종전의 규정에 따른다. 다만, 해당 선박의 길이 · 너비 · 깊이의 변경이 있는 경우에는 그러하지 아니하다.

〈선박안전법에서의 만재흘수선 적용 및 면제 대상 선박 연혁〉

규정(시행일자)	만재흘수선 적용 및 면제 대상 선박 (적용면제 선박 중 같은 법 시행규칙에서 별도로 정하는 것은 제외)
법 제3조 [시행 1961.12.30.] [법률 제919호, 제정]	〈적용선박〉 • 원양구역을 항행하는 선박 • 근해구역을 항행하는 총톤수 150톤 이상의 선박 〈적용면제 선박〉 • 어렵, 예선, 해난구조, 준설 또는 측량에 한하여 사용되는 선박 • 기타 교통부장관이 특히 만재흘수선을 표시할 필요 없음을 인정한 선박
법 제3조 [시행 1967.1.9.] [법률 제1845호]	〈적용선박〉 • 원양구역을 항행하는 선박 • 근해구역과 연해구역을 항행하는 총톤수 150톤이상으로서 국제항해에 종사하는 선박 * 국제항해에 종사하는 선박에만 만재흘수선을 표시하도록 함 〈적용면제 선박〉 • 어렵, 예선, 해난구조, 준설 또는 측량에 한하여 사용되는 선박 • 기타 교통부장관이 특히 만재흘수선을 표시할 필요 없음을 인정한 선박
법 제3조제1항 및 제2항 [시행 1970.2.1.] [법률 제2195호]	〈적용선박〉 • 원양구역 또는 근해구역을 항행하는 선박 • 연해구역을 항행하는 길이 24미터 이상의 선박 * 1968년 7월 21일 발효한 "1966년국제만재흘수선협약"의 비준에 따라 만재흘수선의 지정을 받아야 할 선박의 범위를 다시 조정하려는 것임 〈적용면제 선박〉 • 어렵, 예선, 해난구조, 준설 또는 측량에 한하여 사용되는 선박 • 기타 교통부장관이 특히 만재흘수선을 표시할 필요가 없다고 인정하는 선
법 제3조제1항 [시행 1982.7.2.] [법률 제3547호]	〈적용선박〉 • 원양구역 또는 근해구역을 항행하는 선박 • 연해구역을 항행하는 길이 24미터 이상의 선박 〈적용면제 선박〉 • 잠수선 • 기타 교통부령이 정하는 선박

규정(시행일자)	만재흘수선 적용 및 면제 대상 선박 (적용면제 선박 중 같은 법 시행규칙에서 별도로 정하는 것은 제외)
법 제3조제1항 [시행 1991.9.9.] [법률 제4360호]	〈적용선박〉 • 국제항해에 취항하는 선박 • 길이 24미터 이상의 선박 〈적용면제 선박〉 • 잠수선 • 기타 교통부령이 정하는 선박
법 제3조제1항 [시행 1998.6.18.] [법률 제5470호]	〈적용선박〉 • 국제항해에 취항하는 선박 • 길이 24미터 이상의 선박 • 길이 12미터 이상 24미터 미만의 선박으로서 다음에 해당하는 선박 – 여객선(13인 이상의 여객을 운송할 수 있는 선박) – 법 제16조의2의 규정에 의한 위험물을 산적하는 선박 〈적용면제 선박〉 • 잠수선 • 기타 해양수산부령이 정하는 선박
법 제27조제1항 [시행 2007.11.4.] [법률 제8221호]	〈적용선박〉 • 국제항해에 취항하는 선박 • 해양수산부령으로 정하는 방법에 따른 선박의 길이(이하 "선박길이"라 한다)가 12미터 이상인 선박 • 선박길이가 12미터 미만인 선박으로서 다음의 어느 하나에 해당하는 선박 – 여객선 – 법 제41조의 규정에 따른 위험물을 산적하여 운송하는 선박 〈적용면제 선박〉 • 잠수선 • 그 밖에 해양수산부령이 정하는 선박

〈선박안전법 시행규칙에서의 만재흘수선 적용면제 선박 연혁〉

관련 규정(시행일자)	만재흘수선 적용면제 선박
시행규칙 제2조제1항 [시행 1971.7.10.] [교통부령 제402호, 제정]	• 수중익선, 에어쿠숀정 • 어업의 지도 감시에만 사용하는 선박 • 여객선, 화물선 또는 어선이 아닌 선박으로서 국제항해에 종사하지 아니하는 것(임시로 단일의 국제항해에 종사하는 것을 포함한다) • 영 제45조제1항의 규정에 의하여 임시항행의 허가를 받은 선박 • 시운전을 행하는 경우의 선박 • 평수구역을 항행구역으로 하는 여객선으로서 임시로 단기간 연해구역을 그 항행구역으로 하는 것 중 교통부장관이 인정한 것 • 기타 만재흘수선을 표시하는 것이 그 구조상 곤란하거나 부적당한 선박

관련 규정(시행일자)	만재흘수선 적용면제 선박
시행규칙 제2조제1항 [시행 1976.3.30.] [교통부령 제532호]	• 수중익선, 에어쿳숀정 • 어업의 지도 감시에만 사용하는 선박 • 여객선, 화물선 또는 어선이 아닌 선박으로서 국제항해에 종사하지 아니하는 것(임시로 단일의 국제항해에 종사하는 것을 포함한다) • 영 제45조제1항의 규정에 의하여 임시항행의 허가를 받은 선박 • 시운전을 행하는 경우의 선박 • 평수구역을 항행구역으로 하는 선박으로서 임시변경증을 가지고 연해구역을 항행하여 다른 평수구역으로 회항하는 것 • 기타 만재흘수선을 표시하는 것이 그 구조상 곤란하거나 부적당한 선박
시행규칙 제2조제1항 [시행 1981.9.24.] [교통부령 제714호]	• 수중익선, 에어쿠숀선 • 여객선 또는 화물선이 아닌 선박으로서 국제항해에 종사하지 아니하는 것(임시로 단일의 국제항해에 종사하는 것을 포함한다) • 영 제45조제1항의 규정에 의하여 임시항행의 허가를 받은 선박 • 시운전을 행하는 경우의 선박 • 평수구역을 항행구역으로 하는 선박으로서 임시변경증을 가지고 연해구역을 항행하여 다른 평수구역으로 회항하는 것 • 기타 만재흘수선을 표시하는 것이 그 구조상 곤란하거나 부적당한 선박
시행규칙 제2조제1항 [시행 1983.7.15.] [교통부령 제770호]	• 수증익선, 에어쿠숀선 • 예인 · 해난구조 · 준설 · 측량에만 사용하는 선박과 여객 또는 화물의 운송에 사용하지 아니하는 선박으로서 국제항해에 종사하지 아니하는 것(임시로 단일의 국제항해에 종사하는 것을 포함한다) • 법 제9조제2항의 규정에 의하여 임시항행허가증을 교부받은 선박 • 시운전을 행하는 경우의 선박 • 평수구역을 항행구역으로 하는 선박으로서 임시변경증을 가지고 연해구역을 항행하여 다른 평수구역으로 회항하는 것 • 영 제39조제2항의 규정에 의하여 임시변경증을 교부받은 선박(여객과 화물의 운송을 하지 아니하는 경우에 한한다) • 기타 만재흘수선을 표시하는 것이 그 구조상 곤란하거나 부적당한 선박
시행규칙 제2조제1항 [시행 1991.12.27.] [교통부령 제963호]	• 수증익선, 에어쿠숀선 • 예인 · 해난구조 · 준설 · 측량에만 사용하는 선박과 여객 또는 화물의 운송에 사용하지 아니하는 선박으로서 국제항해에 종사하지 아니하는 것(임시로 단일의 국제항해에 종사하는 것을 포함한다) • 법 제9조제2항의 규정에 의하여 임시항행허가증을 교부받은 선박 • 시운전을 행하는 경우의 선박 • 시행규칙 제30조제3항의 규정에 의하여 임시변경증을 교부받은 선박(여객과 화물의 운송을 하지 아니하는 경우에 한한다) • 기타 만재흘수선을 표시하는 것이 그 구조상 곤란하거나 부적당한 선박
시행규칙 제4조 [시행 1998.9.5.] [해양수산부령 제70호]	• 수중익선 및 공기부양선 • 예인, 해난구조, 준설, 측량 또는 어업에 관한 지도 · 단속에만 사용하는 선박 • 여객 또는 화물의 운송에 사용하지 아니하는 선박으로서 국제항해에 종사하지 아니하는 선박(임시로 국제항해에 종사하는 선박을 포함한다) • 법 제9조제2항의 규정에 의하여 임시항행허가증을 교부받은 선박 • 시운전을 행하는 선박 • 목제어선 기타 만재흘수선을 표시하는 것이 그 구조상 곤란하거나 부적당한 선박으로서 해양수산부장관이 인정하는 선박

관련 규정(시행일자)	만재흘수선 적용면제 선박
시행규칙 제4조 [시행 1999.8.24.] [해양수산부령 제133호]	• 수중익선 및 공기부양선 • 예인, 해양사고구조, 준설, 측량 또는 어업에 관한 지도 · 단속에만 사용하는 선박 • 여객 또는 화물의 운송에 사용하지 아니하는 선박으로서 국제항해에 종사하지 아니하는 선박(임시로 국제항해에 종사하는 선박을 포함한다) • 법 제9조제2항의 규정에 의하여 임시항행허가증을 교부받은 선박 • 시운전을 행하는 선박 • 목제어선 기타 만재흘수선을 표시하는 것이 그 구조상 곤란하거나 부적당한 선박으로서 해양수산부장관이 인정하는 선박
시행규칙 제4조 [시행 2006.10.23] [해양수산부령 제344호]	• 수중익선 및 공기부양선 • 예인, 해양사고구조, 준설, 측량 또는 어업에 관한 지도 · 단속에만 사용하는 선박 • 여객 또는 화물의 운송에 사용하지 아니하는 선박(해상에 고정된 상태로 설치된 부선으로서 유류 등 위험물을 저장하고 있는 것을 포함한다)으로서 국제항해에 종사하지 아니하는 선박(임시로 국제항해에 종사하는 선박을 포함한다) • 법 제9조제2항의 규정에 의하여 임시항행허가증을 교부받은 선박 • 시운전을 행하는 선박 • 목제어선 기타 만재흘수선을 표시하는 것이 그 구조상 곤란하거나 부적당한 선박으로서 해양수산부장관이 인정하는 선박
시행규칙 제69조 [시행 2007.11.23.] [해양수산부령 제390호]	• 수중익선, 공기부양선 및 부유식 해상구조물(제3조제1호 및 제2호는 제외한다) • 운송업에 종사하지 아니하는 유람 범선(帆船) • 국제항해에 종사하지 아니하는 선박으로서 선박길이가 24미터 미만인 예인 · 해양사고구조 · 준설 또는 측량에 사용되는 선박 • 법 제11조제2항에 따라 임시항해검사증서를 발급받은 선박 • 시운전을 위하여 항해하는 선박 • 만재흘수선을 표시하는 것이 구조상 곤란하거나 적당하지 아니한 선박으로서 해양수산부장관이 인정하는 선박
시행규칙 제69조 [시행 2012.6.26.] [국토해양부령 제482호]	• 수중익선, 공기부양선, 수면비행선박 및 부유식 해상구조물(제3조제1호 및 제2호는 제외한다) • 운송업에 종사하지 아니하는 유람 범선(帆船) • 국제항해에 종사하지 아니하는 선박으로서 선박길이가 24미터 미만인 예인 · 해양사고구조 · 준설 또는 측량에 사용되는 선박 • 법 제11조제2항에 따라 임시항해검사증서를 발급받은 선박 • 시운전을 위하여 항해하는 선박 • 만재흘수선을 표시하는 것이 구조상 곤란하거나 적당하지 아니한 선박으로서 국토해양부장관이 인정하는 선박

출처: 구글검색사이트(Google), http://www.google.co.kr

[그림 2-12] 수중익선의 형태(hydrofoil boat, 水中翼船)

V. 복원성 유지 미이행 선박의 항해 위반사범

제83조(벌칙) 다음 각 호의 어느 하나에 해당하는 자는 3년 이하의 징역 또는 3천만원 이하의 벌금에 처한다.

10. 제28조제1항을 위반하여 복원성을 유지하지 아니하고 선박을 항해에 사용한 자

「선박안전법」 제83조제10호의 위반사항에 해당하는 자에게 적용되는 양형기준은 이 법이 2015년 1월 6일 법률 제12999호로 개정되기 이전 제86조제1호[156]에서 이에 해당하는 자에 대해 200만원 이하의 벌금에 처하던 것을 3년 이하의 징역 또는 3천만원 이하의 벌금에 처하도록 강화되었다.

이에 따라 여기에서는 복원성을 유지하지 아니하고 선박을 사용한 자의 위법행위에 대한 사실 관계를 이와 관련한 법령 및 행정규칙 등을 통해 살펴보고자 한다.

1. 복원성의 정의 및 유지 대상 선박

복원성이라 함은 앞서 언급한 바와 같이 「선박안전법」 제2조제8호에서 정의하고 있으며, 수면에 평형상태로 떠 있는 선박이 파도 · 바람 등 외력에 의하여 기울어졌을 때 원래의 평형상태로 되돌아오려는 성질을 말한다.

이와 관련해서 이 법 제28조제1항 및 제2항에서는 여객선 및 선박길이가 12미터 이상인 선박의 선박소유자에게 해양수산부장관이 정하여 고시하는 기준에 따라 복원성을 유지하도록 하고 있으며, 선박소유자는 이에 따라 선박의 복원성과 관련하여 그 적합 여부에 대하여 복원성자료를 대행검사기관에 제출하여 승인을 얻은 후 당해 선박의 선장에게 제공하도록 하고 있다.

참고로 여기에서의 "해양수산부장관이 정하여 고시하는 기준"은 선박의 복원성 기준 등에 관하여 필요한 사항(복원성 시험 및 계산 등)을 규정하고 있는 「선박복원성

156) 舊, 「선박안전법」 제86조(벌칙) 다음 각 호의 어느 하나에 해당하는 자는 200만원 이하의 벌금에 처한다.
1. 제28조제1항의 규정을 위반하여 복원성을 유지하지 아니하고 선박을 항해에 사용한 자

기준」이 이에 해당된다.

한편, 이 기준은 복원성 계산을 위하여 컴퓨터프로그램을 사용한 때에도 적용되며(법 제28조제3항), 복원성과 관련된 승인의 기준 · 절차, 복원성자료 및 복원성 계산용 컴퓨터프로그램의 작성요령 등에 관하여 필요한 사항에 대해서도 이 기준을 따르도록 하고 있다(법 제28조제4항).

2. 복원성기준 적용 제외 선박

「선박안전법」 제28조제1항 각 호 외의 부분 단서 및 같은 법 시행규칙 제71조에서는 다음의 선박에 대해 복원성 유지와 관련한 기준 적용을 면제하고 있다.

i) 국제항해에 종사하지 아니하는 선박으로서 선박길이가 24미터 미만인 다음의 선박(시행규칙 제71조제1호)

㉮ 예인 · 해양사고구조 · 준설 또는 측량에 사용되는 선박(시행규칙 제71조제1호가목)

㉯ 부선(시행규칙 제71조제1호나목)

ii) 여객선이 아니거나 카페리선이 아닌 선박으로서 호수 · 하천 · 항내의 수역에서만 항해하는 선박(시행규칙 제71조제2호)

iii) 부유식 해상구조물(제3조제1호 및 제2호는 제외한다)(시행규칙 제71조제3호)

iv) 복원성 시험이 구조상 곤란하거나 적당하지 아니한 선박으로서 해양수산부장관이 인정하는 선박(시행규칙 제71조제4호)[157]

3. 복원성 시험 및 계산

선박의 복원성을 확인하기 위해서는 「선박복원성기준」 제4조[158]의 규정에 의한

---

157) 이 장 각주 152번 참조.

158) 「선박복원성기준」 제4조(복원성의 시험) ① 선박의 복원성을 계산하기 위하여 다음 각 호의 복원성 시험을 실시하여야 한다. 다만, 제13조에서 정한 계산식에 의해 선박의 횡요주기를 산출할 수 있는 경우에는 제2호의 동요시험을 생략할 수 있다.

1. 선박을 횡경사시켜 선박의 무게중심위치 산정에 필요한 사항을 측정하는 경사시험

복원성 시험결과를 기초로 하여 이 기준 제5조[159]에 따른 복원성 계산을 하여야 한다. 이 경우 부력의 산입범위, 액체의 자유표면의 영향 및 선박의 표준재화상태 등을 고려해서 적용해야 하며, 이와 관련해서는 이 기준 제6조[160] · 제7조[161] · 제8조[162]에

2. 선박을 동요시켜 선박의 횡요주기 산정에 필요한 사항을 측정하는 동요시험

② 수상호텔 등 부유식 해상구조물의 경우 경하배수량 및 중량중심이 경하중량 산정시험 또는 설계도서 등에 의하여 산출할 수 있는 경우에는 복원성시험을 생략할 수 있다.

159) 「선박복원성기준」 제5조(복원성의 계산 등) ① 선박의 복원성을 확인하기 위하여는 제4조의 규정에 의한 복원성 시험결과를 기초로 하여 제8조제1항의 규정에 의한 선박의 표준재화상태와 기타 필요한 상태에서의 중량 · 중심 및 트림과 횡요주기 등에 대하여 계산을 하여야 한다.

② 제1항의 규정에 의한 복원성의 계산방법은 다음 각 호와 같다.

1. 경하상태에서의 중량 · 중심 및 트림 등의 계산[별표 1]
2. 재화상태에서의 중량 · 중심 및 트림 등의 계산[별표 2]
3. 횡요주기의 계산[별표 3]

③ 선박구획기준의 적용을 받는 선박으로서 구획만재흘수가 2가지 이상인 것에 대하여는 그 각각의 경우에 대하여 복원성계산을 하여야 한다.

④ 제2항의 규정에 의한 복원성을 계산하는 경우에는 다음 각 호의 사항을 고려하여야 한다.

1. 어선의 갑판상 젖은 어망 및 어구 등의 중량에 관한 사항
2. 실제와 상반되지 아니하는 경우 동종의 화물 또는 어획물의 균등한 배분에 관한 사항
3. 어선의 갑판상 어획물
4. 밸러스트를 위하여 설치된 탱크 또는 밸러스트수를 운반하기 위하여 설치된 기타 탱크내의 밸러스트수에 관한 사항
5. 기타 운반되는 화물 또는 어획물의 영향에 관한 사항
6. 갑판에 목재 등을 적재하는 경우에 있어서의 수분흡수 · 결빙 등에 관한 사항

160) 「선박복원성기준」 제6조(부력의 산입범위) ① 제5조제2항의 규정에 의한 복원성 계산에 있어서 선박의 상갑판하의 부분 및 선루 기타 이에 준하는 상갑판상의 구조물(당해 구조물의 측벽이 선측으로부터 300밀리미터 이내에 있고 강도 및 구조가 선루와 동등이상인 갑판실을 말한다. 이하 "구조물"이라 한다) 이외의 것은 이를 부력에 산입하지 아니한다.

② 제1항의 규정에 불구하고 창구, 트렁크 등은 그 구조 또는 풍우밀성을 고려하여 이를 부력산입범위에 포함시킬 수 있다.

③ 제1항 및 제2항의 규정에 의한 부력의 산입범위에 포함된 선체, 선루 또는 구조물 등에 해수유입개구가 있는 경우로서 선박의 횡경사각이 해수유입각을 초과하는 범위에 있을 경우에는 당해 선체, 선루 또는 구조물 등은 이를 부력에 산입하지 아니한다. 이 경우 부력의 산입범위는 별표 4에 의한다.

161) 「선박복원성기준」 제7조(액체의 자유표면의 영향) ① 제5조제2항의 규정에 의한 복원성 계산에 있어서는 선박내에 있는 액체의 자유표면에 의한 영향을 고려하여야 한다. 다만, 평수구역을 항행구역으로 하는 선박(액화가스산적운송선 및 액체화학물산적운송선은 제외한다)에 대하여는 이를 생략할 수 있다.

② 제1항의 규정에 의한 액체의 자유표면에 의한 영향의 산정방법은 다음 각 호에 의한다.

1. 다음 산식 또는 이와 동등한 방법에 의하여 액체의 자유표면의 영향에 의한 무게중심의 상승값

서 규정하고 있다.

따라서 복원성을 유지하지 아니하고 선박을 항해에 사용한 자는 해당 선박의 복원성 시험 및 계산 등을 하면서 당시 이 기준에 따라 적용된 여러 조건들을 그대로 유

(GGo)을 계산한다.

$$GG_o = \frac{\sum(p \cdot i)}{W}$$

이 식에서
p는 액체의 비중
i는 자유표면의 관성모멘트(네제곱미터)
W는 배수량(톤)을 말한다. 이하 같다.

2. 소비되는 액체의 자유표면에 대한 계산에 대하여는 액체의 종류별로 적어도 횡방향의 1조의 탱크 또는 1개의 중심선상 탱크가 최대의 자유표면을 가지는 것으로 한다. 다만, 입항 상태에 있어서는 실제의 값으로 한다.
3. 비소비성 액체탱크에 대하여는 실제의 값으로 한다.

162) 「선박복원성기준」 제8조(선박의 표준재화상태 등) ① 제5조제2항의 규정에 의하여 선박의 복원성에 관한 사항을 계산하는 경우 선박의 종류별 표준재화상태의 구분은 다음 표와 같다.

선박종류	어선 이외의 선박	어 선
표준재화 상태의 구분	공창출항	만재출항
	공창입항	어 장 발
	만재출항	만재입항
	만재입항	부분만재입항

【비고】 카페리여객선에 대하여는 만재입항상태에서 모든 여객이 최상층여객갑판에 집결되어 있는 상태를 포함한다.

② 제1항의 규정에 의한 선박의 종류별 복원성 기준에 적합하지 아니한 상태가 있는 경우에는 다음 각 호에 의하여 이를 적합하도록 한다. 이 경우 이에 대한 주의사항을 복원성자료에 포함시켜야 한다.
1. 고정밸러스트의 탑재, 여객정원의 감소, 개구의 폐쇄장치의 개선 등에 의하여 기준에 적합하도록 할 것
2. 밸러스트탱크의 용량, 항로와 소모품의 관계 등을 고려하여 액체밸러스트의 적재량 · 적재장소등의 조절에 의하여 기준에 적합하도록 할 것

③ 제1항의 규정에 의한 선박의 표준재화상태의 구분에 따른 적재기준은 다음 각 호에 의한다.
1. 어선 이외의 선박

표준재화 상태의 구분	적 재 기 준
공창출항상태	경하상태에 선원 및 선원소지품, 기관부예비품, 창고품, 잡용수 등을 탑재하고 연료, 청수, 식료품 등을 만재한 상태
공창입항상태	공창출항상태로부터 연료, 청수, 식료품 등 소모품을 90퍼센트 소비한 상태
만재출항상태	공창출항상태에 여객 및 여객소지품, 여객용화물, 화물 등을 만재한 상태
만재입항상태	만재출항상태로부터 연료, 청수, 식료품 등 소모품을 90퍼센트 소비한 상태

지하지 아니하고 항해에 사용한 자를 말한다. 한편, 이러한 경우에는 복원성 유지에 영향을 미치는 요소의 변경사항 등에 대해 파악한 후 위법행위에 대한 처벌여부를 결정해야 한다.

한편, 이 기준 제26조[163]에서는 복원성시험결과를 기초로 하여 당해 선박의 복원

---

2. 어선

표준재화 상태의 구분	적 재 기 준
만재출항상태	경하상태에 얼음, 어구, 선원 및 선원소지품, 기관부예비품, 창고품, 잡용수 등을 탑재하고 연료, 청수, 식료품 등을 만재한 상태
어장발상태	만재출항상태로부터 어획물을 만재하고 연료, 청수, 식료품 등 소모품을 75퍼센트 소비한 상태
만재입항상태	어장발상태로부터 연료, 청수, 식료품 등 소모품을 90퍼센트 소비한 상태
부분만재입항상태	만재출항상태로부터 만재어획물의 20퍼센트를 적재(조업방법을 고려하여 적합하다고 인정되는 경우에는 40퍼센트까지 적재)하고 연료, 청수, 식료품 등 소모품을 90퍼센트 소비한 상태

④ 제3항의 규정에 의한 선박의 표준재화상태에서의 적재기준에 따른 선원 · 여객(이하 "승선인원"이라 한다) 및 그의 소지품의 중량과 중심위치의 산정은 다음 각 호에 의한다.

1. 승선인원 1인당 중량(승선인원의 체중 60킬로그램과 그의 소지품의 중량을 포함한 것을 말한다)은 다음 표에 의한다.

선박의 구분	선원 및 선원소지품(킬로그램)	여객 및 여객소지품(킬로그램)
근해구역이상을 항행구역으로 하는 선박	120	110
연해구역이상을 항행구역으로 하는 선박	100	90
연해구역의 항행예정시간이 2시간미만인 선박 및 평수구역을 항행구역으로 하는 선박	80	80

【비고】 1. 여객용 화물실에 있는 수화물은 별도로 더한다.
2. 선원실이 없는 선박에 있어서는 선원 1인당 중량을 60킬로그램으로 한다.
3. 평수구역을 항행구역으로 하는 유람선에 있어서는 여객 1인당 중량을 70킬로그램으로 한다.

2. 승선인원의 중량중심은 바닥으로부터 상방 1미터에 있는 것으로 하고 승선인원의 선박 내 배치는 다음 각 목에 의한다.
   가. 여객은 여객탑재장소마다 그 장소의 여객정원을 그 장소의 바닥면적의 중앙에 배치되는 것으로 한다.
   나. 선원은 정위치에 배치되는 것으로 한다.

163) 「선박복원성기준」 제26조(복원성자료의 작성) 선박의 복원성 자료는 복원성시험결과를 기초로 하여 당해 선박의 복원성을 용이하고 확실하게 평가할 수 있도록 작성되어야 하며 다음 각 호의 사항이 포함된 것이어야 한다.
1. 선박의 주요제원
2. 자료의 사용에 관한 안내
3. 수밀구획, 개구의 위치 및 폐쇄상태, 해수유입각, 고정밸러스트, 갑판의 허용하중 및 건현표시를 나타내는 일반배치도면(해당 사항에 한 한다)
4. 배수량등곡선도 또는 표
5. 복원력교차곡선도 또는 표

성을 용이하고 확실하게 평가할 수 있도록 선박의 복원성 자료 작성에 있어서 포함되어야 하는 사항을 규정하고 있다. 그 밖에 이 기준 제27조 관련 [별표 5]에서는 컴퓨터프로그램을 사용하여 복원성을 계산하고자 할 때 그 계산방식 및 작성방법을, 그리고 이 기준 제28조 관련 [별표 6]에서는 복원성자료의 승인과 관련한 업무의 기준 및 절차 등에 대해 규정하고 있다.[164)]

참고로 복원성 유지와 관련한 법령 및 행정규칙은 제정 이후 여러 차례 개정과정

---

6. 화물(어획물을 포함한다)적재장소의 용적 및 중심위치를 나타내는 용적도 또는 표
7. 각 탱크의 용적, 중심위치 및 자유표면에 대한 자료를 나타내는 용적도 또는 표
8. 재화상태를 계산하기 위한 안내 및 계산에 관한 사항
9. 복원성계산시의 가정에 관한 사항
10. 기타 안전운항을 위한 필요한 지침
11. 복원성시험결과서

164) 대행검사기관에서는 복원성시험과 관련해서는 다음의 방법으로 확인하고 있다. i) 복원성시험 전에 시험방안서를 제출받아 시험의 정확성을 기할 수 있도록 사전 협의에 따른다. ii) 경사시험과 관련한 방법은 다음을 따르고 있다. ㉮ 경사시험은 Beaufort Scale 3 미만에서 실시한다. ㉯ 선박이 완성에 가까운 상태에서 시험을 실시한다. ㉰ 경사시험 중에는 선내의 모든 작업을 중지시키고 시험에 필요한 인원 외의 인원은 승선시켜서는 안 된다. ㉱ 선박의 초기횡경사각은 0.5도 이내로 하고, 0.5도를 초과하는 경우에는 Leveling Weight를 사용하여 조정한다. ㉲ 트림은 100분의 2L을 표준으로 한다. ㉳ Cross Connection이 설치되어 있는 탱크는 그 밸브를 반드시 닫힌 상태에서 실시한다. ㉴ 선체 계선은 가능한 한 선수에서는 선수외판의 최단부, 선미에서는 선체 중심선위치에 자유로이 계선되도록 한다. ㉵ 이동중량물의 한쪽 현의 중량은 중량물 이동에 따른 최대횡경사가 1도부터 4도까지가 되도록 한다. ㉶ 이동중량물을 양현에 분산시키는 경우 그 중량을 같게 한다. ㉷ 이동중량물을 이동시킬 때 선박이 횡경사 외의 경사를 일으키지 아니하도록 배치한다. ㉸ 총톤수 20톤 이상의 선박에 있어서는 가능한 한 계측개소를 2개소 이상으로 한다. ㉹ 경사시험을 실시할 때에는 사람의 이동을 금지시키고 바람 등에 따라 계류삭이 팽팽하게 되지 않도록 한다. ㉺ 경사시험 시 중량물의 이동은 좌우 각 2회 이상 이동하여 그 도중의 중간경사를 갖게 하고, 추의 이동량은 각 10회 이상 계측한다. ㉻ 해수비중 계측은 흘수의 1/2위치에서 계측한다. iii) 동요시험과 관련한 방법은 다음을 따르고 있다. ㉮ 선저와 해저와의 간격이 과도하게 적지 아니한 상태에서 시험을 실시한다. ㉯ 횡요각이 가능한 한 크게 되도록 하는 방법으로 횡요시킨다. ㉰ 횡요주기는 선박의 완전한 1회의 횡요시간으로 한다. 이 경우 완전한 1회의 횡요시간은 선박이 한쪽 현 횡요의 최대상태에서 그 반대방향으로 직립하려 할 때 시작하여 다시 시작한 원위치로 돌아와서 반대방향으로 직립하려 할 때까지의 계측시간으로 한다. 이 경우 계측의 정확성을 위하여 선박이 3회 이상 횡요하는 시간을 계측하여 횡요횟수로 나눈 값으로 한다. ㉱ 동요가 완전하게 끝난 후 위의 계측을 4회 이상 반복 실시하여 기록한다. 이 경우 계측결과 다른 측정값과 비교하여 오차가 발생한 경우에는 그 계측 값은 무시하고 다시 계측한다. iv) 경하중량산정은 ii)의 ㉮부터 ㉴까지, ㉹ 및 ㉻를 준용한다. 이 경우 "경사시험" 및 "시험"을 "경하중량산정"으로 본다(선박안전기술공단의 「선박검사지침」 2.3.9).

을 거치면서 그 적용대상 선박에 있어서도 변화가 있었다.

따라서 현행 이 법 제28조제1항 및 같은 법 시행규칙 제71조에서 규정하고 있는 복원성 기준 적용 및 제외 대상 선박이 건조 당시의 해당 선박과는 다를 수 있으므로 이 법 제83조제10호의 처벌대상 선박을 명확히 구분하여 적용하기 위해서는 대상 선박에 대한 변천과정의 확인이 필요할 것이므로 이와 관련해서 살펴보면 다음의 {참고 2-16}과 같다.

{참고 2-16} 복원성 기준 적용 및 제외 대상 선박 연혁

「선박안전법」 부칙 〈법률 제8221호, 2007.1.3.〉
제11조 (복원성의 유지 등에 관한 경과조치) ① 이 법 시행당시 종전의 규정에 따라 복원성의 유지를 하는 것이 면제된 선박은 제28조의 개정규정에 불구하고 종전의 규정에 의한다. 다만, 해당 선박의 길이 · 너비 · 깊이의 변경이 있는 경우에는 그러하지 아니하다.

관련 규정(시행일자)	복원성 기준 적용 및 제외 대상 선박
시행령 제13조 [시행 1962.4.10.] [각령 제651호, 제정]	〈적용선박〉 • 여객선 • 원양구역, 근해구역을 항행구역으로 하는 총톤수 5백톤 이상의 선박으로서 여객선이 아닌 것 • 국제항해에 종사하는 총톤수 5백톤 이상의 선박
시행령 제59조제1항 [시행 1970.10.8.] [대통령령 제5355호]	〈적용선박〉 • 여객선 • 길이 24미터 이상의 선박(국제항해에 종사하지 아니하는 총톤수 5백톤 미만의 선박은 제외한다). • 총톤수 50톤 이상의 어선
법 제16조의2제1항 [시행 1982.7.2.] [법률 제3547호] 선박복원성규칙 제1조의2 [시행 1980.7.5.] [교통부령 제668호]	〈적용선박〉 • 여객선 • 원양구역 · 근해구역 또는 연해구역을 항행구역으로 하는 길이 24미터 이상의 선박으로서 여객선 이외의 것 • 총톤수 5톤 이상의 수중익선 〈적용제외 선박〉 • 국제항해에 종사하지 아니하는 총톤수 500톤 미만의 선박

관련 규정(시행일자)	복원성 기준 적용 및 제외 대상 선박
법 제12조의2제2항 [시행 1991.9.9.] [법률 제4360호]	〈적용선박〉 • 여객선 • 원양구역 · 근해구역 또는 연해구역을 항행구역으로 하는 길이 24미터 이상의 선박으로서 여객선 이외의 것 • 총톤수 5톤 이상의 수중익선
선박복원성규칙[165] 제3조 [시행 1997.6.24.] [해양수산부령 제22호]	〈적용제외 선박〉 • 국제항해에 종사하지 아니하는 선박으로서 다음의 선박을 제외 －예인 · 해난 · 구조 · 준설 또는 측량에 사용되는 총톤수 500톤 미만의 선박 －총톤수 500톤 미만의 부선
법 제12조의2제2항 [시행 1998.6.18.] [법률 제5470호]	〈적용선박〉 • 여객선 • 연해구역 이상을 항행구역으로 하는 배의 길이 24미터 이상의 여객선 및 어선 이외의 선박 • 배의 길이 24미터 이상의 어선
선박복원성기준 제3조제1항 [시행 1999.1.2.] [해양수산부고시 제1998-91호]	〈적용제외 선박〉 • 국제항해에 종사하지 아니하는 선박으로서 다음에 해당하는 선박을 제외 －예인 · 해난구조, 준설 또는 측량에 사용되는 총톤수 500톤 미만의 선박 －총톤수 500톤 미만의 부선
법 제28조제1항 [시행 2007.11.4.] [법률 제8221호]	〈적용선박〉 • 여객선 • 선박길이가 12미터 이상인 선박
시행규칙 제71조 [시행 2007.11.23.] [해양수산부령 제390호]	〈적용제외 선박〉 • 국제항해에 종사하지 아니하는 선박으로서 선박길이가 24미터 미만인 다음의 선박 －예인 · 해양사고구조 · 준설 또는 측량에 사용되는 선박 －부선 • 여객선이 아니거나 카페리선이 아닌 선박으로서 호수 · 하천 · 항만 안에서만 항해하는 선박 • 부유식 해상구조물(제3조제1호 및 제2호는 제외한다)

165) 위에서 언급한 「선박복원성규칙」은 「선박안전법」이 1997년 12월 17일 법률 제5470호로 개정되면서 해양수산부령으로 정하던 선박 복원성의 기준에 관한 사항을 해양수산부장관이 정하여 고시하도록 함에 따라 이 법의 종전 규정에 근거하여 제정된 이 규칙은 더 이상 존치할 필요가 없어지면서 폐지되었다(법제처, 법률검색, 2015.11.25. 방문. 〈http://www.law.go.kr〉).

Ⅵ. 화물 적재 · 고박 위반사범

> **제83조(벌칙)** 다음 각 호의 어느 하나에 해당하는 자는 3년 이하의 징역 또는 3천만원 이하의 벌금에 처한다.
> 11. 제39조제2항을 위반하여 승인을 받은 내용에 따르지 아니하고 화물을 적재 또는 고박한 자

「선박안전법」 제83조제11호의 위반사항에 해당하는 자에게 적용되는 양형기준은 이 법이 2015년 1월 6일 법률 제12999호로 개정되기 이전 제89조제2항제18호[166]에서 이에 해당하는 자에 대해 200만원 이하의 과태료에 처하던 것을 3년 이하의 징역 또는 3천만원 이하의 벌금에 처하도록 강화되었다.

이에 따라 여기에서는 승인을 받은 내용에 따르지 아니하고 화물을 적재 또는 고박한 자의 위법행위에 대한 사실 관계를 이와 관련한 법령 및 행정규칙 등을 통해 살펴보고자 한다.

이 법 제39조제1항에 따라 선박소유자는 화물을 선박에 적재(積載)하거나 고박(固縛)하기 전에 화물의 적재 · 고박의 방법을 정한 자체의 화물적재고박지침서를 마련하고, 해양수산부령이 정하는 바에 따라 해양수산부장관의 승인을 얻어야 한다.

이 경우 화물적재고박지침서의 승인을 받으려는 자는 「특수화물 선박운송 규칙」[167]

---

166) **舊, 「선박안전법」 제89조(과태료)** ② 다음 각 호의 어느 하나에 해당하는 자는 200만원 이하의 과태료에 처한다.
18. 제39조제2항의 규정을 위반하여 승인을 얻은 내용에 따르지 아니하고 화물을 적재 또는 고박한 자

167) 「특수화물 선박운송 규칙」은 「선박안전법」 제39조제5항 및 제40조제3항에 따라 선박에 곡류나 그 밖의 특수화물을 적재(積載)하여 운송하는 경우에 항해상의 위험을 방지하기 위하여 필요한 사항과 「1974년 해상에서의 인명안전을 위한 국제협약」 제6장을 시행하기 위하여 필요한 사항을 규정함을 목적으로 하고 있으며, 이 규칙의 구성은 다음과 같다. 제1장 총칙 중 목적(제1조), 용어의 정의(제2조), 삭제(제2조의2～제2조의3), 적부 및 고박(제2조의4), 화물적재고박지침서의 작성기준(제2조의5), 화물적재고박지침서의 발급(제2조의6), 삭제(제2조의7), 제2장 곡류의 산적운송 중 적용(제3조), 짐고르기(제4조), 창구덮개의 고정(제5조), 피더 및 트렁크의 강도(제6조), 곡류적재자료의 승인(제7조), 곡류적재자료 승인에 관한 특례(제8조), 복원성의 요건(제9조), 승인된 곡류적재자료의 비치(제10조), 삭제(제11조), 종통하지판의 설치(제12조), 접시형으로의 적재(제13조), 곡류의 웃눌림 등(제

제2조의6제1항에 따른 [별지 제1호서식]의 화물적재고박지침서 승인신청서에 화물적재고박지침서 2부를 첨부하여 해운관청(지방청 또는 대행검사기관)에 제출하도록 하고 있다.

여기에서 화물적재고박지침서의 작성기준 등에 필요한 사항은 이 규칙 제2조의5에 따라 「화물적재고박 등에 관한 기준」[168]에서 정하는 바를 따르도록 하고 있으며, 이 기준 제3조 및 제4조에서는 화물적재고박지침서의 작성대상화물 및 일반요건에 대해 다음과 같이 규정하고 있다.

i) 화물적재고박지침서의 작성대상화물: ㉮ 산적고체 및 산적액체화물 외의 화물을 말한다. 다만, 평수구역에만 운송되는 화물에 대해서는 적용하지 아니한다

14조), 적재시의 선박의 상태(제15조), 제3장 고체화물의 산적운송 제1절 통칙 중 적용(제16조), 고체화물의 정지각(제16조의2), 적재 · 하역 시의 주의사항(제16조의3), 안전 조치(제16조의4), 화물정보의 제공(제16조의5), 삭제(제17조), 짐고르기(제17조의2), 창구덮개의 폐쇄(제17조의3), 제2절 액상화물의 산적운송 중 적용(제18조), 자료의 제출(제18조의2), 운송허용수분치의 측정등(제19조), 시료채취 절차 및 방법(제19조의2), 삭제(제20조~제24조), 적재(제25조), 외국에서의 적재의 특례(제26조), 삭제(제27조), 운송 중의 조치(제28조), 함수액상화물질운반선(제29조), 지정측정기관(제30조), 제3절 고체화학위험물질의 산적운송 중 적용(제30조의2), 고체위험물질의 분류 등(제30조의3), 적재방법(제30조의4), 제4절 폐기물의 산적 · 운송 중 폐기물의 산적운송(제30조의 5), 제4장 목재의 적재운송 중 적용(제31조), 적재기준 등(제31조의2), 적재높이(제31조의3), 보통의 만재흘수선을 넘는 적재(제31조의4), 적재시의 안전조치 등(제31조의5), 복원성 기준(제31조의6), 복원성자료의 비치(제31조의7), 고박장치의 기준(제32조), 고박장치의 설치방법 등(제32조의2), 지지대(제32조의3), 제재된 목재의 적재(제32조의4), 원목 등의 적재(제32조의5), 고박장치의 외관 검사(제32조의6), 원목의 화물창 적재(제33조), 적재 시의 감독(제33조의2), 화물창 적재 후 점검(제33조의3), 이동식 펌프(제33조의4), 보호 장비(제33조의5), 통행로 등(제33조의6), 사다리의 설치(제33조의7), 항해중의 주의(제33조의8), 황천 항해(제33조의9), 제5장 보칙 중 적용의 특례(제34조), 수수료(제35조)

168) 「화물적재고박 등에 관한 기준」은 「특수화물 선박운송 규칙」 제2조의5의 규정에 의하여 선박에 화물을 안전하게 적재 및 고박하기 위한 화물적재고박지침서의 작성대상화물 및 작성기준 등에 관한 사항을 정함을 목적으로 하고 있으며, 이 기준의 구성은 다음과 같다. 제1장 총칙 중 목적(제1조), 용어의 정의(제2조), 화물적재고박지침서의 작성대상화물 등(제3조), 화물적재고박지침서의 일반요건(제4조), 제2장 화물 적재 및 고박 원칙 중 비표준화 · 반표준화화물의 적재 및 고박(제5조), 표준화화물의 적재 및 고박(제6조), 고박효율성 평가방법(제7조), 고박장치의 명세(제8조), 고박장치의 유지보수 등(제9조), 고박기준 등(제10조), 제3장 화물의 적양하 및 고박 중 화물적재 및 고박의 감독등(제11조), 적양하 작업(제12조), 제4장 국내항해에 종사하는 카페리 선박의 특별요건 중 차량적재도의 승인(제13조), 차량의 적재 등(제14조), 차량을 묶어 매는 설비 등(제15조), 차량의 화물적재용량 등(제16조), 일반화물의 적재 등(제17조), 재검토기한(제18조)

(제3조제1항), ㉯ 위 ㉮의 단서조항에도 불구하고 국내항해에 종사하는 카페리 선박으로 운송되는 화물은 이 기준의 제4장에 따라야한다(제3조제2항), ㉰ 산적고체 및 산적액체화물을 운송하도록 설계 및 설비된 선박이 위 ㉮의 화물(산적고체 및 산적액체화물 외의 화물)을 운송하는 경우에는 이 기준에 따라야 한다(제3조제3항).

ii) 화물적재고박지침서의 일반요건: ㉮ 「선박복원성기준」, 「위험물 선박운송 및 저장규칙」, 「선박만재흘수선기준」 및 「강선의 구조기준」의 요건에 적합하도록 작성되어야 한다(제4조제1항), ㉯ 당해 선박의 항행 중 예상되는 최대외력에 기초하여 작성되어야 한다(제4조제2항), ㉰ 선박의 안전과 인명 및 화물을 보호할 수 있도록 작성되어야 한다(제4조제3항), ㉱ 화물의 특성, 적재량 및 형태 등을 고려하여 화물이 적절히 배치 및 고박되도록 작성되어야 한다(제4조제4항), ㉲ 본선 선원, 선박소유자 및 송하인 등이 사용하는데 용이하도록 국문 및 영문으로 작성해야 한다. 다만, 국제항해에 종사하지 않으며 외국인 선원이 승선하지 않는 경우에는 국문으로만 작성할 수 있다(제4조제5항).

한편, 이 법 제39조제2항에 따라 선박소유자는 화물과 화물유니트(차량 및 이동식 탱크 등과 같이 선박에 부착되어 있지 아니하는 운송용 기구를 말한다) 및 화물유니트 안에 실린 화물을 적재 또는 고박하는 때에는 승인된 화물적재고박지침서를 따르도록 하고 있다. 이에 따라 이 법 제39조제2항을 위반한 자는 승인을 받은 화물적재고박지침서를 따르지 아니하고 화물을 적재 또는 고박한 자를 말한다.

참고로 「특수화물 선박운송 규칙」 제2조의6제3항에 따르면 선장은 승인을 받은 화물적재고박지침서를 선박 안에 갖추어 두고, 해당 항해의 전 기간에 걸쳐서 이 화물적재고박지침서에 따라 화물을 선적(船積) · 적부(積付) 및 고박하는 것을 의무규정으로 두고 있다.

Ⅶ. 선박결함신고자의 공개 또는 보도 위반사범

제83조(벌칙) 다음 각 호의 어느 하나에 해당하는 자는 3년 이하의 징역 또는 3천만원 이하의 벌금에 처한다.

14. 제74조제4항의 규정을 위반하여 다른 사람에게 알려주거나 공개 또는 보도한 자

「선박안전법」 제74조제1항에서는 누구든지 선박의 감항성 및 안전설비의 결함을 발견한 때에는 해양수산부령이 정하는 바에 따라 그 내용을 해양수산부장관에게 신고하도록 하고 있다.

이에 따른 신고는 같은 법 시행규칙 제95조제1항에 따라 [별지 제85호서식]의 선박결함신고서(신고자의 성명, 주소, 전화번호, 선명, 선적항, 선장, 선박회사, 결함사항 기재)에 따르며, 긴급한 경우에는 전화 등을 통하여 구두로 신고할 수 있다.

한편, 이와 관련해서 이 법 제74조제4항에서는 누구든지 신고한 자의 인적사항 또는 신고자임을 알 수 있는 사실을 다른 사람에게 알려주거나 공개 또는 보도하여서는 아니 되며, 이를 위반할 경우에는 이 법 제83조제14호에 따라 처벌할 수 있도록 하고 있다.

또한 같은 법 시행규칙 제95조제3항에 따라 지방청은 선박의 결함신고를 한 자의 신원과 관련된 내용은 [별지 제87호서식]의 선박결함신고자명부에 적어 「보안업무규정 시행규칙」 제7조제3항에 따른 대외비로 관리하여야 한다.

참고로 "보도"는 「방송법」 제2조제24호에 따라 국내외 정치 · 경제 · 사회 · 문화 등의 전반에 관하여 시사적인 취재보도 · 논평 · 해설 등의 방송프로그램[169]을 편성하는 것으로 규정하고 있다.

169) "방송프로그램"이라 함은 「방송법」 제2조제17호에 따라 방송편성의 단위가 되는 방송내용물을 말하며, 이 경우 방송편성은 이 법 같은 조 제15호에서 방송되는 사항의 종류 · 내용 · 분량 · 시각 · 배열을 정하는 것을 말한다.

제3절 선박운영 관련 위반사범 수사

「선박안전법」 제84조제1항제1호 내지 제11호에서는 대부분 선박의 운영(항해 등)과 관련해서 발생할 수 있는 위법행위에 대한 구성요건 및 양형기준을 규정하고 있다.[170)]

한편, 앞서 살펴본 바와 같이 이 법 제83조에 따른 위법행위에 대한 구성요건의 대부분은 같은 조 제9호부터 제11호까지를 제외하고는 선박검사 등과 관련한 내용을 중심으로 하고 있으며, 처벌대상에 있어서도 각각의 위법행위 자에 대한 처벌규정을 두고 있다.

반면, 이 법 제84조에서는 처벌대상자를 선박소유자, 선장 또는 선박직원에 한해 제한적으로 정해놓고 이에 해당하는 자가 행한 위법행위에 대해 처벌하도록 규정하고 있어 인적 적용범위에 있어서는 다소 차이를 보인다.

이 법 제84조와 관련한 위반행위에 따른 수사기관을 구분해서 살펴보면, 제84조제1항제1호 내지 제6호 및 제10호와 관련한 위반사범에 대한 처벌은 선박을 사용하여

---

170) 「선박안전법」 제84조(벌칙) ① 선박소유자, 선장 또는 선박직원이 다음 각 호의 어느 하나에 해당하는 행위를 하는 때에는 1년 이하의 징역 또는 1천만원 이하의 벌금에 처한다.

1. 제8조제2항의 규정에 따른 선박검사증서에 기재된 항해구역을 넘어서 선박을 항해에 사용한 때
2. 제8조제2항의 규정에 따른 선박검사증서에 기재된 최대승선인원을 초과하여 승선자를 탑승한 채 선박을 항해에 사용한 때
3. 제8조제2항의 규정에 따른 선박검사증서에 기재된 만재흘수선의 지정된 위치를 위반하여 선박을 항해에 사용한 때
4. 삭제 〈2015.1.6.〉
5. 제17조제1항을 위반하여 선박검사증서 등이 없거나 선박검사증서 등의 효력이 정지된 선박을 항해에 사용한 때
6. 제17조제2항의 규정을 위반하여 선박검사증서 등에 기재된 항해와 관련한 조건을 위반하여 선박을 항해에 사용한 때

6의2. 제23조제8항을 위반하여 컨테이너형식승인판이 부착되지 아니한 컨테이너를 선박에 적재한 때

6의3. 제24조제1항을 위반하여 컨테이너의 안전점검을 실시하지 아니한 때

6의4. 제25조제1항을 위반하여 컨테이너의 안전점검을 실시하지 아니하고 컨테이너를 사용한 때

7. 삭제 〈2009.12.29.〉
8. 제27조제1항의 규정을 위반하여 만재흘수선의 표시를 은폐·변경 또는 말소한 때
9. 삭제 〈2015.1.6.〉
10. 제29조제3항의 규정을 위반하여 무선설비를 갖추지 아니하고 선박을 항해에 사용한 때
11. 제74조제1항에 따른 선박의 결함신고를 하지 아니한 때

해상에서 항해를 한 경우로 제한하고 있으므로 국민안전처(해양경비안전본부)에서 해당 사건에 대한 수사를 전담하게 된다.

그 밖에 선박시설의 일종인 컨테이너설비 이외 만재흘수선의 표시 및 선박의 결함 신고에 대한 위반사항 등을 다루고 있는 이 법 제84조제1항제6호의2 내지 제6호의4, 제8호 및 제11호에 대한 위반사범 수사는 경찰청에서 전담하게 된다.

Ⅰ. 선박검사증서 기재사항 등 위반사범

「선박안전법」에서는 이 법 제8조제2항[171]에 따른 "선박검사증서"와 제17조제1항에 따른 "선박검사증서등"으로 구분하여 규정하고 있다. 이 경우 '선박검사증서등'에는 이 법 제8조제2항에 따른 선박검사증서뿐만 아니라 제10조제3항에 따른 임시변경증, 제11조제2항에 따른 임시항해검사증서[172], 제12조제2항에 따른 국제협약검사증서[173] 및 제43조제2항에 따른 예인선항해검사증서를 포함한다.

한편, 선박검사증등에는 해당 선박의 여러 정보 등을 기재하고 있으며, 증서 종류별 기재내용은 다음의 〈표 2-14〉와 같다.

---

171) 「선박안전법」 제8조(정기검사) ② 해양수산부장관은 제1항의 규정에 따른 정기검사에 합격한 선박에 대하여 항해구역 · 최대승선인원 및 만재흘수선의 위치를 각각 지정하여 해양수산부령으로 정하는 사항과 검사기록을 기재한 선박검사증서를 교부하여야 한다.
여기에서 "해양수산부령으로 정하는 사항"이란 같은 법 시행규칙 제13조제3항에서 다음과 같이 규정하고 있다. i) 선박검사관(원)의 성명(제1호), ii) 검사완료일 및 검사장소(제2호), iii) 다음 검사기준일 및 검사종류(제3호), iv) 최대승선인원 또는 선박의 길이가 변경된 경우 주요 변경내용. 이 경우 변경사유 및 변경날짜는 선박검사증서의 비고란에 기재하여야 한다(제4호).

172) 「선박안전법」 제11조(임시항해검사) ② 해양수산부장관은 제1항의 규정에 따른 임시항해검사에 합격한 선박에 대하여 해양수산부령으로 정하는 사항과 검사기록을 기재한 임시항해검사증서를 교부하여야 한다.
여기에서 "해양수산부령으로 정하는 사항"이란 같은 법 시행규칙 제22조제4항에서 다음과 같이 규정하고 있다. i) 선박검사관(원)의 성명(제1호), ii) 검사완료일 및 검사장소(제2호), iii) 다음 검사기준일 및 검사종류(제3호) .

173) 「선박안전법」 제12조(국제협약검사) ② 해양수산부장관은 국제협약검사에 합격한 선박에 대하여 해양수산부령으로 정하는 사항과 검사기록을 기재한 국제협약검사증서를 교부하여야 한다.
여기에서 "해양수산부령으로 정하는 사항"이란 같은 법 시행규칙 제23조제6항에서 다음과 같이 규정하고 있다. i) 선박검사관(원)의 성명(제1호), ii) 검사완료일 및 검사장소(제2호)

〈표 2-14〉 선박검사증서별 기재항목 및 적용선박

검사증서 종류(서식)	기재항목	적용선박
선박검사증서 [제5호서식]	• (앞쪽) 선명, 선박번호, 선질, 총톤수, 용도, 추진기관, 선박길이, 무선설비, 항해구역, 최대승선인원, 항해와 관련한 조건, 유효기간 • (뒤쪽) 검사기록[다음 검사(검사기준일, 검사종류, 검사사항)], 검사완료일, 검사장소, 선박검사관(검사원)의 성명, 검사기관)	• 선박길이 12미터 미만의 선박 (다만, 여객선과 위험물산적운송선은 제외) ⇒ 시행규칙 제13조제1항제1호
선박검사증서 [제6호서식]	• (앞쪽) 선명, 선박번호, 선질, 총톤수, 용도, 추진기관, 선박길이, 무선설비, 항해구역, 최대승선인원, 항해와 관련한 조건, 유효기간 • (뒤쪽) 만재흘수선의 위치, 구획만재흘수선의 위치, 목재만재흘수선의 위치, 「선박안전법」 제6조에 따른 선박검사증서 유효기간 연장, 검사기록[다음 검사(검사기준일, 검사종류, 검사사항)], 검사완료일, 검사장소, 선박검사관(검사원)의 성명, 검사기관)	• 선박길이 12미터 이상의 선박 • 여객선 • 위험물산적운송선 ⇒ 시행규칙 제13조제1항제2호
임시변경증[174] [제8호서식]	• (앞쪽) 선명, 선박번호, 선적항, 선질, 총톤수, 선박길이, 선박검사증서의 번호, 임시변경사항(항해구역, 최대승선인원, 기타), 유효기간 • (뒤쪽) 없음 * '항해와 관련한 조건' 기재항목 없음	• 선박검사증서에 기재된 내용을 일시적으로 변경하고자 하는 경우(다만, 선박검사증서의 효력이 유효한 경우에 한함)[175] ⇒ 시행규칙 제21조제8항
임시항해검사증서 [제9호서식]	• (앞쪽) 선명, 선박번호, 선적항, 선질, 총톤수, 용도, 선박길이, 항해구역, 최대승선인원, 항로, 유효기간, 항해와 관련한 조건 • (뒤쪽) 없음 * 영문표기: TEMPORARY NAVIGATION CERTIFICATE	• 정기검사를 받기 전에 임시로 선박을 항해에 사용하고자 하는 때(법 제8조제2항에 따른 선박검사증서의 효력이 정지된 경우) • 국내의 조선소에서 건조된 후 외국에서 등록되었거나 외국에서 등록될 예정인 선박의 시운전을 하고자 하는 경우 ⇒ 시행규칙 제22조제3항({참고 2-6} 참조)
국제협약검사증서 [제10호서식]~ [제29호서식]	• 국제협약 검사증서는 21종으로 구분해서 교부되고 있으며, 기재내용은 검사증서별로 차이를 보이고 있음 • 대체로 공통된 기재내용으로는 선명 · 선박번호 · 선적항 · 총톤수 정도이며, 그 밖에 증서종류에 따라 IMO 번호, 선박의 운항구역, 재화중량톤수, 용골거치연월일, 화물용적 등이 있음 • '선박검사증서등'의 기재내용 중 항해와 관련한 조건과 비교해서 유사한 내용을 살펴보면 일부 몇몇 증서에서는 '적하 제한조건'(국제액화가스산적운송적합증서), '그 밖의 운항의 조건'(고속선운항허가증), '면제증서가 허용되는 조건'(면제증서) 등을 기재하도록 하고 있음	• 국제항해에 취항하는 선박 ⇒ 시행규칙 제23조제1항 내지 제3항(이 장 각주 69번 참조)
예인선항해검사증서 [제76호서식]	• (앞쪽) 선명, 선박번호, 선적항, 선질, 총톤수, 용도, 추진기관, 선박길이, 무선설비, 항해구역, 최대승선인원, 항해와 관련한 조건, 유효기간 • (뒷쪽) 없음 * 영문표기: TOWING CERTIFICATE	• 예인선으로 부선 및 구조물 등을 예인하고자 하는 때 ⇒ 시행규칙 제81조제5항

이 법 제84조제1항제1호 내지 제3호 및 제6호에서는 제8조제2항 및 제17조제1항의 규정에 따른 선박검사증서(등)에 기재된 사항을 위반하여 선박을 항해에 사용한 때 처벌하도록 하고 있다.

여기에서 이 법 제8조제2항에 따른 선박검사증서 기재내용 위반행위와 관련한 항목은 '항해구역', '최대승선인원', '만재흘수선' 및 '항해와 관련한 조건'으로 제한하고 있다.

이 중 항해구역, 최대승선인원 및 만재흘수선 위반행위는 제8조2항에 따른 선박검사증서에 기재된 내용을 지키지 않은 경우에만 해당되며, 항해와 관련한 조건 위반행위는 이 법 제8조2항에 따른 선박검사증서를 포함한 제17조제1항에 따른 선박검사증서등 모두에 해당한다.[176]

그리고 제84조제1항제5호에서는 제17조제1항의 규정에 따라 선박검사증서등이 없거나(분실 등으로 인해 선박에 비치하고 있지 아니한 의미가 아니며 원래 선박검사증서등을 발급받은 사실이 없는 경우를 말함)[177] 효력이 정지된 선박을 항해에 사용한 때에도 처벌하도록 규정하고 있다.

이에 따라 여기에서는 선박검사증서에 기재된 사항을 위반하여 항해한 자의 위법행위에 대한 사실 관계를 이와 관련한 법령 및 행정규칙 등을 통해 살펴보고자 한다.

---

174) 「선박안전법」 제10조제3항에 따른 임시변경증은 "선박검사증서등"에 포함되고 있으나, 이 증서에는 '항해와 관련한 조건'의 기재항목을 두고 있지 않으므로 이 법 제84조제1항제6호에 따른 벌칙 규정을 적용하고 있지 않다.

175) 예컨대 선박검사증서의 유효기간이 2010년 3월 10일부터 2015년 3월 9일까지인 선박에 대해 임시변경증을 받고자 할 경우에는 해당 선박의 유효기간이 지나지 않아야 하며, 또한 이 선박의 다음 검사 기간이 남아있는 경우에 한해 임시변경증을 교부하도록 하고 있다.

176) 참고로 「선박안전법」 제11조제2항에 따른 임시항해검사증서에는 이 법 제8조제2항에 따른 선박검사증서와 동일하게 항해구역, 최대승선인원 및 항해와 관련한 조건 등의 기재항목이 있다. 하지만 임시항해검사증서를 가지고 선박을 운항하면서 항해구역 및 최대승선인원을 위반한 경우, 이는 현행 이 법 제84조제1항제1호 및 제2호에 따라 처벌대상이 되지 않는 것으로 해석될 수 있다.

177) 「선박안전법」 제89조(과태료) ② 다음 각 호의 어느 하나에 해당하는 자는 500만원 이하의 과태료에 처한다.

3의2. 제17조제3항을 위반하여 선박검사증서등을 선박(소형선박은 제외한다) 안에 갖추어 두지 아니한 자

1. 항해구역 위반사범

> 제84조(벌칙) ① 선박소유자, 선장 또는 선박직원이 다음 각 호의 어느 하나에 해당하는 행위를 하는 때에는 1년 이하의 징역 또는 1천만원 이하의 벌금에 처한다.
> 1. 제8조제2항의 규정에 따른 선박검사증서에 기재된 항해구역을 넘어서 선박을 항해에 사용한 때

가. 항해구역의 기재[178)]

「선박안전법」 제8조제2항에 따라 선박소유자는 선박을 최초로 항해에 사용하는 때 또는 선박검사증 유효기간이 만료된 때에는 선박시설과 만재흘수선에 대하여 해양수산부령이 정하는 바에 따라 해양수산부장관의 검사를 받아야 하며, 대행검사기관에서는 검사에 합격한 선박에 대해 항해구역 · 최대승선인원 및 만재흘수선의 위치를 각각 지정한 후 선박검사증서를 교부하고 있다.

또한 이 법 제9조제3항에 따른 중간검사 및 제10조제2항에 따른 임시검사에 합격한 선박에 대해서도 선박검사증서에 항해구역 · 최대승선인원 및 만재흘수선의 위치를 각각 지정하여 교부하도록 하고 있다.

나. 항해구역의 종류

항해구역의 종류는 「선박안전법」 제8조3항 및 같은 법 시행규칙 제15조에서 평수구역(平水區域), 연해구역 근해구역, 원양구역으로 구분하고 있으며, 항해구역별 수역의 세부 범위는 다음의 〈표 2-15〉와 같다.[179)]

---

178) 선박검사증서 상의 항해구역은 「선박안전법 시행규칙」 제15조의 규정에 따른 평수 · 연해 · 근해 · 원양구역 중 하나만을 기재하도록 하고 있으며, 중복항해구역 지정은 불가한 것으로 해석하고 있다(해운항만청, 검측 1577.1-7562호, 1980.7.28.).

179) 항해구역의 종류는 「선박안전법 시행규칙」 제15조의 규정에 따른 평수구역, 연해구역, 근해구역, 원양구역 이외 별도의 "한정연해구역"을 지정하고 있으며, 이는 「플레저보트 검사기준」 제2조제4호에서 규정하고 있다. 여기에서 "한정연해구역"이란 평수구역으로부터 해당 선박의 최고속력으로 2시간 이내에 왕복할 수 있는 연해구역을 말한다. 한편, 「선박구명설비기준」 제75조제2항 및 제91조제2항에서는 항해구역이 평수구역으로부터 해당 선박의 최고속력으로 2시간 이내에 왕복할 수 있

이 중 평수구역은 나머지 항해구역과는 다르게 제1구~제18구로 세분화하여 구분하고 있으며, 이 중 우리나라 선박이 항해할 수 있는 평수구역은 제4구~제11구에 해당된다(〈참고 2-17〉 참조).

한편, 평수구역을 선박검사증서에 기재할 경우에는 '평수구역(제OO구에 한함)'으로 한다. 평수구역 및 연해구역180)의 범위는 같은 법 시행규칙 제15조제2항 및 제3항 관련 [별표 4](〈참고 2-17〉 참조)], [별표 5](〈참고 2-18〉 참조)의 수역으로 규정하고 있다.

〈표 2-15〉 항해구역별 수역의 세부 범위

항해구역의 종류	세부 수역
평수구역	• 호소 · 하천 및 항내의 수역(「항만법」에 따른 항만구역이 지정된 항만의 경우 항만구역과 「어촌 · 어항법」에 따른 어항구역이 지정된 어항의 경우 어항구역) ⇒ 시행령 제2조제1항제3호가목 본문
	• 시행규칙 제15조제2항 관련 [별표 4]의 수역(평수구역의 범위)
연해구역	• 영해기점으로부터 20해리 이내의 수역 ⇒ 시행령 제2조제1항제3호나목
	• 시행규칙 제15조제3항 관련 [별표 5]의 수역(연해구역의 범위)
근해구역	• 동쪽은 동경 175도, 서쪽은 동경 94도, 남쪽은 남위 11도 및 북쪽은 북위 63도의 선으로 둘러싸인 수역 ⇒ 시행규칙 제15조제4항
원양구역	• 모든 수역 ⇒ 시행규칙 제15조제5항

는 구역(이 기준에서는 "한정연해구역"이라는 용어를 사용하고 있지 않으나, 일반적으로 같은 의미로 간주하고 있음)에 한정되어 있는 선박에 대해서는 구명정 또는 구명뗏목에 갈음하여 구명부기 또는 구명부환을 비치할 수 있도록 하는 완화규정을 두고 있다. 참고로 「선박방화구조기준」 제26조제2항에서는 연해구역의 경계로부터 당해 선박의 최고속력으로 8시간이내에 왕복할 수 있는 근해구역을 항해구역으로 하는 선박을 "한정근해선"으로 규정하고 있다.

180) 선박검사증서 상의 연해구역 표기는 다음과 같다. 연해구역의 범위에는 일본국 일부 지역이 포함되어 있어 국제항해에 종사하지 아니하는 선박이 연해구역을 항해하고자 할 경우 선박검사증서 상의 항해구역은 "연해구역(다만, 국내항해에 한함)"으로 표기하고 있다. 즉 우리나라 영해를 벗어나 다른 나라로 입항하고자 하는 선박은 비록 「선박안전법」에 따른 연해구역이라도 국제항해 선박으로 간주하고 있다. 참고로 연해구역의 범위에 북한 영해도 일부 포함되고 있으나, 「남북항로에 대한 선박투입 제한 고시」 제1조(적용대상)에 따라 남한과 북한의 항만간(남북항로)에서 「해운법」 제23조제1호에 따른 내항화물운송사업을 영위하기 위하여 이용되는 선박에 한해 제한적으로 운항을 허가하고 있다.

{참고 2-17} 평수구역의 범위 및 구역도(제4구~제11구)[181)]

구 분	범 위
제4구	황해도 옹진군 독순항으로부터 인천광역시 옹진군 대연평도 북부 서단을 연결한 선, 대연평도 남단에서부터 서만도와 대초지도(대초치도)를 지나 덕적도 북단을 연결한 선과 덕적도 남서 끝단에서 문갑도 서단을 연결한 선 및 문갑도 남단에서 장안서 등대를 지나 충청남도 태안군 학암포를 연결하는 선 안

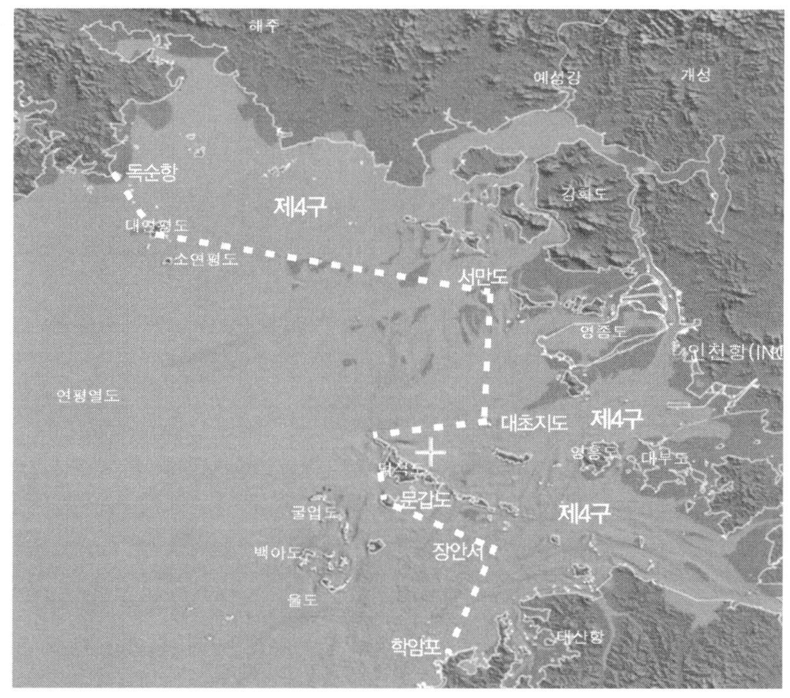

181) 국립해양조사원, 해도색인도, 2013.12.30. 방문. 〈http://www.khoa.go.kr〉).

구 분	범 위
제5구	충청남도 태안군 몽산리 남단에서 외도를 지나 보령시 삽시도 남서단과 죽도를 연결한 선 안

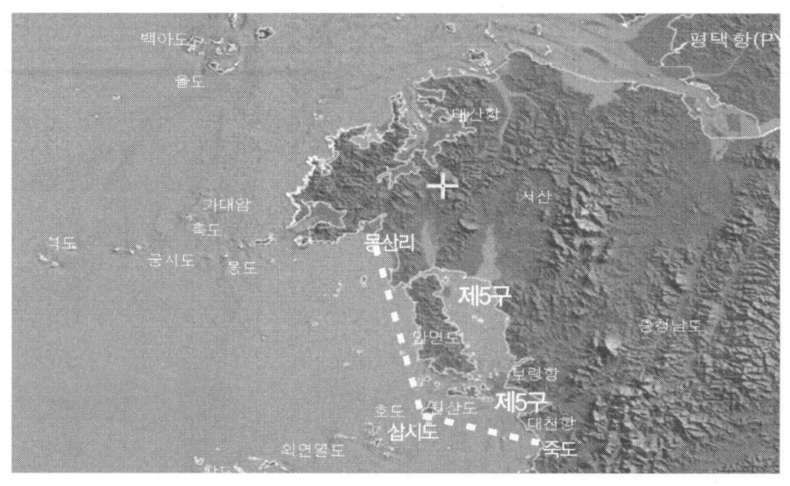

구 분	범 위
제6구	충청남도 서천군 동백정갑으로부터 전라북도 군산시 방죽도(방축도) 동단을 지나 관리도(관지도) 북단을 연결한 선과 관리도 남단으로부터 부안군 수성단을 연결한 선 안

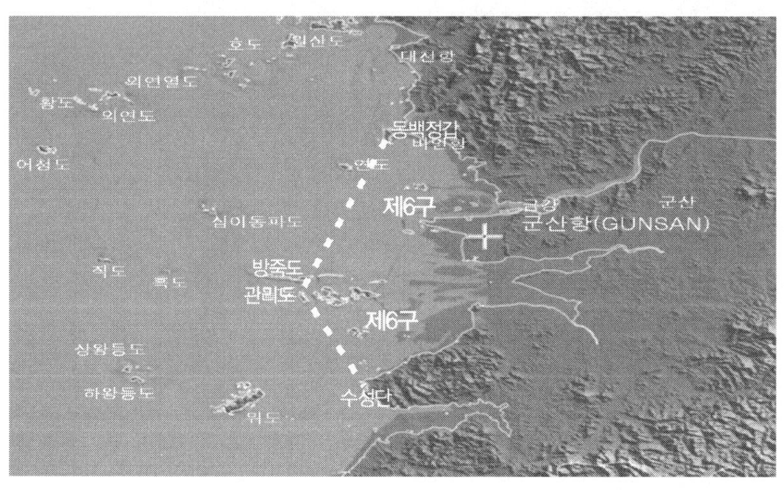

구 분	범 위
제7구, 제8구	전라남도 영광군 불갑천구부터 신안군 재원도, 자은도, 비금도, 신도 및 하태도 남단을 지나 전라남도 진도군 가사도 서단에 이르는 선, 가사도 남단에서부터 옥도, 주도, 관사도, 소마도를 지나 대마도 서북단을 연결하는 선, 대마도 남단에서 관매도 서단을 잇는 선, 관매도 동단에서 죽항도 동단을 지나 진도 남단의 서망 끝단에 이르는 선, // 전라남도 진도군 접도 남단에서 무저도 남단을 지나 금호도 남단에 이르는 선, 금호도 남단에서 어룡도, 넙도 남서단을 지나 전라남도 완도군 보길도 서단에 이르는 선, 완도군 보길도 동단에서 소안도 서단을 연결하는 선, 소안도 북단에서 대모도 남단을 지나 청산도 서단을 연결하는 선, 청산도 북단에서 생일도 남단, 섭도 남단, 시산도 남단을 지나 고흥군 망지각에 이르는 선 안

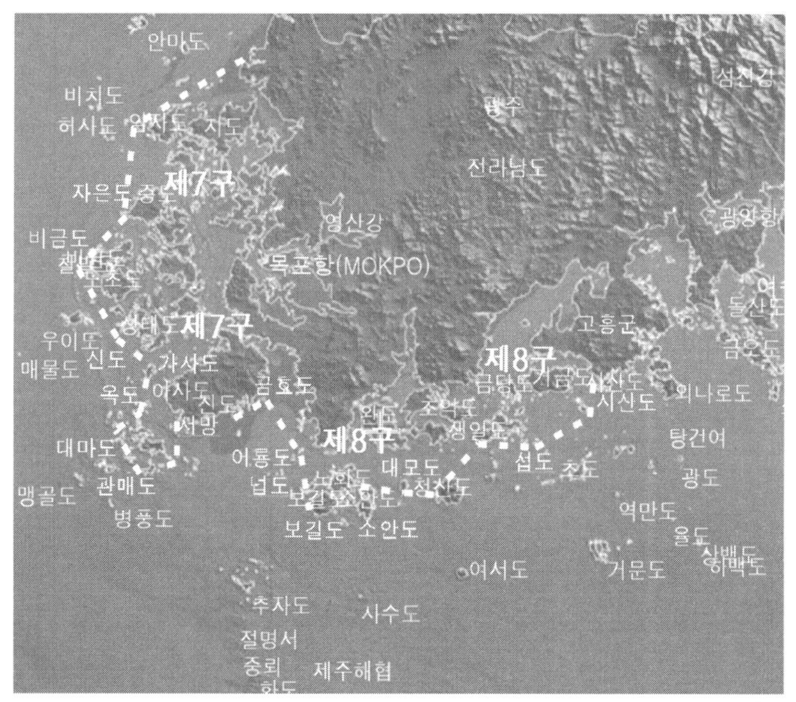

구 분	범 위
제9구	전라남도 고흥군 외나로도 서단으로부터 진방위 330도로 그은 선, 외나로도 동부 북단에서 여수시 금오도 서부 북단을 연결한 선, 금오도 동부 북단에서 돌산도 남단 거마각에 이르는 선, 돌산도 동부 중앙 방죽포에서 경상남도 남해군 남해도 응봉산 남단에 이르는 선, 남해도 장항말부터 통영시 하도, 추도 및 두미도 서단을 지나 욕지도 서부 북단에 이르는 선, 욕지도 동단에서 연화도, 외부지도를 지나 비진도 남단을 거쳐 거제도 망산각에 이르는 선, 거제도 북부 산성산 동단으로부터 북위 34도58.9분 동경 128도49.9분, 부산광역시 영도구 생도, 북위 35도11.2분 동경 129도14.5분을 지나 기장군 대변리 동남단에 이르는 선 안

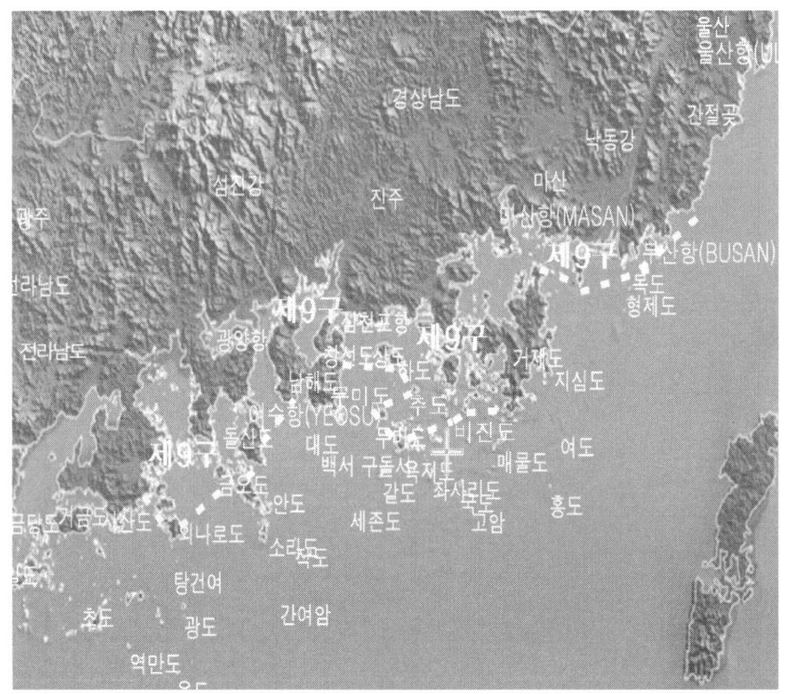

구 분	범 위
제10구	울산광역시 범월갑 방파제 내측(북위 35도25.9분 동경 129도22.3분)으로부터 북위 35도28.8분 동경 129도27.2분을 지나 미포항 북방파제 끝단(북위 35도 31.6분 동경 129도27.2분)에 이르는 선 안

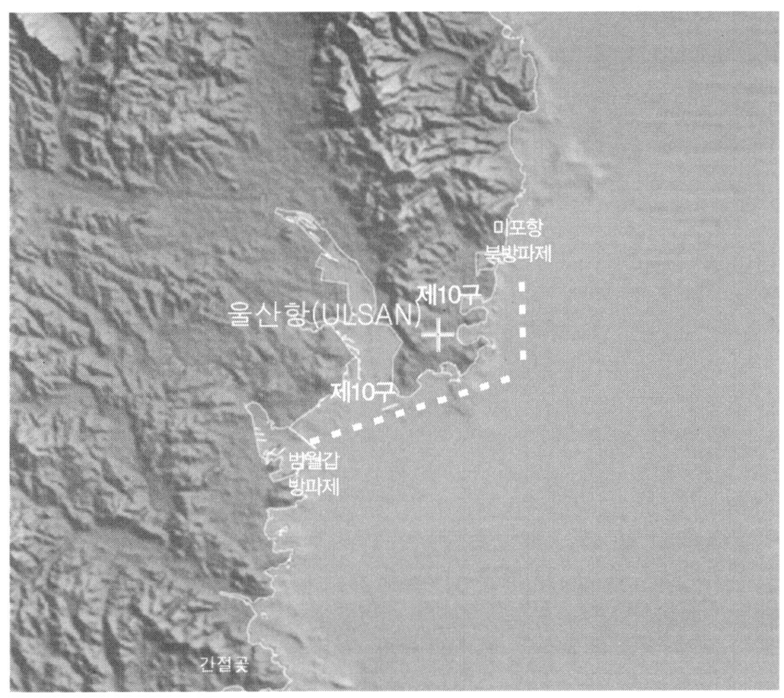

구 분	범 위
제11구	경상북도 포항시 술미부터 여남갑에 이르는 선 안

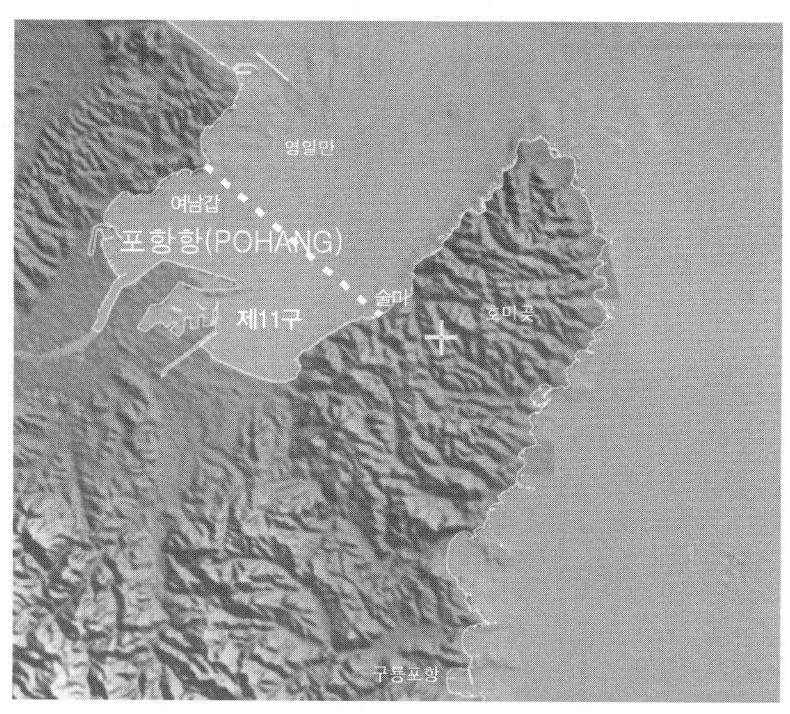

{참고 2-18} 연해구역의 범위 및 구역도

구 분	범 위
1	평안북도 용천군 압록강구부터 마안도를 지나 황해도 장연군 장산곶에 이르는 선 안
2	황해도 옹진군 등산곶으로부터 충청남도 서산군 서격렬비도 및 전라남도 신안군 홍도, 소흑산도를 지나 북위 33도30.2분 동경 125도49.9분을 잇는 선과 북위 33도30.2분 동경 127도19.9분, 북위 33도30.2분 동경 129도4.9분을 연결하는 선 및 북위 34도35.2분 동경 130도34.9분과 북위 35도14.1분 동경 129도44.4분을 연결하는 선 안
3	강원도 동해시 한진단으로부터 북위 37도51.2분 동경 130도54.9분, 북위 37도31분 동경 132도7.9분, 북위 37도0.2분 동경 132도19.9분, 북위 36도14.2분 동경 129도59.9분의 각 점을 연결하는 선 안
4	강원도 고성군 수원단으로부터 함경북도 성진군 유진단에 이르는 선 안
5	북위 33도30.2분 동경 129도4.9분으로부터 일본국 규슈 · 시코쿠 · 혼슈 · 홋카이도의 각 해안으로부터 20마일 이내의 선을 연결하고 북위 34도35.2분 동경 130도34.9분에 이르는 선 안

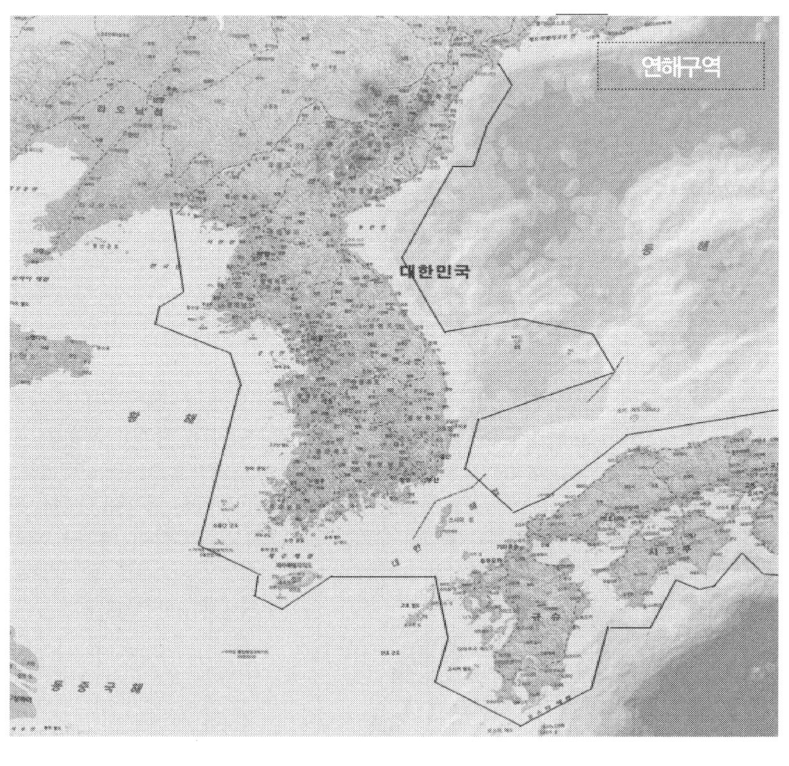

출처: 국토지리정보원, http://www.ngii.go.kr

다. 항해구역의 지정[182)]

항해구역을 지정하는 경우에는 「선박안전법」 제8조제3항 및 같은 법 시행규칙 제16조제1항에 따라 선박소유자의 요청, 선박의 구조 및 선박시설기준 등을 고려하여 지정하여야 한다. 또한 같은 법 시행규칙 제16조제2항에서는 외국의 동일 국가 내의 항구 사이 또는 외국의 호수·하천 및 항내의 수역에서만 항해하는 선박의 항해구역은 같은 법 시행규칙 제15조에 준하여 평수구역·연해구역 또는 근해구역으로 정할 수 있도록 하고 있다.

그 밖에 항해구역의 지정과 관련해서는 같은 법 시행규칙 제16조제3항에 따라 별도건조검사를 받은 선박에 대하여는 해당 선박의 크기·구조·용도 등을 고려하여 항해구역을 제한하여 지정할 수 있는 규정을 두고 있다. 참고로 연해구역에 비해 평수구역을 항해하는 선박에 대해서는 구명설비 등 일부 설비를 완화하여 적용하고 있다. 이는 해양환경(악천후 등)으로 부터의 영향을 덜 받으며, 위급 시 구조 등의 조치에 있어서도 용이하기 때문이다.

라. 항해구역 외의 예외적 항해

선박검사 완료 이후 선박검사증서에 지정된 항해구역은 「선박안전법」 제8조제3항 및 같은 법 시행규칙 제17조에 따라 지정된 항해구역 외의 구역을 항해할 수 있도록 예외적으로 허용하고 있으며, 다음과 같은 경우에 해당한다.

---

182) 어선의 항해(행)구역은 「선박안전법 시행규칙」이 2010년 11월 18일 국토해양부령 제312호로 개정되기 이전 제16조제1항의 단서에 따르면 '어선에 대하여는 항해구역을 지정하지 아니한다'고 규정하고 있다. 한편, 어업(조업)을 하고자 하는 어선소유자는 「내수면어업법」 및 「수산업법」에 따라 어업허가를 얻어야 하며, 이때 어업허가 상에는 어업(조업)의 구역 등을 명시하고 있다. 이에 따라 어선에 대해서는 별도의 항해구역제한에 대한 규정을 두고 있지 않고 있으며, 이와 관련해서는 「내수면어업법 시행규칙」 제2조(어업면허신청서)·제12조(어업면허증 등의 발급) 및 「어업의 허가 및 신고 등에 관한 규칙」 제6조(어업허가 신청 시 제출서류)·제14조(어업허가증의 발급 등)에서 규정하고 있다. 참고로 종전 「선박안전법」에 규정된 어선의 설비기준 및 검사업무 등 어선관리업무에 관한 사항을 정부조직 개편에 따른 어선관리업무의 일원화를 위하여 「어선법」을 2009년 5월 27일 법률 제9718호[시행 2009.11.28.]로 개정하면서 이 법에서 어선의 설비기준 및 검사업무 등과 관련한 내용을 규정함에 따라 「선박안전법」 또한 2010년 4월 15일 법률 제10271호로 개정, 어선의 용어 정의 등 어선 관련 사항을 정비하는 한편, 그 밖에 현행 제도의 운영상 나타난 일부 미비점을 개선·보완하였다.

ⅰ) 이 법 제3조제3항제4호에 따라 외국에 선박매각 등을 하기 위하여 예외적으로 단 한 번의 국제항해를 하는 경우(시행규칙 제17조제1호)

ⅱ) 선박을 수리하거나 검사를 받기 위하여 수리할 장소 또는 검사를 받을 장소까지 항해하는 경우(시행규칙 제17조제2호)

ⅲ) 항해구역 밖에 있는 선박을 그 해당 항해구역 안으로 항해시키는 경우(시행규칙 제17조제3호)

ⅳ) 항해구역의 변경을 위하여 변경하려는 항해구역으로 선박을 항해시키는 경우(시행규칙 제17조제4호)

ⅴ) 접적지역(대연평도, 소연평도, 대청도, 소청도 및 백령도 부근 해역을 말한다)을 항해하는 선박으로서 해당 선박의 항해구역 중 일부가 군사목적상 항해금지구역으로 설정되어 있어 그 구역을 우회하기 위하여 일시적으로 항해구역 외의 구역을 항해하는 경우(시행규칙 제17조제5호)

ⅵ) 그 밖에 위의 ⅰ)~ⅳ)까지와 비슷한 사유로서 선박이 임시로 항해할 필요가 있다고 인정되는 경우(시행규칙 제17조제6호)

가령, 선박검사증서상의 항해구역이 평수구역 제4구로 지정된 예인선이 평수구역 제9구에서 작업 또는 수리를 하고자 할 경우 다음의 과정이 필요하다. 한편, 이를 위반하여 항해를 하게 되면 이 법 제84조제1항제1호에 따라 처벌을 받을 수 있게 된다.

먼저 선박검사증서의 효력이 유효한 선박을 사용하여 지정된 항해구역을 일시적으로 평수구역 제4구에서 제9구로 변경하고자 하는 경우에는 이 법 제10조제1항제2호에 따라 임시검사를 받은 다음 같은 조 제3항 및 같은 법 시행규칙 제21조제8항에 따른 임시변경증을 대행검사기관으로부터 교부받은 이후 운항하여야 한다.

그리고 해당 선박을 제9구에서 연속해서 운항하기 위해서는 선박검사증서 항해구역 란에 제9구로 새로이 표기한 선박검사증서를 재교부 받아야 한다. 임시변경증에 기재되는 항해구역은 일시적이나 지정된 항해구역을 벗어나므로 연해구역으로 하고, 다만 편도 1회에 한하는 것으로 해야 한다. 또한 같은 법 시행규칙 제17조에 따른 목적 이외의 항해는 금하는 것으로 하고 있다. 즉 여객이나 화물을 운송하는 등의 영업(작업)행위를 할 수 없다.

다음으로 선박검사증서의 효력이 정지된 선박을 사용하여 지정된 항해구역을 넘어 항해를 하고자 하는 경우에는 같은 법 시행규칙 제22조제1항에 따라 대행검사기관에 [별지 제4호서식]의 선박검사신청서에 해당 선박의 운항계획서를 첨부하여 임시항해검사를 신청한 후 임시항해검사증서를 교부받아야 한다. 즉 임시항해검사증서가 선박검사증서를 일시적으로 대신하는 것이다. 이 또한 같은 법 시행규칙 제17조에 따른 목적 이외의 항해는 금하는 것으로 하고 있다. 임시항해검사와 관련한 사항은 앞서 언급한 바 있는 {참고 2-6}을 참조하고, 별도의 자세한 설명은 생략하기로 한다.

마. 항해구역 적용완화

「선박안전법」 제3조제3항제2호 및 같은 법 시행규칙 제8조제2호에 따라 조난자의 구조 및 황천(荒天) 그 밖의 불가항력으로 항해구역을 벗어나는 경우에는 이 법의 전부 또는 일부를 적용하지 아니하거나 이를 완화하여 적용할 수 있도록 하고 있다.

2. 최대승선인원 초과 선박 항해 위반사범

제84조(벌칙) ① 선박소유자, 선장 또는 선박직원이 다음 각 호의 어느 하나에 해당하는 행위를 하는 때에는 1년 이하의 징역 또는 1천만원 이하의 벌금에 처한다.
2. 제8조제2항의 규정에 따른 선박검사증서에 기재된 최대승선인원을 초과하여 승선자를 탑승한 채 선박을 항해에 사용한 때

가. 최대승선인원의 구분

선박검사증서 기재사항 중 최대승선인원은 여객, 선원 및 임시승선자별로 구분하고 있으며, 다음의 〈표 2-16〉과 같다.

〈표 2-16〉 최대승선인원의 대상별 구분에 따른 정의

구 분	정 의
여객	• 선박에 승선하는 자로서 다음을 제외하는 자(법 제2조제9호) – 선원 – 1세 미만의 유아 – 세관공무원 등 일시적으로 승선한 자로서 해양수산부령이 정하는 자 * "해양수산부령이 정하는 자"(시행규칙 제5조에 따른 임시승선자)
선원	• 선박에서 근로를 제공하기 위하여 고용된 사람(선원법 제2조제1호) 〈선원이 아닌 사람〉: 「선원법 시행령」 제2조 1. 「선박안전법」 제77조제1항에 따른 선박검사원 2. 선박의 수리를 위하여 선박에 승선하는 기술자 및 작업원 3. 「도선법」 제2조제2호에 따른 도선사 4. 「항만운송사업법」 제2조제2항에 따른 항만운송사업 또는 같은 조 제4항에 따른 항만운송관련사업을 위하여 고용하는 근로자 5. 선원이 될 목적으로 실습을 위하여 선박에 승선하는 사람 6. 선박에서의 공연(公演) 등을 위하여 일시적으로 승선하는 연예인 7. 위의 1호부터 6호까지의 어느 하나에 준하는 사람으로서 선박소유자 단체 및 선원 단체의 대표자와 협의를 거쳐 해양수산부장관이 정하여 고시하는 사람
임시승선자	• 선박의 항해기간 동안 일시적으로 승선하는 자(시행규칙 제5조) – 선원과 동승하여 생활하는 선원의 가족 – 선박소유자(선박관리인 및 선박임차인을 포함한다) 및 선박회사의 소속 직원과 선박수리 작업원 – 시험 · 조사 · 지도 · 단속 · 점검 · 실습 등에 관한 업무에 사용되는 선박에 해당 업무를 수행하기 위하여 승선하는 자 – 세관공무원, 검역공무원, 도선사, 운항관리자 등으로서 선원업무가 아닌 업무를 하는 자 – 시행규칙 제3조제2호에 따른 수상호텔, 수상식당 및 수상공연장 등의 소속 직원과 이를 이용하는 자 – 「수산업법 시행령」 제29조제1항제1호에 따른 나잠어업(裸潛魚業)을 위하여 승선하는 자 – 국가 · 지방자치단체 또는 「공공기관의 운영에 관한 법률」 제2조제1항에 따른 공공기관의 선박을 이용하여 「항만법」에 따른 항만을 견학하는 자 – 여객선에 적재가 곤란한 악취가 나는 농산물 · 수산물 운송차량, 혐오감을 주는 가축운송차량 및 폭발성 · 인화성 물질 운송차량의 화물관리인(운전자는 화물관리인을 겸할 수 있다)

나. 최대승선인원의 산정기준

최대승선인원이 기재되어 발급되는 선박검사증서는 앞서 언급한바 있는 항해구역과 동일한 절차에 따라 「선박안전법」 제8조제2항, 제9조제3항 및 제10조제2항의 규정을 따르고 있으며, 이에 따른 최대승선인원은 같은 법 시행규칙 제18조제1항제1호부터 제3호까지에서 다음의 기준에 따라 산정하도록 하고 있다.

먼저 최대승선인원은 여객, 선원 및 임시승선자별로 세분하여 구분하고 있으나, 다음의 자에 대해서는 승선인원에 산입되지 아니하는 것으로 하고 있다.

i) 정박 중에 선내 관람 등을 위하여 승선하는 자, 하역 · 수리작업 등을 위한 작업원, 선원 교대자 등 해당 항에서만 승선하는 자(시행규칙 제18조제1항제1호 가목)

ii) 선박의 운항과 관련한 업무를 하기 위하여 승선하는 도선사, 운항관리자, 세관공무원 및 검역공무원 등(시행규칙 제18조제1항제1호나목)

iii) 1세 미만인 유아(시행규칙 제18조제1항제1호다목)

다음으로 여객실, 선원실, 그 밖의 최대승선인원을 산정하는 장소에 화물을 적재한 경우에는 그 화물이 차지하는 장소에 상응하는 인원수를 제외하여 산정하도록 하고 있다(시행규칙 제18조제1항제2호). 그 밖에 국제항해에 종사하지 아니하는 선박의 경우 1세 이상 12세 미만인 자는 2명을 1명으로 산정한다(시행규칙 제18조제1항제3호).[183)]

한편, 선박소유자가 요청하는 경우에는 같은 법 시행규칙 제18조제2항에 따라 산정된 인원수의 범위에서 최대승선인원의 수를 제한하여 지정할 수 있다. 예컨대 해

---

183) 참고로 「선박안전법 시행규칙」 제18조(최대승선인원의 산정 등) 제1항제3호에 따른 '1세 이상 12세 미만인 자는 2명을 1명으로 산정한다'에 대한 정부(해양수산부)의 유권해석과 관련한 내용을 살펴보면 다음과 같다. i) 갑설: 해당 규정은 최선승선인원 산정에 대한 규정이므로 실제 승선인원수를 포함하고 있지 않다. 가령, 선박검사증서 상의 최대승선인원이 100명이라고 할 때 실제 이 선박에 승선하는 최대인원수의 구성이 대인 90명, 소인 20명인 경우 소인 20명을 10명으로 환산하여 대인 90명 합계 100명을 최대승선 할 수 있는 정원으로 하고 실제 승선인원은 110명으로 하는 것이 합당하다. ii) 을설: 갑설의 예시와 동일한 조건으로 소인 20명을 10명으로 환산하여 대인 90명과 함께 최대승선인원을 100명으로 하고 실제 승선인원도 100명으로 하며, 최대승선 할 수 있는 인원산정 시 적용하는 소인 2인을 1인으로 환산한 인원은 최대승선인원뿐만 아니라 실제 승선인원 적용 시에도 적용되는 규정이므로 실제 승선인원은 110명이 아니고 100명이 된다(이는 해양사고 발생에 따른 실종자수 파악에 있어 모순이 있음. 실제 110명 실종이나 선박검사증서를 기준으로하면 100명이 됨). iii) 유권해석: 최대승선인원은 대인을 기준으로 최대한 승선할 수 있는 인원을 의미하는 것으로 '갑설'이 타당하다. 다만, 1세 이상 12세 미만의 소인이 많이 승선하여 실제 승선인원수가 최대승선인원수를 초과할 경우에는 실제 승선인원수와 동일한 수의 구명설비 등이 비치되어야 하고, 의자석 등으로 설치된 선박에 1세 이상 12세 미만의 소인이 한 개의 의자석을 점유할 경우에는 의자석의 수만큼이 실제 최대승선인원이 된다. 이를 정리하면 최대승선인원 중 소인이 포함되어 실제 승선인원수와 최대승선인원수가 상이하더라도 선박검사증서에 기재되어 있는 최대승선인원은 소인의 인원을 환산하여 포함하고 있으므로 실제 승선인원과 관계없이 해당 선박의 최대승선인원은 선박검사증서 상에 기재되어 있는 최대승선인원을 말한다. 다만, 해당 선박에 승선한 모든 승선자의 안전을 위해 구명설비(구명조끼 등) 및 객석설비(의자석 등)는 소인을 포함한 실제 승선인원을 고려해야 한다(해양수산부 해사 91560-623호 1999.9.30. 공문 참조).

당 선박의 규모가 최대승선인원 10명까지를 산정할 수 있는 경우 선박소유자의 요청에 따라 10명의 범위 내에서 최대승선인원을 정할 수 있다.

최대승선인원의 산정기준은 이 법 제8조제3항 및 같은 법 시행규칙 제18조제3항과 관련한 [별표 6] '최대승선인원의 산정기준'에서 별도로 규정하고 있다.

여기에는 해당 선박의 항해구역, 항해예정시간[184] 및 총톤수 등에 따른 각종 객석설비(침대 · 좌석 · 의자석 등)의 필요요건 등을 통해 여객실 여객정원, 선원실의 정원 및 임시승선자에 대한 정원 산정방법을 상세히 언급하고 있다.

참고로 여객, 선원 및 임시승선자를 수용할 수 있는 각종 객석설비와 관련해서는 「선박설비기준」 제4조 내지 제25조 등 관련 기준을 병행한 검토가 필요하다.

다. 최대승선인원의 적용완화

이 법 제3조제3항제2호 및 같은 법 시행규칙 제8조제1호에 따라 조난자의 구조 및 전쟁 또는 천재지변 등으로 조난자의 구조를 위하여 최대승선인원을 초과하는 경우에는 이 법의 전부 또는 일부를 적용하지 아니하거나 이를 완화하여 적용할 수 있도록 하고 있다.

3. 만재흘수선 지정위치 위반사범

> **제84조(벌칙)** ① 선박소유자, 선장 또는 선박직원이 다음 각 호의 어느 하나에 해당하는 행위를 하는 때에는 1년 이하의 징역 또는 1천만원 이하의 벌금에 처한다.
> 3. 제8조제2항의 규정에 따른 선박검사증서에 기재된 만재흘수선의 지정된 위치를 위반하여 선박을 항해에 사용한 때

가. 만재흘수선의 지정

만재흘수선은 앞서 언급한 바와 같이 항해구역 및 최대승선인원과 동일한 절차에 따라 선박검사증서에 기재하여 교부하도록 하고 있으며, 이와 관련한 내용은 본 저서

184) "항해예정시간"이란 출발항에서 최종 도착항에 이르는 기항지의 정박시간을 포함한 총소요시간을 말한다(「선박안전법 시행규칙」 제18조제3항 관련 [별표 6]의 비고 1호).

'제2장 제2절 Ⅳ. 만재흘수선 초과 운송 위반사범'을 참조하고 별도의 설명은 생략하기로 한다.

나. 선박안전법 제83조제9호와의 비교

「선박안전법」 제84조제1항제3호는 선박검사증서에 기재된 만재흘수선의 지정된 위치를 위반하여 선박을 항해에 사용한 때의 처벌조항으로 모든 만재흘수선 표시 대상선박에 적용된다. 한편, 같은 법 제83조제9호는 만재흘수선을 초과하여 여객 또는 화물을 운송한 때의 처벌조항에 해당되며 제84조제1항제3호와는 다르게 선박의 용도에 따른 위반행위에 대해 명확히 구분하여 규정하고 있다.

이와 같이 만재흘수선은 선박검사증서에 기재된 내용 그대로를 선박에 표시하는 것으로 위반행위에 있어서는 상호 유사한 형태를 보이고 있으나, 양형에서 상당한 차이가 있으므로 명확하게 사실관계를 확인해서 벌칙 규정을 적용해야 한다.

4. 선박검사증서등의 효력정지 등과 관련한 위반사범

제84조(벌칙) ① 선박소유자, 선장 또는 선박직원이 다음 각 호의 어느 하나에 해당하는 행위를 하는 때에는 1년 이하의 징역 또는 1천만원 이하의 벌금에 처한다.

5. 제17조제1항을 위반하여 선박검사증서등이 없거나 선박검사증서등의 효력이 정지된 선박을 항해에 사용한 때

가. 선박검사증서등의 종류 등

「선박안전법」 제17조제1항에 따라 선박검사증서등의 종류에는 선박검사증서, 임시변경증, 임시항해검사증서, 국제협약검사증서 및 예인선항해검사증서가 있으며, 선박이 정상적으로 항해를 하기 위해서는 앞서 〈표 2-14〉에서 언급하고 있는 바와 같이 해당선박의 운항조건별로 각각의 선박검사증서를 필요로 하고 있다.

다시 말해서 선박검사증서등이 없는 상태에서 항해를 할 수 있는 경우는 없으므로 선박소유자는 상황에 맞게 적법한 선박검사증서등을 교부받도록 하여야 한다.

나. 선박검사증서등의 효력정지

선박검사증서등의 효력이 정지되는 경우는 선박검사증서등의 유효기간이 지난 경우와 다음 검사 기간 이내 선박검사를 완료하지 못한 경우가 이에 해당한다.

「선박안전법」 제16조제3항에서는 중간검사 및 임시검사에 불합격한 선박의 선박검사증서 및 국제협약검사증서의 유효기간은 해당검사에 합격될 때까지 그 효력이 정지되는 것으로 규정하고 있다. 선박검사증서등의 유효기간은 다음의 <표 2-17>과 같다.

<표 2-17> 선박검사증서등의 유효기간

검사증서 종류	유효기간	선박안전법 관련 법규
선박검사증서	• 5년	• 법 제16조제1항 • 시행령 제5조제1항
임시변경증	• 해당 증서에 기재된 기간[185]	• 시행령 제5조제2항 단서
임시항해검사증서	• 해당 증서에 기재된 기간[186]	• 시행령 제5조제2항 단서
국제협약검사증서	• 5년(다만, 다음의 증서는 제외) – 여객선안전검사증서 1년 – 원자력여객선안전검사증서 1년 – 원자력화물선안전검사증서 1년	• 법 제16조제1항 • 시행령 제5조제2항
예인선항해검사증서	• 1년	• 시행규칙 제81조제1항

그 밖에 국제협약검사증서는 이 법 제12조제5항 및 같은 법 시행규칙 제26조에 따라 다음의 어느 하나에 해당하는 경우(아래 ⅰ)의 경우 해당 선박에 적용되는 검사에 한함)에는 그 효력이 정지되는 것으로 규정하고 있다.

ⅰ) 이 법 제8조부터 제11조까지의 규정에 따른 선박검사(정기검사 · 중간검사 · 임시검사 · 임시항해검사), 법 제41조제2항에 따른 위험물 운송검사, 법 제42조제

185) 임시변경증은 가능한 한 같은 목적으로 연속하여 발급하여서는 안 되며, 유효기간은 30일을 한도로 하되 필요한 최소기간으로 하고 있다. 이 경우 임시변경증의 유효기간은 「선박안전법」 관련 법령이 아닌 대행검사기관의 검사지침에서 별도로 규정하고 있다.

186) 임시항해검사증서의 유효기간은 통상 30일을 한도로 하되 필요한 최소기간으로 하고 있으며, 임시항해검사증서의 유효기간은 임시변경증과 마찬가지로 「선박안전법」 관련 법령이 아닌 대행검사기관의 검사지침에서 별도로 규정하고 있다.

1항에 따른 강화검사 및 제71조제1항에 따른 특별검사를 받지 아니한 경우(시행규칙 제26조제1호)

ii) 시행규칙 제24조제3호부터 제5호(중간검사 · 연차검사 · 임시검사)까지의 규정에 따른 검사에 합격하지 못한 선박(시행규칙 제26조제2호)

iii) 선박의 국적이 변경된 경우(시행규칙 제26조제3호)

한편, 국내 · 외 국제협약 위반선박에 대한 확인 · 조치 및 점검은 이 법 제68조 및 제69조에 따른 "항만국통제" 및 "특별점검"을 통해 이루어진다.

다. 선박(국제협약)검사증서의 유효기간 기산방법

위의 〈표 2-17〉에 따른 선박검사증서 및 국제협약검사증서의 유효기간은 「선박안전법 시행령」 제5조제3항 및 제4항에 따라 다음의 규정된 날부터 기산(起算)[187]한다.

i) 최초로 이 법 제8조에 따른 정기검사(이하 "정기검사"라 한다)를 받은 경우 해당 선박검사증서(국제협약검사증서)를 발급받은 날(제5조제3항제1호)

ii) 선박검사증서(국제협약검사증서)의 유효기간이 끝나기 전 3개월이 되는 날 이후에 정기검사를 받은 경우 종전 선박검사증서(국제협약검사증서)의 유효기간 만료일의 다음 날(제5조제3항제2호)

iii) 선박검사증서(국제협약검사증서)의 유효기간이 끝나기 전 3개월이 되는 날 전에 정기검사를 받은 경우 해당 선박검사증서(국제협약검사증서)를 발급받은 날(제5조제3항제3호)[188]

iv) 선박검사증서(국제협약검사증서)의 유효기간이 끝난 후에 정기검사를 받은 경

---

187) 기산(起算): 언제부터 또는 어디서부터 계산(計算)하기를 시작(始作)한다는 의미로 사용된다(이희승, 앞의 책, 550면).

188) 선박검사증서의 유효기간이 끝나기 전 3개월이 되는 날 이후에 정기검사를 받은 경우에는 다시 말해서 선박검사증서의 유효기간이 시작되는 날 이전에 정기검사를 받은 경우에는 선박검사증서 뒤쪽의 하부 비고란에 "이 증서는 지정된 유효기간에도 불구하고 이 증서 발급일부터 그 효력을 가진다"(Despite the expiry date of the existing certificate, this certificate shall be valid from the date of completion of the survey)로 기재한다(해당 예시는 제3장 각주 69번 참조).

우 종전 선박검사증서(국제협약검사증서)의 유효기간 만료일의 다음 날. 다만, 계선(제2조제2항에 따라 서류를 제출한 경우로 한정한다) 그 밖에 해양수산부령으로 정하는 사유로 인하여 종전 선박검사증서(국제협약검사증서)의 유효기간 만료일의 다음 날부터 계산하는 것이 부당하다고 인정되는 경우[189] 정기검사를 받고 해당 선박검사증서(국제협약검사증서)를 발급받은 날부터 계산(제5조제3항제4호)[190]

또한 앞서 언급한 바와 같이 정기검사를 받은 이후 다음 검사(중간·임시검사) 기간 이내 선박검사를 완료하지 못한 경우는 해당검사에 합격될 때까지 그 효력이 정지되는 것으로 규정하고 있으며, 이 중 이 법 제9조제1항 및 같은 법 시행규칙 제19조제2항에 따른 중간검사 시기(국제협약검사 제외)[191]는 선박 종류별로 다음의 〈표 2-18〉과 같이 규정하고 있다.

다만, 같은 법 시행규칙 제19조제3항에 따라 다음의 어느 하나에 해당하는 선박에 대하여는 중간검사를 생략하도록 하고 있다.

i) 총톤수 2톤 미만인 선박(제1호)

ii) 추진기관 또는 범장(帆檣)이 설치되지 아니한 선박으로서 평수구역 안에서만 운항하는 선박. 다만, 같은 법 시행규칙 제6조 각 호의 선박은 제외한다(제2호).

---

189) 여기에서 "해양수산부령으로 정하는 사유"란 「선박안전법 시행규칙」 제33조(선박검사증서 유효기간의 산정사유)에 따른 것을 말한다. i) 1년 이상 선박검사를 받지 아니한 선박을 상속하거나 매수한 경우(제1호), ii) 선박소유자의 파산 등의 사유로 1년 이상 선박검사를 받지 아니한 경우(제2호)

190) 참고로 대행검사기관에서는 계선 등에 따른 업무는 다음과 같이 처리하고 있다. i) 계선 중이거나 계선기간이 만료된 선박이 검사를 받으려는 경우에는 다음의 검사를 신청받아 처리한다. ㉮ 선박검사증서유효기간이 경과된 선박: 정기검사, ㉯ 지정된 검사를 받지 아니한 선박: 계선기간 중 받아야 하는 가장 상위의 검사, ii) 계선 중이거나 계선기간이 만료된 선박이 선박검사증서 유효기간 만료일 후 정기검사를 받는 경우 해당 선박검사증서 발급일로부터 유효기간을 산정한다. iii) 계선기간 중 선박검사증서의 유효기간이 남아 있는 선박에 대하여는 선박소유자가 요청하는 경우 선박검사증서 사본을 발급할 수 있다. 이 경우 사본에는 용도 및 계선선박임을 기재하고, 원본대조필을 날인한다(선박안전기술공단의 「선박검사지침」 1.7).

191) 국제협약검사의 종류 및 시기는 앞서 언급한 바와 같이「선박안전법 시행규칙」 제24조에 따라 최초·정기·중간·연차·임시검사로 구분해서 규정하고 있다(이 장 각주 68번 참조).

iii) 추진기관 또는 범장이 설치되지 아니한 선박으로서 연해구역을 운항하는 선박 중 여객이나 화물의 운송에 사용되지 아니하는 선박(제3호)

〈표 2-18〉 선박종류별 중간검사를 받아야 하는 시기

구 분	종 류	검사 시기
가. 여객선, 원자력선, 잠수선, 고속선, 수면비행선박(여객용만 해당한다) 및 선령 30년 이상 선박으로서 선박길이 24미터 이상인 선박[192]	제1종 중간검사	검사기준일 전후 3개월 이내
나. 다음의 어느 하나에 해당하는 선박[193] 1) 평수구역만을 항해하는 선박길이가 24미터 미만인 선박(가목의 선박은 제외한다) 2) 삭제 3) 준설토 운반부선 및 부유식 해상구조물 4) 선박길이가 12미터 미만인 범선	제1종 중간검사	정기검사 후 두 번째 검사기준일 전 3개월부터 세 번째 검사기준일 후 3개월까지
다. 가목 및 나목에 해당하지 아니하는 선박[194]	제1종 중간검사	정기검사 후 두 번째 또는 세 번째 검사기준일 전후 3개월 이내. 다만, 선저검사는 지난번 선저검사일부터 3년을 초과하여서는 아니 된다.
	제2종 중간검사	검사기준일 전후 3개월 이내(정기검사 또는 제1종 중간검사를 받아야 하는 연도의 검사기준일은 제외한다)

【비고】
1. "고속선"이란 「해상에서의 인명안전을 위한 국제협약」에 따른 고속선을 말한다.
2. "선저검사"란 선박의 밑 부분에 대한 검사를 말한다.

---

192) (예시) 선박검사증서의 유효기간 기산일(정기검사 시작일)이 2011년 3월 26일, 유효기간 만료일(정기검사 만료일)이 2016년 3월 25일인 경우, 정기검사 후 중간검사의 검사기준일은 2012년 3월 25일(첫 번째), 2013년 3월 25일(두 번째), 2014년 3월 25일(세 번째), 2015년 3월 25일(네 번째)이 된다. 이 때 '검사기준일 전후 3개월 이내'는 매번 첫 번째부터 네 번째까지 각각의 검사기준일 전 3개월에 해당하는 전년 12월 25일, 그리고 검사기준일 후 3개월에 해당하는 6월 25일이 되며, 이에 해당하는 기간은 제1종 중간검사를 받아야 하는 시기로 선박검사증서의 효력이 유효한 기간을 나타내고 있다. 이와 관련한 내용은 선박검사증서 뒤쪽 다음 검사의 검사기준일 및 검사종류 란에 각각 OOOO. OO. OO(전후 3개월 이내), 그리고 해당 검사의 종류(제1종 중간검사)를 기재한다.

193) (예시) 선박검사증서의 유효기간 기산일(정기검사 시작일)이 2011년 3월 26일, 유효기간 만료일(정기검사 만료일)이 2016년 3월 25일인 경우, 정기검사 후 중간검사의 두 번째 검사기준일은 2013년 3월 25일, 세 번째 검사기준일은 2014년 3월 25일이 된다. 이 때 '정기검사 후 두 번째 검사기준일 전 3개월부터 세 번째 검사기준일 후 3개월까지'는 2012년 12월 25일부터 2014년 6월 25일까지가 되며, 이에 해당하는 기간은 제1종 중간검사를 받아야 하는 시기로 선박검사증서의 효력이 유효한 기간을 나타내고 있다. 이와 관련한 내용은 선박검사증서 뒤쪽 다음 검사의 검사기준일 및 검사

다만, 같은 법 시행규칙 제19조제5항에서는 같은 조 제2항에 따른 〈표 2-18〉에도 불구하고 선박소유자는 장기항해 등 부득이한 사유가 있는 경우에는 중간검사를 검사기준일보다 3개월 이상 앞당겨 받을 수 있으며, 이 경우 해당 검사완료일부터 3개월이 지난날을 새로운 검사기준일로 하고 있다.[195] 하지만 기존 선박검사증서의 유효기간에 대한 변경은 없으며, 단지 중간검사 검사 시기만 재산정된다.

라. 선박(국제협약)검사증서의 유효기간 연장

선박검사증서 및 국제협약검사증서의 유효기간은 이 법 제16조제2항 및 같은 법

종류란에 2012.12.25.~2014.6.25., 그리고 해당 검사의 종류(제1종 중간검사)를 기재한다.

194) (예시) 선박검사증서의 유효기간 기산일(정기검사 시작일)이 2011년 3월 26일, 유효기간 만료일(정기검사 만료일)이 2016년 3월 25일인 경우, 정기검사 후 중간검사의 검사기준일은 2012년 3월 25일(첫 번째), 2013년 3월 25일(두 번제), 2014년 3월 25일(세 번째), 2015년 3월 25일(네 번째)이 된다. 이 때 '정기검사 후 두 번째 또는 세 번째 검사기준일 전후 3개월 이내'는 정기검사 후 두 번째 검사기준일인 2012년 12월 25일부터 2013년 6월 25일까지 또는 정기검사 후 세 번째 검사기준일인 2013년 12월 25일부터 2014년 6월 25일까지가 되며, 이에 해당하는 기간은 제1종 또는 제2종 중간검사를 받아야 하는 시기로 선박검사증서의 효력이 유효한 기간을 나타내고 있다. 즉 두 번째와 세 번째 중간검사 기간 중 제1종 중간검사를 받은 연도를 제외한 나머지 연도는 제2종 중간검사를 받도록 하고 있다. 다시 말해서 정기검사 또는 제1종 중간검사를 받은 연도를 제외한 나머지 기간에는 제2종 중간검사를 받아야 하는 시기가 된다. 마찬가지로 이에 해당하는 기간은 선박검사증서의 효력이 유효하다. 이와 관련한 내용은 선박검사증서 뒤쪽 다음 검사의 검사기준일 및 검사 종류란에 각각 OOOO. OO. OO(전후 3개월 이내), 그리고 해당 검사의 종류(제1종 또는 제2종 중간검사)를 기재한다.

195) (예시) 이에 해당하는 경우는 「선박안전법 시행규칙」 제19조제2항가목 및 다목에 해당하는 선박에 한해 적용되고 있다. 가령, 선박검사증서의 유효기간 기산일(정기검사 시작일)이 2011년 3월 26일, 유효기간 만료일(정기검사 만료일)이 2016년 3월 25일인 경우, 중간검사를 받아야 하는 선박의 기준일은 각각 2012년 3월 25일(첫 번째), 2013년 3월 25일(두 번째), 2014년 3월 25일(세 번째), 2015년 3월 25일(네 번째)이 된다. 이 때 첫 번째부터 세 번째까지의 중간검사 당초 검사 시기(각각 전년 12월 25일부터 같은 해 6월 25일)를 3개월 이상 앞당겨 받은 때(검사기준일 전 3개월에 해당하는 전년 12월 25일 전에 중간검사 완료)에는 검사를 받은 중간검사 이후의 다음 중간검사 기준일은 해당 검사완료일부터 3개월이 지난날을 새로운 검사기준일로 하고 있다. 가령, 첫 번째 중간검사 완료일이 당초 검사기준일 2012년 3월 25일 3개월 전인 2011년 12월 25일보다 3개월 이상 앞당겨 2011년 11월 2일 중간검사를 완료한 경우, 이 때 재설정되는 검사기준일은 해당 검사완료일부터 3개월이 지난날인 2012년 2월 2일이 되고, 새로운 다음 검사 시기는 재설정된 검사기준일인 2013년 2월 2일 전후 3개월 이내에 해당하는 2012년 11월 2일부터 2013년 5월 2일이 되며, 이하 나머지 중간검사의 시기도 동일하게 산정한다. 다만, 앞서 언급한 바와 같이 선박검사증서의 유효기간은 중간검사 시기의 재설정과 관계없이 기존 그대로 유지된다.

시행령 제6조제1항에 따라 5개월 이내의 범위에서 다음의 구분에 따라 연장할 수 있도록 하고 있다.

i) 해당 선박이 정기검사 또는 해양수산부령으로 정하는 국제협약검사를 받기 곤란한 장소에 있는 경우: 3개월(시행령 제6조제1항제1호)
다만, 이에 해당하는 경우에는 「선박안전법 시행령」 제6조제1항 단서 규정에 따라 그 연장기간 내에 해당 선박이 정기검사 또는 해양수산부령으로 정하는 국제협약검사를 받을 장소에 도착하면 지체 없이 그 정기검사 또는 국제협약검사를 받도록 하고 있다.

ii) 해당 선박이 외국에서 정기검사 또는 해양수산부령으로 정하는 국제협약검사를 받았으나 선박검사증서 또는 국제협약검사증서를 선박에 갖추어 둘 수 없는 사유가 발생한 경우: 5개월(시행령 제6조제1항제2호)[196]

iii) 해당 선박이 짧은 거리의 항해(항해를 시작하는 항구부터 최종 목적지의 항구까지의 항해거리 또는 항해를 시작한 항구로 회항할 때까지의 항해거리가 1천 해리를 넘지 아니하는 항해를 말한다)에 사용되는 경우(국제협약검사증서로 한정 한다): 1개월(시행령 제6조제1항제3호)

iv) 국제협약검사증서 중 '국제방사능핵연료화물운송적합증서'의 경우 특별한 사유가 없는 한 그 유효기간은 자동으로 연장(시행령 제6조제2항)

이에 따른 유효기간 연장의 신청절차 등 필요한 사항은 같은 법 시행령 제6조제3항 및 같은 법 시행규칙 제34조제2항 · 제3항에서 정하고 있다.[197]

---

196) 위의 i), ii)와 같이 「선박안전법 시행령」 제6조제1항 단서, 같은 항 제1호 및 제2호에서 "해양수산부령으로 정하는 국제협약검사"란 같은 법 시행규칙 제24조제2호에 따른 정기검사(국제협약검사증서의 유효기간이 끝난 경우 받게 되는 검사)를 말한다(시행규칙 제34조제1항).

197) 「선박안전법 시행규칙」 제34조(선박검사증서 및 국제협약검사증서의 유효기간 연장신청 등) ② 영 제6조제3항에 따라 선박검사증서 및 국제협약검사증서의 유효기간을 연장 받으려는 선박소유자는 별지 제34호서식의 선박검사증서(국제협약검사증서)유효기간연장신청서에 다음 각 호의 해당 서류를 첨부하여 해양수산부장관에게 제출하여야 한다. 〈개정 2008.3.14., 2013.3.24.〉

1. 선박이 검사받을 장소에 있지 아니하여 검사를 받을 수 없는 경우: 해당 선박의 현재의 위치를 나타내는 서류

그 밖에 이 법 제9조제4항에서는 정기검사 이외 해외수역(대한민국의 수역 외의 수역을 말한다)에서의 장기간 항해 · 조업(操業)[198] 등 부득이 한 사유로 인하여 중간검사를 받을 수 없는 자는 해양수산부령이 정하는 바에 따라 중간검사의 시기를 연기할 수 있도록 규정하고 있다. 이에 따른 연장의 신청절차 등 필요한 사항은 같은 법 시행규칙 제20조[199]에서 정하고 있다.

5. 항해와 관련한 조건 위반사범

제84조(벌칙) ① 선박소유자, 선장 또는 선박직원이 다음 각 호의 어느 하나에 해당하는 행위를 하는 때에는 1년 이하의 징역 또는 1천만원 이하의 벌금에 처한다.
6. 제17조제2항의 규정을 위반하여 선박검사증서등에 기재된 항해와 관련한 조건을 위반하여 선박을 항해에 사용한 때

---

2. 새로운 선박검사증서 및 국제협약검사증서를 선박에 갖추어 둘 수 없는 경우: 현재 비치하고 있는 선박검사증서 및 국제협약검사증서
3. 짧은 거리의 국제항해에 취항하는 선박: 현재 비치하고 있는 국제협약검사증서

③ 해양수산부장관은 제2항에 따른 신청을 받은 경우에는 다음 각 호의 승인서나 증서를 신청인에게 발급하여야 한다. 〈개정 2008.3.14., 2013.3.24.〉
1. 제2항제1호의 경우: 별지 제35호서식의 선박검사증서(국제협약검사증서)유효기간연장승인서
2. 제2항제2호 및 제3호의 경우: 연장승인된 유효기간이 적혀 있는 현재의 선박검사증서 및 국제협약검사증서

198) 조업(操業)은 어획물을 포획하기 위한 작업 이외 기계 따위를 움직여 일한다는 뜻으로도 사용된다.
199) 「선박안전법 시행규칙」 제20조(중간검사시기의 연기신청) ① 법 제9조제4항에 따라 중간검사시기를 연기받으려는 선박소유자는 별지 제7호서식의 중간검사시기연기신청서에 해당 선박의 항해일정 및 현재의 위치를 나타내는 서류를 첨부하여 해양수산부장관에게 제출하여야 한다.
② 해양수산부장관은 제1항에 따른 신청을 받은 경우에는 해당 선박의 항해일정을 고려하여 타당하다고 인정되는 경우 해당 검사기준일부터 12개월 이내의 기간을 정하여 그 검사 시기를 연기할 수 있다. 이 경우 다음 검사시기와 검사종류 등을 선박소유자에게 알려야 한다.
③ 제2항에 따라 연기받은 기간 내에 해당 선박이 중간검사를 받을 장소에 도착하면 지체 없이 중간검사를 받아야 한다.
④ 제2항에 따라 검사시기의 연기로 인하여 연기된 중간검사와 정기검사가 겹치는 경우에는 정기검사를 실시하고, 제1종 중간검사와 제2종 중간검사가 겹치는 경우에는 제1종 중간검사를 실시한다.

선박검사증서등에 있어서의 항해와 관련한 조건 란에는 해당 선박의 안전운항과 관련한 법령 또는 검사기준에 따라 의무적으로 요구하고 있는 규정에 대한 예외사항 및 면제사항을 선박소유자가 요구할 경우 이를 적용(선박검사증서등에 기재)하여 선박의 항해조건을 제한하고 있다. 그 밖에 해당 선박에 대한 특정한 조치사항 및 정보 등의 특이사항을 선박소유자에게 전달하여 이를 준수하도록 하기 위한 요구사항을 기재한다.[200]

먼저 관련 법령에서 의무적으로 요구하고 있는 규정에 있어서의 예외사항 및 별도의 요건에 해당하는 경우는 다음과 같다.

「선박안전법」 제30조제1항에서는 해양수산부령이 정하는 선박에 "선박위치발신장치"를 갖추고 작동하야야 한다고 규정하고 있다. 반면, 같은 법 시행규칙 제73조제1호나목에서는 총톤수 2톤 이상으로 「유선 및 도선 사업법」에 따른 유선 중 해가 뜨기 30분 전부터 해가 진 후 30분까지 사이에 운항하는 선박으로서 같은 법 시행규칙 제15조제1항제1호에 따른 평수구역만을 항해하는 항해예정시간이 2시간 미만인 선박은 그러하지 아니하는 것으로 예외규정을 두고 있다.

이러한 경우 해당 선박의 선박검사증서상 항해와 관련한 조건 란에는 '선박위치발신장치의 설치 면제에 따라 항해예정시간 2시간 미만의 항해에 한하며, 야간항해(해가 뜨기 30분 전부터 해가 진 후 30분까지)를 금지함'으로 기재하여 항해조건을 제한하도록 하고 있다.

다음으로 해양수산부장관이 정하는 고시(검사기준 등)에서의 예외사항 및 별도의 요건을 두고 있는 경우로는 「선박방화구조기준」 제26조제1항에서는 "차량구역 · 로로 구역 및 특수분류 구역의 경계를 형성하는 격벽 및 갑판은 A60급으로 방열시공되어야 한다"고 규정하고 있다(관련 용어에 대한 설명은 {참고 2-19} 참조).[201]

---

200) 일반적으로 선박검사증서 앞쪽의 항해와 관련한 조건 란에는 「선박안전법」에 따른 선박시설기준 또는 다른 법령에 따른 기준을 적용함에 있어 해당 선박의 감항성을 만족시키기 위한 조건, 방화구조의 면제, 화물적재의 제한, 운항시간, 해상상태, 선등의 설치면제 등과 같이 예외규정 또는 면제규정을 적용하거나 이 기준에 따른 규정을 달리 적용하게 되는 경우로서 항해를 제한 할 필요가 있는 경우에 한정하여 기재하며, 법정직원승선, 과적과승금지, 해상충돌예방규칙 준수 등과 같이 다른 법령에서 규정하고 있거나 일반적인 사항은 기재하지 아니한다.

201) 이에 추가하여 선박검사증서 앞쪽의 항해와 관련한 조건 란에 기재되는 경우는 다음과 같은 예시를

또한 이 기준 제26조제4항에서는 평수구역 또는 연해구역을 항해구역으로 하는 차량구역 · 로로구역 및 특수분류구역을 가지는 선박의 기관구역 및 조리실의 경계가

들 수 있다. ⅰ) 석유제품을 운송하는 유조선으로서 「선박방화구조기준」 제5장을 적용하지 아니한 경우: "「선박방화구조기준」 제5장의 적용면제에 따라 인화점 섭씨 60도 이하인 석유제품의 수송을 금지함", ⅱ) 「화물적재고박 등에 관한 기준」 제14조제1항제1호(평수구역 / 항해시간 30분 미만인 선박)의 선박으로서 제15조제2항(차량을 묶어 매는 설비 면제)에 따라 차량을 묶어 매는 설비를 면제하는 선박인 경우: "「화물적재고박 등에 관한 기준」 제14조제1항에 따라 해상상태가 파고 1.5미터 이하, 풍속 7m/sec 이하이고 항해 중 쐐기, 요철갑판에 고정된 사각바(BAR) 등으로 차량의 미끄러짐을 방지할 수 있는 적절한 조치를 한 경우에 한정하여 차량고박을 면제하고, 항해시간 30분 미만의 항로에 한정함.", ⅲ) 항해예정시간(1.5시간 미만)에 따라 여객정원을 산정한 경우: "「선박안전법 시행규칙」 [별표 6] 제1호나목의 적용에 따라 항해예정시간 1.5시간 미만의 항로에 한정함", ⅳ) 항해시간이 1시간 미만인 항로에 취항하는 국내항해 여객선으로서 「선박방화구조기준」 제3장의 적용을 면제한 경우: "「선박방화구조기준」 제3장의 적용면제에 따라 항해시간 1시간 미만의 항로에 한정함", ⅴ) 평수구역으로 주간항해만 하는 선박에 선등의 설치를 면제하는 경우: "「선박설비기준」 제92조제1호의 적용면제에 따라 야간항해를 금지함", ⅵ) 카페리선박의 경우에 있어서 지정된 운송화물(차량)을 적재하는 경우: "「화물적재고박 등에 관한기준」 제13조에 따라 승인된 차량적재도(승인일자)에 따라 차량을 적재할 것", ⅶ) 차기 정기적검사 전에 기관가동시간(적산계, 항해일지 또는 선박입 · 출항기록 · 관리대장 등 운항시간을 객관적으로 알 수 있는 자료를 근거로 산정)의 유효시간(9,000시간)이 만료될 것으로 예상되는 경우: "「선박안전법 시행규칙」 [별표 15] 제3호바목 1)에 따라 개방검사를 받은 날부터 기관가동시간 9,000시간을 초과하여 항해하는 것을 금지함", ⅷ) 소형선박 중 상갑판이 없이 현단으로만 이루어져 있거나, 상갑판 상부에 구조물이 없는 선박에 대하여 선등의 설치를 면제한 경우: "「소형선박의 구조 및 설비기준」 제72조 [별표 3]의 비고 8에 따라 선등설치를 면제하고 야간항해를 금지함", ⅸ) 「선박안전법 시행규칙」 제19조제2항나목 3)에 따른 유류 등 위험물저장 부유식해상구조물: "이 부선은 해양환경관리법 제2조제17호에 따른 해양시설로서 유류 등 위험물의 운송에 사용하여서는 아니 됨", ⅹ) 「화물적재고박 등에 관한 기준」 제14조제1항제2호의 평수구역 또는 연해구역을 항해구역으로 하는 선박으로서 출발항으로부터 도착항까지의 항해시간이 1시간 미만이고 승용차, 12인승이하 승합차, 적재중량 1.5톤 이하 화물차를 적재한 선박(이 경우 중간에 기항지가 있을 때에는 그 중간 기항지가 있을 때에는 그 중간 기항지를 각각의 출발항 또는 도착항으로 본다)이 차량을 묶어 매는 설비를 갖추고 있으나 차량을 묶어 매지 아니하고 운항하는 경우: "「화물적재고박 등에 관한 기준」 제14조제1항에 따라 해상상태가 파고 1.5미터 이하, 풍속 7m/sec 이하이고 항해 중 쐐기, 요철갑판에 고정된 사각바(BAR) 등으로 차량의 미끄러짐을 방지할 수 있는 적절한 조치를 한 경우에 한정하여 승용차, 12인승 이하 승합차, 적재중량 1.5톤 이하 화물차의 차량고박을 면제하고, 항해시간 1시간 미만의 항로에 한정함." ⅺ) 선박에 설치되는 주기관의 검정증서, 제조확인서 및 예비검사증서 비고란에 기관 제조자의 권고사항이 기재된 경우: "주기관 사용조건에 대한 제조자의 권고사항: (해당 권고사항 기재)", ⅻ) 「유선 및 도선 사업법」에 따른 잠수선의 경우: "최대잠수깊이", 기재, ⅹⅲ) 정기적검사 시 압항 예부선의 결합장치에 대한 검사 후 부선의 선박검사증서의 "항해와 관련한 조건"란에는 "예인선 ○○○호, ○○○호 및 ○○○호와 결합하여 항해하여야 함"으로 기재 등.

되는 격벽 및 갑판으로서 같은 조 제1항의 규정에 의한 격벽 및 갑판이외의 것은 당해 격벽 및 갑판의 인접한 장소에 따라 [별표 1] 및 [별표 2]에서 정하는 구획으로 하도록 규정하고 있다.

반면, 이 기준 제26조제5항에서는 평수구역만을 항해하는 선박 또는 출발항으로부터 도착항까지의 항해시간이 2시간 미만인 선박으로서 개방된 차량구역을 가진 선박에 대하여는 차량구역 · 로로구역 · 기관구역 및 조리실의 경계가 되는 격벽 및 갑판은 A0급의 구획으로 완화할 수 있는 규정을 두고 있다.

이에 따라 선박소유자가 선박검사(건조검사 등) 시 해당 구역을 A0급으로 방열시공하기를 원할 경우 선박검사증서상의 항해와 관련한 조건란에는 '「선박방화구조기준」 제26조제1항 및 제4항의 적용면제에 따라 항해시간 2시간 미만의 항로에 한함'으로 기재하여 항해조건을 제한한다.

또한 「소형선박의 구조 및 설비 기준」 제52조 관련 [별표 1]에서는 구명설비의 비치종류 및 수량을, 그리고 제72조 관련 [별표 3]에서는 항해용구의 비치종류 등에 대해 규정하고 있는 것과 동시에 예외사항을 두고 있으므로 선박소유자가 해당설비의 설치에 대해 면제받고자 할 경우 관련 사항을 선박검사증서상의 항해와 관련한 조건란에 기재하여 항해조건을 제한하고 있다.

예컨대 평수구역을 항해구역으로 하는 소형선박의 선박소유자가 자기점화등 및 레이다반사기 설치를 하지 않을 경우 선박검사증서상의 항해와 관련한 조건 란에는 '「소형선박의 구조 및 설비 기준」 [별표 1] 및 [별표 3]에 따른 자기점화등 및 레이다반사기 설치를 면제하고 야간항해를 면제함'으로 기재한다.

이에 추가하여 해당 선박에 대한 특정한 조치사항 및 정보 등의 특이사항을 선박소유자에게 전달하여 이를 준수하도록 하기 위한 요구사항을 기재하는 경우는 다음과 같다.

이 법에 따라 복원성기준을 적용받는 선박에 대한 복원성자료를 승인하는 과정에서 'No.3 W.B.T(C)[202]에는 항상 해수를 만재하여 운항할 것'으로 하는 등의 항해와

202) 여기서의 No.3 W.B.T(C)는 선체 중앙에 위치하고 있는 탱크 중 No.3 탱크를 가리키며, 여기에서의 W.B.T는 선박평형수탱크(Water Ballast Tank, W.B.T)로 「선박평형수(船舶平衡水) 관리법」 제2조제2호에서 규정하고 있는 "선박평형수"를 실고 있는 탱크를 말한다. 여기에서 선박평형수란 선박의 중

관련한 조건이 부여된 경우 이를 선선박검사증서상의 항해와 관련한 조건란에 기재하여 항해 시 준수하도록 요구하고 있다.

뿐만 아니라 선박검사증서 기재사항 중 최대승선인원의 구성에 해당하는 임시승선자에 대한 인원수를 기재할 경우 같은 법 시행규칙 제5조에 따른 임시승서자의 범위를 명확히 하여 선박과 직접적으로 관여하고 있지 않은 사람이 선박에 승선할 경우 이들에 대한 적절한 안전조치를 취할 수 있도록 하기 위해 선박검사증서상의 항해와 관련한 조건 란에 임시승선자에 대한 정보를 명확히 기재하고 있다. 가령, 관세청 소속 선박에 해기사면허증을 소유하고 있지 않은 같은 소속 공무원이 승선하고자 할 경우 '임시승선자는 「선박안전법 시행규칙」 제5조제4호에 따른 세관공무원으로서 선원업무가 아닌 업무를 하는 자로 한다'로 기재할 수 있다.

{참고 2-19} 선박방화구조기준 관련 용어정리

- 업무구역: 조리실, 조리기구가 있는 배식실, 저장품실, 로커(Locker), 우편물실, 금고실, 작업실(기관구역에 해당하는 것을 제외한다), 영사기실(필름보관실을 포함한다), 세탁실, 수하물실 기타 이와 유사한 장소(예를 들면 식료품실, 냉동구획실, 도료고, 등구고, 갑판장창고, 폐기물실, 용구격납소, 기관구역의 외부에 있는 추진기관의 제어실, 건조실, 공작실 및 탱커의 화물제어실을 말한다)와 이에 이르는 트렁크를 말함(기준 제2조제16호)
- 로로구역: 화물[철도 또는 자동차, 차량(도로 또는 철도 탱크를 포함한다), 트레일러, 컨테이너, 팔레트, 떼어낼 수 있는 탱크, 유사한 보관장치 또는 다른 용기 속에 넣거나 위에 적재된 포장된 화물 또는 산적되는 화물]을 통상 수평방향으로 실을 수 있는 화물구역으로서 선박의 전장 또는 전장의 상당한 부분에 걸쳐 구획되지 아니하는 구역을 말함(기준 제2조제18호)
- 특수분류구역: 격벽갑판의 상방 또는 하방의 자동차를 운전하여 출입할 수 있는 폐위된 장소로서 여객이 출입할 수 있는 구역을 말함. 이 경우 특수분류구역은 자동차를 위한 전체 통과 높이가 10미터를 넘지 않는 것을 조건으로 1층 이상의 갑판으로 구성될 수 있음(기준 제2조제18호의5)

심을 잡기 위하여 선박에 실려 있는 물(그 물에 녹아 있는 물질 또는 그 물속에 서식하는 수중생물체 · 병원균을 포함한다)을 가리킨다. 가령, 선박의 복원성기준을 만족시키기 위해 고정밸러스트를 유지해야 하는 경우: "승인된 복원성자료(승인일자)에 따라 고정밸러스트(NO.○ ○TANK에 시멘트)를 유지하여 항해할 것" 및 "승인된 복원성자료(승인일자)에 따라 NO.○ W.B.T에 해수를 만재하여 항해할 것"으로 선박검사증서 앞쪽의 항해와 관련한 조건란에 기재하도록 하고 있다.

• 차량구역: 자주용(自走用) 연료탱크를 가지고 있는 자동차를 운송하기 위한 화물구역을 말함(기준 제2조제19호)
• 기관구역: 특정기관구역과 추진기관, 보일러, 내연기관, 주요전기설비(발전기, 배전반 및 변압기와 선박의 추진, 배수, 소방 기타 안전성에 직접 관계가 있는 전동기를 말한다), 냉동기, 감요(減搖)장치, 송풍기 및 공기조화기기가 있는 장소, 급유장소 기타 이와 유사한 장소(예를 들면 양묘기실, 조타기실, 유압펌프실, 원격모터 및 불활성가스송풍기실을 말한다)와 이들 장소에 이르는 트렁크를 말함(기준제2조제22호)
• 구획의 종류: A급구획 및 B급구획의 종류는 표준화재시험에 있어서의 방열시간[화염에 노출되지 아니하는 부분의 평균온도가 최초의 온도보다 섭씨 140도를 초과 상승하지 아니하고 이음매를 포함한 어떠한 부분에서도 최초의 온도보다 섭씨 180도(B급구획에 있어서는 섭씨 225도)를 초과하여 상승하지 아니하는 시간을 말한다]에 따라서 다음 표와 같이 구분함(기준 제3조)

종 류	방열시간
A60급	60분 이상
A30급	30분 이상 60분 미만
A15급	15분 이상 30분 미만
A0급	15분 미만
B15급	15분 이상
B0급	15분 미만

* "A급구획"이라 함은 다음의 요건에 적합한 격벽 및 갑판으로 형성되는 구획을 말함(기준 제2조5호)
  가. 강 또는 이와 동등한 재료를 사용한 것일 것
  나. 적절히 보강된 것일 것
  다. 60분의 표준화재시험이 끝날 때까지 연기와 화염의 통과를 막을 수 있는 것일 것
  라. 불연성재료로 방열시공을 한 것일 것
* "B급구획"이라 함은 다음의 요건에 적합한 격벽, 갑판, 천정재 또는 내장재로 형성되는 구획을 말함(기준 제2조6호)
  가. 불연성재료를 사용한 것일 것
  나. 불연성재료로 방열시공을 한 것일 것
  다. 30분의 표준화재시험이 끝날 때까지 화염의 통과를 막을 수 있는 것일 것
* 참고로 "C급구획"이라 함은 불연성재료를 사용한 구획을 말함. 이 경우 C급구획에 대하여는 연기 및 화염통과에 관한 요건과 온도상승에 관한 제한요건에 적합하지 아니하여도 됨(기준 제2조제7호)

Ⅱ. 컨테이너 적재 방법 및 안전점검 위반사범

제84조(벌칙) ① 선박소유자, 선장 또는 선박직원이 다음 각 호의 어느 하나에 해당하는 행위를 하는 때에는 1년 이하의 징역 또는 1천만원 이하의 벌금에 처한다.

6의2. 제23조제8항을 위반하여 컨테이너형식승인판이 부착되지 아니한 컨테이너를 선박에 적재한 때

6의3. 제24조제1항을 위반하여 컨테이너의 안전점검을 실시하지 아니한 때

6의4. 제25조제1항을 위반하여 컨테이너의 안전점검을 실시하지 아니하고 컨테이너를 사용한 때

「선박안전법」 제84조제1항제6호의2와 관련한 위반사항에 해당하는 자에게 적용되는 양형기준은 이 법이 2015년 1월 6일 법률 제12999호로 개정되기 이전 제89조제1항[203]에서 이에 해당하는 자에 대해 1천만원 이하의 과태료를 부과하던 것을 1년 이하의 징역 또는 1천만원 이하의 벌금에 처하도록 강화되었다.

그리고 이 법 제84조제1항제6호의3 및 제6호의4와 관련한 위반사항에 해당하는 자에게 적용되는 양형기준은 이 법이 2015년 1월 6일 법률 제12999호로 개정되기 이전 제89조제2항제5호 및 제6호[204]에서 이에 해당하는 자에 대해 200만원 이하의 과태료에 처하던 것을 마찬가지로 1년 이하의 징역 또는 1천만원 이하의 벌금에 처하도록 강화된 규정이다.

이에 따라 여기에서는 컨테이너 적재방법 위반 및 안전점검을 실시하지 아니하고 컨테이너를 사용한 자의 위법행위에 대한 사실관계를 이와 관련한 법령 및 행정규칙 등을 통해 살펴보고자 한다.

---

203) **구, 「선박안전법」 제89조(과태료)** ① 선박소유자 또는 선장이 제23조제8항을 위반하여 컨테이너형식승인판이 부착되지 아니한 컨테이너를 선박에 적재한 때에는 1천만원 이하의 과태료를 부과한다.

204) **구, 「선박안전법」 제89조(과태료)** ② 다음 각 호의 어느 하나에 해당하는 자는 200만원 이하의 과태료에 처한다.

5. 제24조제1항의 규정을 위반하여 컨테이너의 안전점검을 실시하지 아니한 자
6. 제25조제1항의 규정을 위반하여 컨테이너의 안전점검을 실시하지 아니하고 컨테이너를 사용한 자

1. 컨테이너형식승인판 미부착 위반사범

컨테이너의 제조자는 「선박안전법」 제23조제5항에 따라 컨테이너검정에 합격한 컨테이너에 컨테이너형식승인을 얻었음을 나타내는 형식승인판(이하 "컨테이너형식승인판"이라 한다)을 부착하여야 하며, 컨테이너검정등대행기관은 동 컨테이너형식승인판에 컨테이너검정에 합격하였음을 나타내는 확인표시를 하도록 하고 있다.

또한 이 법 제23조제8항에서는 선박소유자 또는 선장에게 다음의 [그림 2-13]과 같은 컨테이너형식승인판이 부착되지 아니한 컨테이너를 선박에 적재하여서는 아니하도록 규정하고 있다.

컨테이너형식승인판 등 이와 관련한 내용은 '제2장 제2절 Ⅱ. 5. 컨테이너형식승인(형식승인 변경) 및 검정 위반사범'을 참조하도록 한다.

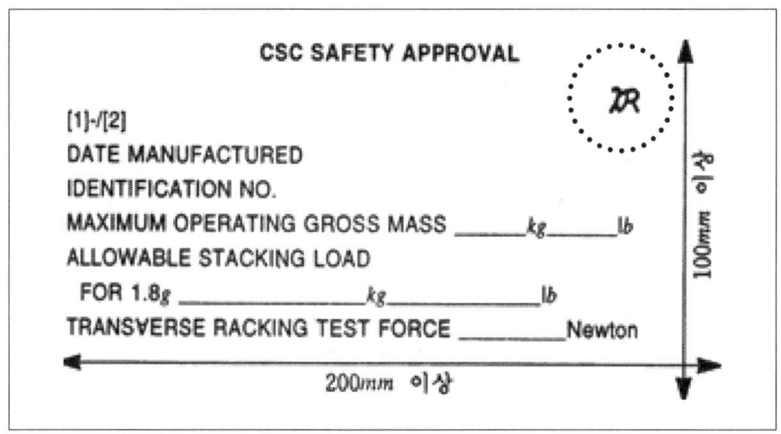

[그림 2-13] 컨테이너형식승인판(한국선급 합격표시, 검사증인)의 형태

다음의 [그림 2-14]는 실제 선박에 적재되는 컨테이너에 부착되는 형식승인판의 제작 형태 및 부착사례를 나타내고 있다.

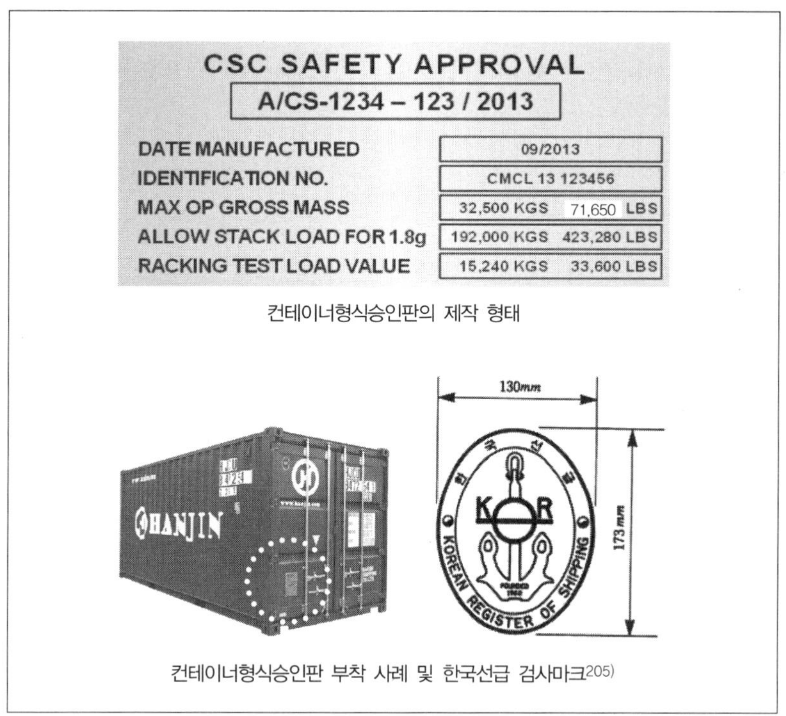

컨테이너형식승인판의 제작 형태

컨테이너형식승인판 부착 사례 및 한국선급 검사마크[205)]

출처: 구글검색사이트(Google), http://www.google.co.kr

[그림 2-14] 컨테이너형식승인판의 제작 형태 및 부착사례

2. 컨테이너의 안전점검 위반사범

컨테이너의 소유자는 「선박안전법」 제24조제1항 및 제25조제1항에 따라 해양수산부장관으로부터 자체 안전점검방법의 승인을 얻어 스스로 안전점검을 실시하고, 컨테이너의 안전점검을 실시한 경우에 한해 컨테이너를 선박에 적재하여 해상화물운송에 사용하도록 규정하고 있다.[206)]

205) 한국선급의 검사마크는 위 [그림 2-13]과 같은 컨테이너형식승인판의 검사증인 이외 컨테이너 문에 부착하여 표시한다.

206) 컨테이너의 안전관리와 관련한 제도는 앞서 언급한 바와 같이 「선박안전법」 제23조(컨테이너의 형식승인 및 검정 등) 및 제24조(컨테이너의 안전점검)와 같다. 이는 1950년대 이후 컨테이너를 이용한 해상화물특송의 급격한 증가와 컨테이너전용선이 개발됨에 따라 안전성을 확보하기 위해 국제해사기구(IMO)에서 1972년 「안전한 컨테이너에 관한 국제협약」(International Convention for Sale Container, CSC)을 채택하고, 이 협약에 따라 컨테이너의 안전관리를 실시하고 있다.

한편, 컨테이너 안전점검은 이 법 제24조제1항 후단의 규정에 따라 컨테이너의 제조자 이외 해양수산부령이 정하는 바에 따른 자격을 갖춘 안전점검사업자로 하여금 이를 대행하게 할 수 있도록 하고 있다.[207]

이 법 제24조제3항에 따라 컨테이너의 점검방법의 승인을 받으려는 자는 같은 법 시행규칙 제65조제1항에 따라 [별지 제66호서식]의 '컨테이너정기(계속)점검방법승인신청서'에 다음의 관련 서류를 첨부하여 관할 지방청에 제출하여야 한다.

i) 회사의 연혁 · 조직 및 업무분장 등 회사의 개요를 설명하는 서류(시행규칙 제65조제1항제1호)

ii) 다음 각 목의 사항을 적은 서류(시행규칙 제65조제1항제2호)

㉮ 컨테이너의 종류별 · 규격별 보유현황(가목)

㉯ 정기(계속)점검계획(조직 및 실시요령을 포함한다)(나목)

㉰ 정기(계속)점검기준(점검항목 및 판정기준을 포함한다)(다목)

㉱ 정기(계속)점검기록, 정기(계속)점검에 필요한 컨테이너의 구조 · 강도 등에 관한 서류의 관리방법(라목)

iii) 이 법 제24조제1항 후단에 따라 안전점검사업자로 하여금 컨테이너 안전점검을 대행하게 하는 경우에는 같은 법 시행규칙 제63조에 따른 자격요건에 적합함을 증명하는 서류(시행규칙 제65조제1항제3호)

---

207) 「선박안전법 시행규칙」 제63조(안전점검사업자의 자격 요건) 법 제24조제2항에 따른 안전점검업무를 대행하는 자는 다음 각 호의 요건에 적합한 자격을 갖추어야 한다.

1. 안전점검업무를 수행하기 위한 사무소를 가지고 있을 것
2. 삭제 〈2015.7.15.〉
3. 안전점검에 필요한 시설 및 설비를 갖추고 있을 것
4. 다음 각 목의 어느 하나에 해당하는 점검인력이 있을 것
   가. 대학의 조선 · 항해 · 기계 · 기관 · 용접 · 금속재료 등에 관한 학과(이하 이 조에서 "관련학과"라 한다)를 졸업하고 컨테이너의 제조, 검사, 시험 또는 수리 등의 업무(이하 이 조에서 "관련업무"라 한다)에 종사한 경험이 있는 자
   나. 대학의 관련학과 외의 이공계 학과를 졸업한 자 또는 전문대학의 관련학과를 졸업한 자로서 관련업무에 6개월 이상 종사한 자
   다. 공업계고등학교의 관련학과를 졸업하고 관련업무에 1년 이상 종사한 자
   라. 가목부터 다목까지 외의 자로서 관련업무에 2년 이상 종사한 자

지방청은 이와 같이 컨테이너정기(계속)점검방법승인신청을 받은 경우에는 같은 법 시행규칙 제65조제2항에 따라 제64조에 따른 안전점검의 기준에 적합한지 여부를 확인하고 적합한 경우에는 [별지 제67호서식]의 컨테이너정기(계속)점검방법승인서에 위의 ⅰ)~ⅲ)에 해당하는 서류사본을 첨부하여 발급하여야 한다.

여기에서 안전점검의 방법은 같은 법 시행규칙 제64조제1항제1호 및 제2호에 따라 정기점검방법[208] 및 계속점검방법[209]으로 구분하고 있으며, 컨테이너의 소유자는 이와 같은 어느 하나에 해당하는 점검방법에 대하여 같은 법 시행규칙 제65조에 따라 지방청의 승인을 받은 후 점검하도록 하고 있다.

다시 말해서 컨테이너 소유자는 같은 법 시행규칙 제64조제1항에 따라 정기검사방법 및 계속검사방법의 어느 하나에 해당하는 점검방법에 대하여 지방청의 승인을 받은 방법으로 점검을 실시하여야 한다.

또한 정기점검방법 또는 계속점검방법을 위한 안전점검기준은 같은 법 시행규칙 제64조제2항에 따라 해양수산부장관이 정하여 고시하고 있는 「컨테이너 안전점검 기준」에서 규정하고 있다.

이 기준의 주요내용을 살펴보면, 컨테이너를 점검하고자 하는 자의 요건, 컨테이너의 점검 시기, 점검의 표시방법 및 점검기록 유지 등에 관한 내용을 포함하고 있으며, 이와 관련한 내용을 정리하면 다음의 {참고 2-20}과 같다.[210]

---

208) 정기점검방법(Periodical Examination Scheme, PES)은 「안전한 컨테이너를 위한 국제협약」 부속서 Ⅰ 제2규칙제2항에 따른 점검연월에 하는 안전점검을 말한다. 이와 관련한 내용을 좀 더 상세히 언급하면 정기점검은 「컨테이너 안전점검 기준」 제2조제1호에 따라 안전승인판이 붙어있는 컨테이너에 대하여 컨테이너 소유자가 해양수산부장관(컨테이너 운송선박의 주된 기항지를 관할하는 국토해양관청을 말한다.)으로부터 승인받은 정기점검방법에 따라 「안전한 컨테이너를 위한 국제협약」 부속서Ⅰ 제2규칙제2항의 규정된 점검연월에 행하는 보수점검을 말한다.

209) 계속점검방법(Approved Continous Examination Program, ACEP)은 「안전한 컨테이너를 위한 국제협약」 부속서Ⅰ 제2규칙제3항에 따른 점검연월에 하는 안전점검을 말한다. 이와 관련한 내용을 좀 더 상세히 언급하면 계속점검은 「컨테이너 안전점검 기준」 제2조제2호에 따라 안전승인판이 붙어있는 컨테이너에 대하여 컨테이너 소유자가 해양수산부장관으로부터 승인 받은 계속점검방법에 따라 「안전한 컨테이너를 위한 국제협약」 부속서Ⅰ 제2규칙제3항의 규정에 의하여 행하는 보수점검을 말한다.

210) 정기점검방법 또는 계속점검방법을 위한 「선박안전법」 제24조제3항의 안전점검기준은 「컨테이너 안전점검 기준」에서 정하고 있다(시행규칙 제64조제2항). 한편, 이 기준은 이 법 제24조제3항, 같은 법 시행규칙 제64조제2항 및 안전한 컨테이너를 위한 국제협약부속서Ⅰ 제2규칙에 의한 컨테이너의 안전점검기준을 정함을 목적으로 한다.

{참고 2-20} 컨테이너 안전점검 기준의 주요내용

관련 기준	주요내용
컨테이너 점검자의 요건 (기준 제3조제2항)	1. 점검을 위한 조직 및 책임체제(점검자에 대한 권한 및 책임을 포함한다)를 갖출 것 2. 점검에 필요한 시설 및 설비를 갖출 것 3. 「선박안전법 시행규칙」 제63조제4호 각 목의 어느 하나의 자격요건에 적합하고 컨테이너의 구조ㆍ강도상 안전에 나쁜 영향을 주는 결함이 있는지의 여부를 판단할 수 있는 자가 점검할 것
컨테이너 점검방법별 점검 시기 (기준 제3조제3항)	1. 정기점검: 제조일로부터 5년 이내에 최초점검을 실시하고, 그 이후부터는 30개월을 초과하지 않는 주기로 실시 2. 계속점검 가. 일관점검: 최대 30개월 이내의 주기로 점검 실시. 다만, 점검 시기가 도래하기 전이라도 컨테이너 주요부의 수리, 재생 또는 컨테이너의 임대차가 발생하는 하는 경우에는 다음에 따라 일관점검을 실시하고 일관점검을 한 날로부터 주기를 다시 기산한다. (1) 컨테이너 주요부의 수리 또는 재생이 발생하는 경우에는 수리 또는 재생한 날로부터 7일 이내에 점검 실시 (2) 컨테이너의 임대차가 발생하는 경우에는 임대차 개시 전 7일 이내 및 임대차 종료 후 7일 이내에 각각 점검 실시 나. 일상검사: 컨테이너를 일상적으로 사용하는 중에 손상이나 노후 여부를 점검
컨테이너 안전점검의 방법 (기준 제3조제4항)	정기점검 및 일관점검 시에는 컨테이너의 외부 현상점검을 우선 실시하고, 현상점검 결과 더 자세한 점검이 필요하다고 판단된 부분에 대해서는 [별표 1]의 점검항목별 판정기준에 따라 적합여부를 확인하여야 한다. 이 경우, 현상점검 시 컨테이너의 내부점검이 가능하지 않을 경우에는 내부점검을 생략할 수 있다. * [별표 1] 컨테이너 보수점검 항목 및 판정기준(제3조제4항 관련)
컨테이너의 점검방법별 점검 표시 (기준 제4조제1항 및 제2항)	1. 정기점검: 안전승인판[211]의 위 또는 그 부근의 보기 쉬운 장소에 다음 점검연월을 다음의 방법으로 표시 가. 다음 점검연월은 국제적으로 통용되는 문자 또는 숫자로 표시할 것 나. 데칼[212]의 색은 다음 점검년도를 다음 산식에 따라 나머지를 구한 후 다음 표의 나머지에 해당하는 색으로 구별하여 표시할 것 $\frac{\text{차기 점검연도(4자리수)} - 1992}{6}$ 나머지: 0 / 1 / 2 / 3 / 4 / 5 색: 갈색 / 청색 / 황색 / 적색 / 흑색 / 녹색 * 데칼을 붙이는 경우에는 매 점검시마다 교체하여 부착하여야 함 2. 계속점검: 계속점검방법으로 점검을 실시하는 컨테이너에 대하여는 [별표 2]의 표시를 컨테이너형식승인판의 위 또는 그 부근의 보기 쉬운 장소에 데칼로 표시할 것. 다만, 「안전한 컨테이너를 위한 국제협약」 체약국의 컨테이너를 임차 또는 수탁한 경우에는 해당 국가가 승인한 데칼 표시를 사용할 수 있다. * 컨테이너 안전승인판위 또는 가까운 곳에 "ACEP"를 표시(데칼부착 가능)하고, 데칼 부착 시 교체부착이 필요 없음(아래 표 안의 그림 참조)

관련 기준	주요내용
컨테이너의 점검방법별 점검 표시 (기준 제4조제1항 및 제2항) (계속)	〈컨테이너 계속점검 표시방법(제4조제2항 관련) [별표 2]〉 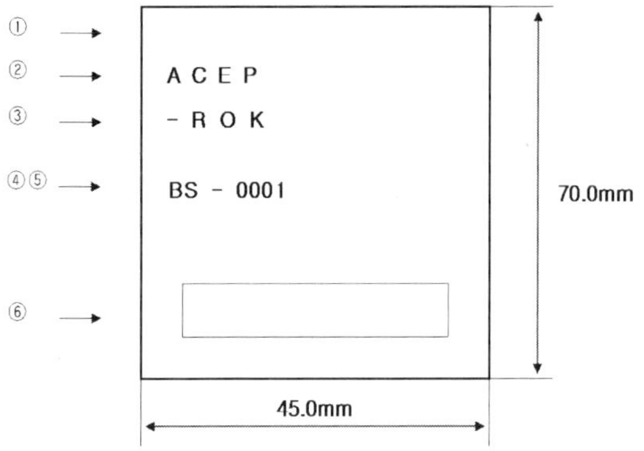 ① → ② → ACEP ③ → -ROK ④⑤ → BS - 0001 ⑥ → 70.0mm 45.0mm 비고 : ① 흰색 바탕에 검은색 문자 ② 계속 점검방법 표시 ③ 승인국 표시 ④ 지방해양항만청 표시(예 : 부산, 「선박법 사무취급 요령」 제16조의 규정에 따른 선박번호 중 소속기호의 표시에 따른다) ⑤ 승인 일련변호(예 : 0001) ⑥ 선사명(영문)
컨테이너 점검기록의 내용 및 보관기간 (기준 제5조)	1. 컨테이너 소유자 또는 법 제24조제1항 후단의 안전점검사업자는 컨테이너 점검기록을 보관하여야 한다. 다만, 계속점검 중 일상검사에 대한 기록은 생략할 수 있다. 2. 점검기록은 컨테이너 일련번호, 검사일자, 점검자 및 점검결과를 포함하여야 한다. 3. 점검기록의 보관기간은 점검방법별로 다음에 따른다. 가. 정기점검: 차기 정기점검 시까지 나. 계속점검 중 일관점검: 차기 일관점검 시까지 다. 계속점검 중 일상검사: 검사를 실시한 날로부터 30개월 까지 4. 점검기록은 전자문서 또는 컴퓨터 데이터베이스의 형태로도 보관할 수 있다.

211) "안전승인판(Safety Approval Plate)"은 앞서 언급한 바 있는 컨테이너형식승인판(CSC SAFETY APPROVAL)을 말한다.

212) "데칼(Decal)"이라 함은 전사, 접착테이프 또는 금속판에 새겨 넣는 등의 방법으로 컨테이너에 표시하는 방법을 말한다(「컨테이너 안전점검 기준」 제2조제3호). 여기에서 전사(轉寫, printing)는 글이나 그림 따위를 옮기어 베끼다는 의미로 사용된다.

다음의 [그림 2-15]는 컨테이너 안전점검(정기점검 및 계속점검)에 따른 표시 형태를 타나내고 있다.

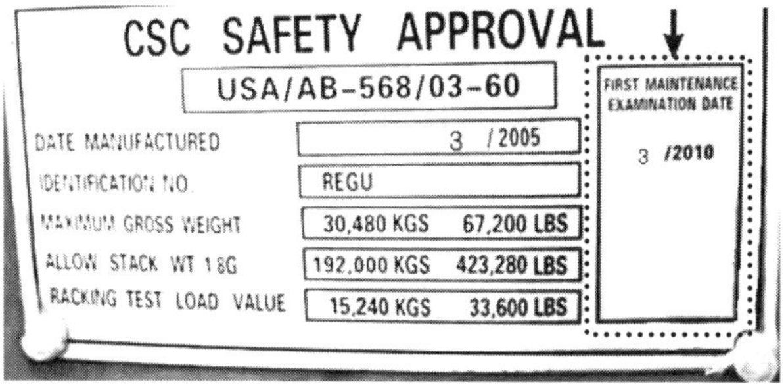

정기점검 표시 형태(FIRST MAINTENANCE EXAMINATION DATE)

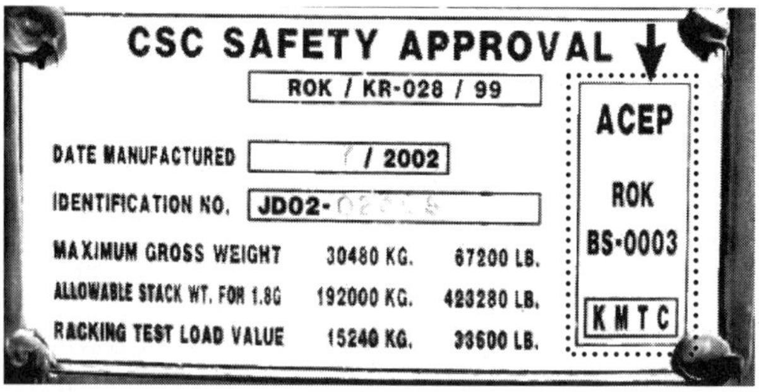

계속점검 표시 형태(ACEP)

출처: 구글검색사이트(Google), http://www.google.co.kr

[그림 2-15] 컨테이너 정기점검 및 계속점검 표시 형태

Ⅲ. 만재흘수선 은폐 · 변경 또는 말소 위반사범

제84조(벌칙) ① 선박소유자, 선장 또는 선박직원이 다음 각 호의 어느 하나에 해당하는 행위를 하는 때에는 1년 이하의 징역 또는 1천만원 이하의 벌금에 처한다.

8. 제27조제1항의 규정을 위반하여 만재흘수선의 표시를 은폐 · 변경 또는 말소한 때

「선박안전법」 제27조제1항에서는 만재흘수선 표시 대상 선박을 규정하고 있으며, 이에 해당하는 선박이 말재흘수선의 표시를 은폐·변경 또는 말소한 때에는 처벌하고 있다. 만재흘수선과 관련한 자세한 내용은 본 저서 '제2장 제2절 Ⅳ. 만재흘수선 초과 운송 위반사범'을 참조하고 별도의 세부 내용을 생략하기로 한다.

여기에서의 은폐·변경 또는 말소에 대한 의미는 다음과 같다.[213]

i) 은폐(隱蔽): 덮어 감추거나 가리어 숨김

ii) 변경(變更): 다르게 바꾸어 새롭게 고침

iii) 말소(抹消): 기록되어 있는 사실 따위를 지워서 아주 없애 버림(덜어내어 없애 버린다는 제거(除去)와 동일한 의미를 가짐)

Ⅳ. 무선설비 미설치 위반사범

제84조(벌칙) ① 선박소유자, 선장 또는 선박직원이 다음 각 호의 어느 하나에 해당하는 행위를 하는 때에는 1년 이하의 징역 또는 1천만원 이하의 벌금에 처한다.
10. 제29조제3항의 규정을 위반하여 무선설비를 갖추지 아니하고 선박을 항해에 사용한 때

「선박안전법」 제29조제1항 및 제2항에서는 선박소유자가 갖추어야 하는 무선설비[214] 대상 선박에 대해 규정하고 있으며, 국제항해에 취항하는 선박과 국내항해에 사용되는 선박으로 구분하고 있다. 또한 이 법 제29조제3항에서는 누구든지 무선설비를 갖추지 아니하고 선박을 항해에 사용하여서는 아니 되는 것으로 규정하고 있다.

이에 따라 여기에서는 무선설비 설치대상 선박이 이를 갖추지 아니하고 선박을 항해에 사용한 자에 대한 위법행위의 사실 관계를 이와 관련한 법령 및 행정규칙 등을 통해 살펴보고자 한다.

---

213) 이희승, 앞의 책, 1,182, 1,565, 2,969, 3,404면.

214) "무선설비"란 전파를 보내거나 받는 전기적 시설을 말한다(「전파법」 제2조제1항제5호).

이 법 제29조제1항에 따라 국제항해에 취항하는 여객선과 이를 제외한 국제항해에 취항하는 총톤수 300톤 이상 선박의 소유자는 「해상에서의 인명안전을 위한 국제협약」(SOLAS 협약)에 따른 세계 해상조난 및 안전제도의 시행에 필요한 무선설비를 갖추어야 한다. 이 경우 무선설비는 「전파법」에 따른 성능과 기준에 적합할 것을 요구하고 있다.

그 밖에 이 법 제29조제2항에 따라 국내항해에 사용되는 선박 및 국제항해에 취항하는 총톤수 300톤 미만의 선박 등 해양수산부령이 정하는 선박에 대하여는 같은 법 시행규칙 제72조제2항에서 규정하고 있는 무선설비를 설치하도록 하고 있으며, 이 또한 「전파법」에 따른 성능과 기준에 적합하여야 한다. 이 경우 선박이 갖추어야 하는 무선설비의 설치기준은 [별표 30]과 같다(〈표 2-19〉 참조).

반면, 이 법 제29조제1항의 규정에 따른 선박 이외 같은 조 제2항 및 같은 법 시행규칙 제72조제1항에서 규정하고 있는 다음의 국내항해에 사용되는 선박에 대해서는 무선설비 설치를 면제하고 있다.

i) 총톤수 2톤 미만의 선박(제1호)
ii) 추진기관을 설치하지 아니한 선박(제2호)
iii) 호수 · 하천 · 항내의 수역에서만 항해하는 선박(제3호)
iv) 「유선 및 도선 사업법」에 따른 도선으로서 출발항으로부터 도착항까지의 항해거리(경유지를 포함한다)가 2해리 이내인 선박(제4호)

뿐만 아니라 이 법 제29조제3항 단서 규정에 따라 무선설비의 설치대상 선박 중 임시항해검사증서를 가지고 1회의 항해에 사용하는 경우 또는 시운전을 하는 경우에는 무선설비의 설치 없이도 항해를 할 수 있도록 하는 예외규정을 두고 있다.

참고로 무선설비의 검사는 「전파법」 제24조에 따라 한국방송통신전파진흥원에서 수행하고 있으며, 「선박안전법」에 따른 대행검사기관에서는 선박검사 시 무선국 검사증명서 확인 및 무선설비 설치 확인에 한해 제한적으로 실시하고 있다.[215]

215) 대행검사기관에서는 일반적으로 무선설비의 검사방법을 다음과 같이 수행하고 있다. i) 무선국허

〈표 2-19〉 무선설비의 설치기준

무선설비의 종류 / 적용 선박	초단파대 무선설비 (무선전화 및 디지털선택호출장치)	중단파대 또는 중단파대 및 단파대무선설비 (무선전화 및 디지털선택 호출장치)	네비텍스 수신기	위성비상위치 지시용무선표 지설비(EPIRB)	레이더트랜스 폰더(SART)	양방향초단파 대무선전화장치 (2-way VHF)
가. 평수구역을 항해구역으로 하는 선박	1	–	–	–	–	–
나. 연해구역 이상을 항해구역으로 하는 선박						
1) 국제항해에 취항하지 아니하는 총톤수 300톤 미만의 것	1	–	–	1	–	–
2) 국제항해에 취항하는 총톤수 300톤 미만의 것	1	1	–	1	–	–
3) 총톤수 300톤 이상의 것	1	–	1	1	1	1

【비고】

1. 외국에서 같은 국가 내의 항구 간 또는 외국의 호소 · 하천 및 항내의 수역에서만 항해하는 선박으로서 해당 국가의 무선국 허가를 받은 선박은 해당 국가의 관계 규정에 따른 무선설비를 설치할 수 있다.
2. 중단파대 및 단파대무선전화를 설치한 선박은 중단파대무선전화를 설치하지 아니할 수 있다.
3. 「해운법」 제4조제1항에 따라 해상여객운송사업에 사용되는 여객선이 초단파대무선설비를 이용하여 위치보고 등을 하는 것이 곤란한 경우에는 초단파대무선설비 외에 중단파대무선전화를 설치하여야 한다.
4. 「선박안전법」 제30조제2항에 따라 선박위치발신장치 기능을 갖춘 무선설비란 위의 무선설비가 통신망으로 제어되어 각 단말기끼리 신호충돌 없이 자동으로 위치가 보고되는 기능을 갖춘 것을 말한다.
5. 위성휴대전화기를 설치한 수면비행선박은 중단파대무선설비 또는 중단파대 및 단파대무선설비의 설치를 생략할 수 있다.

가증 또는 무선국허가서를 제시받아 규칙 [별표 30]의 무선설비의 설치기준에 따른 무선설비 설치 상태 확인 및 검사증명서를 확인한다. ii) 검사증명서를 확인하여 무선국 정기검사 유효기간이 초과(무선국 정기검사 유효기간 만료일 후 2개월 또는 3개월이 초과)된 선박에 대하여는 무선국검사를 받도록 한 후 검사증명서를 제시받아 처리한다. iii) 국제항해에 종사하는 선박에 설치되는 비상위치지시용 무선표지설비(이하 "EPIRB"라 한다)는 i)부터 iii).까지의 확인에 추가하여 다음의 서류를 확인한다. ㉮ EPIRB 작동절차 설명서(기기에 부착되어 있을 것), ㉯ 전파전자급통신사 자격증, ㉰ 무선통신기록부, ㉱ 영문점검보고서(18개월을 넘지 않은 간격)(선박안전기술공단의 「선박검사지침」 2.3.7). 여기에서 "EPIRB(Emergency Position Indicating Radio Beacons, 이프브)"는 '선박위성조난신호기', '조난신호자동발신장치' 등으로 불리기도 한다.

한편, 이 법에서는 제29조제1항 및 제2항에 따른 무선설비 이외 「전파법」에 따른 성능과 기준을 맞추도록 규정하고 있는 장치를 별도로 두고 있다. 이에 해당하는 장치는 이 법 제30조제1항에 따른 것으로 선박의 안전운항을 확보하고 해양사고 발생 시 신속한 대응을 위하여 선박의 위치를 자동으로 발신하는 장치인 "선박위치발신장치"를 말한다.

참고로 선박위치발신장치는 선박안전법 관련 법령에 따라 무선설비로 규정하고 있지 않으나, 「선박위치발신장치의 설치기준 및 운영 등에 관한 규정」 제8조제1항에서는 이 장치를 「전파법」에 따른 성능과 기준을 맞추도록 하고 있다.

이와 관련해서 선박위치발신장치가 무선설비와는 어떠한 제도적 차이를 보이고 있는지에 대해 살펴보면 다음의 {참고 2-21}과 같다.

{참고 2-21} 선박위치발신장치의 개요

구분(관련 기준)	주요내용
Ⅰ. 정의 및 장치의 종류 (「선박위치발신장치의 설치기준 및 운영 등에 관한 규정」 제2조제4호)	1. 「선박안전법」 제30조제1항에 따른 선박의 위치를 자동으로 발신하는 기능을 가진 장치로서 다음에 해당하는 장치를 말한다.216) 가. 협약에 의한 선박자동식별장치 나. 연안선박용 선박자동식별장치 다. 초단파대 무선설비(VHF)217) 라. 중단파대 및 단파대 무선설비(MF/HF)218) 마. 휴대전화장치 바. 위성통신장치 사. 주파수공용통신용 무선설비(TRS)219)
Ⅱ. 설치 대상선박 (「선박안전법 시행규칙」 제73조)	1. 총톤수 2톤 이상의 선박으로서 다음에 해당하는 선박 가. 「해운법」에 따른 여객선 나. 「유선 및 도선 사업법」에 따른 유선(다만, 해가 뜨기 30분 전부터 해가 진 후 30분까지 사이에 운항하는 선박으로서 「선박안전법 시행규칙」 제15조제1항제1호에 따른 평수구역만을 항해하는 항해예정시간이 2시간 미만인 선박은 설치 면제) 2. 여객선이 아닌 선박으로서 국제항해에 취항하는 총톤수 300톤 이상의 선박 3. 여객선이 아닌 선박으로서 국제항해에 취항하지 아니하는 총톤수 500톤 이상의 선박 4. 연해구역 이상을 항해하는 총톤수 50톤 이상의 예선, 유조선 및 위험물산적운송선

216) 선박위치발신장치는 「선박안전법」 제30조제2항에 따라 이 법에서 규정하고 있는 무선설비가 선박위치발신장치의 기능을 가지고 있는 때에는 선박위치발신장치를 갖춘 것으로 보고 있다. 또한 「선박위치발신장치의 설치기준 및 운영 등에 관한 규정」 제2조제4호에서 규정하고 있는 장치 중 선박

구분(관련 기준)	주요내용
Ⅲ. 선박별 설치하여야 하는 선박위치발신장치의 종류(「선박위치발신장치의 설치기준 및 운영 등에 관한 규정」 제3조 및 제8조제2항 · 제3항)	1. 「선박안전법 시행규칙」 제73조에 따른 선박 중 국내항해에 취항하는 선박은 다음의 선박위치발신장치 중 어느 하나를 갖추어야 한다. 가. 협약에 의한 선박자동식별장치 나. 연안선박용 선박자동식별장치 다. 자동으로 위치를 발신할 수 있는 기능을 가진 VHF 무선장치 라. 자동으로 위치를 발신할 수 있는 기능을 가진 MF/HF 무선장치 마. 위성통신장치
	2. 위의 Ⅲ. 1에 상관없이 다음의 선박이 휴대전화장치 또는 주파수공용통신용 무선설비(TRS)를 갖춘 경우 선박위치발신장치를 갖춘 것으로 본다. 가. 평수구역 내에서만 항해하는 선박: 휴대전화장치 나. 「유선 및 도선 사업법」에 따른 총톤수 150톤 미만의 유선: 주파수공용통신용 무선설비(TRS)
	3. 「선박안전법 시행규칙」 제73조에 따른 선박 중 국제항해에 취항하는 선박: 위 Ⅲ. 1의 선박위치발신장치 중 위성통신장치(「선박위치발신장치의 설치기준 및 운영 등에 관한 규정」 제8조제2항과 관련한 [별표 5]에서 정한 위성통신장치 목록에 따른다)
Ⅳ. 무선설비와의 비교 · 검토	1. 선박위치발신장치는 「선박안전법」 제29조제1항 및 제2항에 따른 무선설비와 동일하게 「전파법」에 따른 성능과 기준을 맞추도록 규정하고 있다(「선박위치발신장치의 설치기준 및 운영 등에 관한 규정」 제8조제1항).
	2. 반면, 「선박안전법」 제29조제1항 및 제2항에 해당하는 무선설비는 「SOLAS협약」에 따른 세계 해상조난 및 안전제도의 시행에 필요한 무선설비 및 같은 법 시행규칙 제72조제2항 관련 [별표 30]에서 규정하고 있는 무선설비로 제한하고 있으며, 여기에는 선박위치발신장치를 포함하고 있지 않다. 다시 말해서 선박위치발신장치는 이 법 제30조에서 별도로 규정하고 있다.
	3. 다시 말해서 「선박안전법」에서는 선박위치발신장치를 무선설비로 간주하고 있지 않으며, 단지 선박의 위치를 자동으로 발신하는 기능적 측면만을 규정하고 있는 것으로 위의 Ⅰ. 1에서 언급하고 있는 장치 중 이 기능을 갖춘 장치를 선박위치발신장치로 인정하고 있는 것에 불과하다. 한편, 선박위치발신장치의 한 종류인 자동식별장치(AIS)를 「선박설비기준」 제108조의5에서는 항해용구로 규정하고 있다.
	4. 따라서 선박위치발신장치 설치대상 선박이 이를 갖추지 아니하고 선박을 항해에 사용한 경우에는 「선박안전법」 제29조제3항의 규정을 위반한 행위로 볼 수 없으므로 이 법 제84조제1항제10호의 벌칙 규정을 적용받지 않는 것으로 보아야 할 것이다.

의 위치를 자동으로 발신하는 기능을 가진 것에 한해서 인정하고 있다. 하지만 현재 국내에서는 선박자동식별장치(Automatic Identification System, AIS)이외 이 기능을 가진 장치를 두고 있지 못하므로 「선박안전법 시행규칙」 제73조에 따라 선박위치발신장치를 설치하여야 하는 국내항해 취항선박에는 AIS만을 설치하고 있는 실정이다.

217) VHF: Very High Frequency의 약어

218) MF/HF: Medium Frequency / High Frequency의 약어

219) TRS: Trunked Radio System의 약어

구분(관련 기준)	주요내용
V. 운영과 관련한 조치 및 예외 규정	선박위치발신장치의 운용과 관련한 조치로는 「선박안전법」 제89조제3항에 따라 정당한 사유 없이 제30조제1항의 규정에 따른 선박위치발신장치를 작동하지 아니한 선박의 선장은 1백만원 이하의 과태료에 처하도록 하고 있는 것이 전부이다. 다만, 예외적으로 선박의 선장은 해적 또는 해상강도의 출몰 등으로 인하여 선박의 안전을 위협할 수 있다고 판단되는 경우 선박위치발신장치의 작동을 중단할 수 있다. 이 경우 선장은 그 상황을 항해일지 등에 기재하여야 한다(「선박안전법 제30조 제3항」).

V. 선박의 결함신고 의무 위반사범

> **제84조(벌칙)** ① 선박소유자, 선장 또는 선박직원이 다음 각 호의 어느 하나에 해당하는 행위를 하는 때에는 1년 이하의 징역 또는 1천만원 이하의 벌금에 처한다.
> 11. 제74조제1항에 따른 선박의 결함신고를 하지 아니한 때

「선박안전법」 제84조제1항제11호의 위반사항에 해당하는 자에게 적용되는 양형기준은 이 법이 2015년 1월 6일 법률 제12999호로 개정되기 이전 제85조제4호[220]에서 이에 해당하는 자에 대해 500만원 이하의 벌금에 처하던 것을 1년 이하의 징역 또는 1천만원 이하의 벌금에 처하도록 처벌규정이 강화된 것으로 이는 구성요건에 있어서도 차이를 보이고 있다.

이와 관련해서 자세히 살펴보면, 이 법 제74조(결함신고에 따른 확인 등)제1항은 종전 '누구든지 선박의 감항성 및 안전설비의 결함을 발견한 때에는 해양수산부령이 정하는 바에 따라 그 내용을 해양수산부장관에게 신고할 수 있다(임의규정)'에서 '누구든지 선박의 감항성 및 안전설비의 결함을 발견한 때에는......(중간생략)...... 신고하여야 한다(강제규정)'로 개정되면서 이에 해당하는 범죄의 구성요건 또한 '거짓으로 제74조제1항의 규정에 따른 선박의 결함신고를 한 자(허위신고 자)'에서 '제74조제1항에 따른 선박의 결함신고를 하지 아니한 때(의무신고 위반자)'로 개정되었다.

---

220) 구, 「선박안전법」 **제85조(벌칙)** 다음 각 호의 어느 하나에 해당하는 자는 500만원 이하의 벌금에 처한다.
4. 거짓으로 제74조제1항의 규정에 따른 선박의 결함신고를 한 자

이에 따라 이 법 제74조제1항에서는 누구든지 선박의 감항성 및 안전설비의 결함을 발견한 때에는 그 내용을 해양수산부장관(지방청)에게 신고하도록 하고 있으며, 이에 따른 신고는 같은 법 시행규칙 제95조제1항에 따라 [별지 제85호서식]의 선박결함신고서에 따르며, 긴급한 경우에는 전화 등을 통하여 구두로 신고할 수 있도록 하고 있다.

한편, 이 법 제74조제1항의 개정 입법취지는 선박의 감항성 및 안전설비의 결함과 관련한 위험요소 발생 시 누구든지 신고를 의무화하여 해양사고 발생을 사전에 차단하기 위한 조치로 사료된다. 반면, 이 법 제74조제1항에 따른 선박의 결함신고를 하지 아니한 때의 처벌대상은 제84조제1항에 따라 선박소유자, 선장 또는 선박직원에 한해 적용하는 것으로 규정하고 있다.

따라서 이 법 제74조제1항과 관련한 위법행위에 대한 처벌규정은 신분범의 일종으로 즉 모든 사람을 대상으로 "누구든지"에 대해 적용하지 아니하며, 특정신분을 가지고 있는 자로 제한하고 있다 할 것이다.

이는 일반인에 비해 선박의 상태 확인이 용이한 현장 최일선 종사자에 대해 보다 엄격한 신고 의무규정을 두어 선박의 안전과 관련한 위험요소 발생 시 즉각적인 조치를 의무화하도록 한 제재수단으로 사료된다.

마찬가지로 위에서 언급하고 있는 선박결함신고서에는 신고자의 인적사항(성명 · 주소 · 전화번호) 이외 선명, 선적항, 선장, 선박회사, 결함내용으로 구성되어 있어 실질적으로 해당 선박의 종사자가 아닌 경우 상세한 결함내용을 파악하기에는 한계가 있다 할 것이다.

참고로 이 법 제74조제1항에 관한 감항성 및 안전설비와 관련한 내용은 본 저서 '제2장 제1절 Ⅰ. 선박안전법의 목적'을 참조하고 자세한 내용은 생략하기로 한다.

Ⅵ. 양벌규정[221)]

"양벌규정(兩罰規定)"은 어떤 범죄가 이루어진 경우에 행위자를 벌할 뿐만 아니라

221) 법제처, 앞의 책, 503면.

그 행위자와 일정한 관계가 있는 타인(자연인 또는 법인)에 대하여도 형을 과하도록 정한 규정을 말한다. 양벌규정은 벌칙 규정에 행위자만을 처벌하는 것만으로는 형벌 목적을 달성하기 어렵다는 전제에서 비롯한 것이다.

어떤 법인의 대표자나 법인 또는 개인의 대리인 · 사용인 · 종업원이 위법행위를 한 경우 벌칙 규정을 적용받아 처벌되는 것은 실제 행위를 한 자이다. 이 경우 실제로 그 위반행위에 따라 이익 등을 받고 있는 자는 그 법인 또는 사용주이므로 법인 또는 사용주가 이와 같은 위반행위를 방지하고 장래에 대한 예방조치를 강구할 책임이 있다고 할 것이다.

이러한 이유에서 위법행위에 있어서의 책임을 다하지 못한 법인 또는 사용주에 대하여 형을 과하는 양벌규정을 두게 된다. 양벌규정에 따른 법인 또는 개인(사용주 · 고용주 등)에 대한 벌칙은 벌금형에만 한정되고, 징역이나 금고를 과하지는 않는다.

법인에는 본질적으로 징역형 등 자유형을 과하는 것이 불가능하고 자연인에게는 그것이 불가능한 것은 아니지만 연좌적으로 처벌된다는 점을 고려할 때 자유형을 과하는 것은 타당하지 않기 때문이다.

한편, 국가 또는 지방자치단체도 법인이기는 하나 국가는 형벌권의 주체이지 객체는 될 수 없으므로 국가와 국가의 기관위임사무를 수행하는 지방자치단체는 양벌규정에 의한 처벌대상이 아니라는 것이 통설 및 판례의 입장이다.[222)]

이와 관련해서 현행 「선박안전법」에서는 이 법의 다른 처벌규정과는 다르게 제84조제1항제1호 내지 제11호의 위법행위에 대해서는 제84조제2항 내지 제4항에 따른 양벌규정을 두고 있으며, 다음의 〈표 2-20〉과 같다.

222) 예외적으로 지방자치단체가 양벌규정을 적용받은 경우도 있으며, 다음과 같다. 헌법 제117조, 지방자치법 제3조 제1항, 제9조, 제93조, 도로법 제54조, 제83조, 제86조의 각 규정을 종합하여 보면, 국가가 본래 그의 사무의 일부를 지방자치단체의 장에게 위임하여 그 사무를 처리하게 하는 기관위임사무의 경우에는 지방자치단체는 국가기관의 일부로 볼 수 있는 것이지만, 지방자치단체가 그 고유의 자치사무를 처리하는 경우에는 지방자치단체는 국가기관의 일부가 아니라 국가기관과는 별도의 독립한 공법인이므로, 지방자치단체 소속 공무원이 지방자치단체 고유의 자치사무를 수행하던 중 도로법 제81조 내지 제85조의 규정에 의한 위반행위를 한 경우에는 지방자치단체는 도로법 제86조의 양벌규정에 따라 처벌대상이 되는 법인에 해당한다(대법원 2005.11.10., 선고,2004도2657, 판결).

〈표 2-20〉 선박안전법 제84조제1항제1호 내지 제11호에 대한 양벌규정

법 제84조제2항 선장이 선박소유자의 업무에 관하여 이 법 제84조제1항의 위반행위를 하면 선장을 벌하는 외에 선박소유자에게도 같은 항의 벌금형을 과(科)한다. 다만, 선박소유자가 그 위반행위를 방지하기 위하여 해당 업무에 관하여 상당한 주의와 감독을 게을리하지 아니한 경우에는 그러하지 아니하다.
법 제84조제3항 선장 외에 선박승무원이 이 법 제84조제1항의 위반행위를 하면 그 선박승무원을 벌하는 외에 그 선장에게도 같은 항의 벌금형을 과(科)한다. 다만, 선장이 그 위반행위를 방지하기 위하여 해당 업무에 관하여 상당한 주의와 감독을 게을리하지 아니한 경우에는 그러하지 아니하다.
법 제84조제4항 선박소유자의 대리인(선박소유자가 법인인 경우 대표자를 포함한다), 사용인, 그 밖의 종업원(선박승무원은 제외한다)이 선박소유자의 업무에 관하여 이 법 제84조제1항의 위반행위를 하면 그 대리인, 사용인, 그 밖의 종업원을 벌하는 외에 그 선박소유자에게도 같은 항의 벌금형을 과(科)한다. 다만, 선박소유자가 그 위반행위를 방지하기 위하여 해당 업무에 관하여 상당한 주의와 감독을 게을리하지 아니한 경우에는 그러하지 아니하다.

여기에서의 현행 제84조제2항 및 제4항은 이 법이 2007년 1월 3일 법률 8221호로 개정되고, 2009년 12월 29일 법률 제9871호로 개정되기 전까지에 해당하는 구, 「선박안전법」(법률 제9446호) 제84조제2항 및 제4항[223]에 따라 선장, 선박소유자의 대리인(선박소유자가 법인인 경우 대표자를 포함한다) · 사용인 그 밖의 종업원(선박승무원을 제외한다)이 같은 조 제1항의 위반행위를 하면 이들에 대해 벌하는 외에 해당 선박소유자에 대해서도 무조건적으로 같은 항의 벌금형에 처하도록 하고 있는 양벌규정을 헌법재판소의 (단순)위헌결정에 따라 조건부 양벌규정으로 개정된 내용을 반영하고 있다.[224]

223) **구, 「선박안전법」 제84조(벌칙)** ② 선장이 선박소유자의 업무에 관하여 제1항의 위반행위를 한 때에는 선장을 벌하는 외에 선박소유자에 대하여도 동항의 벌금형에 처한다.
③ 선장 외에 선박승무원이 제1항의 위반행위를 한 때에는 해당 선박승무원을 벌하는 외에 선장에 대하여도 동항의 벌금형에 처한다. 다만, 선장이 해당선박승무원에 대하여 관리 · 감독 의무를 해태하지 아니한 경우에는 그러하지 아니하다.
④ 선박소유자의 대리인(선박소유자가 법인인 경우 대표자를 포함한다) · 사용인 그 밖의 종업원(선박승무원을 제외한다)이 선박소유자의 업무에 관하여 제1항의 위반행위를 한 때에는 그 대리인 · 사용인 그 밖의 종업원에 대하여 동항의 벌칙을 적용한다. 이 경우 해당선박소유자에 대하여는 동항의 벌금형에 처한다.

224) 헌법재판소에서는 구, 선박안전법(2007년 1월 3일 법률 제8221호로 개정되고, 2009년 12월 29일 법

률 제9871호로 개정되기 전의 것) 제84조제2항 중 "선장이 선박소유자의 업무에 관하여 제1항제1호의 위반행위를 한 때에는 선박소유자에 대하여도 동항의 벌금형에 처한다."는 부분은 헌법에 위반된다고 판시하였다. 또한 제1항제9호에도 동일하게 판시하여 헌법에 위반된다고 하였다. 이와 관련해서 헌법재판소의 판단은 다음과 같다. 형벌은 범죄에 대한 제재로서 그 본질은 법질서에 의해 부정적으로 평가된 행위에 대한 비난이다. 만약 법질서가 부정적으로 평가한 결과가 발생하였다고 하더라도 그 결과의 발생이 어느 누구의 잘못에 의한 것도 아니라면, 부정적인 결과가 발생하였다는 이유만으로 누군가에게 형벌을 가할 수는 없다. 이와 같이 "책임 없는 자에게 형벌을 부과할 수 없다."는 형벌에 관한 책임주의는 형사법의 기본원리로서, 헌법상 법치국가의 원리에 내재하는 원리인 동시에, 「대한민국헌법」 제10조의 취지로부터 도출되는 원리이다. 그런데 이 법률조항에 의할 경우, 선박소유자가 선장의 위반행위와 관련하여 선임 · 감독상의 주의의무를 다하여 아무런 잘못이 없는 경우까지에도 선박소유자에게 형벌을 부과할 수밖에 없게 된다. 이처럼 이 법률조항은 선장의 범죄행위에 관하여 비난할 근거가 되는 선박소유자의 의사결정 및 행위구조, 즉 선장이 저지른 행위의 결과에 대한 선박소유자의 독자적인 책임에 관하여 전혀 규정하지 않은 채, 단순히 선박소유자가 고용한 선장이 업무에 관하여 범죄행위를 하였다는 이유만으로 선박소유자에게 대하여 형사처벌을 과하고 있는바, 이는 다른 사람의 범죄에 대하여 그 책임 유무를 묻지 않고 형벌을 부과하는 것으로서, 헌법상 법치국가의 원리 및 죄형법정주의로부터 도출되는 책임주의원칙에 반한다(2011헌가15, 2011.11.24. 및 2013헌가15, 2013.9.26.). 현행 「선박안전법」 제84조제2항부터 제4항까지는 이러한 이유에서 "다만, 선박소유자(또는 선장)가 제84조제1항의 위반행위를 방지하기 위하여 해당 업무에 관하여 상당하는 주의와 감독을 게을리 하지 아니한 경우에는 그러지 아니하다." 라는 단서조항을 추가하여 개정되었다. 하지만 2011헌가15, 2011.11.24와 관련해서는 일부 재판관의 반대의견도 있었으며, 그 내용은 다음과 같다. 이 법률조항에서 위반행위를 한 선장 이외에 선박소유자를 그와 동일한 벌금형으로 처벌하도록 하는 것은 선장의 그와 같은 위반행위가 이익의 귀속주체인 선박소유자의 묵인 또는 방치로 인하여 발생 또는 강화될 가능성이 높아 선박소유자에 대한 비난가능성이 높음에도 공범으로서의 입증가능성은 오히려 낮을 수 있다는 점을 감안하여 법률이 보호하고자 하는 법익에 대한 위험을 초래할 행위에 대한 예방 및 처벌의 실효성을 제고하고자 한 것으로, 이는 선박소유자의 선임 · 감독상의 주의의무 위반행위에 대하여 강력한 처벌을 하려는 입법자의 의지를 반영한 것이다. 한편, 이 법률조항의 문헌에 의하더라도 선장의 범죄행위로 인하여 처벌되는 선박소유자의 범위는 선장의 범죄행위에 대하여 아무런 관련 없는 선박소유자까지 포함되는 것이 아니라 자신의 '업무'에 관하여 선장의 '위반행위'가 있는 경우에 한정되는 것으로, '선박소유자의 선장에 대한 선임 · 감독상의 과실'이란 것이 선박소유자의 '업무'와 선장의 '위반행위'를 연결해 주는 주관적 구성요건 요소[주관적 구성요건: 행위자의 내심에 속하는 심리적 · 정신적 현상을 기술한 것으로 행위자의 주관적 태도에 연관된 구성요건요소를 말한다. 여기에는 일반적 불법요소(고의범의 고의, 과실범의 과실)와 특별한 불법요소(목적범의 목적, 경향범의 경향, 표현범의 표현) 그 밖에 재산죄의 위법영득 내지 위법이득의 의사와 같은 심적 요인도 포함된다.]로서 추단될 수 있다. 대법원도 일관되게 영업주(營業主)의 종업원 등에 대한 선임 · 감독상의 주의의무위반 즉 과실 책임을 근거로 영업주의 책임을 묻되 다만 종업원 등의 위반행위에 대한 영업주의 선임 · 감독상의 과실이 추정된다는 입장에 있다. 따라서 이 법률조항의 문언상 '선박소유자의 선장에 대한 선임 · 감독상의 과실'이 명시되어 있지 않더라도 그와 같은 과실이 있는 경우에만 처벌하는 것으로 해석하는 것은 문언해석의 범위 내에 있는 것으로 합헌적 법률해석의 원칙에도 부합되고, 이러한 참고로 현행「선박안전법」제84조제3항 또한 양벌규정으로 이 법이 2009년 12월 29일 법률 제9871호로 개정 전인 법률 제9446호 당시에도 벌칙적용에 따른 단서 규정을 두고 있었다. 단지 현행 규정과 차이를 보이고 있는 것은 이 법 개정에 따른 조문의 표현방법 정도이다.[225]

해석을 전제로 할 때 이 법률조항은 형벌에 관한 책임주의원칙에 위반된다고 볼 수 없다.

225) **구,「선박안전법」제84조(벌칙)** ③ 선장 외에 선박승무원이 제1항의 위반행위를 한 때에는 해당 선박승무원을 벌하는 외에 선장에 대하여도 동항의 벌금형에 처한다. 다만, 선장이 해당선박승무원에 대하여 관리 · 감독 의무를 해태하지 아니한 경우에는 그러하지 아니하다.

현행,「선박안전법」제84조(벌칙) ③ 선장 외에 선박승무원이 제1항의 위반행위를 하면 그 선박승무원을 벌하는 외에 그 선장에게도 같은 항의 벌금형을 과(科)한다. 다만, 선장이 그 위반행위를 방지하기 위하여 해당 업무에 관하여 상당한 주의와 감독을 게을리하지 아니한 경우에는 그러하지 아니하다.

제4절 위계 및 의무 미준수 위반사범 수사

「선박안전법」 제85조제1호 내지 제8호에서는 위험물 적재·운송 또는 저장방법에 관한 위법행위와 국가의 명령을 따르지 아니하는 위법행위 등 다양한 유형의 범죄행위에 대한 구성요건 및 양형기준을 규정하고 있다.[226]

한편, 이 법 제85조제1호 내지 제8호의 위반사항에 해당하는 자에게 적용되는 양형기준은 이 법이 2015년 1월 6일 법률 제12999호로 개정되기 이전 이에 해당하는 자에 대해 500만원 이하의 벌금에 처하던 것을 1천만원 이하의 벌금에 처하도록 강화되었다[227]

위반행위에 따른 수사기관을 구분해서 살펴보면, 이 법 제85조제1호·제1호의2·제

---

226) **현행 「선박안전법」 제85조(벌칙)** 다음 각 호의 어느 하나에 해당하는 자는 1천만원 이하의 벌금에 처한다.
  1. 거짓 그 밖의 부정한 방법으로 제41조제2항의 규정에 따른 위험물의 적재·운송 또는 저장방법의 적합 여부에 관한 검사를 받거나 승인을 얻은 자
  1의2. 제58조의2를 위반하여 직무상 알게 된 비밀을 누설하거나 도용한 자
  2. 제69조제4항의 규정에 따른 명령에 따르지 아니한 자
  3. 제71조제3항의 규정에 따른 명령에 따르지 아니한 자
  4. 삭제 〈2015.1.6.〉
  5. 제74조제3항의 규정에 따른 출항정지명령에 따르지 아니한 자
  6. 제75조제1항의 규정을 위반하여 거짓의 보고를 하거나 거짓의 자료를 제출한 자
  7. 정당한 사유 없이 제75조제2항의 규정에 따른 공무원의 출입을 거부·방해 또는 기피한 자
  8. 제75조제5항의 규정에 따른 처분에 따르지 아니한 자

227) **구, 「선박안전법」 제85조(벌칙)** 다음 각 호의 어느 하나에 해당하는 자는 500만원 이하의 벌금에 처한다.
  1. 거짓 그 밖의 부정한 방법으로 제41조제2항의 규정에 따른 위험물의 적재·운송 또는 저장방법의 적합 여부에 관한 검사를 받거나 승인을 얻은 자
  1의2. 제58조의2를 위반하여 직무상 알게 된 비밀을 누설하거나 도용한 자
  2. 제69조제4항의 규정에 따른 명령에 따르지 아니한 자
  3. 제71조제3항의 규정에 따른 명령에 따르지 아니한 자
  4. 거짓으로 제74조제1항의 규정에 따른 선박의 결함신고를 한 자
  5. 제74조제3항의 규정에 따른 출항정지명령에 따르지 아니한 자
  6. 제75조제1항의 규정을 위반하여 거짓의 보고를 하거나 거짓의 자료를 제출한 자
  7. 정당한 사유 없이 제75조제2항의 규정에 따른 공무원의 출입을 거부·방해 또는 기피한 자
  8. 제75조제5항의 규정에 따른 처분에 따르지 아니한 자

6호 · 제7호에 따른 위반사범 수사는 경찰청에서 전담하게 된다. 반면, 선박을 사용하여 해상에서 항해를 한 경우 위법한 행위로 간주되는 제85조제2호 · 제3호 · 제5호에 대한 수사는 국민안전처(해양경비안전본부)에서 전담하게 된다.

그 밖에 나머지 제85조제8호에 대한 수사기관은 범죄발생 사안에 따라 국민안전처(해양경비안전본부) 및 경찰청이 된다.

예컨대 이 법 제75조제2항 및 제5항에 따라 해양수산부장관은 선박 또는 사업장을 조사한 결과 이 법 또는 이 법에 따른 명령[228]을 위반한 사실이 있다고 인정되는 때에는 해당 선박 또는 사업장에 대하여 같은 법 시행령 제20조에서 정하는 바에 따라 항해정지명령 또는 수리 · 보완과 관련된 처분[229]을 할 수 있도록 하고 있다.

이에 따라 국가로부터 항해정지명령 또는 시정 · 보안명령을 받은 선박이 항해정지(시정 · 보안)에 대한 해소 조치 없이 임의로 출항한 경우에는 국민안전처(해양경비안전본부)에서, 그리고 시정 · 보안명령을 따르지 않은 상태에서 해당 사업장에서 불법으로 업무를 수행하는 경우에는 경찰청에서 수사를 담당하게 된다. 이와 관련한 내용은 뒤에서 자세히 다루고자 한다.

Ⅰ. 위험물의 적재 · 운송 또는 저장방법 위반사범

제85조(벌칙) 다음 각 호의 어느 하나에 해당하는 자는 1천만원 이하의 벌금에 처한다.
1. 거짓 그 밖의 부정한 방법으로 제41조제2항의 규정에 따른 위험물의 적재 · 운송 또는 저장방법의 적합 여부에 관한 검사를 받거나 승인을 얻은 자

---

228) 명령(命令)은 일반적으로 법의 일부로서의 행정입법에 의한 명령을 말한다. 또한 내용에 따라 법규명령(法規命令)과 행정명령(行政命令)으로 나누어진다. 법규명령은 일반국민의 권리 · 의무에 관한 사항을 규율하고 국가와 국민 모두에게 구속력을 가지는 명령이다. 반면, 행정명령은 행정규칙이라고도 하며, 일반국민의 권리 · 의무에 관한 사항을 규율하지 않고 행정조직 내부에서만 구속력을 가지는 명령이다. 따라서 여기에서의 명령은 법규명령에 해당한다.

229) 처분(處分)은 행정 · 사법 관청이 특정한 사건에 대해 법규를 적용하는 행위를 말한다.

「선박안전법」 제41조제1항에서는 선박으로 위험물을 적재 · 운송하거나 저장하고자 하는 자는 항해상의 위험방지 및 인명안전에 적합한 방법에 따라 적재 · 운송 및 저장하도록 하고 있다.

이에 따라 위험물을 적재 · 운송하거나 저장하고자 하는 자는 이 법 제41조제2항에서 규정하고 있는 바와 같이 그 방법의 적합 여부에 관하여 해양수산부장관의 검사를 받거나 승인을 얻어야 한다.

이 경우 위험물의 종류와 그 용기 · 포장, 적재 · 운송 및 저장의 방법, 검사 또는 승인 등에 관하여 필요한 사항은 이 법 제41조제3항에 따라 「위험물 선박운송 및 저장규칙」[230]으로 정하고 있다.

또한 이와 관련해서 위험물운송에 관한 기준은 「선박안전법」과 「위험물 선박운송 및 저장규칙」에서 해양수산부장관이 정하도록 한 「위험물 선박운송 기준」을 따르도록 하고 있다.

그 밖에 위험물 종류 중 방사성물질 및 액체의 위험물을 산적하여 운송하는 선박의 시설기준 등은 「방사성물질 운송선박의 안전기준」[231]을 만족하도록 하고 있다.

한편, 위험물의 적재 · 운송 및 저장 등에 관한 검사 및 승인에 대한 업무는 이 법 제65조제1항에 따라 "위험물검사등대행기관"에서 대행하고 있으며,[232] 이 과정에서 거짓, 그 밖의 부정한 방법으로 이 법 제41조제2항의 규정에 따른 위험물의 적재 · 운송 또는 저장방법의 적합 여부에 관한 검사를 받거나 승인을 얻은 자에게는 이 법 제85조제1호의 규정에 따라 처벌할 수 있도록 하고 있다.

---

230) 「위험물 선박운송 및 저장규칙」은 「선박안전법」 제41조, 제41조의2 및 제65조에 따른 선박에 의한 위험물의 운송 및 저장, 위험물 취급자에 대한 위험물 안전운송 교육과 상용위험물의 취급에 관한 사항을 규정함을 목적으로 한다. 한편, 「선박안전법」에서는 위험물 관련 세부 규정을 같은 법 시행규칙에 두고 있지 아니하며, 별도의 「위험물 선박운송 및 저장규칙」에 위임하여 정하고 있다.

231) 「방사성물질 운송선박의 안전기준」 제1조(목적) ① 이 기준은 선박안전법 제41조제4항의 규정에 의하여 사용후핵연료, 플루토늄 및 방사성폐기물(이하 "방사성물질등"이라 한다)을 운송하는 선박의 선체배치, 복원성, 화재안전과 화물구역의 온도제어, 화물고박장치 및 전원장치 등에 관하여 필요한 사항을 규정함을 목적으로 한다.

232) 「위험물 선박운송 및 저장규칙」 제208조(위험물검사등대행기관의 지정신청) ① 법 제65조제1항에 따른 위험물검사등대행기관 지정검사기관은 영리를 목적으로 하지 아니하는 법인이어야 한다. 다만, 제205조의2에 따라 용기 · 포장검사를 할 수 있는 위험물검사등대행기관은 「국가표준기본법」 제23조(시험 · 검사기관 인정 등)에 따라 인정받은 시험 · 검사기관이어야 한다.

여기에서는 거짓, 그 밖의 부정한 방법으로 제41조제2항의 규정에 따른 위험물의 적재 · 운송 또는 저장방법의 적합 여부에 관한 검사를 받거나 승인을 얻은 자에 대한 위법행위를 관련 법령 및 행정규칙 등을 통해 살펴보고자 한다.

1. 위험물의 종류

「선박안전법」 제41조제1항 및 제2항의 규정에 따른 위험물의 종류(분류)는 「위험물 선박운송 및 저장규칙」 제2조제1호 내지 제3호 · 제3조(위험물의 분류) 및 「위험물 선박운송 기준」 제2조제1항 내지 제8항에서 규정하고 있는 것으로 하고 있으며, 다음의 〈표 2-21〉과 같다.

〈표 2-21〉 위험물의 요건 및 종류(분류)

구 분	위험물의 요건 및 종류(분류)
위험물의 종류	
화약류 (제1급)	ⅰ) 다음에 정하는 폭발성 물질(화학반응으로 주위환경에 손상을 줄 수 있는 온도 · 압력 및 속도를 가진 가스를 발생시키는 고체 물질, 액체 물질 또는 그 혼합물을 말한다. 이하 같다) 및 폭발성 제품(한 종류이상의 폭발성 물질을 포함한 제품을 말한다. 이하 같다)으로서 해양수산부장관이 고시하는 것(「위험물 선박운송 및 저장규칙」 제2조제1호가목 및 제3조제1호) ㉮ 대폭발(발화 시 해당 폭발성 물질 또는 폭발성 제품의 대부분이 동시에 폭발하는 것을 말한다. 이하 같다) 위험성이 있는 폭발성 물질 및 폭발성 제품(제1급 화약류 등급 1.1) ㉯ 대폭발위험성은 없으나 분사(발화 시 해당 폭발성 물질 또는 폭발성 제품이 연소되면서 빠른 속도로 가스를 내뿜는 것을 말한다. 이하 같다) 위험성이 있는 폭발성 물질 및 폭발성 제품(제1급 화약류 등급 1.2) ㉰ 대폭발위험성은 없으나 화재위험성 · 폭발위험성 또는 분사위험성이 있는 폭발성 물질 및 폭발성 제품: 화재 시 상당한 복사열을 발산하거나 약한 폭발 또는 분사를 하면서 연소되는 폭발성 물질 및 폭발성 제품(제1급 화약류 등급 1.3) ㉱ 대폭발위험성 · 분사위험성 또는 화재위험성은 적으나 민감한 폭발성 물질 및 폭발성 제품: 운송 중 발화하는 경우 위험성이 적은 폭발성 물질 및 폭발성 제품(제1급 화약류 등급 1.4) ㉲ 대폭발위험성이 있는 매우 둔감한 폭발성 물질: 대폭발위험성은 있으나 매우 둔감하여 통상적인 운송조건에서는 발화하기 어렵고 화재가 나도 폭발하기 어려운 폭발성 물질(제1급 화약류 등급 1.5) ㉳ 대폭발위험성이 없는 극히 둔감한 폭발성 제품: 극히 둔감한 폭발성 물질을 주성분으로 하여 만들어진 것으로서 우발적으로 발화하기 어려운 폭발성 제품(제1급 화약류 등급 1.6)
	ⅰ-1) 위의 ⅰ)에서 "해양수산부장관이 고시하는 화약류"는 「위험물 선박운송 기준」 제2조제1항에 따른 [별표 1]의 정표찰[233]란에 1.1 내지 1.6인 물질 및 이 규칙 제39조에 정하는 것

구 분	위험물의 요건 및 종류(분류)
위험물의 종류	
고압가스 (제2급)	ii) 섭씨 50도에서 0.30메가파스칼을 초과하는 증기압을 가진 물질 또는 섭씨 20도 및 압력 0.1013메가파스칼에서 완전히 기체인 물질 중 다음에 정하는 물질로서 해양수산부장관이 고시하는 것(「위험물 선박운송 및 저장규칙」 제2조제1호나목 및 제3조제2호) ㉮ 인화성 가스: 섭씨 20도와 압력 0.1013메가파스칼에서 해당 가스가 공기 중에 용적비로 13퍼센트 이하 혼합된 경우에도 발화되는 가스와 공기 중에서 인화될 수 있는 가스 농도의 최대값과 최소값의 차이가 12퍼센트 이상인 가스(제2급 고압가스 제2.1급) ㉯ 비(非) 인화성 · 비 독성 가스: 인화성 가스 또는 독성 가스가 아닌 가스(제2급 고압가스 제2.2급) ㉰ 독성 가스: 해당 가스를 흰쥐의 입을 통하여 투여한 경우 또는 피부에 24시간 동안 계속하여 접촉시키거나 1시간 동안 계속하여 흡입시킨 경우 그 흰쥐의 2분의 1 이상이 14일 이내에 죽게 되는 독량이 1세제곱미터당 5리터 이하인 가스(제2급 고압가스 제2.3급)
	ii-1) 위의 ii)에서 "해양수산부장관이 고시하는 고압가스"는 「위험물 선박운송 기준」 제2조제2항에 따른 [별표 1]의 정표찰란에 2.1 내지 2.3인 물질
인화성 액체류 (제3급)	iii) 다음에 정하는 인화성 액체로서 해양수산부장관이 고시하는 것(「위험물 선박운송 및 저장규칙」 제2조제1호다목 및 제3조제3호) ㉮ 저인화점 인화성 액체: 인화점(밀폐용기 시험에 의한 인화점을 말한다. 이하 같다)이 섭씨 영하 18도 미만인 액체 ㉯ 중인화점 인화성 액체: 인화점이 섭씨 영하 18도 이상 섭씨 23도 미만인 액체 ㉰ 고인화점 인화성 액체: 인화점이 섭씨 23도 이상 섭씨 60도 이하인 액체(인화점이 섭씨 35도를 초과하는 액체로서 연소계속성으로 인하여 그 액체의 인화점 미만의 온도로 운송되는 경우는 제외한다) 또는 인화점이 섭씨 60도를 초과하는 액체로서 인화점 이상의 온도로 운송되는 액체
	iii-1) 위의 iii)에서 "해양수산부장관이 고시하는 인화성 액체류"는 「위험물 선박운송 기준」 제2조제3항에 따른 [별표 1]의 정표찰란에 3인 물질

233) 정표찰(正標札)은 「위험물 선박운송 및 저장규칙」 제6조제1항 관련 [별지 제1호도식] [부록 1]에서 규정하고 있다.

구 분	위험물의 요건 및 종류(분류)
위험물의 종류	
가연성 물질류 (제4급)	iv) 다음의 물질로서 해양수산부장관이 고시하는 것(「위험물 선박운송 및 저장규칙」 제2조제1호라목 및 제3조제4호) ㉮ 가연성 물질: 화기 등으로 쉽게 점화되거나 연소하기 쉬운 물질, 자체반응 물질과 이와 관련된 물질 및 둔감화된 화약류(제4급 가연성 물질류 제4.1급) ㉯ 자연발화성 물질: 자연발열이나 자연발화하기 쉬운 물질(제4급 가연성 물질류 제4.2급) ㉰ 물 반응성 물질: 물과 반응하여 인화성 가스를 발생하는 물질(제4급 가연성 물질류 제4.3급)
	iv-1) 위의 iv)에서 "해양수산부장관이 고시하는 가연성 물질류"는 「위험물 선박운송 기준」 제2조제4항에 따른 [별표 1]의 정표찰란에 4.1 내지 4.3인 물질
산화성 물질류 (제5급)	v) 다음의 물질로서 해양수산부장관이 고시하는 것과 제200조 각 호에서 정하는 것(「위험물 선박운송 및 저장규칙」 제2조제1호마목 및 제3조제5호) ㉮ 산화성 물질: 다른 물질을 산화시키는 성질을 가진 물질(유기과산화물은 제외한다)(제5급 산화성 물질류 제5.1급) ㉯ 유기과산화물: 쉽게 활성산소를 방출하여 다른 물질을 산화시키는 성질을 가진 유기물질(제5급 산화성 물질류 제5.2급)
	v-1) 위의 v)에서 "해양수산부장관이 고시하는 산화성 물질류"는 「위험물 선박운송 기준」 제2조제5항에 따른 [별표 1]의 정표찰란에 5.1, 5.2인 물질
독물류 (제6급)	vi) 다음에서 정하는 것(「위험물 선박운송 및 저장규칙」 제2조제1호바목 및 제3조제6호) ㉮ 독물: 인체에 독작용을 미치는 물질로서 해양수산부장관이 고시하는 것(제6급 독물류 제6.1급) ㉯ 병독(病毒)을 옮기기 쉬운 물질: 살아있는 병원체, 살아있는 병원체를 함유하고 있는 물질이나 살아있는 병원체가 붙어있다고 인정되는 것(제6급 독물류 제6.2급)
	vi-1) 위의 vi)㉮에서 "해양수산부장관이 고시하는 독물류"는 「위험물 선박운송 기준」 제2조제6항에 따른 [별표 1]의 정표찰란에 6.1, 6.2인 물질
위험물의 종류	
방사성 물질 (제7급)	vii) 「원자력법」[234] 제2조에 따른 방사성물질(방사성물질에 오염된 것을 포함한다)(「위험물 선박운송 및 저장규칙」 제2조제1호사목 및 제3조제7호)
	vii-1) 위의 방사성물질은 현행 「원자력안전법」 제2조제5호에 따라 핵연료물질 · 사용후핵연료 · 방사성동위원소 및 원자핵분열생성물(原子核分裂生成物)을 말함
부식성(腐蝕性) 물질 (제8급)	viii) 부식성을 가진 물질로서 해양수산부장관이 고시하는 것(「위험물 선박운송 및 저장규칙」 제2조제1호아목 및 제3조제8호)
	viii-1) 위의 viii)에서 "해양수산부장관이 고시하는 부식성 물질"은 「위험물 선박운송 기준」 제2조제7항에 따른 [별표 1]의 정표찰란에 8인 물질
유해성 물질 (제9급)	ix) 위의 i)부터 viii)까지의 물질 외에 사람에게 해를 끼치거나 다른 물건을 손상시킬 우려가 있는 물질로서 해양수산부장관이 고시하는 것(「위험물 선박운송 및 저장규칙」 제2조제1호자목 및 제3조제9호)
	ix-1) 위의 ix)에서 "해양수산부장관이 고시하는 유해성 물질"은 「위험물 선박운송 기준」 제2조제8항에 따른 [별표 1]의 정표찰란에 9인 물질

구 분	위험물의 요건 및 종류(분류)
산적액체위험물의 종류	산적(散積)하여 운송되는 액체물질로서 다음에서 정하는 것
액화가스물질	i) 섭씨 37.8도에서 0.28메가파스칼을 넘는 증기압력을 갖는 액체 및 이와 유사한 성질·상태를 갖는 물질(「위험물 선박운송 및 저장규칙」 제2조제2호가목)
액체화학품	ii) 섭씨 37.8도에서 0.28메가파스칼 이하의 증기압력을 갖는 물질로서 다음의 성질을 갖는 액체 상태의 물질(「해양환경관리법」 제2조에 따른 기름[235]은 제외한다)(「위험물 선박운송 및 저장규칙」 제2조제2호나목) ㉮ 부식성, ㉯ 인체에 대한 독성, ㉰ 인화성, ㉱ 자연발화성, ㉲ 위험한 반응성
인화성 액체물질	iii) 다음에 정하는 것(「위험물 선박운송 및 저장규칙」 제2조제2호다목) ㉮ 인화성 액체류로서 위의 액화가스 물질 및 액체 화학품에서 정한 물질 외의 액체 상태 물질 ㉯ 「해양환경관리법」 제2조제5호에 따른 기름 중 액체 상태 물질(인화성 액체류는 제외한다)
유해성 액체물질	iv) 유해성 물질로서 위의 액화가스물질, 액체화학품 및 인화성 액체물질에서 정하는 물질 외의 액체상태 물질(「위험물 선박운송 및 저장규칙」 제2조제2호라목)

234) 원자력을 안전하게 이용하기 위해서는 무엇보다 안전규제의 독립이 요구되고, 국제원자력기구(International Atomic Energy Agency, IAEA)의 기본안전원칙 및 「원자력안전에 관한 협약」 등에서도 원자력안전기관은 그 책임을 다하기 위해서 원자력진흥조직이나 기구와 효과적으로 독립되어야 한다고 규정하고 있다. 이에 따라 「원자력법」의 제명이 「원자력진흥법」으로 변경되면서 현행법의 규정 중 원자력의 이용에 관한 사항만 「원자력진흥법」에서 규정하고, 안전관리에 관한 사항은 「원자력안전법」에서 따로 정하도록 하여 원자력이용 및 진흥체제를 원자력의 안전규제체제와 효과적으로 분리함으로써, 국제규범을 이행함은 물론 원자력을 안정적으로 이용할 수 있도록 하고 있다(법제처, 법률검색, 2015.8.2. 방문. 〈http://www.law.go.kr〉).

235) 「해양환경관리법」 제2조제5호에 따라 “기름”이라 함은 「석유 및 석유대체연료 사업법」에 따른 원유 및 석유제품(석유가스를 제외한다)과 이들을 함유하고 있는 액체상태의 유성혼합물(이하 “액상유성혼합물”이라 한다) 및 폐유를 말한다. 여기에서 「석유 및 석유대체연료 사업법」에 따른 원유 및 석유제품 중 원유는 이 법 제2조제1호에서 규정하고 있는 석유의 한 종류로 구분하고 있으며, 석유제품은 이 법 같은 조 제2호에서 휘발유, 등유, 경유, 중유, 윤활유와 이에 준하는 탄화수소유 및 석유가스(액화한 것을 포함한다. 이하 같다)로서 다음의 것으로 하고 있다. i) 탄화수소유: 항공유, 용제(溶劑), 아스팔트, 나프타, 윤활기유, 석유중간제품(석유제품 생산공정에 원료용으로 투입되는 잔사유(殘渣油) 및 유분(溜分)을 말한다) 및 부생연료유(부생연료유: 등유나 중유를 대체하여 연료유로 사용되는 부산물인 석유제품을 말한다)(가목), ii) 석유가스: 프로판·부탄 및 이를 혼합한 연료용 가스(나목)

2. 위험물의 검사 대상 범위

위험물의 적재 · 운송 또는 저장방법의 적합 여부에 관한 검사를 받아야 하는 경우는 다음과 같으며, 이 경우 이와 관련한 세부 규정은 앞서 언급한 바와 같이 「위험물 선박운송 및 저장규칙」 및 「위험물 선박운송 기준」을 따르고 있다.

참고로 앞서 언급한 바와 같이 위험물 관련 검사 및 승인 업무는 「선박안전법」 제65조제1항에 따라 위험물검사등대행기관으로 하여금 대행할 수 있도록 하고 있으며, 이에 해당하는 대행검사기관은 위험물의 적재 · 운송 및 저장 등에 관한 검사업무의 유형에 따라 다음과 같이 구분해서 지정하여 운영하고 있다.[236)]

i) 「위험물 선박운송 및 저장규칙」 제24조의2제1항에 따라 길이 12미터 이상의 선박으로 위험물을 운송하는 경우 이에 따른 방화장치등 검사: 선박안전기술공단 및 선급법인(한국선급)

ii) 「위험물 선박운송 및 저장규칙」 제204조제1항에 따른 위험물의 적재검사: 한국해사위험물검사원

iii) 「위험물 선박운송 및 저장규칙」 제205조제1항에 따른 위험물 컨테이너 수납검사: 한국해사위험물검사원

iv) 「위험물 선박운송 및 저장규칙」 제205조의2제1항에 따른 위험물 운송과 관련한 용기 및 포장검사: 선급법인(한국선급), 한국해사위험물검사원

가. 길이 12미터 이상의 선박으로 위험물을 운송하는 경우(방화장치등 검사)[237)]

「위험물 선박운송 및 저장규칙」 제24조의2제1항에 따라 위험물(병독을 옮기기 쉬운 물질과 유해성 물질을 제외한다)을 적재하는 길이 12미터 이상의 선박은 관할지

---

236) 「선박안전법」 제65조(위험물 관련 검사 · 승인의 대행) ① 해양수산부장관은 제41조제2항의 규정에 따른 위험물의 적재 · 운송 및 저장 등에 관한 검사 및 승인에 대한 업무를 해양수산부장관이 정하여 고시하는 지정기준에 적합한 자로서 해양수산부장관이 정하여 고시하는 대행기관(이하 "위험물검사등대행기관"이라 한다)으로 하여금 대행하게 할 수 있다.

237) 여기에서의 선박은 위험물을 용기에 저장해서 "적재"하여 운송하는 선박을 말하므로, 유조선 등과 같이 화물창의 대부분이 "산적"한 기름을 운반하기 위한 구조로 된 선박은 제외한다.

방청등에서 안전에 지장이 없다고 인정하는 경우를 제외하고는 위험물과 화물구역의 종류별로 방화 · 화재탐지 및 소화장치 등(이하 "방화장치등"이라 한다)을 갖춰 두도록 하고 있다.

여기에서 위험물과 화물구역의 종류별 방화장치등의 세부기준은 「위험물 선박운송 기준」 제10조(방화장치등의 기준)와 관련한 [별표 20]을 따르도록 하고 있다(규칙 제24조의2제2항).

이에 따라 방화장치등을 갖춘 선박의 소유자가 위험물을 운송하고자 하는 경우에는 이 규칙 제24조의3제1항 [별지 제1호서식]의 위험물운송적합증 발급신청서를 앞서 언급한 바와 같이 이 법 제65조제1항에서 규정하고 있는 위험물검사등대행기관(지정검사기관)인 선박안전기술공단 및 한국선급에 제출하여야 한다.

이 때 신청서를 받은 해당 지정검사기관에서는 이 규칙 제24조의3제2항에 따라 방화장치등의 설치요건이 적합한지에 대한 여부를 조사 · 확인한 후 해당 선박이 운송할 수 있는 위험물 및 위험물의 적재장소를 지정하고 [별지 제1호의2서식]의 '위험물운송적합증'을 발급하도록 하고 있다. 참고로 다음의 [그림 2-16]은 위험물운송적합증서식으로 이 증서에는 위험물의 분류 또는 항목 및 위험물의 적재장소 등을 기재하도록 하고 있다.

다만, 예외적으로 「위험물 선박운송 및 저장규칙」 제24조의3제6항 및 제7항에 따라 국제항해에 종사하는 선박의 소유자가 「선박안전법 시행규칙」 제23조제1항제8호에 따른 [별지 제20호서식]의 위험물운송적합증서를 발급받은 경우[238]와 「1974년 해상에서의 인명안전을 위한 국제협약」의 체약국 또는 체약국 정부가 인정하는 단체가 발급한 위험물운송적합서류는 「위험물 선박운송 및 저장규칙」 제24조의3제2항에 따

238) 「선박안전법 시행규칙」 제23조(국제협약검사증서의 서식 등) ① 법 제12조제2항에 따른 국제협약검사증서는 다음 각 호와 같다.

8. 다음 각 호의 어느 하나에 해당하는 선박으로서 「해상에서의 인명안전을 위한 국제협약」 부속서 제7장제2규칙에서 규정하는 위험물을 포장된 형태나 산적고체 형태로 운송하는 선박: 별지 제20호서식의 위험물운송적합증서

가. 1984년 9월 1일 이후에 건조되거나 개조된 여객선

나. 1984년 9월 1일 이후에 건조되거나 개조된 총톤수 500톤 이상의 화물선

다. 1992년 2월 1일 이후에 건조되거나 개조된 화물선

른 위험물운송적합증으로 보고 있다.

한편, 이 규칙 제24조의3제4항 및 제5항에서는 이와 관련한 선장의 의무사항으로 위험물운송적합증을 발급받지 아니한 선박으로는 위험물을 운송해서는 아니 되며, 또한 선장은 위험물운송적합증에 지정된 내용에 따라 위험물을 운송하도록 규정하고 있다.

■ 위험물 선박운송 및 저장규칙 [별지 제1호의2서식] <개정 2015.3.10.>

제 호

위험물운송적합증

선박의 종류 및 명칭		선박번호	
선적항		선박소유자	

위험물의 분류 또는 항목	위험물의 적재장소

위 선박은 「위험물 선박운송 및 저장규칙」 제24조의3제2항에 따라 위와 같이 위험물을 적재장소에 적재할 수 있음을 증명합니다.

년 월 일

지방해양항만청장
(지정검사기관의 장) 직인

210㎜×297㎜[보존용지(1종) 220g/㎡]

[그림 2-16] 위험물운송적합증(별지 제1호의2서식)

나. 특정위험물을 운송하는 경우(적재검사)

「위험물 선박운송 및 저장규칙」 제204조제1항에 따라 선장은 다음의 위험물을 운송하려는 경우에는 위험물의 적재방법, 해당 위험물에 적합한 용기 · 포장의 사용여부와 표시 및 표찰의 적합여부에 관하여 적재검사를 받아야 한다.

i) 해양수산부장관이 정하는 화약류(규칙 제204조제1항제1호)

ii) 용적(섭씨 0도에서 0메가파스칼의 상태로 환산한 용적을 말한다) 300세제곱미터 이상의 액화가스 외의 고압가스 또는 질량 3천킬로그램 이상의 액화가스(규칙 제204조제1항제2호)

iii) 해양수산부장관이 정하는 독물(규칙 제204조제1항제3호)

iv) 해양수산부장관이 정하는 유기과산화물(규칙 제204조제1항제4호)

여기에서 해양수산부장관이 정하는 화약류 · 독물 · 유기과산화물에 각각 해당하는 것으로서 적재검사를 받아야 하는 위험물의 종류는 「위험물 선박운송 기준」 제20조에서 규정하고 있으며 다음과 같다.

i) 이 규칙 제204조제1항제1호의 규정에 의한 화약류는 다음과 같다(기준 제20조제1항)

㉮ [별표 1]에 등급이 1.1, 1.2 또는 1.5인 화약류로서 정미질량이 250킬로그램 이상인 것(기준 제20조제1항제1호)

㉯ [별표 1]에 등급이 1.3 또는 1.6인 화약류로서 정미질량이 500킬로그램 이상인 것(기준 제20조제1항제2호)

㉰ [별표 1]에 등급이 1.4인 화약류로서 정미질량이 1,000킬로그램 이상인 것(기준 제20조제1항제3호)

ii) 이 규칙 제204조제1항제3호의 규정에 의한 독물은 [별표 1]의 6.1 내지 6.2중 용기등급이 1인 것으로서 정미질량이 15킬로그램 이상인 것을 말한다(기준 제20조제2항).

iii) 이 규칙 제204조제1항제4호의 규정에 의한 유기과산화물은 [별표 1]의 유기과산화물중 품명란에 온도관리가 필요한 것으로 표시되어 있는 것을 말한다(기준 제20조제3항).

이에 따라 적재검사를 받으려는 자는 이 규칙 제204조제3항에 따른 [별지 제2호서식]의 위험물적재검사신청서를 앞서 언급한 바와 같이 이 법 제65조제1항에 따른 위험물검사등대행기관(지정검사기관)인 한국해사위험물검사원에 제출하여야 하며, 신청을 받은 지정검사기관에서는 해당검사에 합격한 사람에게 이 규칙 제204조제4항에서 규정하고 있는 [별지 제2호서식]의 위험물적재검사증을 발급하여야 한다.[239]

반면, 위험물 적재검사와 관련해서 이 규칙 제204조제2항에서는 적재검사를 받지 아니할 수 있는 경우를 다음과 같이 규정하고 있다.

i) 외국항에서 선적하여 운송하는 경우(제1호)

ii) 위험물을 자동차에 적재하여 운송하는 경우로서 해당 자동차를 롤온 · 오프화물구역에 적재하여 운송하는 경우(제2호)

iii) 컨테이너를 전용으로 적재하기 위한 설비를 갖춘 장소에 위험물을 컨테이너에 수납하여 운송하는 경우(제3호)

iv) 이 규칙 제204조제1항제2호의 위험물을 탱커[240] 또는 탱크선[241]에 적재하여 운송하는 경우(제4호)

v) 포경(捕鯨)[242]을 위하여 필요한 위험물을 해당 선박으로 운송하는 경우(제5호)

vi) 조난선박의 구조 또는 해체업무에 필요한 위험물을 해당 업무를 수행하는 선박으로 운송하는 경우(제6호)

vii) 해양경찰청[243] 소속 선박에 갖춰 놓고 있는 무기의 사용에 필요한 위험물을

---

239) 「위험물 선박운송 및 저장규칙」 제204조(적재검사) ⑥ 선장이 제3항에 따라 검사신청을 하는 경우와 관할지방해양항만청장등이 제4항에 따라 위험물적재검사증을 발급하는 경우에는 「정보통신망 이용촉진 및 정보보호 등에 관한 법률」 제2조제1항제5호에 따른 전자문서로 할 수 있다(전자문서와 관련한 내용은 이 장 각주 73번 참조).

240) "탱커"란 위험물인 액체 화물을 선체의 일부를 구성하는 탱크에 산적하여 운송하거나 저장하는 선박을 말한다. 다만, 부선(艀船)은 제외한다(「위험물 선박운송 및 저장규칙」 제2조제12호).

241) "탱크선"이란 위험물인 액체 화물을 선체의 일부를 구성하지 아니하는 탱크(노출갑판 상부에 설치한 것은 제외한다)에 산적하여 운송하거나 저장하는 선박을 말한다. 다만, 부선은 제외한다(「위험물 선박운송 및 저장규칙」 제2조제13호).

242) 포경(捕鯨)은 고래잡이를 말한다.

243) 해양경찰청은 앞서 언급한 바와 같이 2014년 11월 19일 「정부조직법」 개정에 따라 폐지되고, 현재 국민안전처 하부조직으로 해양경비안전본부를 두고 있다(「국민안전처와 그 소속기관 직제」 제4조제1항).

해당 선박으로 운송하는 경우(제7호)

viii) 기상청이 하는 기상관측에 필요한 위험물을 기상업무를 수행하는 선박에서 사용하기 위하여 해당 선박으로 운송하는 경우(제8호)

ix) 평수구역에서 위험물을 운송하는 경우(제9호)

참고로 다음의 [그림 2-17]은 위험물적재검사증(신청서) 서식으로 신청서 및 적재검사증을 동일한 서석으로 사용하고 있다.

■ 위험물 선박운송 저장규칙 [별지 제2호서식] <개정 2013.3.24>

제 호
Certificate No. ____________

위험물적재검사증(신청서)

Stowage Certificate of Dangerous Goods

(앞쪽)

접수번호	접수일자	발급일	처리기간 3일

선 박 Ship	선박소유자의 성명 또는 명칭 및 주소 Shipowner's Name & Address			1
	선박명차 Ship's Name and Voyage No.	2	선적항 및 선박국적 Port of Registry & Nationality	3
	선박번호 Official No.	4	항행구역 Navigation Area	5
	총톤수 Gross Tonnage	6	선박의 용도 Kind of Ship	7
	적재항 및 출항예정일 Port of Loading & Sailing on/about	8	양하항 및 도착예정일 Port of Discharging & Arrival on/about	9
위험물 Dangerous Goods	포장의 수량 및 종류, 품명, 유엔번호 및 분류 Number, Kind and Quantity of Packages, Proper Shipping Name, UN No. & Class/Division	10	적재장소 Location of Loading	11

검사받을	장 소		일 시	
	성명 또는 명칭			
신청인	주 소			
	사업자등록번호		대표자	(서명 또는 인)
	검사담당자		전화번호	

위 위험물을 운송하고자 「위험물 선박운송 및 저장규칙」 제204조제3항에 따라 검사를 신청합니다.

년 월 일

지방해양항만청장
지정검사기관의 장 귀하

구비서류	1. 포장명세서 1부 2. 화물송장 1부	수수료 없음

「위험물 선박운송 및 저장규칙」 제204조제1항의 검사에 합격하였음을 증명합니다.

We hereby certify that the above Dangerous Goods have passed our stowage inspection under the provision of the Paragraph 1, Article 204 of the Regulation for the Carriage and Storage of Dangerous Goods by Ships, Republic of Korea.

년 월 일
Y M D
Date:

지방해양항만청장
지정검사기관의 장 직인
(한글 및 영문)

210mm×297mm[백상지 80g/㎡]

[그림 2-17] 위험물적재검사증(신청서)(별지 제2호서식)

다. 위험물을 컨테이너(자동차)에 수납하여 운송하는 경우(수납검사)

「위험물 선박운송 및 저장규칙」 제205조제1항에 따라 송하인[244]이나 선박소유자는 해양수산부장관이 정하는 위험물을 컨테이너[245]에 수납하여 운송하려는 경우에는 컨테이너 수납방법, 해당 위험물에 적합한 용기 · 포장의 사용 여부와 표시 및 표찰의 적합 여부에 관하여 관할지방청의 수납검사를 받도록 하고 있다.[246]

여기에서 해양수산부장관이 정하여 컨테이너 수납검사를 받도록 하고 있는 위험물은 「위험물 선박운송 기준」 제21조에서 규정하고 있으며 다음과 같다.

i) 화약류(기준 제21조제1호)

ii) 고압가스(기준 제21조제2호)

iii) 인화성액체류(별표 1의 고인화점인화성액체중 부표찰[247]을 붙이지 아니한 것을 제외한다)(기준 제21조제3호)

iv) 가연성물질류(별표 1의 정표찰란에 4.1 내지 4.3중 고체로서 부표찰을 붙이지 아니한 것을 제외한다)(기준 제21조제4호)

v) 산화성물질류(별표 1의 정표찰란에 5.1, 5.2중 유기과산화물에 한한다)(기준 제21조제5호)

vi) 독물류(별표 1의 정표찰란에 6.1, 6.2중 용기등급이 1 또는 2인 것에 한한다)(기준 제21조제6호)

---

244) 송하인(Consignor, Shipper, 送荷人): 운송계약의 당사자로서 화물운송을 운송인에 대해 자기의 이름으로 의뢰하는 자를 말한다. 또한 운송계약에서 물품의 운송을 위탁하는 자를 말하기도 한다(이희승, 앞의 책, 2134면).

245) 「위험물 선박운송 및 저장규칙」 제2조제14호에서는 "컨테이너"에 대해 다음과 같이 정의하고 있으며, 이는 「선박안전법」 제2조제14호와 구분해서 규정하고 있다. "컨테이너"란 선박에 의하여 위험물의 운송에 사용되는 용적이 1세제곱미터 이상의 운송용 용기로서 반복사용을 감당하는 구조 및 강도를 갖추고 기계하역을 위한 장치와 선박에 고정시키는 장치를 가진 것을 말한다.

246) 「위험물 선박운송 및 저장규칙」 제205조(컨테이너수납검사) ⑨ 송하인이나 선박소유자는 해양수산부장관이 정하는 위험물 외의 위험물을 컨테이너에 수납하여 운송하려는 경우에도 컨테이너 수납방법, 해당 위험물에 적합한 용기 · 포장의 사용 여부와 표시 및 표찰의 적합 여부에 관하여 관할지방해양항만청장등의 검사를 받을 수 있다. 이 경우 검사에 관하여는 제3항부터 제8항까지의 규정을 준용한다.

247) 부표찰(副標札)은 「위험물 선박운송 및 저장규칙」 제6조제1항 관련 [별지 제1호도식] [부록 1]에서 규정하고 있다.

vii) 부식성물질(별표 1의 정표찰란의 8중 부표찰 3 또는 6.1을 붙이는 것에 한한다)(기준 제21조제7호)

viii) 삭제(기준 제21조제8호)

ix) 유해성물질(자동차에 한한다)(기준 제21조제9호)

이에 따라 검사를 받으려는 자는 이 규칙 제205조제3항 [별지 제4호서식]의 위험물컨테이너수납검사신청서를 앞서 언급한 바와 같이 이 법 제65조제1항에서 규정하고 있는 위험물검사등대행기관(지정검사기관)인 한국해사위험물검사원에 제출하여야 하며, 신청서를 받은 지정검사기관에서는 이 규칙 제205조제4항에 따라 같은 조 제1항의 검사에 합격한 자에게 [별지 제4호서식]의 '위험물컨테이너수납검사증'을 발급하여야 한다.[248]

반면, 위험물의 컨테이너 수납검사와 관련해서 이 규칙 제205조제2항에서는 수납검사를 받지 아니할 수 있는 경우를 다음과 같이 규정하고 있다.

i) 외국항에서 위험물을 컨테이너에 수납하는 경우(제1호)

ii) 위험물을 탱크컨테이너[249]에 수납하여 운송하는 경우(제2호)

한편, 이 규칙 제27조제6항[250]에 따라 위험물을 자동차에 적재하여 국제항해에 종

248) 참고로 여기에서의 '위험물컨테이너수납검사신청서'와 '위험물컨테이너수납검사증'은 「위험물 선박운송 및 저장규칙」 [별지 제4호서식]에 따라 신청서와 검사증을 동일한 서식으로 사용하고 있다. 또한 이 규칙 제205조제3항 및 제4항에 따라 위험물컨테이너수납검사신청을 하는 경우와 위험물컨테이너수납검사증을 발급하는 경우에는 이 규칙 제205조제8항에서 규정하고 있는 바와 같이 이 규칙 제204조제6항을 준용하여 전자문서로 할 수 있도록 하고 있다(이 장 각주 239번 참조).

249) "탱크컨테이너"란 위험물인 액체 또는 기체의 화물을 직접 수용하는 컨테이너를 말한다(「위험물 선박운송 및 저장규칙」 제2조제15호).

250) 「위험물 선박운송 및 저장규칙」 제27조(위험물을 적재한 자동차의 운송) ⑥ 위험물을 자동차에 적재하여 국제항해에 종사하는 선박으로 운송하는 경우에는 제31조부터 제35조까지, 제36조제2항, 제38조와 제205조를 준용한다. 이 경우 제31조부터 제35조까지, 제38조제1항 및 제205조 중 "컨테이너"는 "자동차"로, "수납"은 "적재"로 보고, 제36조제2항 중 "수밀의 금속제컨테이너" 및 "컨테이너"는 각각 "자동차"로 보며, 제38조제2항 중 "수밀컨테이너(탱크컨테이너를 제외한다)"는 "자동차의 수밀화물적재함"으로, "수납"은 "적재"로 보고, 같은 조 제3항 중 "수밀금속컨테이너"는 "자동차의 수밀금

사하는 선박으로 운송하는 경우에도 마찬가지로 이 규칙 제205조제3항에 따른 검사 신청 및 같은 조 제4항에 따른 검사증서를 발급하고 있다.

또한 이와 관련해서 위험물을 자동차에 적재하여 국제항해에 종사하는 선박으로 운송하는 경우에 송하인(선박소유자가 위험물을 자동차에 적재하는 경우에는 해당 선박소유자를 말한다)은 이 규칙 제27조제7항에 따라 냉동장치의 냉동능력(자동차에 적재하는 위험물을 냉동하는 경우만 해당한다) 및 위험물의 적재방법에 대하여 「위험물 선박운송 기준」 제12조(위험물을 적재한 자동차의 냉동장치의 냉동능력 및 위험물의 적재방법)를 따라야 하며, 선장은 자동차의 적재방법에 대하여는 이 규칙 제27조제5항[251]을 준수하도록 하고 있다. 참고로 다음의 [그림 2-18]은 위험물컨테이너(자동차) 수납검사증(신청서)으로 "위험물적재검사증(신청서)"과 마찬가지로 신청서 및 수납검사증을 동일한 서식으로 사용하고 있다.

속화물적재함"으로, "수납"은 "적재"로 본다.

251) 「위험물 선박운송 및 저장규칙」 제27조(위험물을 적재한 자동차의 운송) ⑤ 제1항의 경우에 선장은 다음 사항을 준수하여야 한다.

1. 적재 및 양하 시를 제외하고는 자동차의 원동기 및 차등(車燈)을 끄고 제동을 걸어놓을 것
2. 필요한 경우에는 운전자를 차안에 있도록 하거나 점검을 시킬 것
3. 자동차가 이동하거나 넘어지지 아니하도록 고정하고 외부로부터 충격을 받지 아니하도록 조치할 것
4. 운송 중 자동차의 수리를 하지 말 것
5. 적재장소와 그 부근에는 필요하지 아니한 자의 출입을 금지시킬 것

■ 위험물 선박운송 및 저장규칙 [별지 제4호서식] <개정 2015.3.10.>

제 호
Certificate No. ____________

위험물컨테이너(자동차) 수납검사증(신청서)
Container (Vehicle) Packing Certificate of Dangerous Goods

(앞쪽)

접수번호	접수일자	발급일	처리기간 3일

구분	항목	번호	항목	번호
송하인 Shipper	성명 또는 명칭 및 주소 Shipper's Name & Address			1
수하인 Consignee	성명 또는 명칭 및 주소 Consignee's Name & Address			2
컨테이너(자동차) Container (Vehicle)	컨테이너번호(자동차번호) Container(Vehicle) No.	3	총중량 Total Weight of Container(Vehicle)	4
	크기 및 종류 Size & Type of Container(Vehicle)	5	혼적화물의 품명 및 수량 Description & Q'ty other than Dangerous Goods	6
선박 Ship	선박소유자의 성명 또는 명칭 및 주소 Shipowner's Name & Address	7	선박명 및 항차 Ship's Name and Voyage No.	8
	적재항 및 출항예정일 Port of Loading & Sailing on/about	9	양하항 및 도착예정일 Port of Discharge & Arrival on/about	10

구분	화물표시 Marks & Nos.	번호	포장의 수 및 종류와 위험물의 명세 Number and Kind of Packages and Description of Dangerous Goods	번호	총중량/순중량/용적 Gross Wt/Net Wt/㎥	번호
위험물 Dangerous Goods		11		12		13
	비고 Additional Information					14
	긴급 상황 발생 시 연락처 Emergency Communication					15

검사받을	장소		일시	
	성명 또는 명칭			
신청인	주 소			
	사업자등록번호		대표자	(서명 또는 인)
	검사담당자		전화번호	

위 위험물을 운송하고자 「위험물 선박운송 및 저장규칙」 제205조제1항(제27조제6항) 또는 같은 조 제9항에 따라 검사를 신청합니다.

년 월 일

지방해양항만청장
지정검사기관의 장 귀하

구비서류	1. 포장명세서 1부 2. 화물송장 1부	수수료 없음

「위험물 선박운송 및 저장규칙」 제205조제1항(제27조제6항) 또는 같은 조 제9항에 따른 검사에 합격하였음을 증명합니다.

We hereby certify that the above Dangerous Goods in the said container(vehicle) have passed our inspection under the provision of the Paragraph 6, Article 27, Paragraph 1 Article 205, or Paragraph 9 Article 205 of the Regulation for the Carriage and Storage of Dangerous Goods by Ships and provisions of IMDG Code under the authority of the Government of Republic of Korea.

Date: 년 Y 월 M 일 D

지방해양항만청장
지정검사기관의 장
(한글 및 영문) 직인

210㎜×297㎜[백상지 80g/㎡]

[그림 2-18] 위험물컨테이너(자동차) 수납검사증(신청서) (별지 제4호서식)

라. 위험물 운송용 용기 및 포장을 검사하는 경우(용기 및 포장의 검사)

「위험물 선박운송 및 저장규칙」 제205조의2제1항에 따라 위험물을 운송하는 용기 및 포장은 그 용기 및 포장의 안전성을 관할지방청의 검사를 받도록 하고 있으며, 이에 따른 용기 및 포장의 검사를 위한 안전기준 등 시험에 관한 사항은 「위험물 선박운송 기준」 제22조(용기 및 포장의 시험기준 등)와 관련한 [별표 26]을 따르도록 하고 있다(규칙 제205조의2제4항).

이에 따라 검사를 받으려는 자는 이 규칙 제205조의2제2항 [별지 제5호의2서식]의 위험물용기검사신청서를 앞서 언급한 바와 같이 이 법 제65조제1항에서 규정하고 있는 위험물검사등대행기관(지정검사기관)인 선급법인(한국선급) 및 한국해사위험물검사원에 제출하여야 한다.

이 때 신청서를 받은 해당 지정검사기관에서는 이 규칙 제205조의2제3항에 따라 같은 조 제1항의 검사에 합격한 용기 및 포장에 [별지 제3호도식] [부록 3]에 따른 표시를 하여야 하고, [별지 제5호의3서식]의 위험물용기검사증을 발급하도록 하고 있다.[252)]

참고로 다음의 [그림 2-19]는 위험물용기검사증 서식으로 이 증서에는 위험물 용기의 종류(기호), 재질, 형식, 제조번호, 검사수량, 표시, 제조자(성명 또는 법인명 및 주소) 등을 기재하도록 하고 있다.

한편, 이 규칙 제205조의2제1항에 따라 검사에 합격한 용기 및 포장에 다음의 어느 하나에 해당하는 사유가 발생한 경우에는 검사효력이 상실하는 것으로 규정하고 있다(규칙 제205조의2제5항).

i) 검사표시 후 용기 및 포장에 중대한 손상이 발생한 경우(제1호)

ii) 검사표시 후 수납되는 위험물의 안전성에 영향을 미칠 우려가 있는 개조를 한 경우(제2호)

iii) 중형산적용기[253)](금속중형용기, 경질 플라스틱중형용기 및 플라스틱내용기복

252) 참고로 「위험물 선박운송 및 저장규칙」 제205조의2제2항 및 제3항에 따라 위험물용기검사신청을 하는 경우와 위험물용기검사증을 발급하는 경우에는 이 규칙 제205조의2제6항에서 규정하고 있는 바와 같이 이 규칙 제204조제6항을 준용하여 전자문서로 할 수 있도록 하고 있다(이 장 각주 239번 참조).

253) "중형산적용기"란 「위험물 선박운송 및 저장규칙」 제2조제5호에 따라 금속 용기 · 연성형(軟性形)

합중형용기만 해당한다) 및 대형금속용기[254]가 검사표시 후 2년 6개월이 지난 경우(제3호)

iv) 플라스틱드럼, 플라스틱제리캔, 경질 플라스틱중형용기(액체용만 해당한다) 및 플라스틱내용기복합중형용기(액체용만 해당한다)가 제조 후 5년(부식성이 강한 물질 등 해양수산부장관이 정하여 고시하는 물질을 수납하는 용기의 경우 2년을 말한다)이 지나거나 화이버보드상자가 검사 후 사용된 경우(제4호)

반면, 이 규칙 제206조제1항 및 제2항에서는 제205조의2에 따른 용기 · 포장검사의 면제 규정을 두고 있으며, 다음의 〈표 2-22〉와 같다.

〈표 2-22〉 위험물 운송용 용기 · 포장검사의 면제 조건

용기가 「고압가스안전관리법」 제17조에 따른 검사에 합격한 경우(제1항)
i) 대형금속용기(국내항 사이에 운송되는 경우에만 해당한다)(제1항제1호) ii) 압력용기[255](제1항제2호) iii) 집합형압력용기[256](국내항 사이에 운송되는 경우에만 해당한다)(제1항제3호)
다음의 용기로서 국내항 사이에 운송되는 경우(제2항)
i) 「고압가스 안전관리법」 제17조에 따라 검사가 생략된 경우(제2항제1호) * 같은 법 시행령 제15조(용기등의 검사 생략) 참조 ii) 액화석유가스가 들어 있는 가스라이터 등 500그램 이하의 용기로서 다음의 기준에 적합한 경우(제2항제2호) ㉮ 금속재 또는 플라스틱재(내용적이 100세제곱센티미터 이하의 것만 해당한다)일 것(가목) ㉯ 1.47메가파스칼(Mega Pascal)[257]의 압력으로 수압시험을 하여도 누출이나 큰 변형이 없는 것(나목) ㉰ 내용적이 30세제곱센티미터를 초과하는 용기는 액화석유가스의 품명과 가연성가스라는 내용이 표시되어 있을 것(다목) iii) 100세제곱센티미터 이하의 액화탄산가스가 들어 있는 용기로서 다음의 기준에 적합한 경우(제2항제3호) ㉮ 강재(鋼材)일 것(가목) ㉯ 40.5메가파스칼의 압력으로 수압시험을 하여도 누출이나 큰 변형이 없는 것(나목)

용기 · 경질(硬質) 플라스틱 용기 · 플라스틱 내용기를 수납한 복합용기 · 화이버보드(Fiber Board) 용기 또는 목재 용기로서 해양수산부장관이 고시하는 것을 말한다. 여기에서 "해양수산부장관이 고시하는 것"이란 「위험물 선박운송 기준」 제2조제9항의 규정에 의한 [별표 9]의 종류란에 게기(揭記, 기록하여 내어 붙이거나 걸어 두어서 여러 사람이 보게 함)하는 것을 말한다.

254) "대형금속용기"란 용기의 용적이 450리터를 넘는 금속용기로서 중형산적용기 외의 용기를 말한다(「위험물 선박운송 및 저장규칙」 제2조제7호). 참고로 이 규칙 제2조제6호에서는 "대형용기"를 하역(荷役)장치 사용에 적합하게 설계된 것으로서 용적이 450리터를 넘거나 허용순질량이 400킬로그램을 넘는 용기로서 용적이 3세제곱미터 이하인 용기로 규정하고 있다.

255) "압력용기"란 고압가스를 수납하는 용기로서 실린더 · 튜브 · 압력드럼 · 밀폐저온용기 · 실린더 다발

에 게기(揭記, 기록하여 내어 붙이거나 걸어 두어서 여러 사람이 보게 함)하는 것을 말한다.

■ 위험물 선박운송 및 저장규칙 [별지 제5호의3서식] <개정 2015.3.10.>

제 호
Certificate No.

위험물용기검사증
CERTIFICATE OF INSPECTION FOR PACKAGING CONTAINING DANGEROUS GOODS

위험물용기 Packaging	종류(기호) Kind	
	재질 Material	
	형식 Type	
	제조번호 Mfg. No.	
	검사수량 Quantity Inspected	
	표시 Marking	
제조자 Manufacturer	성명 또는 법인명 Name	
	주소 Address	
비고 Remark		

위 용기는 「위험물 선박운송 및 저장규칙」 제205조의2에 따른 검사에 합격하였음을 증명합니다.

We hereby certify that the above mentioned packagings have passed our inspection under the provision of the Article 205-2 of the Regulation for the Carriage and Storage of Dangerous Goods by Ships and the provisions of IMDG Code under the authority of the Government of Republic of Korea.

년 월 일
Y M D

지방해양항만청장
Administrator of Regional Maritime Affairs and Port Office
지정검사기관의 장
Chief of the Designated Inspection Authority

직인

210mm×297mm[백상지 120g/㎡]

[그림 2-19] 위험물용기검사증(별지 제5호의3서식)

및 금속수소화물 저장장치를 말한다(「위험물 선박운송 및 저장규칙」 제2조제8호).

256) "집합형압력용기"란 매니폴드(manifold)로 서로 연결되어 있는 실린더 · 튜브 및 실린더 다발의 집합체를 말한다(「위험물 선박운송 및 저장규칙」 제2조제9호).

257) 메가파스칼은 압력의 단위로 1㎫은 약 10kgf/㎠과 같다. 즉 단위면적 ㎠당 10㎏의 하중을 견딜 수 있는 강도를 나타낸다.

3. 위험물의 승인 대상 범위

「위험물 선박운송 및 저장규칙」은 앞서 언급한 바와 같이 선박에 의한 위험물의 운송 및 저장 등에 관한 사항을 규정하고 있으며, 이 중 i) 길이 12미터 이상의 선박으로 위험물 운송하는 경우, ii) 특정위험물을 운송하는 경우, iii) 위험물을 컨테이너(자동차)에 수납하여 운송하는 경우, iv) 위험물 운송용 용기 및 포장을 검사하는 경우에는 위험물의 적재·운송 또는 저장방법의 적합 여부에 관한 검사를 받도록 하고 있다.

또한 이 규칙에서는 이와 같은 위험물에 대한 검사 이외 관할지방청의 승인을 요하는 경우에 대해서도 별도의 규정을 두고 있으며, 이는 적재 및 격리방법에 대한 특례규정으로 다음과 같다.

먼저 위험물의 적재방법에 대한 특례규정으로 이 규칙 제12조제2항에서는 위험물을 바다에 폐기하기 위하여 운송하는 경우와 그 밖에 이 규칙 제6조의 적재방법 외의 다른 방법으로 위험물을 운송하려는 경우로서 관할지방청이 승인한 경우에는 그 다른 방법에 따라 위험물을 적재할 수 있도록 하고 있다.

다음으로 위험물의 격리방법에 대한 특례규정으로 이 규칙 제20조제3항에서는 같은 조 제1항 및 제2항[258]의 격리방법 외에 다른 방법에 따른 위험물의 격리를 승인한 경우에는 그 다른 방법으로 위험물을 격리시킬 수 있도록 하고 있다.

한편, 위험물의 승인 대상인 경우에는 검사와 같은 별도의 신청서 및 검사증 서식을 두고 있지 않으며, 공문 등으로 처리하고 있다.

이상 지금까지 살펴본 바와 같이 위험물의 선박운송 및 저장과 관련한 규정은 「위험물 선박운송 및 저장규칙」 및 「위험물 선박운송 기준」에 따르고 있으며, 이 규정에서는 위험물에 대한 검사 및 승인 등과 관련한 세부내용을 포함하고 있다.

참고로 「위험물 선박운송 및 저장규칙」 및 「위험물 선박운송 기준」의 전체 구성에 대해 간략히 살펴보면 다음의 {참고 2-22} 및 {참고 2-23}과 같다.

---

258) 「위험물 선박운송 및 저장규칙」 제20조(위험물의 격리) ① 동일한 선박에 분류가 다르거나 항목이 다른 화약류 외의 위험물을 적재하는 경우에는 해양수산부장관이 정하는 기준에 따라 서로 격리하여야 한다.
② 동일한 선박에 품명이 다른 화약류를 적재하는 경우에는 해양수산부장관이 정하는 기준에 따라 서로 격리하여야 한다.

{참고 2-22} 위험물 선박운송 및 저장규칙의 구성

항 목		세부 규칙
제1장 총칙		제1조(목적), 제2조(정의), 제3조(위험물의 분류), 제4조(반입의 제한), 제5조(공사 등), 제5조의2(빈 용기)
제2장 위험물의 운송	제1절 통칙	제6조(용기 · 포장 · 표시 · 적재방법 등), 제7조(용기 및 포장의 특례), 제8조(표찰의 특례), 제8조의2(표시의 특례), 제9조(적재방법의 특례), 제10조(적재방법의 특례), 제11조(적재방법의 특례), 제12조(적재방법의 특례), 제13조(포장방법), 제14조(혼합포장), 제15조(혼합포장의 제한), 제16조(위험물 명세서 등), 제17조(하역), 제18조(선장의 의무), 제19조(적재상의 주의), 제20조(위험물의 격리), 제21조(위험물 적하일람표), 제22조(표지), 제23조(위험물 취급지침의 제공), 제24조(운송 중의 조치), 제24조의2(방화장치 등의 구비), 제24조의3(위험물운송적합증의 발급 등), 제24조의4(위험물운송적합증의 재발급 등), 제24조의5(위험물운송적합증의 반납), 제25조(사고보고), 제26조(수출입의 경우 등의 특례), 제27조(위험물을 적재한 자동차의 운송), 제28조(인양한 화약류의 운송)
	제2절 컨테이너에 의한 위험물의 운송	제29조 삭제, 제30조(컨테이너의 요건), 제31조(위험물의 수납방법), 제32조(수납금지), 제33조(표시), 제34조(컨테이너 위험물 명세서), 제35조(컨테이너의 적재 전 확인 등), 제36조(적재방법), 제37조 삭제, 제38조(적용제외 등)
	제3절 화약류	제39조(운송금지), 제40조 삭제, 제41조(적재장소의 제한 등), 제42조(화약류와 다른 위험물과의 관계), 제43조(화약류와 석탄 또는 중량물과의 관계), 제44조(화약류 적재 전의 주의), 제45조(화약류의 하역), 제46조(미끄럼틀의 구조), 제47조(미끄럼틀의 설치), 제48조(적재방법), 제49조(조명, 공구류의 제한), 제50조(화기취급의 제한), 제51조(하역 후의 청소), 제52조(창구 등의 폐쇄), 제53조(화약고의 종류), 제54조 삭제, 제56조(에이형 화약고), 제57조(시형 화약고), 제58조(화약고의 표시)
	제4절 고압가스	제59조(용기), 제60조(충전), 제61조(표시), 제62조(적재방법), 제63조(하역), 제64조(화기사용의 제한 등), 제65조~제97조 삭제
	제5절 부식성 물질	제98조(적재방법), 제98조의2(전기장치), 제99조~제120조 삭제
	제6절 독물류	제121조(적재방법), 제121조의2(전기장치), 제122조(출입금지), 제123조(하역물의 청소), 제123조의2(병독을 옮기기 쉬운 물질의 용기 및 포장 등), 제124조~제138조 삭제,
	제7절 방사성 물질	제139조(방사성물질의 용기 · 포장 및 적재방법 등), 제140조~제145조 삭제
	제8절 인화성 액체류	제146조(하역 전의 주의), 제147조(적재방법), 제148조(전기장치), 제149조(거주 장소 등의 방호), 제150조(통풍), 제151조(빌지), 제152조(화기 등의 사용제한), 제153조(하역), 제154조(하역물의 주의), 제155조(유탱커에 의한 인화성 액체류의 운송), 제156조(화기취급의 제한 등), 제157조(무선설비의 사용상의 주의), 제158조(창호의 개폐), 제159조(전기적 연속), 제160조(하역), 제161조(하역의 금지), 제162조(다른 화물 등의 하역), 제163조(인화성 액체류와 타 위험물과의 관계), 제164조(유탱커 밀폐구역의 출입제한), 제165조~제184조 삭제

항 목		세부 규칙
제2장 위험물의 운송 (계속)	제9절~제11절 삭제	제185조~제193조 삭제
	제12절 가연성 물질류	제194조~제195조 삭제, 제196조(적재의 방법), 제197조(소화장치), 제198조(화재예방장치), 제199조 삭제
	제13절 산화성 물질류	제200조(운송금지), 제201조(적재방법), 제201조의2 삭제, 제202조(준용규정)
	제14절 삭제	제203조 삭제
	제15절 검사 · 점검 등	제204조(적재검사), 제205조(컨테이너수납검사), 제205조의2(용기 · 포장검사), 제206조(용기 · 포장검사의 면제), 제207조 삭제, 제208조(위험물검사등대행기관의 지정신청), 제209조(위험물검사등대행기관의 지정 · 고시), 제210조(변경사항 등의 인가), 제211조 삭제, 제212조(검사원), 제213조(위험물컨테이너 등 점검)
제3장 위험물의 저장	제1절 통칙	제214조(용기 및 포장의 수리금지), 제215조(표지), 제216조(저장선의 상용위험물), 제217조(유등 등의 보관), 제218조(구명설비), 제219조(저장의 특례), 제220조(저장의 특례)
	제2절 화약류의 저장	제221조(용기 및 포장 등), 제222조(저장선의 구조 및 설비), 제223조(저장선의 구조 및 설비), 제224조(거주 장소), 제225조(저장선의 위치), 제226조(화약류와 다른 위험물과의 관계), 제227조(준용), 제228조(저장의 방법), 제229조(조명의 제한), 제230조(소방 설비), 제231조(정기자체검사)
	제3절 화약류이외의 위험물의 저장	제232조(용기, 포장), 제233조(저장선의 구조등), 제234조(화기취급의 제한 등), 제235조(기록대장)
제4장 상용 위험물		제236조(용기, 포장 등), 제237조(상용화약류의 저장), 제238조(여객선의 연료 사용 제한),
제5장 위험물 안전운송 교육		제239조(전문교육기관의 지정기준 등), 제240조(전문교육기관의 지정의 취소 등)
별표 / 부록		[별표 1] 위험물 안전운송 전문교육기관의 지정기준(제239조제2항 관련) [별표 2] 위험물 안전운송 전문교육기관 처분기준(제240조제1항 관련) [부록 1] 표찰(제6조제1항 관련) [부록 2] 국제연합번호표(제33조제2항 관련) [부록 3] 용기 및 포장의 표시(제205조의2제3항 관련)

{참고 2-23} 위험물 선박운송 기준의 구성

〈세부 기준〉

제1조(목적), 제2조(위험물등), 제3조(삭제), 제4조(선장의 허가를 받아 반입할 수 있는 위험물), 제5조(용기 · 포장 · 표시 · 적재방법등), 제6조(용기 및 포장의 특례), 제7조(표시의 특례), 제8조(적재방법의 특례), 제9조(위험물의 격리), 제10조(방화장치등의 기준), 제11조(수출입의 경우의 특례에 의한 외국규칙), 제12조(위험물을 적재한 자동차의 냉동장치의 냉동능력 및 위험물의 적재방법), 제13조(냉동컨테이너의 냉동능력등), 제14조(위험물을 수납한 컨테이너의 표시의 특례), 제15조(위험물을 수납한 컨테이너의 적재방법의 특례), 제16조(여객선에 운송이 금지된 화약류), 제17조(화약류와 타위험물과의 관계), 제18조(고압가스의 충전), 제18조의2(액상의 위험물의 충전), 제19조(출입금지), 제20조(적재검사), 제21조(컨테이너 수납검사), 제22조(용기 및 포장의 시험기준 등), 제23조(화약류 저장용기 및 포장), 제24조(화약류의 저장), 제25조(저장용기 · 포장), 제26조(용기의 표시), 제27조(교육대상자, 교육내용), 제28조(재검토기한)

〈별표〉

[별표 1] 위험물목록(제2조제1항부터 제8항까지 관련)
[별표 2]~[별표 8] 삭제
[별표 9] 중형산적용기의 종류(제2조제9항 관련)
[별표 9의2] 소형용기의 종류(제5조제3항 관련)
[별표 9의3] 대형용기의 종류(제5조제3항 관련)
[별표 10] 선장의 허가를 받아 반입할 수 있는 위험물(제4조 관련)
[별표 11]~[별표 14] 삭제
[별표 15] 용기 및 포장의 특례(제6조 관련)
[별표 16] 여객선외의 선박에 산적운송할 수 있는 위험물 및 적재방법(제8조제1항 관련)
[별표 17] 비개방형 구조의 금속재 컨테이너에 산적운송할 수 있는 위험물(제8조제2항 관련)
[별표 18] 위험물 상호간의 격리표(제9조제1항 관련)
[별표 19] 화약류 상호간의 격리표(제9조제2항 관련)
[별표 20] 위험물 및 화물구역의 종류별 방화장치등의 종류 및 기준(제10조 관련)
[별표 21] 냉동컨테이너의 냉동능력등(제12조제1호가목 및 제13조제2호 관련)
[별표 22] 컨테이너 상호간 및 자동차 상호간의 적재기준(제15조 관련)
[별표 23] 상용위험물의 용기 · 포장 및 적재방법(제25조제2항 관련)
[별표 24] 비상조치의 종류
[별표 25] 고압가스의 충전(제18조 관련)
[별표 26] 용기 및 포장의 시험기준 등
[별표 27] 연화의 분류기준
[별표 28] 교육대상자 및 교육내용(제27조제1항 관련)
[별표 29] 교육과정별 최소 교육시간(제27조제2항 관련)

Ⅱ. 직무상 알게 된 비밀누설 · 도용 위반사범

> 第85조(벌칙) 다음 각 호의 어느 하나에 해당하는 자는 1천만원 이하의 벌금에 처한다.
> 1의2. 第58조의2를 위반하여 직무상 알게 된 비밀을 누설하거나 도용한 자

「선박안전법」 제45조에 따라 설립된 선박안전기술공단은 이 법 제46조[259] 및 제60조에서 각각 공단의 사업 및 대행검사업무의 범위를 규정하고 있다. 한편, 이 법 제85조제1호의2에서는 이와 관련해서 제58조의2(비밀엄수의 의무)에 따라 공단의 임원이나 직원 또는 그 직에 있었던 자가 그 직무상 알게 된 비밀을 누설하거나 도용한 때에는 처벌하도록 규정하고 있다. 여기에서의 비밀 · 누설 또는 도용에 대한 의미는 다음과 같다.[260]

ⅰ) 비밀(秘密): 일반적으로 비밀은 법령에 의한 직무상의 비밀로서, 일반적으로 알려져 있지 않거나 알려서는 안 되는 사항으로 국가가 일정한 이익을 가지는 사항으로 자신의 직무에 관한 사항이거나 타인의 직무에 관한 사항을 불문함

ⅱ) 누설(漏泄): 남에게 비밀을 알려 타인에게 고지하는 것으로서 그 방법에는 제

---

259) 제46조(공단의 사업) 공단은 다음 각 호의 사업을 행한다.
1. 선박 또는 선박용물건의 도면승인 업무의 대행
2. 선박 또는 선박용물건에 대한 검사업무의 대행
3. 지정사업장에서 제조 또는 정비된 선박용물건 또는 소형선박에 대한 확인업무의 대행
4. 선박용물건 또는 소형선박 · 컨테이너에 대한 검정업무의 대행
5. 화물의 적재 · 고박 등에 관한 승인업무의 대행
5의2. 「해운법」에 따른 여객선 안전운항관리
6. 선박의 감항성 확보와 해상에서의 인명의 안전확보를 위한 조사 · 시험 · 연구 및 이와 관련한 기술의 개발과 보급
7. 선박안전에 관한 국제협약에 따른 기술기준의 연구 및 분석
8. 선박의 설계 · 건조감리 등 용역의 수탁업무
9. 해양사고방지를 위한 연구 · 교육 및 홍보활동
10. 법령에 따라 정부 또는 지방자치단체가 대행하게 하거나 위탁하는 업무
11. 그 밖에 공단의 설립목적을 달성하기 위하여 필요한 사업으로서 공단의 정관으로 정하는 사업

260) 이희승, 앞의 책, 1,182, 1,565, 2,969면.

한이 없음

iii) 도용(盜用): 자기 것이 아닌 남의 물건이나 명의를 몰래 훔쳐서 자기의 것으로 사용하는 것을 말함

참고로 「형법」 제127조(공무상 비밀의 누설)[261]의 행위주체는 공무원 또는 공무원이었던 자를 하고 있으며, 또한 「선박안전법」 제82조(벌칙 적용에서의 공무원 의제[262])에서는 이 법 제60조제1항 · 제2항, 이 법 제64조제1항 또는 이 법 제65조제1항의 규정에 따른 대행검사기관의 임원 및 직원은 「형법」 제129조 내지 제132조[263]의 적용에 있어 제한적으로 공무원으로 보고 있다.

뿐만 아니라 이 법 제45조제1항에 따라 설립된 선박안전기술공단은 같은 조 제2항

261) 「형법」 제127조(공무상 비밀의 누설) 공무원 또는 공무원이었던 자가 법령에 의한 직무상 비밀을 누설한 때에는 2년 이하의 징역이나 금고 또는 5년 이하의 자격정지에 처한다.

262) 일반적으로 의제(擬制)라 함은 '본질은 같지 않지만 법률에서 다룰 때는 동일한 것으로 처리하여 동일한 효과를 주는 것'으로 하고 있다. 가령, 공공기관 등의 임직원, 또는 행정기관으로부터 위탁받은 업무를 수행하는 법인이나 단체의 임직원과 개인 등이 업무와 관련하여 금품의 수수(授受) 등 불법행위를 한 경우에 이들을 공무원과 같이 다루어 처벌할 수 있도록 하는 것을 '벌칙 적용에 있어서의 공무원 의제'라고 한다. 이렇게 공무원이 아닌 자를 공무원으로 의제하여 처벌할 수 있도록 하는 것은 다루는 업무의 공공성이 크기 때문에 그 업무수행을 할 때 공정성과 책임성을 확보하기 위해서이다(법제처, 앞의 책, 468면).

263) 「형법」 제129조(수뢰, 사전수뢰) ① 공무원 또는 중재인이 그 직무에 관하여 뇌물을 수수, 요구 또는 약속한 때에는 5년 이하의 징역 또는 10년 이하의 자격정지에 처한다.
② 공무원 또는 중재인이 될 자가 그 담당할 직무에 관하여 청탁을 받고 뇌물을 수수, 요구 또는 약속한 후 공무원 또는 중재인이 된 때에는 3년 이하의 징역 또는 7년 이하의 자격정지에 처한다.
제130조(제삼자뇌물제공) 공무원 또는 중재인이 그 직무에 관하여 부정한 청탁을 받고 제3자에게 뇌물을 공여하게 하거나 공여를 요구 또는 약속한 때에는 5년 이하의 징역 또는 10년 이하의 자격정지에 처한다.
제131조(수뢰후부정처사, 사후수뢰) ① 공무원 또는 중재인이 전2조의 죄를 범하여 부정한 행위를 한 때에는 1년 이상의 유기징역에 처한다.
② 공무원 또는 중재인이 그 직무상 부정한 행위를 한 후 뇌물을 수수, 요구 또는 약속하거나 제삼자에게 이를 공여하게 하거나 공여를 요구 또는 약속한 때에도 전항의 형과 같다.
③ 공무원 또는 중재인이었던 자가 그 재직 중에 청탁을 받고 직무상 부정한 행위를 한 후 뇌물을 수수, 요구 또는 약속한 때에는 5년 이하의 징역 또는 10년 이하의 자격정지에 처한다.
④ 전3항의 경우에는 10년 이하의 자격정지를 병과할 수 있다.
제132조(알선수뢰) 공무원이 그 지위를 이용하여 다른 공무원의 직무에 속한 사항의 알선에 관하여 뇌물을 수수, 요구 또는 약속한 때에는 3년 이하의 징역 또는 7년 이하의 자격정지에 처한다.

에서 "법인"으로 규정하고 있으므로 선박안전기술공단의 임원 및 직원은 공무원의 신분을 가지지 아니한다.

따라서 선박안전기술공단의 임원 및 직원 중 이 법 제58조의2에 따른 비밀엄수 의무를 위반할 경우에는 제85조제1호의2에 따라 처벌하도록 하고 있으며, 「형법」 제127조에서 규정하고 있는 처벌규정은 적용받지 않는다.

Ⅲ. 항해정지명령 또는 시정 · 보완명령 위반사범

> 제85조(벌칙) 다음 각 호의 어느 하나에 해당하는 자는 1천만원 이하의 벌금에 처한다.
> 2. 제69조제4항의 규정에 따른 명령에 따르지 아니한 자
> 3. 제71조제3항의 규정에 따른 명령에 따르지 아니한 자

「선박안전법」에서는 이 법 제7조에 따른 건조검사 이외 제8조에 따른 정기검사, 제9조에 따른 중간검사, 제10조에 따른 임시검사, 제11조에 따른 임시항해검사, 제12조에 따른 국제협약검사, 제42조에 따른 유조선 등에 대한 강화검사 및 제43조에 따른 예인선에 대한 예인선항해검사와 이에 추가하여 특별한 사안이 발생한 경우에 한해 해양수산부령이 정하는 바에 따라 관련 되는 선박의 구조 · 설비 등에 대하여 추가적인 점검 · 검사를 할 수 있도록 하고 있다.

이와 관련한 조치로는 이 법 제69조 및 제71조에서 규정하고 있는 "특별점검" 및 "특별검사"가 있다. 또한 이 법 제69조제4항 및 제71조제3항에 따라 해양수산부장관은 특별점검 및 특별검사의 결과 선박의 안전 확보를 위하여 필요하다고 인정되는 경우에는 해당 선박의 소유자에 대하여 각각 대통령령 및 해양수산부령이 정하는 바에 따라 항해정지명령 또는 시정 · 보완 명령을 할 수 있으며, 이에 따른 명령을 따르지 아니한 자에 대해서는 처벌할 수 있도록 규정하고 있다.

1. 특별점검 대상선박 및 명령처분

「선박안전법」 제69조제2항 및 제3항에 따라 해양수산부장관(지방청)은 해양수산

부령이 정하는 바에 따라 관련되는 선박의 구조 · 설비[264] 등에 대하여 다음의 경우에 있어서는 특별점검을 할 수 있도록 하고 있으며, 이 경우 같은 법 시행규칙 제91조제1항에서는 특별점검 시 그 점검대상선박 및 점검시기 등을 선박소유자에게 알려주도록 규정하고 있다.

i) 외국 항만당국의 항만국통제에 의하여 출항정지 처분을 받은 대한민국 선박이 국내에 입항할 경우(법 제69조제2항)[265]

ii) 대한민국 선박에 대하여 외국항만에 출항정지를 예방하기 위한 조치가 필요하다고 인정되는 경우(법 제69조제3항)

한편, 위 ii)에서의 "대한민국 선박"은 이 법 제69조제3항제1호 및 같은 법 시행규칙 제91조제2항 따라 다음의 선박으로 하고 있다.

㉮ 선령이 15년을 초과하는 산적화물선 · 위험물운반선(법 제69조제3항제1호)

㉯ 최근 3년 이내에 외국 항만당국의 항만국통제로 인하여 출항이 정지된 선박(시행규칙 제91조제2항제1호)

㉰ 최근 3년간 외국 항만당국의 항만국통제로 인하여 소속 선박의 출항정지율이 대한민국 선박의 평균 출항정지율을 초과하는 선박소유자의 선박(시행규칙 제91조제2항제2호)

㉱ 그 밖에 외국 항만당국의 항만국통제로 인하여 출항정지율이 특별히 높은 선박 등 해양수산부장관이 정하여 고시하는 선박(시행규칙 제91조제2항제3호)

해양수산부장관(지방청)은 특별점검의 결과 선박의 안전확보를 위하여 필요하다고 인정되는 경우에는 이 법 제69조제4항에 따라 항해정지명령 또는 시정 · 보완 명령을 할 수 있도록 하고 있으며, 이에 대한 조치로는 같은 법 시행규칙 제91조제3항제1호 · 제2호에 따른 [별지 제80호서식]의 항해정지명령서 또는 [별지 제81호서식]의 시정 · 보완명령서를 선박소유자에게 발급하는 것으로 하고 있다.

---

264) 여기에서의 구조 · 설비에 관한 내용은 이 장 각주 4번, 5번, 133번 및 135번을 참조하도록 한다.

265) 다만, 외국정부에서 확인을 요청하는 경우 등 필요한 경우에는 외국에서 특별점검을 할 수 있다(법 제69조제2항 단서).

이와 같은 항해정지명령서 및 시정 · 보완명령서에는 각각 '항해정지 사유(시정 · 보완 사유)'와 '항해정지 기간 및 해제조건(시정 · 보완 기간 및 해제조건)' 등을 두고 있으며, 해당 선박이 정상적인 운항을 하기 위해서는 항해정지(시정 · 보완) 사유가 해소되고 이를 지방청(선박검사관)에 연락 한 후 별도의 확인과정 등의 적정 조치를 취한 경우에 한해 가능하도록 하고 있다.

이에 따라 이 법 제85조제2호에서는 항해정지명령서 또는 시정 · 보완명령서에서 정하고 있는 명령을 따르지 아니한 자를 처벌할 수 있도록 규정하고 있다.

2. 특별검사 대상선박 및 명령처분

「선박안전법」 제71조제1항 및 같은 법 시행규칙 제92조제1항에 따라 해양수산부장관(지방청)은 대형 해양사고가 발생한 경우 또는 유사사고가 지속적으로 발생한 경우 이로 인해 그 선박의 구조 · 설비 등이 이 법 제26조에 따른 선박시설기준에 적합하지 아니하게 된 것으로 인정하여 검사대상으로 공고한 선박에 대하여 특별검사를 하도록 규정하고 있다.[266)]

이 경우 이 법 제71조제2항에 따라 해양수산부장관(지방청)은 특별검사를 하고자 하는 경우, 대상 선박의 범위, 선박소유자의 준비사항 등 필요한 사항을 30일 전에 공고하고, 해당 선박소유자에게 직접 통보하도록 하고 있다.

이에 따라 특별검사의 대상이 된 선박소유자는 같은 법 시행규칙 제92조제3항에 따른 [별지 제4호서식]의 선박검사신청서에 다음의 서류를 첨부하여 대행검사기관(선박안전기술공단 및 한국선급)에 제출하여야 한다.[267)]

---

266) 특별검사 대상선박은 「선박안전법」 제71조제1항 및 같은 법 시행규칙 제92조제1항에 따라 대형 해양사고가 발생한 경우 또는 유사사고가 지속적으로 발생한 경우로 하고 있으나, 이에 추가해서 같은 법 시행규칙 [별지 제4호서식]의 선박검사신청 뒤쪽에서는 특별검사 대상선박으로 선박의 노후로 인해 선박의 재료 · 구조 · 설비 또는 성능이 이 법 제26조에 따른 선박시설기준에 적합하지 아니하게 된 것으로 인정하는 경우에도 적용하도록 규정하고 있다.

267) 「선박안전법」 제69조제2항에 따른 "특별점검"은 지방청에서 수행하는 반면, 이 법 제71조제1항에 따른 "특별검사"는 대행검사기관에서 수행한다. 한편, 특별점검 및 특별검사와 관련한 항해정지명령 또는 시정 · 보완명령은 지방청에서 집행한다.

i) 선박검사증서(제1호)

ii) 같은 법 시행규칙 제92조제2항에 따른 공고[268)]에 포함된 특별검사에 관련되는 서류 또는 도면(제2호)

해양수산부장관(지방청)은 특별검사의 결과 선박의 안전 확보를 위하여 필요하다고 인정되어 선박의 소유자에 대하여 항해정지명령 또는 시정 · 보완명령을 하려는 경우에는 이에 대한 조치로 이 법 제71조제3항, 같은 법 시행령 제19조 및 같은 법 시행규칙 제92조제4항에 따른 항해정지명령서 또는 시정 · 보완명령서를 발급하도록 하고 있다.

여기에서의 항해정지명령서 및 시정 · 보완명령서에 대한 서식은 같은 법 시행규칙 제92조제4항제1호 및 제2호에서 각각 [별지 제82호서식] 및 [별지 제83호서식]으로 하고 있다.

이와 같은 항해정지명령서 및 시정 · 보완명령서에는 위에서 언급한 특별점검의 결과에 대한 조치로 발급하고 있는 항해정지명령서 및 시정 · 보완명령서와 동일하게 '항해정지 사유(시정 · 보완 사유)'와 '항해정지 기간 및 해제조건(시정 · 보완 기간 및 해제조건)' 등을 두고 있다.

또한 해당 선박이 정상적인 운항을 하기 위해서는 특별점검의 결과에 대한 조치와 마찬가지로 항해정지(시정 · 보완) 사유가 해소되고 이를 지방청(선박검사관)에 연락한 후 별도의 확인과정 등의 적정 조치를 취한 경우에 한해 가능하도록 하고 있으며, 이 법 제85조제3호에서는 항해정지명령서 또는 시정 · 보완명령서에서 정하고 있는 명령을 따르지 아니한 자를 처벌할 수 있도록 규정하고 있다.

---

268) 「선박안전법 시행규칙」 제92조(특별검사) ② 제1항에 따른 공고에는 다음 각 호의 사항이 포함되어야 한다.
1. 검사대상 선박의 범위
2. 검사사항
3. 검사기간
4. 검사준비사항
5. 그 밖에 특별검사에 필요한 사항

한편, 이 법 제71조제4항에서는 특별검사를 받은 선박에 대하여 이 법 제15조제1항 및 제16조제3항[269]의 규정을 준용하는 것으로 하고 있으며, 이 경우 제15조제1항 중 "선박검사" 및 제16조제3항 중 "중간검사 및 임시검사"는 각각 "특별검사"로 보고 있다.

다시 말해서 이와 관련해서는 이 법 제15조제1항에 따라 특별검사를 받은 해당 선박은 특별검사 이후 그 상태를 유지 하도록 요구하고 있으며, 또한 특별검사 결과 지방청에서 항해정지명령서 및 시정 · 보완명령서를 발급하는 경우 해당 선박의 '항해정지 사유(시정 · 보완 사유)'가 해소되기 전까지는 그 선박의 선박검사증서 또는 국제협약검사증서의 효력이 정지되는 것으로 하고 있다.

Ⅳ. 출항정지명령 위반사범

제85조(벌칙) 다음 각 호의 어느 하나에 해당하는 자는 1천만원 이하의 벌금에 처한다.
5. 제74조제3항의 규정에 따른 출항정지명령에 따르지 아니한 자

「선박안전법」 제74조제1항에서는 누구든지 선박의 감항성 및 안전설비의 결함을 발견한 때에는 해양수산부령이 정하는 바에 따라 그 내용을 해양수산부장관에게 신고하도록 하고 있다.

이에 따라 이 법 제74조제3항에서는 지방청 소속 공무원의 확인 결과 결함의 내용이 중대하여 해당 선박을 항해에 계속하여 사용하는 것이 당해 선박 및 승선자에게 위험을 초래할 우려가 있다고 인정되는 경우에는 해양수산부령이 정하는 바에 따라 해당 결함이 시정될 때까지 출항정지를 명할 수 있도록 하고 있다.

---

269) 「선박안전법」 제15조(선박검사 후 선박의 상태유지) ① 선박소유자는 건조검사 또는 선박검사를 받은 후 해당선박의 구조배치 · 기관 · 설비 등의 변경이나 개조를 하여서는 아니되며, 선체 · 기관 · 설비 등이 정상적으로 작동 · 운영되도록 상태를 유지하여야 한다.
「선박안전법」 제16조(선박검사증서 및 국제협약검사증서의 유효기간 등) ③ 중간검사 및 임시검사에 불합격한 선박의 선박검사증서 및 국제협약검사증서의 유효기간은 해당검사에 합격될 때까지 그 효력이 정지된다.

이 경우에는 같은 법 시행규칙 제95조제4항에 따라 [별지 제88호서식]의 출항정지 명령서를 발급하여야 하며, 이 법 제85조제5호에서는 이에 따른 명령을 따르지 아니한 자는 처벌하도록 하고 있다.

한편, 출항정지명령서에는 위에서 언급하고 있는 항해정지명령서 및 시정 · 보완명령서와 유사하게 '출항정지 사유'와 '출항정지 기간 및 해제조건'을 두고 있다. 또한 해당 선박이 정상적인 운항을 하기 위해서는 출항정지 사유가 해소되고 이를 지방청(선박검사관)에 연락 한 후 별도의 확인과정 등의 적정 조치를 취한 경우에 한해 가능하도록 하고 있다.

참고로 이 법 제74조(결함신고에 따른 확인 등)와 관련한 신고방법 등은 '제2장 제2절 Ⅶ. 선박결함신고자의 공개 또는 보도 위반사범' 및 '제2장 제3절 Ⅴ. 선박의 결함신고 의무 위반사범'을 참조하고 자세한 내용은 생략하기로 한다.

Ⅴ. 선박소유자등의 거짓 보고 · 자료제출 위반사범

제85조(벌칙) 다음 각 호의 어느 하나에 해당하는 자는 1천만원 이하의 벌금에 처한다.

6. 제75조제1항의 규정을 위반하여 거짓의 보고를 하거나 거짓의 자료를 제출한 자

「선박안전법」 제75조제1항에 따라 해양수산부장관은 다음에 해당하는 경우에는 선박소유자, 제18조제1항의 규정에 따른 형식승인을 받은 자, 제18조제3항의 규정에 따른 지정시험기관, 제20조제1항의 규정에 따른 지정사업장의 지정을 받은 자, 제23조제1항의 규정에 따른 컨테이너형식승인을 받은 자, 제24조제1항 후단의 규정에 따른 컨테이너 안전점검사업자, 선박안전기술공단, 선급법인(한국선급), 두께측정대행업체, 컨테이너검정등대행기관, 위험물검사등대행기관(이하 "선박소유자등"이라 한다)에 대하여 필요한 보고를 명하거나 자료를 제출하게 할 수 있다.

ⅰ) 이 법 제18조제8항(형식승인 및 검정)[270], 제20조제5항(지정사업장의 지정)[271], 제23조제7항(컨테이너의 형식승인 및 검정)[272], 제24조제3항(컨테이너의 안전

점검)[273], 제63조제2항(선체두께 측정의 대행)[274], 제64조제2항(컨테이너검정

270) 「선박안전법」 제18조(형식승인 및 검정) ⑧ 제1항 내지 제7항의 규정에 따른 형식승인의 절차, 형식승인을 얻은 자 및 지정시험기관에 대한 지도 · 감독, 선박용물건의 보관범위, 검정증서의 서식 · 교부 등에 관한 사항은 해양수산부령으로 정하고, 제2항의 규정에 따른 형식승인시험의 기준은 해양수산부장관이 정하여 고시한다.

「선박안전법 시행규칙」 제45조(지도 · 감독) ① 법 제18조제8항에 따라 지방해양항만청장은 지정시험기관의 시험성적서를 검토하여 적합하지 아니하다고 인정하는 경우에는 해양수산부장관에게 보고하여야 한다.

② 해양수산부장관은 제1항에 따라 지방해양항만청장으로부터 보고를 받은 경우 해당 지정시험기관을 방문하여 시험방법 및 절차 등을 확인하고 필요한 경우 개선 · 보완을 요청할 수 있다.

271) 「선박안전법」 제20조(지정사업장의 지정) ⑤ 해양수산부장관은 제1항의 규정에 따라 지정사업장을 지정한 때에는 제2항의 규정에 따라 승인을 얻은 내용대로 제조 · 정비 및 운용 · 관리되고 있는지 지도 · 감독하여야 한다.

⑥ 제1항 내지 제5항의 규정에 따른 지정사업장의 지정절차, 지정사업장의 적합 여부에 대한 확인절차, 합격증서 · 확인서의 서식 · 교부 및 지정사업장에 대한 지도 · 감독 등에 관하여 필요한 사항은 해양수산부령으로 정한다.

「선박안전법 시행규칙」 제52조(지도 · 감독) 지방해양항만청장은 관할 지정사업장에 대하여 법 제20조제6항에 따른 지정사업장의 제조 · 정비 및 운용에 대한 지도 · 감독을 연 1회 이상 하여야 한다.

272) 「선박안전법」 제23조(컨테이너의 형식승인 및 검정) ⑦ 제1항 내지 제6항의 규정에 따른 컨테이너 형식승인 및 그 변경승인의 절차, 컨테이너지정시험기관의 지정기준 및 절차, 형식승인시험의 기준, 컨테이너형식승인을 얻은 자 및 컨테이너지정시험기관에 대한 지도 · 감독 등에 관하여 필요한 사항은 해양수산부령으로 정한다.

「선박안전법 시행규칙」 제62조(지도 · 감독) ① 지방해양항만청장은 컨테이너지정시험기관의 컨테이너시험성적서를 검토하여 적합하지 아니하다고 인정하면 해양수산부장관에게 보고하여야 한다.
② 해양수산부장관은 제1항에 따라 지방해양항만청장으로부터 보고를 받은 경우 법 제23조제7항에 따라 해당 컨테이너지정시험기관을 방문하여 시험의 방법 및 절차 등을 확인하고 필요한 경우에는 개선 · 보완을 요청할 수 있다.

273) 「선박안전법」 제24조(컨테이너의 안전점검) ③ 제1항의 규정에 따른 안전점검의 기준 · 방법 · 승인절차, 안전점검사업자의 기준 및 안전점검사업자에 대한 지도 · 감독 등에 관하여 필요한 사항은 해양수산부령으로 정한다.

「선박안전법 시행규칙」 제66조(지도 · 감독) 지방해양항만청장은 안전점검방법의 승인을 받은 자가 법 제24조제3항에 따라 승인받은 사항대로 점검하고 있는지에 대한 지도 · 감독을 연 1회 이상 하여야 한다.

274) 「선박안전법」 제63조(선체두께 측정의 대행) ② 제1항의 규정에 따른 두께측정대행업체의 대행 및 대행취소 등에 관한 사항은 대통령령으로 정하고, 두께측정대행업체의 지도 · 감독 등에 관하여 필요한 사항은 해양수산부령으로 정한다.

「선박안전법 시행령」 제12조(두께측정대행업체의 취소 등) ① 법 제63조제2항에 따라 두께측정대행업체가 다음 각 호의 어느 하나에 해당하는 경우에는 해당 업무의 대행을 취소하거나 6개월의 범위에서 그 업무를 정지시킬 수 있다. 다만, 제1호부터 제3호까지의 어느 하나에 해당하면 이를 취소하

등의 대행)[275] 및 제65조제2항(위험물 관련 검사 · 승인의 대행)[276]의 규정에

여야 한다.
1. 거짓 그 밖의 부정한 방법으로 대행지정을 받은 경우
2. 거짓 그 밖의 부정한 방법으로 선체두께를 측정한 경우
3. 대행지정을 받은 자가 그 사업을 폐업한 경우
4. 법 제63조제1항에 따라 해양수산부장관이 고시한 지정기준에 미달하게 된 경우
5. 정당한 사유 없이 계속하여 1년 이상 선체두께 측정업무를 하지 아니한 경우
6. 법 제75조제1항에 따른 보고 · 자료제출명령을 따르지 아니한 경우

② 제1항에 따른 행정처분의 기준 및 절차 등에 필요한 사항은 해양수산부령으로 정한다.

「선박안전법 시행규칙」제87조(두께측정대행업체의 대행취소 등의 처분기준) ① 영 제12조제2항에 따른 두께측정대행업체의 대행취소 및 업무정지 처분의 기준은 별표 34와 같다.

② 해양수산부장관은 위반행위의 동기, 내용 및 횟수 등을 고려하여 제1항에 따른 업무정지기간을 2분의 1의 범위에서 가중하거나 감경할 수 있다. 이 경우 가중한 기간을 합산한 기간은 6개월을 초과할 수 없다.

③ 해양수산부장관은 제1항과 제2항에 따라 취소 또는 업무정지 처분을 한 경우에는 지체 없이 그 사실을 고시하여야 한다.

275) 「선박안전법」 제64조(컨테이너검정 등의 대행) ② 제1항의 규정에 따른 컨테이너검정등대행기관의 대행 및 대행의 취소 등에 관한 사항은 대통령령으로 정하고, 컨테이너검정등대행기관의 지도 · 감독 등에 관하여 필요한 사항은 해양수산부령으로 정한다.

「선박안전법 시행령」제13조(컨테이너검정등대행기관의 취소 등) ① 법 제64조제2항에 따라 컨테이너검정등대행기관이 다음 각 호의 어느 하나에 해당하는 경우에는 해당 업무의 대행을 취소하거나 6개월의 범위에서 그 업무를 정지시킬 수 있다. 다만, 제1호부터 제3호까지의 어느 하나에 해당하면 이를 취소하여야 한다.
1. 거짓 그 밖의 부정한 방법으로 대행지정을 받은 경우
2. 거짓 그 밖의 부정한 방법으로 검정 등을 한 경우
3. 대행지정을 받은 자가 그 사업을 폐업한 경우
4. 법 제64조제1항에 따라 해양수산부장관이 고시한 지정기준에 미달하게 된 경우
5. 정당한 사유 없이 계속하여 1년 이상 검정 등의 업무를 하지 아니한 경우
6. 법 제75조제1항에 따른 보고 · 자료제출명령을 따르지 아니한 경우

② 제1항에 따른 행정처분의 기준 및 절차 등에 필요한 사항은 해양수산부령으로 정한다.

「선박안전법 시행규칙」제88조(컨테이너검정등대행기관의 대행취소 등의 처분기준) ① 영 제13조제2항에 따른 컨테이너검정등대행기관의 대행취소 및 업무정지 처분의 기준은 별표 35와 같다.

② 해양수산부장관은 위반행위의 동기, 내용 및 횟수 등을 고려하여 제1항에 따른 업무정지기간을 2분의 1의 범위에서 가중하거나 감경할 수 있다. 이 경우 가중한 기간을 합산한 기간은 6개월을 초과할 수 없다.

③ 해양수산부장관은 제1항과 제2항에 따라 대행취소 또는 업무정지 처분을 한 경우에는 지체 없이 그 사실을 고시하여야 한다.

276) 「선박안전법」제65조(위험물 관련 검사 · 승인의 대행) ② 제1항의 규정에 따른 위험물검사등대행기관의 대행 및 대행의 취소 등에 관한 사항은 대통령령으로 정하고, 위험물검사등대행기관의 지도 ·

따른 지도 · 감독과 관련하여 필요한 경우(제1호)

ii) 선박의 감항성과 인명안전을 위한 시설 및 항해상의 위험방지 조치와 관련하여 필요한 경우(제2호)

iii) 이 법 제60조제1항 및 제2항(검사등업무의 대행)의 규정에 따른 감독과 관련하여 필요한 경우(제3호)

이 경우 거짓의 보고를 하거나 거짓의 자료를 제출한 자에 대해서는 이 법 제85조제6호의 규정에 따라 1천만원 이하의 벌금에 처벌하도록 하고 있다. 참고로 앞서 언급한 선박소유자등의 일부 중 정당한 사유 없이 이 법 제75조제1항에 따른 보고 또는 자료제출을 하지 아니한 자에 대해서는 이 법 제89조제2항제28호에서 규정하고 있는 바와 같이 500만원 이하의 과태료를 부과하도록 하고 있다.[277]

감독 등에 관하여 필요한 사항은 해양수산부령으로 정한다.

「선박안전법 시행령」제14조(위험물검사등대행기관의 취소 등) ① 법 제65조제2항에 따라 위험물검사등대행기관이 다음 각 호의 어느 하나에 해당하는 경우에는 해당 업무의 대행을 취소하거나 6개월의 범위에서 그 업무를 정지시킬 수 있다. 다만, 제1호부터 제3호까지의 어느 하나에 해당하면 이를 취소하여야 한다.

1. 거짓 그 밖의 부정한 방법으로 대행지정을 받은 경우
2. 거짓 그 밖의 부정한 방법으로 검사 또는 승인을 한 경우
3. 대행지정을 받은 자가 그 사업을 폐업한 경우
4. 법 제65조제1항에 따라 해양수산부장관이 고시한 지정기준에 미달하게 된 경우
5. 정당한 사유 없이 계속하여 1년 이상 검사 및 승인 업무를 하지 아니한 경우
6. 법 제75조제1항에 따른 보고 · 자료제출명령을 따르지 아니한 경우

② 제1항에 따른 행정처분의 기준 및 절차 등에 필요한 사항은 해양수산부령으로 정한다.

「선박안전법 시행규칙」 제89조(위험물검사등대행기관의 대행취소 등의 처분기준) ① 영 제14조제2항에 따른 위험물검사등대행기관의 대행취소 및 업무정지 처분의 기준은 별표 36과 같다.

② 해양3수산부장관은 위반행위의 동기, 내용 및 횟수 등을 고려하여 제1항에 따른 업무정지기간을 2분의 1의 범위에서 가중하거나 감경할 수 있다. 이 경우 가중한 기간을 합산한 기간은 6개월을 초과할 수 없다.

③ 해양수산부장관은 제1항과 제2항에 따라 대행취소 또는 업무정지 처분을 한 경우에는 지체 없이 그 사실을 고시하여야 한다.

277) 「선박안전법」 제89조(과태료) ② 다음 각 호의 어느 하나에 해당하는 자는 500만원 이하의 과태료에 처한다.

28. 정당한 사유 없이 제75조제1항에 따른 보고 또는 자료제출을 하지 아니한 다음 각 목의 어느 하나에 해당하는 자

Ⅵ. 보고 · 자료제출명령 등과 관련한 공무집행 위반사범

제85조(벌칙) 다음 각 호의 어느 하나에 해당하는 자는 1천만원 이하의 벌금에 처한다.
7. 정당한 사유 없이 제75조제2항의 규정에 따른 공무원의 출입을 거부 · 방해 또는 기피한 자

「선박안전법」 제75조제1항 및 제2항에 따라 해양수산부장관은 선박소유자등에게 필요한 보고를 명하거나 자료를 제출하게 할 수 있으며, 이에 따른 보고내용 및 제출된 자료의 내용을 검토한 결과 이 법 제75조제1항제1호 내지 제3호에 따른 지도 · 감독 등의 목적달성이 어렵다고 인정되는 때(앞의 'Ⅴ. 선박소유자등의 거짓 보고 · 자료제출 위반사범'과 관련한 내용 중 ⅰ)~ⅲ)의 경우에 따라 보고된 내용 및 제출된 자료만으로는 정확한 실태파악 등의 목적달성이 어렵다고 인정되는 때)에는 소속 공무원으로 하여금 직접 해당 선박 또는 사업장[278]에 출입하여 장부 · 서류 및 시설을 조사하게 할 수 있다.

이 경우 정당한 사유 없이 공무원의 출입을 거부 · 방해 또는 기피한 자에 대해서는 처벌하도록 하고 있다.

한편, 직접 해당 선박 또는 사업장에 출입하여 장부 · 서류 및 시설을 조사고자 하는 경우에는 이 법 제75조제3항에 따라 조사 7일 전까지 조사자, 조사 일시 · 이유 및 내용 등이 포함된 조사계획을 선박소유자 등에게 통보하여야 한다.

가. 선박소유자
나. 제18조제3항에 따른 지정시험기관
다. 제23조제1항에 따른 컨테이너형식승인을 받은 자
라. 제24조제1항 후단에 따른 안전점검사업자

278) 여기에서의 "사업장"은 위법행위에 대한 처분대상으로 앞서 언급한 「선박안전법」 제75조제1항에서 규정하고 있는 "선박소유자등" 중 제18조제1항의 규정에 따른 형식승인을 받은 자, 제18조제3항의 규정에 따른 지정시험기관, 제20조제1항의 규정에 따른 지정사업장의 지정을 받은 자, 제23조제1항의 규정에 따른 컨테이너형식승인을 받은 자, 제24조제1항 후단의 규정에 따른 컨테이너 안전점검사업자, 선박안전기술공단, 선급법인(한국선급), 두께측정대행업체, 컨테이너검정등대행기관, 위험물검사등대행기관을 말한다. 이하 같다.

다만, 선박의 항해일정 등에 따라 긴급을 요하거나 사전통보를 하는 경우 증거인멸 등으로 인하여 이 법 제75조제1항에 따른 각 호의 목적달성이 어렵다고 인정되는 경우에는 그러하지 아니한다(법 제75조제3항 단서).

참고로 여기에서의 거부·방해 또는 기피에 대한 의미는 다음과 같다.[279]

i) 거부(拒否): 남의 요청이나 제안 따위를 동의하거나 받아들이지 않고 물리침
ii) 방해(妨害): 남의 일을 잘못되게 하거나 못하게 함
iii) 기피(忌避): 어떤 대상이나 일 따위를 직접 하거나 부딪치기를 꺼리어 피함

Ⅶ. 항해정지명령 또는 시정·보완처분 위반사범

제85조(벌칙) 다음 각 호의 어느 하나에 해당하는 자는 1천만원 이하의 벌금에 처한다.
8. 제75조제5항의 규정에 따른 처분에 따르지 아니한 자

「선박안전법」 제75조제2항 및 제5항에 따라 해양수산부장관은 소속 공무원으로 하여금 직접 해당 선박 또는 사업장을 조사한 결과 이 법 또는 이 법에 따른 명령을 위반한 사실이 있다고 인정되는 때에는 해당 선박 또는 사업장에 대하여 같은 법 시행령 제20조에 따라 항해정지명령 또는 수리·보완과 관련된 처분을 할 수 있다.

이 경우 관련 조치로는 같은 법 시행규칙 제96조제1호 및 제2호에 따라 이 법 또는 이 법에 따른 명령을 위반한 해당 선박에 대해서는 [별지 제89호서식]의 항해정지명령서 또는 [별지 제90호서식]의 시정·보완명령서를 발급하고 있으며, 해당 사업장에 대해서는 [별지 제90호서식]의 시정·보완명령서를 발급하는 것으로 하고 있다.

이와 같은 항해정지명령서 및 시정·보완명령서에는 각각 '항해정지 사유(시정·보완 사유)'와 '항해정지 기간 및 해제조건(시정·보완 기간 및 해제조건)' 등을 두고 있으며, 해당 선박이 정상적인 운항을 하기 위해서는 항해정지(시정·보완) 사유가

279) 이희승, 앞의 책, 1,182, 1,565, 2,969면.

해소되고 이를 지방청(선박검사관)에 연락 한 후 별도의 확인과정 등의 적정 조치를 취한 경우에 한해 가능하도록 하고 있다.

또한 사업장이 정상적인 운영을 하기 위해서는 시정 · 보완 사유가 해소되고 마찬가지로 이를 지방청(선박검사관)에 연락한 후 별도의 확인과정 등의 적정 조치를 취한 경우에 한해 가능하도록 하고 있다.

이에 따라 이 법 제85조제8호에서는 항해정지명령서 또는 시정 · 보완명령서에서 정하고 있는 처분(명령)에 따르지 아니한 자를 처벌할 수 있도록 규정하고 있다.

참고로 이 법 제85조제6호부터 제8호까지에 해당하는 위법행위의 구성요건은 이 법 제75조에 따라 해양수산부장관이 선박소유자 등에게 각각의 해당 업무와 관련해서 필요한 보고 및 자료제출을 명령한 것과 관련한 내용으로 하고 있다.

제5절 컨테이너 적재(수납) · 예인선항해검사 · 고인화성 물질 선내사용 위반사범 수사

「선박안전법」 제86조제1호 내지 제3호에서는 컨테이너형식승인판에 표시된 최대총중량을 초과하여 화물을 수납 · 적재한 자, 예인선항해검사를 받지 아니하고 예인작업을 한 자 및 고인화성 연료유 · 윤활유 등을 선박에서 사용한 자의 위법행위 등 다양한 유형의 범죄행위에 대한 구성요건 및 양형기준을 규정하고 있다.[280)]

한편, 이 법 제86조제2호 및 제3호의 위반사항에 해당하는 자에게 적용되는 양형기준은 이 법이 2015년 1월 6일 법률 제12999호로 개정되기 이전 이에 해당하는 자에 대해 200만원 이하의 벌금에 처하던 것을 500만원 이하의 벌금에 처하도록 강화되었다.[281)]

그리고 이 법 제86조제1호의2와 관련한 위반사항에 해당하는 자에게 적용되는 양형기준은 이 법이 2015년 1월 6일 법률 제12999호로 개정되기 이전 제89조제2항제20호[282)]에서 이동한 것으로 200만원 이하의 과태료에 처하던 것을 500만원 이하의 벌금에 처하도록 강화되었다.

---

280) **현행, 「선박안전법」 제86조(벌칙)** 다음 각 호의 어느 하나에 해당하는 자는 500만원 이하의 벌금에 처한다.

1. 삭제 〈2015.1.6.〉

1의2. 제39조제4항을 위반하여 컨테이너형식승인판에 표시된 최대총중량을 초과하여 화물을 수납 · 적재한 자

2. 제43조제1항의 규정을 위반하여 예인선항해검사를 받지 아니하고 부선 및 구조물 등을 예인한 자

3. 제44조의 규정을 위반하여 고인화성 연료유 · 윤활유 등을 선박에서 사용한 자

281) **구, 「선박안전법」 제86조(벌칙)** 다음 각 호의 어느 하나에 해당하는 자는 200만원 이하의 벌금에 처한다.

1. 제28조제1항의 규정을 위반하여 복원성을 유지하지 아니하고 선박을 항해에 사용한 자

2. 제43조제1항의 규정을 위반하여 예인선항해검사를 받지 아니하고 부선 및 구조물 등을 예인한 자

3. 제44조의 규정을 위반하여 고인화성 연료유 · 윤활유 등을 선박에서 사용한 자

282) **구, 「선박안전법」 제89조(과태료)** ② 다음 각 호의 어느 하나에 해당하는 자는 200만원 이하의 과태료에 처한다.

20. 제39조제4항의 규정을 위반하여 컨테이너형식승인판에 표시된 최대총중량을 초과하여 화물을 수납 · 적재한 자

위반행위에 따른 수사기관을 구분해서 살펴보면, 이 법 제86조제1호의2 · 제2호 · 제3호에 따른 위반사범의 대부분은 선박을 사용하여 해상에서 이루어지는 경우가 대부분일 것이므로 국민안전처(해양경비안전본부)에서 전담하게 된다.

반면, 제86조제3호와 관련해서 고려해봐야 할 사안으로는 고인화성 물질을 선박에서 사용한 행위시점의 장소가 해상이 아닌 육상인 경우(조선소에 상가한 상태 등) 해상에서의 행위조건을 두고 있지 않으므로 경찰청에서 해당 업무(사건)를 수행하게 된다.

Ⅰ. 컨테이너 화물 과적 위반사범

제86조(벌칙) 다음 각 호의 어느 하나에 해당하는 자는 500만원 이하의 벌금에 처한다.
1의2. 제39조제4항을 위반하여 컨테이너형식승인판에 표시된 최대총중량을 초과하여 화물을 수납 · 적재한 자

선박소유자는 「선박안전법」 제39조제4항에 따라 승인된 화물적재고박지침서에 따르되, 컨테이너형식승인판에 표시된 최대총중량을 초과하여 화물을 수납 · 적재하지 못하도록 규정하고 있다.

한편, 여기에서의 위반행위는 승인된 화물적재고박지침서를 따르지 않은 경우를 제외하고 있으며, 이와 관련한 벌칙은 앞서 언급한 바와 같이 이 법 제83조제11호에서 별도로 규정하고 있다.

컨테이너형식승인 등과 관련한 내용은 '제2장 제2절 Ⅱ. 5. 컨테이너형식승인(형식승인 변경) 및 검정 위반사범' 및 '제2장 제3절 Ⅱ. 컨테이너 적재 방법 및 안전점검 위반사범'을 참조하도록 한다.

참고로 컨테이너형식승인판에 표시된 최대총중량은 다음의 [그림 2-20] 점선 안 숫자로 나타내고 있으며, 단위는 kg(킬로그램) 및 lbs(파운드)를 사용하고 있다.

■ 선박안전법 시행규칙 [별지 제65호서식] <개정 2015.7.15.>

CSC SAFETY APPROVAL
컨테이너형식승인판

[1] / [2] 검사승인

DATE MANUFACTURED		
IDENTIFICATION No.		
MAXIMUM OPERATING GROSS MASS	kg	lbs
ALLOWABLE STACKING LOAD FOR 1.8g	kg	lbs
TRANSVERSE RACKING TEST FORCE		newtons

가로: 200㎜ 이상, 세로: 100㎜ 이상

CSC SAFETY APPROVAL
A/CS-1234 – 123 / 2013

DATE MANUFACTURED	09/2013	
IDENTIFICATION NO.	CMCL 13 123456	
MAX OP GROSS MASS	32,500 KGS	71,650 LBS
ALLOW STACK LOAD FOR 1.8g	192,000 KGS	423,280 LBS
RACKING TEST LOAD VALUE	15,240 KGS	33,600 LBS

[그림 2-20] 컨테이너형식승인판의 최대총중량 표시 형태

Ⅱ. 예인선항해검사 미필 위반사범

제86조(벌칙) 다음 각 호의 어느 하나에 해당하는 자는 500만원 이하의 벌금에 처한다.
2. 제43조제1항의 규정을 위반하여 예인선항해검사를 받지 아니하고 부선 및 구조물 등을 예인한 자

예인선의 선박소유자는「선박안전법」제43조제1항 및 제3항에 따라 부선 및 구조물 등을 예인하고자 하는 때에는 예인선항해검사를 받도록 하고 있으며, 당해 예인선에 예인선항해검사증서의 비치 의무 규정을 두고 있다.

이 경우 이 법 제43조제1항에 따른 예인선항해검사는 같은 법 시행규칙 제81조제1

항에 따라 예인선이 부선과 구조물 등을 예인하기 위하여 갖추어 둔 예인설비 등에 대한 검사로 1년마다 예인선항해검사증서의 유효기간이 끝나는 날 전후 3개월 이내에 검사를 받아야 한다.

다만, ⅰ) 압항부선과 결합하여 운항하는 예인선, ⅱ) 평수구역에서만 운항하는 예인선의 경우에는 예인선항해검사를 받지 아니하도록 규정하고 있다(같은 법 시행규칙 제81조제1항 단서).

참고로 앞서 언급한 바 있는 이 법 제83조제13호 벌칙 조항은 거짓, 그 밖의 부정한 방법으로 제43조제1항의 규정에 따른 예인선항해검사를 받은 자에 대한 처벌규정으로 여기에서의 제86조제2호에 따른 '검사미필 예인선으로 부선 등을 예인한 자'에 대한 범죄성립의 구성요건 및 양형기준과는 차이를 보이고 있다.

예인선항해검사 등과 관련한 내용은 '제2장 제2절 Ⅱ. 7. 예인선항해검사 위반사범'을 참조하고 자세한 설명은 생략하기로 한다.

Ⅲ. 고인화성 물질 선내 사용 위반사범

제86조(벌칙) 다음 각 호의 어느 하나에 해당하는 자는 500만원 이하의 벌금에 처한다.
3. 제44조의 규정을 위반하여 고인화성 연료유 · 윤활유 등을 선박에서 사용한 자

「선박안전법」 제44조(고인화성 연료유 등의 사용제한)에서는 누구든지 해양수산부장관이 정하여 고시하는 고인화성 연료유 · 윤활유 등을 선박에서 사용하지 못하도록 하고 있으며, 이를 위반할 경우 처벌하도록 규정하고 있다.

이에 따른 고인화성 연료유 및 윤활유 등은 해당 규정에서 위험물 중 인화성 액체류의 일종으로 분류하고 있으며, 이와 관련해서는 「위험물 선박운송 및 저장규칙」 제2조제1호다목 · 제3조제3호 및 「위험물 선박운송 기준」 제2조제3항에서 인화성 액체류로 분류하고 있는 것을 기준으로 살펴보고자 한다.

인화성 액체류(위험물 제3급)는 이 규칙 제2조제1호다목에 따라 다음에서 정하는 인화성 액체로서 이 기준 제2조제3항에 따른 [별표 1]의 정표찰란에 3인 물질로 규정

하고 있다(〈표 2-23〉 참조).

ⅰ) 저인화점 인화성 액체: 인화점(밀폐용기 시험에 의한 인화점을 말한다. 이하 같다)이 섭씨 영하 18도 미만인 액체(규칙 제2조제1호다목1))
ⅱ) 중인화점 인화성 액체: 인화점이 섭씨 영하 18도 이상 섭씨 23도 미만인 액체(규칙 제2조제1호다목2))
ⅲ) 고인화점 인화성 액체: 인화점이 섭씨 23도 이상 섭씨 60도 이하인 액체(인화점이 섭씨 35도를 초과하는 액체로서 연소계속성으로 인하여 그 액체의 인화점 미만의 온도로 운송되는 경우는 제외한다) 또는 인화점이 섭씨 60도를 초과하는 액체로서 인화점 이상의 온도로 운송되는 액체(규칙 제2조제1호다목3))

〈표 2-23〉 인화점별 인화성 액체의 종류

구 분		인화성 액체의 종류
저인화점 인화성 액체	인화점(밀폐용기 시험에 의한 인화점을 말한다. 이하 같다)이 섭씨 영하 18도 미만인 액체	아세탈, 접착제, 코딩액, 디메틸아민, 인쇄용잉크, 도료(페인트, 래커, 에나멜, 스테인, 셸락용액, 니스, 광택제, 충전액, 래커베이스, 시너 등), 테트라히드로푸란 등
중인화점 인화성 액체	인화점이 섭씨 영하 18도 이상 섭씨 23도 미만인 액체	펜탄올, 아세트산부틸, 접착제, 코딩액, 디아세톤알코올, 추출향료액, 아질산에틸(알코올용액), 퓨젤오일, 인쇄용잉크, 케톤류, 메르캅탄류 또는 메르캅탄 혼합물, 니트로셀루로오스 등
	인화점이 섭씨 23도 미만인 액체	아밀아민, 부탄올, 에탄올 또는 에탄올 용액, 쿠마린유도체 살충살균제(액체) 등
고인화점 인화성 액체	인화점이 섭씨 23도 이상 섭씨 60도 이하인 액체	펜탄올, 아밀아민, 아세트산부틸, 접착제, 석탄타르 증류물, 코딩액, 디아세톤알코올, 추출향료액(정유), 에탄올 또는 에탄올 용액, 퓨젤오일, 가스오일(디젤연료 또는 가열유를 포함), 인쇄용잉크, 석유류(등유(연료1호)), 케톤류, 메르캅탄류 또는 메르캅탄 혼합물, 도료(페인트, 래커, 에나멜, 스테인, 셸락용액, 니스, 광택제, 충전액, 래커베이스, 시너 등), 트리프로필렌, 기타의 살충살균제(액체) 등
	인화점이 섭씨 60도를 초과하는 액체	–

여기에서 이 법 제86조제3호에 따라 제44조의 규정을 위반하여 고인화성 액체류를 사용한 경우는 위의 ⅰ)에 해당하는 '저인화점 인화성 액체'를 선박 내에서 사용한 자로 제한할 수 있을 것이다.

이는 일반적으로 인화성(引火性)은 불이 붙는 성질을 말하는 것으로 저인화점 인화성일수록 고인화성 물질이 되기 때문이다.

하지만, 「선박기관기준」 제147조[283]에서는 저인화점 연료유 사용과 관련한 보기 및 관장치의 적합 요건에 대한 세부기준을 규정하고 있으며, 이에 따른 연료유의 인화점은 섭씨 43도 이상 섭씨 60도 미만, 섭씨 43도 이하로 구분하고 있다. 이에 추가하여 보일러에 사용하는 연료유는 인화점이 섭씨 49도를 초과하여야 하는 것으로 하고 있다.

따라서 이 법 제44조에 따른 "해양수산부장관이 정하여 고시하는 고인화성 연료유·윤활유 등"은 인화점이 섭씨 60도 미만인 인화성 액체류가 이에 해당하는 것으로 볼 수 있다.

다시 말해서 선박 내에서 사용하는 것을 위법행위로 규정하고 있는 고인화성 연료유·윤활유 등의 액체류는 위의 ⅰ)~ⅲ)에 해당하는 인화성 액체류를 포함한다 할 것이다.

---

283) 「선박기관기준」 제147조(저인화점 연료유와 관련된 보기 및 관장치) ① 인화점이 섭씨 43도 이상 섭씨 60도 미만인 연료유와 관련된 보기 및 관장치는 다음 각호의 요건에 적합한 것이어야 한다.

1. 이중저를 사용하는 연료유탱크 이외의 연료유탱크는 특정기관구역 밖에 설치되어 있을 것. 다만, 국제항해에 종사하는 여객선 이외의 선박 및 어선에 설치된 용량 1킬로리터 이하의 연료유탱크에 대하여는 그러하지 아니하다.
2. 펌프의 흡입관에는 온도측정장치가 설치되어 있을 것
3. 여과기의 입구 및 출구측에는 스톱밸브 또는 콕이 설치되어 있을 것
4. 관의 이음은 가능한 한 용접이음이나 원추형 또는 구면형 유니언이음일 것
5. 설치한 장소의 온도가 해당 연료유의 인화점으로부터 섭씨 10도 낮은 온도까지 상승하지 아니할 것

② 인화점이 섭씨 43도 이하인 연료유와 관련된 보기 및 관장치는 다음 각호의 요건에 적합한 것이어야 한다.

1. 연료유탱크는 기관구역외부에 설치되어 있을 것. 다만, 국제항해에 종사하는 여객선 이외의 선박 및 어선에 설치된 용량 1킬로리터 이하의 연료유탱크 및 비상발전기의 원동기에 사용하는 연료유 탱크에 대하여는 그러하지 아니하다.
2. 제1항 2호 내지 제5호의 기준

③ 보일러에 사용하는 연료유는 인화점이 섭씨 49도를 초과하는 것이어야 하며 제1항 및 제2항의 규정에 의한 저인화점의 연료유를 보일러의 연료유로서 사용할 경우에는 주기관실 또는 보일러실의 이중저탱크를 연료유탱크로 사용하지 아니하여야 한다.

④ 제1항 내지 제3항의 규정은 총톤수 100톤 미만의 선박에 대하여는 적용하지 아니한다.

⑤ 액화석유가스 등 저인화점의 연료유를 기관에 사용할 경우에는 해양수산부장관이 인정하는 바에 의한다.

한편, 이 법 제44조는 「SOLAS협약」 부속서 제2-2장 제4.2.1규칙을 수용한 것으로 이는 기관실에 설치된 주기관 등 여러 기계장치들이 구동하면서 생긴 발열 등으로 인해 기관실 및 기계설비는 고온에 쉽게 노출될 가능성이 높으므로 만약, 저인화점 인화성 액체류(연료유 및 윤활유)를 사용하는 경우 이에 따른 누유(oil leak, 漏油)로 인해 발생할 수 있는 화재의 위험성을 사전에 예방하기 위한 것이다.

이에 따라 원칙적으로는 인화점이 섭씨 60도 미만의 인화성 연료유는 선박에서 사용할 수 없도록 규정하고 있다.

반면, 예외사항으로 「SOLAS협약」 제2.1.1규칙 및 제2.1.2규칙에 따라 비상발전기 구동용 원동기 설비의 경우에 한해서 인화점이 섭씨 43도인 연료유까지 허용하고 있다.[284)]

이상의 내용을 정리하면, 이 법 제86조제3호에서는 고인화성 연료유 및 윤활유 등의 인화성 액체류 사용과 관련한 별도의 규정을 두고 있는 경우를 제외하고, 선박 내에서 임으로 이것을 사용하는 행위를 위법행위로 간주하여 처벌할 수 있도록 하고 있다.

참고로 인화점이 섭씨 23도 미만인 인화성 액체류와 인화점이 섭씨 23도 이상 섭씨 60도 이하인 인화성 액체류를 선박으로 운송하고자 하는 경우에는 이 기준 제10조(방화장치등의 기준)와 관련한 [별표 20][285)] 제1호나목(위험물의 분류별 방화장치등)의 비고 제2호의 표에서 정하고 있는 방화장치 등의 종류 및 기준을 만족하는 경우로 제한하고 있으며, 이에 해당하는 장치 등은 다음의 〈표 2-24〉와 같다.

284) 박영선, 앞의 책, 265~266면.

285) 「위험물 선박운송 기준」 제10조와 관련한 [별표 20]은 위험물 및 화물구역의 종류별 방화장치등의 종류 및 기준을 규정하고 있다.

〈표 2-24〉 인화성 액체류 위험물의 방화장치등

방화장치등 \ 인화성 액체류(3급)	인화점 범위	
	인화점<23도	인화점≥23도, ≤60도
(1) 소화펌프 원격조작등	○	○
(2) 소화펌프 능력강화	○	○
(3) 냉각수단	–	–
(4) 발화원의 배제	○	–
(5) 화재탐지장치	○	○
(6) 기계통풍장치	○	–
(7) 방폭형기계통풍장치	○	–
(8) 빌지의 기관실 유입방지	○	–
(9) 인원의 보호	○	○
(10) 이동식소화기	○	○
(11) 특정기관구역과의 경계의 방열	○	○
(12) 고정식가압수분무장치	○	○
(13) 고정식진화성가스소화장치	○	○
(14) 폐위된 로올온 · 오프화물구역과 인접한 개방로올온 · 오프화물구역과의 격리	○	○
(15) 폐위된 로올온 · 오프화물구역과 인접한 노출갑판간의 격리	○	○

* 위 (1)~(13)에 해당하는 방화장치 등의 세부기준은 [별표 20] 제2호(방화장치등의 기준) 참조

제6절 벌칙 적용의 예외 및 벌칙의 적용

「선박안전법」 제87조는 벌칙 적용의 예외 규정으로 이 법과 이 법에 따른 명령을 위반한 선박소유자에게 적용할 벌칙은 선박소유자가 국가 또는 지방자치단체인 때에는 이를 적용하지 아니하도록 하고 있다.

한편, 이와 같은 벌칙 적용의 예외 규정은 이 법이 1961년 12월 30일 법률 제919호로 제정될 당시부터 현재까지 포함되고 있으며,[286] 여기에서 벌칙 적용의 예외 대상은 제정 당시 국가 또는 서울특별시, 도, 시, 읍, 면 기타의 공공단체가 선박소유자일 경우로 하고 있다.

하지만 이 법이 1997년 12월 17일 법률 제5470호로 개정되면서 '기타의 공공단체'는 벌칙 적용의 예외 대상에서 제외되었으며, 이는 현재까지 동일하게 유지되고 있다.[287]

이는 앞서 언급한 바와 같이 국가는 형벌권의 주체이지 객체는 될 수 없으므로 국가와 국가의 기관위임사무를 수행하는 지방자치단체는 처벌대상이 아니라는 입장을 비춰어 볼 때 '공공단체'는 국가 또는 지방자치단체 즉 「정부조직법」, 「국가공무원」 및 「지방공무원법」 상의 공무원 신분을 가지고 있지 못하고 있으므로 배제된 것으로 사료된다.[288]

그리고 이 법 제88조는 벌칙의 적용과 관련한 일종의 신분범에 대한 처벌규정으로 이 법 중 선박소유자에 관한 규정은 선박공유의 경우에 선박관리인을 임명하였을 때에

---

286) 「선박안전법」이 1961년 12월 30일 법률 제919호로 제정될 당시 제23조(벌칙의 적용)에서는 벌칙의 적용에 대해 다음과 같이 규정하고 있다. 본법과 본법에 의한 명령에 의하여 선박소유자에게 적용할 벌칙은 법인일 경우에는 이사, 취체역(取締役) 기타 법인의 업무를 집행하는 역원(役員)에게 이를 적용하고 국가 또는 서울특별시, 도, 시, 읍, 면 기타의 공공단체가 선박소유자일 때에는 이를 적용하지 아니한다. ＊참고로 여기에서의 '취체역' 및 '역원'은 어떤 단체에 소속하여 그 단체의 중요한 일을 맡아보는 사람(임원 등)을 일컫는다.

287) **구, 「선박안전법」 제23조 (벌칙적용의 예외)** 이 법과 이 법에 의한 명령을 위반한 선박소유자에게 적용할 벌칙은 선박소유자가 국가 또는 특별시·광역시·도·시·군·구(자치구를 말한다)일 때에는 이를 적용하지 아니한다.

288) 법제처, 앞의 책, 503면 재인용.

는 이를 선박관리인에게, 선박임대차의 경우에는 이를 선박차용인에게, 용선(傭船)의 경우에는 실질적으로 선박의 관리 · 운항을 담당하는 자에게 각각 적용하고 있다.[289]

i) 선박소유자가 선박관리인을 임명한 때: 선박관리인
ii) 선박소유자가 선박을 임대차한 경우: 선박차용인
iii) 선박소유자가 선박을 용선한 경우: 실질적으로 선박의 관리 · 운영을 담당하는 자

또한 선장에 관한 규정은 선장을 대신하여 그 직무를 행하는 자에게 이를 적용한다. 즉 이 법 제88조에서는 벌칙을 적용하는데 있어 실제 선박소유자 이외 다른 사람(법인)과 해당 선박을 상호 공유하여 사용(운영)하고 있는 경우에는 선박소유자에게 적용하는 벌칙에 관한 규정을 세분화하여 위의 i)~iii)에 따라 해당하는 자에게도 적용하도록 규정하고 있다.

이는 단지 선박의 소유자 또는 현장 책임자(선장) 신분이라는 이유만으로 위법한 행위에 대한 벌칙을 감당하도록 하는 것은 아니며, 실질적으로 위법한 행위를 한 자에게 법적 책임을 묻고자하는 입법취지가 내포되어 있다 할 것이다.

다시 말해서 이와 관련한 위반사실은 선박소유자(또는 선장)의 의사가 반영(가담 여부) 되었는지 또는 위반사실과 관련해서 묵인으로 방관(방치)하고 있지는 않았는지에 대한 추가적인 확인이 필요하다.

289) 어떤 사항을 규율하기 위하여 만들어진 조문을 조금도 수정하지 않고 그와 성질이 같은 다른 규율 대상에 사용할 때에는 '적용한다'로 표현한다(법제처, 앞의 책, 667면).

제3장 어선법 위반 범죄수사

제1절 어선법의 개요

Ⅰ. 어선법의 목적

「어선법」의 목적은 어선의 건조·등록·설비·검사 및 조사·연구에 관한 사항을 규정하여 어선의 효율적인 관리와 안전성을 확보하고, 어선의 성능 향상을 도모함으로써 어업생산력의 증진과 수산업의 발전에 이바지하는 것으로 하고 있다(제1조).

이에 따라 「어선법」 목적에 따른 세부 규정을 살펴보면 다음의 <표 3-1>과 같다.

<표 3-1> 어선법 목적에 따른 세부 규정

구 분	세부 규정
건 조	제8조(건조·개조의 허가), 제10조(허가의 취소 등)
등 록	제13조(어선의 등기와 등록), 제13조의2(소형어선 소유권 변동의 효력), 제13조의3(압류등록), 제14조(어선의 총톤수 측정 등), 제15조(선박국적증서등의 비치), 제16조(어선 명칭등의 표시와 번호판의 부착), 제17조(등록사항의 변경), 제18조(선박국적증서등의 재발급), 제19조(등록의 말소와 선박국적증서등의 반납)
설 비	제3조(어선의 설비), 제5조(무선설비), 제5조의2(어선위치발신장치)
검 사	제21조(어선의 검사), 제22조(건조검사 등), 제23조 삭제, 제24조(형식승인 및 검정 등), 제25조(어선 등 우수건조사업장 등의 지정), 제26조 삭제, 제27조(검사증서의 발급 등), 제28조(검사증서의 유효기간), 제29조(검사증서 등의 비치), 제30조(재검사의 신청)
연구·개발	제32조(어선의 조사·연구), 제33조(표준어선형의 개발)

한편, 이와 같이 「어선법」에서는 어선의 등기·등록[1] 및 검사에 관한 규정 모두를

1) 「어선법」 제13조(어선의 등기와 등록) ① 어선의 소유자나 해양수산부령으로 정하는 선박의 소유자는 그 어선이나 선박이 주로 입항·출항하는 항구 및 포구(이하 "선적항"이라 한다)를 관할하는 시장·군수·구청장에게 해양수산부령으로 정하는 바에 따라 어선원부에 어선의 등록을 하여야 한다. 이 경우 「선박등기법」 제2조에 해당하는 어선은 선박등기를 한 후에 어선의 등록을 하여야 한다.
② 제1항에 따른 등록을 하지 아니한 어선은 어선으로 사용할 수 없다.
③ 시장·군수·구청장은 제1항에 따른 등록을 한 어선에 대하여 다음 각 호의 구분에 따른 증서 등을 발급하여야 한다.
1. 총톤수 20톤 이상인 어선: 선박국적증서
2. 총톤수 20톤 미만인 어선(총톤수 5톤 미만의 무동력어선은 제외한다): 선적증서

포함하고 있는 반면, 「선박안전법」 적용대상 선박의 경우 등록은 「선박법」, 검사 등과 관련한 사항은 「선박안전법」에서 각각의 개별법에 따라 구분해서 적용하고 있다.

Ⅱ. 어선의 정의 및 종류

1. 어선의 정의 및 적용범위

「어선법」 제2조제1호에서는 어선의 정의에 대해 다음과 같이 규정하고 있으며, 이에 따라 이 법에서 규정하고 있는 벌칙은 어선으로 정의되는 선박에 한해 적용된다.

i) 어업, 어획물운반업 또는 수산물가공업(이하 "수산업"이라 한다)에 종사하는 선박(가목)
ii) 수산업에 관한 시험 · 조사 · 지도 · 단속 또는 교습에 종사하는 선박(나목)
iii) 제8조제1항에 따른 건조허가를 받아 건조 중이거나 건조한 선박(다목)
iv) 제13조제1항에 따라 어선의 등록을 한 선박(라목)

2. 어선의 종류

어선은 「선박안전법」에 따른 선박검사증서상의 선박용도에 해당하는 어업의 종류(Type of Fishery)를 어선검사증서상에 표기하고 있다. 어선검사증서의 서식은 「어선법 시행규칙」 제63조제1항제1호가목의 [별지 제61호서식] 및 나목의 [별지 제62호서식]과 같다.

참고로 어업별 어구의 규모 · 형태 · 사용량 및 사용방법은 「수산업법 시행령」 [별표 1의2]에서 확인할 수 있으며, 주요어업 종류별 어선 형태는 다음의 [그림 3-1]과 같다.

---

3. 총톤수 5톤 미만인 무동력어선: 등록필증
④ 선적항의 지정과 제한 등에 필요한 사항은 해양수산부령으로 정한다.

채낚기 어선 연안어선

선미트롤 어선 통발어선

출처: 구글검색사이트(Google), http://www.google.co.kr

[그림 3-1] 어업 종류별 어선의 형태

Ⅲ. 어선법 관련 법령 부칙

여기서는 앞서 언급한 바와 같이 어선법 관련 법령(법 · 시행령 · 시행규칙) 제 · 개정이 있을 경우 법률의 시행일 및 경과조치에 대해 규정하고 있는 부칙 조항 중 최근 개정된 법령을 중심으로 "선박등"의 운영과 관련해서 해당 범죄수사 시 검토되어야 하는 주요부칙 조항을 중심으로 살펴보았으며, 다음의 〈표 3-2〉 및 〈표 3-3〉과 같다. 참고로 같은 법 시행령 부칙에서는 어선검사 등과 직접적으로 연관된 개정 내용이 없으므로 생략하였다.

〈표 3-2〉 어선법 주요부칙 조항

부 칙	주요내용
어선법 〈법률 제9718호, 2009.5.27.〉	**제1조(시행일)** 이 법은 공포 후 6개월이 경과한 날부터 시행한다. 다만, 제15조 단서의 개정규정은 공포한 날부터 시행한다.
	제2조(어선용품의 형식승인 및 검정에 관한 경과조치) 이 법 시행 당시 「선박안전법」 제20조에 따른 우수제조사업장 또는 우수정비사업장으로 지정받은 자가 제조 · 정비한 어선용품의 확인업무에 관하여는 종전의 규정에 따른다.
	제3조(어선검사 등에 관한 경과조치) ① 이 법 시행 당시 「선박안전법」 제7조제1항 · 제8조제1항 · 제9조제1항 · 제10조제1항 · 제11조제1항 · 제12조제1항 · 제18조제1항 및 제20조제1항에 따른 어선을 대상으로 행한 건조검사, 선박검사, 예비검사, 형식승인, 검정, 우수건조 · 제조 · 정비사업장의 지정, 선박 또는 선박용 물건의 확인은 이 법에 따라 행한 것으로 본다. ② 이 법 시행 당시 선박검사증서가 발급된 어선의 검사에 관하여는 그 증서의 유효기간이 만료될 때까지 종전의 규정에 따른다. ③ 이 법 시행 당시 신청된 어선에 대한 선박의 검사 등에 관하여는 종전의 규정에 따른다.
	제4조(어선설비기준에 관한 경과조치) 이 법 시행 당시 「선박안전법」 제26조 · 제27조 및 제29조에 따른 어선에 대한 선박시설, 만재흘수선의 표시 및 무선설비에 관한 기준은 이 법에 따른 어선설비기준 등에 관한 농림수산식품부장관의 고시가 시행될 때까지 그 효력을 가진다.
	제5조(선급법인에 관한 경과조치) 이 법 시행 당시 「선박안전법」 제60조제2항에 따라 지정받은 선급법인은 이 법에 따라 지정받은 것으로 본다.
	제6조(벌칙 및 과태료에 관한 경과조치) 이 법 시행 전의 행위에 대한 벌칙 및 과태료의 적용에 있어서는 종전의 규정에 따른다.
어선법 〈법률 제11754호, 2013.4.5.〉	**제1조(시행일)** 이 법은 공포 후 6개월이 경과한 날부터 시행한다.
	제2조(임시검사 생략에 관한 적용례) 제25조제4항의 개정규정에 따른 확인된 부분에 대한 임시검사의 생략은 이 법 시행 후 임시검사를 하는 경우부터 적용한다.
어선법 〈법률 제12482호, 2014.3.18.〉	**제1조(시행일)** 이 법은 공포한 날부터 시행한다.
	제2조(금치산자 등에 대한 경과조치) 제42조의 개정규정에 따른 피성년후견인에는 법률 제10429호 민법 일부개정법률 부칙 제2조에 따라 금치산 또는 한정치산 선고의 효력이 유지되는 사람을 포함하는 것으로 본다.

〈표 3-3〉 어선법 시행규칙 주요부칙 조항

부 칙	주요내용
어선법 시행규칙 〈농림수산식품부령 제101호, 2009.12.14.〉	**제1조(시행일)** 이 규칙은 공포한 날부터 시행한다.
	제2조(경과조치) 2010년 4월 22일까지는 제4조제1호나목, 제68조제2호 및 별표 16 제3호카목1)부터 3)까지의 개정규정 중 「수산업법」 제45조는 「수산업법」 제44조로, 「수산업법」 제27조는 「수산업법」 제29조로, 「수산업법」 제41조제3항제1호는 「수산업법」 제43조제3항으로 각각 본다.
	제3조(총톤수 2톤 미만 어선의 정기검사에 관한 특례) ① 제43조에 따라 정기검사를 받아야 하는 총톤수 2톤 미만 어선(2008년 10월 1일 전에 건조되었거나 건조에 착수된 어선에 한정한다. 이하 이 조에서 같다)에 대해서는 다음 각 호의 기준에 따른 날까지 정기검사를 받아야 한다. 1. 배의 길이[2] 7미터 이상: 2010년 3월 31일까지 2. 배의 길이 6미터 이상 7미터 미만: 2011년 3월 31일까지 3. 배의 길이 6미터 미만: 2012년 3월 31일까지 ② 제1항에 따라 정기검사를 받아야 하는 총톤수 2톤 미만 어선에 대해서는 정기검사를 신청할 때에 제43조제1항제2호의 승인도면 첨부를 면제한다.
	제4조(별도건조검사에 관한 경과조치) 이 법 시행 당시 다음 각 호의 어느 하나에 해당하는 기관에 대해서는 제53조제2항의 개정규정에도 불구하고 별표 12 제2호의 별도건조검사를 받은 것으로 본다. 1. 도입 전 해당 외국정부(대행 검사기관을 포함한다) 등이 실시한 검사이력을 확인할 수 있는 기관 2. 제작 또는 거치한 기간이 1년 미만인 기관
	제5조(일반적 경과조치) 이 규칙 시행 당시 「선박안전법 시행규칙」에 따라 행정기관이 한 처분이나 그 밖의 행위 또는 행정기관에 대한 각종 신청이나 그 밖의 행위는 그에 해당하는 이 규칙에 따른 행정기관의 행위 또는 행정기관에 대한 행위로 본다.
어선법 시행규칙 〈농림수산식품부령 제181호, 2011.3.30.〉	**제1조(시행일)** 이 규칙은 공포한 날부터 시행한다.
	제2조(주소변경의 변경등록에 관한 적용례) 제26조제1항 단서 및 제3항 후단의 개정규정은 이 규칙 시행 후 최초로 전입신고를 하는 것부터 적용한다.
	제3조(변경등록 등의 통보에 관한 적용례) 제32조 각 호 외의 부분 단서 및 같은 조 제4호의 개정규정은 이 규칙 시행 후 최초로 주소의 변경등록 또는 어선의 등록말소를 하는 것부터 적용한다.
	제4조(개조 등의 허가 면제에 관한 경과조치) 이 규칙 시행 당시 어선의 추진기관의 종류 또는 출력을 변경하기 위하여 허가절차가 진행 중인 경우에는 제6조제2호나목의 개정규정에도 불구하고 종전의 규정에 따른다.
	제5조(중간검사에 관한 경과조치) 이 규칙 시행 당시 배의 길이가 24미터 이상이고 선령[3]이 5년 미만인 어선에 대한 제2종 중간검사절차가 진행 중인 경우에는 제44조제1항제2호가목의 개정규정에도 불구하고 해당 제2종 중간검사를 실시한다.

2) "배의 길이"란 최소 형깊이(「선박톤수의 측정에 관한 규칙」 제2조제5호에 따른 형깊이와 같다. 이하 제2호에서 같다)의 85퍼센트에 있어서의 계획만재흘수선에 평행한 흘수선 전 길이의 96퍼센트 또는 그 흘수선에 있어서 선수재의 전면으로부터 타두재의 중심까지의 길이 중 큰 것을 말한다. 다만, 상갑

부 칙	주요내용
어선법 시행규칙 〈농림수산식품부령 제264호, 2012.3.16.〉	**제1조(시행일)** 이 규칙은 공포한 날부터 시행한다. 다만, 제42조의2의 개정규정은 2012년 7월 15일부터 시행한다.
	제2조(어선검사의 준비에 관한 적용례) 제55조제2항제2호의 개정규정은 이 규칙 시행 후 3개월이 경과한 날부터 최초로 제1종 중간검사를 받는 어선부터 적용한다.
	제3조 삭제 〈2013.10.30.〉 * 제3조는 어선 총톤수에 따라 어선위치발신장치의 설치에 관한 시기를 구분한 경과조치 규정이었으나, 같은 법 시행규칙 개정[제42조의2(어선위치발신장치를 갖추어야 하는 어선 등)]에 따라 이를 수용하면서 삭제됨
어선법 시행규칙 〈해양수산부령 제51호, 2013.10.30.〉	**제1조(시행일)** 이 규칙은 공포한 날부터 시행한다.
	제2조(검사준비 면제사항 확대에 관한 적용례) 별표 16 제3호카목의 개정규정은 이 규칙 시행 후 법 제21조에 따른 어선의 검사를 신청하는 경우부터 적용한다.
어선법 시행규칙 〈해양수산부령 제130호, 2014.12.31.〉	**제1조(시행일)** 이 규칙은 공포한 날부터 시행한다.
	제2조(어선검사증서의 기재사항에 관한 적용례) 제64조제2항제8호 및 제9호의 개정규정은 이 규칙 시행 후 어선검사증서를 발급하는 경우부터 적용한다.
	제3조(검사 준비의 완화에 관한 경과조치) 이 법 시행 전에 어선검사를 신청한 경우에 대해서는 제56조제3항, 별표 8 및 별표 16의 개정규정에도 불구하고 종전의 규정을 따른다.

Ⅳ. 다른 법령에 따른 벌칙의 준용 및 적용

「어선법」 제37조에서는 다른 법률(「선박법」 및 「선박안전법」)의 준용[4]에 대한 세부 규정을 두고 있으며, 본 저서에서는 집필 목적에 따라 「선박안전법」과 관련한 내용에 한해 살펴보고자 한다.

판 보의 상면의 선수재 전면으로부터 선미외판 후면까지의 수평거리(이하 "측정 길이"라 한다)가 24미터미만인 어선에 있어서는 상갑판 보의 상면에서 선수재 전면으로부터 타주가 있는 경우에는 타주의 후면까지, 타주가 없는 경우에는 타두재의 중심까지의 수평거리를 말한다(「어선법 시행규칙」 제2조제1호).

3) "선령"이란 어선이 진수한 날부터 경과한 기간을 말한다(「어선법 시행규칙」 제2조제7호).

4) 특정 조문을 그와 성질이 유사한 규율 대상에 대해 그 성질에 따라 다소 수정하여 적용할 때 이를 '준용한다'고 표현한다. 한편, '준용한다'는 법령에 명시된 규정에 한정하여 준용할 경우에 사용된다. 일반적으로 하위법령에서 상위법령을 준용할 수는 없지만, 상위법령에서 위임을 받아 정하는 위임입법의 경우 그 위임의 범위와 한계 안에서 위임(재위임인경우에는 그 본래의위임)한 상위법령과 동위(同位)의 관련 법령(어선법≒선박안전법)을 준용하는 규정을 두는 경우는 있다. 상위법령에서는 하위법령을 준용하지 않으며, 준용된 규정을 다시 준용하지 않도록 한다. 준용되는 조항의 내용이 간단명료하게 이해될 수 없으면 다른 규정의 준용으로 인한 법 해석상의 오해가 없도록 준용되는 조항의 각 부분의 용어를 다른 용어로 바꾸어 명백하게 표현하도록 한다(법제처, 앞의 책, 667면).

「어선법」제37조제2항에 따라 어선의 검사와 그 밖의 이와 관련된 사항에 관하여는 이 법에서 규정한 것을 제외하고는 「선박안전법」 제6조(선박의 검사 등에의 참여 등) · 제12조(국제협약검사) · 제13조(도면의 승인 등) · 제14조(검사의 준비 등) · 제15조(선박검사 후 선박의 상태유지) · 제17조(선박검사증서 등이 없이 선박의 항해금지 등) · 제41조(위험물의 수송) · 제63조(선체두께 측정의 대행) · 제66조(외국정부 등이 행한 검사의 인정) · 제69조(외국의 항만국통제 등) · 제73조(선급법인의 선박검사) · 제74조(결함신고에 따른 확인 등) · 제75조(보고 · 자료제출명령 등)까지의 규정을 준용하고 있다. 이 경우 "선박용물건"은 "어선용품"[5]으로, "선박"은 "어선"으로 본다.

이에 따라 「선박안전법」 벌칙 규정 중 제83조제2호부터 제4호까지 · 제13호의3 · 제14호, 제84조제1항제5호 · 제6호 · 제11호, 제85조제1호 · 제2호 및 제5호부터 제8호까지에 해당하는 위반사항이 어선과 관련해서 발생하게 되는 경우에는 「선박안전법」 적용대상 선박과 동일한 처벌대상이 될 수 있으며, 이는 「어선법」 제50조 '벌칙의 적용' 규정[6]에 따른 것이다.[7]

하지만 이상과 같은 기술은 현행 「어선법」 및 「선박안전법」에서 각각 언급하고 있는 상호 관련 규정에 대해 정리한 것에 불과하다. 한편, 최근 「선박안전법」의 벌칙 조항 일부가 개정되면서 범죄의 구성요건 및 양형에 있어 다소 변화를 보이고 있다.

뿐만 아니라 조문의 위치도 일부 이동하였으나, 현행 「어선법」에서는 이를 반영하고 있지 못한 실정이다.

따라서 「어선법」 제37조와 관련한 내용으로 어선이 위반한 경우 이 법 제50조를

---

5) 「어선법」 제22조제3항에서는 이 법 제3조 각 호의 설비에 필요한 어선용물건을 "어선용품"으로 규정하고 있다.

6) 「어선법」 제50조(벌칙의 적용) 이 법(제37조에 따라 준용되는 「선박법」 및 「선박안전법」을 포함한다. 이하 이 조와 제51조에서 같다)과 이 법에 따른 명령을 위반한 어선소유자에게 적용할 벌칙(제49조에 따라 준용되는 「선박법」 및 「선박안전법」의 벌칙 규정을 포함한다. 이하 이 조와 제51조에서 같다)은 다음 각 호에 해당하는 자에게 적용한다.

1. 어선을 공유한 경우로서 어선관리인을 둔 때에는 어선관리인
2. 어선 임차의 경우 어선임차인
3. 선장에게 적용할 벌칙은 선장의 직무를 대행하는 자

7) 어떤 사항을 규율하기 위하여 만들어진 조문을 조금도 수정하지 않고 그와 성질이 같은 다른 규율 대상에 사용할 때에는 '적용한다'로 표현한다(법제처, 앞의 책, 667면 재인용).

근거로 「선박안전법」에서 규정하고 있는 벌칙 규정을 적용하기 위해서는 당시 해당 법률의 시행일 등을 반영한 관련 내용의 세밀한 검토가 필요할 것이다.

다음으로 「어선법」 제49조에서는 이 법 제50조와 유사하게 「선박법」 및 「선박안전법」에 대한 '벌칙의 준용'에 대한 세부 규정을 두고 있다. 마찬가지로 여기에서도 본 저서의 집필 목적에 따라 「선박안전법」과 관련한 내용에 한해 살펴보면 다음과 같다.

「어선법」 제49조에서는 「선박안전법」 제83조제9호, 제85조제1호 · 제2호 및 제4호부터 제8호까지의 규정을 준용하도록 하고 있으며, 이 경우 "선박"은 "어선"으로, "선박소유자"는 "어선소유자"로, "선박관리인"은 "어선관리인"에 해당하는 것으로 규정하고 있다. 이 또한 앞서 「어선법」 제37조와 관련해서 언급한 바와 같이 현행 「어선법」에서는 「선박안전법」의 개정사항을 반영하지 못하고 있으므로 이에 대해서도 충분한 검토가 필요할 것이다.

참고로 「선박안전법」 〈법률 제12999호, 2015.1.6.〉 부칙에서는 벌칙에 관한 별도의 경과조치 규정을 두고 있지 않다.

결국 「어선법」 제49조 및 제50조를 다른 법률에 따라 준용되는 벌칙 규정을 적용하기 위해서는 범죄의 성립과 처벌에 관한 형벌법규의 적용 시점을 행위시의 법률에 따르도록 하고 있는 「형법」 제1조를 고려하는 등 관련 규정에 대한 충분한 검토가 필요할 것으로 사료되며, 이를 정리하면 다음의 〈표 3-4〉 및 〈표 3-5〉와 같다.

〈표 3-4〉 어선법 제49조 적용시점 검토

어선법 제49조(벌칙의 준용) (시행일: 2014.11.19.)	선박안전법 적용에 따른 해당 벌칙 조항	
	개정 전 (시행일: 2013.5.22.)	개정 후 (시행일: 2015.7.7.)
〈선박안전법 벌칙 준용〉		
제83조제9호	제83조제9호	제83조제14호로 이동
제85조제1호	제85조제1호	제85조제1호
제85조제2호	제85조제2호	제85조제2호
제85조제4호	제85조제4호(개정 후 삭제)	제84조제1항제11호로 이동
제85조제5호	제85조제5호	제85조제5호
제85조제6호	제85조제6호	제85조제6호
제85조제7호	제85조제7호	제85조제7호
제85조제8호	제85조제8호	제85조제8호

어선법 제49조(벌칙의 준용) (시행일: 2014.11.19.)		선박안전법 적용에 따른 해당 벌칙 조항	
		개정 전 (시행일: 2013.5.22.)	개정 후 (시행일: 2015.7.7.)
선박안전법 양형기준 개정 현황	제83조	1년 이하의 징역 또는 1천만원 이하의 벌금	3년 이하의 징역 또는 3천만원 이하의 벌금
	제84조	1년 이하의 징역 또는 1천만원 이하의 벌금	1년 이하의 징역 또는 1천만원 이하의 벌금
	제85조	500만원 이하의 벌금	1천만원 이하의 벌금

〈표 3-5〉 어선법 제50조 적용시점 검토

어선법 제37조(다른 법령의 준용) 및 제50조(벌칙의 적용) (시행일: 2014.11.19.)	선박안전법 적용에 따른 해당 벌칙 조항	
	개정 전 (시행일: 2013.5.22.)	개정 후 (시행일: 2015.7.7.)
〈선박안전법 준용 및 벌칙 적용〉		
제6조(선박검사 등에의 참여 등)	–	–
제12조(국제협약검사)	제83조제2호	제83조제2호
제13조(도면의 승인 등)	–	–
제14조(검사의 준비 등)	–	–
제15조(선박검사 후 선박의 상태유지)	제84조제1항제4호(개정 후 삭제)	제83조제4호로 이동
	제89조제2항제3호(개정 후 삭제)	제83조제3호로 이동
제17조(선박검사증서 미소지 항해금지)	제84조제1항제5호 · 제6호	제84조제1항제5호 · 제6호
제41조(위험물의 수송)	제85조제1호	제85조제1호
제63조(선체두께 측정 대행)	–	제83조제13호의3(신설)
제66조(외국정부 등의 검사 인정)	–	–
제69조(외국의 항만국통제 등)	제85조제2호	제85조제2호
제73조(선급법인의 선박검사)	–	–
제74조(결함신고에 따른 확인 등)	제83조제9호 제85조제4호(개정 후 삭제) 제85조제5호	제83조제14호로 이동 제84조제1항제11호로 이동 제85조제5호
제75조(보고 · 자료제출명령 등)	제85조제6호 · 제7호 · 제8호	제85조제6호 · 제7호 · 제8호

위의 〈표 3-4〉 및 〈표 3-5〉에서 보는 바와 같이 「선박안전법」이 2015년 1월 6일 제12999호로 개정됨에 따라 「어선법」 제49조 및 제50조와 관련한 위반사항에 대해 「선박안전법」의 벌칙 규정을 준용하는데 있어서는 다음과 같은 검토가 필요할 것으

로 사료된다.

먼저 〈표 3-4〉에서와 같이 현행 「선박안전법」 제83조제14호는 이 법 제83조제9호에서 이동한 것이며, 또한 현행 이 법 제84조제1항제11호와 관련한 제74조는 선박의 감항성 및 안전설비의 결함을 발견한 때에 대한 조치사항으로 개정 전에는 누구든지 신고할 수 있도록 하고 있는 임의규정에서 현재는 누구든지 신고하여야 하는 강제규정으로 개정되면서 이에 따른 벌칙조항은 이 법 제85조제4호가 삭제되면서 제84조제1항제11호로 이동하였다.

뿐만 아니라 이와 같은 「선박안전법」의 개정에 따라 양형에 있어서도 상당한 차이를 보이고 있다.

이상의 내용을 고려하여 현행 「어선법」 제49조에 따라 어선을 사용하여 위법행위를 행한 어선소유자 및 어선관리인에게 「선박안전법」 제83조제9호, 제85조제1호 · 제2호 및 제4호부터 제8호까지의 규정을 준용하기 위해서는 범죄의 행위시점을 고려한 다음의 추가 검토가 필요하다.

i) 현행 「선박안전법」 제83조제9호는 '제27조제2항을 위반하여 만재흘수선을 초과하여 여객 또는 화물을 운송하는 자'에 대한 처벌규정이다. 이는 이 법 개정 이전 '제74조제4항의 규정을 위반하여 다른 사람에게 알려주거나 공개 또는 보도한는 자'에 대한 처벌규정과는 전혀 다른 내용으로 구성되어 있다. 따라서 현행 「어선법」 제49조에 따라 「선박안전법」 제83조제9호의 규정을 준용하는 것은 배제하고 「선박안전법」 제83조제14호의 규정을 준용해야 할 것이다.

ii) 현행 「선박안전법」 제84조제1항제11호는 종전 제85조제4호가 삭제되면서 이동한 것으로, 동시에 범죄의 구성요건에 있어서도 임의규정에서 강제규정으로 개정되었다. 이에 따라 현행 「어선법」 제49조와 관련해서 「선박안전법」 제85조제4호의 규정을 준용하는 것은 배제하고, 구성요건의 개정사항 등을 반영한 「선박안전법」 제84조제1항제11호의 규정을 준용해야 할 것이다.

iii) 공통사항으로 현행 「어선법」 제49조와 관련한 「선박안전법」의 제83조, 제84조 및 제85조에 따른 처벌규정을 준용해야 하는 경우에는 위 〈표 3-4〉에서 언급하고 있는 '선박안전법 양형기준 개정 현황'을 고려해야 할 것이다.

다음으로 〈표 3-5〉에서와 같이 현행「선박안전법」 제83조제4호는 이 법 제84조제1항제4호가 삭제되면서 이동한 것이다. 이는 이 법 제15조(선박검사 후 선박의 상태유지)제2항과 관련한 규정으로 처벌의 범위도 기존 선박의 길이 · 너비 · 깊이 · 용도를 변경하는 것에서 설비를 개조한 경우를 추가하고 있다.

또한 이에 더해 제15조제1항과 관련한 처벌규정으로 제83조제3호가 새로이 마련되었다. 이는 이 법 제89조제2항제3호 과태료 규정이 삭제되면서 이동한 것이다.

뿐만 아니라 현행「선박안전법」에서는 제63조(선체두께 측정의 대행)와 관련한 처벌규정인 제83조제13호의3을 두고 있으나, 개정 이전에는 이와 관련한 벌칙 적용 규정을 두고 있지 않았다.

그 밖에 이 법 제74조(결함신고에 따른 확인 등)와 관련한 처벌규정으로 제83조제14호, 제84조제1항제11호 및 제85조제5호를 두고 있으며, 이 중 제83조제14호, 제84조제1항제11호는 앞서「어선법」 제49조에서 언급한 내용과 동일하므로 생략하기로 한다.

이상의 내용을 고려하여 현행「어선법」 제50조에 따라 어선을 사용하여 위법행위를 행한 어선소유자, 어선관리인, 어선임차인 및 선장(직무대행자)에게 이 법 제37조 및 제49조에 따라 준용되는「선박안전법」의 벌칙 규정을 적용하기 위해서는 범죄의 행위시점을 고려한 다음의 추가 검토가 필요하다.

iv) 현행「선박안전법」 제83조제4호는 종전 제84조제1항제4호가 삭제되면서 이동한 것으로, 동시에 범죄의 구성요건도 추가로 개정되었다. 이에 따라 현행「어선법」 제50조와 관련해서「선박안전법」 제84조제1항제4호의 규정을 적용하는 것은 배제하고, 구성요건의 개정사항 등을 반영한「선박안전법」 제83조제4호의 규정을 적용해야 할 것이다.

v) 현행「선박안전법」 제83조제3호는 이 법 과태료 규정인 제89조제2항제3호가 삭제되면서 이동한 것으로 제15조와 관련한 처벌규정이 새로이 마련된 것이다. 이는 현행「어선법」 제37조제2항의 시행일을 기준으로 검토 할 경우 현행「선박안전법」 제15조제1항과 관련한 처벌규정을 포함하고 있지 못하므로 범죄 행위에 따른 적용여부의 추가 검토가 필요할 것으로 보인다.

vi) 현행 「선박안전법」 제83조제13호의3은 이 법 제63조와 관련한 처벌규정으로 위의 v)와 같이 현행 「어선법」 제37조제2항의 시행일을 기준으로 검토 할 경우 현행 「선박안전법」 제63조와 관련한 처벌규정을 포함하고 있지 못하므로 범죄 행위에 따른 적용여부의 추가 검토가 필요할 것으로 보인다.

vii) 공통사항으로 위의 iii)과 같이 「어선법」 제50조와 관련한 「선박안전법」의 해당 벌칙 규정을 적용하는데 있어서는 '선박안전법 양형기준 개정 연혁'을 고려해야 할 것이다.

한편, 「어선법」 제49조 및 제50조와 같은 '벌칙의 준용' 규정을 두는 것은 다른 규정을 준용하는데 있어서는 특정 조항의 의무규정을 준용하고 있다고 하더라도 의무에 따른 처벌규정까지 준용되는 지에 대해서는 죄형법정주의와 관련하여 해석상 논란이 되므로 벌칙 규정에서 별도로 준용에 관하여 명시해 주도록 하고 있는 법 집행에 있어서의 대원칙을 준수하기 위한 것이다.[8)]

8) 법제처, 앞의 책, 668면.

제2절 어선의 건조 · 개조 관련 위반사범 수사

어선을 건조 · 개조하거나 어선의 건조 · 개조를 발주[9]한 자는 「선박안전법」 적용대상 선박과는 다르게 「어선법」 제8조제1항에 따른 별도의 허가를 받아야 하며, 이를 위반할 경우 「어선법」 제43조에 따라 처벌하도록 하고 있다.

이는 어선을 건조 · 개조하기 이전 사전 허가를 받도록 하고 있는 행정절차와 관련한 것으로 이에 대한 수사는 경찰청에서 전담하게 된다.[10]

이에 따라 여기에서는 어선을 건조(개조)하기 이전 건조 · 개조허가를 받지 아니한 자의 위법행위에 대한 사실 관계를 이와 관련한 법령 및 행정규칙 등을 통해 살펴보고, 또한 어선의 건조와 관련한 내용에 대해서도 자세히 다루고자 한다.

> **제43조(벌칙)** 제8조제1항을 위반하여 건조 · 개조허가를 받지 아니하고 어선을 건조 · 개조하거나 어선의 건조 · 개조를 발주한 자는 3년 이하의 징역 또는 2천만원 이하의 벌금에 처한다.

Ⅰ. 건조 · 개조허가 등의 구분 및 허가조건

「어선법」 제8조제1항에서는 어선을 건조하거나 개조하려는 자 또는 어선의 건조 · 개조를 발주하려는 자는 해양수산부령으로 정하는 바에 따라 해양수산부장관이나 특별자치시장 · 특별자치도지사 · 시장 · 군수 · 구청장(구청장은 자치구의 구청장을 말

9) 발주(發注): 물건을 주문하다는 의미로 정의된다(이희승, 앞의 책, 1,461면).

10) 한편, 사전 어선건조(발주)허가를 받지 아니하고, 또한 「어선법」 제22조제1항을 위반하여 건조검사를 받지 아니한 어선으로 항행 또는 조업에 사용한 경우에는 국민안전처(해양경비안전본부)에서 수사를 담당할 수 있을 것으로 사료된다. 하지만 어선의 불법 건조 행위 대부분은 육상에서 이루어지므로 「정부조직법」 등 현행 법체계를 엄격하게 적용하여 건조검사를 받지 아니한 어선에 있어서의 위법행위에 대한 수사는 경찰청에서 담당하게 될 것이다. 그렇지만 앞서 언급한 바와 같이 현실적으로는 이러한 범죄행위에 대해서는 최초 범죄를 인지한 수사기관에서 일괄 담당하고 있는 실정이다.

하며, 이하 "시장 · 군수 · 구청장"이라 한다)의 허가(이하 "건조 · 개조허가"라 한다)를 받도록 하고 있다.[11]

여기에서 어선의 건조 · 개조허가의 대상은 그 허가를 받은 어선소유자가 해당 어선의 건조 또는 개조공사를 직접 행하는 경우를 말한다. 또한 어선의 건조발주 · 개조발주허가의 대상은 그 허가를 받은 어선소유자가 해당 어선의 건조 또는 개조공사를 조선소 등에 의뢰하는 경우를 말한다. 이는 「어선법 사무취급요령」[12] 제6조에서 규정하고 있다.

한편, 이 법 제8조제2항에 따라 해양수산부장관이나 시장 · 군수 · 구청장은 다음의 경우를 제외하고는 허가를 하도록 하고 있다.[13]

i) 신청인이 하려는 어업에 대하여 「수산업법」에 따른 수산자원의 증식 · 보호 등을 위한 어업조정이 필요하다고 인정되는 경우(제1호)

ii) 신청인이 「수산업법」, 「원양산업발전법」 및 「내수면어업법」에 따른 면허어업 · 허가어업 또는 신고어업을 할 수 없다고 인정되는 경우(제2호)

iii) 신청인이 이 법, 「수산업법」, 「원양산업발전법」 및 「내수면어업법」을 위반하여 행정처분을 받고 그 효력이 종료되지 아니한 경우(제3호)

iv) 위의 i)~iii)까지의 경우 외에 어선의 효율적 관리를 저해하는 중대한 공익적 사유가 있는 경우로서 해양수산부령으로 정하는 경우(제4호)

이에 추가하여 해양수산부장관이나 시장 · 군수 · 구청장은 이 법 제8조제4항 및 같은 법 시행규칙 제7조제1항에 따라 어선의 건조 · 개조 및 건조 · 개조발주의 허가

---

11) 「어선법」 제40조(권한의 위임) 해양수산부장관은 이 법에 따른 권한의 일부를 대통령령으로 정하는 바에 따라 시장 · 군수 · 구청장에게 위임할 수 있다.

12) 「어선법 사무취급요령」 제1조(목적) 이 요령은 어선법(이하 "법"이라 한다), 같은 법 시행령(이하 "영"이라 한다) 및 같은 법 시행규칙(이하 "규칙"이라 한다)의 시행에 관한 사무의 취급에 필요한 사항을 정함을 목적으로 한다.

13) 「어선법 사무취급요령」 제7조(건조 · 개조허가 등의 기준) 어선의 건조 · 개조허가 또는 건조발주 · 개조발주허가(그 변경허가를 포함한다. 이하 "어선건조허가 등"이라 한다)의 신청을 받은 때에는 해당 어선이 종사할 어업허가 등이 가능하고 선적항으로 지정하고자 하는 장소가 규칙 제22조에 따른 선적항의 지정이 적합한지 여부를 확인하여야 한다.

또는 동 허가의 변경허가(이하 "건조 · 개조등의 허가"라 한다)를 함에 있어서 다음과 같은 조건을 붙일 수 있도록 규정하고 있다.[14]

ⅰ) 건조 또는 개조하는 어선의 건조 또는 개조공사의 착공시기에 관한 사항(시행규칙 제7조제1항제1호)

ⅱ) 피대체되는 어선의 처리에 관한 사항(건조 · 건조발주의 경우에 함)(시행규칙 제7조제1항제2호)

참고로 어선의 건조 · 개조 또는 건조발주 · 개조발주의 허가권자(그 변경허가권자를 포함한다)는 같은 법 시행규칙 제4조제1호 및 제2호에 규정하고 있으며, 어선의 사용범위(용도)에 따라 다음과 같이 구분하고 있다.

ⅰ) 해양수산부장관(제1호)

㉮「원양산업발전법」 제2조제2호에 따른 원양어업에 사용할 어선(제1호가목)

㉯「수산업법」 제45조에 따라 해양수산부장관이 시험어업, 연구어업 또는 교습어업에 사용할 어선(제1호나목)

㉰「해운법」 제24조제2항에 따라 등록을 하는 외항화물운송사업에 사용할 수산물운반선(제1호다목)

㉱ 해양수산부장관이 어업에 관한 기술보급 · 시험 · 조사 또는 지도 · 감독에 사용할 어선(제1호라목)

---

14) 「어선법 사무취급요령」 제8조(건조허가 등의 조건부여 등) ① 규칙 제7조제1항제1호에 따른 어선의 건조 또는 개조공사의 착공시기에 관한 허가조건은 특별한 사유가 있는 경우를 제외하고는 건조공사의 경우는 3개월 이내에, 개조공사의 경우는 2개월 이내에 해당 공사에 착공하도록 허가조건을 부여한다.
② 제1항에 따른 공사의 착공단계는 공사자재 일부를 구입하고 현도작업 등 실질적인 건조 · 개조공사에 착공하는 시기를 말하며, 정당한 사유 없이 착공기간 내에 해당 공사에 착공하지 아니한 경우에는 허가취소 등 필요한 조치를 하여야 한다.
③ 규칙 제7조제1항제2호에 따른 피대체되는 어선의 처리에 관한 사항에 대하여 어선건조허가 등의 허가조건을 부여한 경우에는 대체어선의 등록신청 시 이를 확인하고 등록 처리하여야 한다.

ii) 시장 · 군수 · 구청장(제2호)
위의 i) ㉮~㉱까지의 어선을 제외한 어선

Ⅱ. 건조 · 개조허가의 취소 및 오차허용

어선을 건조하거나 개조하려는 자 또는 어선의 건조 · 개조를 발주하려는 자는 「어선법」 제8조제1항에 따라 해당하는 어선에 한해 해양수산부장관이나 시장 · 군수 · 구청장의 건조 · 개조허가를 받도록 하고 있다. 이 과정에서 다음의 어느 하나에 해당하는 경우에는 이 법 제10조제1항에 따라 건조 · 개조허가를 취소할 수 있도록 하고 있다(임의규정). 다만, 다음의 i)에 해당하는 경우에는 그 허가를 취소하도록 규정하고 있다(강제규정).

i) 속임수나 그 밖의 부정한 방법으로 허가를 받은 경우(제1호)
ii) 허가사항을 위반하여 어선을 건조하거나 개조한 경우(제2호)

이와 관련해서 시장 · 군수 · 구청장은 건조 · 개조허가를 받은 자나 어선의 건조 · 개조를 발주 받아 건조 · 개조하는 자가 허가사항을 위반하여 어선을 건조하거나 개조한 경우에는 이 법 제10조제2항에 따라 어선의 건조 · 개조의 중지, 어선 또는 어선설비의 제거를 명할 수 있다.

그 밖에 해양수산부장관은 이 법 제8조제3항에 따라 건조 · 개조허가를 받은 어선의 주요치수 · 성능 및 총톤수 등에 관하여 오차 허용범위를 정할 수 있으며, 이 경우 오차 허용범위 안의 어선에 대하여는 이 법 제8조제1항 후단에 따른 변경허가를 받은 것으로 인정하고 있다.

한편, 주요치수 · 성능 및 총톤수 등에 관한 오차 허용범위는 해양수산부고시인 「어선 건조 · 개조허가 오차 허용범위」에서 정하고 있으며, 이 고시에서 정하고 있는 오차 허용범위를 벗어나는 경우에는 변경허가를 받아야 한다.[15), 16)]

15) 「어선 건조 · 개조허가 오차 허용범위」 제1조(목적) 이 고시는 어선법 제8조제3항에 따라 어선건조 ·

Ⅲ. 건조 · 개조허가의 신청 및 적용면제

「어선법」 제8조제1항에 따라 어선의 건조 · 개조 및 건조 · 개조발주의 허가를 받고자 하는 자는 같은 법 시행규칙 제5조제1항에 따른 [별지 제1호서식][어선(건조, 건조발주)허가신청서] 또는 [별지 제2호서식][어선(개조, 개조발주)허가신청서]에 의한 허가신청서(전자문서로 된 신청서를 포함한다)를 해양수산부장관 또는 시장 · 군수 · 구청장에게 각각 제출하여야 한다.

또한 같은 법 시행규칙 제5조제1항제1호부터 제8호까지의 허가받은 사항(어선의 소유자, 건조 · 개조자 〈삭제 1999.5.17.〉, 선적항, 어업의 종류, 주요치수, 총톤수, 추진기관, 그 밖의 설비)에 대해 변경허가를 신청하려는 자는 [별지 제3호서식]에 의한 변경허가신청서(전자문서로 된 신청서를 포함한다)를 건조 · 개조 및 건조 · 개조발주의 허가 또는 동 허가의 변경허가(이하 "건조 · 개조등의 허가"라 한다)의 허가구분에

개조허가를 받은 어선의 주요치수, 총톤수 등에 관하여 오차허용범위를 정함을 목적으로 한다.
제2조(오차허용범위) 어선건조 · 개조허가를 받은 어선의 주요치수 및 총톤수 등에 관한 오차허용범위는 다음 각 호의 어느 하나와 같다. 다만, 「어업허가 및 신고 등에 관한 규칙」 등에서 정한 상한톤수 또는 기관마력을 초과하거나 하한톤수를 미달하여서는 아니된다.

1. 주요치수: 제한 없음. 다만, 길이 24미터 미만의 어선은 길이 24미터를 초과할 수 없다.
2. 총톤수의 오차허용범위는 다음 각 목과 같다. 다만. 어선개조의 경우에는 개조로 인하여 증가되는 총톤수에 대해서만 오차허용범위를 적용한다.
   가. 총톤수 10톤 미만의 어선은 10퍼센트 이내
   나. 총톤수 10톤 이상의 어선은 5퍼센트 이내
3. 기관마력: 제한 없음

16) 예컨대 위의 「어선 건조 · 개조허가 오차 허용범위」 제2조제1호에서는 주요치수에 대한 오차허용범위의 제한을 두고 있지 않다. 반면, 주요치수 중 길이 24미터 미만의 어선은 길이 24미터를 초과할 수 없도록 하고 있으므로 '어선개조(개조발주)허가'상 주요치수(길이)가 24미터 미만으로 검사 신청된 어선에 대한 검사과정(도면승인 및 개조 등)에서 길이가 24미터 이상으로 변경된 경우에는 '변경허가'를 받아야 한다. 한편, 이와 관련한 내용으로 「수산업법 시행령」 제45조의2(어선의 선복량 제한)제2항 및 제3항에서는 어업의 허가를 받은 자가 어업의 허가를 받은 어선을 개조하거나 다른 어선으로 대체하는 경우에는 이 시행령에서 규정하고 있는 경우를 제외하고는 이미 허가받은 어선의 선복량을 초과하여서는 아니 된다. 또한 이에 따라 어업의 허가를 받은 어선을 개조하거나 새로운 어선을 건조하여 대체하는 경우 어선의 선복량의 증가 여부의 판정에 대하여는 「어선법」 제8조제3항 전단에 따른 오차허용범위를 적용하고 있으며, 이 경우 오차허용범위를 적용하여 산정되는 어선의 선복량은 선복량 한계를 초과할 수 없도록 하고 있다. 참고로 어선 선박량의 한계는 「수산업법 시행령」 제45조의2제1항과 관련한 [별표 3의2]를 따르고 있으며, 총톤수를 기준으로 하고 있다.

따라 해양수산부장관 또는 시장 · 군수 · 구청장에게 각각 제출하도록 하고 있다.

그리고 해양수산부장관 또는 시장 · 군수 · 구청장은 같은 법 시행규칙 제5조제2항에 따라 어선의 건조 · 개조 또는 건조 · 개조발주의 허가를 한 때에는 [별지 제4호서식][어선건조(건조발주)허가서] 또는 [별지 제5호서식][어선개조(개조발주)허가서]에 의한 허가서를, 허가받은 사항의 변경허가를 한 때에는 [별지 제6호서식]에 의한 변경허가서를 각각 신청인에게 교부하여야 한다.

이상과 같이 어선을 건조하거나 개조하려는 자 또는 어선의 건조 · 개조를 발주하려는 자는 해양수산부장관이나 시장 · 군수 · 구청장의 건조 · 개조허가를 받도록 하고 있으나, 이중 어선의 "개조"와 관련해서는 이 법 제8조제1항 전단 및 같은 법 시행규칙 제6조에 따라 예외적으로 허가 면제규정을 두고 있으며, 다음과 같다.[17] 한편, 이 법 제2조제2호[18]에서는 개조에 대한 정의(범위)를 명확히 규정하고 있음에도 불

---

17) 참고로 「어선법 시행규칙」 제6조와 관련한 '건조 · 개조등의 허가 면제' 대상은 다음과 같은 변화를 보이고 있다. ⅰ) 총톤수 2톤 미만의 어선으로서 추진기관을 새로이 설치하거나 추진기관의 종류 또는 출력을 변경하는 경우(농림수산부령 제1143호, 1994년 6월 16일), ⅱ) 어업인의 편의를 도모하기 위해 일부 불합리한 제도를 폐지하면서 어선의 건조와 관련한 허가 면제 규정을 신설하는 등 다음과 같이 개정(해양수산부령 제117호, 1999년 5월 17일) ㉮ 총톤수 2톤 미만의 어선을 건조 · 개조하거나 건조 · 개조의 발주를 하고자 하는 경우, ㉯ 총톤수 2톤 이상의 어선으로서 「내수면어업개발촉진법」 제7조 내지 제9조의 규정에 의한 면허어업 · 허가어업 또는 신고어업에 사용하는 어선을 건조 · 개조하거나 건조 · 개조의 발주를 하고자 하는 경우, ⅲ) 종전 총톤수 2톤 미만 어선 및 내수면 어선의 건조허가 면제 규정에 따라 해당 어선들이 무분별하게 건조되고, 또한 이 어선을 불법어업에 사용하게 되는 경향이 높아지면서 이를 방지하기 위한 일환으로 이들 어선을 건조하고자 하는 자는 허가(건조허가)를 받아야 하도록(건조의 허가 면제 대상에서 제외) 다음과 같이 개정(해양수산부령 제212호, 2001년 12월 31일) ㉮ 총톤수 2톤 미만의 어선을 개조하거나 개조의 발주를 하고자 하는 경우, ㉯ 총톤수 2톤 이상의 어선으로서 「내수면어업법」 제6조 · 제9조 또는 제11조의 규정에 의한 면허어업 · 허가어업 또는 신고어업에 사용하는 어선을 개조하거나 개조의 발주를 하고자 하는 경우, ⅳ) 어선소유자의 편의를 도모하기 위해 '건조 · 개조등의 허가 면제' 대상 범위에 위의 ⅲ) ㉮, ㉯에서 규정하고 있는 내용에 추가하여 '추진기관의 종류 또는 출력을 변경하기 위하여 어선을 개조하거나 개조의 발주를 하려는 경우'를 포함시켜 기존 개조에 따른 허가 면제의 범위를 확대하고 있음(농림수산식품부령 제181호, 2011년 3월 30일). 이상 ⅳ)와 관련한 규정은 현재까지 동일하게 유지하고 있다(법제처, 법률검색, 2015.10.2. 방문. 〈http://www.law.go.kr〉).

18) "개조"에 대한 정의는 「어선법」 제2조제2호에서 다음과 같이 규정하고 있다.

ⅰ) 어선의 길이 · 너비 · 깊이(이하 "주요치수"라 한다)를 변경하는 것(가목)

ⅱ) 어선의 추진기관을 새로 설치하거나 추진기관의 종류 또는 출력을 변경하는 것(나목)

ⅲ) 어선의 용도를 변경하거나 어업의 종류를 변경할 목적으로 어선의 구조나 설비를 변경하는 것(다목)

구하고 개조와 관련한 허가의 면제규정은 같은 법 시행규칙 제6조를 따르고 있다.

i) 총톤수 2톤 미만의 어선을 개조하거나 개조의 발주를 하고자 하는 경우(시행규칙 제6조제1호)

ii) 총톤수 2톤 이상의 어선으로서 다음의 어느 하나에 해당하는 경우(시행규칙 제6조제2호)

㉮ 「내수면어업법」 제6조 · 제9조 또는 제11조에 따른 면허어업 · 허가어업 또는 신고어업에 사용하는 어선을 개조하거나 개조의 발주를 하려는 경우(시행규칙 제6조제2호가목)

㉯ 추진기관의 종류 또는 출력을 변경하기 위하여 어선을 개조하거나 개조의 발주를 하려는 경우(시행규칙 제6조제2호나목)

이상의 내용에서와 같이 어선을 건조하려는 자 또는 어선의 건조를 발주하려는 자는 총톤수에 관계없이 건조 및 건조발주의 허가를 받도록 하고 있으나, 단지 개조 및 개조발주의 허가를 하고자 하는 경우에는 개조 등의 허가에 있어 일부 면제규정을 두고 있다.

Ⅳ. 어선 불법 증 · 개축(개조) 위반사범

어선의 증 · 개축 즉 「어선법」 제2조제2호 및 같은 법 시행규칙 제6조에 따른 개조의 범위 중 총톤수 2톤 이상의 어선으로서 i) 주요치수(길이 · 너비 · 깊이) 변경, ii) 용도 변경 또는 어업의 종류를 변경할 목적으로 구조나 설비를 변경 하고자 하는 경우에는 앞서 언급한 바와 같이 「어선법」 제8조제1항 및 같은 법 시행규칙 제5조제2항에 따라 해양수산부장관 또는 시장 · 군수 · 구청장의 어선개조(개조발주)허가서를 받도록 하고 있다.

또한 이에 따라 어선개조(개조발주)허가서를 받지 아니하고 어선을 개조하거나 개조를 발주한 자에게는 이 법 제43조에 따라 처벌할 수 있도록 하고 있다.

반면, 이와 같은 어선개조(개조발주)허가 대상이 아닌 경우일지라도 어선을 임의로 불법 증 · 개축(개조)하는 경우 위법행위로 간주되어 처벌될 수 있으며 관련한 내용은 다음과 같다.

이 법 제37조제2항에서는 「선박안전법」 제15조[19]의 규정을 준용하도록 하고 있으며, 이 경우 「선박안전법」 제15조제1항 및 제2항을 적용하게 되면 어선소유자는 건조검사 또는 어선검사를 받은 후 해당 어선의 구조배치 · 기관 · 설비 등의 변경이나 개조를 하여서는 아니 된다. 또한 해양수산부장관의 허가를 받지 아니하고는 선박의 길이 · 너비 · 깊이 · 용도의 변경 또는 설비의 개조를 할 수 없도록 하고 있다. 이에 따라 어선소유자가 이를 위반할 경우에는 불법개조에 따른 위법행위로 간주되어 「어선법」 제50조에 따라 처벌받을 수 있다.[20]

다시 말해서 「선박안전법」 제15조제1항 및 제2항과 동일한 사항을 위반한 어선소유자에 대한 처벌은 「어선법」 제50조 '벌칙의 적용' 규정에 따라 「선박안전법」 제83조제3호 및 제4호의 벌칙 규정을 적용할 수 있으므로 이를 근거로 어선소유자에게 어선검사 후 어선의 상태유지를 의무화하고 있는 것이다.[21]

한편, 이 같은 처벌규정을 두는 이유는 어선의 감항성 유지 및 안전운항에 필요한 사항을 검사받은 이후 임의로 구조 및 설비 등을 변경할 경우 당초에 확보된 감항성의 유지 및 안전운항에 지장을 초래할 가능성이 있기 때문이다.

뿐만 아니라 이에 추가해서 어선은 「수산업법」 제63조의2제1항 및 같은법 시행령 제45조의2제1항에 따라 해양수산부장관은 수산자원의 지속적인 이용과 어업조정을

19) 「선박안전법」 제15조(선박검사 후 선박의 상태유지) ① 선박소유자는 건조검사 또는 선박검사를 받은 후 해당선박의 구조배치 · 기관 · 설비 등의 변경이나 개조를 하여서는 아니 되며, 선체 · 기관 · 설비 등이 정상적으로 작동 · 운영되도록 상태를 유지하여야 한다.
② 제1항에도 불구하고 선박소유자는 해양수산부령으로 정하는 복원성 기준을 충족하는 범위에서 해양수산부장관의 허가를 받아 선박의 길이 · 너비 · 깊이 · 용도의 변경 또는 설비의 개조를 할 수 있다.

20) 「어선법」 제37조제2항에 따라 준용되는 「선박안전법」 제15조와 관련한 벌칙의 적용은 본 저서 '제3장 제1절 Ⅳ. 다른 법령의 준용 및 적용'을 참고한다.

21) 「선박안전법」 제83조(벌칙) 다음 각 호의 어느 하나에 해당하는 자는 3년 이하의 징역 또는 3천만원 이하의 벌금에 처한다.
3. 제15조제1항(제43조제4항에 따라 준용되는 경우를 포함한다)을 위반하여 건조검사 또는 선박검사를 받은 후 해당 선박의 구조배치 · 기관 · 설비 등을 변경하거나 개조한 선박소유자
4. 제15조제2항을 위반하여 해양수산부장관의 허가를 받지 아니하고 선박의 길이 · 너비 · 깊이 · 용도를 변경하거나 설비를 개조한 선박소유자

위하여 필요하면 이 법 제41조에 따라 어업의 허가를 받은 어선(부속선은 제외)에 대하여 선복량(船腹量)의 한계를 총톤수로 제한할 수 있도록 하고 있으며, 어선의 불법개조는 어업 허가를 받은 어선의 총톤수를 초과하여 선복량 한계를 위반할 가능성이 높으므로 불법개조를 위법행위로 규정하고 있다.[22)]

다음으로 이와 같은 규정에 따라 해당 어선을 개조하고자 하는 어선소유자는 사전에 어선개조(개조발주)허가를 받아야하는 대상이거나 그렇지 않은 경우일지라도 적정 조치를 취하도록 하고 있다.

여기에서 어선소유자가 취하여야 하는 적정한 조치는 「어선법」 제21조제1항제4호 및 같은 법 시행규칙 제47조에 따라 이 법 제41조제1항의 대행검사기관[23)]으로부터 임시검사를 받아야 하는 것이다.

이 경우 같은 법 시행규칙 제47조제3항에 따라 개조 또는 수리를 하는 어선소유자는 해당 설비에 대하여 개조 또는 수리에 착수하였을 때부터 임시검사를 받아야 한다.

다만, 어선의 정기검사 또는 중간검사를 받을 때에 임시검사사항이 포함되는 경우에는 같은 법 시행규칙 제47조제6항에 따라 별도의 임시검사를 받지 아니하도록 규정하고 있다.

이에 따라 비록 어선개조(개조발주)허가 대상 어선의 경우 허가서를 받았다하더라도 어선소유자가 검사를 받지 아니하고 임의로 어선을 개조한 경우에는 위법행위로

---

22) 어업 허가를 받은 어선의 선복량 한계는 「수산업법 시행령」 제45조의2제1항 관련 [별표 3의2]에서 규정하고 있다. 한편, 「수산업법」 제99조의2제1호에 따라 제63조의2에 따른 선복량 제한을 위반한 자는 1천만원 이하의 벌금에 처하고 있다.

23) 「어선법」 제41조(검사업무 등의 대행) ① 해양수산부장관은 「선박안전법」 제45조에 따라 설립된 선박안전기술공단(이하 "공단"이라 한다) 또는 같은 법 제60조제2항에 따른 선급법인(이하 "선급법인"이라 한다)으로 하여금 다음 각 호의 업무를 대행하게 할 수 있다. 다만, 선급법인의 경우 제5호의 업무는 제외한다.

1. 제14조에 따른 어선의 총톤수 측정 · 개측
2. 제21조에 따른 어선의 검사
3. 제22조에 따른 어선의 건조검사, 어선용품의 예비검사 및 별도건조검사
4. 제24조제1항에 따른 어선 또는 어선용품의 검정
5. 제25조제1항 · 제3항 및 제4항에 따른 우수건조사업장 · 우수제조사업장 또는 우수정비사업장의 지정을 위한 조사 및 어선 · 어선용품의 확인
6. 제28조제3항에 따른 어선검사증서 유효기간 연장의 승인

처벌을 받을 수 있으며, 이 경우에도 앞의 {참고 2-8}과 유사한 내용으로 검토 · 적용할 수 있을 것으로 사료된다.

그리고 {참고 2-8}에서의「선박안전법」 제15조제2항에 따른 “해양수산부장관의 (사전)허가”는 “어선개조(개조발주)허가”에 해당하는 것으로 볼 수 있다.

이상의 내용을 정리해보면, 어선검사 후 어선의 상태유지는「선박안전법」 제15조를 적용받는 선박과 동일하게 평상시 상태유지와 조건부 상태유지로 구분할 수 있으며, 다음의 [그림 3-2]는 (낚시)어선 불법개조 사례를 나타내고 있다.

불법개조 전(건조 당시)　　　　불법개조 후

출처: 한산신문 2014.9.17 기사에서 발췌(http://www.hansannews.com)

[그림 3-2] (낚시)어선 불법개조 사례

참고로 어선은 어선검사 후 어선의 상태유지와 관련한 규정에도 불구하고 종전 농림수산식품부에서는 어선원 작업환경 개선 및 조업 안전성 제고를 위해 어선원 복지공간, 선미 부력부 및 선측 부력부에 한해서 임의증설을 허용하는「어선안전 공간 확대 등을 위한 어선검사지침」을 2010년 5월 7일 제정하여 운영하였다.

여기에서 이 지침의 적용을 받고 있는 어선은「어선법」 제2조제1호에서 정의하고 있는 어선 모두를 포함하고 있지 않으며, 수산업 관련 법령에 따라 어선의 규모가 정해진 연 · 근해어선으로 한정하고 있다.

이후 해양수산부에서는 이 지침을 악용하여 해당 어선의 총톤수를 불법 증톤하는 사례가 만연하여 어선의 안전을 위협하고,「어선법」 질서를 문란하게 하는 등의 문제가 지속적으로 발생함에 따라 동 지침을 2015년 7월 1일자로 폐지하였으며, 이와 관련한 상세 내용은 다음의 {참고 3-1}을 참조하도록 한다.

{참고 3-1} 어선 안전공간 허용 및 폐지 관련 규정 연혁

Ⅰ. 어선 안전공간 확대 등을 위한 검사지침(2010.5.7. 제정)

1. 목 적

이 지침은 어선의 안전성 및 어선원 복지공간 확보를 위해 폐위용적이 증가된 어선에 대한 검사방법을 정함을 목적으로 한다.

2. 정의

이 지침에서 사용하는 용어의 정의는 다음과 같다.

가. 어선원 복지공간

어선원 복지향상과 작업환경 개선을 위하여 상갑판 위에 폐위용적을 증설한 아래의 구조물을 말한다.

1) 연안어선: 조타실, 어선원 거주구역 및 선용품 창고로 사용되는 공간

2) 근해어선: 어선원 거주구역 및 선용품 창고로 사용되는 공간

나. 선미 부력부

어선의 선미 부력 확보를 위하여 장출갑판 아래에 폐위용적을 증설하여 선용품 창고로 사용하는 구조물을 말한다.

다. 선측 부력부

어선의 복원성 향상을 위하여 상갑판 아래 선측 폐위용적을 증설한 구조물을 말한다.

3. 적용

이 지침은 수산업법령에 따라 어선의 규모가 정해진 연 · 근해어선으로 어선원 복지공간, 선미 부력부, 선측 부력부가 증설된 경우에 적용한다.

4. 어선원 복지공간 및 선미 부력부 등의 증설 허용한도

가. 어선원 복지공간은 등록된 상갑판 위의 용적의 100퍼센트까지 허용한다.

나. 선미 부력부는 등록된 측정길이의 15퍼센트(또는 최대 3미터)까지 허용한다.

다. 선측 부력부는 등록된 상갑판 아래의 용적의 10퍼센트까지 허용한다.

5. 검사방법

가. 허용한도 용적 및 길이 확인

1) 제4호가목의 선원복지공간은「최대길이×평균너비×평균높이」로 폐위용적을 계산하여 허용한도 이내인지 확인한다.

2) 제4호나목의 선미 부력부는 선미에 부착한 구조물의 최대 길이를 측정하여 허용한도 이내인지 확인한다.

3) 제4호다목의 선측 부력부는 「최대길이×평균너비×평균높이」로 폐위용적을 계산하여

허용한도 이내인지 확인한다.

나. 증설된 부위에 대하여 각종 구조 부재의 취부 상태 등 전반적인 시공 상태를 확인한다.

다. 각종 검사기준의 적용은 등록된 주요치수 및 총톤수 등을 적용한다. 다만, 방수구의 면적에 대하여는 웰의 길이 증가에 따른 적정여부를 검토하여 조치한다.

라. 어선원 복지공간이 증설된 배의 길이 24미터 이상의 어선에 대하여는 다음과 같이 복원성을 검토한다.

1) 복원성시험의 실시 및 복원성자료의 승인을 하여야 한다.

2) 1)에도 불구하고 「어선복원성 및 만재흘수선기준」 제4조제2항 및 제15조제1항에 해당하는 경우에는 복원성시험 및 복원성자료 승인을 생략할 수 있다.

마. 최대승선인원 산정

1) 어선원 복지공간을 증설한 어선의 소유자가 최대승선인원 재산정을 요청하는 경우 「어선설비기준」 또는 「총톤수 10톤 미만 소형어선의 구조 및 설비 기준」에 따라 증설된 부분을 포함하여 재산정 할 수 있다.

2) 1)에도 불구하고 「낚시어선업법」에 따른 낚시어선은 낚시승객 증가를 위한 최대승선인원 산정을 할 수 없다.

6. 검사결과 조치사항

제5항에 따라 검사를 집행한 후 허용한도 및 관련 검사사항을 어선검사보고서 기사란에 증설부분에 대하여 도식하고 어선 전경 사진을 첨부한다.

Ⅱ. 어선 안전공간 확대 등을 위한 검사지침(2011.2.9. 개정)

⇒ 「어선 안전공간 확대 등을 위한 검사지침」(2010.5.7. 제정) 중 일부개정 된 부분에 한해 정리

3. 적용

이 지침은 수산업법령에 따라 어선의 규모가 정해진 연 · 근해어선으로 어선원 복지공간, 선미부력부, 선측 부력부가 증설된 경우에 적용한다. 다만, 다음 각 목의 어느 하나에 해당하는 어선에 대하여는 이 지침을 적용하지 아니한다.

가. 상갑판 아래 선미부(기관실 후단 격벽으로부터 선미외판까지의 부분을 말한다. 이하 같다.) 전부 또는 일부용적을 선미부이외의 다른 부분의 용적으로 전용한 어선

나. 제2호 가목 1) 및 2)에 해당하는 공간(이하 "조타실등"이라 한다)으로 사용하던 용적을 다른 부분의 용적으로 전용한 어선

다. 정해진 허가어업 어선의 규모 이내로 어선의 총톤수를 감소시키고자 선미부 또는 조타실등의 전부 또는 일부를 철거한 어선

5. 검사방법

라. 어선원 복지공간이 증설된 배의 길이 24미터 이상의 어선과 최대승선인원 13인 이상 낚시어선으로써 2000년 7월 30일 이후에 건조된 어선에 대하여는 다음과 같이 복원성을 검토한다.

1) 복원성시험의 실시 및 복원성자료의 승인을 하여야 한다.

2) 1)에도 불구하고 「어선복원성 및 만재흘수선기준」 제4조제2항 및 제15조제1항에 해당하는 경우에는 복원성시험 및 복원성자료 승인을 생략할 수 있다.

바. 정기검사 및 제1종중간검사 시에 제4호의 어선원 복지공간 및 선미 부력부 등의 증설 허용 한도를 확인한다.

Ⅲ. 어선 안전공간 확대 등을 위한 검사지침(2015.3.23. 개정)

⇒ 어선안전 공간 확대 등을 위한 검사지침 폐지 관련 어선안전 공간 검사방안

1. 개정사유

• "어선 안전공간 확대 등을 위한 어선검사지침"(이하 "지침")을 악용하여 불법 증톤하는 사례가 만연하여 어선의 안전을 위협하고, 「어선법」 질서를 문란하게 하는 등의 문제가 지속적으로 발생함에 따라 동 지침을 폐지함

2. 주요내용

• 지침 폐지 적용 및 기존어선에 대한 적용 방법

1) (폐지적용) 2015년 7월 1일부터 지침을 폐지 적용함에 따라, 신규 건조되는 어선(별도건조검사 포함)*은 일체의 공간 증설이 불가함

> * 2015.7.1. 이후 어선 건조검사(별도건조검사)를 신청하는 어선부터 적용
> ** 「어선검사지침」 1.3.3에 따라 법 제8조에 따른 건조 · 개조허가를 받아야 하는 어선에 대하여는 검사 접수 시 해당 허가에 관한 서류를 확인하여야 함

2) (기존어선) 임의 증설되어 있는 공간이 지침에서 허용하는 범위 내에 있는지 여부를 2016년 6월 30일까지 어선검사(정기, 중간, 임시 등)를 받고 어선 안전공간으로 인정*을 받아야 함

> * 2016.6.30일까지 어선검사를 통해 어선 안전공간으로 인정받지 아니하면, 2016. 7.1. 이후에는 임의 증설되어 있는 공간에 대해 어선 안전공간으로 인정받을 수 없음

– 지침 폐지일('15.7.1.) 이후 기존어선을 폐선하고 새로이 건조할 경우에는 기존어선에서 인정되었던 임의증설 공간은 인정하지 않음

– 2011년 2월 10일에 개정된 지침에서 적용 제외 대상*이었던 어선은 인정대상에서 계속 제외함

* 지침 적용 제외 대상(지침 제3호 단서의 각 목)
  가. 상갑판 아래 선미부(기관실 후단 격벽으로부터 선미외판까지의 부분을 말한다. 이하 같다.) 전부 또는 일부용적을 선미부 이외의 다른 부분의 용적으로 전용한 어선
  나. 제2호 가목 1) 및 2)에 해당하는 공간(이하 "조타실등")*으로 사용하던 용적을 다른 부분의 용적으로 전용한 어선
* 제2호 가목 1) 및 2)에 해당하는 공간
  1) 연안어선: 조타실, 어선원 거주구역 및 선용품 창고로 사용되는 공간
  2) 근해어선: 어선원 거주구역 및 선용품 창고로 사용되는 공간
  다. 정해진 허가어업 어선의 규모 이내로 어선의 총톤수를 감소시키고자 선미부 또는 조타실등의 전부 또는 일부를 철거한 어선

3. 어선 안전공간 검사방안
• 어선검사(정기, 중간, 임시 등) 시 어선 안전공간에 대한 검사가 누락되는 사례가 발생하지 않도록 할 것
  - 2016년 6월 30일까지 인정받은 어선 안전공간이 이후 기존어선에 대한 안전공간의 임의증설 여부의 판단 기준이 되므로, 향후 민원이 발생하지 않도록 정확한 검사가 집행되도록 할 것
• 어선 안전공간 검사 후에는 '어선안전공간도식표'를 작성하고, 해당 어선의 '전경사진'을 첨부하여 전자결재를 득할 것(첨부 참조)
  - 결재완료 후 '어선안전공간도식표 및 전경사진'을 인쇄하여 해당어선검사보고서의 기사란 뒤에 철할 것

Ⅳ. 어선 안전공간 검사지침 폐지 관련 후속 보완 검사지침(2015.6.10. 보완)

1. 목적

이 지침은 2010년 5월에 제정된「어선안전공간 확대 등을 위한 어선검사지침」의 폐지(2015.7.1. 시행)와 관련한 후속 보완 조치로서, 어선의 안전성 및 어선원 복지공간 확보를 위해 폐위용적이 증가된 어선에 대한 검사방법을 정함을 목적으로 한다.

2. 정의

이 지침에서 사용하는 용어의 정의는 다음과 같다.

가. 어선원 복지공간

어선원 복지향상과 작업환경 개선을 위하여 상갑판 위에 폐위용적을 증설한 아래의 구조물을 말한다.

1) 연안어선: 조타실, 어선원 거주구역 및 선용품 창고로 사용되는 공간
2) 근해어선: 어선원 거주구역 및 선용품 창고로 사용되는 공간

나. 선미 부력부
어선의 선미 부력 확보를 위하여 장출갑판 아래에 폐위용적을 증설하여 선용품 창고로 사용하는 구조물을 말한다.

다. 선측 부력부
어선의 복원성 향상을 위하여 상갑판 아래 선측 폐위용적을 증설한 구조물을 말한다.

3. 적용대상
이 지침은 수산업법령에 따라 어선의 규모가 정해진 연 · 근해어선으로 어선원 복지공간, 선미 부력부, 선측 부력부가 증설된 경우에 적용한다. 다만, 2015년 7월 1일 이후 어선 신조를 위한 건조검사 또는 별도 건조검사를 신청하는 어선과 다음 각 목의 어느 하나에 해당하는 어선(단, 2011.2.10. 전에 전용하거나 철거한 어선은 제외)에 대해서는 이 지침을 적용하지 아니한다.
가. 상갑판 아래 선미부(기관실 후단 격벽으로부터 선미외판까지의 부분을 말한다. 이하 같다) 전부 또는 일부용적을 선미부 이외의 다른 부분의 용적으로 전용한 어선
나. 제2호가목 1) 및 2)에 해당하는 공간(이하 “조타실등”이라 한다)으로 사용하던 용적을 다른 부분의 용적으로 전용한 어선
다. 정해진 허가어업 어선의 규모 이내로 어선의 총톤수를 감소시키고자 선미부 또는 조타실등의 전부 또는 일부를 철거한 어선

4. 어선원 복지공간 및 선미 부력부 등에 대한 용도 및 증설 허용한도
가. 어선원 복지공간은 조타실등으로 사용하여야 하며, 복지공간 내 어선원 거주구역은 조리·식사·휴식·위생을 위한 공간으로 한정한다.
나. 어선원 복지공간이 등록된 상갑판 위의 용적의 100퍼센트를 초과한 어선은 복원성 기준을 충족하여야 한다.
다만,「낚시 관리 및 육성법」에 따른 낚시어선 및 이 지침 시행일로부터 2015년 6월 30일까지 어선 신조를 위한 건조검사 또는 별도 건조검사를 신청하는 어선의 경우, 어선원 복지공간은 등록된 상갑판 위의 용적의 100퍼센트를 초과할 수 없다.
다. 선미 부력부는 3미터를 초과할 수 없으며, 선미 장출갑판도 선미 부력부의 뒤쪽 갑판으로부터 3미터를 초과할 수 없다.
라. 선측 부력부는 등록된 상갑판 아래의 용적의 10퍼센트까지 허용한다.

5. 검사기한
어선원 복지공간, 선미 부력부, 선측 부력부가 증설된 어선은 2016년 6월 30일까지 어선법령에 따른 정기적 검사(정기, 1종 · 2종 중간) 및 임시검사를 받도록 조치한다(2016.7.1. 이후에는 일체의 임의공간 증설 불허).

6. 검사방법

가. 허용한도 용적 및 길이 확인

1) 제4호가목의 어선원 복지공간은 「최대길이 × 평균너비 × 평균높이」로 폐위용적을 계산하여 확인한다.

2) 제4호나목 단서의 낚시어선 등의 어선원 복지공간은 「최대길이 × 평균너비 × 평균높이」로 폐위용적을 계산하여 허용한도 이내인지 확인한다.

3) 제4호다목의 선미 부력부은 선미에 부착한 구조물의 최대 길이를 측정하여 허용한도 이내인지 확인한다.

4) 제4호라목의 선측 부력부는 「최대길이 × 평균너비 × 평균높이」로 폐위용적을 계산하여 허용한도 이내인지 확인한다.

나. 증설된 부위에 대하여 각종 구조 부재의 취부상태 등 전반적인 시공상태를 확인한다.

다. 각종 검사기준의 적용은 등록된 주요치수 및 총톤수 등을 적용한다. 다만, 방수구의 면적에 대하여는 웰의 길이 증가에 따른 적정여부를 검토하여 조치한다.

라. 어선원 복지공간이 증설된 등록 길이 24미터 이상의 어선과 최대승선인원 13인 이상인 낚시어선(2000.7.30. 전에 건조된 낚시어선은 2016.1.1. 이후에 처음으로 도래하는 정기검사 또는 중간검사 시부터 적용)에 대하여는 다음과 같이 복원성을 검토한다.

1) 복원성시험의 실시 및 복원성자료의 승인을 하여야 한다.

2) 1)에도 불구하고 「어선복원성 및 만재흘수선기준」 제4조제2항 및 제15조제1항에 해당하는 경우에는 복원성시험 및 복원성자료 승인을 생략할 수 있다.

마. 등록길이 24미터 미만 어선의 경우에도 어선원 복지공간이 등록된 상갑판 위의 용적의 100퍼센트를 초과한 어선은 라목과 동일한 방식으로 복원성을 검토한다. 이 경우 다음 구분에 따른 기준을 적용한다.

1) 총톤수 10톤 미만의 어선: 최대승선인원 13인 이상 낚시어선에 적용하는 복원성 기준

2) 총톤수 10톤 이상이며 등록길이 24미터 미만의 어선: 등록길이 40미터 미만 어선에 적용하는 복원성 기준

바. 최대승선인원 산정

1) 어선원 복지공간을 증설한 어선의 소유자가 최대승선인원 재 산정을 요청하는 경우 「어선설비기준」 제121조제1항 또는 「총톤수 10톤 미만 소형어선의 구조 및 설비 기준」 제64조제1항제1호에 따라 증설된 부분을 포함하여 재산정할 수 있다.

2) 1)에도 불구하고, 어선원 복지공간이 등록된 상갑판 위의 용적의 100퍼센트를 초과한 어선과 「낚시 관리 및 육성법」에 따른 낚시어선[24]이 낚시승객을 증가하려는 경우에는 최대승선인원을 재산정할 수 없다.

사. 매 정기검사, 중간검사 및 임시검사 시에 제4호의 어선원 복지공간 및 선미부력부 등의 초과 증설 및 변경 여부를 확인한다(다만, 「어선법 시행규칙」 제74조 제4항에 따른 선박안전기술공단의 어선검사지침에 따라 현장임검을 생략 시는 제외).

7. 검사결과 조치사항

제6항에 따라 검사를 집행한 후 허용한도 및 관련 검사사항을 어선검사보고서 기사란 등에 증설부분에 대하여 기록하고 어선 전경 사진을 첨부한다(차기 검사 시에 변경 사항이 없는 경우에는 "변경 없음"으로 기록).

24) "낚시어선"이란 「어선법」에 따라 등록된 어선으로 낚시어선업에 쓰이는 어선을 말한다(「낚시 관리 및 육성법」 제2조제7호).

제3절 어선의 검사·운영 관련 위반사범 수사

「어선법」 제44조제1항제1호부터 제8호까지는 대부분 어선의 검사 및 운영 등과 관련해서 발생할 수 있는 위법행위에 대한 구성요건 및 양형기준을 규정하고 있다.[25)]

위반행위에 따른 수사기관을 구분해서 살펴보면, 주로 어선의 설비 등에 관한 위반사항 등을 다루고 있는 이 법 제44조제1항제1호·제5호·제6호 및 제8호에 대한 위반사범 수사는 경찰청에서 전담하게 된다. 반면, 이 법 제44조제1항제2호부터 제4호까지 및 제7호에서는 위법행위의 성립요건으로 어선을 사용하여 해상에서 항행 및 조업을 한 경우로 제한하고 있으므로 이에 대한 수사는 국민안전처(해양경비안전본부)에서 전담하게 된다.

이에 따라 여기에서는 어선의 검사 및 운영 등과 관련해서 위법행위를 한 자에 대한 사실 관계를 이와 관련한 법령 및 행정규칙 등을 통해 살펴보고자 한다.

---

25) 「어선법」 제44조(벌칙) ① 다음 각 호의 어느 하나에 해당하는 자는 1년 이하의 징역 또는 1천만원 이하의 벌금에 처한다.

1. 제4조에 따른 만재흘수선의 표시를 하지 아니한 자
2. 제5조제1항에 따른 무선설비를 갖추지 아니하고 어선을 항행 또는 조업에 사용한 자
3. 제16조에 따른 어선 명칭 등의 표시 또는 어선번호판을 은폐·변경 또는 제거하고 어선을 항행 또는 조업에 사용한 자
4. 제21조에 따른 어선검사를 받지 아니하고 어선을 항행 또는 조업에 사용한 자
5. 거짓이나 그 밖의 부정한 방법으로 제24조제1항 또는 제2항에 따른 형식승인, 그 변경승인 또는 검정을 받은 자
6. 거짓이나 그 밖의 부정한 방법으로 제25조제1항에 따른 우수건조사업장·우수제조사업장 또는 우수정비사업장의 지정을 받은 자
7. 제27조제1항제1호에 따른 어선검사증서에 기재된 최대승선인원·제한기압·만재흘수선의 위치 등의 사항을 위반하여 어선을 항행 또는 조업에 사용한 자
8. 거짓이나 그 밖의 부정한 방법으로 제27조제1항에 따른 어선검사증서·어선특별검사증서·임시항행검사증서·건조검사증서·예비검사증서·검정증서·건조확인증·제조확인증 또는 정비확인증을 발급받은 자

Ⅰ. 만재흘수선 미표시 위반사범

제44조(벌칙) ① 다음 각 호의 어느 하나에 해당하는 자는 1년 이하의 징역 또는 1천 만원 이하의 벌금에 처한다.

1. 제4조에 따른 만재흘수선의 표시를 하지 아니한 자

1. 만재흘수선의 정의 및 지정

만재흘수선은 「어선법 시행규칙」 제2조제4호에 따라 '어선이 사람과 어획물 또는 화물을 싣고서 안전하게 항행할 수 있는 최대한의 흘수를 나타내는 선'으로 정의하고 있다.

한편, 「어선법」 제21조제1항에 따라 길이 24미터 이상 어선의 소유자는 이 법 제3조에 따른 어선의 설비이외 만재흘수선의 표시를 포함하여 검사를 받도록 규정하고 있다.

또한 이 법 제21조제1항제1호에 따른 정기검사에 합격한 경우에는 어선검사증서상에 어선의 종류 · 명칭 · 최대승선인원 · 제한기압 및 만재흘수선의 위치 등을 기재하여 발급하고 있다(법 제27조제1항제1호).[26]

이 경우 발급되는 어선검사증서는 같은 법 시행규칙 제63조제1항제1호나목에 따른 [별지 제62호서식]과 같으며, 만재흘수선의 위치를 지정한 검사기록은 이 증서 뒤쪽의 '만재흘수선의 위치'란에 해당 위치 및 숫자를 기입하여 표기한다([그림 3-3] 참조).

26) 정기검사 이외 어선검사증서를 새로이 발급하는 경우(중간검사 완료 후 어선검사증서를 재발급해야 하는 때 등)에도 만재흘수선의 위치 등을 기재하여 발급하여야 한다.

(뒤쪽)

	갑판선의 상면의 위치: 배의 길이의 중앙에 있어서 **건현** 갑판의 선측 상면의 연장과 외판의 외면과의 교점으로부터 **하** 방향으로 **0** 밀리미터 The upper edge of the deck line from which these freeboards are measured is _____ mm _____ from the top of the deck at side
	만재흘수를 표시하는 수평선[하기만재흘수선(S)·해수만재흘수선 또는 만재흘수선]의 상면의 위치 : 갑판선의 상면으로부터 하방으로 **508** 밀리미터 Summer Load Line(S): _____ mm below from the upper edge of deck line
만재흘수선의 위치 Load Line	동기만재흘수선(W)의 위치: S의 하방으로 _____ 밀리미터 Winter Load Line(W): _____ mm below from Summer Load Line
	동기북대서양만재흘수선(WNA)의 위치: S의 하방으로 _____ 밀리미터 Winter North Atlantic Load Line(WNA): _____ mm below from Summer Load Line
	열대만재흘수선(T)의 위치: S의 상방으로 _____ 밀리미터 Tropical Load Line(T): _____ mm above from Summer Load Line
	위의 각 만재흘수선에 대응하는 담수만재흘수선의 위치: 각 만재흘수선 상방으로 **48** 밀리미터 Allowance for fresh water for all freeboards other than timber: _____ mm

[그림 3-3] 어선검사증서 뒤쪽 만재흘수선의 위치 검사기록 사항

2. 만재흘수선 표시 대상 및 면제 선박

「어선법」 제4조에 따라 길이 24미터 이상의 어선의 소유자는 해양수산부장관이 정하여 고시하는 기준[27]에 따라 만재흘수선의 표시를 하여야 한다. 반면, 같은 법

27) 여기에서의 "해양수산부장관이 정하여 고시하는 기준"은 「어선복원성 및 만재흘수선 기준」을 말한다.

시행규칙 제41조에서는 만재흘수선의 표시 면제대상 선박에 대해 규정하고 있으며 다음과 같다.

i) 국제항해[28]에 종사하지 아니하는 수산업에 관한 시험 · 조사 · 지도 · 단속 또는 교습에 종사하는 어선
ii) 선단조업형태의 어업을 하는 어선 중 어획물 또는 그 가공품을 해당 어선에 적재하지 아니하고 어로작업에만 종사하는 어선
ii) 이 법 제21조제1항제5호에 따라 임시항행검사를 받고 항행하는 어선
iv) 시운전을 위하여 항행하는 어선
v) 목선과 그 밖에 만재흘수선을 표시하는 것이 구조상 곤란하거나 적당하지 아니하다고 해양수산부장관이 인정하는 어선[29]

3. 만재흘수선 표시 및 표시방법

어선의 만재흘수선 표시 및 이 표시와 함께 사용되는 선과 표시방법은 「어선복원성 및 만재흘수선 기준」 제21조와 관련한 [별표 7]과 같으며, 다음의 〈표 3-6〉을 따른다.[30] 이 경우 위의 [그림 3-3] 어선검사증서 뒤쪽에 표기된 검사기록 사항을 반영하

28) "국제항해"란 한 나라에서 다른 나라에 이르는 해양을 항행하는 것을 말한다. 이 경우 한 나라가 국제관계에 관하여 책임이 있는 지역 또는 국제연합이 시정권자인 지역은 별개의 나라로 본다(「어선법 시행규칙」 제2조제9호).

29) 「어선복원성 및 만재흘수선 기준」 제19조(특수한 어선) 「어선법」에 따른 만재흘수선 지정대상 어선 중 특수한 구조나 형상을 가지는 어선으로서 그 밖에 해양수산부장관이 이 기준을 적용하는 것이 그 형상 또는 구조상 곤란하거나 적당하지 아니하다고 인정되는 어선은 이 기준에 불구하고 해양수산부장관이 정하는 바에 따른다.

30) 만재흘수선의 종류별 적용구역 및 건현은 「어선복원성 및 만재흘수선 기준」 제20조제1항에 따라 다음의 표와 같다.

구 분	적용되는 구역	건 현
해수만재흘수선	해면	해수건현
담수만재흘수선	비중이 1.000인 수면	담수건현

다만, 이 기준 같은 조 제2항에 따라 비중이 1.000이 아닌 수면에 있어서는 해수건현과 담수건현과의 차에 실제의 비중과 1과의 차의 0.025에 대한 비를 곱한 값을 담수건현에 더하여 산정한 건현에 대응하는 만재흘수선을 적용한다.

여 실제 어선에 표시되는 만재흘수선의 형상은 {참고 3-2}와 같다.

참고로 이 기준 제21조에 따른 [별표 7]은 앞서 언급한바 있는 「선박만재흘수선기준」 제17조 관련 [별표 8](앞의 {참고 2-9})과 비교해서 살펴보면, 표의 양식 중 '만재흘수선표시' 모양만 다르게 표시(▼ → V)하고 있으며 '갑판선' 및 '만재흘수선을 나타내는 선'의 모양과 전체 양식 각각의 표시에 대한 치수는 동일하다.

〈표 3-6〉 어선의 만재흘수선 표시 및 표시방법

명 칭	양 식	표시방법
갑판선	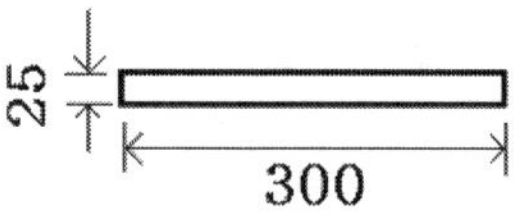 25 / 300	건현용 길이의 중앙에 표시하고, 윗가장자리는 원칙적으로 건현용 깊이의 상단의 위치에 일치시키는 것으로 한다.
만재흘수선표시	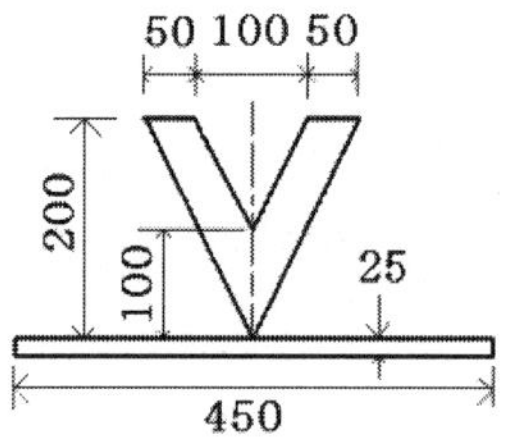 50 100 50 / 200 / 100 / 25 / 450	1. 건현용 길이의 중앙에 표시한다. 2. 수평선의 윗가장자리는 해수만재흘수선의 위치에 일치시키는 것으로 한다.
만재흘수선을 나타내는 선	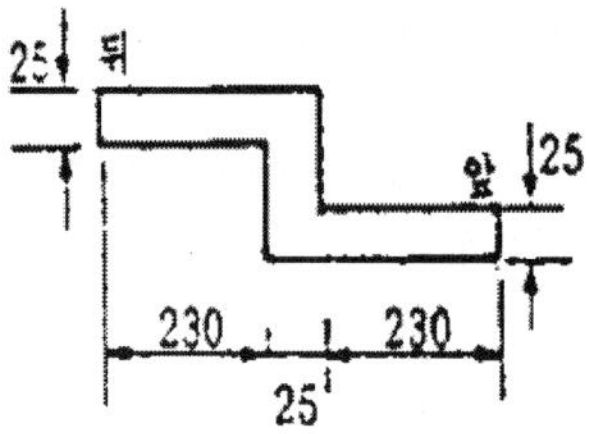 25 뒤 / 앞 25 / 230 230 / 25	1. 수직선의 뒷가장자리는 만재흘수선 표시의 중심선으로부터 앞쪽으로 540 밀리미터의 위치에 둔다. 2. 수직선의 앞쪽에 있는 수평선의 윗가장자리는 해수만재흘수선의 위치에, 수직선의 뒤쪽에 있는 수평선의 윗가장자리는 담수만재흘수선의 위치에 일치시키는 것으로 한다.

【비고】 각 치수의 단위는 밀리미터로 한다.

{참고 3-2} 어선의 만재흘수선 표시 예

* 용도: 어선, 총톤수: 89톤, 배의 길이: 28.63미터, 선질: 강

〈어선검사증서 [별지 제62호서식] 뒤쪽〉

(뒤쪽)

	갑판선의 상면의 위치: 배의 길이의 중앙에 있어서 건현 갑판의 선측 상면의 연장과 외판의 외면과의 교점으로부터 하 방향으로 0 밀리미터 The upper edge of the deck line from which these freeboards are measured is ______mm ______from the top of the deck at side
	만재흘수를 표시하는 수평선[하기만재흘수선(S)·해수만재흘수선 또는 만재흘수선]의 상면의 위치 : 갑판선의 상면으로부터 하방으로 508 밀리미터 Summer Load Line(S): ______mm below from the upper edge of deck line
만재흘수선의 위치 Load Line	동기만재흘수선(W)의 위치: S의 하방으로 ______밀리미터 Winter Load Line(W): ______mm below from Summer Load Line
	동기북대서양만재흘수선(WNA)의 위치: S의 하방으로 ______밀리미터 Winter North Atlantic Load Line(WNA): ______ mm below from Summer Load Line
	열대만재흘수선(T)의 위치: S의 상방으로 ______밀리미터 Tropical Load Line(T): ______mm above from Summer Load Line
	위의 각 만재흘수선에 대응하는 담수만재흘수선의 위치: 각 만재흘수선 상방으로 48 밀리미터 Allowance for fresh water for all freeboards other than timber: ______mm

⇩

〈어선에 표시되는 만재흘수선 형상〉

FR (28) ± (315) mm

Ⅱ. 무선설비 미설치 위반사범

제44조(벌칙) ① 다음 각 호의 어느 하나에 해당하는 자는 1년 이하의 징역 또는 1천 만원 이하의 벌금에 처한다.

2. 제5조제1항에 따른 무선설비를 갖추지 아니하고 어선을 항행 또는 조업에 사용한 자

「어선법」 제5조제1항에서는 어선의 소유자가 갖추어야 하는 무선설비 기준에 대해 규정하고 있으며, 「선박안전법」 적용대상 선박과 마찬가지로 국제항해에 종사하는 어선과 국내에서의 항행 또는 조업에 사용하는 어선으로 구분해서 규정하고 있다.

여기에서의 "무선설비 기준"은 해양수산부장관이 정하여 고시하는 기준으로 「어선설비기준」 및 「총톤수 10톤 미만 소형어선의 구조 및 설비기준」이 이에 해당된다.[31)]

이와 관련해서 「어선법」 제44조제1항제2호에서는 무선설비를 갖추지 아니하고 어선을 항행 또는 조업에 사용한 자에 대한 처벌규정을 두고 있다.

이에 따라 여기에서는 무선설비 설치대상 어선이 이를 갖추지 아니하고 어선을 항행 또는 조업에 사용한 자에 대한 위법행위의 사실 관계를 이와 관련한 법령 및 행정규칙 등을 통해 살펴보고자 한다.

「어선법」 제5조제1항에 따라 어선이 갖추어야 하는 무선설비의 설치대상 및 기준은 다음과 같이 구분하고 있다.

먼저 국내항행(또는 조업)에 사용하는 총톤수 10톤 이상 어선 및 원양어업에 종사하는 어선에 대해서는 「어선설비기준」 제349조 전단에 따른 [별표 33]과 같으며, 총톤수 10톤 미만의 어선으로서 국내항행(또는 조업)에 사용하는 어선에 대해서는 「총톤수 10톤 미만 소형어선의 구조 및 설비기준」 제72조제1항에 따른 무선설비를 갖추도

---

31) 어선에 갖추어야 하는 무선설비는 「선박안전법」 적용대상 선박과는 다르게 「어선법」 제5조제1항에 따라 해양수산부장관이 정하여 고시하는 기준에서 각각 규정하고 있으며, 여기에서 "해양수산부장관이 정하여 고시하는 기준"은 「어선설비기준」 및 「총톤수 10톤 미만 소형어선의 구조 및 설비기준」이 해당된다. 한편, 「선박안전법」 적용대상 선박에 갖추어야 하는 무선설비의 설치대상 및 기준 등은 이 법 제29조 및 같은 법 시행규칙 제72조제2항을 따른다.

록 하고 있다. 이 경우 무선설비는 「전파법」에 따른 것으로 하여야 하며, 이를 정리하면 다음의 〈표 3-7〉과 같다.

한편, 여기에서 고려해야 할 사항은 「총톤수 10톤 미만 소형어선의 구조 및 설비기준」 제72조제1항에 따라 총톤수 2톤 이상, 총톤수 5톤 미만의 어선에 적용하는 무선설비의 설치기준으로 이에 해당하는 어선은 2015년 3월 29일부터 새로이 건조되는 선박(신조선) 및 이 기준 부칙 제5조(무선설비 설치에 대한 적용례)에 따른 현존선에 적용한다.[32)]

따라서 총톤수 2톤 이상, 총톤수 5톤 미만의 어선에 무선설비를 갖추지 아니하고 항행 또는 조업에 사용한 자에 대한 처벌은 어선의 건조일 또는 이 기준의 시행일 등을 참고해야 한다.

다음으로 이 법 제5조제1항 단서에 따라 국제항해에 종사하는 총톤수 300톤 이상의 어선으로서 어획물운반업에 종사하는 어선 등 해양수산부령으로 정하는 어선에는 「해상에서의 인명안전을 위한 국제협약」(SOLAS 협약)에 따른 세계 해상조난 및 안전제도의 시행에 필요한 무선설비를 갖추도록 하고 있다. 이 경우의 무선설비에 있어서도 「전파법」에 따른 성능과 기준에 적합하여야 한다.

여기에서 "해양수산부령으로 정하는 어선"이란 이 법 제5조제1항 단서 및 같은 법 시행규칙 제42조제1항에 따라 국제항해에 종사하는 총톤수 300톤 이상의 어선으로서 다음의 어느 하나에 해당하는 어선을 말한다.

i) 어획물운반업 또는 수산물가공업에 종사하는 어선

ii) 수산업 관한 시험 · 조사 · 지도 · 단속 또는 교습에 종사하는 어선

---

32) 「총톤수 10톤 미만 소형어선의 구조 및 설비기준」 부칙 〈제2015-18호, 2015.2.26.〉[시행 2015.3.29.]
제1조(시행일) 이 고시는 발령 후 30일이 경과한 날부터 시행한다.
제5조(무선설비 설치에 대한 적용례) 제72조의 개정규정에 따라 무선설비를 설치하여야 하는 현존선에 대하여는 다음 각 호에서 정하는 날 이후 처음으로 도래하는 정기검사 또는 중간검사 시부터 적용한다.
1. 총톤수 3톤 이상 5톤 미만 어선: 2016년 1월 1일
2. 총톤수 2톤 이상 3톤 미만 어선: 2017년 1월 1일

다만, 이 법 제5조제2항 · 같은 법 시행규칙 제42조제2항, 「어선설비기준」 제349조 단서 및 「총톤수 10톤 미만 소형어선의 구조 및 설비기준」 제72조제2항에서는 어선이 무선설비를 갖추지 아니하고 항행할 수 있도록 예외규정을 두고 있으며, 다음의 〈표 3-8〉과 같다.

참고로 어선에 설치되는 무선설비의 검사는 「선박안전법」 무선설비 적용대상 선박과 동일하게 「전파법」 제24조 등에 따라 한국방송통신전파진흥원에서 수행하고 있으며, 「어선법」 제41조에 따른 대행검사기관[선박안전기술공단 및 선급법인(한국선급)]에서는 선박검사 시 무선국 검사증명서 확인 및 무선설비 설치 확인에 한해 제한적으로 실시하고 있다.[33)]

33) 일반적으로 대행검사기관에서는 「선박안전법」 적용대상과 유사하게 어선에 대한 무선설비의 검사방법을 다음과 같이 행하고 있다. i) 무선국허가증을 제시받아 해당 설비기준의 무선설비 설치기준에 따른 무선설비 설치여부를 확인하고, 「전파법」에 따라 무선설비 검사를 받았는지 여부를 검사증명서로 확인한다. 다만, 30W 미만의 무선설비를 최초로 허가 받은 경우에는 검사증명서 확인은 생략한다. ii) 무선국 정기검사 유효기간은 다음과 같다. ㉮ 총톤수 40톤 이상의 어선은 정기검사 만료일로부터 2개월 이내, ㉯ 총톤수 40톤 미만의 어선은 정기검사 만료일로부터 3개월 이내(선박안전기술공단의 「어선검사지침」 2.3.7). 여기에서 이 지침과 관련한 내용은 이 장 각주 58번 하단부를 참조하도록 한다.

〈표 3-7〉 어선의 무선설비 설치기준

〈어선설비기준 제349조 관련 [별표 33]〉

무선설비의 종류 / 적용어선	초단파대 무선설비 (무선전화 및 디지털선택 호출장치)	중단파대 무선전화	중단파대 및 단파대무선 설비 (무선전화 및 디지털선택 호출장치)	네비텍스 수신기	위성비상위치지시용무선표지설비 (EPIRB)	레이더 트랜스폰더 (SART)	양방향초단파대무선전화장치 (2-way VHF)
배의길이 24미터 미만의 어선(총톤수 10톤 이상)	1	1	-	-	-	-	-
배의길이 24미터 미만의 어선(총톤수 10톤 이상)	1	1	-	-	1	-	-
원양어업에 종사하는 어선(총톤수 10톤 이상)	1	-	1	1	1	1	1

【비고】

1. 원양어업이란 「원양산업발전법」 제2조제2호에 따른 원양어업을 말한다.
2. 배의 길이 24미터 미만의 어선은 중단파대무선전화에 갈음하여 27메가헤르츠대 무선전화를 설치할 수 있다.
3. 다음 각 목의 어선은 무선설비의 설치를 생략할 수 있다.
   가. 면허어업의 어장관리선으로 지정받은 어선
   나. 기선권현망어업 또는 소형선망어업에 종사하는 어선 중 본선과 운반선을 제외한 부속선
   다. 서해 특정해역에 출어하는 근해자망어업에 종사하는 본선을 제외한 부속선
4. 원양어업에 종사하는 어선은 입어국의 관계 규정에 따른 무선설비를 설치할 수 있다.
5. 외국의 같은 국가 내의 항구 간 또는 외국의 호수 · 하천 및 항내만을 항행하는 어선으로서 해당 국가의 무선국허가를 받은 어선은 해당 국가의 관계규정에 따른 무선설비를 설치할 수 있다.
6. 중단파대 및 단파대무선전화를 설치한 어선은 중단파대 무선전화의 설치를 생략할 수 있다.

〈총톤수 10톤 미만 소형어선의 구조 및 설비기준 제72조제1항〉

총톤수 2톤 이상 5톤 미만의 어선	1	-	-	-	-	-	-
총톤수 5톤 이상 10톤 미만의 어선	1	1	-	-	-	-	-

【비고】

1. 총톤수 5톤 이상, 10톤 미만의 어선에 설치하는 중단파대 무선전화를 대신하여 '27메가헤르츠대 무선전화'를 설치할 수 있다.

〈표 3-8〉 어선의 무선설비 설치면제 기준

설치면제 기준	적용 어선	관련 규정
가. 임시항행검사증서를 가지고 1회의 항행에 사용하는 경우 나. 시운전을 하는 경우	국제 · 국내 항행 또는 조업에 사용하는 총톤수 2톤 이상 모든 어선	「어선법」 제5조제2항 및 같은 법 시행규칙 제42조제2항
가. 「내수면어업법」 제6조, 제9조 또는 제11조에 따른 면허어업, 허가어업 또는 신고어업에 사용되는 어선 나. 무동력 어선[34)] 다. 앞의 〈표 3-7〉 비고 제3호	국내항행 또는 조업에 사용하는 총톤수 10톤 이상 어선	「어선설비기준」 제349조 및 같은 조 단서
가. 무동력 어선 나. 「내수면어업법」 제6조, 제9조 또는 제11조에 따른 면허어업, 허가어업 또는 신고어업(이하 "내수면어업"이라 한다)에 사용하는 어선과 내수면에서 시험 · 조사 · 지도 · 단속에 종사하는 어선 다. 면허어업의 어장관리선으로 지정받은 어선1) 라. 기선권현망어업 또는 소형선망어업에 종사하는 어선 중 본선과 운반선을 제외한 부속선 마. 서해특정해역에 출어하는 근해자망어업에 종사하는 본선을 제외한 부속선 바. 총톤수 5톤 미만 어선으로서 상갑판이 없이 현단으로만 이루어져 있거나, 상갑판 상부에 구조물이 없는 어선(기관실의 보호를 위하여 제8조제1항에 따라 기관실구위벽만을 설치한 어선을 포함한다)	국내항행 또는 조업에 사용하는 총톤수 10톤 미만 어선	「총톤수 10톤 미만 소형어선의 구조 및 설비기준」 제72조제2항

【비고】

1) 국내항해 또는 조업에 사용하는 총톤수 10톤 미만 어선 중 면허어업의 어장관리선으로 지정받은 어선이 낚시어선을 하고자 할 경우에는 다음의 무선설비를 설치하여야 한다(「총톤수 10톤 미만 소형어선의 구조 및 설비기준」 제72조제3항).[35)]

가. 초단파대 무선설비(무선전화 및 디지털선택호출장치)

나. 중단파대 무선전화 또는 27메가헤르츠대 무선전화

34) "무동력어선"이란 추진기관을 설치하지 아니한 어선을 말한다(「어선법 시행규칙」 제2조제6호). 여기에서의 추진기관은 선박(어선)의 주기관 역할을 하는 것으로서 선박(어선)을 앞으로 밀어 내보내는 장치를 말하는 것으로 원동기(기관, engine) 이외 다른 추진설비(동력전달장치, 프로펠러축 및 프로펠러 등)를 포함하는 것으로 보아야 한다. 예를 들어 선박(어선)의 추진방식이 프로펠러 방식인 경우

추가해서 「어선법」에는 이 법 제5조제1항에 따른 무선설비 이외 「전파법」에 따른 성능과 기준을 맞추도록 규정하고 있는 장치를 별도로 두고 있다. 이에 해당하는 장치는 이 법 제5조의2제1항에 따른 것으로 어선의 안전운항을 확보하기 위하여 어선의 위치를 자동으로 발신하는 장치인 "어선위치발신장치"를 말한다.

이는 「선박안전법」 제30조제1항에 따른 "선박위치발신장치"에 해당한다. 다만, 「어선법」 제5조제1항 단서에 따라 국민안전처장관은 해양사고 발생 시 신속한 대응과 어선 출항 · 입항 신고 자동화 등을 위하여 필요한 경우 그 기준을 정할 수 있으며, 이에 해당하는 장치 또한 어선위치발신장치로 간주하고 있어 다소 차이를 보이고 있다.[36)]

추진기관, 동력전달정치, 프로펠러축 및 프로펠러 일체를 추진설비로 보고 있다. 또한 아웃드라이브(스턴드라이브, 선내외기) 추진방식인 경우 원동기, 아웃드라이브가 추진설비에 해당 한다. 다시 말해서 선박(어선)을 추진하는데 필요한 설비 일부라도 없는 경우 무동력선(어선)이 된다(한편, 일부 동력전달장치가 설치되어 있지 않은 선박(어선)의 경우 프로펠러축 및 프로펠러 어느 하나라도 설치되지 있지 않으면 무동력에 해당된다). 반면, "동력어선"은 추진기관(선외기(船外機)를 포함한다. 이하 같다)을 설치한 어선을 말한다(「어선법 시행규칙」 제2조제5호). 참고로 "주기관"은 「어선기관기준」 제2조제2호에서 '어선의 주된 추진력을 얻기 위한 원동기를 말하며 전기추진장치를 갖는 어선에서는 발전기를 구동하는 원동기를 유압모터로 추진되는 어선에서는 해당 유압펌프를 구동하는 원동기(전동유압펌프인 경우에는 해당 발전기를 구동하는 원동기)'로 정의하고 있다([참고 2-1] 참조).

35) **구, 「총톤수 10톤 미만 소형어선의 구조 및 설비기준」**(2011년 1월 3일 농림수산식품부고시 제2010-144호로 개정되고, 2015년 2월 26일 해양수산부고시 제2015-18호로 개정되기 전의 것) 제72조제3항에서는 무선실비 설치대상 어선을 총톤수 5톤 이상 어선으로 규정하고 있으나, 예외적으로 이 기준 제72조제2항제3호에 해당하는 면허어업의 어장관리선은 무선설비 설치를 면제하고 있다. 다만, 이 기준 제72조제3항에서는 면허어업의 어장관리선으로 지정받은 어선이 낚시어선을 하고자 할 경우 제72조제1항제1호에 따른 총톤수 5톤 이상 어선에 설치하여야 하는 무선설비 중 '초단파대 무선설비(무선전화 및 디지털선택호출장치)'를 설치하도록 하고 있다. 이와 관련해서 최근 이 기준 개정(해양수산부고시 제2015-18호, 2015년 2월 26일)에 따라 무선설비 설치대상 어선은 총톤수 5톤에서 2톤으로 확대되면서 제72조제3항 개정 없이 기존 규정 제72조제1항제1호 그대로를 수용하고 있어 면허어업의 어장관리선으로 지정받은 어선이 낚시어선을 하고자 할 경우에는 총톤수 5톤 이상 어선에 설치하여야 하는 무선설비인 '초단파대 무선설비(무선전화 및 디지털선택호출장치)'와 '중단파대 무선전화 또는 27메가헤르츠대 무선전화'를 설치하도록 하고 있어 무선설비 기준이 강화된 것으로 보이고 있다. 하지만 이는 개정과정에서의 오류로 이 기준 제72조제3항은 다음과 같이 개정되었어야 할 것으로 보인다. '③ 제2항제3호에 따른 면허어업의 어장관리선으로 지정받은 어선이 낚시어선을 하고자 할 경우에는 제1항제1호가목에 따른 무선설비를 설치하여야 한다'로 다시 개정하고 총톤수 5톤 이상 어선에 설치하여야 하는 무선설비 중 '초단파대 무선설비(무선전화 및 디지털선택호출장치)'만을 설치하도록 하여야 할 것이다. 따라서 이에 대한 기준을 위반하여 어선을 항행 또는 조업에 사용한 자에 대한 처벌규정 적용은 재검토가 필요할 것으로 사료된다.

36) 이와 관련한 기준은 「어선법」 제5조의2제1항 단서에 따라 해양사고 발생 시 신속한 대응과 어선의

여기에서는 어선위치발신장치가 「전파법」에 따른 성능과 기준 등을 갖추도록 하고 있는 것과 관련해서 무선설비와는 어떠한 제도적 차이를 보이고 있는 지에 대해 살펴보고자 한다. 이와 관련해서는 다음의 {참고 3-3}과 같다.

{참고 3-3} 어선위치발신장치의 개요

구분(관련 기준)	주요내용
Ⅰ. 정의 및 장치의 종류 (「어선설비기준」 제191조 제1항)	1. 「어선법」제5조의2제1항에 따른 어선의 위치를 자동으로 발신하는 기능을 가진 장치로서 다음에 해당하는 장치를 말한다.[37] 가. 협약에 따른 선박자동식별장치 나. 연안선박용 선박자동식별장치 다. 초단파대 무선설비(VHF) 라. 중단파대 및 단파대 무선설비(MF/HF) 마. 휴대전화장치 바. 위성통신장치 사. 주파수공용통신용 무선설비(TRS) 아. 그 밖의 「어선설비기준」 제191조제2항의 기술요건에 적합한 설비
Ⅱ. 설치 대상어선 (「어선법 시행규칙」 제42조의2 제1항 및 제2항)	1. 「어선법」 제2조제1호가목 또는 나목에 해당하는 어선(다만, 「내수면어업법」에 따른 어업에 종사하는 어선 및 내수면에서 시험 · 조사 · 지도 · 단속에 종사하는 어선은 제외)으로 다음에 해당하는 선박 가. 어업, 어획물운반업 또는 수산물가공업(이하 "수산업"이라 한다)에 종사하는 선박 나. 수산업에 관한 시험 · 조사 · 지도 · 단속 또는 교습에 종사하는 선박
	2. 위의 Ⅱ. 1에도 불구하고 이 법 제2조제1호가목 또는 나목에 해당하는 어선(배의 길이가 45미터 이상인 어선과 「낚시 관리 및 육성법」에 따른 낚시어선으로서 총톤수가 2톤 이상이며 최대승선인원이 13명 이상인 낚시어선은 제외한다)은 다음의 구분에 따른 기한까지 위의 Ⅱ. 1에 따른 어선으로 보지 아니한다. 가. 총톤수가 5톤 이상인 어선: 2013년 12월 31일까지 나. 총톤수가 2톤 이상 5톤 미만인 어선: 2014년 12월 31일까지 다. 총톤수가 1톤 이상 2톤 미만인 어선: 2015년 12월 31일까지 라. 총톤수 1톤 미만인 어선: 2016년 12월 31일까지

출항 · 입항 신고 자동화 등을 위하여 필요한 기준을 정함을 목적으로 하고 있는 「선박패스(V-Pass) 장치의 설치기준 및 운영 등에 관한 고시」(국민안전처고시)를 말한다.

37) 어선위치발신장치는 「어선설비기준」 제191조제1항에서 규정하고 있는 장치 중 어선의 위치를 자동으로 발신하는 기능을 가진 것에 한해서 인정하고 있다. 하지만 현재 국내에서는 선박자동식별장치(Automatic Identification System, AIS)이외 이 기능을 가진 장치를 두고 있지 못하므로 「어선법 시행규칙」 제42조의2에 따라 어선위치발신장치를 설치하여야 하는 국내항해 또는 조업에 사용하는 어선에는 AIS만을 설치하고 있는 실정이다. 다만, 「어선법」 제5조의2제1항 단서에 따른 「선박패스(V-Pass) 장치의 설치기준 및 운영 등에 관한 고시」 제3조제1항에 따른 어선(「원양산업발전법」 제6조제1항에 따른 원양어업에 종사하는 어선은 제외)에 "선박패스(V-Pass) 장치"를 설치한 경우에는 이를

구분(관련 기준)	주요내용
Ⅲ. 무선설비와의 비교 · 검토	1. 어선위치발신장치는 「어선법」 제5조제1항에 따른 무선설비와 동일하게 「전파법」에 따른 성능과 기준을 맞추도록 규정하고 있다(「어선설비기준」 제191조제2항제3호).
	2. 반면, 「어선법」 제5조제1항에 해당하는 무선설비는 「어선설비기준」 제349조 전단에 따른 [별표 33] 및 「총톤수 10톤 미만 소형어선의 구조 및 설비기준」 제72조제1항에 따른 무선설비 이외 「SOLAS협약」에 따른 세계 해상조난 및 안전제도의 시행에 필요한 무선설비로 제한하고 있으며, 여기에는 어선위치발신장치를 포함하고 있지 않다. 다시 말해서 어선위치발신장치는 이 법 제5조의2에서 별도로 규정하고 있다.
	3. 다시 말해서 「어선법」에서는 어선위치발신장치를 무선설비로 간주하고 있지 않으며, 단지 어선의 위치를 자동으로 발신하는 기능적 측면만을 규정하고 있는 것으로 위의 Ⅰ. 1에서 언급하고 있는 장치 중 이 기능을 갖춘 장치를 어선위치발신장치로 인정하고 있는 것에 불과하다. 한편, 어선위치발신장치의 한 종류인 자동식별장치(AIS)를 「어선설비기준」 제188조에서는 항해용구로 규정하고 있다.
	4. 따라서 어선위치발신장치 설치대상 어선이 이를 갖추지 아니하고 어선을 항행 또는 조업에 사용한 경우에는 「어선법」 제5조제1항의 규정을 위반한 행위로 볼 수 없으므로 이 법 제44조제1항제2호의 벌칙 규정을 적용받지 않는 것으로 보아야 할 것이다.
Ⅳ. 운영과 관련한 조치	어선위치발신장치의 운용과 관련한 조치로는 「어선법」 제53조제1항제1호에 따라 정당한 사유 없이 제5조의2를 위반하여 어선위치발신장치를 작동하지 아니하거나 어선위치발신장치의 고장 또는 분실 신고를 하지 아니한 자에게는 100만원 이하의 과태료를 부과하도록 규정하고 있는 것이 전부이다.
Ⅴ. 기타 검토사항	이 장 각주 37번에서 언급한 바와 같이 「선박패스(V-Pass) 장치의 설치기준 및 운영 등에 관한 고시」 제2조제2호에서는 어선위치발신장치의 일종인 선박패스(V-Pass)를 897㎒대역의 주파수를 사용하는 무선설비로 규정하고 있다. 하지만 어선에 설치해야 하는 무선설비에 대한 규정은 「어선법」 제5조에서 명확히 규정하고 있으며, 또한 어선위치발신장치와 관련해서는 제5조의2에서 별도 규정하고 있으므로 어선위치발신장치의 일종인 선박패스(V-Pass)를 무선설비로 취급하기 어려울 것으로 보인다. 즉 이와 관련한 내용도 위의 'Ⅲ. 3의 전단 및 4'에서 언급한 내용과 동일하다.

어선위치발신장치로 인정하고 있다. 여기에서의 "선박패스(V-Pass) 장치"라 함은 「어선법」 제5조의2 제1항 단서에 따라 해양사고 발생 시 신속한 대응을 위해 어선의 위치 및 긴급구조신호를 발신하며, 「선박안전조업규칙」 제15조에 따른 어선의 출항 · 입항 신고를 자동으로 처리할 수 있는 장치로서 897㎒대역의 주파수를 사용하는 무선설비를 말한다(「선박패스(V-Pass) 장치의 설치기준 및 운영 등에 관한 고시」 제2조제2호).

Ⅲ. 어선 명칭등의 표시 또는 어선번호판 은폐 · 변경 · 제거 위반사범

제44조(벌칙) ① 다음 각 호의 어느 하나에 해당하는 자는 1년 이하의 징역 또는 1천 만원 이하의 벌금에 처한다.
3. 제16조에 따른 어선 명칭등의 표시 또는 어선번호판을 은폐 · 변경 또는 제거하고 어선을 항행 또는 조업에 사용한 자

어선의 소유자는 총톤수 크기 등에 따라 「어선법」 제13조제3항에 따른 선박국적증서, 선적증서 또는 등록필증(이하 "선박국적증서등"이라 한다)[38]을 발급받은 경우에는 해양수산부령으로 정하는 바에 따라 지체 없이 그 어선에 어선의 명칭, 선적항, 총톤수 및 흘수(吃水)의 치수 등(이하 "명칭등"이라 한다)을 표시하고 어선번호판을 붙여야 한다(법 제16조제1항, 어선 유형 및 총톤수별 선박국적증서등의 종류는 이 장 각주 1번 참조).

또한 어선의 소유자는 이 법 제16조제1항에 따른 명칭등을 표시하고 어선번호판을 붙인 후가 아니면 그 어선을 항행하거나 조업 목적으로 사용하는 것을 금하고 있다 (법 제16조제3항).

이와 관련해서 먼저 이 법 제16조제1항 및 같은 법 제24조제1항에 따라 어선에 표시하여야 할 사항과 그 표시방법은 다음과 같다.

i) 선수양현의 외부에 어선명칭을, 선미외부의 잘 보이는 곳에 어선명칭 및 선적항을 10센티미터 크기 이상의 한글(아라비아숫자를 포함한다)로 명료하고 내구력 있는 방법으로 표시하여야 한다([그림 3-4] 참조)(다만, 어선의 식별을 효과적으로 하기 위하여 해양수산부장관이 필요하다고 인정하는 경우에는 어업별로 어선명칭의 크기, 표시방법 등에 관하여 따로 정할 수 있다)(제1호).[39]

---

38) 「어선법」 제15조(선박국적증서등의 비치) 어선의 소유자는 어선을 항행하거나 조업 목적으로 사용할 경우에는 제13조제3항 각 호에 따른 선박국적증서, 선적증서 또는 등록필증(이하 "선박국적증서등"이라 한다)을 어선에 갖추어 두어야 한다.

39) 여기에서의 단서 규정과 관련해서는 「어선법 시행규칙」 제24조제1항제1호 단서에 따라 업종별 어선

어선의 명칭 표시 위치(선수양현의 외부) 어선의 명칭 및 선적항 표시 위치(선미외부)

출처: 구글검색사이트(Google), http://www.google.co.kr

[그림 3-4] 어선의 명칭 및 선적항 표시 위치

ii) 배의 길이 24미터 이상의 어선은 선수와 선미의 외부 양 측면에 흘수를 표시하기 위하여 선저로부터 최대흘수선상에 이르기까지 20센티미터마다 10센티미터 크기의 아라비아숫자로서 흘수의 치수를 표시하되, 숫자의 하단은 그 숫자가 표시하는 흘수선과 일치시켜야 한다(제2호)([그림 3-5] 참조).

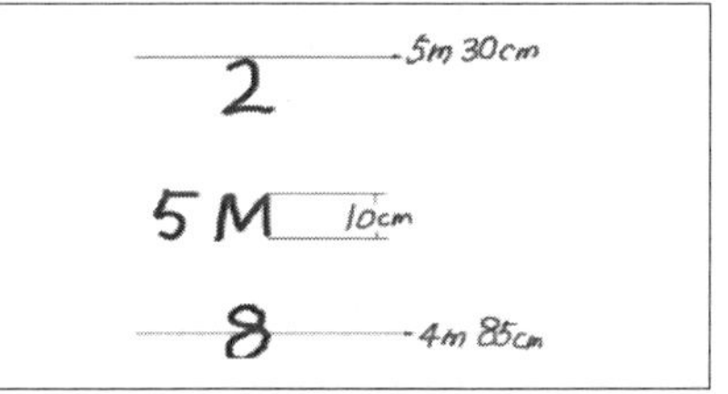

흘수 표시 형태(선수 · 선미의 외부 양측면) 흘수 표시 형태(예시)

출처: 구글검색사이트(Google), http://www.google.co.kr

[그림 3-5] 흘수 표시의 형태(예시)

다만, 특수한 구조로 인하여 어선명칭등 어선의 표시사항을 위의 i)~ii)에 따라 표시하기 곤란한 어선의 경우에는 같은 법 시행규칙 제24조제2항에 따라 해양수산부장관이 적절하다고 인정하는 장소에 이를 표시할 수 있다.

다음으로 어선번호판의 제작과 부착 등에 필요한 사항은 이 법 제16조제2항 및 같은 법 시행규칙 제25조를 따르도록 하고 있으며 다음과 같이 규정하고 있다([그

명칭의 크기 및 표시방법 등에 관한 사항을 규정함을 목적으로 하고 있는 「어선명칭의 크기 및 표시방법 등에 관한 고시」를 따른다. 또한 이에 해당하는 적용대상 어선은 이 고시 제2조제1호 및 제2호에 따른 i) 대형기선저인망어업에 사용하는 어선, ii) 대형트롤어업에 사용하는 어선으로 제한하고 있다.

림 3-6] 참조).[40)]

i) 어선번호판은 알루미늄 또는 동판의 금속재이거나 합성수지재의 내부식성 재료로 제작하여야 하며, 그 규격은 가로 15센티미터, 세로 3센티미터로 한다(시행규칙 제25조제1항).

ii) 어선의 소유자는 위 i)의 규격에 따라 제작된 어선번호판을 조타실 또는 기관실의 출입구등 어선 안쪽부분의 잘 보이는 장소에 내구력 있는 방법으로 부착하여야 한다. 다만, 「수산업법 시행령」 제47조[41)]에 따라 어선표지판을 설치하는 어선에 대하여는 어선번호판 부착을 면제하고 있다(시행규칙 제25조제2항).[42)]

---

40) 「어선법 시행규칙」 제21조(등록의 신청등) ③ 시장 · 군수 · 구청장은 어선의 등록을 한 때에는 법 제13조제3항에 따른 어선규모에 따라 제33조에 따른 선박국적증서 · 선적증서 또는 등록필증(이하 "선박국적증서등"이라 한다)을 신청인에게 발급함과 동시에 별표 1에 따른 어선번호부여방법에 따라 어선번호를 부여하여 어선번호판을 제작하도록 하여야 한다. 참고로 어선에 대한 등록번호는 이 규칙 제21조제3항과 관련한 [별표 1] 제1호에 따라 등록연월 4자리수, 일련번호 3자리수, 등록기관별 분류번호 6자리수 및 오류검색번호 1자리수를 차례로 연결하여 총 14자리 수로 구성하고 있다.

41) 「수산업법 시행령」 제47조(표지의 설치) ① 법 제69조제1항에 따라 어장 등의 표지 설치명령을 받은 어업자는 그 명령을 받은 날부터 30일 이내에 어장의 기점, 어장구역 및 어선 · 어구를 식별할 수 있는 표지를 설치하여야 한다.

② 제1항에 따른 표지 중 어장의 기점 및 어장구역에 관한 표지의 규격 · 형태 · 설치방법은 해양수산부령으로 정하고, 어선 및 어구에 관한 표지의 규격 · 형태 · 설치방법은 해양수산부장관이 정하여 고시한다.

42) 어선번호판 부착 면제 대상어선의 신설과 관련한 「어선법 시행규칙」 제25조제2항 단서 규정은 국민권익위원회의 권고사항(권고번호: 민원제도개선 2009-12호, 2009.4.20.)에 따른 것으로 「수산업법」상 "어선표지판"과「어선법」상 "어선번호판" 부착의무가 중복되어 영세 어업인들에게 경제적 부담과 불편을 초래하는 문제점을 개선하기 위한 것이다. 참고로 「수산업법 시행령」제47조(표지의 설치)제2항에 따라 어선 및 어구에 관한 표지의 규격 · 형태 · 설치방법은 해양수산부장관고시인 「어선표지판 규격 및 부착요령」에서 규정하고 있으며, 뒤에서 언급하고 있는 [그림 3-6] 우측 그림은 이 요령 제3조제1항에 따른 C형을 나타낸 것이다.

「어선표지판 규격 및 부착요령」 제3조(어선표지판의 종류 및 규격) ① 어선표지판(이하 "표지판"이라 한다)은 어선의 규모(총톤수를 말한다)에 따라 다음 4종류로 구분한다.

종 류	어선의 규모	표지판의 규격
A형	30톤 이상 동력어선	별표 1
B형	5톤 이상 30톤 미만의 동력어선	별표 2
C형	1톤 이상 5톤 미만의 동력어선	별표 3
D형	1톤 미만 동력어선과 1톤 이상 무동력어선	별표 4

② 표지판의 재질은 1.0mm 이상의 알미늄판 또는 동판, 7.0mm 이상의 FRP판 또는 특수 합성수지판을 사용하여야 한다.

어선번호판의 형태(조타실 내 설치 예)　　어선표지판의 형태(C형)(조타실 출입구 설치 예)

출처: 구글검색사이트(Google), http://www.google.co.kr

[그림 3-6] 어선번호판 및 어선표지판의 형태

이에 따라 이 법 제44조제1항제3호에서는 제16조에 따른 어선 명칭등의 표시 또는 어선번호판을 은폐 · 변경 또는 제거하고 어선을 항행 또는 조업에 사용한 자를 처벌할 수 있도록 하고 있다.

한편, 여기에서의 은폐 · 변경 또는 제거에 대한 의미는 앞서 언급한 바와 같이 다음과 같다.[43]

i) 은폐(隱蔽): 덮어 감추거나 가리어 숨김

ii) 변경(變更): 다르게 바꾸어 새롭게 고침

iii) 제거(除去): 덜어내어 없애 버림 또는 기록되어 있는 사실 따위를 지워서 아주 없애 버림

참고로 이 법 제53조제1항제3호에서는 제16조제1항을 위반하여 어선의 명칭 등을 표시하지 아니하거나 어선번호판을 붙이지 아니한 자에게는 100만원 이하의 과태료를 부과하고 있다.

43) 이희승, 앞의 책, 1182, 1565, 2969, 3404면 재인용.

Ⅳ. 검사미필 어선 사용 위반사범

제44조(벌칙) ① 다음 각 호의 어느 하나에 해당하는 자는 1년 이하의 징역 또는 1천 만원 이하의 벌금에 처한다.
4. 제21조에 따른 어선검사를 받지 아니하고 어선을 항행 또는 조업에 사용한 자

「어선법」 제21조제1항에서는 어선검사의 종류를 정기검사 · 중간검사 · 특별검사 · 임시검사 · 임시항해검사로 구분하여 규정하고 있으며, 이에 추가하여 이 법 같은 조 제2항에서는 「전파법」에서 정하는 바에 따라 무선설비 검사를 받도록 하고 있다.

이에 따라 어선의 소유자는 어선을 항행 또는 조업에 사용하고자 할 경우, 이 법 제3조에 따른 어선의 설비[44](길이 24미터 이상의 경우에는 제4조에 따른 만재흘수선의 표시를 포함한다)에 관하여 해양수산부령으로 정하는 바에 따라 대행검사기관의 검사를 받아야 한다. 따라서 검사종류별로 요구하고 있는 조건을 만족하는 검사를 받지 아니하고, 어선을 항행 또는 조업에 사용한 경우에는 처벌을 받을 수 있도록 규정하고 있다.

이에 따라 여기에서는 어선검사를 받지 아니하고 어선을 항행 또는 조업에 사용한 자의 위법행위에 대한 사실 관계를 이와 관련한 법령 및 행정규칙 등을 통해 살펴보고자 한다.

참고로 이 법 제44조제1항제4호의 벌칙 규정은 어선검사를 받지 아니하고 어선을 항행 또는 조업에 사용한 자에 적용되며, 단지 어선검사를 받지 아니한 경우로 어선을 항행 또는 조업에 사용하지 않고 정박, 계류 등의 상태를 유지하고 있는 경우에는 과태료 부과 대상이 된다.[45]

---

44) 「어선법」 제3조(어선의 설비) 어선은 해양수산부장관이 정하여 고시하는 기준에 따라 다음 각 호에 따른 설비의 전부 또는 일부를 갖추어야 한다. 1. 선체, 2. 기관, 3. 배수설비, 4. 돛대, 5. 조타 · 계선 · 양묘설비, 6. 전기설비, 7. 어로 · 하역설비, 8. 구명 · 소방설비, 9. 거주 · 위생설비, 10. 냉동 · 냉장 및 수산물처리가공설비, 11. 항해설비, 12. 그 밖에 해양수산부령으로 정하는 설비

45) 「어선법」 제53조(과태료) ① 다음 각 호의 어느 하나에 해당하는 자에게는 100만원 이하의 과태료를 부과한다.

1. 어선검사의 종류별 세부집행 내용

가. 정기검사

어선의 정기검사는 최초로 항행의 목적에 사용하는 때[46] 또는 「어선법」 제28조제1항에 따른 어선검사증서의 유효기간이 만료된 때 행하는 정밀검사로 이 법 제21조제1항제1호에서 규정하고 있다. 이에 따라 정기검사를 받으려는 어선소유자는 같은 법 시행규칙 제43조제1항[47] 및 제2항[48]에 따라 [별지 제40호서식]의 어선검사신청서에 해당하는 서류를 첨부하여 대행검사기관에 제출하여야 한다.[49]

또한 이와 함께 어선소유자는 같은 법 시행규칙 제55조제1항제1호와 관련한 [별표 8]의 정기검사 준비를 하여야 하며, 그 밖에 같은 조 제2항 및 제3항에 따른 [별표

---

7. 정당한 사유 없이 제21조제1항에 따른 어선검사를 받지 아니한 자

46) 「어선법」에서는 "최초의 항행의 목적에 사용하는 때" 받는 검사를 최초의 정기검사라 칭하며, 이는 같은 법 시행규칙 [별지 제40호서식]의 어선검사신청서상의 검사종류에 나타나 있다. 한편, 최초의 정기검사는 건조검사와 동시에 신청하는 것이 일반적이다.

47) 「어선법 시행규칙」 제43조(정기검사) ① 법 제21조제1항제1호에 따라 최초로 항행에 사용하는 어선에 대하여 정기검사를 받으려는 어선소유자는 별지 제40호서식의 어선검사신청서에 다음 각 호의 서류를 첨부하여 해양수산부장관에게 제출하여야 한다. 이 경우 제50조에 따른 건조검사 및 제53조제1항에 따른 별도건조검사 신청 시에 첨부한 서류는 첨부하지 아니하되, 제3호부터 제5호까지의 서류는 해당하는 경우에만 첨부한다.

1. 법 제27조제1항제4호에 따른 건조검사증서 또는 제53조제3항에 따른 별도건조검사증서(건조검사 또는 별도건조검사를 정기검사와 동시에 실시하는 경우에는 생략한다)
2. 정기검사 관련 승인도면(도면을 승인한 대행검사기관에 신청하는 경우에는 생략한다)
3. 법 제27조제1항제5호에 따른 어선용품의 예비검사증서
4. 법 제27조제1항제6호에 따른 어선용품의 검정증서
5. 법 제27조제1항제7호에 따른 어선용품의 건조·제조확인증 또는 정비확인증

48) 「어선법 시행규칙」 제43조(정기검사) ② 법 제21조제1항제1호에 따라 어선검사증서의 유효기간이 끝나는 어선에 대하여 정기검사를 받으려는 어선소유자는 해당 증서의 유효기간이 끝나기 전에 별지 제40호서식의 어선검사신청서에 다음 각 호의 서류를 첨부하여 해양수산부장관에게 제출하여야 한다. 다만, 제2호부터 제4호까지의 서류는 해당되는 경우에만 첨부한다.

1. 법 제27조제1항제1호에 따른 어선검사증서
2. 법 제27조제1항제5호에 따른 어선용품의 예비검사증서
3. 법 제27조제1항제6호에 따른 어선용품의 검정증서
4. 법 제27조제1항제7호에 따른 어선용품의 건조·제조확인증 또는 정비확인증

49) 「어선법 시행규칙」 제56조제6항 관련 [별표 16](검사준비 및 세류제출의 완화 등) 제4호가목에 따라 어선검사신청 시 제출하는 어선검사증서는 어선이 항행 중이거나 부득이한 사유로 제출할 수 없는 경우 해당 검사 착수 전까지 제출할 수 있도록 하고 있다.

14]의 선체두께 측정 준비를 하도록 규정하고 있다.[50)]

한편, 어선의 선체두께 측정검사와 관련해서는 이 법 제37조제2항 및 같은 법 시행규칙 제55조제2항에 따라 「선박안전법」 제14조제2항을 따르도록 하고 있으므로 이와 관련한 업무는 앞서 언급한 '제2장 제2절 Ⅱ. 8. 나. 선체두께측정대행업무 위반사범'을 참조하고 별도의 설명을 생략하기로 한다.

이에 따라 대행검사기관은 이 법 제3조에 따른 설비와 제4조에 따른 만재흘수선의 표시(길이 24미터 이상의 어선에 한함)에 대하여 검사를 하여야 하며, 정기검사에 합격한 어선에 대하여 이 법 제27조제1항제1호 및 같은 법 시행규칙 제63조제1항제1호에 해당하는 [별지 제61호서식](배의 길이 24미터 미만인 어선) 및 [별지 제62호서식](배의 길이 24미터 이상인 어선)의 어선검사증서를 발급해야 한다.[51)]

그리고 어선검사증서를 발급 할 경우에는 같은 법 시행규칙 제43조제4항에 따라 어선검사증서의 뒤쪽에 차기 검사기준일과 검사종류 등을 적도록 하고 있다.

여기에서 검사기관은 검사를 집행한 대행검사기관의 해당 부서를 기입하고 관인으로 표시한다. 또한 해당 검사종류별로 발급하고 있는 검사증서는 「선박안전법」 적용대상과 동일하게 대행검사기관 소속 검사원이 현장에서 직접 발급할 수 있도록 하고 있다.[52)]

참고로 어선검사증서 [별지 제61호서식] 및 [별지 제62호서식] 뒤쪽에 기입하는 검사기록 항목은 다음의 [그림 3-7]과 같다.

---

50) 「어선법 시행규칙」 제55조(검사의 준비 등) ② 법 제37조제2항에 따라 준용하는 「선박안전법」 제14조제2항에 따른 선체두께의 측정은 강선으로서 배의 길이 24미터 이상인 어선에 대하여 다음 각 호의 구분에 따라 측정한다.
   1. 선령 10년 이상 30년 미만인 경우: 정기검사 시에 측정
   2. 선령 30년 이상인 경우: 정기검사 시와 제1종 중간검사 시에 각각 측정
   ③ 제2항에 따른 선체두께 측정범위 및 측정방법 등은 [별표 14]와 같다.

51) 「어선법 시행규칙」 제63조(검사증서의 서식 등) ① 법 제27조제1항에 따른 검사증서, 검정증서, 건조 · 제조 · 정비확인증 등의 서식은 다음 각 호와 같다.
   1. 법 제27조제1항제1호에 따른 어선검사증서
      가. 배의 길이 24미터 미만인 어선: 별지 제61호서식
      나. 배의 길이 24미터 이상인 어선: 별지 제62호서식

52) 어선검사증서, 특별검사증서, 임시항행검사증서, 건조(별도건조)검사증서, 예비검사증서, 제한하중등 확인서, 어선총톤수측정증명서 등(이하 "어선검사증서등"이라 한다)은 검사원이 검사현장에서 직접 발급할 수 있도록 하고 있다(선박안전기술공단의 「어선검사지침」 1.6.6).

210mm×297mm[보존용지(1종) 220g/㎡]
(뒤쪽)

<table>
<tr><th colspan="6">검 사 기 록
Survey Records</th></tr>
<tr><th colspan="3">차 기 검 사
Next Survey</th><th rowspan="2">검사완료일
Date of Survey</th><th rowspan="2">선박검사원의 성명
Name of surveyor</th><th rowspan="2">검사기관(인)
Survey Organization</th></tr>
<tr><th>검사기준일
Anniversary Date</th><th>검사종류
Kind of survey</th><th>검사사항
Survey Items</th></tr>
<tr><td></td><td></td><td></td><td></td><td></td><td></td></tr>
<tr><td></td><td></td><td></td><td></td><td></td><td></td></tr>
</table>

[그림 3-7] 어선검사증서 뒤쪽 검사기록 항목

나. 중간검사

어선의 중간검사는 정기검사와 다음의 정기검사와의 사이에 행하는 간단한 검사로 이 법 제21조제1항제2호에서 규정하고 있다.

중간검사는 같은 법 시행규칙 제44조제1항에 따라 제1종 중간검사와 제2종 중간검사로 구분하고 있으며, 어선의 규모에 따라 받아야 하는 중간검사와 그 검사 시기를 정리하면 다음의 〈표 3-9〉와 같다. 다만, 같은 법 시행규칙 제44조제1항 단서에 따라 총톤수 2톤 미만인 어선은 중간검사를 면제하고 있다.

〈표 3-9〉 어선의 규모별 중간검사 종류 및 검사 시기

<table>
<tr><th colspan="2">구 분</th><th>종 류</th><th>검사 시기</th></tr>
<tr><td colspan="2">1. 배의 길이가 24미터 미만인 어선[53]</td><td>제1종 중간검사</td><td>정기검사 후 두 번째 검사기준일[54] 전 3개월부터 세 번째 검사기준일 후 3개월까지의 기간 이내에 받을 것</td></tr>
<tr><td rowspan="3">2. 배의 길이가 24미터 이상인 어선</td><td>가. 선령이 5년 미만인 어선</td><td>제1종 중간검사</td><td>정기검사 후 두 번째 검사기준일 전 3개월부터 세 번째 검사기준일 후 3개월까지의 기간 이내에 받을 것
* 배의 길이가 24미터 이상인 어선 중 선령이 5년 미만인 어선에 대해서 제2종 중간검사 면제</td></tr>
<tr><td rowspan="2">나. 선령이 5년 이상인 어선[55]</td><td>제1종 중간검사</td><td>정기검사 후 두 번째 검사기준일 전후 3개월 이내 또는 세 번째 검사기준일 전후 3개월 이내의 기간 중 하나를 선택하여 그 기간 이내에 받을 것. 다만, 선저검사(어선의 밑부분에 대한 검사를 말한다. 이하 같다)는 지난 번 선저검사일부터 3년을 초과해서는 아니 된다.</td></tr>
<tr><td>제2종 중간검사</td><td>정기검사 또는 제1종 중간검사를 받아야 하는 연도의 검사기준일을 제외한 검사기준일의 전후 3개월의 기간 이내에 받을 것</td></tr>
</table>

한편, 중간검사 시기는 〈표 3-9〉에도 불구하고 같은 법 시행규칙 제44조제5항에 따라 어선소유자는 장기항해 등 부득이한 사유가 있는 경우에는 중간검사를 검사기준일보다 3개월 이상 앞당겨 받을 수 있다. 이 경우 해당 검사완료일부터 3개월이 지난날을 새로운 검사기준일로 한다.[56]

중간검사를 받으려는 어선소유자는 같은 법 시행규칙 제44조제2항에 따라 [별지 제40호서식]의 어선검사신청서에 같은 법 시행규칙 제43조제2항에 해당하는 서류를 첨부하여 대행검사기관에 제출하여야 한다. 또한 이와 함께 어선소유자는 같은 법 시행규칙 제55조제1항제2호와 관련한 [별표 9]의 중간검사 준비를 하여야 한다.

뿐만 아니라 앞서 언급한 어선의 정기검사와 동일하게 어선 선령이 30년 이상인 경우에는 제1종 중간검사 시에도 선체두께 측정 준비를 하도록 규정하고 있다.

이에 따라 대행검사기관은 같은 법 시행규칙 제44조제3항에 따라 검사를 하여야 하며,[57] 중간검사에 합격한 어선에 대해서는 같은 조 제4항에 따라 정기검사 완료 이후 발급된 어선검사증서 뒤쪽에 정기검사와 마찬가지로 차기 검사기준일과 검사종류 등을 적은 후 교부하여야 한다.

다. 특별검사

어선의 특별검사는 해양수산부령으로 정하는 바에 따라 임시로 특수한 용도에 사용하는 때 행하는 간단한 검사로 이 법 제21조제1항제3호에서 규정하고 있다. 또한 같은 법 시행규칙 제46조제1항에서는 어선소유자가 특별검사를 받아야 하는 경우는

53) 해당 어선의 검사 시기와 관련한 내용은 제2장 각주 193번 참조.

54) "검사기준일"이란 어선검사증서의 유효기간 시작일부터 해마다 1년이 되는 날을 말한다(「어선법 시행규칙」 제2조제8호).

55) 해당 어선의 검사 시기와 관련한 내용은 제2장 각주 194번 참조.

56) 해당 어선의 검사 시기와 관련한 내용은 제2장 각주 195번 참조.

57) 「어선법 시행규칙」 제44조(중간검사) ③ 해양수산부장관은 제2항에 따른 신청이 있는 때에는 다음 각 호의 사항에 대하여 검사한다.

1. 제1종 중간검사: 법 제3조제1호부터 제3호까지, 제5호, 제6호, 제8호부터 제11호까지의 설비와 법 제4조에 따른 만재흘수선의 표시
2. 제2종 중간검사: 법 제3조제1호(선체의 내부구조로 한정한다), 제2호(선체 내부의 추진설비로 한정한다), 제3호, 제5호(선체 내부의 조타설비로 한정한다), 제8호, 제9호, 제11호의 설비

이 법 제2조제1호가목 및 나목에 해당하는 어선 외의 용도로 사용하려는 경우로서 해양수산부장관이 인정하는 경우로 규정하고 있다.

한편, 특별검사를 받으려는 어선소유자는 같은 법 시행규칙 제46조제2항에 따라 [별지 제40호서식]의 어선검사신청서에 어선검사증서 및 특별검사와 관련되는 서류를 첨부하여 대행검사기관에 제출하여야 한다.[58] 또한 이와 함께 어선소유자는 같은 법 시행규칙 제55조제1항제3호와 관련한 [별표 8]의 정기검사 준비사항 중 해당 설비의 검사준비를 하여야 한다.[59] 이 경우 대행검사기관은 특별검사에 합격한 어

58) 참고로 대행검사기관에서는 특별검사와 관련해서 다음과 같이 업무를 처리하도록 규정하고 있다. i) 특별검사는 「어선법 시행규칙」에 따른 법 제2조제1호가목 및 나목 외의 용도로 사용하려는 경우로서, 정부(지방자치단체를 포함한다. 이하 같다.) 또는 공공기관의 사업지침 또는 발주한 용역계약서에 어선을 활용토록 되어 있는 경우로 한정하여 실시한다. 다만, 사업발주자인 정부 또는 공공기관의 협조요청 공문이 있는 경우에는 이를 근거로 실시할 수 있다. ii) 유효기간은 검사증서유효기간 이내에서 그 용도에 따라 기간을 정하되 필요한 최소기간으로 한다. iii) 특별검사 집행과 관련하여 어선검사증서상 최대승선인원 이내에서 어선원 또는 어선원 외의 사람의 수만을 변경하고자 하는 경우에는 현장임검을 생략하고 특별검사보고서를 작성한다. 다만, 어선설비기준에 따른 해당 설비의 변경이 없고 복원성(「어선복원성 및 만재흘수선기준」 제1편 제3조의 적용대상 어선에 한정한다)에 영향을 미치지 아니하는 경우로 한정한다. iv) 어선특별검사증서상 “항해와 관련한 조건”란에는 어선원 외에 사람에 대한 용도를 명확히 기재하여야 한다(예, 어선원 외의 사람은 해양수산부에서 발주한 “국가어항 수리현상 조사용역” 사업의 조사원으로 한정함)(선박안전기술공단의 「어선검사지침」 2.6.1 내지 2.6.3). 한편, 앞서 언급한 바와 같이 「선박안전법」 제60조제4항에서는 공단 및 선급법인이 검사등업무의 대행을 하는 때에는 대행과 관련된 자체검사규정을 제정(선박안전기술공단의 「선박검사지침」, 한국선급의 「한국정부대행검사지침」)하여 해양수산부장관의 승인을 얻도록 하고 있으며, 이는 어선에도 동일하게 적용된다. 이와 관련한 것으로는 「어선법」 제41조에 따른 검사 등 업무를 대행하는 기관(선박안전기술공단 또는 선급법인)이 행하는 업무의 처리방법 등에 대하여는「어선법 시행규칙」 제74조제4항에 따라 해양수산부장관이 이를 따로 정하도록 있다. 이에 따라 대행검사기관에서는 해양수산부의 승인을 얻어 어선검사 등과 관련한 별도의 검사지침을 각각 운영하고 있으며, 선박안전기술공단의 「어선검사지침」, 한국선급의 「한국정부대행검사지침」이 이해 해당한다(제2장 각주 62번 참조.).

59) 어선소유자가 어선을 「어선법」 제2조제1호가목 및 나목에 해당하는 어선 외의 용도로 사용하려는 경우에는 특별검사와 관련한 준비사항 이외 「유선 및 도선 사업법」 제2조제2호에 따른 도선사업(渡船事業) 면허를 받아야 하는 대상인지에 대한 사전 확인과정이 필요하다. 우선 결론부터 언급하면, 특별검사를 받은 어선의 소유자가 직접 현장에서 해당 어선을 건설현장 작업선으로 이용하는 등 어선 외의 용도로 사용하고자 하는 경우이거나, 어선소유자가 선장 등을 고용하여 해당 어선을 마찬가지로 어선 외의 용도로 사용하고자 하는 경우에는 이를 영리목적의 영업행위로 간주하여 즉 도선사업의 행위로 보아 관련 면허를 받도록 하고 있다. 반면, 특정 어선을 임차한 자가 직접 선주 등을 고용한 후 해당 어선을 어선 외의 용도로 사용하려는 경우(예, 건설주가 직접 어선을 임차한 후 선장

선에 대하여 이 법 제27조제1항2호 및 같은 법 시행규칙 제63조제1항제2호에 따른 [별지 제63호서식]의 어선특별검사증서를 발급해야 한다.

이와 관련해서 좀 더 자세히 살펴보면, 어선은 「어선법」 제2조제1호가목 및 나목에 정의된 용도 이외 「선박안전법」 등 다른 개별법의 적용을 받고 있는 선박용도로는 사용을 금하고 있다.

또한 어선을 어업행위에 사용하는 경우 「조세특례제한법」 등 관련 법률[60]에 따라 어선소유자는 면세유를 공급받게 되며, 이 면세유를 어업행위 이외 다른 용도로 사용한 경우에는 위법행위로 간주하여 「조세범 처벌법」에 따라 처벌하고 있다.[61]

이와 같이 어선은 「어선법」 제2조제1호가목 및 나목에서 정의하고 있는 용도로 사용할 것을 제한하고 있다.

하지만 관련 규정에 따라 특별검사를 받은 때에는 어선 외의 다른 용도로 사용하려는 것을 허용하고 있으며, 이 경우 특별검사에 합격한 어선에 대하여 대행검사기관에서는 그 결과를 해당 어선의 등록관청(시장 · 군수 · 구청장) 및 수협중앙회(자재사

등을 공용하여 공사현장에 배치하는 경우)는 "영업"에 해당하지 않으므로 도선사업과 관련한 면허를 받지 않아도 되는 것으로 해석하고 있다. 이와 관련해서는 다음의 내용을 통해 확인해 보고자 한다. 최근 국민안전처에서는 일부 지방청에서 작성 · 보급 활용 중인 「공무수행을 위한 어선 및 선박의 임차요령」은 어선 · 선박 임차 시 유 · 도선 면허대상 적용여부 해석에 따라 무면허 영업행위에 해당될 수 있다는 입장을 보이고 있다(국민안전처 해상안전과-3372호, 2015.7.9. 공문 참조). 한편, 국민안전처에서 이러한 해석을 하게 된 배경은 다음과 같다. i) 종전 소방방재청에서는 「어선법」에 따라 특별검사를 받은(특별검사를 받지 않은 경우 포함) 어선의 경우 별도로 「유선 및 도선 사업법」에 따른 면허를 받아야 하는 지에 대해 「유선 및 도선 사업법」 및 「어선법」 등 각 법령 간 적용배제 규정 등 형식적 요건을 감안할 때, 「어선법」 제21조제1항제3호에 따라 특별검사(목적 외 특수용도 사용)를 받아 운항하는 선박(특별검사를 받지 않은 경우 포함)의 목적 · 형태 등이 「유선 및 도선 사업법」 제2조에 따른 유선 및 도선사업의 범주에 해당된다면 같은 법 제3조에 따른 면허(신고)를 받아야 할 것으로 해석하고 있다(종전 소방방재청 재난대비과-1914호, 2014.6.19. 공문 참조). ii) 총톤수 24톤 선박의 소유자가 준설공사 기간에 일정한 대가를 받고 육지와 해상의 준설선간에 준설공사 인부들을 운송하는 경우 「유선 및 도선 사업법」에 따른 도선(渡船)사업의 면허를 받아야 하는지에 대해 종전 소방방재청에서는 총톤수 24톤 선박의 소유자가 준설공사 기간에 일정한 대가를 받고 육지와 해상의 준설선간에 준설공사 인부들을 운송하는 경우, 「유선 및 도선 사업법」에 따른 도선사업의 면허를 받아야 하는 것으로 해석하고 있다(법제처, 법령해석(09-0612,, 2009.6.15., 도선사업의 범위), 2015.7.2. 방문. 〈http://www.law.go.kr〉). 반면, 이와 관련한 법령해석에 있어서는 상호 대립되는 의견을 보이고 있으며, 주요내용은 다음과 같다(종전 해양경찰청 해상안전과-4282호, 2014.8.30. 공문 참조).

업부)에 그 사실을 통보하도록 하고 있다.

이는 어선특별검사증서 상의 유효기간 동안 어선을 어업활동 이외 다른 용도로 사용하는 것과 관련해서 면세유 공급 제한 등의 적절한 조치를 취하기 위한 것이다.

<table>
<tr><th colspan="2">구 분</th><th>주요내용</th></tr>
<tr><td colspan="2">질의요지</td><td>방파제 및 항만배후단지 등 해상 건설공사 현장에 인부와 작업 장비 및 자재 등을 실어나르는 행위와 관련 선박 소유주가 건설업자와 선박임대차 계약을 맺고 선박을 대여한 사안에서

가. 선주가 선박 임대료로 월 일정금액을 받고 선장 고용 및 선박 관리와 선박 운항 등 전반적인 관리를 해주고 있는 경우 이를「유선 및 도선 사업법」제2조의 도선사업에 해당된다고 볼 수 있는지?
나. 선주는 선박을 대여해 주고 건설업자가 선장 고용 등 선박에 대한 전반적인 관리 및 운용을 하고 있다면 이 경우「유선 및 도선 사업법」제2조의 도선사업에 해당된다고 볼 수 있는지?
다. 나의 경우 도선사업에 해당하지 않는 다면 선주는「해운법」상 선박대여업 또는「항만운송사업법」상 항만용역업 등에 해당하는지?</td></tr>
<tr><td colspan="2">관련법령</td><td>가. 해석대상 법령조문
• 유선 및 도선 사업법 제2조(정의)
나. 관련 법령
• 해운법 제2조(정의), 제33조(사업의 등록), 시행규칙 제23조(해운중개업등의 등록 기준)
• 항만운송사업법 시행령 제2조(항만운송관련사업의 종류)</td></tr>
<tr><td rowspan="3">대립의견
(가항)</td><td>갑설</td><td>• 도선사업에 해당한다는 의견
– 유선 및 도선 사업법의 목적이 도선 등의 안전운항을 통한 공공의 안전을 도모함을 주된 목적으로 하고 있어 운송대상이 되는 곳이 해안이나 섬이 아니라 육지와 연결되지 않은 방파제 또는 항만배후단지라고 하더라도 바다목에 포함된다고 보아야 할 것임
– 따라서 일정한 대가를 받고 인부를 운송하는 행위는 임대차 계약의 형식을 빌고 있으나 실제로는 도선에 해당하므로 도선사업을 받아야 함</td></tr>
<tr><td>을설</td><td>• 도선사업에 해당하지 않는다는 의견
–「유선 및 도선 사업법」에서 도선사업이란 도선 및 도선장을 갖추고 내수면 또는 대통령령으로 정하는 바다목에서 사람을 운송하거나 사람과 물건을 운송하는 것을 영업으로 하는 것으로서「해운법」을 적용받지 아니하는 것을 말하며,
– 바다목이란 육지와 도서 간 및 도서와 도서 간의 거리가 비교적 가깝고 해운법에 따른 여객선이 운항되지 아니하는 해역이라고 명시하고 있어 육지와 연결되지 않은 해상방파제 또는 항만배후단지는 유선 및 도선 사업법에서 말하는 바다목이 아니므로 도선사업에 해당하지 않음</td></tr>
<tr><td>병설</td><td>• 항만용역업에 해당한다는 의견
– 해상 건설공사업체가 선박소유자와 선박 임대계약을 맺고, 선박소유자가 공사업체 인부와 장비, 자재 등을 방파제 공사장으로 실어 나르고 있는 경우 통상 항만운송사업법상 항만용역업(통선)에 등록된 선박을 이용하는 경우가 많으므로 항만용역업에 해당한다고 보아야 한다는 의견</td></tr>
<tr><td rowspan="2">대립의견
(나항)</td><td>갑설</td><td>도선사업에 해당하지 않으므로 별도 사업 등록이 필요치 않다는 의견</td></tr>
<tr><td>을설</td><td>도선사업에는 해당하지 않지만, 선주가 선박을 임대해 주고 임대료를 받는 행위는 일종의 영업행위로 해운법상 선박대여업에 해당된다는 의견</td></tr>
</table>

구 분		주요내용
종전 해양 경찰청 의견	질의가항	• 「유선 및 도선 사업법」 제2조제2호에 따른 "도선사업"이란 도선 및 도선장을 갖추고 내수면 또는 바다목에서 사람을 운송하거나 사람과 물건을 운송하는 것을 영업으로 하는 것으로, • 선주가 건설사업자로부터 선박 임대료 명목으로 월 일정금액을 받고 선장 고용 및 선박 관리와 선박 운항 등 육지와 해상 방파제 건설공사 현장에 인부와 장비 및 자재를 운송하는 행위는 영리목적으로 사람과 물건을 계속 · 반복적으로 운송하는 '영업형태'에 해당되어 도선사업의 행위로 판단되며, * 법제처 법령해석(09-0612, '09.6.15, 도선사업의 범위) 참조
	질의나항	• 선주는 선박을 대여해 주고 건설업자가 선주와 고용 등 선박 전반적인 관리 및 운용을 하고 있다면 일반적인 임대차와 유사한 것으로 보이는 바, 건설회사에서 선장을 고용하고 선박 전반에 대한 관리 및 운용을 하면서 육지와 해상 방파제 등 건설공사 현장에 필요한 작업인부(건설회사 직원)와 장비 및 자재를 직접 운송하는 경우 「유선 및 도선 사업법」 제2조에서 정의하는 '영업'의 범주로 볼 수 없으므로 도선사업의 행위로 볼 수 없다고 판단됨
	질의다항	• 「해운법」 제2조제7호에 따른 "선박대여업"이란 해상여객운송사업이나 해상화물운송사업을 경영하는 자 외의 자 본인이 소유하고 있는 선박(소유권을 이전받기로 하고 임차한 선박을 포함한다)을 다른 사람(외국인을 포함한다)에게 대여하는 사업을 말하는 것으로, • 이 법 제33조에 따라 선박대여업을 경영하려는 자는 해양수산부령이 정하는 바에 따라 해양수산부장관에게 등록하여야 하며, 같은 법 시행규칙 제23조에 따른 선박대여업 시설 및 경영형태 등록기준인 총톤수 20톤(부선은 100톤) 이상의 선박이 1척 이상 있을 것을 기준으로 하고 있음으로, 임차한 선박이 총톤수 20톤(부선은 100톤) 이상일 경우 선박대여업의 등록 대상임 • 「항만운송사업법」 제2조제4항 및 같은 법 시행령 제2조제1호에 따른 "항만용역업"은 통선으로 본선과 육지간의 연락을 중계하는 행위, 본선을 경비하는 행위나 본선의 이안 및 접안을 보조하기 위하여 줄잡이 역무를 제공하는 행위, 선박의 청소[유창(油艙)청소는 제외], 오물제거, 소독, 폐기물의 수집 · 운반, 화물 고정, 칠 등을 하는 행위, 선박에서 사용하는 맑은 물을 공급하는 행위이며, • 이 법 제2조제4항 및 같은 법 시행령 제2조제2호에 따른 "물품공급업"이란 선박운항에 필요한 물품 및 주식 · 부식을 공급하고 선박의 침구류 등을 세탁하는 사업으로 항만운송사업관련 항만용역업과 물품공급업은 육지와 해상 방파제 건설공사 현장에 인부와 장비 및 자재를 운송하는 행위와는 관련이 없다고 판단됨
기 타		• 선박 임대를 통한 사람과 물건을 실어나르는 행위가 영리목적으로 동종행위를 계속적 · 반복적으로 하는 '영업'에 해당되는지 여부와 이에 따른 도선사업 적용여부, 임대형식에 따른 도선사업 등록주체는 선박임대자(건설업자)인지 대여자(선주)인지가 해석의 논점이라는 의견

60) 「조세특례제한법」 제106조의2(농업 · 임업 · 어업용 및 연안여객선박용 석유류에 대한 부가가치세 등의 감면 등) ① 다음 각 호의 어느 하나에 해당하는 석유류(「석유 및 석유대체연료 사업법」에 따른 석유제품을 말한다. 이하 이 조에서 "면세유"라 한다)에 대해서는 2018년 12월 31일까지 공급하는 것에 대한 부가가치세와 제조장 또는 보세구역에서 반출되는 것에 대한 개별소비세, 교통 · 에너지 · 환경세, 교육세 및 자동차 주행에 대한 자동차세(이하 이 조에서 "자동차세"라 한다)를 대통령령으로 정하는 바에 따라 면제한다.

1. 대통령령으로 정하는 농민, 임업에 종사하는 자 및 어민(이하 이 조에서 "농어민등"이라 한다)이 농업 · 임업 또는 어업에 사용하기 위한 석유류로서 대통령령으로 정하는 것
2. 연안을 운항하는 여객선박 (「관광진흥법」 제2조에 따른 관광사업 목적으로 사용되는 여객선박은 제외한다)에 사용할 목적으로 「한국해운조합법」에 따라 설립된 한국해운조합에 직접 공급하는 석유류

61) 「조세범 처벌법」 제4조(면세유의 부정 유통) ① 「조세특례제한법」 제106조의2제1항제1호에 따른 석유류를 같은 호에서 정한 용도 외의 다른 용도로 사용 · 판매하여 조세를 포탈하거나 조세의 환급 ·

라. 임시검사

어선의 임시검사는 앞서 언급한 정기검사 · 중간검사 · 특별검사 이외 해양수산부장관이 특히 필요하다고 인정하는 때 행하는 검사로 이 법 제21조제1항제4호에서 규정하고 있다.

어선소유자가 임시검사를 받아야 하는 경우는 같은 법 시행규칙 제47조제1항제1호부터 제14호까지와 같으며, 이 중 제14호는 어선의 정기검사 또는 중간검사를 할 때에 어선설비의 보완이 필요하다고 인정되는 등 해양수산부장관이 특정한 사항에 관하여 임시검사를 받을 것을 지정하는 경우에 해당된다.[62] 이 경우 대행검사기관은

공제를 받은 석유판매업자(같은 조 제2항에 따른 석유판매업자를 말한다)는 3년 이하의 징역 또는 포탈세액 등의 5배 이하의 벌금에 처한다.

② 제1항에 따른 면세유를 공급받은 자로부터 취득하여 판매하는 자에게는 판매가액의 3배 이하의 과태료를 부과한다.

62) 「어선법 시행규칙」 제47조(임시검사) ① 법 제21조제1항제4호에 따라 어선소유자가 임시검사를 받아야 하는 경우는 다음 각 호와 같다.

1. 배의 길이, 너비, 깊이 또는 다음 각 목의 어느 하나에 해당하는 선체 주요부의 변경으로 선체의 강도, 수밀성(水密性) 또는 방화성에 영향을 미치는 개조 또는 수리를 하려는 경우
   가. 상갑판 아래의 선체, 선루(船樓) 또는 기관실위벽(圍壁)의 폭로부(暴露部)
   나. 갑판실(승선자가 거주하거나 항상 사용하는 것에 한정한다)의 측벽 또는 정부갑판(頂部甲板)
   다. 선루갑판 아래의 폭로부 외판
   라. 격벽에 설치되어 폐위(閉圍)구역을 보호하는 폐쇄장치(목제창구덮개 또는 창구복포는 제외한다)
2. 어선의 추진과 관계있는 기관 및 그 주요부의 교체 · 변경 등으로 기관의 성능에 영향을 미치는 개조 또는 수리를 하려는 경우
3. 타(舵) 또는 조타장치의 변경으로 어선의 조종성에 영향을 미치는 개조 또는 수리를 하려는 경우
4. 탱크, 펌프실, 그 밖에 인화성 액체 또는 인화성 고압가스가 새거나 축적될 우려가 있는 곳에 설치되어 있는 전선로를 교체 · 변경하는 수리를 하려는 경우
5. 어선의 용도를 변경하거나 어업의 종류를 변경할 목적으로 어선의 구조나 설비를 변경하려는 경우
6. 법 제27조제1항제1호에 따른 어선검사증서에 기재된 내용을 변경하려는 경우. 다만, 어선명칭 및 선적항의 변경 등 법 제3조에 따른 어선의 설비에 변경이 수반되지 아니하는 경미한 사항의 변경인 경우에는 그러하지 아니하다.
7. 어선용품 중 어선에 고정 설치되는 것으로서 새로 설치하거나 변경하려는 경우. 다만, 배의 길이 24미터 미만인 어선의 경우에는 어선에 고정 설치되는 것으로서 법 제3조제7호(어로설비는 제외한다), 제8호, 제11호의 설비로 한정한다.
8. 법 제4조에 따른 만재흘수선을 새로 표시하거나 변경하려는 경우
9. 복원성에 관한 기준을 새로 적용받거나 그 복원성에 영향을 미칠 우려가 있는 어선용품을 신설 · 증설 · 교체 또는 제거하거나 위치를 변경하려는 경우
10. 보일러 안전밸브의 봉인을 개방하여 조정하려는 경우

어선검사증서의 뒤쪽에 검사받을 내용 및 검사 시기를 적어야 한다.

임시검사를 받으려는 어선소유자는 같은 법 시행규칙 제47조제2항에 따라 [별지 제40호서식]의 어선검사신청서에 해당하는 서류를 첨부하여 대행검사기관에 제출하여야 하며,[63] 이 규칙 제47조제3항에서는 해당 설비에 대하여 개조 또는 수리에 착수하였을 때부터 임시검사를 받도록 하고 있다.

또한 이와 함께 어선소유자는 같은 법 시행규칙 제55조제1항제4호와 관련한 [별표 8]의 정기검사 준비사항 중 해당 설비의 검사준비를 하여야 한다. 이 경우 대행검사기관은 임시검사에 합격한 어선에 대하여 같은 법 시행규칙 제47조제5항에 따라 어선검사증서 뒤쪽에 다음의 검사시기와 검사종류를 적은 후 교부하여야 한다.

한편, 어선소유자는 같은 법 시행규칙 제47조제4항에 따라 같은 조 제1항제14호에 따른 임시검사의 시기를 앞당겨 받을 수 있으며, 뿐만 아니라 같은 조 제6항에 따라 어선소유자는 정기검사 또는 중간검사를 받을 때에 임시검사사항이 포함되는 경우에는 별도의 임시검사를 받지 아니하도록 하고 있다.

참고로 차기 정기검사 또는 중간검사 검사 시기 이전에 임시검사를 받은 경우에는 어선검사증서 뒤쪽에 다음의 검사시기와 검사종류를 적지아니하고, 당해 임시검사에 대한 검사종류, 검사사항, 검사완료일, 선박검사원의 성명 및 검사기관란에 해당 내용을 적은 후 교부하도록 하고 있다.

다음의 [그림 3-8]은 [별지 제62호서식]의 어선검사증서 뒤쪽으로 차기검사 이전

---

11. 하역설비의 제한하중, 제한각도 및 제한반경을 변경하려는 경우
12. 승강설비의 제한하중 또는 정원을 변경하려는 경우
13. 해양사고 등으로 어선의 감항성(堪航性) 또는 인명안전의 유지에 영향을 미칠 우려가 있는 변경이 발생한 경우
14. 어선의 정기검사 또는 중간검사를 할 때에 어선설비의 보완이 필요하다고 인정되는 등 해양수산부장관이 특정한 사항에 관하여 임시검사를 받을 것을 지정하는 경우. 이 경우 해양수산부장관은 어선검사증서의 뒤쪽에 검사받을 내용 및 검사 시기를 적어야 한다.

63) 「어선법 시행규칙」 제47조(임시검사) ② 법 제21조제1항제4호에 따라 임시검사를 받으려는 어선소유자는 별지 제40호서식의 어선검사신청서에 다음 각 호의 서류를 첨부하여 해양수산부장관에게 제출하여야 한다.
1. 제43조제2항 각 호의 첨부서류 중 해당서류
2. 임시검사 관련 승인도면(도면을 승인한 대행검사기관에 신청하는 경우에는 생략한다)
3. 어선개조(개조발주)허가(어선개조 또는 어선개조발주허가의 경우에만 제출한다)

임시검사 완료 어선의 검사기록 예시를 나타내고 있으며, 이는 [별지 제61호서식]의 어선검사증서에도 동일하게 적용된다.

「어선법 시행규칙」 제67조에 따른 어선검사증서 유효기간 연장 Endorsement to extend the Validity of the Certificate			
연장된 유효기간 Extended Date of Validity	년 월 일까지 This certificate is valid until . . .	검사기관(인) Survey Organization	

검 사 기 록 Survey Records					
차 기 검 사 Next Survey			검사완료일 Date of Survey	선박검사원의 성명 Name of surveyor	검사기관(인) Survey Organization
검사기준일 Anniversary Date	검사종류 Kind of survey	검사사항 Survey Items			
2015.3.20.	제1종중간				
	임시검사	주기관변경	2015.2.20	김선박	OO지부

[그림 3-8] 차기검사 이전 임시검사 완료 어선의 검사기록 예시

마. 임시항행검사

어선의 임시항행검사는 어선검사증서를 발급받기 전에 어선을 임시로 항행의 목적으로 사용하고자 하는 때 행하는 검사로 이 법 제21조제1항제5호에서 규정하고 있다.

어선소유자가 임시항행검사를 받아야 하는 경우는 같은 법 시행규칙 제48조제1항 제1호부터 제3호까지에 따라 i) 총톤수의 측정 또는 개측을 받을 장소로 항행하려는 경우(제1호), ii) 어선검사를 받기 위하여 시운전을 하려는 경우(제2호), iii) 그 밖에 어선검사증서의 효력이 상실되었거나 어선검사증서를 발급받기 전에 부득이한 사정으로 임시로 항행하려는 경우(제3호)로 규정하고 있다.

임사항행검사를 받으려는 어선소유자는 같은 법 시행규칙 제48조제2항에 따라 [별지 제40호서식]의 어선검사신청서에 해당 어선의 '운항계획서'를 첨부하여 대행검사기관에 제출하여야 한다.

또한 이와 함께 어선소유자는 같은 법 시행규칙 제55조제1항제5호와 관련한 [별표 10]에 따른 임시항행검사 준비를 하여야 한다.

이 경우 대행검사기관에서는 같은 법 시행규칙 제48조제3항에 따라 이 법 제3조제

8호 · 제9호 · 제11호의 설비와 해당 어선의 감항성에 대하여 검사하도록 하고 있으며, 임사항행검사에 합격한 어선에 대해서는 어선의 항행에 필요한 기간을 정하여 같은 법 시행규칙 제63조제1항제3호에 해당하는 [별지 제64호서식]의 임시항행검사증서를 발급하여야 한다.[64)]

바. 무선설비검사

어선의 무선설비검사는 앞서 언급한바와 같이 「어선법」 제21조제2항에 따라 「전파법」에서 정하는 바에 따르도록 규정하고 있으며, 이는 한국방송통신전파진흥원에서 수행하고 있다.

한편, 「어선법」에 따른 대행검사기관[선박안전기술공단 및 선급법인(한국선급)]에서는 어선검사 시 무선국 검사증명서 확인 및 무선설비 설치 확인에 한해 제한적으로 실시한다.

참고로 「전파법」 제89조의3에서는 무설설비검사를 받지 않은 경우와 관련해서 위반행위 시 과태료 조항을 두고 있다.[65)]

무선설비와 관련한 사항은 앞서 언급한 '제3장 제3절 Ⅱ. 무선설비 미설치 위반사범'을 참조하고 별도의 설명을 생략하기로 한다.

2. 어선검사의 면제대상 및 완화 규정

어선검사와 관련해서는 「어선법」 제21조제1항 단서 및 같은 법 시행규칙 제49조제1항에 따라 별도의 면제규정을 두고 있으며 다음과 같다.

ⅰ) 총톤수 5톤 미만의 무동력어선(시행규칙 제49조제1항제1호)

---

64) 임시항행검사증서의 유효기간은 30일 한도로 하되 필요한 최소기간으로 하고 있으며, 임시항해검사증서의 유효기간은 「선박안전법」 적용대상 선박과 마찬가지로 「어선법」 관련 법령이 아닌 대행검사기관의 검사지침에서 별도로 규정하고 있다(제2장 각주 186번 참조).

65) 「전파법」 제89조의3(과태료) 다음 각 호의 어느 하나에 해당하는 자에게는 500만원 이하의 과태료를 부과한다.

1. 제24조제7항을 위반하여 무선국을 검사받지 아니하고 운용하는 자

ii) 「내수면어업법」 제6조, 제9조 또는 제11조에 따른 면허어업, 허가어업 또는 신고어업에 사용되는 어선으로 최초의 정기검사를 받은 어선(시행규칙 제49조제1항제2호)

iii) 어선검사증서를 발급받은 자가 일정기간 동안 운항하지 아니할 목적으로 그 증서를 해양수산부장관에게 반납한 후 해당 어선을 계류(이하 "계선"이라 한다)한 어선(시행규칙 제49조제1항제3호)[66]

다만, 「어선법 시행규칙」 제46조제1항에 따른 특별검사의 사유가 발생하여 어선소유자가 특별검사를 신청하거나 제47조제1항제6호에 따라 어선검사증서에 적힌 내용을 변경하기 위하여 어선소유자가 임시검사를 신청한 경우에는 비록 어선검사 면제대상이나 해당 검사를 받을 수 있도록 규정하고 있다(시행규칙 제49조제1항 단서).

한편, 같은 법 시행규칙 제56조제1항부터 제3항까지 및 제6항에서는 이 법 제37조제2항에 따라 준용하는 「선박안전법」 제14조제3항[67]에 따라 다음의 경우 검사의 준비를 면제 · 완화할 수 있도록 하고 있다.

---

66) 어선검사증서를 발급받은 자가 어선을 계선하고자 하는 경우에는 「어선법 시행규칙」 제49조제2항부터 제4항까지를 따르도록 하고 있다.

i) 같은 법 시행규칙 제49조제1항제3호에 따른 계선을 하려는 어선소유자는 계선기간 및 계선사유 등을 기재한 [별지 제42호서식]의 계선사유서에 해당 어선의 어선검사증서를 첨부하여 대행검사기관에 제출하여야 한다(제2항).

ii) 계선기간은 2년 이내로 하되, 그 기간이 끝난 경우 1년 단위로 연장할 수 있다(제3항).

iii) 계선한 어선이 i)에 따른 계선사유가 없어진 경우에 해당 어선을 항행에 재사용하려는 자는 다음 각 호의 검사를 받아야 한다(제4항).

㉮ 어선검사증서의 유효기간이 끝난 경우: 정기검사(제1호)

㉯ 어선검사증서의 유효기간이 끝나지 아니한 경우(제2호)

1) 중간검사와 정기검사가 겹치는 경우에는 정기검사(제2호가목)

2) 제1종 중간검사와 제2종 중간검사가 겹치는 경우에는 제1종 중간검사(제2호나목)

67) 「선박안전법」 제14조(검사의 준비 등) ① 건조검사 또는 정기검사 · 중간검사 · 임시검사 · 임시항해검사(이하 "선박검사"라 한다)를 위하여 필요한 준비사항에 대하여는 해당검사별로 해양수산부령으로 정한다.

③ 해양수산부장관은 제1항의 규정에 불구하고 해당선박의 구조 · 시설 · 크기 · 용도 또는 항해구역 등을 고려하여 해양수산부령이 정하는 바에 따라 검사준비 · 서류제출 등에 대하여 전부 또는 일부를 완화하거나 면제할 수 있다.

i) 정기검사나 중간검사에서 해당 정기검사일이나 중간검사일 전 6개월 이내에 부분적인 수리나 정비를 하고 임시검사에 합격한 사항에 대하여는 「어선법 시행규칙」 제55조제1항제1호 및 제2호에 따른 검사의 준비를 면제할 수 있다(시행규칙 제56조제1항).

ii) 「어선법 시행규칙」 제49조제1항제2호에 따른 최초의 정기검사를 받는 어선에 대하여는 [별표 8]의 제2호자목(기관에 관한 준비사항 중 효력시험에 한정한다), 제4호다목(조타, 계선 및 양묘설비에 관한 준비사항 중 효력시험) 및 제7호다목(구명설비의 현상검사에 한정한다) 외의 검사준비를 면제한다(시행규칙 제56조제2항).

iii) 선령 15년 미만의 어선에 대하여는 [별표 9] 제1호가목의 선체에 관한 준비사항 중 [별표 8] 제1호가목의 선체에 대한 입거 또는 상가준비를 수중검사 준비로 갈음할 수 있고, [별표 8] 제1호나목부터 라목까지 및 제3호나목의 준비를 면제할 수 있다(시행규칙 제56조제3항).[68]

그 밖에 검사준비 및 서류제출 등의 완화 또는 면제와 관련한 세부 내용은 「어선법 시행규칙」 제56조제6항 관련 [별표 16]과 같다.

이에 추가하여 「어선법」 제22조제3항(예비검사)에 따라 예비검사에 합격한 어선용품, 제24조(형식승인 및 검정 등)에 따라 검정에 합격한 어선용품 및 제25조(어선 등 우수건조사업장 등의 지정)에 따라 우수건조사업장 · 우수제조사업장 또는 우수정비사업장에서 해양수산부령으로 정하는 바에 따라 확인한 어선용품 등에 대해서는 각

---

68) 「어선법 시행규칙」 제56조제4항에 따라 해양수산부장관은 수중검사 결과 부식 또는 손상 등으로 인하여 입거 또는 상가가 필요하다고 판단되는 경우에는 입거 또는 상가를 하게 할 수 있으며, 수중검사준비와 그 검사방법 등은 같은 조 제5항 관련 [별표 15]와 같다. 한편, 수중검사는 제1종 중간검사 시 선체에 관한 준비사항 중 입거(入渠) 또는 상가(上架)준비를 대신해서 하는 검사로 정기검사 시에는 적용되지 아니하며, 이 경우 다음의 검사준비를 면제 할 수 있도록 하고 있다. i) 타를 들어 올리거나 빼낼 것, ii) 선체에 붙어있는 해초 · 조개류 등을 깨끗이 떼어낼 것, iii) 목선의 선체 외판에 덧붙인 선체보호용 포판(鋪板)의 일부를 떼어낼 것, iv) 최고 항해흘수선 이하에서 선외로 통하는 밸브 및 콕을 분해할 것. 즉 검사 준비사항 중 선체를 수면 밖으로 들어 올리지 않고서는 검사가 불가한 것에 대한 구체적인 면제규정을 두고 있는 것이다. 참고로 수중검사 관련 규정은 「선박안전법」 적용대상 선박과 동일하다.

각의 예비검사, 검정 및 확인에서 합격된 부분에 대한 검사를 생략할 수 있도록 하고 있으며, 자세한 내용은 다음과 같다.

i) 「어선법」 제22조제4항에서는 예비검사에 합격한 어선용품 및 「선박안전법」 제22조제3항에 따른 예비검사에 합격된 선박용물건에 대하여는 「어선법」 제22조제1항에 따른 건조검사 또는 제21조제1항 각 호에 따른 검사 중 최초로 실시하는 검사를 할 경우 그 예비검사에서 합격된 부분에 대한 검사를 생략할 수 있다. 또한 「어선법」 제22조제6항 후단에 따라 별도건조검사에 합격한 선박에 관해서도 같은 조 제4항의 규정을 준용하도록 하고 있다.

ii) 「어선법」 제24조제3항에서는 형식승인을 받은 자가 그 건조 · 제조 또는 수입한 어선 또는 어선용품으로서 해양수산부장관의 검정에 합격한 어선 또는 어선용품과 「선박안전법」 제18조제1항 및 제2항에 따라 해양수산부장관의 형식승인을 받고 지정검정기관의 검정에 합격된 선박용물건에 대하여는 「어선법」 제21조제1항 각 호에 따른 검사 중 최초로 실시하는 검사 또는 제22조제1항 및 제6항에 따른 검사(건조검사 · 별도건조검사)를 할 경우 그 검정에서 합격된 부분에 대한 검사를 생략할 수 있도록 하고 있다.

iii) 「어선법」 제25조제3항에서는 어선, 어선의 설비 또는 어선용품이 같은 조 제1항에 따른 우수건조사업장 · 우수제조사업장에서 건조 · 제조되고 같은 조 제2항에 따른 건조 · 제조규정에 따라 적합하게 건조 · 제조된 것을 해양수산부령으로 정하는 바에 따라 확인한 경우에는 그 어선, 어선의 설비 또는 어선용품에 관하여는 이 법 제21조제1항 각 호에 따른 검사 중 최초로 실시하는 검사 또는 제22조제1항 및 제6항에 따른 검사(건조검사 · 별도건조검사)를 할 경우 그 확인된 부분에 대한 검사를 생략할 수 있도록 하고 있다.

iv) 「어선법」 제25조제4항에서는 어선, 어선의 설비 또는 어선용품이 같은 조 제1항에 따른 우수정비사업장에서 (자체)정비되고 같은 조 제2항에 따른 정비규정에 따라 적합하게 정비된 것을 해양수산부령으로 정하는 바에 따라 확인한 경우에는 그 정비를 받은 날부터 6개월 이내에 실시하는 이 법 제21조제1항제1호, 제2호 또는 제4호에 따른 정기검사, 중간검사 또는 임시검사를 할 경우 그 확인된 부분에 대한 검사를 생략할 수 있도록 하고 있다.

여기에서 언급하고 있는 「어선법」 제22조제3항, 제24조 및 제25조와 관련해서는 뒤에서 자세히 다루고자 한다.

3. 어선검사증서의 유효기간 및 효력

앞서 언급한바와 같이 어선의 소유자는 「어선법」 제21조에 따른 어선검사를 받아야 하며, 검사에 합격한 어선에 대해서는 [별지 제61호서식] 및 [별지 제62호서식]의 어선검사증서를 발급하고 있다.

한편, 어선검사증서에는 유효기간 및 차기검사를 별도로 지정하고 있으며 유효기간이 만료되었거나, 위의 [그림 3-7]의 검사기록 중 차기검사의 검사기준일이 경과한 이후 검사를 받지 아니하고 어선을 항행 또는 조업에 사용한 경우에는 처벌을 받게 된다.

가. 어선검사증서의 유효기간 기산방법

어선검사증서의 유효기간은 「어선법」 제28조제1항에 따라 5년으로 하고 있다. 한편, 유효기간의 기산방법은 이 법 제28조제2항 및 같은 법 시행규칙 제66조(어선검사증서 유효기간 계산방법)에 따라 다음의 날부터 계산한다.

i) 최초로 정기검사를 받은 경우 해당 어선검사증서를 발급받은 날(시행규칙 제66조제1호)

ii) 어선검사증서의 유효기간이 끝나기 전 3개월이 되는 날 이후에 정기검사를 받은 경우 종전 어선검사증서의 유효기간 만료일의 다음 날(시행규칙 제66조제2호)[69)]

---

69) 어선검사증서의 유효기간이 끝나기 전 3개월이 되는 날 이후에 정기검사를 받은 경우에는 다시 말해서 어선검사증서의 유효기간이 시작되는 날 이전에 정기검사를 받은 경우에는 새로운 어선검사증서 뒤쪽의 하부 비고란에 "이 증서는 지정된 유효기간에도 불구하고 이 증서 발급일부터 그 효력을 가진다"로 기재한다. 가령, 해당 어선검사증서의 유효기간이 2010년 4월 16일부터 2015년 4월 15일(5년)인 어선이 정기검사에 합격하고 다시 어선검사증서의 유효기간을 정할 때 검사에 합격한 일자가 2015년 3월 10일인 경우, 이 어선의 어선검사증서 유효기간은 2015년 4월 16일부터 2020년 4월 15일(5년)이 되나, 실제 증서의 발급일은 유효기간 이전인 2015년 3월 10일로 증서의 유효기간과 발급일

iii) 어선검사증서의 유효기간이 끝나기 전 3개월이 되는 날 전에 정기검사를 받은 경우 해당 어선검사증서를 발급받은 날(시행규칙 제66조제3호)

iv) 어선검사증서의 유효기간이 끝난 후에 정기검사를 받은 경우 종전 어선검사증서의 유효기간만료일의 다음 날. 다만, 다음의 사유로 인하여 종전 어선검사증서의 유효기간 만료일의 다음 날부터 계산하는 것이 부당하다고 인정되는 경우에는 정기검사를 받고 해당 어선검사증서를 발급받은 날부터 계산한다(시행규칙 제66조제4호).

㉮ 계선(같은 법 시행규칙 제49조제2항에 따라 서류(어선검사증서, 계선사유서)를 제출한 경우로 한정한다)한 경우(시행규칙 제66조제4호가목)

㉯ 1년 이상 어선검사를 받지 아니한 어선을 상속하거나 매수한 경우(시행규칙 제66조제4호나목)

㉰ 어선소유자의 파산 등의 사유로 1년 이상 어선검사를 받지 아니한 경우(시행규칙 제66조제4호다목)

나. 어선검사증서의 유효기간 연장 및 효력정지

어선검사증서의 유효기간은 「어선법」 제28조제3항 및 같은 법 시행규칙 제67조제1항에 따라 다음의 어느 하나에 해당하는 경우에는 5개월 이내의 범위에서 해양수산부령으로 정하는 바에 따라 한차례만 이를 연장할 수 있도록 하고 있다.

i) 어선검사증서의 유효기간이 만료되는 때에 해당 어선이 검사를 받을 수 있는 장소에 있지 아니한 경우. 즉 해당 어선이 정기검사를 받을 수 없는 장소에 있는 경우: 3개월 이내(시행규칙 제67조제1항제1호)
다만, 위 i)의 경우에는 같은 법 시행규칙 제67조제1항 단서에 따라 그 연장기간 내에 해당 어선이 검사를 받을 장소에 도착하면 지체 없이 정기검사를 받도록 하고 있다.

ii) 해당 어선이 외국에서 정기검사를 받은 경우 등 부득이한 경우로서 새로운 어

이 서로 상이한 경우에 해당된다.

선검사증서를 즉시 교부(발급)할 수 없거나 어선에 비치하게 할 수(갖추어 둘 수) 없는 경우: 5개월 이내(시행규칙 제67조제1항제2호)

이에 따라 어선검사증서의 유효기간을 연장 받으려는 어선소유자는 같은 법 시행규칙 제67조제2항에 따른 [별지 제69호서식]의 '어선검사증서 유효기간 연장신청서'에 다음의 서류를 첨부하여 대행검사기관에 제출하여야 한다.

i) 어선이 검사받을 장소에 있지 아니하여 검사를 받을 수 없는 경우: 해당 어선의 현재의 위치를 나타내는 서류(제1호)
ii) 새로운 어선검사증서를 어선에 갖추어 둘 수 없는 경우: 현재 갖추고 있는 어선검사증서(제2호)

이 경우 대행검사기관은 같은 법 시행규칙 제67조제3항에 따라 다음의 승인서나 증서를 신청인에게 발급하여야 한다.

i) 어선이 검사받을 장소에 있지 아니하여 검사를 받을 수 없는 경우: [별지 제70호서식]의 어선검사증서 유효기간 연장승인서(제1호)
ii) 새로운 어선검사증서를 어선에 갖추어 둘 수 없는 경우: 연장 승인된 유효기간이 적혀 있는 현재의 어선검사증서(제2호)(앞의 [그림 3-8] 상단 참조)

한편, 어선검사증서의 효력은 정기검사를 받아야 하는 어선이 그 검사에 합격하지 아니하고 유효기간이 경과한 경우, 그리고 중간검사 또는 임시검사를 받아야 할 어선이 그 검사에 합격되지 아니하고 해당 어선의 차기검사 검사기준일이 지난 경우에는 이 법 제28조제4항에 따라 해당 검사에 합격될 때까지 정지된다.[70]

그 밖에 같은 법 시행규칙 제45조에서는 중간검사시기의 연기와 관련한 규정을 두고 있다.[71]

---

70) 「어선법 시행규칙」 제63조제2항에서는 검사증서, 검정증서, 건조 · 제조 · 정비확인증에 대하여 대행검사기관이 발급하는 경우에는 대한민국 정부의 권한을 위임받아 발급한다는 사실을 나타내도록 하고 있다.

V. 위계에 의한 검사 관련 위반사범

1. 형식승인(형식승인 변경) 및 검정 위반사범

> 제44조(벌칙) ① 다음 각 호의 어느 하나에 해당하는 자는 1년 이하의 징역 또는 1천만원 이하의 벌금에 처한다.
> 5. 거짓이나 그 밖의 부정한 방법으로 제24조제1항 또는 제2항에 따른 형식승인, 그 변경승인 또는 검정을 받은 자

어선용품 또는 소형어선[72]의 형식승인, 그 변경승인 또는 검정과 관련한 규정은 「선박안전법」에서 규정하고 있는 관련 내용과 유사한 절차 등을 보이고 있다('제2장 제2절 Ⅱ. 2. 형식승인(형식승인 변경) 및 검정 위반사범' 참조).

한편, 이와 관련해서 「선박안전법」 제18조(형식승인 및 검정) 제1항에서는 선박용물건 또는 소형선박을 제조하거나 수입하고자 하는 자가 해당 선박용물건 또는 소형선박에 대하여 검정을 받고자 하는 때에는 미리 해양수산부장관의 형식에 관한 승인(형식승인)을 얻도록 규정하고 있다(강제규정).

반면, 이와는 다르게 「어선법」 제24조(형식승인 및 검정 등) 제1항에서는 해양수산

71) 「어선법 시행규칙」 제45조(중간검사시기의 연기) ① 해외수역에서의 장기간 항행 · 조업 등 부득이한 사유로 인하여 중간검사를 받을 수 없어 중간검사시기를 연기 받으려는 어선소유자는 [별지 제41호서식]의 중간검사시기연기신청서에 해당 어선의 항해, 조업일정 및 현재의 위치를 나타내는 서류와 해당 어선의 검사증서 사본을 첨부하여 해양수산부장관에게 제출하여야 한다.
② 해양수산부장관은 제1항에 따른 신청이 있는 때에는 해당 어선의 항해 및 조업 일정을 고려하여 타당하다고 인정되는 경우 해당 검사기준일부터 12개월 이내의 기간을 정하여 그 검사 시기를 연기할 수 있다. 이 경우 다음 검사시기와 검사종류 등을 어선소유자에게 알려야 한다.
③ 제2항에 따라 연기 받은 기간 이내에 해당 어선이 중간검사를 받을 장소에 도착하면 지체 없이 중간검사를 받아야 한다.
④ 제2항에 따른 검사시기의 연기로 인하여 연기된 중간검사와 정기검사가 겹치는 경우에는 정기검사를 실시하고, 제1종 중간검사와 제2종 중간검사가 겹치는 경우에는 제1종 중간검사를 실시한다.

72) "소형어선"은 「총톤수 10톤 미만 소형어선의 구조 및 설비기준」 제2조제1호의 규정에 따라 총톤수 10톤 미만의 어선을 말한다.

부장관이 정하여 고시하는 어선용품 또는 소형어선을 제조하거나 수입하려는 자에게 해양수산부장관의 형식승인 및 검정을 받을 수 있도록 하고 있어 다소 차이를 보이고 있다(임의규정).[73)]

또한 어선법 관련 법령에서 규정하고 있는 형식승인(형식승인 변경) 신청절차와 선박안전법 관련 법령에 따른 형식승인(형식승인 변경) 신청절차에 있어서도 다소 차이를 보이고 있다.

이와 관련해서 살펴보면, 「선박안전법 시행규칙」 제36조제1항에 따라 형식승인(형식승인 변경)을 받고자 하는 자는 해당 신청서를 지방청에 제출하고 있는 반면, 「어선법 시행규칙」 제59조제1항에 따라 형식승인(형식승인 변경)을 받고자 하는 자는 해당 신청서를 해양수산부에 제출하도록 하고 있다.

이에 따라 형식승인(변경승인) 및 검정을 받고자 하는 자가 이를 준비하는 과정에서 거짓이나 그 밖의 부정한 방법을 취할 경우 이 법에서 규정하고 있는 벌칙을 적용한다.

여기에서는 거짓, 그 밖의 부정한 방법으로 형식승인, 그 변경승인 및 검정을 받은 자의 위법행위에 대한 사실 관계를 이와 관련한 법령 및 행정규칙 등을 통해 살펴보고자 한다.

가. 형식승인(형식승인 변경) 위반사범

「어선법」 제24조제4항에 따라 형식승인 및 검정, 변경승인에 필요한 사항은 해양수산부령으로 정하고 있다. 또한 이에 따라 형식승인을 받으려는 자는 같은 법 시행규칙 제59조제1항에 따른 [별지 제49호서식]의 형식승인(형식승인사항 변경승인)신청서(전자문서로 된 신청서를 포함한다)를 해양수산부장관에게 제출하여야 한다.

이 경우 형식승인을 받으려는 자는 사전에 형식승인시험을 거치도록 하고 있으며, 이 법 제24조제1항 후단에 따른 형식승인 시험의 기준, 절차 등에 관한 사항은 같은 법 시행규칙 제59조제2항에 따라 해양수산부장관이 정한 고시인 「어선용품의 형식승인 시험 및 검정 등에 관한 기준」을 따르도록 하고 있다.[74)]

---

73) 어선용품 또는 소형어선에 대하여 검정을 받고자 하는 자는 형식승인을 받은 제조자 또는 수입업자로 제한하고 있다.

74) 「어선법」 제24조제1항 전단에 따라 "해양수산부장관이 정하여 고시하는 어선용품"은 이 법 제3조

한편, 이 기준 제6조에서는 형식승인시험의 전부 또는 일부를 생략할 수 있는 면제 규정을 두고 있으며 다음과 같다.

i) 형식승인시험의 전부 면제할 수 있는 경우(기준 제6조제1호)
   ㉮ 형식승인 신청일 기준으로 과거 2년 동안 매년 1회 이상 법 제22조제3항에 따른 예비검사에 합격한 어선용품(기준 제6조제1호가목)
   ㉯ 「산업표준화법」 제17조제1항에 따른 인증을 받은 어선용품으로서 어선설비 등에 관한 기준에 적합한 어선용품(기준 제6조제1호나목)

ii) 형식승인시험기관이 인정 시 형식승인시험의 전부 또는 일부를 생략할 수 있는 경우(기준 제6조제2호)
   ㉮ 해당 형식승인시험 항목에 대하여 「국가표준기본법」 제23조에 따라 인정을 받은 시험 · 검사기관의 시험에 합격한 경우(기준 제6조제2호가목)
   ㉯ 해당 형식승인시험 항목에 대하여 국제공인시험기관으로 인정받은 시험 · 검사기관의 시험에 합격한 경우(기준 제6조제2호나목)
   ㉰ 형식승인을 받은 어선용품의 일부 요건을 변경하여 추가로 형식승인을 받거나 형식을 변경하는 경우(기준 제6조제2호다목)

그리고 이 법 제24조제1항 후단에 따라 형식승인시험을 받으려는 자는 이 기준 제5조제1항에 따른 [별지 제3호서식]의 형식승인시험신청서(전자문서로 된 신청서를 포함한다)에 다음의 서류(형식승인사항의 변경을 위한 형식승인시험 시에는 성능에 영향을 미치는 부분에 대한 서류로 한정한다)를 첨부하여 형식승인시험을 수행하는 시험기관(이하 "형식승인시험기관"이라 한다)에 제출하여야 한다.[75]

각 호의 설비에 필요한 어선용 물건으로(법 제22조제3항) 「어선용품의 형식승인 시험 및 검정 등에 관한 기준」 [별표 1](형식승인을 받을 수 있는 어선용품, 품목별 시험항목, 시험방법 및 판정기준)에서 정한 품목을 말한다. 참고로 이 기준에는 "소형어선"과 관련한 내용을 포함하고 있지 않다.

75) 다만, 「어선용품의 형식승인 시험 및 검정 등에 관한 기준」 제5조제1항 단서에 따라 「전자정부법」 제21조제1항에 따른 행정정보의 공동이용을 통하여 첨부서류에 대한 정보를 확인할 수 있는 경우에는 그 확인으로 첨부서류를 갈음할 수 있도록 규정하고 있다.

i) 사업체의 개요(연혁, 인원 및 조직 등에 관한 사항을 포함한다)(기준 제5조제1항제1호)

ii) 수입허가서 사본(수입하려는 어선용품의 경우에만 첨부한다)(기준 제5조제1항제2호)

iii) 어선용품의 제조사양서, 구조도면 및 사용방법에 관한 설명서(기준 제5조제1항제3호)

iv) 제조하거나 수입할 어선용품의 제조 및 검사설비개요서(수입하여 시험하는 경우에는 형식승인 신청자가 보유한 설비개요서)(기준 제5조제1항제4호)

v) 형식승인신청업체의 품질관리에 관한 기준을 정한 서류(품질관리에 관하여 국제표준화기구의 인증을 받은 경우에는 그 인증서 사본)(기준 제5조제1항제5호)

vi) 형식승인시험 면제대상 여부를 증명할 수 있는 서류(기준 제5조제1항제6호)

여기에서의 형식승인시험기관은 이 기준 제3조(형식승인시험기관의 지정기준 등) 및 제4조(형식승인시험기관의 지정신청 등)에서 정하는 바에 따르도록 규정하고 있다.[76)]

이에 따른 형식승인시험기관은 이 기준 제5조제4항에 따라 형식승인시험에 합격한 어선용품에 대하여는 [별지 제4호서식]의 형식승인시험합격증서 및 시험성적서[77)]를

76) 「어선용품의 형식승인 시험 및 검정 등에 관한 기준」 제4조제1항에 따라 형식승인시험기관으로 지정을 받으려는 자는 [별지 제1호서식]의 형식승인시험기관 지정신청서(전자문서로 된 신청서를 포함한다)에 해당 서류를 구비하여 해양수산부장관에게 제출하도록 하고 있다. 그 밖에 이 기준 제3조제2항에 따라 형식승인시험기관이 다른 시험설비를 이용하거나 지정된 시험품목에 대한 시험의 일부를 다른 시험기관에 의뢰할하는 경우 해양수산부장관의 승인을 받도록 하고 있다. 이 경우 해양수산부장관에게 제출하는 서류는 다음과 같다. i) 외부에 시험을 의뢰하는 경우에는 그 시험기관이 해당 시험에 대한 시험능력이 있음을 증명하는 서류(기준 제3조제2항제1호), ii) 다른 시험설비를 이용하려는 경우에는 그 시험 설비가 해당 시험에 적합함을 증명하는 서류(기준 제3조제2항제2호)

77) "시험성적서"는 「어선법」 제24조제1항 후단 및 「어선용품의 형식승인 시험 및 검정 등에 관한 기준」 제5조제3항 · 제7조(형식승인 시험기준 등)에 따라 어선용품에 대하여 형식승인시험을 실시하고 생성된 결과를 말한다. 참고로 이 기준 제7조에 따른 형식승인 시험기준 등은 다음과 같다.
「어선용품의 형식승인 시험 및 검정 등에 관한 기준」 제7조(형식승인 시험기준 등) ① 규칙 제59조제2항에 따른 어선용품의 품목별 형식승인 시험기준은 별표 1과 같다. 다만, 형식승인 시험기준이 없는 어선용품에 대하여는 국제표준화기구(ISO)에서 정한 규격 또는 국제해사기구(IMO) 기준을 적용할 수 있다. ② 제1항에 따른 형식승인시험기준이 IMO, ISO, 기술표준원 또는 국제전기기술위원회(이하 "IEC"라 한다)에서 개정되어 이 기준과 다를 경우 IMO, ISO, 한국산업표준(이하 "KS"라 한다) 또는 IEC 기준

신청인에게 발급하고, 위 ⅰ)~ⅵ)의 서류, 형식승인시험합격증서 및 시험성적서 각 1부를 해양수산부장관과 이 법 제41조제1항에 따라 어선용품의 검정업무를 대행하는 선박안전기술공단 또는 선급법인에게 제출(전자문서의 제출을 포함한다)하여야 한다.

해양수산부장관은 이상의 절차 등에 따라 형식승인신청을 받은 때에는 제출한 형식승인에 필요한 관련 서류(전자문서를 포함한다)를 확인하고, 이상이 없는 경우에는 같은 법 시행규칙 제59조제3항에 따라 [별지 제50호서식]의 '형식승인증서'를 신청인에게 발급하여야 한다.

한편, 이에 따른 형식승인을 받은 자가 그 내용을 변경하고자 하는 경우에도 이 법 제24조제2항에 따라 해양수산부장관으로부터 변경승인을 받도록 하고 있으며, 이 경우 해당 어선 또는 어선용품의 성능에 영향을 미치는 사항을 변경하는 때에는 해당 변경 부분에 대하여 형식승인시험을 다시 거치도록 하고 있다.

이와 관련해서는 같은 법 시행규칙 제59조의3제1항에 따른 [별지 제49호서식]의 '형식승인(형식승인사항 변경승인)신청서'에 변경내용을 적은 서류(성능에 영향을 미치지 아니하는 경우로 한정한다)를 첨부하여 해양수산부장관에게 제출하여야 하며,[78] 해양수산부장관은 형식승인에 필요한 관련 서류(전자문서를 포함한다)를 확인하고 이상이 없는 경우에는 같은 조 제2항에 따른 [별지 제53호서식]의 '형식승인사항 변경승인서'를 신청인에게 발급하여야 한다.

그 밖에 형식승인 업무와 관련해서는 ⅰ) 형식승인시험기관이 지정받은 사항(지정요건)의 변경에 따른 절차, ⅱ) 형식승인시험기관이 지정받은 품목의 시험내용을 변경하거나 시험품목을 추가로 지정받으려는 경우 이에 따른 절차, ⅲ) 형식승인을 받은 자와 형식승인시험기관이 보관하여야 하는 어선용품에 대한 규정 등이 있으며, 이는 각각 이 기준 제4조제4항 · 제5항[79] 및 제13조[80]를 따르고 있다.

을 적용할 수 있다.

③ 환경시험 대상 품목에 대한 형식승인시험을 실시할 때에는 별표 1의 시험항목 중 외관검사, 질량계측, 치수계측 및 그 밖의 자료 등을 확인한 후 별표 1에서 정한 환경시험을 실시하고 이상이 없을 경우에 한정하여 성능검사를 하여야 한다.

78) 참고로 어선법 관련 법령에 따른 '형식승인 신청서' 및 '형식승인사항 변경승인 신청서'의 서식은 선박안전법 관련 법령과는 다르게 동일한 서식을 사용하고 있다.

79) 「어선용품의 형식승인 시험 및 검정 등에 관한 기준」 제4조(형식승인시험기관의 지정신청 등) ① 제3조

나. 검정 위반사범

형식승인을 받은 자가 「어선법」 제24조제1항에 따라 검정을 받으려고 하는 경우에는 같은 법 시행규칙 제59조의2제1항에 따라 해당 형식승인대상물건에 다음의 사항을 표시(크기나 모양을 고려하여 표시할 수 없는 경우는 제외한다)하고 [별지 제51호 서식]의 검정신청서를 대행검사기관에 제출하여야 한다.

ⅰ) 형식승인 품명 · 형식 및 규격(규격이 있는 경우에만 표시한다)(제1호)

에 따른 형식승인시험기관으로 지정을 받으려는 자는 별지 제1호서식의 형식승인시험기관 지정신청서(전자문서로 된 신청서를 포함한다)에 다음 각 호의 서류(전자문서를 포함한다)를 첨부하여 해양수산부장관에게 제출하여야 한다. 다만, 「전자정부법」 제21조제1항에 따른 행정정보의 공동이용을 통하여 첨부서류에 대한 정보를 확인할 수 있는 경우에는 그 확인으로 첨부서류를 갈음할 수 있다.
1. 형식승인시험기관의 연혁, 설립 목적, 주요 기능 및 조직에 관한 사항을 기재한 서류
2. 형식승인시험에 종사할 인원 및 그 자격을 기재한 서류와 그 증빙서류(국가기술자격증이나 해당 시험업무 종사가 가능함을 증명하는 서류)
3. 형식승인시험을 하기 위한 시험설비의 목록 및 사양서와 시험기기의 검정 · 교정 관리계획서
4. 다음 각 목의 사항이 포함된 시험설비 이용계획서(다른 시험기관 이나 제조자의 시험설비를 임차하거나 형식승인시험을 위탁하는 경우에 한정한다)
   가. 다른 시험기관이나 제조자의 명칭, 소재지 및 주요 기능에 관한 사항
   나. 임차설비를 이용 또는 의뢰하려는 시험의 종류
   다. 설비 임차 또는 시험 의뢰의 사유
5. 시험품목별로 사용하는 시험설비와 시험에 종사하는 자의 성명 및 시험방법을 기재한 서류

④ 제1항제2호 및 제3호(검정 · 교정사항을 제외한다)의 지정요건에 변경이 생긴 형식승인시험기관은 별지 제1호서식의 형식승인시험기관 지정변경신청서에 변경된 사항을 기재한 서류를 첨부하여 해양수산부장관에게 제출하여야 한다.

⑤ 형식승인시험기관이 제2항에 따라 지정받은 품목의 시험내용을 변경하거나 시험품목을 추가로 지정받으려는 경우에는 별지 제1호서식의 형식승인시험기관 지정변경신청서에 제1항제2호부터 제5호까지의 서류를 첨부하여 해양수산부장관에게 제출하여야 한다.

80) 「어선용품의 형식승인 시험 및 검정 등에 관한 기준」 제13조와 관련한 [별표 5]에서는 '형식승인을 받은 자와 형식승인시험기관이 보관하여야 하는 어선용품'에 대해 다음과 같이 규정하고 있다.
1. 구명설비
   가. 구명조끼(팽창식 구명조끼를 포함한다)
   나. 방수복
   다. 수동 이탈장치
   라. 레이더 반사기
2. 소방설비
   가. 개인장구 중 방열복

ii) 형식승인증서번호와 형식승인일자(제2호)

iii) 제조번호와 제조일자(제3호)

한편, 이에 따른 절차 등에 관한 사항은 같은 법 시행규칙 제59조의2제2항에 따라 해양수산부장관이 정한 고시 「어선용품의 형식승인 시험 및 검정 등에 관한 기준」을 따르고 있다.

신청서를 제출받은 대행검사기관은 같은 법 시행규칙 제59조의2제3항에 따라 해당 형식승인대상물건이 형식승인을 받은 제조공정, 부품, 자재 및 각 부품의 시험성적서를 확인하여 제조사양서대로 제조되었는지와 같은 조 제2항에 따른 검정기준에 적합한지 여부를 이 기준 제9조(검정기준) 및 제10조(검정표본의 발취)에 따라 확인해야 한다.[81)]

또한 확인과정에서 검정항목 중 검정장소에서 시험을 할 수 없는 항목은 이 기준 제11조제1항 전단에 따라 형식승인시험기관에 시험의뢰하도록 하고 있다.

이 경우에 있어서의 검정표본의 발췌 수량은 이 기준 제11조제1항 후단에 따라 제10조제1항의 [별표 4]에도 불구하고 제2조(형식승인을 받을 수 있는 어선용품) 및 제7조(형식승인 시험기준 등)에 따른 [별표 1]에서 정한 시험재료 수량으로 할 수 있도록 하고 있다.

이에 따라 대행검사기관에서는 검정검사에 합격한 어선용품에 대하여 이 법 제27조제1항제6호 및 같은 법 시행규칙 제63조제1항제6호에 따른 [별지 제67호서식]의 검정증서를 발급해야 하며, 합격을 나타내는 검정 합격증인 표시는 같은 법 시행규칙 제59조의2제3항 및 제65조에 따른 [별표 7][82)]과 같다(〈표 2-8 참조〉).

---

81) 「어선용품의 형식승인 시험 및 검정 등에 관한 기준」 제9조(검정기준) ① 형식승인을 얻은 자가 형식대로 제조 되었는가에 대하여 수행하는 검정의 기준은 별표 1의 전부 또는 일부를 준용한다. 다만, 품목별 검정항목은 별표 3과 같다.

② 어선용품의 검정방법은 별표 3의 품목란에 기재한 물건별로 검정항목 란에 해당하는 검정을 하여야 한다.

제10조(검정표본의 발췌) ① 제9조제2항에 따라 검정을 하기 위하여 발췌하는 검정표본의 발췌 수량은 별표 4를 적용한다. 이때 검정표본은 임의로 발췌한다.

② 어선용품의 검정합격은 검정 신청한 어선용품 중 임의로 발췌한 물건에 대하여 검정시험 완료한 후에 성능에 이상이 없다고 판단될 경우에는 해당 물건을 합격한 것으로 할 수 있다.

82) 참고로 「어선법 시행규칙」 제54조제2항 및 제65조와 관련한 [별표 7]은 도면승인 표시 및 건조검사,

다만, 이 기준 제11조제1항 후단 및 제2항에 따라 다음의 경우에는 검정항목 중 일부를 생략할 수 있도록 규정하고 있다.

i) 검정항목 중 검정장소에서 시험을 할 수 없는 항목을 형식승인시험기관에 시험의뢰 할 경우, 해당 시험에 합격한 때에는 합격일로부터 1년 동안의 검정 시 해당 검정항목에 대하여 검정을 생략할 수 있다(기준 제11조제1항 후단).

ii) 형식승인을 얻은 어선용품을 검정할 때에 검정항목 중에 형식승인시험기관에 의뢰할 항목이 포함되어 있는 경우에는 형식승인을 얻은 날로부터 최초 1년 동안은 해당 검정항목에 대한 검정을 생략할 수 있다(기준 제11조제2항).

2. 우수건조 · 제조 · 정비사업장 지정 등 위반사범

> **제44조(벌칙)** ① 다음 각 호의 어느 하나에 해당하는 자는 1년 이하의 징역 또는 1천만원 이하의 벌금에 처한다.
>
> 6. 거짓이나 그 밖의 부정한 방법으로 제25조제1항에 따른 우수건조사업장 · 우수제조사업장 또는 우수정비사업장의 지정을 받은 자

「어선법」 제25조에서 규정하고 있는 우수건조사업장 · 우수제조사업장 또는 우수정비사업장(이하 "우수사업장"이라 한다) 제도는 앞서 언급한 바 있는 「선박안전법」 제20조에 따른 지정사업장 제도와 유사하다.

여기에서는 거짓, 그 밖의 부정한 방법으로 우수사업장의 지정을 받은 자의 위법행위에 대한 사실 관계를 이와 관련한 법령 및 행정규칙 등을 통해 살펴보고자 한다.

예비검사, 검정, 건조(제조 · 정비) 확인의 합격표시로 사용되며 다음의 형태를 보이고 있다.

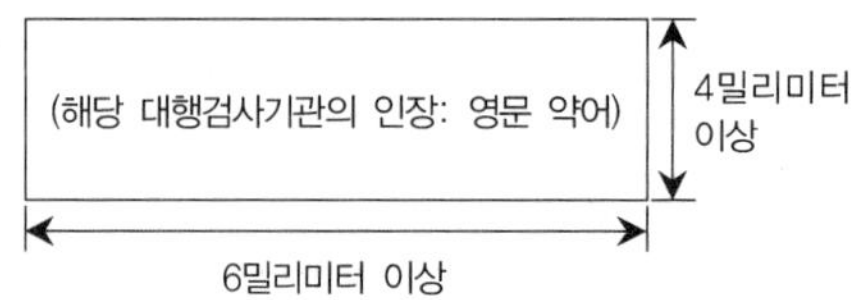

「어선법」 제25조제1항에 따라 해양수산부장관은 어선 또는 이 법 제3조에 따른 설비를 건조·제조하거나 정비(개조 또는 수리를 포함한다)하는 사업장 중 해양수산부령으로 정하는 시설기준에 적합한 사업장에 대하여 어선, 어선의 설비 또는 어선용품(이하 "지정대상물건"이라 한다)의 우수사업장으로 지정할 수 있다.

이와 관련해서 이 법 제25조제1항에 따른 우수사업장으로 지정받을 수 있는 지정대상물건의 범위, 우수사업장의 지정을 받으려는 자가 갖추어야 할 시설, 설비, 인원 등 우수사업장의 지정에 관한 기준은 같은 법 시행규칙 제59조의4와 관련한 [별표 17]과 같다.[83]

그리고 이 법 제25조제2항에서는 같은 조 제1항에 따라 우수사업장의 지정을 받으려는 자는 지정대상물건의 건조·제조 또는 정비 규정을 작성하여 해양수산부장관의 승인을 받도록 하고 있다.

이와 관련해서 우수사업장의 지정을 받으려는 자는 같은 법 시행규칙 제59조의5제1항에 따른 [별지 제54호서식]의 우수사업장지정신청서에 다음의 서류를 첨부하여 해양수산부장관에게 제출하여야 한다.

i) 사업장의 연혁·조직 및 업무분장의 개요(제1호)
ii) 제59조의4에 따른 기준에 적합함을 증명하는 서류(제2호)
iii) 다음의 요건이 포함된 지정대상물건의 건조·제조에 관한 규정(우수건조사업장 또는 우수제조사업장의 지정을 받으려는 자로 한정하고, 이하 "건조·제조 규정"이라 한다)(제3호)
　㉮ 지정대상물건의 구조(제3호가목)
　㉯ 지정대상물건의 성능 및 주된 재료(제3호나목)
　㉰ 건조·제조공정(제3호다목)
　㉱ 품질관리(제3호라목)
　㉲ 시험과 검사체계(제3호마목)

83) 「어선법 시행규칙」 제59조의4와 관련한 [별표 17] 제1호에서는 우수사업장 지정대상물건의 종류를 다음 표와 같이 구분해서 규정하고 있다.

iv) 다음의 요건이 포함된 지정대상물건의 정비에 관한 규정(우수정비사업장의 지정을 받으려는 자로 한정하며, 이하 "정비규정"이라 한다)(제4호)

㉮ 분해 및 조립방법과 사용공구(제4호가목)

㉯ 부품 또는 부재별 점검 및 정비방법(제4호나목)

㉰ 부품 또는 부재별 사용시간과 손상정도 등에 따른 사용한도의 판정기준(제4호다목)

㉱ 조립 후의 조정방법(제4호라목)

v) 지정대상물건에 대한 자체검사기준(제5호)

구 분	우수사업장별 지정대상물건의 종류
우수건조사업장	1) 소형 강화플라스틱제 어선의 선체(측정 길이가 24미터 미만인 어선의 선체에 한정한다) 2) 소형 알루미늄합금제 어선의 선체(측정 길이가 24미터 미만인 어선의 선체에 한정한다)
우수제조사업장	1) 창구복포(覆布) 2) 내연기관(연속최대출력 600마력 미만인 것에 한정한다) 3) 팽창식 구명뗏목 4) 구명부환 5) 구명조끼 6) 구명줄발사기(발사체 및 구명줄을 포함한다) 7) 로켓낙하산신호 8) 신호홍염 9) 발연부신호 10) 자기발연신호 11) 자기점화등 12) 고압가스용기의 밸브 13) 소화펌프 14) 소화기 15) 소화제 16) 소화호스, 노즐 및 국제육상시설연결구 17) 탄산가스용기 18) 매니폴드 19) 제어밸브 20) 선등 또는 그 부품(전구 · 유리) 21) 음향신호장치(기적 · 호종 및 동라 등) 22) 국제협약 또는 기타 해양수산부장관이 법 제3조에 따라 어선의 설비기준으로 정하는 설비나 그 부품
우수정비사업장	1) 내연기관(연속최대출력 600마력 미만인 것에 한정한다) 2) 팽창식 구명뗏목 3) 팽창식 구명부기 4) 강하식 탑승장치 5) 소화기
기 타	국제협약 또는 기타 해양수산부장관이 법 제3조에 따라 어선의 설비기준으로 정하는 설비나 그 부품

이에 따라 신청서를 받은 해양수산부장관은 같은 법 시행규칙 제59조의5제2항에 따라 해당 사업장이 제59조의4에 따른 지정기준에 적합한지의 여부를 서류와 현장심사(이미 지정받은 품목과 같은 품목인 경우에는 현장심사를 생략한다)를 통하여 확인하여야 한다.

또한 건조 · 제조규정 또는 정비규정이 지정기준에 적합한 경우에는 이를 승인하며, 해당 사업장이 건조 · 제조 또는 정비능력이 있다고 인정되는 경우에는 [별지 제55호서식]의 우수사업장지정서를 신청인에게 발급하도록 하고 있다.

이 경우 해양수산부장관은 같은 법 시행규칙 제59조의5제3항 및 제4항에 따라 우수사업장지정서 발급과 관련한 확인을 위하여 필요한 경우에는 관련 분야 전문가의 의견을 들을 수 있으며, 우수사업장을 지정한 때에는 그 지정 사실을 고시하여야 한다.

한편, 이 법 제25조제1항에 따라 우수사업장의 지정을 받은 자가 같은 법 시행규칙 제59조의5제2항에 따라 확인받은 내용을 변경하고자 하는 경우에는 같은 법 시행규칙 제59조의6제1항과 관련한 [별지 제54호서식]의 우수사업장지정(변경)신청서에 그 변경내용 및 사유를 적은 서류를 첨부하여 해양수산부장관에게 제출하도록 하고 있다.

해양수산부장관은 이에 따른 변경내용 및 사유가 우수사업장의 지정기준에 적합한지의 여부를 검토하고 이에 적합한 경우에는 같은 법 시행규칙 제59조의6제2항에 따라 그 사실을 신청인에게 알려야 하며, 이 경우에는 우수사업장지정서와 같은 별도의 서식을 두고 있지 않다.

3. 검사증서 부정수령 위반사범

제44조(벌칙) ① 다음 각 호의 어느 하나에 해당하는 자는 1년 이하의 징역 또는 1천만원 이하의 벌금에 처한다.

8. 거짓이나 그 밖의 부정한 방법으로 제27조제1항에 따른 어선검사증서 · 어선특별검사증서 · 임시항행검사증서 · 건조검사증서 · 예비검사증서 · 검정증서 · 건조확인증 · 제조확인증 또는 정비확인증을 발급받은 자

「어선법」 제27조제1항제1호부터 제7호까지의 규정에 따른 어선검사증서 · 어선특별검사증서 · 임시항행검사증서 · 건조검사증서 · 예비검사증서 · 검정증서 · 건조확인증 · 제조확인증 또는 정비확인증을 받으려는 자는 대행검사기관에 해당 검사 · 검정 · 확인신청서를 제출하여야 한다.

이 경우 대행검사기관에서는 이 법 제21조제1항제1호 · 제3호 · 제5호에 따른 해당 검사에 합격한 경우에는 어선검사증서, 어선특별검사증서 및 임시항행검사증서를 각각 발급하고 있다.[84]

또한 이 법 제22조제1항 · 제3항, 제24조제1항 및 제25조제3항 · 제4항에 따라 해당 검사에 합격한 경우에는 건조검사증서, 예비검사증서, 검정증서 및 건조 · 제조확인증 또는 정비확인증을 각각 발급하도록 하고 있다.

이 과정에서 거짓, 그 밖의 부정한 방법으로 검사를 받고 이에 따른 검사증서등을 받은 자에 대해서는 이 법 제44조제1항제8호에 따라 처벌하도록 규정하고 있다.

따라서 여기에서는 검사 · 검정 · 확인을 적법하게 받기 위해 필요한 사항들을 관련 법령 및 행정규칙 등을 통해 살펴보고 위법하게 검사증서등을 받은 자에 대한 사실관계를 살펴보고자 한다.

한편, 이와 관련한 정기검사, 중간검사, 임시검사, 특별검사, 임시항행검사, 검정에 대한 세부 내용은 앞서 이미 언급하였으므로 생략하고, 여기에서는 건조검사, 예비검사 및 지정대상물건의 확인과 관련한 내용에 한해서 다루고자 한다.

가. 건조검사

「어선법」에 따른 "건조검사"라 함은 앞서 언급한 바 있는 「선박안전법」 제7조제1항의 건조검사와 동일한 개념으로 이는 어선을 건조에 착수한 때부터 받아야 하는

84) 대행검사기관에서는 「어선법」 제27조제1항에 따라 정기검사, 중간검사, 임시검사에 합격된 경우에는 어선검사증서를, 특별검사에 합격된 경우에는 어선특별검사증서를, 임시항행검사에 합격한 경우에는 임시항행검사증서를, 건조검사에 합격한 경우에는 건조검사증서를, 예비검사에 합격한 경우에는 예비검사증서를, 검정에 합격한 경우에는 검정증서를, 지정대상물건을 확인한 경우에는 건조 · 제조확인증 또는 정비확인증을 발급하도록 하고 있다. 또한 이 법 같은 조 제2항에 따라 건조검사증서, 예비검사증서, 검정증서 및 건조 · 제조확인증 또는 정비확인증을 발급하는 때에는 해당 어선 또는 어선용품에 합격표시 또는 증인(證印)을 붙여야 한다.

검사를 말한다.

「어선법」 제22조제1항에서는 "어선을 건조하는 자는 제3조제1호(선체) · 제2호(기관) · 제3호(배수설비) · 제5호(조타 · 계선 · 양묘설비) · 제6호(전기설비)의 설비와 제4조에 따른 만재흘수선에 대하여 각각 어선의 건조에 착수한 때부터 대행검사기관의 건조검사를 받아야 한다"고 규정하고 있다.

반면, 「어선법」 제22조제1항 단서 및 같은 법 시행규칙 제51조에서는 어선에 대한 건조검사 면제 규정을 두고 있으며, 해당 어선은 다음과 같다.[85)]

i) 무동력선(시행규칙 제51조제1호)

ii) 「내수면어업법」 제6조, 제9조 또는 제11조에 따른 면허어업, 허가어업 또는 신고어업에 사용되는 어선(시행규칙 제51조제2호)

iii) 배의 길이 24미터 미만의 목선(시행규칙 제51조제3호)

iv) 외국의 조선소에서 건조하는 어선으로서 해양수산부장관이 고시하는 외국정부 또는 국내외의 공인된 선박검사기관에서 건조검사에 준하는 검사를 받은 어선(시행규칙 제51조제4호)

한편, 「어선법」상의 어선은 「선박안전법」 적용대상 선박과는 다르게 어선을 건조하려는 자 또는 어선의 건조를 발주하려는 자가 우선 「어선법」 제8조제1항 및 같은 법 시행규칙 제5조제2항에 따른 '어선건조(건조발주)허가서'를 받은 후 건조를 하도록 하고 있으며, 이에 대한 예외 규정을 두고 있지 않다.

따라서 건조검사를 면제받은 어선의 경우일지라도 '어선건조(건조발주)허가서'를 받지 아니하고 어선을 건조한 때에는 위법한 행위가 되어 앞서 언급한 이 법 제43조에 따른 처벌대상이 될 수 있다.

「어선법」 제22조제1항 및 같은 법 시행규칙 제50조제1항에 따라 건조검사를 받으려는 자는 [별지 제43호서식]의 '건조 검사신청서'에 다음의 서류를 첨부하여 어선의 건조를 시작하기 전에 대행검사기관에 제출하여야 한다.

85) 건조검사 면제 대상 어선은 「어선법」 제21조제1항제1호에 따른 최초로 항행의 목적에 사용하기 위한 정기검사(최초의 정기검사)를 받아야 한다.

ⅰ) 건조검사 관련 승인도면(도면을 승인한 대행검사기관에 건조검사를 신청하는 경우에는 생략한다)(시행규칙 제50조제1항제1호)
ⅱ) 이 법 제27조제1항제5호에 따른 어선용품의 예비검사증서(시행규칙 제50조제1항제2호)
ⅲ) 이 법 제27조제1항제6호에 따른 어선용품의 검정증서(시행규칙 제50조제1항제3호)
ⅳ) 이 법 제27조제1항제7호에 따른 어선용품의 건조 · 제조확인증 또는 정비확인증(시행규칙 제50조제1항제4호)

다만, 여기에서 위의 ⅱ)부터 ⅳ)까지의 예비검사증서, 검정증서, 건조 · 제조확인증 또는 정비확인증은 해당되는 경우에만 첨부하도록 하고 있다.

또한, 위의 ⅰ)과 관련해서 어선의 도면[86)]에 대하여 승인(또는 변경승인)을 받으려는 자는 이 법 제37조제2항에 따라 준용하는 「선박안전법」 제13조제1항에 따라 같은 법 시행규칙 제54조제1항에 따른 [별지 제48호서식]의 도면승인(변경)신청서에 [별표 6]에서 정한 해당 어선의 검사종류별 관련 도면 3부를 첨부하여 대행검사기관에 제출하도록 하고 있다.[87)]

반면, 같은 법 시행규칙 제54조제1항 단서에 따라 다음의 어느 하나에 해당하는 경우에는 도면의 승인을 생략할 수 있도록 규정하고 있다.

ⅰ) 최초 도면의 승인을 받은 후 변경이 없는 경우의 도면(제1호)
ⅱ) 같은 조선소에서 같은 내용으로 승인된 도면에 따라 건조되는 같은 형태의 후속 어선의 도면(제2호)
ⅲ) 대행검사기관을 변경하여 검사를 받으려는 어선의 기존 도면(다만, 기존 도면

86) "도면"이란 설계도 · 사양서 · 계산서 · 표 · 자료 등 어선의 치수 · 형상 및 성능 등을 나타내는 서류를 말한다(「어선법 시행규칙」 제2조제10호).

87) 「어선법 시행규칙」 제54조제1항에서는 검사종류별 관련 도면에 대해 규정하고 있으며, 여기에서의 검사종류에는 건조(별도건조)검사, 정기검사, 임시검사 및 예비검사가 해당된다. 이 중 건조(별도건조)검사 시 제출하여야 하는 도면의 종류를 살펴보면, 다음의 표와 같다.

이 해당 어선과 같지 아니하거나 변경된 경우에는 그러하지 아니하다)(제3호)

iv) 해당 대행검사기관에서 설계하거나 설계 감리한 도면(제4호)

v) 같은 법 시행규칙 제51조제1호부터 제3호까지 해당하는 어선의 도면(제5호)

그리고 이 법 제37조제2항에 따라 준용하는 「선박안전법」 제13조제2항에 따른 도면승인의 표시는 같은 법 시행규칙 제54조제2항과 관련한 [별표 7]의 증인(證印)을 도면의 적절한 곳에 날인하여야 하며, 이와 관련해서는 앞서 언급한 바와 같이 다음의 [그림 3-9]와 같다.

구 분		건조(별도검사) 시 제출도면의 종류
배의 길이 24미터 미만인 경우	총톤수 10톤 미만 어선	1) 일반배치도 또는 배의 길이, 너비, 깊이, 최대 승선인원, 격벽위치, 기관의 종류 및 출력 등이 기재된 제작사의 카탈로그 2) 강재배치도 또는 재료배치도 3) 중앙횡단면도 4) 강도계산서(강화플라스틱 재질은 선체판 두께측정 등에 의한 강도계산서를 말하고, 2) 및 3)의 도면을 제출하지 않는 경우로 한정한다) 5) 1)부터 4)까지에도 불구하고 총톤수 2톤 미만 어선의 경우 1)의 도면
	총톤수 10톤 이상 어선	1) 위의 1)부터 3)까지의 도면 2) 기관실전체장치도 3) 전기계통도(동시에 사용하는 발전기 합계용량 50kVA 이상으로 한정한다)
배의 길이 24미터 이상인 경우		1) 건조사양서(별도건조검사 대상은 제외한다) 2) 일반배치도, 3) 선체선도, 4) 중앙횡단면도 5) 강재배치도 또는 재료배치도 6) 외판전개도(강선과 알루미늄선으로 한정한다) 7) 배수량등곡선도, 8) 기관실전체장치도 9) 흘수표배치도, 10) 제개구폐쇄장치도 11) 전기계통도(동시에 사용하는 발전기 합계용량이 50kVA 이상인 것으로 한정한다) 12) 구조 및 배치를 나타내는 설계도면(별도건조검사 대상은 제외한다) 가) 상갑판하 선체구조도 나) 선미재 및 스트러트 구조도 다) 선루 및 갑판실 구조도 라) 램프게이트 구조도(해당하는 경우로 한정한다) 마) 타(舵)구조도 바) 축계장치도 사) 제관장치도(갑판배관장치를 포함한다) 아) 냉동기기배치도, 열부하계산서 및 이에 따른 배관도(해당하는 경우로 한정한다) 자) 비틀림진동계산서(중간축구조도, 프로펠러축구조도, 프로펠러구조도 및 계산 관련 자료를 포함하며 해당하는 경우로 한정한다) 차) 하역장치 배치 및 강도계산서(총톤수 300톤 이상인 어선에 설치되어 1톤 이상의 화물의 하역에 사용되는 하역장치로 한정한다) 카) 전기설비(동시에 사용하는 발전기 합계용량이 50kVA 이상인 것으로 한정한다) (1) 전력조사표, (2) 전기기기 배치도

대행검사기관에서는 이 경우「선박안전법」적용대상 선박의 도면승인 시「선박안전법」제13조제2항 및 같은 법 시행규칙 제29조제2항에 따라 해당 도면에 표시하도록 하고 있는 별도의 사항[88]을 제외하고는 전반적이 처리과정은 동일하다. 도면승인 표시(증인)는 앞에서 이미 언급한 {참고 2-5}를 따른다.

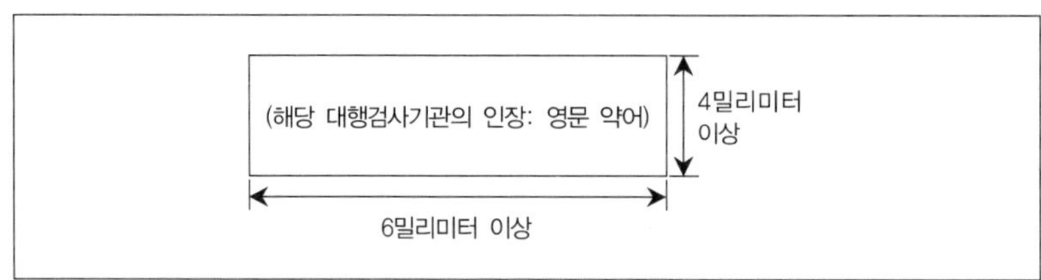

[그림 3-9] 어선검사 관련 도면승인 표시(증인)

어선의 건조검사와 관련한 준비사항은「어선법」제37조제2항에 따라 준용하는「선박안전법」제14조제1항을 따르고 있으며, 이는「어선법 시행규칙」제55조제1항제6호의 [별표 11]에서 규정하고 있다. 또한 건조검사 시 수행하는 선체 압력시험방법은 같은 법 시행규칙 제50조제2항의 [별표 2]와 같다.

그 밖에「어선법」제22조제1항에 따른 건조검사에 합격된 부분에 대하여는 제21조제1항제1호에 따른 정기검사 중 최초로 실시하는 검사(최초의 정기검사)를 할 경우 이 법 제22조제2항에 따라 그 건조검사에서 합격된 부분에 대한 검사를 생략할 수 있도록 하고 있다.

이상의 내용을 정리하면 어선은 건조단계에서 부터 항행 또는 조업에 사용하기까지 다음의 단계를 거치게 된다.

---

88)「선박안전법」제13조(도면의 승인 등) ② 해양수산부장관은 제1항의 규정에 따라 승인요청을 받은 도면이 제26조 내지 제28조의 규정에 따른 기준에 적합한 때에는 이를 승인하고 해양수산부령으로 정하는 사항을 해당 도면에 표시하여야 한다.

「선박안전법 시행규칙」제29조(도면의 승인 등) ② 법 제13조제2항에서 "해양수산부령으로 정하는 사항"이란 다음 각 호의 사항을 말한다.

1. 별표 8에 따른 증인(證印)
2. 도면의 승인 또는 변경승인을 한 선박검사관의 성명
3. 승인 날짜

먼저 대행검사기관의 도면승인 및 건조검사 완료 후 최초의 정기검사[89]를 받도록 하고 있다. 이와 관련해서는 대체로 도면승인 신청서 제출 시 건조검사 및 최초의 정기검사 신청서를 동시에 제출하는 것이 일반적이며, 건조검사에 합격된 경우에는 「어선법」 제27조제1항제4호 및 같은 법 시행규칙 제63조제1항제4호에 따른 [별지 제65호서식]의 건조검사증서를 대행검사기관에서 발급하고 있다.

이에 추가하여 「어선법」 제22조제6항에 따라 해양수산부장관은 외국에서 수입되는 선박 등으로 건조검사를 받지 아니하는 선박에 대하여 건조검사에 준하는 검사로서 해양수산부령으로 정하는 검사(이하 "별도건조검사"라 한다)를 받게 할 수 있도록 하고 있다. 다시 말해서 별도건조검사는 외국에서 수입되는 모든 어선 및 건조검사 대상 선박 중 대행검사기관의 건조검사를 받지 아니한 어선에 대해 적용된다.[90]

별도건조검사를 받으려는 자는 「어선법 시행규칙」 제53조제1항에 따른 [별지 제43호서식]의 별도건조검사신청서에 별도건조검사를 받기 위하여 승인받은 도면(도면을 승인한 대행검사기관에 신청하는 경우에는 생략한다)을 첨부하여 대행검사기관에 제출하여야 한다.

이 경우 별도건조검사를 받기 이전에 미리 받아야 하는 도면승인과 관련해서는 앞서 언급한 바와 같이 같은 법 시행규칙 제54조제1항에 따른 건조검사의 도면승인 절차와 같으나, 별도건조검사 시에는 같은 조 제1항 단서에 따라 도면승인을 생략할 수 있는 예외규정을 두고 있지 않다.[91]

---

89) 「어선법 시행규칙」 제43조(정기검사)제1항에서는 이 법 제21조제1항제1호에 따라 최초로 항행에 사용하는 어선에 대하여 정기검사("최초의 정기검사"라고 하며 일반적으로 건조검사 신청과 동시에 이루어짐)를 받으려는 어선소유자는 [별지 제40호서식]의 어선검사신청서에 관련 서류를 첨부하여 대행검사기관에 제출하여야 하며, 건조검사 또는 별도건조검사 신청 시에 첨부한 서류는 제외하도록 하고 있다. 또한 예비검사증서, 검정증서, 건조 · 제조확인증 또는 정비확인증은 해당하는 경우에만 첨부한다.

90) 별도건조검사 대상 어선은 외국에서 수입되는 모든 어선 등으로 규정하고 있으므로 「어선법 시행규칙」 제51조제1호부터 제3호까지에서 규정하고 있는 건조검사 면제대상 어선을 외국으로부터 수입하고자 할 경우에는 별도건조검사 대상이 된다. 또한 이에 해당하는 어선은 이 규칙 제54조제1항 관련 [별표 6]에서 규정하고 있는 도면승인을 받도록 하고 있다. 다시 말해서 도면의 승인 등과 관련한 규정은 건조검사 및 별도건조검사 시 각각 다르게 적용되므로 이를 명확히 구분해서 해당 어선에 적용해야 한다.

91) 「어선법 시행규칙」 제54조(도면의 승인 등) ① 법 제37조제2항에 따라 준용하는 「선박안전법」 제13조제1항에 따라 어선의 도면에 대하여 승인 또는 변경승인을 받으려는 자는 별지 제48호서식의 도면

어선의 별도건조검사와 관련한 준비사항은 「어선법 시행규칙」 제55조제1항제7호의 [별표 12]에서 규정하고 있으며, 이는 「어선법」 제37조제2항에 따라 준용하는 「선박안전법」 제14조제1항에 따른 것이다.

또한 이에 따른 별도건조검사는 같은 법 시행규칙 제53조제2항에 따라 이 법 제22조제1항에 따른 어선의 설비와 만재흘수선으로 하되, 선체 압력시험방법은 [별표 5]와 같다.

대행검사기관에서는 이에 따라 해당 설비에 대하여 검사하고, 검사에 합격한 경우에는 [별지 제47호서식]의 별도건조검사증서를 발급하여야 하며, 별도검조검사와 관련한 세부 내용은 앞의 {참고 2-4} '별도건조검사의 개요'를 참조하도록 한다.

나. 예비검사

「선박안전법」에서 규정하고 있는 "예비검사" 제도는 「어선법」 에서도 동일한 제도를 포함하고 있으며, 제도도입 배경 등 이와 관련한 자세한 내용은 '제2장 제2절 Ⅱ. 4. 예비검사 위반사범'을 참조하고 여기에서는 해당 규정에 대한 내용을 중심으로 거짓, 그 밖의 부정한 방법으로 예비검사증서를 받은 자의 위법행위에 대한 사실 관계를 이와 관련한 법령 및 행정규칙 등을 통해 살펴보고자 한다.

「어선법」 제22조제3항에 따라 이 법 제3조에서 규정하고 있는 설비에 필요한 어선용품 중 해양수산부령으로 정하는 어선용품을 제조 · 개조 · 수리 또는 정비하거나 수입하려는 자는 해당 어선용품을 설치하여야 할 어선이 결정되기 전에 해양수산부장관의 검사를 받을 수 있도록 하고 있으며, 이를 "예비검사"로 규정하고 있다.[92)]

여기에서의 "해양수산부령으로 정하는 어선용품"은 같은 법 시행규칙 제52조제1항과 관련한 [별표 3](예비검사를 받을 수 있는 어선용품) 제1호에서 규정하고 있는 어선용품을 말하며, 선체(어선의 선체 중에서는 측정 길이 24미터 미만으로 한정)[93)], 기관, 배수설비, 조타 · 계선 및 양묘설비, 구명설비, 소방설비, 거주설비, 항해용구,

---

승인(변경)신청서에 [별표 6]에서 정한 해당 어선의 검사종류별 관련 도면 3부를 첨부하여 해양수산부장관에게 제출하여야 한다.

92) 예비검사는 모든 "어선용품"을 대상으로 하고 있지 않으며, 「어선법 시행규칙」 제52조제1항과 관련한 [별표 3]의 범위로 제한하고 있다.

93) 측정길이 24미터 미만 어선의 선체에 대한 예비검사 시 검사범위는 선체 선각공사 중 상갑판 취부공사까지로 한다.(선박안전기술공단의 「어선검사지침」 3.1.3).

어로 및 하역 기타 작업설비, 전기설비 등에 관한 것으로 하고 있다.

반면, 위의 [별표 3] 제2호에서는 예비검사를 하지 않을 수 있는 어선용품에 대해 규정하고 있으나, 이 중 같은 법 시행규칙 제56조제6항과 관련한 [별표 16] 제3호카목의 기관은 예비검사 면제대상에서 제외하고 있다.[94] 이는 [별표 3]의 같은 호 다목 단서에 따른 것으로 '다른 어선 또는 선박에 설치되어 검사를 받아오던 어선용품 및 선박용물건'은 예비검사를 받지 아니할 수 있으나, [별표 16] 제3호카목의 기관은 이와는 관계없이 기존 어선 또는 선박에 설치된 이후 다른 어선 또는 선박에 설치될 경우 예비검사를 받도록 하고 있다.

한편, 예비검사의 대상 및 범위 등은 앞서 언급한 바 있는 「선박안전법」 제22조제1항에 따라 해양수산부장관이 정하여 고시하는 기준인 「예비검사의 대상 및 기준」 제2조에서 규정하는 것과 유사하다(〈표 2-9〉 참조).[95]

이에 따라 어선용품에 대하여 예비검사를 받으려는 자는 같은 법 시행규칙 제52조제2항에 따른 [별지 제44호서식]의 예비검사신청서에 예비검사 관련 승인도면(제조·개조 또는 수입의 경우에 한정하며, 도면승인을 한 대행검사기관에 예비검사를 신청하는 경우에는 생략한다)을 첨부하여 대행검사기관에 제출하여야 한다.[96]

---

94) 「어선법 시행규칙」 제56조제6항 관련 [별표 16] 제3호카목에 따라 [별표 8] 정기검사 준비사항 중 제2호가목·라목, [별표 9] 제1종 중간검사 준비사항 중 제1호나목1)·4) 및 차목에도 불구하고 총톤수 10톤 미만인 연안어선(「낚시 관리 및 육성법」에 따라 낚시어선업을 겸용하는 어선은 제외한다)으로서 다음의 어느 하나에 해당하는 어선의 기관에 대하여는 연안(도서를 포함한다)으로부터 5마일 이내에서 어장관리 또는 구획어업에 종사하는 조건으로 효력시험 외의 검사준비를 면제할 수 있다.
1) 「수산업법」 제27조제1항에 따른 어장관리선으로 지정받은 어선
2) 「수산업법」 제27조제3항에 따른 어장관리선으로 승인받은 어선
3) 「수산업법」 제41조제3항제1호에 따른 구획어업에 사용하는 어선

95) 한편, 예비검사를 하지 않을 수 있는 어선용품 중 현창은 「선박안전법」에 따른 선박용물건과 마찬가지로 적용제외 범위가 동일하나, 표현방법에 있어서는 다음과 같이 다소 차이를 보이고 있다. i) 「어선법」에 따른 어선용품 중 현창의 적용제외 범위는 'KS V ISO 1751 C급 제외'로 「선박안전법」에 따른 선박용물건 중 현창의 적용제외 범위는 '한국산업규격 C급 이하의 것'으로 나타내고 있다. 그 밖에 어선용품 중 관류의 적용제외 범위는 "제1류관용 외의 것"으로 하고 있다. 이는 「어선기관기준」 제2조제34호에서 규정하고 있으며, 이와 관련해서는 제2장 각주 90번을 참조한다.

96) 반면, 제출서류의 일부를 조정 또는 면제하는 경우는 「어선법 시행규칙」 제56조제6항 관련 [별표 16] (검사준비 및 세류제출의 완화 등) 제4호나목 및 다목에서 규정하고 있으며, 다음과 같다. i) 이미 승인받은 도면(건조 당시의 시설기준에 변경이 없는 것으로 한정한다)에 따라 동일업체에서 동일한 내용으로 어선용품(그 부품을 포함한다)을 제조하려는 경우 또는 한국산업규격(이하 "KS규격"이라

여기에서 도면승인과 관련해서는 앞서 언급한 바와 같이 같은 법 시행규칙 제54조(도면의 승인 등)를 따르도록 하고 있다.

또한 예비검사를 받으려는 자가 준비해야 할 사항은 「어선법」 제37조제2항에 따라 준용하는 「선박안전법」 제14조제1항을 따르고 있으며, 이는 「어선법 시행규칙」 제55조제1항제8호의 [별표 13]에서 규정하고 있다.

하지만 같은 법 시행규칙 제56조제6항 관련 [별표 16]의 제3호아목 · 자목 · 차목 · 타목에서는 [별표 13]에서 규정하고 있는 예비검사 준비사항 중 일부를 면제할 수 있는 규정을 두고 있다.[97]

대행검사기관에서는 이에 따라 예비검사에 합격된 경우에는 「어선법」 제27조제1항제5호 및 같은 법 시행규칙 제63조제1항제5호에 따른 [별지 제66호서식]의 예비검사증서를 발급하고 있으며, 이와 관련해서 합격을 나타내는 표시 또는 증인은 이 법 제27조제2항 및 같은 법 시행규칙 제65조의 [별표 7]을 따르고 있다. 이 경우 대행검

한다)에 따라 어선용품을 제조하려는 경우에는 제조사양서 및 [별표 6] 제4호 서류제출을 면제한다. 이 경우 예비검사신청서 비고란에 승인받은 도면의 내역 또는 KS규격번호를 기재토록 한다. ii) 어선용품의 수리(기존 설비 중 그 부품을 신환하는 경우를 포함한다) 또는 정비에 따른 예비검사를 받으려는 어선용품(중고품이 이에 해당함)에 대하여는 제조사양서 및 [별표 6] 제4호의 서류제출을 면제한다. 다만, 필요하다고 인정하는 경우에는 카탈로그 등 참고자료를 요구할 수 있도록 하고 있다.

97) 「어선법 시행규칙」 제56조제6항 관련 [별표 16] (검사준비 및 세류제출의 완화 등) 제3호에서는 예비검사 준비사항 중 그 일부를 면제하는 규정을 두고 있으며 다음과 같다. i) 예비검사를 받으려는 어선용품이 형식승인 대상품목으로서 검사신청 이전 최근 2년 동안 매년 2회 이상 형식승인시험기관의 환경시험에 합격한 경우에는 해당 어선용품에 대한 환경시험의 준비를 면제한다(제3호아목), ii) 어선용품(법 제3조제8호 · 제9호 및 제11호를 제외한다)의 예비검사를 할 때에 외국정부의 검사 등을 받은 것 또는 ISO 9000시리즈의 인증을 받은 제조업체에서 생산된 부품은 재료시험 및 그 부품에 대한 검사 준비를 면제할 수 있다(제3호자목), iii) 개조, 수리 또는 정비에 따른 예비검사를 할 때에 다음의 어느 하나에 해당하는 어선용품 및 선박용물건에 대하여는 개방검사, 비파괴검사 및 효력시험 외의 검사준비를 면제한다(제3호차목)

① 다른 어선 또는 선박에 사용되었던 어선용품 및 선박용물건

② 어선 외의 다른 용도로 사용되던 것을 어선용으로 구조변경하여 어선에 설치하려는 다음 어느 하나에 해당하는 어선용품

가. 주기관을 제외한 것으로서 출력 220킬로와트(300PS) 미만인 내연기관

나. 연근해 어선에 설치하려는 것

iv) 선내외기(신품으로 한정한다) 및 선외기의 예비검사를 할 때에 동력전달장치 및 축계장치는 해당 기관의 단일조립 완성품으로 간주하며, 외국정부의 검사를 받은 것 또는 ISO 9000시리즈의 인증받은 제조업체에서 생산된 것에 대하여는 효력시험외의 검사준비를 면제할 수 있다(제3호타목).

사기관별 검사 합격표시는 앞의 〈표 2-8〉과 같다.[98]

예비검사는 해당 어선용품에 대하여 같은 법 시행규칙 제52조제3항에 따라 제조·개조·수리 또는 정비에 착수하였을 때부터 해양수산부장관이 정하여 고시하는 기준에 따라 대행검사기관의 검사를 받도록 하고 있다.

이 경우 예외적으로 어선용품 중 팽창식 구명설비의 수리 또는 정비에 따른 예비검사인 경우에는 「어선법 시행규칙」 제52조제3항 후단에 따라 해양수산부장관의 확인을 받은 곳 또는 「선박안전법 시행규칙」 제54조제4항에 따라 '팽창식구명설비정비시설등확인서'를 발급 받은 곳에서 수리 또는 정비에 착수하였을 때부터 검사를 받도록 하고 있다.[99]

이에 따라 확인을 받으려는 자는 같은 법 시행규칙 제52조제4항에 따른 [별표 4]의 '팽창식 구명설비의 수리 또는 정비에 따른 시설 등의 기준'에 맞는 시설 등을 갖추고 [별지 제45호서식]의 '팽창식 구명설비 정비시설 등 확인신청서'에 ⅰ) 시설명세서(제1호), ⅱ) [별표 4] 제2호가목에 따른 정비기술자의 요건에 적합함을 증명하는 서류(제2호), ⅲ) [별표 4] 제4호에 따른 자체 정비기준(제3호)을 첨부하여 해양수산부장관에게 제출하여야 한다.

해양수산부장관은 확인신청을 받은 경우 같은 법 시행규칙 제52조제5항에 따라 그 팽창식 구명설비 정비시설 등이 [별표 4]의 기준에 적합하다고 인정되면 [별지 제46호서식]의 '팽창식 구명설비 정비시설 등 확인서'를 발급하고 이를 고시하여야 한다.

그리고 팽창식 구명설비의 수리 또는 정비에 따른 예비검사인 경우에는 같은 법 시행규칙 제52조제6항에 따라 예비검사증서의 발급에 갈음하여 정비기록부에 선박검사원이 서명하는 것으로 대신할 수 있다.

다. 지정대상물건의 확인

「어선법」 제25조제1항에 따라 어선 또는 이 법 제3조에 따른 설비를 건조·제조하

98) 예비검사 합격표시와 관련해서는 제2장 각주 81번을 참조한다.

99) 팽창식구명설비의 종류에는 팽창식 구명뗏목, 팽창식 구명부기, 팽창식 구명조끼, 팽창형(복합형) 구조정 및 강하식 탑승장치가 있다(「어선법 시행규칙」 제52조제4항 관련 [별지 제45호서식] '팽창식 구명설비 정비시설 등 확인신청서' 상의 유의사항 참조).

거나 정비(개조 또는 수리를 포함한다)하는 사업장 중 해당 지정대상물건에 대하여 확인을 받고자 하는 때에는 같은 법 시행규칙 제59조의5(우수사업장의 지정 등)에 따른 절차에 따라 미리 해양수산부장관의 우수사업장지정서를 얻도록 규정하고 있다.

또한 우수사업장의 지정을 받은 자가 제59조의5에 따라 확인받은 내용을 변경하고자 하는 경우에도 같은 법 시행규칙 제59조의6(지정받은 사항의 변경)에 따른 절차에 따라 우수사업장 지정을 유지하도록 하고 있다.

다시 정리하면, 여기에서의 "확인"은 앞서 언급한 바 있는 형식승인에 따른 검정 및 예비검사와 유사한 검사제도로써 어선용품은 이 중 해당하는 어느 하나를 만족한 경우에 한해 어선에 설치하도록 하고 있다.

지정대상물건에 대한 확인제도는 같은 법 제59조의7제1항 후부(後部)에 따른 입법취지대로 우수사업장에서의 자체검사를 실시하고 이를 통해 확인하는 것을 원칙으로 하고 있다.

이에 따라 같은 조 제4항에서는 자체검사를 실시하는 우수사업장은 해당 지정대상물건이 제59조의5제2항에 따른 승인된 건조·제조 또는 정비규정에 적합하게 건조·제조 또는 정비되었는지 여부를 확인하여야 하며, 이에 합격한 경우에는 [별지 제57호서식]의 자체검사합격증서를 발급하고, 해당 지정대상물건에는 [별표 18]의 자체검사 합격표시를 하도록 규정하고 있다([그림 3-10] 참조).[100]

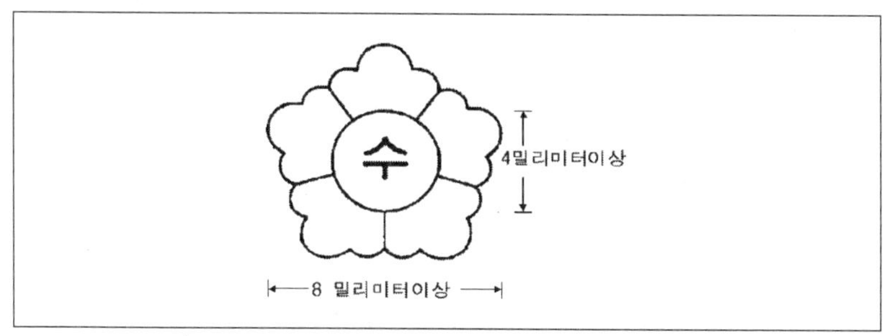

[그림 3-10] 우수사업장 자체검사 합격표시

100) 지정대상물건에 대한 우수사업장의 자체검사 합격표시는 앞서 선박안전법 관련 법령에서 언급한 바 있는 지정사업장의 자체검사 합격표시(「선박안전법 시행규칙」 제51조 관련)와 동일하다([그림 2-3] 참조).

반면, 이 법 제25조제3항 및 제4항에 따라 다음의 지정대상물건과 우수사업장으로 지정받은 자가 해양수산부장관의 확인을 받으려는 지정대상물건에 대해서는 대행검사기관이 직접 확인하도록 하고, 그 외의 지정대상물건에 대해서는 앞서 언급한 바와 같이 우수사업장에서 자체 검사를 실시하여 확인하도록 하고 있다(시행규칙 제59조의7제1항 전부(前部)).

i) 우수건조사업장의 경우: 소형어선(총톤수 10톤 미만)의 선체로서 다음에 해당하는 것(제1호)
- ㉮ 강화플라스틱제 선체(제1호가목)
- ㉯ 알루미늄합금제 선체(제1호나목)

ii) 우수제조사업장의 경우: 연속최대출력 600마력 미만의 내연기관(제2호)

iii) 우수정비사업장의 경우: 연속최대출력 600마력 미만의 내연기관(제3호)

이에 따라 대행검사기관의 확인을 받으려는 자는 같은 법 시행규칙 제59조의7제2항에 따라 해당 지정대상물건에 다음의 사항을 표시(크기 또는 모양을 고려하여 표시할 수 없는 경우는 제외한다)하고, [별지 제56호서식]의 확인신청서를 대행검사기관에 제출하여야 한다.

i) 우수사업장의 명칭, 지정번호 및 지정일자(제1호)

ii) 지정 품명 · 형식 및 규격(규격이 있는 경우에만 표시한다)(제2호)

iii) 건조 · 제조 또는 정비일자(제3호)

iv) 건조 · 제조번호 또는 정비번호(제4호)

대행검사기관에서는 이와 같은 절차에 따른 신청을 받은 때에는 해당 지정대상물건이 같은 법 시행규칙 제59조의5제2항에 따른 승인된 건조 · 제조규정 또는 정비규정에 적합하게 건조 · 제조 또는 정비되었는지 여부를 확인하여야 하며, 이에 합격한 경우에는 해당 지정대상물건에 제65조에 따른 확인 합격증인을 표시하여야 한다.[101)]

이와 함께 대행검사기관에서는 이 법 제27조제1항제7호 및 같은 법 시행규칙 제63

조제1항제7호에 따른 [별지 제68호서식]의 건조(제조 · 정비)확인증을 발급해야 한다.

참고로 어선용품 중 팽창식구명뗏목을 우수사업장에서 정비한 경우에는 앞서 언급한바 있는 「선박안전법」 관련 지정정비사업장에서 정비된 경우와 마찬가지로 정비에 따른 예비검사를 받은 것과 동일한 효력을 가지므로 대행검사기관에서는 별도의 추가 검사를실시할 필요가 없다. 이 경우에는 어선소유자로부터 정비기록부를 제출받아 이전 정비기록부와 대조 확인하고 이를 어선검사보고서에 첨부하는 것으로 대신하고 있다.[102]

Ⅵ. 어선검사증서 기재사항 위반사범

> **제44조(벌칙)** ① 다음 각 호의 어느 하나에 해당하는 자는 1년 이하의 징역 또는 1천만원 이하의 벌금에 처한다.
>
> 7. 제27조제1항제1호에 따른 어선검사증서에 기재된 최대승선인원 · 제한기압 · 만재흘수선의 위치 등의 사항을 위반하여 어선을 항행 또는 조업에 사용한 자

「어선법」 제27조제1항 및 같은 법 시행규칙 제63조제1항에서는 검사종류별로 각각의 검사증서등을 구분하고 있으며, 이에 해당하는 것에는 어선검사증서, 어선특별검사증서, 임시항행검사증서, 건조검사증서, 예비검사증서, 검정증서 및 건조 · 제조확인증(또는 정비확인증)이 있다.

이 법 제44조제1항제7호에서는 이와 같은 검사증서 종류 중에서 제27조제1항제1호에 따른 어선검사증서에 기재된 사항 중 ⅰ) 최대승선인원, ⅱ) 제한기압[103], ⅲ) 만

---

101) 지정대상물건에 대한 합격증인 표시는 제2장 각주 81번을 참조한다.

102) 이와는 달리 어선용품 중 팽창식 구명설비에 대해 예비검사를 하고자 하는 경우에는 비록 '우수사업장'일지라도 별도로 「어선법 시행규칙」 제52조제3항 후단 · 제4항 · 제5항 · 제6항에 따른 '팽창식 구명설비 정비시설 등 확인서'를 받도록 하고 있다. 한편, 팽창식 구명설비의 수리 또는 정비에 따른 예비검사인 경우에는 예비검사증서의 발급에 갈음하여 '정비기록부'에 대행검사기관의 선박검사원이 서명하는 것으로 합격표시를 대신하고 있다. 예비검사와 관련한 자세한 내용은 앞서 이미 언급한 바 있는 '제3장 제3절 Ⅴ. 3. 나. 예비검사'를 참조하도록 한다.

103) "제한기압"이란 보일러 및 그 부속장치의 각각의 강도상 허용할 수 있는 보일러의 최고사용기압을

재흘수선의 위치 등을 위반하여 어선을 항행 또는 조업에 사용한 자에 한해 처벌하도록 규정하고 있다.

한편, 어선검사증서에 기재된 사항 중 '제한기압(kg/㎠)'은 구, 「어선법 시행규칙」(1978년 12월 30일 농수산부령 제748호로 제정되고, 2009년 12월 14일 농림수산식품부령 제101호로 개정되기 이전의 것) 제46조제3항과 관련한 [별지 제43호서식]의 어선검사증서에 언급되어 있는 사항으로 현행 어선법 관련 법령에서는 어선검사증서에 제한기압에 관한 사항을 두고 있지 않다.[104]

따라서 이는 입법의 오류로 보여진다. 어선검사증서는 앞서 언급한 바와 같이 배의 길이 24미터를 기준으로 구분해서 각각의 해당 어선에 대해 발급하고 있으며, 어선검사증서 상의 기재항목은 다음의 〈표 3-10〉과 같다.[105]

〈표 3-10〉 어선검사증서 기재항목 및 적용선박

검사증서 종류(서식)	기재항목	적용선박
어선검사증서 [서식 61]	• (앞쪽) 어선의 명칭, 어선번호, 선질, 총톤수, 어업의 종류, 추진기관, 배의 길이, 무선설비, 최대승선인원, 항해와 관련한 조건, 유효기간 • (뒷쪽) 검사기록(차기검사, 검사완료일, 선박검사원의 성명, 검사기관)	• 배의 길이 24미터 미만 어선 ⇒ 시행규칙 제63조제1항제1호가목
어선검사증서 [서식 62]	• (앞쪽) 어선의 명칭, 어선번호, 선질, 총톤수, 어업의 종류, 추진기관, 배의 길이, 무선설비, 최대승선인원, 항해와 관련한 조건, 유효기간 • (뒷쪽) 만재흘수선의 위치, 어선검사증서 유효기간의 연장, 검사기록(차기검사, 검사완료일, 선박검사원의 성명, 검사기관)	• 배의 길이 24미터 이상 어선 ⇒ 시행규칙 제63조제1항제1호나목

말한다(「어선기관기준」 제2조제23호).

104) 「어선법」의 적용을 받던 어선을 「선박안전법」의 적용대상에 포함시켜 일반선박(비어선) 및 어선이 모두 「선박안전법」의 적용을 받도록 하는 등 선박검사업무를 일원화하여 선박검사의 전문성을 제고하기 위해 「어선법」이 1997년 12월 17일 법률 제5470호 개정되었다. 이후 「어선법」은 2009년 5월 27일 법률 제9718호로 다시 개정되면서 기존의 「선박안전법」에 따른 선박 설비기준 및 검사업무에 관한 규정 가운데 어선 관련 부분을 「어선법」으로 다시 이관하여 어선관리업무를 이 법에서 관장하면서 일반선박(비어선) 및 어선의 검사와 관련한 법령은 각각 「선박안전법」 및 「어선법」에서 규정하고 있다.

105) 「어선법」 제27조제1항제1호 및 같은 법 시행규칙 제63조제1항제1호에 따라 어선검사증서는 다음과 같이 구분하고 있다. ⅰ) 배의 길이 24미터 미만인 어선: [별지 제61호서식](시행규칙 제63조제1항제1호가목), ⅱ) 배의 길이 24미터 이상인 어선: [별지 제62호서식](시행규칙 제63조제1항제1호나목)

검사증서 기재사항 위반사범과 관련해서는 앞서 '제2장 제3절 Ⅰ. 선박검사증서 기재사항 등 위반사범'에서 언급한 바와 같이 선박검사증서에 기재된 사항 등을 위반한 경우로서 「선박안전법」 제84조제1항제1호 내지 제3호 · 제5호 · 제6호에 따라 선박검사증서 기재사항 중 항해구역, 최대승선인원, 만재흘수선의 지정위치, 선박검사증서 등의 효력(유효기간 등), 항해와 관련한 조건을 위반하여 선박을 항해에 사용한 자에 대한 처벌규정을 두고 있다.

이와 비교해서 「어선법」 제44조제1항제7호에서는 어선검사증서에 기재된 사항 중 최대승선인원 · 제한기압 · 만재흘수선의 위치 등의 사항을 위반하여 어선을 항행 또는 조업에 사용한 자에 대한 처벌규정을 두고 있어 「선박안전법」 적용대상 선박의 선박검사증서에 기재된 사항을 위반한 행위에 비해 그 해당 범위에 있어 다소 차이를 보이고 있다.

특히 앞서 언급한 바와 같이 현행 어선검사증서 상에는 제한기압에 대한 기재항목을 두고 있지 못하므로 위반행위에 대한 명확한 기준을 제시하고 있지 못한 실정이다.[106)]

뿐만 아니라 어선의 경우 「선박안전법」 적용대상 선박과는 달리 별도의 항해구역을 지정(평수 · 연해 · 근해 · 원양구역)하고 있지 않다.[107)]

이에 따라 여기에서는 「어선법 시행규칙」 제64조에 따라 어선검사증서에 기재된 사항 중 최대승선인원 · 만재흘수선의 위치에 대한 위반사항 이외 '항해와 관련한 조건'을 위반하여 어선을 항행 또는 조업에 사용한 자의 위법행위에 대한 사실 관계를

106) 제한기압은 「어선기관기준」 제2조제23호에 따라 보일러 및 그 부속장치의 각각의 강도상 허용할 수 있는 보일러의 최고사용기압을 말하는 것으로 보일러를 설치한 어선 중 해당 보일러에 설정되어 있는 제한기압을 초과해서 항행 또는 조업에 사용한 자를 「어선법」 제44조제1항제7호에 따라 처벌할 수 있도록 규정하고 있다. 다시 말해서 이와 같은 처벌규정은 제한기압을 위반하여 어선을 항행 또는 조업에 사용할 경우 화재 · 폭발사고 등의 위험을 방지하기 위한 제도적 조치로 볼 수 있을 것이다. 하지만 제한기압은 현행 규정에서는 어선검사증서를 통해 확인할 수 있는 사항이 아니며, 해당 어선의 검사보고서 등 관련 서류에 기재된 내용을 통해 확인할 수 있을 것이다. 또한 보일러의 제한기압 적정사용은 해양사고 예방을 위한 선상에서의 일반적인 조치사항(예, 화재 · 폭발사고 예방을 위한 기관실 내 인화물질 관리 철저 및 기름걸레 정리 · 정돈, 화재사고 예방을 위한 「어선설비기준」 제139조에 따른 액화석유가스설비 관리 철저 등)에 불과하다 할 것이다. 따라서 이 법 제44조제1항제7호 처벌규정은 죄형법정주의로부터 도출되는 성문법률주의 및 명확성의 원칙 등에 위배된다 할 것이므로 입법의 재검토가 필요할 것으로 사료된다.

107) 어선의 항행구역 등과 관련한 내용은 제2장 각주 182번을 참조하고, 별도의 자세한 설명은 생략하기로 한다.

이와 관련한 법령 및 행정규칙 등을 통해 살펴보고자 한다.

그 밖에 어선검사증서의 유효기간 또는 차기검사 기간이 만료되어 효력이 정지된 어선을 항행 또는 조업에 사용한 경우 이에 대한 위법행위와 관련한 자세한 내용은 본 저서 '제3장 제3절 Ⅳ. 검사미필 어선 사용 위반사범'을 참조하도록 하고 별도의 설명은 생략하기로 한다.

1. 최대승선인원 초과 어선 항행 위반사범

가. 최대승선인원의 구분

어선검사증서에 기재하는 최대승선인원은 「어선법 시행규칙」 제64조제2항에 따라 '어선원'과 다음의 어느 하나에 해당하는 사람 등 어선에 일시적으로 승선하는 '어선원 외의 자(사람)'로 구분하고 있다. 이 경우 해양사고 또는 그 밖의 부득이한 사유로 인하여 승선하는 사람은 최대승선인원의 산정에서 제외한다.

i) 어선원의 가족(제1호)
ii) 어선소유자(어선관리인 및 어선임차인을 포함한다) 및 어선회사의 소속 직원과 어선수리 작업원(제2호)
iii) 시험 · 조사 · 지도 · 단속 · 점검 · 교습 등에 관한 업무에 사용되는 어선에 해당 업무를 수행하기 위하여 승선하는 사람(제3호)
iv) 세관공무원, 검역공무원, 도선사 등으로서 어선원의 업무 외의 업무를 하는 사람(제4호)
v) 「낚시 관리 및 육성법」 제25조에 따른 낚시어선에 승선하는 낚시승객(제5호)
vi) 「수산업법 시행령」 제29조제1항제1호의 나잠어업(裸潛漁業)을 위하여 승선하는 사람(제6호)
vii) 제46조제1항에 따라 특별검사를 받은 어선에 승선하는 어선원 외의 사람(제7호)
viii) 「낚시 관리 및 육성법 시행령」 별표 2 제3호다목에 따른 낚시터 관리선에 승선하는 어선원 외의 사람(제8호)
ix) 「유어장의 지정 및 관리에 관한 규칙」 제5조에 따른 유어장관리선에 승선하는 어선원 외의 사람(제9호)

한편, 「어선법」에서는 어선원에 대한 명확한 정의를 두고 있지 않으나, 앞서 언급한 바 있는 "선원"의 정의를 통해 살펴보면 다음과 같다. 「선원법」 제2조제1호에서는 선원이란 이 법이 적용되는 선박에서 근로를 제공하기 위하여 고용된 사람을 말하므로, 어선원은 어선에서 근로를 제공하기 위하여 고용된 사람으로 간주할 수 있을 것이다.

나. 최대승선인원의 산정기준

어선검사증서에 기재되는 최대승선인원 계산과 관련한 기준은 「선박안전법」 적용대상 선박과는 달리 관련 법령에서 그 근거를 두고 있지 않으며, 총톤수 10톤 미만 소형어선과 10톤 이상 어선에 적용되고 있는 해양수산부고시를 각각 따르고 있다.

먼저 총톤수 10톤 미만의 소형어선은 「총톤수 10톤 미만 소형어선의 구조 및 설비기준」 제64조제1항에 따라 계산된 인원으로 하고 있으며, 다음 〈표 3-11〉의 1호부터 3호까지 중 어느 하나에 따라 계산된 인원으로 한다. 다만, 이 기준 제64조제1항에 따라 산정한 최대승선인원에도 불구하고 나잠인(해녀)을 수산동식물의 포획 · 채취장소까지 운송하는 데 사용하는 어선의 최대승선인원은 같은 조 제2항을 따르며, 〈표 3-11〉의 4호와 같다.

〈표 3-11〉 소형어선의 최대승선인원 산정 기준

구 분	최대승선인원 산정 기준	관련 내용
1. 선원실등에 대하여 우측에 따라 계산된 정수를 합한 인원(기준 제64조제1항제1호)	• 침대가 비치된 경우에는 침대 1개에 대하여 1명으로 계산하여 얻은 수(가목)	• 최대승선인원이 13인 이상인 경우에는 최대승선인원을 수용할 수 있는 구명뗏목이나 구명부기를 비치하여야 한다(총톤수 10톤 미만의 모든 소형어선에 해당). ⇒ 기준 제64조제1항제1호 후단
	• 의자석이 비치된 경우에는 의자석의 정면너비(미터)를 0.45미터로 나누어 얻은 수. 이 경우 의자석은 안쪽길이 0.40미터 이상의 것으로서 적당한 등판과 의자석 전면에 0.3미터 이상의 공간을 가진 것이어야 한다(나목).	
	• 침대 또는 의자석이 차지하는 면적을 제외한 바닥면적을 0.45제곱미터로 나누어 얻은 수(다목)	

구 분	최대승선인원 산정 기준	관련 내용
2. 우측의 계산식에 따라 계산된 정수에 해당하는 인원(기준 제64조제1항제2호)	$\frac{353 \times (0.55L \cdot B \cdot D)}{1000} + 3$ 이 식에서 • L은 배의 길이(미터). 다만, 선외기를 거치한 어선은 「선박톤수의 측정에 관한 규칙」에 따른 측정길이로 한다.[108] • B는 배의 너비(미터)[109] • D는 배의 깊이(미터)[110]	
3. 우측의 해당 설비 요건에 적합한 어선으로서 우측 계산식에 따라 계산된 정수에 해당하는 인원(기준 제64조제1항제3호)	• 총톤수×2+3	이 장 각주 111번 참조[111]
4. 나잠인(해녀)을 수산동식물의 포획·채취 장소까지 운송하는 데 사용하는 어선(기준 제64조제2항)	• 위의 1호에 따라 계산된 인원과 상갑판의 면적(다음의 장소를 제외한다)을 0.45제곱미터로 나누어 계산된 정수에 해당하는 인원으로 한다. – 선미 장출갑판(제1호) – 선수재 전면으로부터 배의 길이 8분의 1 사이에 있는 장소(제2호) – 갑판실과 현측수도(현측수도: 상갑판에 우천시 또는 파도가 넘어올 경우 선박 옆쪽으로 물이 흘러가는 장소) 사이에 있는 너비 0.6미터 미만의 장소(제3호)	이 장 각주 112번 참조[112]

108) "배의 길이"란 최소 형깊이(「선박톤수의 측정에 관한 규칙」 제2조제5호에 따른 형깊이와 같다. 이하 제2호에서 같다)의 85퍼센트에 있어서의 계획만재흘수선에 평행한 흘수선 전 길이의 96퍼센트 또는 그 흘수선에 있어서 선수재의 전면으로부터 타두재의 중심까지의 길이 중 큰 것을 말한다. 다만, 상갑판 보의 상면의 선수재 전면으로부터 선미외판 후면까지의 수평거리(이하 "측정길이"라 한다)가 24미터미만인 어선에 있어서는 상갑판 보의 상면에서 선수재 전면으로부터 타주가 있는 경우에는 타주의 후면까지, 타주가 없는 경우에는 타두재의 중심까지의 수평거리를 말한다(「어선법 시행규칙」 제2조제1호).

109) "배의 깊이"란 배의 길이의 중앙에 있어서의 형깊이를 말한다(「어선법 시행규칙」 제2조제2호).

110) "배의 너비"란 금속재외판이 있는 어선의 경우에는 배의 길이의 중앙에서 늑골외면간의 최대너비를 말하고, 금속재외판 외의 외판이 있는 어선의 경우에는 배의 길이의 중앙에서 선체외면간의 최대너비를 말한다(「어선법 시행규칙」 제2조제3호).

111) 「총톤수 10톤 미만 소형어선의 구조 및 설비기준」 제64조제1항제3호에 따른 최대승선인원 산정에 있어 다음 각 목의 요건에 적합한 어선으로서 다음 계산식에 따라 계산된 정수에 해당하는 인원과 관련한 세부규정은 다음과 같다.
총톤수×2 + 3
가. 별표 3에서 정하는 구명설비를 비치할 것(기준 제52조 및 제64조제1항제3호 관련)

또한 이 기준 제64조제3항에서는 이에 따라 계산된 최대승선인원 중 국제항해에 종사하지 아니하는 어선에 있어서의 1세 이상 12세 미만인 자는 2명을 1명으로 계산하

나. 다음 1)부터 3)까지의 요건에 적합한 핸드레일을 설치할 것. 다만, 안전상 지장이 없다고 인정되면 선수루와 상갑판상 선수재(선수재: 선체의 최전단부를 구성하는 골재를 말한다. 이하 같다) 전면으로부터 배의 길이의 8분의 1 사이의 장소에는 이를 설치하지 아니할 수 있으며, 필요에 따라 착탈식으로 할 수 있다.

1) 핸드레일의 높이는 다음 표에 따른 높이 이상일 것

규모(톤)	불워크를 포함한 핸드레일의 높이(밀리미터)
3톤 미만	700
3톤 이상 5톤 미만	800
5톤 이상 7톤 미만	900
7톤 미만	1,000

* 불워크((Bulwark): 불워크는 방어벽으로 칭하며, 선박의 상갑판 및 선루 갑판의 폭로된 부분의 선측에 파도가 갑판 위로 직접 올라오는 것을 방지하고, 선창 입구 등의 갑판구를 보호하며, 갑판 위의 사람이 밖으로 떨어지지 않도록 안전한 통행을 위하여 설치하는 구조물을 말한다(공길영, 『선박항해용어사전』, 한국해양대학교. 〈네이버검색사이트〉).(아래의 그림 참조)

〈불워크 설치 형태〉

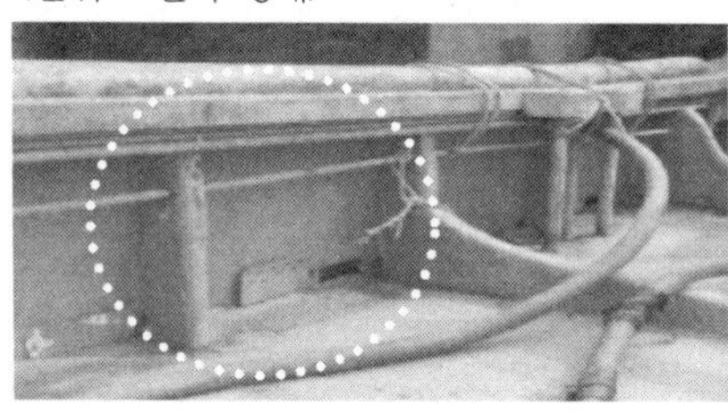

소형어선 불워크 설치 형태

대형선박 불워크 설치 형태

2) 핸드레일의 지주간의 간격은 1,800밀리미터 이내일 것

3) 횡봉과 횡봉의 간격은 380밀리미터 이내이고 갑판윗면과 횡봉의 간격은 230밀리미터 이내일 것. 이 경우 횡봉은 체인·로프 등으로 할 수 있다.

다. 갑판실 외부 양측에 사람이 이동하면서 잡을 수 있는 스톰레일을 설치할 것

라. 선미 장출갑판(선미 장출갑판: 선박 뒤쪽 갑판으로부터 선체외부로 갑판을 길게 연장한 장소를 말한다. 이하 같다) 등 적당한 장소에 간이식변소를 설치할 것.

마. 최대승선인원(선원을 포함한다)이 13인 이상인 낚시어선은「어선복원성 및 만재흘수선기준」중 낚시어선의 복원성의 요건에 적합할 것.

112) 「총톤수 10톤 미만 소형어선의 구조 및 설비기준」 제64조제2항 단서에 따라 나잠인(해녀)을 수산동식물의 포획·채취 장소까지 운송하는 데 사용하는 어선의 최대승선인원이 13인을 초과하는 경우에는 「어선복원성 및 만재흘수선기준」 제3장에 따른 최대승선인원이 13인 이상인 낚시어선에 적용되는 복원성의 요건에 적합하여야 하며, 구명줄이 부착된 구명부환 1개를 비치하도록 하고 있다.

도록 규정하고 있다.

한편, 어선소유자가 요청하는 경우에는 이 기준 제64조제4항에 따라 제64조제1항 및 제2항에서 계산된 인원의 범위 내에서 해당 어선의 최대승선인원을 정할 수 있다. 예컨대 해당 어선의 규모가 최대승선인원 5명까지를 산정할 수 있는 경우 어선소유자의 요청에 따라 5명의 범위 내에서 최대승선인원을 제한해서 지정할 수 있다.

다음으로 총톤수 10톤 이상 어선에 있어서의 최대승선인원 계산은 「어선설비기준」 제121조제1항 및 제2항에 따라 '선원실의 정원'과 '어선원 외의 사람 거주시설의 정원'으로 구분해서 계산된 인원으로 하고 있으며, 다음 〈표 3-12〉의 1호 및 2호에 따라 계산된 정수를 합한 인원으로 한다. 다만, 이 기준 제121조제1항 및 제2항에 따라 산정한 최대승선인원에도 불구하고 나잠인(해녀)을 수산동식물의 포획 · 채취 장소까지 운송하는 데 사용하는 어선의 최대승선인원은 같은 조 제3항을 따르며, 〈표 3-12〉의 3호와 같다.

또한 같은 조 제4항에서는 소형어선과 마찬가지로 이에 따라 계산된 최대승선인원 중 국제항해에 종사하지 아니하는 어선의 경우 1세 이상 12세 미만인 자는 2명을 1명으로 계산하도록 규정하고 있다.

뿐만 아니라 같은 조 제5항에서는 어선소유자가 요청하는 경우에는 최대승선인원의 범위 내에서 해당 어선의 최대승선인원을 정할 수 있도록 하고 있다.

〈표 3-12〉 총톤수 10톤 이상 어선의 최대승선인원 산정 기준

<table>
<tr><th>구 분</th><th>최대승선인원 산정 기준</th><th>관련 내용</th></tr>
<tr>
<td>1. 선원실의 정원은 우측의 어느 하나에 따라 계산된 인원(기준 제121조제1항제1호)</td>
<td>• 총톤수 200톤 이상의 어선은 선원실의 바닥면적을 다음 표의 구분에 따른 단위면적으로 나누어 얻은 정수를 인원으로 하되, 선원 1인에 대하여 1개의 침대를 비치하여야 한다. 다만, 해양수산부장관이 그 어선의 구조 및 항행 상태 등을 고려하여 지장이 없다고 인정하는 경우에는 그러하지 아니하다(가목).
<table>
<tr><th>구분(총톤수)</th><th>단위면적(제곱미터)</th></tr>
<tr><td>200톤 이상 800톤 미만</td><td>1.85</td></tr>
<tr><td>800톤 이상 3,000톤 미만</td><td>2.35</td></tr>
<tr><td>3,000톤 이상</td><td>2.78</td></tr>
</table>
</td>
<td>• 좌측 최대승선인원 산정 기준 중 바닥면적의 계산 방법
– 모양이 바른 장소에 있어서는 평균의 너비에 길이를 곱한다.
– 모양이 바르지 못한 장소에 있어서는 전 · 중 · 후의 3개소의 너비를 각각 측정하여 전 · 후의 너비의 합계에 중앙의 너비의 4배를 더하여 6으로 나눈 값에 길이를 곱한다.
– 선미의 구부러진 장소(길이가 너비의 2분의1이 되는 곳으로부터 후부)에 있어서는 길이의 3분의2에 그 장소의 전단의 너비를 곱한다.
⇒ 기준 제121조제2항제1호부터 제3호까지</td>
</tr>
</table>

<table>
<tr><th>구 분</th><th>최대승선인원 산정 기준</th><th>관련 내용</th></tr>
<tr><td>1. 선원실의 정원은 우측의 어느 하나에 따라 계산된 인원(기준 제121조제1항제1호)</td><td>• 총톤수 10톤 이상 200톤 미만 어선은 침대수와 침대가 차지하는 면적을 제외한 바닥면적을 다음 표의 구분에 따른 단위면적으로 나누어 얻은 최대정수의 합으로 한다. 다만, 해양수산부장관이 어선의 구조 및 항행 상태 등을 고려하여 지장이 없다고 인정하는 경우에는 그러하지 아니하다(나목).
<table><tr><th>구 분</th><th>단위면적(제곱미터)</th></tr><tr><td>배의 길이 24미터 미만</td><td>0.55</td></tr><tr><td>배의 길이 24미터 이상</td><td>1.10</td></tr></table></td><td></td></tr>
<tr><td rowspan="3">2. 어선원 외의 사람 거주 시설의 정원은 우측에 따라 계산된 정수를 합한 인원(기준 제121조제1항제2호)</td><td>• 침대가 비치된 경우에는 침대 1개에 대하여 1명으로 계산하여 얻은 수(가목)</td><td rowspan="3">• 좌측 최대승선인원 산정 기준 중 바닥면적의 계산 방법
(위 1호와 동일)</td></tr>
<tr><td>• 의자석이 비치된 경우에는 의자석의 정면 너비(미터)를 0.45미터로 나누어 얻은 수. 이 경우 의자석은 안쪽길이 0.40미터 이상의 것으로서 적당한 등판과 의자석 전면에 0.3미터 이상의 공간을 가진 것이어야 한다(나목).</td></tr>
<tr><td>• 침대 또는 의자석이 차지하는 면적을 제외한 바닥면적을 0.45제곱미터로 나누어 얻은 수(다목)</td></tr>
<tr><td>3. 나잠인을 수산동식물의 포획 · 채취 장소까지 운송하는 데 사용하는 어선(기준 제121조제3항)</td><td>• 위의 1호 및 2호에 따라 계산된 인원과 상갑판의 면적(다음의 장소를 제외한다)을 0.45제곱미터로 나누어 계산된 정수에 해당하는 인원으로 한다.
– 선미 장출갑판(선미 장출갑판: 선박 뒤쪽 갑판으로부터 선체외부로 갑판을 길게 연장한 장소)(제1호)
– 선수재(선수재: 선체의 최전단부를 구성하는 골재) 전면으로부터 배의 길이 8분의 1 사이에 있는 장소(제2호)
– 갑판실과 현측수도(현측수도: 상갑판에 우천시 또는 파도가 넘어올 경우 선박 옆쪽으로 물이 흘러가는 장소) 사이에 있는 너비 0.6미터 미만의 장소(제3호)</td><td>이 장 각주 113번 참조[113)]</td></tr>
</table>

113) 「어선설비기준」 제121조제3항 단서에 따라 나잠인을 수산동식물의 포획 · 채취 장소까지 운송하는 데 사용하는 어선의 최대승선인원이 13인을 초과하는 경우에는 「어선복원성 및 만재흘수선기준」 제3장에 따른 최대승선인원이 13인 이상인 낚시어선에 적용되는 복원성의 요건에 적합하여야 하며, 구명줄이 부착된 구명부환 1개를 비치하도록 하고 있다.

2. 만재흘수선 지정위치 위반사범

「어선법」 제44조제1항제7호에서는 ‘어선검사증서에 기재된 만재흘수선의 위치를 위반하여 어선을 항행 또는 조업에 사용한 경우’ 처벌할 수 있도록 하고 있다.

이와 관련해서 지금까지 앞서 언급한 만재흘수선의 위반행위와 관련한 내용을 「선박안전법」 및 「어선법」을 통해 정리해보면, 다음과 같다.

먼저 「선박안전법」 제83조제9호 및 제84조제1항제3호 · 제8호에서는 만재흘수선과 관련한 위반행위의 유형으로 ‘만재흘수선을 초과하여 여객 또는 화물을 운송한 경우’, ‘선박검사증서에 기재된 만재흘수선의 지정된 위치를 위반하여 선박을 항해에 사용한 경우’, 그리고 ‘만재흘수선의 표시를 은폐 · 변경 또는 말소한 경우’로 세분화하고 있다.

다음으로 「어선법」 제44조제1항제1호 및 제7호에 따른 만재흘수선 위반행위 유형으로는 ‘만재흘수선의 표시를 하지 아니한 경우’ 및 ‘어선검사증서에 기재된 만재흘수선의 위치를 위반하여 어선을 항행 또는 조업에 사용한 경우’로 하고 있다.

이 중 ‘만재흘수선의 표시를 하지 아니한 경우’ 등 어선에 적용되는 만재흘수선과 관련한 자세한 내용은 본 저서 ‘제3장 제3절 Ⅰ. 만재흘수선 미표시 위반사범‘을 참조하도록 하고, 여기에서는 어선검사증서에 기재된 만재흘수선의 위치를 위반하여 어선을 항행 또는 조업에 사용한 경우에 대해 살펴보고자 한다.

만재흘수선은 같은 법 시행규칙 제2조제4호에 따라 ‘어선이 사람과 어획물 또는 화물을 싣고서 안전하게 항행할 수 있는 최대한의 흘수를 나타내는 선’을 말하며, 이를 초과하여 과적상태에서 항해를 할 경우 어선의 복원성을 저해하는 등 안전운항에 필요한 감항성 유지에 악영향을 미치게 되므로 그 적정상태를 반드시 유지하도록 규정하고 있다.

한편, 이를 위반할 시에는 이 법 제44조제1항제7호에 따라 어선검사증서에 기재된 만재흘수선의 위치를 위반하여 어선을 항행 또는 조업에 사용한 것으로 보고 이에 대해 처벌할 수 있도록 하고 있다.

만재흘수선의 표시대상은 이 법 제4조에 따라 길이 24미터 이상의 어선으로 하고 있으며, 이 만재흘수선을 초과하여 사람과 어획물 또는 화물을 운송한 경우는 다음과 같다. 참고로 여기에서의 길이는 어선검사증서상의 ‘배의 길이’를 말한다.

앞의 〈표 3-6〉에서의 '만재흘수선표시(V)'와 '만재흘수선을 나타내는 선' 일부 또는 전체가 해수(또는 담수) 수면의 아래로 잠기게 되어 완전한 형상을 보이지 못한 상태에서 항해를 하게 될 할 경우 이는 만재흘수선을 초과하게 되어 위법한 행위가 된다.

이를 구분해서 자세히 살펴보면, 해면과 비중 1.000인 수면을 교차하면서 항행 또는 조업을 하는 길이 24미터 이상의 어선에 있어서의 만재흘수선 표시는 「어선복원성 및 만재흘수선 기준」 제20조제1항에 따라 앞서 언급한 바 있는 {참고 3-2}와 같으며, 이에 따라 해당 적용구역에서의 만재흘수선 초과기준은 각각 '해수만재흘수선'과 '담수만재흘수선'으로 구분하고 있다.[114)]

예컨대 앞의 〈표 3-6〉에 따른 만재흘수선을 적용받는 길이 24미터 이상의 어선이 해수에서 항행(또는 조업)할 경우와 담수에서 항행(또는 조업) 할 경우에 있어서의 만재흘수선 초과기준은 다음과 같이 각각 다르게 적용하게 된다('해수만재흘수선'과 '담수만재흘수선'은 다음의 [그림 3-11] 중 점선 표시 참조).

ⅰ) 해면에서 항행 또는 조업을 할 경우에는 앞서 언급한 바와 같이 해수만재흘수선을 적용하고 있으며, 만재흘수선 초과기준은 〈표 3-6〉에 따른 표시방법대로 만재흘수선표시(V)와 만재흘수선을 나타내는 선에서의 수직선 앞쪽에 있는 수평선(해수만재흘수선)의 윗가장자리로 하고 있다. 따라서 만재흘수선표시(V)와 해수만재흘수선인 이 표시가 완전히 해면위로 노출되지 않은 상태에서 항해할 경우 위반행위에 해당된다.

ⅱ) 수면에서 항행 또는 조업을 할 경우에는 담수만재흘수선을 적용하고 있으며, 만재흘수선 초과기준은 마찬가지로 〈표 3-6〉에 따른 표시방법을 따르고 있다. 이에 따라 만재흘수선표시(V)를 만재흘수선을 나타내는 선에서의 수직선 뒤쪽에 있는 수평선(담수만재흘수선)의 윗가장자리에 놓여 진 것으로 볼 수 있다. 따라서 담수만재흘수선인 이 표시가 완전히 수면위로 노출되지 않은 상태로 항행할 경우 위반행위에 해당된다.

---

114) 해수와 담수의 비중은 각각 1.025와 1.000으로 총톤수 86톤 어선이 해수에서는 그 부피가 84㎥(86/1.025)인 반면, 담수에서는 86㎥(86/1.000)로 부피가 늘어나므로 이에 대한 해당 구역의 환경적 특성을 반영하고 있다.

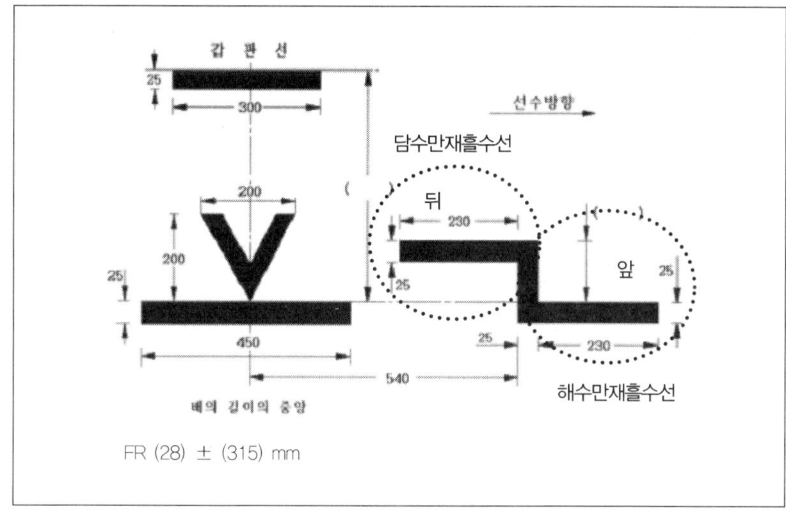

[그림 3-11] 어선의 담수만재흘수선과 해수만재흘수선 표시

3. 항해와 관련한 조건 위반사범

「어선법 시행규칙」 제64조제3항에 따라 해양수산부장관은 어선의 항행과 관련한 안전을 확보하기 위하여 특히 필요하다고 인정하는 경우에는 최대승선인원, 제한기압 및 만재흘수선의 위치 외에 해당 어선에 대하여 필요한 항행상의 조건을 부여할 수 있도록 규정하고 있다. 이 경우 대행검사기관은 이를 어선검사증서에 적어 항행 또는 조업에 사용하는 어선에 발급하고 있다.

한편, 어선검사증서에 있어서의 '항해와 관련한 조건'은 앞서 언급한 「선박안전법」 적용대상 선박과 동일하게 해당 어선의 안전항행과 관련한 법령 또는 검사기준에 따라 의무적으로 요구하고 있는 규정에 대한 예외사항 및 면제사항을 어선소유자가 요구할 경우 이를 어선검사증서에 기재하여 어선의 항행조건 등을 제한하고 있다.

그 밖에 해당 어선에 대한 특정한 조치사항 및 정보 등의 특이사항을 어선소유자에게 전달하여 이를 준수하도록 하기 위한 요구사항을 기재한다.[115]

115) 일반적으로 어선검사증서 앞쪽의 '항해와 관련한 조건' 란에는 「어선법」에 따른 어선설비기준 또는 다른 법령에 따른 기준을 적용함에 있어 해당 어선의 감항성을 만족시키기 위한 조건, 화물적재의 제한, 선등의 설치면제 등과 같이 예외규정 또는 면제규정을 적용하거나 이 기준에 따른 규정을

이와 관련한 구체적인 내용은 본 저서 '제2장 제3절 Ⅰ. 5. 항해와 관련한 조건 위반사범'과 유사한 경향의 유형으로 적용되고 있다.[116)]

참고로 「어선법」에 따른 어선에 적용되는 해양수산부고시는 「선박안전법」 적용대상 선박과는 다른 운영체계를 보이고 있다. 예컨대 해양수산부고시 중 「선박안전법」 적용대상 선박에는 선체의 재질(선질)에 따라 「강선의 구조기준」, 「강화플라스틱(FRP)선의 구조기준」, 「목선의 구조기준」 및 「알루미늄선의 구조기준」 등 각각의 개별기준을 적용하고 있으나, 어선의 경우에는 「어선구조기준」에 이 모든 기준들을 포함하여 구성하고 있는 차이를 보인다.

달리하게 되는 경우로서 항행을 제한 할 필요가 있는 경우에 한정하여 기재하며, 법정직원승선, 과적과승금지, 해상충돌예방규칙 준수 등과 같이 다른 법령에서 규정하고 있거나 일반적인 사항은 기재하지 아니한다.

116) 이에 관련하여 어선검사증서 앞쪽의 '항해와 관련한 조건' 란에 기재되는 경우는 다음과 같은 예시를 들 수 있다.

i) 최대승선인원 계산 시 「총톤수 10톤 미만 소형어선의 구조 및 설비기준」 제64조제1항제3호의 적용을 받는 어선이 주간에만 항행하는 경우: 「총톤수 10톤 미만 소형어선의 구조 및 설비기준」 [별표 3] 비고에 따라 자기점화등 및 로켓낙하산신호의 비치를 면제하고 야간항행을 금지함", ii) 「어선법 시행규칙」 [별표 16] 제3호카목에 따라 검사의 일부를 면제한 기관을 설치한 어선의 경우: ㉮ 이 규칙 [별표 16] 제3호카목 1) 및 2)에 해당하는 어선: "어장관리에 사용하는 조건으로 연안(도서포함)으로부터 5해리이내의 수역에 한정함(낚시어선업 겸용 금지)"
㉯ 이 규칙 [별표 16] 제3호카목 3)에 해당하는 어선: "구획어업에 사용하는 조건으로 연안(도서포함)으로부터 5해리이내의 수역에 한정함(낚시어선업 겸용 금지)"

iii) 최대승선인원 계산 시 이 규칙 제64조에 따른 어선원 외의 사람 중 「낚시 관리 및 육성법」에 따른 낚시어선의 승객을 어선원 외의 사람으로 지정하는 경우: "「낚시 관리 및 육성법」 제25조에 따른 낚시어선업의 신고를 필하고 낚시어업에 종사하는 경우에는
- 최대승선인원 ○명 (어선원 ○, 어선원 외의 사람 ○명)으로 함
- 어선원 외의 사람은 어선법 시행규칙 제64조제2항에 따른 낚시어선의 승객임"

iv) 「어선법 시행규칙」 [별표 16] 제1호라목에 따라 타 및 프로펠러축계 발출 검사준비를 생략한 경우: "「어선법 시행규칙」 별표 16 제1호라목에 따라 낚시어선업의 겸용을 금지함"

v) 「어선법 시행규칙」 [별표 16] 제3호파목에 따라 주기관 개방검사 및 프로펠러축계 발출 검사준비를 면제한 경우: "「어선법 시행규칙」 별표 16 제3호파목에 따라 낚시어선업의 겸용을 금지함"

vi) 「어선법 시행규칙」 [별표 16] 제3호하목에 따라 기관 개방검사 준비를 면제한 경우: "「어선법 시행규칙」 별표 16 제3호하목에 따라 낚시어선업의 겸용을 금지함"

제4절 처분이나 명령 불이행 및 건조검사 미필 위반사범

「어선법」 제46조제1호 및 제2호에서는 어선의 건조·개조허가 및 건조·개조 발주허가 위반사항에 대한 국가의 처분이나 명령을 이행하지 아니한 경우와 건조검사를 받지 아니하고 임의로 어선을 건조한 위법행위에 대한 구성요건 및 양형기준을 규정하고 있다.[117]

위법행위에 따른 수사기관에 대해 살펴보면, 이 법 제46조제1호 및 제2호에 따른 위반사범은 이 법 제10조(허가의 취소 등)와 관련한 것으로 어선의 건조·개조허가 및 건조·개조 발주허가에 대한 국가의 처분이나 명령을 불이행한 위법행위[118]와 주로 육상에서 이루어지는 건조검사를 받지 아니하고 어선을 건조한 위법행위에 해당하므로 이에 대한 수사는 경찰청에서 전담하게 된다.

이에 따라 여기에서는 어선의 건조·개조허가 및 건조·개조 발주허가 위반사항에 대한 국가의 처분이나 명령을 이행하지 아니한 자와 건조검사를 받지 아니하고 임의로 어선을 건조한 자에 대한 사실 관계를 이와 관련한 법령 등을 통해 살펴보고자 한다.

한편, 건조(건조발주)·개조(개조발주) 허가사항 미준수 위반사범 및 건조검사 미필 위반사범은 본 저서 '제3장 제2절 어선의 건조·개조 관련 위반사범 수사' 및 '제3장 제3절 Ⅴ. 3. 가. 건조검사'의 내용을 참조하고 건조검사 등과 관련한 별도의 세부내용은 생략하기로 한다.

---

117) 제46조(벌칙) 다음 각 호의 어느 하나에 해당하는 자는 500만원 이하의 벌금에 처한다.
1. 제10조에 따른 처분이나 명령을 이행하지 아니한 자
2. 제22조제1항을 위반하여 건조검사를 받지 아니하고 어선을 건조한 자

118) 「어선법」 제10조(허가의 취소 등) ① 해양수산부장관이나 시장·군수·구청장은 건조·개조허가를 받은 자나 어선의 건조·개조를 발주 받아 건조·개조하는 자가 다음 각 호의 어느 하나에 해당하는 경우에는 건조·개조허가를 취소할 수 있다. 다만, 제1호에 해당하면 그 허가를 취소하여야 한다.
1. 속임수나 그 밖의 부정한 방법으로 허가를 받은 경우
2. 허가사항을 위반하여 어선을 건조하거나 개조한 경우
② 시장·군수·구청장은 건조·개조허가를 받은 자나 어선의 건조·개조를 발주 받아 건조·개조하는 자가 제1항제2호에 해당하는 경우에는 어선의 건조·개조의 중지, 어선 또는 어선설비의 제거를 명할 수 있다.

Ⅰ. 허가사항 미준수에 대한 처분 또는 명령 위반사범

> 제46조(벌칙) 다음 각 호의 어느 하나에 해당하는 자는 500만원 이하의 벌금에 처한다.
> 1. 제10조에 따른 처분이나 명령을 이행하지 아니한 자

「어선법」 제10조제1항에 따라 해양수산부장관이나 시장 · 군수 · 구청장은 건조 · 개조허가를 받은 자나 어선의 건조 · 개조를 발주 받아 건조 · 개조하는 자가 다음의 어느 하나에 해당하는 경우에는 건조 · 개조허가를 취소 처분할 수 있도록 하고 있다(임의규정).

ⅰ) 속임수나 그 밖의 부정한 방법으로 허가를 받은 경우(제1호)
ⅱ) 허가사항을 위반하여 어선을 건조하거나 개조한 경우(제2호)

다만, 위의 ⅰ)에 해당하면 그 허가를 반드시 취소하도록 하는 강제규정을 두고 있다(법 제10조제1항 단서).

또한 이 법 제10조제2항에 따라 시장 · 군수 · 구청장은 건조 · 개조허가를 받은 자나 어선의 건조 · 개조를 발주 받아 건조 · 개조하는 자가 위의 ⅱ)에 해당하는 경우에는 해당 어선의 건조 · 개조의 중지, 어선 또는 어선설비의 제거를 명할 수 있다.

한편, 위의 ⅱ)에 해당하는 '허가사항'은 어선의 규모 및 설비에 관한 것으로 앞서 언급한 바와 같이 같은 법 시행규칙 제5조제2항에 따라 교부된 [별지 제4호서식]의 어선건조(건조발주)허가서 및 [별지 제5호서식]의 어선개조(개조발주)허가서에 나타나 있으며, 다음의 사항을 말한다.

ⅰ) 주요치수(m): 길이 · 너비 · 깊이
ⅱ) 총톤수(톤)
ⅲ) 추진기관: 기관의 종류(디젤 · 가솔린 기관 등), 마력, 대수
ⅳ) 어업의 종류[119]
ⅴ) 그 밖의 설비

이와 관련해서 건조·개조허가를 받은 자나 어선의 건조·개조를 발주 받아 건조·개조하는 자가 해당 허가사항을 준수하지 못한 것에 대한 국가의 처분이나 명령을 이행하지 않을 경우, 이 법 제46조제1호에 따라 위반행위로 규정하여 처벌할 수 있도록 하고 있다.

참고로 같은 법 시행규칙 제5조제1항에 따라 허가받은 사항(어선의 소유자, 선적항, 어업의 종류, 주요치수, 총톤수, 추진기관, 그 밖의 설비)을 변경하고자 하는 경우에는 [별지 제6호서식]의 '어선건조(건조발주·개조·개조발주)허가사항 변경허가서'를 변경 전에 교부 받아 처리하도록 하고 있다.

Ⅱ. 건조검사 미필 위반사범

제46조(벌칙) 다음 각 호의 어느 하나에 해당하는 자는 500만원 이하의 벌금에 처한다.
2. 제22조제1항을 위반하여 건조검사를 받지 아니하고 어선을 건조한 자

「어선법」 제22조제1항에 따라 어선을 건조하는 자는 제3조제1호(선체)·제2호(기관)·제3호(배수설비)·제5호(조타·계선·양묘설비)·제6호의 설비(전기설비)와 제4조에 따른 만재흘수선에 대하여 각각 어선의 건조에 착수한 때부터 대행검사기관의 건조검사를 받도록 규정하고 있으며, 이를 위반하여 건조검사를 받지 아니하고 어선을 건조한 자는 이 법 제46조제2호에 따라 처벌대상이 될 수 있다.

이와 유사한 처벌규정으로 앞서 언급한 바 있는 「선박안전법」 제83조제1호에서는 이 법 제7조(건조검사)의 규정을 위반하여 건조검사를 받지 아니한 자 즉 건조검사를 받지 아니하고 선박을 건조한 자를 처벌대상으로 하고 있다.

한편, 이와 같은 벌칙은 실제 불법으로 어선(선박)을 건조한 당사자를 대상으로 처벌하고 있으므로 불법으로 어선(선박)을 건조한 당사자의 실체가 명확하지 않을 경

119) 어업의 종류는 「수산업법 시행령」 제24조제2항, 제25조제2항, 제26조제2항 및 제45조의3제1항과 관련한 [별표 1의2] 어업별 어구의 규모·형태·사용량 및 사용방법을 참고하도록 한다.

우 수사기관에서는 벌칙적용에 어려움이 있을 수 있다.

여기에서의 어선 건조검사와 관련해서는 본 저서 '제3장 제2절 어선의 건조·개조 관련 위반사범 수사' 및 '제3장 제3절 Ⅴ. 3. 가. 건조검사'를 참조하고 별도의 설명을 생략하기로 한다.

제5절 법정대리인 의무 위반사범

제47조(벌칙) 제42조를 위반하여 법정대리인의 의무를 이행하지 아니한 자는 100만원 이하의 벌금에 처한다.

「어선법」은 1993년 6월 11일[법률 제4559호] 어선의 안전성과 성능을 높이기 위하여 어선설비기준을 보완하고, 어선의 건조 · 개조에 대한 지도 · 감독의 강화와 어선검사의 효과적인 실시를 통하여 어선에 대한 관리기능을 강화함으로써 어업생산력의 증진과 수산업의 합리적인 발전을 도모하는 한편, 현행 제도의 일부 미비점을 개선하기 위한 목적으로 전부개정 되었다.

이 과정에서 이 법 제42조에서 규정하고 있는 "법정대리인의 임무"가 신설되었다.

한편, 당시 이 법 제42조[법률 제4559호][120]의 도입 배경을 현행 이 법 제42조[법률 제12844호]에 따라 살펴보면, 어선의 소유자가 미성년자[121] 또는 피성년후견인[122]인 경우 어선에 대한 관리 미숙(어선의 등록업무 등 행정조치 미이행)으로 인해 위법하게 어선을 항행 또는 조업에 사용하게 되는 문제점을 보완하기 위하여 그 법정대리인[123]으로 하여금 적절한 조치를 취하도록 하여 어선을 적법하게 사용할 수 있도록

120) 구, 「어선법」제42호(법정대리인의 의무) 제14조 · 제16조제1항, 제17조 내지 제19조, 제20조제1항의 규정에서 어선의 소유자가 미성년자 · 한정치산자 또는 금치산자인 경우에는 그 법정대리인이 어선의 총톤수측정 · 개측의 신청, 어선명칭 등의 표시 및 어선번호판의 부착, 등록사항의 변경신청, 선박국적증서등의 재교부신청, 등록의 말소신청 및 선박국적증서등의 검인에 따르는 소유자의 업무를 이행하여야 한다. 다만, 영업에 관하여 성년자와 동일한 능력을 가진 미성년자 또는 한정치산자인 경우에는 그러하지 아니하다.

121) 「민법」 제4조에서는 '사람은 19세로 성년에 이르게 되는 것'으로 규정하고 있다.

122) 피성년후견인(被成年後見人)은 「민법」 제9조에 따라 '질병, 장애, 노령, 그 밖의 사유로 인한 정신적 제약으로 사무를 처리할 능력이 지속적으로 결여된 사람에 대하여 가정법원으로부터 성년후견개시의 심판을 받은 자'로 규정하고 있다. 한편, 이에 대한 심판은 본인, 배우자, 4촌 이내의 친족, 미성년후견인, 미성년후견감독인, 한정후견인, 한정후견감독인, 특정후견인, 특정후견감독인, 검사 또는 지방자치단체의 장의 청구에 의한다.

123) 법정대리인은 위임을 받지 아니하고 법률의 규정에 의하여 당연히 대리할 권리가 있는 사람으로

하기 위한 것으로 사료된다.

이에 따라 현행 이 법 제42조에서는 제14조, 제16조제1항 및 제17조부터 제19조까지의 규정에서 어선의 소유자가 미성년자 또는 피성년후견인인 경우, 그 법정대리인이 이행하여야 하는 의무사항을 다음과 같이 규정하고 있으며,[124] 해당 법정대리인이 이에 따른 의무를 이행하지 아니할 경우에는 이 법 제47조에 따라 처벌할 수 있도

미성년자 및 금치산자의 친권자나 후견인을 말한다(이희승, 앞의 책, 2,670면).

124) 「어선법」 제14조(어선의 총톤수 측정 등) ① 어선의 소유자가 제13조제1항에 따른 등록을 하려면 해양수산부령으로 정하는 바에 따라 해양수산부장관에게 어선의 총톤수 측정을 신청하여야 한다.
② 어선의 소유자는 어선의 수리 또는 개조로 인하여 총톤수가 변경된 경우에는 해양수산부장관에게 총톤수의 개측(改測)을 신청하여야 한다.
③ 어선의 소유자는 외국에서 취득한 어선을 외국에서 항행하거나 조업 목적으로 사용하려는 경우에는 그 외국에 주재하는 대한민국 영사에게 총톤수 측정이나 총톤수 개측을 신청할 수 있다.
제16조(어선 명칭 등의 표시와 번호판의 부착) ① 어선의 소유자는 선박국적증서 등을 발급받은 경우에는 해양수산부령으로 정하는 바에 따라 지체 없이 그 어선에 어선의 명칭, 선적항, 총톤수 및 흘수(吃水)의 치수 등(이하 "명칭등"이라 한다)을 표시하고 어선번호판을 붙여야 한다.
제17조(등록사항의 변경) 어선의 소유자는 제13조제1항에 따른 등록사항이 변경된 경우에는 해양수산부령으로 정하는 바에 따라 변경등록을 신청하여야 한다.
제18조(선박국적증서 등의 재발급) 어선의 소유자는 선박국적증서 등을 잃어버리거나 헐어서 못쓰게 된 경우에는 14일 이내에 해양수산부령으로 정하는 바에 따라 재발급을 신청하여야 한다.
제19조(등록의 말소와 선박국적증서등의 반납) ① 제13조제1항에 따른 등록을 한 어선이 다음 각 호의 어느 하나에 해당하는 경우 그 어선의 소유자는 30일 이내에 해양수산부령으로 정하는 바에 따라 등록의 말소를 신청하여야 한다.
1. 어선 외의 목적으로 사용하게 된 경우
2. 대한민국의 국적을 상실한 경우
3. 멸실 · 침몰 · 해체 또는 노후 · 파손 등의 사유로 어선으로 사용할 수 없게 된 경우
4. 6개월 이상 행방불명이 된 경우
② 시장 · 군수 · 구청장은 어선의 소유자가 다음 각 호의 어느 하나에 해당하는 경우에는 30일 이내의 기간을 정하여 등록의 말소를 신청할 것을 최고하여야 하며 그 어선의 소유자가 최고를 받고도 정당한 사유 없이 이행하지 아니하면 직권으로 그 어선의 등록을 말소하여야 한다.
1. 속임수나 그 밖의 부정한 방법으로 등록을 한 경우
2. 어선의 소유자가 제1항에 따른 등록의 말소신청을 기간 내에 하지 아니한 경우
3. 해당 어선으로 영위하는 수산업의 허가 · 신고 · 면허 등의 효력이 상실된 후 1년이 지난 경우. 다만, 대통령령으로 정하는 경우에는 그러하지 아니하다.
③ 제2항에 따라 등록이 말소된 어선의 소유자는 지체 없이 그 어선에 붙어 있는 어선번호판을 제거하고 14일 이내에 그 어선번호판과 선박국적증서 등을 선적항을 관할하는 시장 · 군수 · 구청장에게 반납하여야 한다. 다만, 어선번호판과 선박국적증서 등을 분실 등의 사유로 반납할 수 없을 때에는 14일 이내에 그 사유를 선적항을 관할하는 시장 · 군수 · 구청장에게 신고하여야 한다.

록 하고 있다.

i) 어선의 총톤수 측정 · 개측의 신청(제1호)
ii) 어선 명칭 등의 표시와 어선번호판의 부착(제2호)
iii) 등록사항의 변경 신청(제3호)
iv) 선박국적증서 등의 재발급 신청(제4호)
v) 등록의 말소신청에 따르는 소유자의 의무(제5호)

다만, 이 법 제42조 단서에 따라 영업(營業)에 대하여 성년자와 동일한 능력을 가진 미성년자인 경우에는 법정대리인에게 임무를 부여하고 있지 않다.[125)]

125) 「민법」 제8조(영업의 허락) ① 미성년자가 법정대리인으로부터 허락을 얻은 특정한 영업에 관하여는 성년자와 동일한 행위능력이 있다.
② 법정대리인은 전항의 허락을 취소 또는 제한할 수 있다. 그러나 선의의 제삼자에게 대항하지 못한다. 참고로 여기에서의 영업이란 일반적으로 영리를 목적으로 하는 사업(활동)을 말한다(이희승, 앞의 책, 2,670면).

제6절 양벌규정

「어선법」에서는 이 법 제43조, 제44조, 제46조 및 제47조의 위반행위에 대해 제48조제1항 및 제2항에 따른 양벌규정을 두고 있으며 다음의 〈표 3-13〉과 같다.

양벌규정과 관련한 자세한 내용은 본 저서 '제2장 제3절 Ⅵ. 양벌규정'을 참조하고 별도의 언급은 생략하기로 한다.

〈표 3-13〉 어선법 제43조, 제44조, 제46조 및 제47조에 대한 양벌규정

법 제48조제1항 법인의 대표자, 대리인, 사용인, 그 밖의 종업원이 그 법인의 업무에 관하여 제43조, 제44조, 제46조 및 제47조의 위반행위를 하면 그 행위자를 벌할 뿐만 아니라 그 법인에도 해당 조문의 벌금형을 과한다. 다만, 법인이 그 위반행위를 방지하기 위하여 해당 업무에 관하여 상당한 주의와 감독을 게을리하지 아니한 때에는 그러하지 아니하다. 법 제48조제2항 개인의 대리인, 사용인, 그 밖의 종업원이 그 개인의 업무에 관하여 제43조, 제44조, 제46조 및 제47조의 위반행위를 하면 그 행위자를 벌할 뿐만 아니라 그 개인에게도 해당 조문의 벌금형을 과한다. 다만, 개인이 그 위반행위를 방지하기 위하여 해당 업무에 관하여 상당한 주의와 감독을 게을리하지 아니한 때에는 그러하지 아니하다.

제7절 벌칙 적용의 예외

「어선법」 제51조에서는 어선의 소유자가 국가, 특별시 · 광역시 · 특별자치시 · 도 · 특별자치도 또는 시 · 군 · 자치구인 경우에는 이 법과 이 법에 따른 명령을 위반한 어선의 소유자에게 적용할 벌칙을 적용하지 아니하도록 규정하고 있다.

한편, 이와 같은 '벌칙 적용의 예외' 규정은 이 법이 1977년 12월 31일 제정된 이후 1986년 5월 12일 법률 제3829호로 개정되면서 수용된 것으로 여기에서는 국가 또는 서울특별시 · 직할시 · 도 · 시 · 군 기타의 공공단체를 법률 적용의 예외 대상으로 하고 있었다.[126)]

이 후 「어선법」이 1993년 6월 11일 법률 제4559호로 전부개정 되면서, 법률 적용의 예외 대상에서 '기타의 공공단체'는 제외되었으며,[127)] 이와 같은 개정 내용은 「선박안전법」에서도 동일하다.

이는 앞서 언급한 바와 같이 「선박안전법」 제87조(벌칙 적용의 예외)와 동일하게 공공기관을 제외한 국가는 형벌권의 주체이지 객체는 될 수 없으므로 국가와 국가의 기관위임사무를 수행하는 지방자치단체는 처벌대상이 아니라는 입장과 같은 것이다.[128)]

---

126) 舊, 「어선법」 **제39조 (벌칙적용의 예외)** 이 법(제29조의 규정에 의하여 준용되는 선박법 및 선박안전법의 규정을 포함한다. 이하 이 조 및 제40조에서 같다)과 이 법에 의한 명령을 위반한 어선소유자에게 적용할 벌칙(제29조의 규정에 의하여 준용되는 선박법 및 선박안전법의 벌칙 규정을 포함한다)은 어선소유자가 국가 또는 서울특별시 · 직할시 · 도 · 시 · 군 기타의 공공단체인 경우에는 이를 적용하지 아니한다. [본조신설 1986.5.12.]

127) 舊, 「어선법」 **제51조 (벌칙적용의 예외)** 이 법과 이 법에 의한 명령을 위반한 어선소유자에게 적용할 벌칙은 어선소유자가 국가 또는 서울특별시 · 직할시 · 도 · 시 · 군 · 구인 경우에는 이를 적용하지 아니한다.

128) 법제처, 앞의 책, 503면 재인용.

Investigation Guide of Ship Safety Crimes

제4장 낚시 관리 및 육성법 위반 범죄수사

제1절 낚시 관리 및 육성법의 개요

Ⅰ. 낚시 관리 및 육성법의 목적 및 구성

「낚시 관리 및 육성법」은 1995년 12월 29일 법률 제5078호로 제정된 「낚시어선업법」[1]이 폐지되면서 '낚시로 인한 수산자원 남획과 환경오염 및 낚시인의 안전사고 등을 방지하기 위하여 낚시제한기준의 설정, 유해 낚시도구의 제조 등의 금지, 낚시인의 안전관리를 위한 조치명령, 낚시터업의 허가 · 등록제도, 낚시어선업의 신고제도 등을 정하여 낚시 관련 제도를 체계화하고 낚시를 건전한 국민레저 활동으로 육성하여 농어촌의 발전과 국민의 삶의 질 향상에 기여'하기 위해 2011년 3월 9일 제10458호로 제정되었다.

이에 따라 제정된 「낚시 관리 및 육성법」은 낚시의 관리 및 육성에 관한 사항을 규정함으로써 건전한 낚시문화를 조성하고 수산자원을 보호하며, 낚시 관련 산업 및 농어촌의 발전과 국민의 삶의 질 향상에 이바지하는 것을 목적으로 하고 있다(제1조).

이 법에서 규정하고 있는 내용을 개략적으로 살펴보면 ⅰ) 낚시제한기준의 설정, 낚시통제구역, 수면 등에서의 금지행위, 낚시인 안전의 관리 등 낚시에 대한 관리 사항, ⅱ) 낚시터업의 허가 및 등록 등에 관한 사항, ⅲ) 낚시어선업의 신고 및 낚시어선업자(또는 선원)의 안전운항 의무 등에 관한 사항, ⅳ) 미끼의 관리에 관한 사항, ⅴ) 낚시 및 낚시 관련 산업의 지원 · 육성 등에 관한 사항 ⅵ) 낚시터업자, 낚시어선업자 등의 관계인에 대한 공무원의 출입 · 검사 등에 관한 사항, ⅶ) 낚시터업의 허가(등록)취소 및 낚시어선업의 영업폐쇄명령 등에 따른 처분 절차 등 낚시터 및 낚시어선의 운영과 관련한 사항으로 구성되어 있다.

---

1) 종전 「낚시어선업법」의 제정이유는 휴가철이나 주말에 어선을 이용하는 낚시객이 증가하고 있으나 어선의 이용 및 안전등에 관한 법적 장치가 마련되지 아니하여 낚시객의 안전관리 등에 미흡한 점이 있으므로 낚시객의 어선이용 및 안전에 관하여 필요한 사항을 규정함으로써 낚시객의 안전을 도모하고 어촌관광의 활성화 및 어가소득의 증대를 도모하려는 것으로 하고 있다(법제처, 법률검색, 2015.7.2. 방문. 〈http://www.law.go.kr〉).

Ⅱ. 낚시 관련 용어의 정의 및 적용범위

1. 용어의 정의

「낚시 관리 및 육성법」은 앞서 언급한 「선박안전법」 및 「어선법」과는 다르게 서로 다른 영역에서의 선박등의 운영과 관련한 여러 활동들에 대해 규정하고 있으며, 이에 해당하는 것은 '낚시터' 및 '낚시어선'으로 이와 관련한 운영 규정을 구분해서 언급하고 있다.

한편, 이 법 제2조에서는 낚시와 관련한 용어에 대해 다음과 같이 정의하고 있다.

i) "낚시"란 낚싯대와 낚싯줄 · 낚싯바늘 등 도구(이하 "낚시도구"라 한다)를 이용하여 어류 · 패류 · 갑각류, 그 밖에 대통령령으로 정하는 수산동물[2])을 낚는 행위를 말한다(제1호).

ii) "낚시인"이란 낚시터에서 낚시를 하거나 낚시를 하려는 사람을 말한다(제2호).

iii) "낚시터"란 낚시가 이루어지는 바다 · 바닷가 · 내수면 등의 장소를 말한다(제3호).

iv) "낚시터업"이란 영리를 목적으로 낚시터에 일정한 수면을 구획하거나 시설을 설치하여 낚시인이 낚시를 할 수 있도록 장소와 편의를 제공하는 영업을 말한다(제4호).

v) "낚시터업자"란 낚시터업을 경영하는 자로서 제10조에 따라 허가를 받거나 제16조에 따라 등록한 자를 말한다(제5호).

vi) "낚시어선업"이란 낚시인을 낚시어선에 승선시켜 낚시터로 안내하거나 그 어선에서 낚시를 할 수 있도록 하는 영업을 말한다(제6호).

vii) "낚시어선"이란 「어선법」에 따라 등록된 어선으로서 낚시어선업에 쓰이는 어선을 말한다(제7호).

viii) "낚시어선업자"란 낚시어선업을 경영하는 자로서 제25조에 따라 신고한 자를 말한다(제8호).

---

2) 「낚시 관리 및 육성법 시행령」 제2조(낚시 대상 수산동물) 「낚시 관리 및 육성법」(이하 "법"이라 한다) 제2조 제1호에서 "대통령령으로 정하는 수산동물"이란 다음 각 호의 어느 하나에 해당하는 수산동물을 말한다.
1. 연체동물(軟體動物) 중 두족류(頭足類),
2. 그 밖에 해양수산부장관이 정하여 고시하는 수산동물

ix) "미끼"란 수산동물을 낚기 위하여 사용하는 떡밥 등을 말한다(제9호).

x) "수면관리자"란 제3조 각 호의 어느 하나에 해당하는 수면 등을 소유 또는 점용하거나 그 밖의 방법으로 실질적으로 지배하는 자를 말한다(제10호).

참고로 낚시터는 이 법 제2조제3호에 따라 낚시를 행하는 장소를 말하는 것으로 다음의 형태를 가진다. 먼저 낚시를 목적으로 하여 인공적으로 조성된 육상(陸上)의 낚시터와 육상에 인접한 장소(강가, 바닷가 등)로 다음의 [그림 4-1]과 같다.

그 밖에 같은 법 시행령 제7조제1항제3호에 따라 낚시터의 수면에 설치된 부유형(浮游型) 및 고정형(固定型) 시설물(이하 "수상시설물"이라 한다)로 [그림 4-2]와 같은 형태로 하고 있다.[3)]

육상 인공 낚시터

육상에 인접한 낚시터(강가)

출처: 구글검색사이트(Google), http://www.google.co.kr

[그림 4-1] 육상 낚시터의 형태

부유형 수상시설물

고정형 수상시설물

출처: 구글검색사이트(Google), http://www.google.co.kr

[그림 4-2] 수상시설물(낚시터)의 형태

3) 한편, 「낚시터의 시설 및 장비 세부기준」 제2제1호에서는 "수상시설물"을 '낚시터에 낚시인이 낚시를 할 수 있도록 수면에 설치된 부유형(浮遊型) 시설물'로 규정하고 있으며, 이는 이 기준의 적용범위를 부유형 수상시설물로 제한하고 있는 것에 따른 것으로 현행 「낚시 관리 및 육성법 시행령」에 따른 수상시설물의 범위(부유형 및 고정형)와는 차이를 보이고 있다.

2. 적용범위

「낚시 관리 및 육성법」은 다음의 수면 등에 적용되고 있으며, 이와 관련한 세부적인 적용범위는 제3조제1호부터 제5호까지에서 자세히 나타내고 있다.

i) 바다(제1호)
ii) 「수산업법」 제2조제18호[4]에 따른 바닷가(제2호)
iii) 「수산업법」 제3조제3호[5]에 따른 어업을 목적으로 하여 인공적으로 조성된 육상(陸上)의 해수면(제3호)
iv) 「내수면어업법」 제2조제2호[6]에 따른 공공용 수면(公共用 水面)(제4호)
v) 「내수면어업법」 제2조제3호[7]에 따른 사유수면(私有水面)(제5호)

이와 같이 이 법은 낚시를 행하는 장소에 있어 육상이나 수면 구분 없이 적용되고 있으며, 또한 낚시를 하는 시설에 있어서도 앞의 [그림 4-1] 및 [그림 4-2]와 같은 형태 모두를 허용하고 있다.

그 밖에 이 법은 낚시터에서 행하는 영업행위 이외 낚시어선에서의 영업행위를 포함하고 있으며, 이와 관련해서는 대체로 다음의 [그림 4-3]과 같은 형태의 어선을 이용하고 있다.[8]

---

4) 「수산업법」 제2조제18호에서는 "바닷가"를 만조수위선(滿潮水位線)과 지적공부(地籍公簿)에 등록된 토지의 바다 쪽 경계선 사이로 규정하고 있다.

5) 「수산업법」 제3조제3호에서는 이 법의 적용범위 중 '어업을 목적으로 하여 인공적으로 조성된 육상의 해수면'을 포함하고 있다.

6) 「내수면어업법」 제2조제2호에서는 "공공용 수면(公共用 水面)"을 국가, 지방자치단체 또는 대통령령으로 정하는 공공단체(「한국수자원공사법」에 따른 한국수자원공사, 「한국농어촌공사 및 농지관리기금법」에 따른 한국농어촌공사)가 소유하고 있거나 관리하는 내수면으로 규정하고 있다.

7) 「내수면어업법」 제2조제3호에서는 "사유수면(私有水面)"을 사유토지에 자연적으로 생기거나 인공적으로 조성된 내수면으로 규정하고 있다.

8) [그림 4-3]은 낚시어선의 형태를 보이고 있으며, 「어선법」에 따른 조업용 및 「낚시 관리 및 육성법」에 따른 낚시어선업용으로 병행하여 사용하고 있다. 하지만 그 비중에 있어서는 다소 차이를 보이고 있으며 좌측 그림은 조업용보다는 주로 낚시어선업용으로, 우측 그림은 낚시어선업용(금어기 기간 동안 단기간 사용 등)보다는 주로 조업용으로 사용되고 있다.

주로 낚시어선업용으로 사용하는 낚시어선

주로 조업용으로 사용하는 낚시어선

출처: 구글검색사이트(Google), http://www.google.co.kr

[그림 4-3] 낚시어선의 형태

본 저서는 선박등의 운영과 관련한 안전 저해사범에 관해 다루고자 한 만큼 이 법에서의 낚시어선을 제외한 낚시터에서 발생하는 위반행위를 선박등의 운영과 관련한 위법행위 즉 '선박안전범죄'로 간주하는데 있어서는 다소 모호한 부분이 있다 할 것이다.

하지만 이 법에서는 낚시터의 유형으로 부유형 수상시설물을 포함하고 있으며, 이는 앞서 언급한 바 있는 선박등과 유사한 개념에 속하는 것으로 볼 수 있다.[9)]

한편, 이 법 제3조제1호부터 제4호까지의 수면 등에서 낚시터업을 하려는 자와 같은 조 제5호의 수면에서 낚시터업을 하려는 자는 제10조제1항 및 제16조제1항 각각의 전단에 따라 해당 수면을 관할하는 시장 · 군수 · 구청장에게 허가를 받거나 등록을 하도록 하고 있다.

이에 따라 같은 법 시행규칙 제4조제1항 및 제10조제1항에서는 낚시터업을 하려는 자가 허가 또는 등록을 신청할 경우 [별지 제1호서식]의 낚시터업 허가(등록) 신청서에 추가하여 첨부하도록 하고 있는 서류 중 '안전성 검사 확인서'를 포함하고 있다.

다시 말해서 부유형 수상시설물에서 낚시터업을 하려는 자가 허가(등록)에 필요한 절차를 위반하여 임의로 영업을 할 경우 이는 시설물에 대한 안전성을 확보하지 않은 상태에 해당되므로 선박등에 적용하고 있는 안전 저해사범에 속한다 할 것이다.

이에 추가하여 이 법 제53조제1항제1호 또한 유해 낚시도구를 판매할 목적으로 제조하거나 수입한 자에 대한 처벌규정으로 선박등의 안전저해 사범으로 볼 여지는 없다 할 것이나, 부유형 수상시설물에서 이와 관련한 위반 사례가 발생할 수 있을 것이

9) 여기에서 언급하고 있는 "선박등"과 관련해서는 제1장 각주 1번을 참조하도록 한다.

라 본다. 따라서 본 저서에서는 이 법에서 벌칙으로 규정하고 있는 위법행위 전부를 선박등과 관련한 범죄로 취급하여 다루고자 한다.

Ⅲ. 낚시 관리 및 육성법 관련 법령 부칙

여기서는 앞서 언급한 바와 같이 낚시 관리 및 육성법 관련 법령(법 · 시행령 · 시행규칙) 제 · 개정이 있을 경우 법률의 시행일 및 경과조치에 대해 규정하고 있는 부칙 조항 중 최근 개정된 법령을 중심으로 "선박등"의 운영과 관련해서 해당 범죄수사 시 검토되어야 하는 주요부칙 조항을 중심으로 살펴보았으며, 다음의 〈표 4-1〉~〈표 4-3〉과 같다.

〈표 4-1〉 낚시 관리 및 육성법 주요부칙 조항

부 칙	주요내용
낚시 관리 및 육성법 〈법률 제10458호, 2011.3.9.〉	**제1조(시행일)** 이 법은 공포 후 1년 6개월이 경과한 날부터 시행한다. 다만, 제47조제1항 · 제3항 및 제55조제1항제13호는 공포 후 2년 6개월이 경과한 날부터 시행한다.
	제2조(다른 법률의 폐지) 낚시어선업법은 폐지한다.
	제3조(일반적 경과조치) 이 법 시행 당시 종전의 「낚시어선업법」, 종전의 「내수면어업법」에 따른 처분 · 절차와 그 밖의 행위로서 이 법에 그에 해당하는 규정이 있는 경우에는 이 법에 따라 한 것으로 본다.
	제4조(낚시업 허가에 관한 경과조치) ① 이 법 시행 당시 종전의 「내수면어업법」 제9조제1항제5호에 따라 낚시업의 허가를 받은 자는 그 허가의 유효기간 내에서는 제10조 및 제11조에도 불구하고 종전의 규정에 따라 낚시업을 할 수 있다. ② 제1항에 따른 낚시업 허가의 유효기간이 만료된 경우에 낚시터업을 계속하려는 자는 이 법에 따라 신규로 낚시터업의 허가를 받아야 한다.
	제5조(낚시업 신고에 관한 경과조치) ① 이 법 시행 당시 종전의 「내수면어업법」 제11조에 따라 낚시업의 신고를 한 자는 그 신고의 유효기간 내에서는 제16조 및 제17조에도 불구하고 종전의 규정에 따라 낚시업을 할 수 있다. ② 제1항에 따른 낚시업 신고의 유효기간이 만료된 경우에 낚시터업을 계속하려는 자는 이 법에 따라 신규로 낚시터업의 등록을 하여야 한다.
	제6조(낚시어선업 신고에 관한 경과조치) 이 법 시행 당시 종전의 「낚시어선업법」 제4조에 따라 낚시어선업의 신고를 한 자는 이 법에 따라 낚시어선업의 신고를 한 것으로 보며, 그 유효기간은 종전의 남은 기간으로 한다.
	제7조(서울특별시 한강에서의 낚시어선업 신고관청의 변경에 따른 경과조치) 이 법 시행 당시 종전의 「낚시어선업법」에 따라 서울특별시의 관할구역에 있는 한강에 관하여 자치구의 구청장에게 낚시어선업을 신고한 자는 이 법에 따라 한강관리에 관한 업무를 관장하는 기관의 장[10]에게 신고한 것으로 본다.

부 칙	주요내용
낚시 관리 및 육성법 〈법률 제10458호, 2011.3.9.〉	**제8조(낚시어선업의 영업의 폐쇄 등에 관한 경과조치)** 이 법 시행 전의 낚시어선업자의 위반행위에 관하여는 제38조에도 불구하고 종전의 「낚시어선업법」에 따른다.
	제9조(벌칙과 과태료에 관한 경과조치) ① 이 법 시행 전의 행위에 대하여 벌칙이나 과태료의 규정을 적용할 때에는 종전의 「낚시어선업법」과 종전의 「내수면어업법」에 따른다. ② 이 법 시행 후 부칙 제4조제1항 및 제5조제1항의 적용시한까지 종전의 「내수면어업법」 중 낚시업에 관한 규정을 위반한 행위에 대하여 벌칙을 적용할 때에는 종전의 「내수면어업법」에 따른다.
	제11조(다른 법령과의 관계) 이 법 시행 당시 다른 법령에서 종전의 「낚시어선업법」, 종전의 「내수면어업법」 또는 그 규정을 인용한 경우에 이 법 가운데 그에 해당하는 규정이 있으면 종전의 「낚시어선업법」, 종전의 「내수면어업법」 또는 그 규정을 갈음하여 이 법 또는 이 법의 해당 조항을 인용한 것으로 본다.

〈표 4-2〉 낚시 관리 및 육성법 시행령 주요부칙 조항

부 칙	주요내용
낚시 관리 및 육성법 시행령 〈대통령령 제24097호, 2012.9.7.〉	**제1조(시행일)** 이 영은 2012년 9월 10일부터 시행한다.
	제2조(다른 법령의 폐지) 낚시어선업법 시행령은 폐지한다.
	제3조(낚시도구 유해물질의 허용기준 및 미끼기준에 관한 특례) 이 영 시행일 이전에 제조되었거나 수입계약이 체결된 낚시도구와 미끼는 [별표 1]과 [별표 5]의 기준에 적합하지 아니하더라도 2013년 3월 10일까지 판매(불특정 다수인에게 제공하는 행위를 포함한다)하거나 판매할 목적으로 저장 · 운반 또는 진열할 수 있으며, 2013년 9월 10일까지 사용할 수 있다.
	제5조(다른 법령과의 관계) 이 영 시행 당시 다른 법령에서 종전의 「낚시어선업법 시행령」, 종전의 「내수면어업법 시행령」 또는 그 규정을 인용한 경우에 이 영 가운데 그에 해당하는 규정이 있으면 종전의 「낚시어선업법 시행령」, 종전의 「내수면어업법 시행령」 또는 그 규정을 갈음하여 이 영 또는 이 영의 해당 규정을 인용한 것으로 본다.

〈표 4-3〉 낚시 관리 및 육성법 시행규칙 주요부칙 조항

부 칙	주요내용
낚시 관리 및 육성법 시행규칙 〈농림수산식품부령 제309호, 2012.10.5.〉	**제1조(시행일)** 이 규칙은 공포한 날부터 시행한다. 다만, 제25조는 2013년 9월 10일부터 시행한다.
	제2조(다른 법령의 폐지) 낚시어선업법 시행규칙은 폐지한다.
	제4조(다른 법령과의 관계) 이 규칙 시행 당시 다른 법령에서 종전의 「낚시어선업법 시행규칙」, 종전의 「내수면어업법 시행규칙」 또는 그 규정을 인용한 경우에 이 규칙 가운데 그에 해당하는 규정이 있으면 종전의 「낚시어선업법 시행규칙」, 종전의 「내수면어업법 시행규칙」 또는 그 규정을 갈음하여 이 규칙 또는 이 규칙의 해당 규정을 인용한 것으로 본다.

10) 여기에서 '한강관리에 관한 업무를 관장하는 기관의 장'은 서울특별시 한강사업본부의 장을 가리키며, 이하 같다.

Ⅳ. 다른 법률과의 관계[11)]

일반적으로 "다른 법률과의 관계"에 관한 규정은 그 법령과 다른 법령 간의 관계에서 어느 법령이 먼저 적용되는지 등에 관하여 적용의 우선순위를 정하기 위하여 두는 것이다.

이 경우 어느 하나의 법령에서 규율하는 대상이나 사항이 다른 법령에서 규율하고 있는 것과 상호 연관되거나 중복되는 사례가 발생할 수 있다. 즉 다시 말해서 법률의 규정은 고립되어 단독으로 존재하는 것이 아니라 법률 상호간에 유기적으로 결부되어 법체계를 구성하게 된다.

따라서 각 법률 상호 간 또는 각각의 법률에서 규정하고 있는 개별 규정 간에 조화와 균형을 유지하려면 다른 법률과의 관계를 명확하게 규정하여 법률 상호 간의 상충을 피하고 조화를 유지해야 한다.

다른 법률과의 관계에 관한 규정은 각각의 개별법 구성 중 총칙과 부칙에서 위치하고 있으며, 사용 목적과 내용은 서로 다르다. 총칙 규정에서는 그 해당 법률과 다른 법률 간 적용에 있어서의 우선순위에 관한 사항을 정하기 위한 것으로 하고 있으며, 부칙 규정에서는 해당 법률의 개정 등에 따라 다른 법률의 관련 조문을 정리하기 위한 것으로 하고 있다.[12)]

---

11) 법제처, 앞의 책, 110~111면.

12) 법령을 전부개정하거나 법령을 폐지 · 제정하는 경우에는 변경된 내용에 대하여 경과조치를 두고 있을 뿐만 아니라 전부개정 되는 법령이나 그 조항을 인용하는 법령이 있으면 부칙에서 그 법령을 개정해 주는데, 보통 현행 법령 데이터베이스를 이용하여 관련 법령의 조항을 찾아내어 개정하게 되나, 데이터베이스를 이용한 검색 작업이 완벽하지 않다. 따라서 부칙에서 다른 법령을 개정해 주더라도 그에 덧붙여 구법령을 인용하는 법령은 신법령의 제명이나 해당 조항을 인용하는 것으로 보도록 하는 규정을 두어 해석상의 혼란을 방지하도록 한다. 이 경우 그 규정의 제목은 '다른 법령과의 관계"라고 붙인다. 이러한 경우에 속하는 것으로는 먼저 인용되는 법령이 바뀌거나 그 제명이 변경된 경우(법령의 제명을 개정하는 경우도 있고 법령을 폐지하고 대체 법령을 제정하여 인용된 제명이 달라지는 경우도 있다)가 있다. 한편, 이와 관련해서 종전에는 조의 제목을 "다른 법률과의 관계"로 하고 본문 가운데서도 "다른 법률에서"라고 표현하는 경우가 많았으나 법률의 제명을 대통령령이나 총리령 · 부령에서 인용하고 있는 경우도 있으므로, 전체를 포괄할 수 있도록 위의 입법례와 같이 "다른 법령과의 관계", "다른 법령에서"라는 표현을 사용하도록 하고 있다. 다음으로 인용되는 법령의 제명 변경이 없는 경우가 있으며, 이 경우에는 인용된 법률 조항에 대해서만 규정해도 충분하다. 그 밖에 특수법인의 명칭을 변경하는 경우에도 같은 취지로 '다른 법령과의 관계"규정을 두도록 한다(법제처,

총칙에서 규정하는 다른 법률과의 관계(또는 다른 법령과의 관계)에 관한 규정은 다른 법률의 적용과 적용 제외에 관한 사항을 내용으로 하고 있으며, 주로 이에 해당하는 사항은 다음과 같다.

ⅰ) 해당 법령에서 정하고 있는 사항에 관해서는 다른 법률보다 우선 적용하도로 하는 경우
ⅱ) 해당 법률에서 규정하고 있지 않은 사항에 대해서는 다른 법률의 규정을 따르도록 하는 경우

다른 법률과의 관계를 규정하는 표현 방식은 해당 법률과 다른 법률과의 관계를 어떠한 방법으로 설정하는가에 따라 여러 가지 방식이 있을 수 있으며,[13)] 「낚시 관리 및 육성법」에서는 다음과 같이 규정하고 있다.

「낚시 관리 및 육성법」 제4조제1항 및 제2항에 따라 낚시어선업에 대하여는 「유선 및 도선 사업법」을 적용하지 않으며(제1항), 낚시의 관리 및 육성에 관하여 다른 법률에 특별한 규정이 있는 경우를 제외하고는 이 법에서 정하는 바에 따르도록 하고

앞의 책, 595~596면).

13) "다른 법률과의 관계"와 관련한 규정의 표현 방식은 일반적으로 다음과 같이 구분하여 사용하고 있다. ⅰ) 다른 법령을 우선 적용하고, 다른 법령에 특별한 규정이 없는 경우에만 그 법령의 규정을 적용하도록 하는 방식: 그 법령에서 규율하려는 대상이나 사항에 관하여 다른 법령에 특별한 규정이 있는 경우에는 다른 법령을 우선 적용하고, 다른 법령에 특별한 규정이 없는 경우에만 그 법령을 적용한다는 취지의 규정을 두는 방식이다. 해당 법령이 기본법적 성격이나 일반법적 성격을 가지고 있어 특별법에서 규정하고 있는 사항을 우선 적용하고 특별법에서 정하고 있지 않는 사항에 대하여 일반적으로 그 법령을 적용하려는 경우에 두는 방식이다. ⅱ) 그 법령을 다른 법령보다 우선 적용하도록 하는 방식: 그 법령을 다른 법령보다 우선 적용하는 것이 그 법령의 제정 목적상 필요하거나 정책 목적상 또는 법체계상 합리적인 경우에는 그 법령의 규정을 다른 법령의 규정보다 우선하여 적용하는 규정을 둔다. ⅲ) 일정 사항에 대해서는 그 법령을 우선 적용하고, 다른 사항에 대해서는 다른 법령을 우선 적용하도록 하는 방식이 있다. ⅳ) 다른 법령의 제정·개정 시 그 법령의 목적이나 이념에 맞도록 해야 한다는 규정을 두는 방식: 그 법령에서 규율하려는 대상이나 사항에 대하여 다른 법령과의 적용상 선후관계를 구체적으로 명확하게 하지 않고 포괄적으로 그 법령의 제정 목적이나 이념에 맞도록 다른 법령을 제정·개정해야 한다는 내용으로 다른 법령과의 관계를 규정하는 방식이다. 이런 규정 방식은 다른 법령과의 관계를 지나치게 포괄적으로 규정한 것으로서 실제 법령 해석상 다른 법령과의 저촉 문제 등 의문을 일으킬 소지가 많다. 이중 「낚시 관린 및 육성법」 제4조 제2항은 위의 ⅰ)에 해당한다(법제처, 앞의 책, 111~113면).

있다(제2항).

이와 같이 「낚시 관리 및 육성법」에서는 낚시어선업에 있어서의 적용 법률에 대해 명확히 제한해서 구분하고 있다.

한편, 낚시어선업은 앞서 언급한 바와 같이 「낚시 관리 및 육성법」 제2조제6호에 따라 '낚시인을 낚시어선에 승선시켜 낚시터로 안내하거나 그 어선에서 낚시를 할 수 있도록 하는 영업' 행위로 규정하고 있다.

또한 이와 유사한 영업 행위로는 "유선사업"이 있으며, 이는 「유선 및 도선 사업법」 제2조제1호에 따라 '유선 및 유선장(遊船場)을 갖추고 수상에서 고기잡이, 관광, 그 밖의 유락(遊樂)을 위하여 선박을 대여하거나 유락하는 사람을 승선시키는 것을 영업으로 하는 것으로서 「해운법」을 적용받지 아니하는 것'으로 규정하고 있다.

이처럼 낚시어선업 및 유선사업은 사람을 선박(낚시어선)에 승선시켜 수상에서의 낚시(고기잡이) 행위를 할 수 있도록 하는 공통된 영업 형태를 보이고 있으나, 이러한 영업 행위는 각각의 개별법에서 엄격히 구분해서 규정하고 있다.

제2절 낚시용품 부정판매 및 낚시터업 허가 등과 관련한 위반사범 수사

「낚시 관리 및 육성법」 제53조제1항제1호부터 제5호까지의 규정은 유해 낚시도구(또는 기준미달 미끼) 판매, 낚시터업의 허가 또는 변경허가 미필 낚시터업 운영, 부정한 방법으로 낚시터업의 허가 또는 변경허가 취득 및 공무원이 부착한 게시문 등이나 봉인을 제거하거나 손상을 한 경우, 이와 관련한 범죄행위의 구성요건 및 양형기준에 대한 것이다.[14)]

위반행위에 따른 수사기관을 살펴보면, 이 법 제53조제1항제1호 · 제3호 · 제5호에 따른 위반사범은 해상에서 발생한 특정 사건을 포함하고 있지 않으므로 이에 따른 수사는 경찰청에서 전담하게 된다.

그 밖에 이 법 제53조제1항제2호 · 제4호에 따른 위반사범은 허가를 받지 않고 불법으로 낚시터업을 운영한 경우와 공무원이 행한 낚시터 폐쇄조치 훼손 위반 사항으로 이와 관련한 범죄행위가 앞의 [그림 4-2]와 같은 수상시설물에서 발생한 경우, 이는 수면에서의 위법행위가 될 것이므로 발생장소에 따라 경찰청 또는 국민안전처(해양경비안전본부)에서 이에 대한 수사권을 행사하게 된다.

한편, 이와 같은 수상시설물에 대한 경찰권 행사는 앞서 언급한 바 있는 {참고 1-1}에서와 같이 내수(內水)의 범위에 따라 경찰청과 국민안전처(해양경비안전본부)로 수사기관을 구분하고 있다.

가령, 낚시터업을 운영하고 있는 수면 등이 이 법 제3조제1호 및 제3호에 따른 바다와 해수면인 경우에는 국민안전처(해양경비안전본부)의 수사 관할이 되며, 제3조

---

14) 「낚시 관리 및 육성법」 제53조(벌칙) ① 다음 각 호의 어느 하나에 해당하는 자는 1년 이하의 징역 또는 1천만원 이하의 벌금에 처한다.

1. 제8조제1항 본문을 위반하여 유해 낚시도구를 판매할 목적으로 제조하거나 수입한 자
2. 제10조제1항에 따른 낚시터업의 허가 또는 변경허가를 받지 아니하고 낚시터업을 한 자
3. 거짓이나 그 밖의 부정한 방법으로 낚시터업의 허가 또는 변경허가를 받은 자
4. 제23조제2항제2호 및 제3호에 따라 관계 공무원이 부착한 게시문 등이나 봉인을 제거하거나 손상한 자
5. 제41조를 위반하여 미끼기준에 적합하지 아니한 미끼를 판매할 목적으로 제조하거나 수입한 자

제2호 · 제4호 · 제5호와 같이 바닷가와 내수면인 경우에는 경찰청의 수사 관할이 된다.

이에 따라 여기에서는 유해 낚시도구 판매 및 낚시터업의 운영 등과 관련해서 위법행위를 한 자에 대한 사실 관계를 이와 관련한 법령 및 행정규칙 등을 통해 살펴보고자 한다.

Ⅰ. 유해 낚시도구 판매 위반사범

제53조(벌칙) ① 다음 각 호의 어느 하나에 해당하는 자는 1년 이하의 징역 또는 1천만원 이하의 벌금에 처한다.
1. 제8조제1항 본문을 위반하여 유해 낚시도구를 판매할 목적으로 제조하거나 수입한 자

「낚시 관리 및 육성법」 제53조제1항제1호에서는 이 법 제8조제1항 본문을 위반하여 "유해 낚시도구"를 판매할 목적으로 제조하거나 수입하는 행위를 범죄로 규정하고 있다.

여기에서의 유해 낚시도구는 이 법 제8조제1항에 따라 중금속 등 유해물질이 허용기준 이상으로 함유되거나 잔류된 낚시도구로 규정하고 있으며, 또한 이에 따른 낚시도구의 종류로는 이 법 제2조제1호 및 같은 법 시행령 제5조에 따라 낚싯대와 낚싯줄 · 낚싯바늘 이외 낚시찌 등으로 구분하고 있다.[15] 즉 유해 낚시도구는 중금속 등 유해물질이 허용기준 이상으로 함유되거나 잔류된 낚싯대, 낚싯봉, 낚싯줄, 낚싯바늘 및 낚시찌 등으로 볼 수 있다.

이 법 제8조제1항에서는 누구든지 수생태계와 수산자원의 보호에 지장을 주거나 수산물의 안전성을 해칠 수 있는 유해 낚시도구를 사용하지 못하도록 하고 있다. 뿐만 아니라 유해 낚시도구를 직접적으로 사용하지 아니하더라도 판매(불특정 다수인

15) 「낚시 관리 및 육성법」 제2조제1호에서는 낚시도구를 낚싯대와 낚싯줄 · 낚싯바늘 등으로 정의하고 있으나, 같은 법 시행령 제5조와 관련한 [별표 1]에서는 낚시도구의 종류를 낚싯봉, 낚싯바늘, 낚시찌 및 낚싯줄로 구분하고 있다.

에게 제공하는 행위를 포함한다)하거나 판매할 목적으로 제조·수입·저장·운반 또는 진열하여서는 아니 되는 것으로 규정하고 있다.

이와 같이 유해 낚시도구와 관련해서는 누구든지 이를 사용하거나 판매(제공), 판매할 목적으로 제조·수입·저장·운반 또는 진열하는 행위를 금지하고 있다.

하지만 여기에서의 범죄행위는 이 법 제53조제1항제1호에 따라 유해 낚시도구를 판매할 목적으로 제조하거나 수입한 경우로 제한해서 적용하고 있으며, 유해 낚시도구를 단순히 사용 또는 판매(불특정 다수인에게 제공하는 행위를 포함한다)하거나 판매할 목적으로 저장·운반 또는 진열한 자에게는 이 법 제55조제1항제4호에 따라 300만원 이하의 과태료를 부과하도록 하고 있다.[16)]

이와는 달리 유해 낚시도구를 학술연구나 관람 또는 전시 등 이 법 제8조제1항 단서 및 같은 법 시행규칙 제3조에 따른 다음의 어느 하나에 해당하는 경우에는 이 법 제53조제1항제1호를 적용하지 않는다.

i) 다음의 어느 하나에 해당하는 자가 이 법 제8조제1항 본문에 따른 유해 낚시도구를 학술연구나 관람 또는 전시를 목적으로 제조·수입·저장·운반·진열 또는 사용하는 경우(시행규칙 제3조제1호)
   ㉮ 「고등교육법」 제2조제1호·제2호·제4호 또는 제6호에 따른 대학·산업대학·전문대학 또는 기술대학과 그 부설연구시설(가목)
   ㉯ 국공립연구기관(나목)
   ㉰ 「특정연구기관 육성법」에 따른 특정연구기관(다목)
   ㉱ 「산업기술연구조합 육성법」에 따른 산업기술연구조합(라목)
   ㉲ 「박물관 및 미술관 진흥법」에 따른 박물관(마목)
   ㉳ 그 밖에 해양수산부장관이 정하여 고시하는 자(바목)

ii) 이 법 제8조제1항 본문에 따른 유해 낚시도구를 수출하거나 수출할 목적으로 제조·수입·저장·운반 또는 진열하는 경우(시행규칙 제3조제2호)

16) 참고로 과태료 규정은 「낚시 관리 및 육성법」 제55조제3항 및 같은 법 시행령 제25조 관련 [별표 6] 과태료의 부과기준에서 정하는 바에 따라 해양수산부장관, 시·도지사 또는 시장·군수·구청장이 부과·징수하고 있다. 이하 같다.

한편, 이 법 제8조제1항에 따라 낚시도구에 함유되거나 잔류된 유해물질의 용출(溶出)[17] 허용기준 등은 같은 법 시행령 제5조 [별표 1]에서 정한 것으로 규정하고 있으며, 다음의 〈표 4-4〉와 같다.

〈표 4-4〉 낚시도구별 유해물질의 허용기준

낚시도구의 종류	유해물질명	용출 허용기준(㎎/㎏)
낚싯봉, 낚싯바늘 낚시찌, 낚싯줄	납(Pb)	90 이하
	비소(As)	25 이하
	크로뮴(Cr)	60 이하
	카드뮴(Cd)	75 이하

【비고】
1. 낚싯바늘 및 낚시찌의 경우에는 금속재료를 추가한 경우에 한정한다.
2. 낚싯줄의 경우에는 주원료가 금속인 경우에 한정한다.
3. 용출(溶出) 허용기준에 대한 검사는 「품질경영 및 공산품안전관리법」 제14조제3항에 따라 고시하는 제품검사의 안전기준 중 물놀이기구에 대한 중금속 용출 시험방법에 따른다.[18]

또한 이에 따른 유해물질이 인체에 미치는 영향에 대해 간단히 살펴보면 다음의 〈표 4-5〉와 같다.

〈표 4-5〉 유해물질이 인체에 미치는 영향

유해물질	인체에 미치는 영향
납(Pb)	신장, 심혈관, 생식계통, 신경계통 및 치아 손상 등 유발[19]
비소(As)	폐, 피부, 신장, 간, 전립선 등에 암 유발(정상 세포에 작용하면 암을 유발)[20]
크로뮴(Cr)	위경련, 위궤양, 신장과 간손상, 알레르기 반응 등[21]
카드뮴(Cd)	폐 부종, 기관지염증, 신기능장애, 빈혈, 골다공증 등 유발[22]

17) 용출(溶出): 금속 혼합물 따위를 가열하여 그 성분을 분리하는 조작 또는 성분의 일부가 물 따위에 녹아 흘러나오는 것을 말한다(이희승, 앞의 책, 2810면).

18) 낚시도구 용출 허용기준에 대한 검사는 「안전인증대상공산품의 안전기준」 제2조(제품검사안전기준) 제1항제7호의 부속서 7(물놀이기구) 5.9(중금속 용출)에서 규정하고 있는 "KS G ISO 8124-3"에 따른 시험을 하도록 하고 있다. 한편, 이 고시는 「품질경영 및 공산품안전관리법」 제14조제3항에 따른 안전인증대상공산품의 제품검사의 안전기준을 규정함을 목적으로 한다.

19) 김영철, "새롭게 조명해보는 납의 독성", 한국과학기술정보연구원, 2012, 1~8면.

20) 박종범, "수은과 비소가 애기장대의 생장에 미치는 영향", 한국환경과학회지 제15권(제2호), 2006, 158면.

참고로 낚시도구는 「품질경영 및 공산품안전관리법 시행규칙」 제2조에 따른 안전관리대상공산품의 범위에 포함되어 있지 않으며, 이에 따른 규정에서는 낚시도구에 함유되거나 잔류된 유해물질의 용출 허용기준 이외 이를 판매하거나 판매할 목적으로 제조 · 수입 · 저장 · 운반 또는 진열하는 행위에 대한 별도의 제한 규정을 두고 있지 않다. 다음의 [그림 4-4]는 낚시도구별 형태를 나타내고 있다.

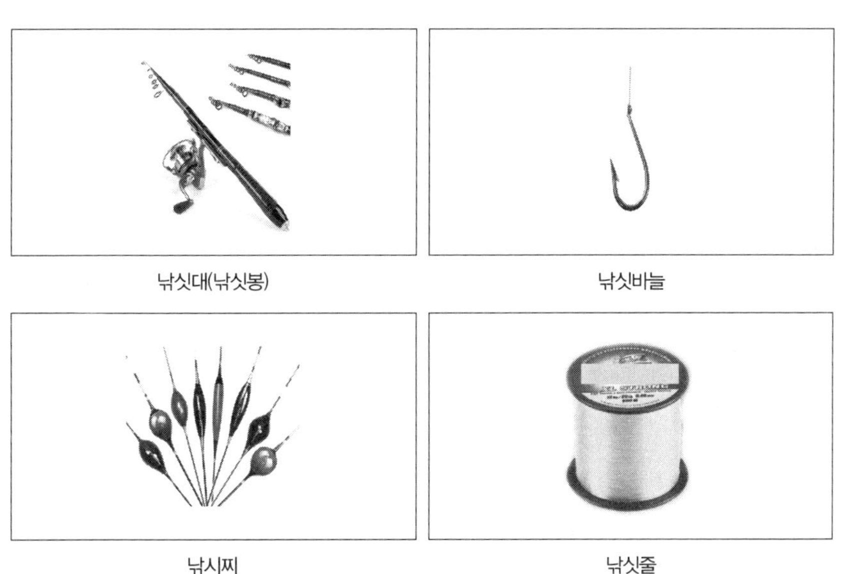

낚싯대(낚싯봉) 낚싯바늘

낚시찌 낚싯줄

출처: 구글검색사이트(Google), http://www.google.co.kr

[그림 4-4] 낚시도구별 형태

Ⅱ. 낚시터업의 허가(변경허가) 의무 불이행 위반사범

「낚시 관리 및 육성법」에서는 낚시터업의 영업행위를 하기 위해서는 행정 관청의 허가를 받은 뒤에 할 수 있도록 하고 있으며, 이 법 제3조에 따른 수면 등의 적용대상에 따라 '허가제'와 '등록제'로 구분해서 규정하고 있다.

21) 국립독성연구원, "ATSDR에서 작성한 크로뮴의 독성", 인터넷자료, 2007, 1면.

22) 권민, "철 결핍이 신장에서의 카드뮴 축적과 독성에 미치는 영향", 중앙대학교 대학원, 박사학위논문, 2014, 1면.

먼저 허가를 받아야 하는 경우는 이 법 제10조제1항에 따라 제3조제1호부터 제4호까지의 수면 등에서 낚시터업을 하려는 자에게 해당되며, 이에 해당되는 자는 해양수산부령으로 정하는 바에 따라 해당 수면 등을 관할하는 시장 · 군수 · 구청장의 허가를 받도록 하고 있다.

다음으로 등록을 하도록 하는 경우는 이 법 제16조제1항에 따라 제3조제5호의 수면에서 낚시터업을 하려는 자에게 해당되며, 이에 해당되는 자는 허가 적용대상 낚시터업과 동일하게 해양수산부령으로 정하는 바에 따라 해당 수면 등을 관할하는 시장 · 군수 · 구청장에게 등록하도록 하고 있다.

여기에서는 이 중 이 법 제10조제1항에 따라 낚시터업의 허가 및 변경허가와 관련해서 위반행위를 한 자에 대한 사실 관계를 이와 관련한 법령 및 행정규칙 등을 통해 살펴보고자 한다.

> 제53조(벌칙) ① 다음 각 호의 어느 하나에 해당하는 자는 1년 이하의 징역 또는 1천만원 이하의 벌금에 처한다.
> 2. 제10조제1항에 따른 낚시터업의 허가 또는 변경허가를 받지 아니하고 낚시터업을 한 자
> 3. 거짓이나 그 밖의 부정한 방법으로 낚시터업의 허가 또는 변경허가를 받은 자

1. 낚시터업 허가(변경허가) 절차 등

「낚시 관리 및 육성법」 제10조제1항에 따라 제3조제1호부터 제4호까지의 수면 등에서 낚시터업을 하려는 자는 해양수산부령으로 정하는 바에 따라 해당 수면 등을 관할하는 시장 · 군수 · 구청장[23]의 허가를 받아야 하며, 낚시터의 위치 · 구역 및 대통령령으로 정하는 중요한 사항을 변경하려는 경우에도 동일한 절차를 거쳐야 한다. 여기에서의 '대통령령으로 정하는 중요한 사항'은 같은 법 시행령 제7조제1항에 따라

23) 여기에서의 "시장 · 군수 · 구청장"은 이 법 제6조제1항에 따라 특별자치도지사 · 시장 · 군수 또는 구청장(자치구의 구청장을 말하며, 서울특별시의 관할구역에 있는 한강의 경우에는 한강관리에 관한 업무를 관장하는 기관의 장을 말한다)으로 하고 있다. 이하 같다.

다음과 같이 규정하고 있다.

i) 낚시터의 명칭(제1호)
ii) 낚시터 관리선(제2호)
iii) 낚시터의 수면에 설치된 부유형 및 고정형 시설물(수상시설물)(제3호)
iv) 낚시터의 최대수용인원(제4호)

이와 관련해서, 이 법 제10조제1항 전단 및 같은 법 시행규칙 제4조제1항에 따라 이 법 제3조제1호부터 제4호까지의 수면 등에서 낚시터업을 하려는 자는 [별지 제1호 서식]의 낚시터업 허가 신청서에 다음의 서류를 첨부하여 해당 수면 등을 관할하는 시장 · 군수 · 구청장에게 제출하여야 한다.

i) 수면의 위치도 및 시설물 배치도(시행규칙 제4조제1항제1호)
ii) 낚시터의 최대수용인원 산정(算定) 명세서(시행규칙 제4조제1항제2호)
iii) 이 법 제48조에 따라 가입한 보험 또는 공제의 증서 사본(시행규칙 제4조제1항제3호)
iv) 같은 법 시행령 제8조제1항 및 [별표 2]에 따른 시설과 장비의 명세서(시행규칙 제4조제1항제4호)
v) 위 iv)의 시설과 장비에 대한 안전성 검사 확인서(「선박안전법」 제45조에 따라 설립된 선박안전기술공단이나 해양수산부장관이 정하여 공고하는 자로부터 안전성 검사를 받은 경우만 해당한다)(시행규칙 제4조제1항제5호)[24)]

---

24) 낚시터업을 하는데 있어서의 허가, 변경허가 및 허가의 유효기간 연장을 하고자 할 경우 각각의 해당 신청서에 첨부되는 서류 중 "안전성 검사 확인서" 발급 등과 관련한 업무는 대행검사기관(현재까지 선박안전기술공단에서만 수행)의 「낚시터의 안전성 검사업무 집행지침」을 따르고 있다. 한편, "안전성 검사 확인서"는 이 지침의 [별표 6호서식]에 따라 "낚시터의 안전성 검사 확인서"로 발급되고 있으며, 이 확인서는 안전성검사가 종결된 이후 처음으로 신고기관(시장 · 군수 · 구청장)에 신고를 하는 경우에 한해 효력이 있다. 참고로 이 지침에는 신청 접수, 안전성 검사 집행, 보고 및 결재, 확인서 발급, 안전성 검사 비용 산정 및 재발급 등과 관련한 업무를 규정하고 있다. 이와 관련해서 뒤에서 언급하게 될 낚시터업을 하는데 있어서의 등록, 등록의 유효기간 연장 및 변경등록을 하고자 할 경우, 각각의 해당 신청 시 이에 첨부되는 서류 중 "안전성 검사 확인서" 발급 등과 관련한 업무 또한

vi) 선박국적증서 · 선적증서 또는 등록필증 사본과 선박검사증서 또는 어선검사증서 사본(같은 법 시행령 [별표 2] 제3호다목에 따른 낚시터 관리선을 두는 경우만 해당한다)(시행규칙 제4조제1항제6호)

또한 이 법 제10조제1항 후단 및 같은 법 시행규칙 제4조제2항에 따라 낚시터업의 허가를 받은 자가 허가받은 사항을 변경하려는 경우에는 [별지 제2호서식]의 낚시터업 변경허가 신청서에 다음의 서류를 첨부하여 해당 낚시터를 관할하는 시장 · 군수 · 구청장에게 제출하도록 하고 있다.

i) 낚시터업 허가증(시행규칙 제4조제2항제1호)
ii) 변경사항을 증명하는 서류(시행규칙 제4조제2항제2호)
iii) 같은 법 시행령 제7조제1항제2호부터 제4호까지의 사항이 변경된 경우에는 해당 시설과 장비에 대한 안전성 검사 확인서(「선박안전법」 제45조에 따라 설립된 선박안전기술공단이나 해양수산부장관이 정하여 공고하는 자로부터 안전성 검사를 받은 경우만 해당한다)(시행규칙 제4조제2항제3호)

이에 따른 신청을 받은 시장 · 군수 · 구청장은 낚시터업의 허가 또는 변경허가를 한 경우에는 같은 법 시행규칙 제4조제3항에 따른 [별지 제3호서식]의 낚시터업 허가증을 신청인에게 발급하여야 한다.

한편, 낚시터업의 허가를 받으려는 수면 등이 둘 이상의 시 · 군 · 구에 걸쳐 있는 경우에는 이 법 제10조제2항에 따라 허가를 받으려는 면적이 큰 수면 등을 관할하는 시장 · 군수 · 구청장에게 허가를 받아야 한다.

또한 시장 · 군수 · 구청장이 낚시터업의 허가를 하려면 이 법 제10조제3항에 따라 해당 수면 등의 용도, 수질 등 환경의 오염 상태, 수산자원의 상태, 어업인과의 이해관계 및 낚시인의 안전에 관한 사항 등을 고려하도록 하고 있어 낚시터업을 하고자 하는 주변 환경에 대한 사전 검토를 요구하고 있다.

이 지침에 따라 처리하고 있다. 이하 같다.

뿐만 아니라 낚시터업의 허가와 관련해서는 이 법 제10조제4항에 따라 제3조제4호에 해당하는 수면에서 낚시터업의 허가를 받은 경우에는 ⅰ)「공유수면 관리 및 매립에 관한 법률」 제8조에 따른 공유수면의 점용 또는 사용의 허가(시행규칙 제10조제4항제1호), ⅱ)「농어촌정비법」 제23조제1항에 따른 농업생산기반시설의 목적 외 사용의 승인(시행규칙 제10조제4항제2호)을 받은 것으로 보고 있다.

이에 추가해서 낚시터업을 하려는 자의 허가 신청이 동일한 위치의 수면 등에 대하여 2인 이상이 경합(競合)된 경우 시장 · 군수 · 구청장은 이 법 제10조제5항 및 같은 법 시행령 제7조제2항에 따른 다음의 우선순위에 따라 허가를 할 수 있도록 하고 있다.

ⅰ)「수산업협동조합법」 제15조에 따른 어촌계, 같은 법 제19조에 따른 지구별수협, 「농어업경영체 육성 및 지원에 관한 법률」 제16조에 따른 영어조합법인, 「내수면어업법」 제15조에 따른 내수면어업계, 「수산자원관리법」 제34조에 따른 어업인단체, 그 밖에 허가를 받으려는 수면이 있는 지역의 농업인 또는 어업인의 공동이익을 위하여 조직된 법인(시행령 제7조제2항제1호)

ⅱ) 낚시터업을 5년 이상 경영하였거나 이에 종사한 자 또는 법 제47조제1항에 따른 전문교육을 받은 자(시행령 제7조제2항제2호)

ⅲ) 수생태계 보전 및 수산자원 보호나 건전한 낚시문화 조성 및 낚시산업 발전에 관한 경험과 실적이 있는 자(시행령 제7조제2항제3호)

다만, 같은 법 시행령 제7조제3항에 따라 다음의 어느 하나에 해당하는 자는 우선순위에서 배제된다.

ⅰ) 이 법(법에 따른 명령이나 처분을 포함한다)을 위반하여 행정처분이나 형사처벌을 받은 자

ⅱ) 수생태계 보전 및 수산자원 보호와 관련하여 「수산업법」, 「수산자원관리법」 또는 「내수면어업법」(해당 법에 따른 명령이나 처분을 포함한다)을 위반하여 행정처분이나 형사처벌을 받은 자

2. 낚시터업의 허가기준 및 유효기간

「낚시 관리 및 육성법」 제11조제1항에서는 낚시터업 허가기준을 규정하고 있으며, 시장 · 군수 · 구청장은 낚시터업 허가의 신청 내용이 다음의 기준에 적합한 경우에만 허가를 할 수 있도록 제한하고 있다.

i) 낚시인의 안전과 편의 및 낚시터의 관리에 필요한 시설과 장비를 갖출 것(제1호)
ii) 이 법 제48조에 따른 보험이나 공제에 가입할 것(제2호)[25)]
iii) 수생태계와 수산자원의 보호, 수산물의 안전성보장 및 건전한 낚시문화 조성에 지장을 줄 수 있는 시설이나 장비를 설치하지 아니할 것(제3호)
iv) 「수산업법」 제8조에 따라 면허를 받은 양식어업 구역의 일정 부분을 이용하는 낚시터업인 경우에는 면허를 받은 양식 어종으로 한정할 것(제4호)

여기에서 위의 i)에 따른 시설 · 장비의 기준과 위의 iii)에 따라 설치가 제한되는 시설 · 장비의 종류 등은 이 법 제11조제2항 및 같은 법 시행령 제8조제1항 · 제2항과 관련한 [별표 2]와 [별표 3]에서 각각 규정하고 있으며, 다음의 〈표 4-6〉 및 〈표 4-7〉과 같다.

---

25) 「낚시 관리 및 육성법」 제48조(보험 등 가입) 낚시터업자와 낚시어선업자는 대통령령으로 정하는 바에 따라 낚시터를 이용하려는 사람과 낚시어선의 승객 및 선원의 피해를 보전(補塡)하기 위하여 보험이나 공제에 가입하여야 한다. 여기에서 대통령령으로 정하는 바는 다음과 같다.
「낚시 관리 및 육성법 시행령」 제22조(보험 등 가입) ① 낚시터업자와 낚시어선업자는 법 제48조에 따라 다음 각 호의 구분에 따른 보험이나 공제에 가입하여야 한다. 다만, 「어선원 및 어선 재해보상보험법」 제2조제1항제3호에 따른 가족어선원에 대한 보험이나 공제는 가입하지 아니할 수 있다.
1. 낚시터업자의 경우: 낚시터의 최대수용인원(낚시터 관리선을 둔 경우에는 선박검사증서 또는 어선검사증서에 기재된 관리선의 최대승선인원을 합산한다)의 피해를 보전(補塡)하기 위한 보험이나 공제
2. 낚시어선업자의 경우: 어선검사증서에 기재된 낚시어선의 최대승선인원의 피해를 보전하기 위한 보험이나 공제
② 제1항에 따른 보험이나 공제의 가입금액은 「자동차손해배상 보장법 시행령」 제3조제1항에 따른 금액 이상으로 한다. 다만, 선원의 경우에는 「어선원 및 어선 재해보상보험법」 제2조제1항제6호에 따른 어선원등의 재해를 보상할 수 있는 금액 이상으로 한다.

〈표 4-6〉 낚시인의 안전과 편의 및 낚시터의 관리에 필요한 시설과 장비의 기준

구 분	종 류	기 준
1. 낚시인의 안전에 필요한 시설 · 장비	가. 낚시터에 갖추어야 할 시설 · 장비	
	1) 구명부환(救命浮環) 및 구명줄	추락사고 발생 시 낚시인의 안전을 확보하는 데 적합할 것
	2) 소화기	화재사고 발생 시 화재의 확산 방지 및 진압에 적합할 것
	3) 붕대, 거즈 등 구급약품	부상당한 낚시인에 대한 응급처치에 적합할 것
	나. 수상시설물에 갖추어야 할 시설 · 장비	
	1) 선체(船體)	부양성 및 복원성이 있는 선체일 것
	2) 배수설비	시설물의 규모에 적합한 설비일 것
	3) 계선 및 계류설비	해수면 또는 내수면에서 시설물의 위치 안정성을 확보하는 데 적합한 설비일 것
	4) 전기설비	수상시설물에 설치하는 전기기계의 안전성에 적합한 설비일 것
	5) 구명 및 소방 설비 등 안전설비	추락사고 및 화재사고 발생 시 인명 및 재산 보호에 적합한 설비일 것
	6) 그 밖에 해양수산부장관이 필요하다고 인정하여 고시하는 시설 · 장비	
2. 낚시인의 편의에 필요한 시설 · 장비	가. 낚시터에 갖추어야 할 시설 · 장비	
	1) 화장실 등 위생설비	낚시터를 이용하는 낚시인의 위생보호에 적합한 설비일 것
	2) 수거한 쓰레기를 보관할 수 있는 시설	낚시터에서 발생하는 모든 쓰레기를 보관할 수 있는 규모일 것
	3) 그 밖에 해양수산부장관이 필요하다고 인정하여 고시하는 시설 · 장비	
	나. 수상시설물에 갖추어야 할 시설 · 장비	
	1) 화장실 등 위생설비	수상시설물을 이용하는 낚시인의 위생보호에 적합한 설비일 것
	2) 쓰레기통 등 쓰레기를 보관할 수 있는 설비	수상시설물에서 발생하는 모든 쓰레기를 보관할 수 있는 규모일 것
	3) 그 밖에 해양수산부장관이 필요하다고 인정하여 고시하는 시설 · 장비	
3. 낚시터의 관리에 필요한 시설 · 장비	가. 낚시터 관리 시설	낚시터의 운영 · 관리 등에 관한 업무에 적합한 시설일 것
	나. 방송 또는 통신 시설	낚시터의 운영 · 관리 및 비상상황의 전파 등에 적합한 시설일 것
	다. 낚시터 관리선(낚시터를 관리하거나 낚시인을 수상시설물 등으로 운송하는 데 필요한 경우만 해당한다)	「어선법」 또는 「선박법」에 따라 등록한 총톤수 10톤 미만의 어선 또는 선박일 것

【비고】 제1호부터 제3호까지의 규정에 따른 시설과 장비의 수량과 세부 기준 등은 해양수산부장관이 정하여 고시한다.[26)]

〈표 4-7〉 수생태계와 수산자원의 보호, 수산물의 안전성보장 및 건전한 낚시문화 조성에 지장을 줄 수 있는 시설이나 장비의 종류

구 분	종 류
1. 수생태계와 수산자원의 보호 및 수산물의 안전성보장에 지장을 줄 수 있는 시설이나 장비	가. 「가축분뇨의 관리 및 이용에 관한 법률」 제2조제3호에 따른 배출시설27)
	나. 「수질 및 수생태계 보전에 관한 법률」 제2조제10호에 따른 폐수배출시설28)
	다. 「잔류성유기오염물질 관리법」 제2조제2호에 따른 배출시설29)
	라. 「토양환경보전법」 제2조제4호에 따른 특정토양오염관리대상시설30)
	마. 「폐기물관리법」 제2조제8호에 따른 폐기물처리시설31)
2. 건전한 낚시문화 조성에 지장을 줄 수 있는 시설이나 장비	가. 「게임산업진흥에 관한 법률」 제2조제1호의2에 따른 사행성게임물이나 낚시를 이용하여 낚시터에서 사행행위영업을 하기 위한 시설이나 장비32)
	나. 「사행행위 등 규제 및 처벌 특례법」 제2조제1항제2호에 따른 사행행위영업을 하기 위한 시설이나 장비33)

26) 〈표 4-6〉의 비고에서 언급하고 있는 해양수상부장관이 정하는 고시는 「낚시터의 시설 및 장비 세부기준」을 말한다.

27) 「가축분뇨의 관리 및 이용에 관한 법률」 제2조(정의) 3. "배출시설"이란 가축의 사육으로 인하여 가축분뇨가 발생하는 시설 및 장소 등으로서 축사·운동장, 그 밖에 환경부령으로 정하는 것을 말한다.

28) 「수질 및 수생태계 보전에 관한 법률」 제2조(정의) 10. "폐수배출시설"이란 수질오염물질을 배출하는 시설물, 기계, 기구, 그 밖의 물체로서 환경부령으로 정하는 것을 말한다. 다만, 「해양환경관리법」 제2조제16호 및 제17호에 따른 선박 및 해양시설은 제외한다.

29) 「잔류성유기오염물질 관리법」 제2조(정의) 2. "배출시설"이라 함은 잔류성유기오염물질을 배출하는 시설물·기계·기구 그 밖의 물체로서 환경부령이 정하는 것을 말한다.

30) 「토양환경보전법」 제2조(정의) 4. "특정토양오염관리대상시설"이란 토양을 현저하게 오염시킬 우려가 있는 토양오염관리대상시설로서 환경부령으로 정하는 것을 말한다.

31) 「폐기물관리법」 제2조(정의) 8. "폐기물처리시설"이란 폐기물의 중간처분시설, 최종처분시설 및 재활용시설로서 대통령령으로 정하는 시설을 말한다.

32) 「게임산업진흥에 관한 법률」 제2조(정의) 1의2. "사행성게임물"이라 함은 다음 각 목에 해당하는 게임물로서, 그 결과에 따라 재산상 이익 또는 손실을 주는 것을 말한다.
가. 베팅이나 배당을 내용으로 하는 게임물
나. 우연적인 방법으로 결과가 결정되는 게임물
다. 「한국마사회법」에서 규율하는 경마와 이를 모사한 게임물
라. 「경륜·경정법」에서 규율하는 경륜·경정과 이를 모사한 게임물
마. 「관광진흥법」에서 규율하는 카지노와 이를 모사한 게임물
바. 그 밖에 대통령령이 정하는 게임물

33) 「사행행위 등 규제 및 처벌 특례법」 제2조(정의)제1항 2. "사행행위영업"이란 다음 각 목의 어느 하나에 해당하는 영업을 말한다.
가. 복권발행업(福券發行業): 특정한 표찰(컴퓨터프로그램 등 정보처리능력을 가진 장치에 의한 전자적 형태를 포함한다)을 이용하여 여러 사람으로부터 재물등을 모아 추첨 등의 방법으로 당첨자에게 재산상의 이익을 주고 다른 참가자에게 손실을 주는 행위를 하는 영업

한편, 이 법 제10조에 따라 허가를 받은 낚시터업에 대해서는 허가에 있어 별도의 유효기간을 두고 있으며, 이와 관련해서는 이 법 제12조제1항에서 10년으로 규정하고 있다. 다만, 이 법 제12조제1항 단서에 따라 수생태계와 수산자원의 보호 또는 공익사업의 시행 등을 위한 것으로 같은 법 시행령 제9조에 해당하는 다음의 경우에는 그 유효기간을 10년 이내로 단축할 수 있도록 하고 있다.

i) 낚시터업 허가를 받으려는 수면의 수질 및 수생태계의 보호를 위하여 필요한 경우(시행령 제9조제1호)

ii) 낚시 대상 수산동물의 산란 · 성육(成育) 등 번식을 보호하기 위하여 필요한 경우(시행령 제9조제2호)

iii)「공익사업을 위한 토지 등의 취득 및 보상에 관한 법률」 제4조 각 호에 따른 공익사업을 위하여 필요한 경우(시행령 제9조제3호)[34)]

나. 현상업(懸賞業): 특정한 설문 또는 예측에 대하여 그 답을 제시하거나 예측이 적중하면 이익을 준다는 조건으로 응모자로부터 재물등을 모아 그 정답자나 적중자의 전부 또는 일부에게 재산상의 이익을 주고 다른 참가자에게 손실을 주는 행위를 하는 영업

다. 그 밖의 사행행위업: 가목 및 나목 외에 영리를 목적으로 회전판돌리기, 추첨, 경품(景品) 등 사행심을 유발할 우려가 있는 기구 또는 방법 등을 이용하는 영업으로서 대통령령으로 정하는 영업

34)「공익사업을 위한 토지 등의 취득 및 보상에 관한 법률」 제4조(공익사업) 이 법에 따라 토지등을 취득하거나 사용할 수 있는 사업은 다음 각 호의 어느 하나에 해당하는 사업이어야 한다.

1. 국방 · 군사에 관한 사업
2. 관계 법률에 따라 허가 · 인가 · 승인 · 지정 등을 받아 공익을 목적으로 시행하는 철도 · 도로 · 공항 · 항만 · 주차장 · 공영차고지 · 화물터미널 · 궤도(軌道) · 하천 · 제방 · 댐 · 운하 · 수도 · 하수도 · 하수종말처리 · 폐수처리 · 사방(砂防) · 방풍(防風) · 방화(防火) · 방조(防潮) · 방수(防水) · 저수지 · 용수로 · 배수로 · 석유비축 · 송유 · 폐기물처리 · 전기 · 전기통신 · 방송 · 가스 및 기상 관측에 관한 사업
3. 국가나 지방자치단체가 설치하는 청사 · 공장 · 연구소 · 시험소 · 보건시설 · 문화시설 · 공원 · 수목원 · 광장 · 운동장 · 시장 · 묘지 · 화장장 · 도축장 또는 그 밖의 공공용 시설에 관한 사업
4. 관계 법률에 따라 허가 · 인가 · 승인 · 지정 등을 받아 공익을 목적으로 시행하는 학교 · 도서관 · 박물관 및 미술관 건립에 관한 사업
5. 국가, 지방자치단체, 「공공기관의 운영에 관한 법률」 제4조에 따른 공공기관, 「지방공기업법」에 따른 지방공기업 또는 국가나 지방자치단체가 지정한 자가 임대나 양도의 목적으로 시행하는 주택 건설 또는 택지 및 산업단지 조성에 관한 사업
6. 제1호부터 제5호까지의 사업을 시행하기 위하여 필요한 통로, 교량, 전선로, 재료 적치장 또는 그 밖의 부속시설에 관한 사업

iv) 낚시터업 허가를 받으려는 수면의 사용승인기간이 10년 미만인 경우(시행령 제9조제4호)

또한 이 법 제12조제2항에서는 같은 조 제1항에 따라 허가한 낚시터업의 유효기간이 만료되는 경우에 낚시터업자가 유효기간의 연장을 신청하면 시장 · 군수 · 구청장은 유효기간이 만료된 다음 날부터 매회 10년 이내에서 2회까지 그 기간을 연장할 수 있도록 하고 있다.

이에 따라 낚시터업 허가의 유효기간을 연장하려는 자는 이 법 제12조제4항 및 같은 법 시행규칙 제6조제1항에 따라 유효기간이 끝나기 3개월 전까지 [별지 제4호서식]의 '낚시터업 허가 유효기간 연장 신청서'에 낚시터업 허가증과 앞서 언급한 같은 법 시행규칙 제4조제1항 각 호의 서류를 첨부하여 해당 낚시터를 관할하는 시장 · 군수 · 구청장에게 제출하도록 하고 있다.

또한 이에 따른 신청을 받은 시장 · 군수 · 구청장은 같은 법 시행규칙 제6조제2항에 따라 낚시터업 허가의 유효기간을 연장한 경우에는 [별지 제3호서식]의 낚시터업 허가증을 신청인에게 발급하여야 한다.

그 밖에 이와 같은 낚시터업 허가의 유효기간 관련 규정에도 불구하고 이 법 제12조제3항에서는 「수산업법」에 따라 면허나 허가를 받은 구역의 일정 부분을 이용하는 낚시터업의 경우에는 그 낚시터업 허가의 유효기간을 해당 구역의 면허나 허가의 만료일 이내로 하고 있다.

참고로 같은 법 시행규칙 제5조제1항에 따라 시장 · 군수 · 구청장은 이 법 제12조제1항에 따른 낚시터업 허가의 유효기간이 끝나기 6개월 전까지 낚시터업 허가를 받은 자에게 i) 낚시터업 허가의 유효기간을 연장하려면 유효기간이 끝나기 3개월 전까지 유효기간 연장 신청을 하여야 한다는 사실(시행규칙 제5조제1항제1호)과 ii) 낚시터업 허가의 유효기간 연장 신청 절차 및 방법(시행규칙 제5조제1항제2호)을 알려주도록 하고 있다. 그리고 이에 따른 통지는 같은 조 제2항에 따라 휴대전화 문자메

---

7. 제1호부터 제5호까지의 사업을 시행하기 위하여 필요한 주택, 공장 등의 이주단지 조성에 관한 사업
8. 그 밖에 다른 법률에 따라 토지등을 수용하거나 사용할 수 있는 사업

시지, 전자우편, 팩스, 전화 또는 문서 등으로 할 수 있다.[35)]

Ⅲ. 낚시터업 폐쇄조치 사항 훼손 위반사범

제53조(벌칙) ① 다음 각 호의 어느 하나에 해당하는 자는 1년 이하의 징역 또는 1천 만원 이하의 벌금에 처한다.

4. 제23조제2항제2호 및 제3호에 따라 관계 공무원이 부착한 게시문 등이나 봉인을 제거하거나 손상한 자

「낚시 관리 및 육성법」 제23조제1항에 따라 시장 · 군수 · 구청장은 다음의 어느 하나에 해당하는 자에 대하여 관계 공무원에게 해당 낚시터를 폐쇄하도록 할 수 있으며, 이에 따라 낚시터를 폐쇄하려면 같은 조 제4항에서와 같이 미리 해당 낚시터업자 또는 그 대리인에게 서면으로 알려주도록 하고 있다. 다만, 안전사고가 발생하여 긴급히 폐쇄하여야 할 경우 등 긴급한 사유가 있으면 별도의 서면안내 없이 폐쇄조치 할 수 있도록 하고 있다.

i) 이 법 제10조제1항 또는 제16조제1항을 위반하여 허가를 받지 아니하거나 등록을 하지 아니하고 영업을 하는 자(제1호)

ii) 이 법 제14조제1항[36)]이나 제19조제1항[37)]에 따라 허가가 취소되거나 등록

35) 「낚시 관리 및 육성법 시행규칙」 제5조(유효기간 만료에 대한 사전통지) ① 시장 · 군수 · 구청장은 법 제12조제1항에 따른 낚시터업 허가의 유효기간이 끝나기 6개월 전까지 다음 각 호의 사항을 낚시터업 허가를 받은 자에게 알려야 한다.

1. 낚시터업 허가의 유효기간을 연장하려면 유효기간이 끝나기 3개월 전까지 유효기간 연장 신청을 하여야 한다는 사실
2. 낚시터업 허가의 유효기간 연장 신청 절차 및 방법

② 제1항에 따른 통지는 휴대전화 문자메시지, 전자우편, 팩스, 전화 또는 문서 등으로 할 수 있다.

36) 「낚시 관리 및 육성법」 제14조(허가의 취소 등) ① 시장 · 군수 · 구청장은 제10조에 따라 허가를 받은 낚시터업자가 다음 각 호의 어느 하나에 해당하면 그 허가를 취소하거나 6개월 이내의 기간을 정하여 그 영업의 전부 또는 일부의 정지를 명할 수 있다. 다만, 제1호 또는 제2호에 해당하면 그 허가를 취소하여야 한다.

이 취소된 후에 계속하여 영업을 하는 자(제2호)

이와 관련, 시장 · 군수 · 구청장은 이 법 제23조제2항에 따라 관계 공무원에게 다음의 조치를 하게 할 수 있으며, 이에 따른 조치는 같은 조 제5항에서 규정하고 있는 바와 같이 그 영업을 할 수 없게 하기 위하여 필요한 최소한의 범위에 그치도록 하고 있다.

i) 해당 낚시터의 간판, 그 밖의 영업표지물의 제거 · 삭제(제1호)
ii) 해당 낚시터가 적법한 낚시터가 아님을 알리는 게시문 등의 부착(제2호)
iii) 해당 낚시터의 시설물이나 그 밖에 영업에 사용하는 기구 등을 사용할 수 없게 하는 봉인(제3호)

여기에서 위의 iii)에 따른 봉인을 한 후 봉인을 계속할 필요가 없다고 인정하거나 낚시터업자 또는 그 대리인이 해당 낚시터를 폐쇄할 것을 약속하거나 그 밖의 정당한 사유를 들어 봉인의 해제를 요청하는 경우 시장 · 군수 · 구청장은 이 법 제23조제3항

---

1. 거짓이나 그 밖의 부정한 방법으로 낚시터업의 허가 또는 변경허가를 받거나 낚시터업 허가의 유효기간을 연장받은 경우
2. 영업정지 기간 중에 영업을 한 경우
3. 허가를 받은 후 1년 이내에 영업을 시작하지 아니하거나 정당한 사유 없이 1년 이상 계속하여 휴업을 한 경우
4. 제10조제1항 후단에 따른 낚시터업의 변경허가를 받지 아니하고 낚시터업을 한 경우
5. 제11조에 따른 낚시터업의 허가기준을 충족하지 못하게 된 경우
6. 낚시터업자가 「부가가치세법」 제5조에 따라 관할 세무서장에게 폐업신고를 하거나 관할 세무서장이 사업자등록을 말소한 경우

37) 「낚시 관리 및 육성법」 제19조(등록의 취소 등) ① 시장 · 군수 · 구청장은 제16조에 따라 등록한 낚시터업자가 다음 각 호의 어느 하나에 해당하는 경우에는 그 등록을 취소하거나 6개월 이내의 기간을 정하여 그 영업의 전부 또는 일부의 정지를 명할 수 있다. 다만, 제1호 또는 제2호에 해당하는 경우에는 그 등록을 취소하여야 한다.
1. 거짓이나 그 밖의 부정한 방법으로 낚시터업의 등록 또는 변경등록을 하거나 낚시터업 등록의 유효기간을 연장받은 경우
2. 영업정지 기간 중에 영업을 한 경우
3. 제16조제1항 후단에 따른 낚시터업의 변경등록을 하지 아니하고 낚시터업을 한 경우
4. 제17조의 낚시터업의 등록기준을 충족하지 못하게 된 경우

에 따라 봉인을 해제할 수 있다.

한편, 이 법 제53조제1항제4호에 따른 처벌 규정은 위의 ii)에 따라 해당 낚시터가 적법한 낚시터가 아님을 알리도록 관계 공무원이 부착한 게시문 등을 임의로 제거하거나 손상한 자와 위의 iii)에 따라 해당 낚시터의 시설물이나 그 밖에 영업에 사용하는 기구 등을 사용할 수 없도록 관계 공무원이 조치한 봉인을 이 법 제23조제3항에 따른 절차를 따르지 아니하고 임의로 제거하거나 손상한 자를 처벌할 수 있도록 하고 있다.

참고로 낚시터를 폐쇄하는 관계 공무원은 이 법 제23조제6항에 따라 그 권한을 표시하는 증표를 지니고 이를 관계인에게 보여 주어야 한다.

Ⅳ. 기준 부적합 미끼 판매 위반사범

제53조(벌칙) ① 다음 각 호의 어느 하나에 해당하는 자는 1년 이하의 징역 또는 1천만원 이하의 벌금에 처한다.

5. 제41조를 위반하여 미끼기준에 적합하지 아니한 미끼를 판매할 목적으로 제조하거나 수입한 자

「낚시 관리 및 육성법」 제53조제1항제5호에서는 이 법 제41조를 위반하여 미끼기준에 적합하지 아니한 미끼를 판매할 목적으로 제조하거나 수입하는 행위를 범죄로 규정하고 있다.

여기에서의 미끼는 이 법 제2조제9호에서 정의하고 있는 바와 같이 '수산동물을 낚기 위하여 사용하는 떡밥' 등으로 일종의 낚시용품이다.

한편, 이 법 제41조에서는 누구든지 미끼기준에 적합하지 아니한 미끼를 판매하거나 판매할 목적으로 제조 · 수입 · 사용 · 저장 · 운반 또는 진열하여서는 아니 되는 것으로 규정하고 있으나, 여기에서의 범죄행위는 이 법 제53조제1항제5호에 따라 기준에 부적합한 미끼를 판매할 목적으로 제조 · 수입한 경우로 제한해서 적용하고 있다.

이와 관련해서 미끼기준에 적합하지 아니한 미끼를 판매하거나 판매할 목적으로 사용 · 저장 · 운반 또는 진열한 자에게는 이 법 제55조제1항제11호에 따라 300만원

이하의 과태료를 부과하도록 하고 있다.[38)]

미끼의 안전성 확보를 위하여 필요한 경우 이 법 제40조제1항에서는 미끼의 종류별로 특정물질의 함량기준(이하 "미끼기준"이라 한다)을 설정할 수 있도록 하고 있다. 또한 이에 따른 미끼기준의 구체적인 내용은 이 법 제40조제2항 및 같은 법 시행령 제20조와 관련한 [별표 5]에서 규정하고 있으며, 다음의 〈표 4-8〉과 같다.

〈표 4-8〉 미끼의 종류별 특정물질의 함량기준

미끼의 종류	특정물질의 함량기준
1. 가공미끼(어분 · 감자전분 등 동물성 · 식물성 물질을 주원료로 하여 열처리 · 혼합 등의 제조과정을 거쳐 생산된 것)	가. 다음의 물질은 가공미끼의 원료 등으로 사용해서는 안된다. 1) 인체 또는 수산동물 등의 질병의 원인이 되는 병원체에 오염되었거나 현저히 부패 또는 변질된 물질 2) 생배설물, 소변, 장 내용물, 수술 후 적출물(반추위추출물은 제외한다) 3) 목재보호제(약품) 처리를 한 나무 또는 톱밥 4) 하수종말처리장에서 배출된 하수 슬러지 5) 비닐 등 농어업용 포장재 나. 다음의 물질은 허용기준 범위 내에서만 가공미끼의 원료 등으로 사용될 수 있다. 물질명 / 허용기준 비소(As) / 10mg/kg 이하 크로뮴(Cr) / 100mg/kg 이하 카드뮴(Cd) / 2.5mg/kg 이하 인(P) / 2.7% 이하
2. 인조미끼(납 · 철 · 세라믹 등 금속성 · 비금속성 물질을 주원료로 하여 제조된 것)	인조미끼는 다음의 특정물질 용출 허용기준을 충족하여야 한다. 물질명 / 용출 허용기준(mg/kg) 납(Pb) / 90 이하 비소(As) / 25 이하 크로뮴(Cr) / 60 이하 카드뮴(Cd) / 75 이하 【비고】 용출 허용기준에 대한 검사는 「품질경영 및 공산품안전관리법」 제14조제3항에 따라 고시하는 제품검사의 안전기준 중 물놀이기구에 대한 중금속 용출 시험방법에 따른다.[39)]

38) 「낚시 관리 및 육성법」 제55조(과태료) ① 다음 각 호의 어느 하나에 해당하는 자에게는 300만원 이하의 과태료를 부과한다.

11. 제41조를 위반하여 미끼기준에 적합하지 아니한 미끼를 판매하거나 판매할 목적으로 사용 · 저장 · 운반 또는 진열한 자

참고로 미끼는 앞서 언급한 바 있는 낚시도구와 동일하게 「품질경영 및 공산품안전관리법 시행규칙」 제2조에 따른 안전관리대상공산품의 범위에 포함되어 있지 않으며, 미끼의 종류별로 특정물질의 함량을 제한하는 기준 이외 이를 판매하거나 판매할 목적으로 제조 · 수입 · 저장 · 운반 또는 진열하는 행위에 대한 별도의 제한 규정을 두고 있지 않다. 다음의 [그림 4-5]는 미끼의 종류별 형태를 나타내고 있다.

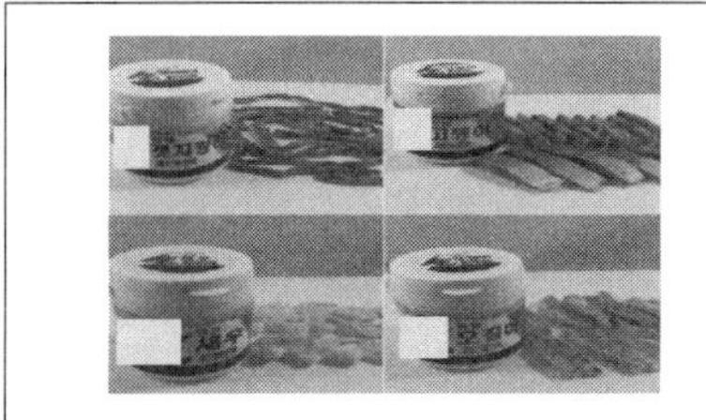

가공미끼

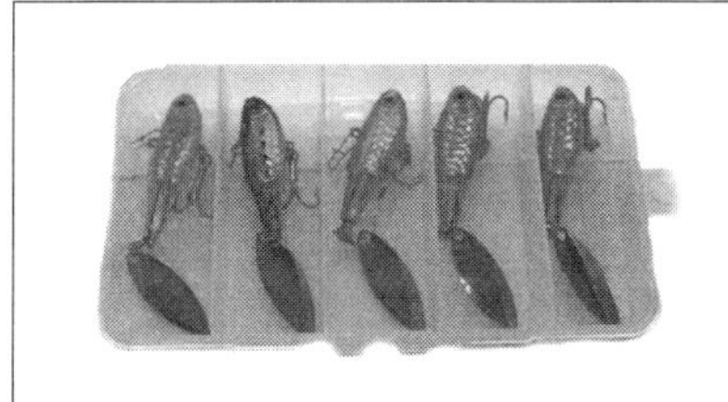

인조미끼

출처: 구글검색사이트(Google), http://www.google.co.kr

[그림 4-5] 미끼의 종류별 형태

39) 이 장 각주 17번, 18번 참조.

제3절 낚시터업 등록 및 낚시어선 운영 등과 관련한 위반사범 수사

「낚시 관리 및 육성법」 제53조제2항제1호부터 제9호까지의 규정은 주로 낚시터업의 등록(변경등록) 및 낚시어선의 운영 등과 관련해서 발생할 수 있는 범죄행위의 구성요건 및 양형기준에 대한 것이다.40)

위반행위에 따른 수사기관은 앞서 언급한 바와 같이 내수의 범위에 따른 해당 직무범위와 수사 관할에 따라 국민안전처(해양경비안전본부)와 경찰청에서 각각 담당하게 된다.

이와 관련해서는 앞서 {참고 1-1}에서와 같이 직선기선 안쪽의 해역에 위치하고 있는 낚시터 및 낚시어선에서 발생한 위법행위는 국민안전처(해양경비안전본부)에서 그리고 하천 · 댐 · 호수 · 늪 · 저수지와 그 밖에 인공적으로 조성된 담수나 기수의 물흐름 또는 수면에 해당하는 수역에 위치하고 있는 낚시터 및 낚시어선에서 발생한 위법행위는 경찰청에서 담당하게 된다.

이에 따라 이 법 제53조제2항제1호 및 제2호는 낚시터업의 등록(또는 변경등록)에 관한 사항으로 이는 이 법 제3조제5호 및 제16조제1항에 따른 수면(즉 「내수면어업

---

40) 「낚시 관리 및 육성법」 제53조(벌칙) ② 다음 각 호의 어느 하나에 해당하는 자는 6개월 이하의 징역 또는 500만원 이하의 벌금에 처한다.

1. 거짓이나 그 밖의 부정한 방법으로 낚시터업의 등록 또는 변경등록을 받은 자
2. 제16조제1항에 따른 낚시터업의 등록 또는 변경등록을 하지 아니하고 낚시터업을 한 자
3. 제20조제1항제1호를 위반하여 방류 금지 어종을 낚시터업자가 경영하는 낚시터에 방류한 자
4. 제25조제1항 전단에 따른 낚시어선업의 신고를 하지 아니하고 낚시어선업을 한 자
5. 해상항행선박이 항행을 계속할 수 없는 하천 · 호소 등 「해사안전법」의 적용대상이 아닌 장소에서 제30조제1항을 위반하여 술에 취한 상태에서 낚시어선을 조종하거나 술에 취한 상태에 있는 자에게 낚시어선을 조종하게 한 자
6. 해상항행선박이 항행을 계속할 수 없는 하천 · 호소 등 「해사안전법」의 적용대상이 아닌 장소에서 술에 취한 상태라고 인정할 만한 상당한 이유가 있는데도 제30조제2항에 따른 관계 공무원의 측정에 따르지 아니한 자
7. 제34조제1항에 따른 출항제한 조치를 위반하고 출항한 자
8. 제35조제1항제1호 · 제2호에 따른 명령을 거부하거나 기피한 자
9. 제38조제1항에 따라 영업이 폐쇄된 낚시어선업을 계속한 자

법」에 따른 내수면)에 해당되므로 경찰청에서 담당하게 된다. 또한 제53조제2항제5호 및 제6호도 마찬가지로 「내수면어업법」에서 규정하고 있는 내수면으로 제한하고 있으므로 경찰청에서 전담하게 된다.

그 밖에 제53조제2항제3호 · 제4호 · 제8호 · 제9호에서 규정하고 있는 위법행위에 대한 수사는 범죄가 발생한 장소(내수면 또는 해수면)에 따라 경찰청 및 국민안전처(해영경비안전본부)에서 담당하게 된다.

한편, 제53조제2항제7호에 해당하는 위법행위는 출입항신고기관의 조치사항을 위반한 경우에 해당하며, 여기에서의 출입항신고기관은 「선박안전 조업규칙」[41] 제9조제1항 · 제2항 · 제3항에 따라 해양경비안전서로 제한하고 있으므로 이에 따른 수사는 국민안전처(해양경비안전본부)에서 전담하게 된다.[42]

참고로 종전 「선박안전 조업규칙」 제8조제1항 · 제2항 · 제3항에서는 어선의 출입항신고기관으로 경찰청 소속 경찰서 및 종전 해양경찰청 소속 해양경찰서를 두고 있었으나, 이 규칙이 2006년 3월 17일 국방부령 제594호로 개정되면서 출입항신고기관에 있어 경찰서를 폐지하고 해양경찰서로 일원화 하였다.[43]

---

41) 「선박안전 조업규칙」 제2조(적용 범위) 이 규칙은 어선과 총톤수 100톤 미만의 선박(이하 "선박"이라 한다)에 대하여 적용한다. 다만, 정부나 공공단체가 소유하는 선박, 원양어업에 종사하는 어선, 여객선 및 국외에 취항하는 선박은 제외한다.

42) 「선박안전 조업규칙」 제9조(출항 · 입항 신고기관의 설치) ① 선박의 출항 · 입항 신고 및 통제업무를 담당하기 위하여 다음 각 호의 어느 하나에 해당하는 항 · 포구에 선박 출항 · 입항 신고기관(이하 "신고기관"이라 한다)을 둔다.
1. 제10조제1항에 따른 항 · 포구
2. 관할 해양경비안전서장이 필요하다고 인정하는 항 · 포구로서 국민안전처장관이 정하는 항 · 포구
② 신고기관은 출항 · 입항 통제소(이하 "통제소"라 한다), 출항 · 입항 신고소(이하 "신고소"라 한다) 및 출항 · 입항 대행신고소(이하 "대행신고소"라 한다)로 구분하여 설치하며 관할 해양경비안전서장이 지휘 · 감독한다.
③ 통제소에는 경찰요원(경찰공무원과 전투경찰순경을 말한다. 이하 같다)과 지구별수산업협동조합 또는 업종별 수산업협동조합(이하 "조합"이라 한다)에서 파견하는 어선안전점검요원(이하 "수협요원"이라 한다)을 배치하여 운영하고, 신고소에는 경찰요원을 배치하여 운영하며, 대행신고소는 그 항 · 포구에 거주하는 자 중에서 관할 해양경비안전서장이 위촉하는 자가 운영한다.

43) **구, 「선박안전 조업규칙」 제8조 (출입항 신고기관의 설치)** ① 선박의 출입항신고 및 통제업무를 담당하기 위하여 다음 각 호의 1에 해당하는 항 · 포구에 선박출입항신고기관(이하 "신고기관"이라 한다)을 둔다.
1. 제9조제1항 및 제10조제1항의 규정에 의한 항 · 포구
2. 관할 경찰서장 또는 해양경찰서장이 필요하다고 인정하는 항 · 포구로서 경찰청장 또는 해양경찰

여기에서는 지금까지의 내용을 바탕으로 낚시터업의 등록(변경등록) 및 낚시어선의 운영 등과 관련해서 위법행위를 한 자에 대한 사실 관계를 이와 관련한 법령 및 행정규칙 등을 통해 살펴보고자 한다.

Ⅰ. 낚시터업의 등록(변경등록) 의무 불이행 위반사범

낚시터업을 하고자 하는 자는 앞서 언급한 바와 같이 이 법 제3조에 따라 '허가제'와 '등록제'로 구분해서 규정하고 있다.

여기에서는 이 법 제16조제1항에 따라 제3조제5호의 수면에서 낚시터업 등록(변경등록)과 관련한 위반행위를 한 자에 대한 사실 관계를 관련 규정 등을 통해 살펴보고자 한다.

> 제53조(벌칙) ② 다음 각 호의 어느 하나에 해당하는 자는 6개월 이하의 징역 또는 500만원 이하의 벌금에 처한다.
> 1. 거짓이나 그 밖의 부정한 방법으로 낚시터업의 등록 또는 변경등록을 받은 자
> 2. 제16조제1항에 따른 낚시터업의 등록 또는 변경등록을 하지 아니하고 낚시터업을 한 자

1. 낚시터업 등록(변경등록) 절차 등

「낚시 관리 및 육성법」 제16조제1항에 따라 제3조제5호의 수면(「내수면어업법」 제2조제3호에 따른 사유수면)에서 낚시터업을 하려는 자는 해양수산부령으로 정하는

청장이 정하는 항 · 포구

② 제1항의 규정에 의한 신고기관은 출입항통제소(이하 "통제소"라 한다) · 출입항합동신고소(이하 "합동신고소"라 한다) · 출입항신고소(이하 "신고소"라 한다) 및 출입항 대행신고소(이하 "대행신고소"라 한다)로 구분하여 설치하며 관할경찰서장 또는 해양경찰서장이 이를 지휘 · 감독한다.

③ 통제소 및 합동신고소에는 경찰요원(경찰공무원 및 전투경찰순경을 말한다. 이하 같다)과 지구별수산업협동조합 또는 업종별수산업협동조합(이하 "조합"이라 한다)에서 파견하는 어선안전점검요원(이하 "수협요원"이라 한다)을 배치하여 운영하며, 신고소에는 경찰요원을 배치하여 운영하고, 대행신고소는 그 항 · 포구내에 거주하는 자중에서 관할경찰서장 또는 해양경찰서장이 위촉하는 자가 운영한다.

바에 따라 해당 수면 등을 관할하는 시장 · 군수 · 구청장에게 등록하도록 하고 있으며, 낚시터의 위치와 구역, 낚시터의 명칭 등 대통령령으로 정하는 중요한 사항을 변경하려는 경우에도 동일한 절차를 거치도록 하고 있다.

여기에서의 '대통령령으로 정하는 중요한 사항'은 같은 법 시행령 제13조에 따라 다음과 같이 규정하고 있다.

i)낚시터의 위치와 구역(1호)
ii) 낚시터의 명칭(제2호)
iii) 낚시터 관리선(제3호)
iv) 수상시설물(제4호)
v) 낚시터의 최대수용인원(제5호)

이와 관련해서, 이 법 제16조제1항 전단 및 같은 법 시행규칙 제10조제1항에 따라 이 법 제3조제5호의 수면에서 낚시터업을 하려는 자는 [별지 제1호서식]의 낚시터업 등록 신청서에 같은 법 시행규칙 제4조제1항에서 규정하고 있는 서류(낚시터업의 허가 신청서에 첨부하는 서류와 동일) 일체를 첨부하여 해당 수면을 관할하는 시장 · 군수 · 구청장에게 제출하여야 한다.

또한 이 법 제16조제1항 후단 및 같은 법 시행규칙 제10조제2항에 따라 낚시터업을 등록한 자가 등록한 사항을 변경하려는 경우에는 [별지 제2호서식]의 낚시터업 변경등록 신청서에 다음의 서류를 첨부하여 해당 낚시터를 관할하는 시장 · 군수 · 구청장에게 제출도록 하고 있다.

i) 낚시터업 등록증(시행규칙 제10조제2항제1호)
ii) 변경사항을 증명하는 서류(시행규칙 제10조제2항제2호)
iii) 같은 법 시행령 제13조제3호부터 제5호까지의 사항이 변경된 경우에는 해당 시설과 장비에 대한 안전성 검사 확인서(「선박안전법」 제45조에 따라 설립된 선박안전기술공단이나 해양수산부장관이 정하여 공고하는 자로부터 안전성 검사를 받은 경우만 해당한다)(시행규칙 제10조제2항제3호)

이에 따른 신청을 받은 시장 · 군수 · 구청장은 낚시터업의 등록 또는 변경등록을 한 경우에는 같은 법 시행규칙 제10조제3항 [별지 제7호서식]의 낚시터업 등록증을 신청인에게 발급하여야 한다.

한편, 낚시터업의 등록을 하려는 수면이 둘 이상의 시 · 군 · 구에 걸쳐 있는 경우에는 이 법 제16조제2항에 따라 등록하려는 면적이 큰 수면을 관할하는 시장 · 군수 · 구청장에게 등록하도록 하고 있다.

2. 낚시터업의 등록기준 및 유효기간

「낚시 관리 및 육성법」 제17조에서는 낚시터업의 등록기준과 관련한 내용을 규정하고 있으며, 시장 · 군수 · 구청장은 낚시터업 등록의 신청 내용이 앞서 언급한 바 있는 낚시터업의 허가기준 중에서 이 법 제11조제1항제1호부터 제3호까지의 기준에 적합한 경우에만 등록 할 수 있도록 제한하고 있다.

참고로 낚시터업의 등록기준에는 이 법 제11조제1항에서 요구하고 있는 사항 이외 낚시터업 허가기준에서 요구하고 있는 같은 법 시행령 제8조와 같은 별도의 추가 규정(낚시터의 운영과 관련한 시설 · 장비의 필요요건 등)을 두고 있지 않다.

한편, 이 법 제16조에 따라 등록된 낚시터업에 대해서는 등록에 있어 별도의 유효기간을 두고 있으며, 이와 관련해서는 이 법 제18조제1항에서 10년으로 규정하고 있다. 다만, 이 법 제18조제1항 단서에 따라 공익사업을 위하여 필요한 경우 등 같은 법 시행령 제14조에 해당하는 다음의 경우에는 그 유효기간을 10년 이내로 단축할 수 있도록 하고 있다. 이는 앞서 언급한바 있는 '허가된 낚시터업'에도 유사한 형태의 규정을 적용하고 있다.

i) 「공익사업을 위한 토지 등의 취득 및 보상에 관한 법률」 제4조 각 호에 따른 공익사업을 위하여 필요한 경우(시행령 제14조제1호)

ii) 낚시터업 등록을 하려는 수면의 임대기간이 10년 미만인 경우(시행령 제14조제2호)

또한 이 법 제18조제2항에서는 같은 조 제1항에 따라 등록된 낚시터업의 유효기간

이 만료되는 경우에 낚시터업자가 유효기간의 연장을 신청하면 시장 · 군수 · 구청장은 유효기간이 만료된 다음 날부터 낚시터업 허가와는 다르게 횟수 제한 없이 매회 10년의 기간 내에서 그 기간을 연장할 수 있도록 하고 있다.

낚시터업 등록의 유효기간을 연장하려는 자는 이 법 제18조제3항 및 같은 법 시행규칙 제11조제1항에 따라 유효기간이 끝나기 3개월 전까지 [별지 제4호서식]의 '낚시터업 등록 유효기간 연장 신청서'에 낚시터업 등록증과 같은 법 시행규칙 제4조제1항 각 호의 서류를 첨부하여 해당 낚시터를 관할하는 시장 · 군수 · 구청장에게 제출하도록 하고 있다.

또한 이에 따른 신청을 받은 시장 · 군수 · 구청장은 같은 법 시행규칙 제11조제2항에 따라 낚시터업 등록의 유효기간을 연장한 경우에는 [별지 제7호서식]의 낚시터업 등록증을 신청인에게 발급하여야 한다.

참고로 같은 법 시행규칙 제11조제3항에 따라 시장 · 군수 · 구청장은 낚시터업을 등록한 자에게 유효기간 만료에 대한 사전통지를 하도록 하고 있으며, 이와 관련해서는 같은 법 시행규칙 제5조를 준용하도록 하고 있다.[44]

이상의 내용을 바탕으로 낚시터업 허가 및 등록과 관련한 기준을 비교해서 살펴보면 다음의 〈표 4-9〉와 같다.

〈표 4-9〉 낚시터업의 허가 및 등록 관련 기준 비교

구 분	관련 규정	
	낚시터업 허가	낚시터업 등록
1. 적용범위	법 제3조제1호부터 제4호까지 법 제10조제1항	법 제3조제5호 법 제16조제1항
2. 허가(등록)변경 사항	시행령 제7조제1항	시행령 제13조
3. 허가(등록)기준	법 제11조제1항제1호부터 제4호까지 시행령 제8조제1항 관련 [별표 2] 시행령 제8조제2항 관련 [별표 3]	법 제11조제1항제1호부터 제3호까지
4. 유효기간 연장	법 제12조제2항	법 제18조제2항

44) 이 장 각주 35번 참조.

Ⅱ. 낚시터에 방류 금지 어종 방류 위반사범

제53조(벌칙) ② 다음 각 호의 어느 하나에 해당하는 자는 6개월 이하의 징역 또는 500만원 이하의 벌금에 처한다.
3. 제20조제1항제1호를 위반하여 방류 금지 어종을 낚시터업자가 경영하는 낚시터에 방류한 자

「낚시 관리 및 육성법」 제20조제1항제1호부터 제4호까지에서는 낚시터업자와 그 종사자가 지켜야 하는 준수사항을 규정하고 있으며, 세부내용은 다음과 같다.

i) 수생태계의 균형에 교란을 가져오거나 가져올 우려가 있는 어종(이하 "방류 금지 어종"이라 한다)을 낚시터업자가 경영하는 낚시터에 방류하지 말 것(제1호)
ii) 수질의 한계기준을 초과하여 낚시터 수질을 오염시키지 말 것(제2호)
iii) 수생태계 보존의 한계기준을 초과하여 낚시터 수생태계를 훼손시키지 말 것(제3호)
iv) i)~iii)까지의 규정에 준하는 사항으로서 수생태계와 수산자원의 보호나 수산물의 안전성 확보를 위하여 필요하다고 인정하여 해양수산부령으로 정하는 사항을 준수할 것(제4호)[45)]

이와 관련해서 이 법 제53조제2항제3호에서는 위의 i)에 대한서만 범죄행위로 취급하고 있으며,[46)] 이에 따른 방류 금지 어종은 같은 법 시행령 제15조제1항에서 다음

45) 「낚시 관리 및 육성법 시행규칙」 제12조(낚시터업자 등의 준수사항) 법 제20조제1항제4호에서 "해양수산부령으로 정하는 사항"이란 다음 각 호의 사항을 말한다.
1. 수산생물의 서식지 · 산란지의 파괴 · 훼손 금지
2. 「수산생물질병 관리법」에 따라 허가받지 아니한 의약품이나 화학물질의 사용제한 또는 사용금지
3. 그 밖에 수생태계와 수산자원의 보호나 수산물의 안전성 확보를 위하여 필요하다고 인정하여 해양수산부장관이 고시하는 사항

46) 「낚시 관리 및 육성법」 제20조제1항제2호부터 제4호까지의 규정에 따른 낚시터업자와 그 종사자의 준수사항을 위반한 자는 이 법 제55조제1항제5호에 따라 300만원 이하의 과태료를 부과하도록 하고 있다.

과 같이 규정하고 있다.

ⅰ) 「생물다양성 보전 및 이용에 관한 법률」 제2조제8호에 따른 생태계교란 생물에 해당하는 어종(제1호)[47]

ⅱ) 「수산생물질병 관리법」 제20조제1항에 따른 검사 결과 수산생물전염병에 감염되었다고 인정되는 어종(제2호)[48]

ⅲ) 「수산자원관리법」 제35조제1항제5호[49] 또는 「내수면어업법」 제22조[50]에 따른 수산자원의 이식(移植)에 관한 승인을 받지 아니한 어종(제3호)

---

47) 「생물다양성 보전 및 이용에 관한 법률」 제2조(정의) 8. "생태계교란 생물"이란 다음 각 목의 어느 하나에 해당하는 생물로서 제23조에 따른 위해성평가 결과 생태계 등에 미치는 위해가 큰 것으로 판단되어 환경부장관이 지정·고시하는 것을 말한다.
가. 외래생물 중 생태계의 균형을 교란하거나 교란할 우려가 있는 생물
나. 외래생물에 해당하지 아니하는 생물 중 특정 지역에서 생태계의 균형을 교란하거나 교란할 우려가 있는 생물
다. 유전자의 변형을 통하여 생산된 유전자변형 생물체 중 생태계의 균형을 교란하거나 교란할 우려가 있는 생물
여기에서의 "환경부장관이 지정·고시하는 것"이란 「생태계교란 생물 지정고시」를 말하며, 이 고시 제2호에서는 ⅰ) 파랑볼우럭(블루길, Lepomis macrochirus), ⅱ) 큰입배스(Micropterus salmoides)를 생태교란 야생생물(어류)로 지정하고 있다([그림 4-6] 참조; 환경부, 정보마당, 2015.8.6. 방문. 〈http://www.me.go.kr〉).

48) 「수산생물질병 관리법」 제20조(방류수산생물의 검사 등) ① 수산자원의 회복 등을 위하여 종묘(種苗) 또는 치어(稚魚)로서 방류되는 수산생물(이하 "방류수산생물"이라 한다)을 방류하려는 자는 해양수산부장관에게 그 방류수산생물에 대한 수산생물전염병의 감염 여부에 대한 검사를 받아야 한다.

49) 「수산자원관리법」 제35조(수산자원의 회복을 위한 명령) ① 행정관청은 해당 수산자원을 적정한 수준으로 회복시키기 위하여 다음 각 호의 사항을 명할 수 있다. 이 경우 그 명령을 고시하여야 한다.
5. 수산자원의 이식(移植)에 관한 제한·금지 또는 승인

50) 「내수면어업법」 제22조(「수산업법」 및 「수산자원관리법」의 준용) 이 법에 규정한 것을 제외하고는 「수산업법」 및 「수산자원관리법」의 관련 규정을 준용한다.
「내수면어업법」 제16조(공익을 위한 어업 제한 등) ① 특별자치도지사·시장·군수·구청장은 다음 각 호의 어느 하나에 해당할 때에는 면허·허가 또는 신고한 어업을 제한 또는 정지하거나 어업의 면허 또는 허가를 취소할 수 있다.
4. 제22조에 따라 준용되는 「수산자원관리법」 제35조제1항제5호에 따른 수산자원의 이식(移植) 승인을 받지 아니하고 수산동식물을 내수면에서 양식하거나 방류하였을 때

파랑볼우럭(블루길: Lepomis macrochirus) 큰입배스(Micropterus salmoides)

[그림 4-6] 생태계교란 야생생물

참고로 이 법 제20조제1항제2호 및 제3호에 따른 수질 및 수생태계 보존의 한계기준은 같은 법 시행령 제15조에 따라 다음과 같이 구분하고 있다.

i) 이 법 제3조제1호부터 제3호까지의 수면: 「환경정책기본법 시행령」 제2조 및 [별표] 제3호라목1)에 따른 생활환경 기준을 유지할 것[51)]

ii) 이 법 제3조제4호 및 제5호의 수면: 「환경정책기본법 시행령」 제2조 및 [별표] 제3호나목2)에 따른 생활환경 기준 중 "약간 나쁨" 이상에 해당하는 기준을 유지할 것[52)]

Ⅲ. 낚시어선업 신고의무 불이행 위반사범

제53조(벌칙) ② 다음 각 호의 어느 하나에 해당하는 자는 6개월 이하의 징역 또는 500만원 이하의 벌금에 처한다.
4. 제25조제1항 전단에 따른 낚시어선업의 신고를 하지 아니하고 낚시어선업을 한 자

51) 「환경정책기본법 시행령」 제2조 및 [별표] 제3호라목1)에 따라 수질 및 수상태계 중 해역에서의 생활환경과 관련한 환경기준은 다음과 같다.

항 목	수소이온농도 (pH)	총대장균군 (총대장균군수/100mL)	용매 추출유분 (mg/L)
기 준	6.5~8.5	1,000 이하	0.01 이하

52) 「환경정책기본법 시행령」 제2조 및 [별표] 제3호나목2)에 따라 수질 및 수상태계 중 호소에서의 생활환경과 관련한 환경기준은 다음과 같다.

1. 낚시어선업의 신고요건 및 신고사항

「낚시 관리 및 육성법」 제25조제1항 전단에 따라 낚시어선업을 하려는 자는 낚시어선의 대상·규모·선령 및 설비 등 대통령령으로 정하는 신고요건을 갖추어 어선번호·어선의 명칭 등 대통령령으로 정하는 신고사항에 관한 낚시어선업의 신고서를 작성하여 해당 낚시어선의 선적항(船籍港)을 관할하는 시장·군수·구청장에게 신고하도록 하고 있다.

한편, 이에 따른 낚시어선업의 신고요건 및 신고사항과 관련해서는 같은 법 시행령 제16조제1항 및 제2항에서 각각 다음과 같다.

등급		상태 (캐릭터)	기 준									
			수소이온농도 (pH)	화학적산소요구량 (COD) (mg/L)	총유기탄소량 (TOC) (mg/L)	부유물질량 (SS) (mg/L)	용존산소량 (DO) (mg/L)	총인 (T-P) (mg/L)	총질소 (T-N) (mg/L)	클로로필-a (Chl-a) (mg/m³)	대장균군 (군수/100mL)	
											총 대장균군	분원성 대장균군
매우 좋음	Ia		6.5~8.5	2 이하	2 이하	1 이하	7.5 이상	0.01 이하	0.2 이하	5 이하	50 이하	10 이하
좋음	Ib		6.5~8.5	3 이하	3 이하	5 이하	5.0 이상	0.02 이하	0.3 이하	9 이하	500 이하	100 이하
약간 좋음	II		6.5~8.5	4 이하	4 이하	5 이하	5.0 이상	0.03 이하	0.4 이하	14 이하	1,000 이하	200 이하
보통	III		6.5~8.5	5 이하	5 이하	15 이하	5.0 이상	0.05 이하	0.6 이하	20 이하	5,000 이하	1,000 이하
약간 나쁨	IV		6.0~8.5	8 이하	6 이하	15 이하	2.0 이상	0.10 이하	1.0 이하	35 이하		
나쁨	V		6.0~8.5	10 이하	8 이하	쓰레기 등이 떠 있지 않을 것	2.0 이상	0.15 이하	1.5 이하	70 이하		
매우 나쁨	VI			10 초과	8 초과		2.0 미만	0.15 초과	1.5 초과	70 초과		

【비고】

1. 총인, 총질소의 경우 총인에 대한 총질소의 농도비율이 7 미만일 경우에는 총인의 기준을 적용하지 않으며, 그 비율이 16 이상일 경우에는 총질소의 기준을 적용하지 않는다.
2. 등급별 수질 및 수생태계 상태는 가목2) 비고 제1호와 같다.
3. 상태(캐릭터) 도안 모형 및 도안 요령은 가목2) 비고 제2호와 같다.
4. 화학적 산소요구량(COD) 기준은 2015년 12월 31일까지 적용한다.

먼저 낚시어선업의 신고요건은 대상 · 규모 · 선령 및 설비 등과 관련해서 같은 법 시행령 제16조제1항에 따라 다음과 같이 규정하고 있다.

i) 낚시어선이 「수산업법」 또는 「내수면어업법」에 따라 어업허가를 받은 어선이거나 관리선으로 지정을 받은 어선으로서 총톤수 10톤 미만의 동력어선[53]일 것(제1호)

ii) 낚시어선이 선령(船齡) 20년 이하인 목선(木船)이거나 선령 25년 이하인 강선(鋼船) · 합성수지선 · 알루미늄선일 것(제2호)

iii) 낚시어선에 [별표 4]에 따른 설비를 갖출 것(제3호)

여기에서 iii)에서의 [별표 4]에 따른 설비에 관한 사항은 다음의 〈표 4-10〉에서 구체적으로 나타내고 있다.

〈표 4-10〉 낚시어선이 갖추어야 하는 설비

구 분	설 비
1. 구명설비	가. 최대승선인원의 120% 이상에 해당하는 수의 구명조끼. 이 중 20% 이상은 어린이용으로 하여야 한다. 나. 최대승선인원의 30% 이상에 해당하는 수의 구명부환 다. 지름 10㎜ 이상, 길이 30m 이상인 구명줄 1개 이상
2. 소화설비[54]	가. 총톤수 5톤 미만 낚시어선의 경우: 2개 이상의 간이식 소화기 나. 총톤수 5톤 이상 낚시어선의 경우: 2개 이상의 휴대식 소화기
3. 전기설비	낚시인의 안전을 위해 사용하는 조명 등의 전기설비
4. 그 밖의 설비	가. 분뇨를 수면으로 배출하지 않는 방식의 화장실 나. 가까운 무선국 또는 출입항신고기관 등과 연락할 수 있는 통신기기 다. 핸드레일 라. 유효기간 이내의 비상용 구급약품세트 마. 자기점화등 1개 이상 바. 그 밖에 시장 · 군수 · 구청장이 승객의 안전을 위하여 필요하다고 인정하여 고시하는 설비

【비고】 제1호부터 제4호까지의 규정에 따른 설비 중 「어선법」 제3조에 따른 설비는 같은 조에 따라 해양수산부장관이 정하여 고시하는 기준에 맞는 것이어야 한다. 참고로 여기에서의 "해양수산부장관이 정하여 고시하는 기준"은 「어선설비기준」 및 「총톤수 10톤 미만 소형어선의 구조 및 설비기준」을 말한다.

53) "동력어선"이란 추진기관[선외기(船外機)를 포함한다. 이하 같다]을 설치한 어선을 말한다(「어선법 시행규칙」 제2조제5호).

54) 소화기는 소화제의 용량 또는 질량에 따라 간이식 · 휴대식 · 이동식 · 고정식으로 구분하고 있으며

다음으로 낚시어선업의 신고사항과 관련해서는 같은 법 시행령 제16조제2항에 따라 다음에서 정하는 사항으로 한다.

i) 어선번호(제1호)
ii) 어선의 명칭(제2호)
iii) 총톤수(제3호)
iv) 주 영업장소 및 영업시간(제4호)
v) 선적항(船籍港)의 명칭(제5호)
vi) 어업허가번호 또는 관리선 지정번호(제6호)
vii) 같은 법 시행령 제22조제1항제2호에 따른 보험 또는 공제의 가입 여부와 가입한 낚시어선의 최대승선인원(어선검사증서에 적힌 것을 말한다)(제7호)
viii) 낚시어선업자의 성명, 주민등록번호, 주소 및 연락처(제8호)
ix) 낚시어선의 선원 중 「선박직원법」 제4조에 따른 해기사 면허 소지자의 성명 및 주민등록번호와 해기사 면허의 직종 및 등급(제9호)

참고로 이 법 제25조제1항 후단에 따라 어선번호, 어선의 명칭 등 대통령령으로 정하는 중요한 신고사항을 변경하려는 때에도 시장 · 군수 · 구청장에게 신고하도록 하고 있다. 여기에서의 "대통령령으로 정하는 중요한 신고사항"은 같은 법 시행령 제16조제2항에 따른 위의 i)~ix) 사항을 말한다(시행령 제16조제3항).

하지만 이에 따라 낚시어선업의 변경신고를 하지 아니하고 낚시어선업을 한 경우

구체적으로 살펴보면 다음의 표와 같다(「어선설비기준」 제89조).

소화기	소화제의 용량 및 질량			
	간이식	휴대식	이동식	고정식
액체소화기	4.5리터 이상	9리터 이상	13.5리터 초과	45리터를 초과하는 용량
화학포말소화기	4.5리터 이상	9리터 이상	13.5리터 초과	45리터를 초과하는 용량
기계포말소화기	2리터 이상	9리터 이상	9.5리터 초과	45리터를 초과하는 용량
탄산가스소화기	2킬로그램 이상	5킬로그램 이상	9.5킬로그램 초과	28킬로그램을 초과하는 질량
분말소화기	1킬로그램 이상	5킬로그램 이상	9.5킬로그램 초과	28킬로그램을 초과하는 질량
투척용 소화기	2조 이상(4.5리터 이상)	–	–	–

에는 이를 범죄행위로 보고 있지 않으며, 이 법 제55조제2항제3호에 따라 100만원 이하의 과태료 부과 대상으로 규정하고 있다.[55)]

2. 낚시어선업의 신고 방법 및 절차 등

낚시어선업을 하려는 자는 「낚시 관리 및 육성법」 제25조제1항 전단 및 같은 법 시행규칙 제16조제1항에 따라 [별지 제11호서식]의 낚시어선업 신고서에 다음의 서류를 첨부하여 해당 낚시어선의 선적항을 관할하는 시장 · 군수 · 구청장에게 제출하도록 하고 있다.

i) 어선검사증서 사본(시행규칙 제16조제1항제1호)

ii) 이 법 제48조에 따라 가입한 보험 또는 공제의 증서 사본(시행규칙 제16조제1항제2호)

iii) 같은 법 시행령 제16조제1항제3호 및 [별표 4]에 따른 설비의 명세서(시행규칙 제16조제1항제3호)

iv) 위 iii)의 설비에 대한 안전성 검사 확인서(「선박안전법」 제45조에 따라 설립된 선박안전기술공단이나 해양수산부장관이 정하여 공고하는 자로부터 안전성 검사를 받은 경우만 해당한다)(시행규칙 제16조제1항제4호)[56)]

---

55) 「낚시 관리 및 육성법」 제55조(과태료) ② 다음 각 호의 어느 하나에 해당하는 자에게는 100만원 이하의 과태료를 부과한다.

3. 제25조제1항 후단에 따른 낚시어선업의 변경신고를 하지 아니하고 낚시어선업을 한 자

56) 낚시어선업을 신고하고자 할 경우 해당 신청서에 첨부되는 서류 중 "안전성 검사 확인서" 발급 등과 관련한 업무는 대행검사기관(현재까지 선박안전기술공단에서만 수행)의 「낚시어선의 안전성 검사업무 집행지침」을 따르고 있다. 한편, "안전성 검사 확인서"는 이 지침의 [별지 4호서식] "낚시어선의 안전성 검사 확인서"로 발급되고 있으며, 이 확인서는 안전성검사가 종결된 이후 처음으로 신고기관(시장 · 군수 · 구청장)에 신고를 하는 경우에 한해 효력이 있다. 따라서 단순히 「낚시 관리 및 육성법 시행규칙」 제16조제2항에 따라 낚시어선업의 신고사항을 변경하는 경우 이외 이 시행규칙 제21조 각 호에 따라 폐업신고를 한 이후 다시 낚시어선업을 하고자 할 경우에는 낚시어선의 안전성 검사를 새로이 다시 받아야 한다. 참고로 이 지침에는 신청 접수, 안전성 검사 집행, 보고 및 결재, 확인선 발급, 안전성 검사 비용 산정 및 재발급 등과 관련한 업무를 규정하고 있으며, 낚시어선업의 폐업신고와 관련한 규정은 다음과 같다.

「낚시 관리 및 육성법 시행규칙」 제21조(폐업신고) 법 제39조제1항 전단에 따라 낚시어선업을 폐업

한편, 낚시어선업 신고서에는 앞서 언급한 같은 법 시행령 제16조제2항에 따른 신고사항을 포함하고 있다. 즉 낚시어선업을 하는데 있어 신고하여야 하는 필수사항은 낚시어선업을 하기 위한 신고 시에 반영한다.

참고로 이 법 제25조제1항 후단 및 같은 법 시행규칙 제16조제2항에 따라 낚시어선업을 신고한 자가 신고한 사항을 변경하려는 경우에는 [별지 제12호서식]의 낚시어선업 변경신고서에 다음의 서류를 첨부하여 해당 낚시어선의 선적항을 관할하는 시장 · 군수 · 구청장에게 제출도록 하고 있다.

i) 낚시어선업 신고확인증(시행규칙 제16조제2항제1호)

ii) 변경사항을 증명하는 서류(시행규칙 제16조제2항제2호)

이상의 내용에 따라 신고 또는 변경신고를 받은 시장 · 군수 · 구청장은 신고한 내용이 신고요건에 적합하면, 즉 낚시어선업의 신고 또는 변경신고를 수리(受理)한 경우에는 같은 법 시행규칙 제16조제3항 [별지 제13호서식]의 낚시어선업 신고확인증(신고 또는 변경신고 수리 시 발급하는 "낚시어선업 신고확인증" 서식은 동일)을 신고인에게 발급하여야 한다.

하려는 자는 별지 제17호서식의 낚시어선업 폐업신고서에 낚시어선업 신고확인증을 첨부하여 해당 낚시어선의 선적항을 관할하는 시장 · 군수 · 구청장에게 제출하여야 한다. 다만, 다음 각 호의 어느 하나에 해당하는 경우에는 각 호의 구분에 따른 날부터 30일 이내에 폐업신고를 하여야 한다.

1. 낚시어선을 매도하거나 임대한 경우: 매매 또는 임대차 계약일
2. 낚시어선을 분실하거나 도난당하여 그 소재(所在)를 6개월 이상 알 수 없는 경우: 분실하거나 도난당한 날부터 6개월이 지난 날
3. 낚시어선이 침몰한 경우: 침몰한 날

Ⅳ. 술에 취한 상태에서의 조종 금지 등 위반사범

> 第53조(벌칙) ② 다음 각 호의 어느 하나에 해당하는 자는 6개월 이하의 징역 또는 500만원 이하의 벌금에 처한다.
>
> 5. 해상항행선박이 항행을 계속할 수 없는 하천·호소 등 「해사안전법」의 적용대상이 아닌 장소에서 제30조제1항을 위반하여 술에 취한 상태에서 낚시어선을 조종하거나 술에 취한 상태에 있는 자에게 낚시어선을 조종하게 한 자
> 6. 해상항행선박이 항행을 계속할 수 없는 하천·호소 등 「해사안전법」의 적용대상이 아닌 장소에서 술에 취한 상태라고 인정할 만한 상당한 이유가 있는데도 제30조제2항에 따른 관계 공무원의 측정에 따르지 아니한 자

1. 음주운항(항행) 처벌 요건

「낚시 관리 및 육성법」 제53조제2항제5호에서는 해상항행선박이 항행을 계속할 수 없는 하천·호소 등 「해사안전법」의 적용대상이 아닌 장소[57]에서 제30조제1항을 위반하여 술에 취한 상태에서 낚시어선을 조종하거나 술에 취한 상태에 있는 자에게 낚시어선을 조종하게 한 자를 처벌할 수 있도록 하고 있다.

여기에서 「낚시 관리 및 육성법」 제53조제2항제5호에 따른 범죄행위가 성립하기 위한 낚시어선 조종 장소는 「해사안전법」 제3조제1항제1호에 따른 내수 중 하천·호소 이외의 늪 등에서 발생한 경우로 하고 있다({참고 1-1}에서의 경찰청 관할 내수 참조).[58]

---

57) 「해사안전법」 제3조(적용범위) ① 이 법은 다음 각 호의 어느 하나에 해당하는 선박과 해양시설에 대하여 적용한다.

1. 대한민국의 영해, 내수(해상항행선박이 항행을 계속할 수 없는 하천·호수·늪 등은 제외한다. 이하 같다)에 있는 선박이나 해양시설. 다만, 대한민국선박이 아닌 선박(이하 "외국선박"이라 한다) 중 다음 각 목에 해당하는 외국선박에 대하여 제46조부터 제50조까지의 규정을 적용할 때에는 대통령령으로 정하는 바에 따라 이 법의 일부를 적용한다.
   가. 대한민국의 항(港)과 항 사이만을 항행하는 선박
   나. 국적의 취득을 조건으로 하여 선체용선(船體傭船)으로 차용한 선박
2. 대한민국의 영해 및 내수를 제외한 해역에 있는 대한민국선박
3. 대한민국의 배타적경제수역에서 항행장애물을 발생시킨 선박
4. 대한민국의 배타적경제수역 또는 대륙붕에 있는 해양시설

또한 낚시어선의 조종은 "항행 중"의 의미를 포함하고 있다할 것이므로 「해사안전법」 제2조제22호에 따른 ⅰ) 정박(碇泊)(가목), ⅱ) 항만의 안벽(岸壁) 등 계류시설에 매어 놓은 상태[계선부표(繫船浮標)나 정박하고 있는 선박에 매어 놓은 경우를 포함한다](나목), ⅲ) 얹혀 있는 상태(다목) 등 실제 낚시어선을 항행하고 있지 않은 상태는 제외하는 것으로 해야 한다.

한편, "술에 취한 상태"란 「낚시 관리 및 육성법」 제30조제1항 후단에 따라 「해사안전법」 제41조(술에 취한 상태에서의 조타기 조작 등 금지)제5항에서 술에 취한 상태의 기준을 규정하고 있는 바와 같이 혈중알코올농도 0.03퍼센트 이상으로 하고 있다.

다시 말해서 「낚시 관리 및 육성법」에 따른 음주운항 처벌대상은 경찰청 관한 내수에 해당하는 하천 · 호소 · 늪 등에서 혈중알코올농도 0.03퍼센트 이상의 음주한 상태로 낚시어선을 조종하거나 혈중알코올농도 0.03퍼센트 이상의 음주한 상태에 있는 자에게 낚시어선을 조종하게 한 자로 하고 있다.

2. 음주운항 단속 주체 및 조치사항

「낚시 관리 및 육성법」 제53조제2항제6호에서는 해상항행선박이 항행을 계속할 수 없는 하천 · 호소 등 「해사안전법」 제3조제1항의 적용대상이 아닌 장소에서 「낚시 관리 및 육성법」 제30조제2항에 따라 낚시어선업자 및 선원이 술에 취한 상태라고 인정할 만한 상당한 이유가 있는데도 관계 공무원의 측정에 따르지 아니한 자를 처벌할 수 있도록 하고 있다.

여기에서의 "관계 공무원"은 「낚시 관리 및 육성법」 제30조제2항에 따라 ⅰ) 경찰공

58) 「해사안전법」 제41조제1항에서는 술에 취한 상태에서의 조타기 조작 등을 금지하고 있는 대상선박으로 「선박직원법」 제2조제1호가목 단서 2)에 따른 낚시어선(낚시어선업을 하기 위하여 신고된 어선)을 포함하고 있으므로 「해사안전법」 제3조제1항에서 규정하고 있는 적용범위 해당 장소에서 이 법 제41조제5항에 따른 혈중알코올농도 0.03퍼센트 이상 술에 취한 상태로 낚시어선에 따른 조타기(操舵機)를 조작(조종)하거나 술에 취한 상태에 있는 자에게 낚시어선을 조종하게 한 자에 대해서는 이 법 제104조제1호에 따라 3년 이하의 징역 또는 3천만원 이하의 벌금에 처할 수 있도록 규정하고 있다. 한편, 이에 따른 장소에서의 음주운항과 관련한 단속업무는 국민안전처(해양경비안전본부) 소속 경찰관이 수행하게 된다. 이와 같이 낚시어선으로 술에 취한 상태에서의 조타기 조작 등의 금지 행위를 할 경우 발생 장소에 따라 「낚시 관리 및 육성법」 또는 「해사안전법」으로 각각 구분해서 적용하고 있으며, 단속기관도 경찰청이나 국민안전처(해양경비안전본부)에서 각각 수행하게 된다.

무원, ii) 시·군·구 소속 공무원 중 수상안전업무에 종사하는 사람으로 규정하고 있다. 한편, i)에서의 경찰공무원은 음주운항에 따른 측정(단속) 장소가 하천·호소·늪 등의 내수에 해당하므로 경찰청 소속 경찰관이 이에 해당된다.[59]

참고로 이 법 제30조제3항에 따라 관계 공무원(근무복을 착용한 경찰공무원은 제외한다)이 술에 취하였는지 여부를 측정하는 때에는 그 권한을 표시하는 증표를 지니고 이를 해당 낚시어선업자 및 선원에게 보여 주어야 한다.

또한 측정의 결과에 불복하는 낚시어선업자 및 선원에 대하여는 이 법 제30조제4항에 따라 해당 낚시어선업자 및 선원의 동의를 받아 혈액채취 등의 방법으로 다시 측정할 수 있다.

그 밖에 이 법 제30조제5항에 따라 관계 공무원은 낚시어선업자 또는 선원이 이 법 제30조제2항 또는 제4항에 따른 측정결과가 제1항 후단에 따른 술에 취한 상태에 해당하는 경우에는 해당 낚시어선업자 또는 선원에 대하여 조종·승선 제한 등 필요한 조치를 취하도록 하고 있다.

V. 출항제한 및 안전운항 조치 위반사범

> 제53조(벌칙) ② 다음 각 호의 어느 하나에 해당하는 자는 6개월 이하의 징역 또는 500만원 이하의 벌금에 처한다.
> 7. 제34조제1항에 따른 출항제한 조치를 위반하고 출항한 자
> 8. 제35조제1항제1호·제2호에 따른 명령을 거부하거나 기피한 자

59) 낚시어선업자 및 선원에 대한 음주운항 단속 주체는 「낚시 관리 및 육성법」 제30조제2항제2호에 따른 '시·군·구 소속 공무원 중 수상안전업무에 종사하는 사람'을 포함하고 있으나, 이에 해당하는 자는 경찰공무원과는 다르게 음주운항 단속에 따른 직접적인 수사 업무를 수행할 수 없으므로 적발 시 해당 경찰관서에 위반사실을 통보 또는 이관하는 것으로 하고 있다. 왜냐하면 「낚시 관리 및 육성법」 에 규정된 범죄와 이에 관한 범죄 행위는 현행 「사법경찰직무법」 제5조(검사장의 지명에 의한 사법경찰관리) 및 제6조(직무범위와 수사 관할)에서 포함하고 있지 않으므로 이와 관련한 범죄 행위에 대해서는 특별사법경찰권을 행사할 수 없기 때문이다. 따라서 이에 대한 수사 업무는 「형사소송법」 제196조에 해당하는 경찰청에서 수행하게 된다. 한편, 「해사안전법」 제3조 적용대상 장소에서의 음주운항 단속업무 수행 주체 등과 관련해서는 이 장 각주 58번을 참조하도록 한다.

1. 출항제한 기준 및 조치 사항

「낚시 관리 및 육성법」 제34조제1항에 따라 어선의 출입항 신고에 관한 업무를 담당하는 기관(이하 "출입항신고기관"이라 한다)의 장은 기상과 해상상황에 관한 정보 등을 고려하여 낚시어선업자 · 선원 · 승객의 안전을 위하여 필요하다고 인정할 때에는 낚시어선의 출항을 제한할 수 있도록 하고 있으며, 이에 따른 출항제한의 기준 등에 필요한 사항은 이 법 제34조제2항 및 같은 법 시행령 제19조에서 다음과 같이 정하고 있다.

i) 「기상법 시행령」 제8조제2항제1호부터 제7호까지 및 제12호에 따른 호우 · 대설 · 폭풍해일 · 지진해일[60] · 태풍 · 강풍 · 풍랑 · 안개 주의보 또는 경보가 발표된 경우(시행령 제19조제1호)[61]

ii) 안개 등으로 인하여 해상에서의 시계(視界)[62]가 1킬로미터 이내인 경우(시행령 제19조제2호)

iii) 그 밖에 출입항신고기관의 장이 해상 상황의 급작스런 악화 등으로 인하여 낚

60) 여기에서의 지진해일은 「기상법 시행령」이 2015년 1월 20일 대통령령 제26060호로 개정되면서 이 시행령 제8조제2항제4호(지진해일)에서 삭제되었으나, 「낚시 관리 및 육성법 시행령」 제19조제1항 제1호에서는 여전히 출항제한 기준으로 지진해일을 규정하고 있다. 참고로 「기상법 시행령」 제8조 제2항제4호에서 지진해일이 삭제된 이유는 지진 · 지진해일 · 화산으로 발생하는 대규모 피해를 사전에 대응하기 위하여 지진 · 지진해일 · 화산의 관측 · 경보 및 그 기술 개발 등에 관한 근거를 마련하는 등의 내용으로 「지진 · 지진해일 · 화산의 관측 및 경보에 관한 법률」(이하 "지진관측법" 이라 한다)이 제정(법률 제12320호, 2014.1.21. 공포, 2015. 1.22. 시행)됨에 따라, 이와 관련한 내용을 포함하고 있는 규정에서 삭제하여 정비하기 위한 것이다. 따라서 이와 관련한 벌칙 규정을 적용하고자 하는 경우에는 관련 내용을 검토하는 등의 추가 조치가 필요할 것으로 사료된다. 참고로 "지진해일"이란 「지진관측법」 제2조제2호에 따라 '해저에서 발생한 지진 · 화산폭발 등의 급격한 지각변동으로 발생된 해수의 긴 파동이 비정상적으로 높아져 해안가에 도달하는 현상'을 말한다.

61) 「기상법 시행령」 제8조(일반인을 위한 예보 및 특보) ② 법 제13조제1항에 따른 기상현상에 관한 특보는 다음 각 호의 어느 하나에 해당하는 기상현상으로 인하여 중대한 재해발생이 예상될 때 해당 지역에 대하여 그 정도에 따라 주의보 및 경보로 구분하여 발표한다. 이 경우 특보의 발표기준에 관한 사항은 기상청장이 정한다.
1. 호우, 2. 대설, 3. 폭풍해일, 4. 삭제 〈2015.1.20.〉, 5. 태풍, 6. 강풍, 7. 풍랑, 8. 황사, 9. 건조, 10. 한파, 11. 폭염, 12. 안개

62) 시계(視界): 눈이 사물 등을 관찰하는 범위 또는 한 점을 응시(凝視)하였을 때에 보이는 외계(外界)의 범위(시력이 미치는 범위)를 말한다(이희승, 앞의 책, 2252, 2269면).

시어선의 출항이 어렵다고 판단하는 경우(시행령 제19조제3호)

이와 관련해서 이 법 제53조제2항제7호에서는 위의 i)~iii)에 따른 출입항신고기관의 출항제한 조치를 위반하고 출항한 자에 대해 처벌하도록 하고 있으며, 앞서 언급한 바와 같이 여기에서의 어선에 대한 출입항신고기관은 「선박안전 조업규칙」 제9조제1항 · 제2항 · 제3항에 따라 해양경비안전서가 이에 해당한다.

2. 안전운항 등의 조치 사항

「낚시 관리 및 육성법」 제35조제1항에 따라 시장 · 군수 · 구청장은 낚시어선의 안전운항과 사고 방지 및 그 밖에 낚시어선업의 질서유지를 위하여 특히 필요하다고 인정할 때에는 관할 경찰서장 또는 관할 해양경비안전서장의 의견을 들어 낚시어선업자에게 다음의 지시나 조치를 명할 수 있도록 하고 있다.

i) 영업시간이나 운항 횟수의 제한(제1호)
ii) 영업구역의 제한 또는 영업의 일시정지(제2호)
iii) 그 밖에 낚시어선의 안전운항과 사고 방지 및 낚시어선업의 질서유지를 위하여 필요하다고 인정하는 사항(제3호)

이와 관련해서 이 법 제53조제2항제8호에서는 시장 · 군수 · 구청장이 낚시어선의 안전운항 등을 위하여 필요하다고 취한 위의 i) 및 ii)의 명령을 낚시어선업자가 거부하거나 기피한 자에 대해 벌칙 규정을 적용하여 처벌할 수 있도록 하고 있으며,[63] 위의 iii)에 따른 명령을 거부하거나 기피한 자에 대해서는 이 법 제55조제1항

63) 낚시어선의 안전운항과 사고 방지 및 그 밖에 낚시어선업의 질서유지를 위하여 시장 · 군수 · 구청장이 낚시어선업자에게 취한 지시나 조치 명령을 낚시어선업자가 거부하거나 기피할 경우, 해당 시장 · 군수 · 구청장은 이에 대한 직접적인 수사 업무를 수행할 수 있는 법적 근거를 두고 있지 못하므로 앞서 언급한 「낚시 관리 및 육성법」 제53조제2항제5호 및 제6호의 위반행위에 따른 조치와 동일하게 적발 시 해당 경찰관서에 위반사실을 통보 또는 이관하는 것으로 하고 있다. 이와 관련한 수사 업무는 관할 구역(수역)에 따라 국민안전처(해양경비안전본부) 또는 경찰청에서 수행하게 된다(이 장 각주 59번 참조).

제9호[64]에 따라 300만원 이하의 과태료를 부과하도록 하고 있다.

참고로 이 법 제35조제2항에 따라 시장 · 군수 · 구청장은 낚시어선의 안전운항, 승객의 안전사고 예방, 수질오염의 방지 및 수산자원의 보호 등을 위하여 낚시어선의 승객이 준수하여야 하는 사항을 정하여 고시하도록 하고 있다.

또한 이 법 제35조제3항에 따라 시장 · 군수 · 구청장은 낚시어선업자 또는 선원이 잘 볼 수 있는 출입항 장소에 낚시어선업자 또는 선원이 준수하여야 할 다음의 사항을 표기한 표지판을 설치하도록 하고 있다.

i) 이 법 제35조제1항에 따른 안전운항 등을 위한 조치(제1호)
ii) 이 법 제29조부터 제33조까지 및 제37조제1항에 따른 낚시어선업자 또는 선원의 준수사항 등(제2호)
iii) 이 법 제34조제2항에 따른 출항제한의 기준(제3호)
iv) 이 법 제3조 각 호의 수면 등에 유류(油類) · 분뇨 · 폐기물을 버리는 행위 등 다른 법령에 따라 금지되는 사항(제4호)

Ⅵ. 낚시어선 영업 폐쇄명령 조치 위반사범

제53조(벌칙) ② 다음 각 호의 어느 하나에 해당하는 자는 6개월 이하의 징역 또는 500만원 이하의 벌금에 처한다.
9. 제38조제1항에 따라 영업이 폐쇄된 낚시어선업을 계속한 자

「낚시 관리 및 육성법」 제38조제1항에 따라 시장 · 군수 · 구청장은 낚시어선업자가 다음의 어느 하나에 해당하면 영업의 폐쇄를 명하거나 3개월 이내의 기간을 정하여 그 영업의 정지를 명할 수 있도록 있다. 다만, i)~iii)에 해당하는 경우에는 1회

64) 「낚시 관리 및 육성법」 제55조(과태료) ① 다음 각 호의 어느 하나에 해당하는 자에게는 300만원 이하의 과태료를 부과한다.
9. 제35조제1항제3호에 따른 명령을 거부하거나 기피한 자

위반과 동시에 영업의 폐쇄 명령 처분을 하고 있다. 또한 iv), vi)~viii)에 해당하는 경우에는 3회 위반 시 영업의 폐쇄를 명하도록 하고 있다(다음의 〈표 4-12〉 참조).

i) 거짓이나 그 밖의 부정한 방법으로 낚시어선업을 신고한 경우(제1호)
ii) 「어선법」에 따라 어선의 등록이 말소된 경우(제2호)
iii) 영업정지 기간 중 영업을 한 경우(제3호)
iv) 이 법 제25조에 따른 낚시어선업의 신고요건을 충족하지 못하게 된 경우(제4호)
v) 이 법 제27조에 따른 낚시어선업의 영업구역을 위반한 경우(제5호)
vi) 낚시승객을 승선시킨 상태에서 제30조제1항을 위반하여 낚시어선업자 또는 선원이 술에 취한 상태에서 낚시어선을 조종한 경우(제6호)
vii) 낚시승객을 승선시킨 상태에서 제31조를 위반하여 낚시어선업자 또는 선원이 약물복용의 상태에서 낚시어선을 조종한 경우(제7호)
viii) 이 법 제48조에 따른 보험이나 공제에 가입하지 아니한 경우(제8호)

이와 관련해서 이 법 제53조제2항제9호에서는 시장·군수·구청장이 영업의 폐쇄를 명한 낚시어선으로 낚시어선업을 계속한 자에 대해 처벌할 수 있도록 규정하고 있으며, 이에 따른 수사 업무는 관할 구역(수역)에 따라 국민안전처(해양경비안전본부) 또는 경찰청에서 수행하게 된다.[65] 한편, 이 법 제38조제1항과 관련한 내용을 자세히 살펴보면 다음의 〈표 4-11〉과 같으며, 이 중 위의 ii), iii), v), vii), viii) 이외 나머지 내용은 앞서 언급한 관련 내용으로 대신하고 별도의 설명을 생략하기로 한다.

참고로 위의 vi)과는 달리 낚시승객을 승선시키지 않은 상태에서 이 법 제30조(술에 취한 상태에서의 조종 금지 등)제1항을 위반한 경우에는 영업정지 또는 영업폐쇄의 행정처분을 받지 아니하고, 이 법 제53조제2항제5호에 따라 처벌할 수 있도록 하고 있다.

65) 「낚시 관리 및 육성법」 제53조제2항제9호의 위반행위(영업이 폐쇄된 낚시어선업을 계속한 행위)에 대한 수사 주체는 이 장 각주 59번, 63번을 참조하도록 한다.

〈표 4-11〉 낚시어선의 영업 폐쇄 및 정지처분기준

1. 거짓이나 그 밖의 부정한 방법으로 낚시어선업을 신고한 경우(「낚시 관리 및 육성법」 제38조제1항제1호)

⇒ 본 저서 '제4장 제3절 Ⅲ. 낚시어선업 신고의무 불이행 위반사범' 참조

2. 「어선법」에 따라 어선의 등록이 말소된 경우(「낚시 관리 및 육성법」 제38조제1항제2호)
가. 등록된 어선의 말소 신청 사유(「어선법」 제19조제1항)
⇒ 이 법 제13조제1항에 따른 등록을 한 어선이 다음의 어느 하나에 해당하는 경우 그 어선의 소유자는 30일 이내에 등록의 말소를 신청하여야 한다.
i) 어선 외의 목적으로 사용하게 된 경우(제1호)
ii) 대한민국의 국적을 상실한 경우(제2호)
iii) 멸실 · 침몰 · 해체 또는 노후 · 파손 등의 사유로 어선으로 사용할 수 없게 된 경우(제3호)
iv) 6개월 이상 행방불명이 된 경우(제4호)
나. 시장 · 군수 · 구청장의 등록된 어선 직권말소 사유(「어선법」 제19조제2항)
⇒ 시장 · 군수 · 구청장은 어선의 소유자가 다음의 어느 하나에 해당하는 경우에는 30일 이내의 기간을 정하여 등록의 말소를 신청할 것을 최고[66]하여야 하며 그 어선의 소유자가 최고를 받고도 정당한 사유 없이 이행하지 아니하면 직권으로 그 어선의 등록을 말소하여야 한다.
i) 속임수나 그 밖의 부정한 방법으로 등록을 한 경우(제1호)
ii) 어선의 소유자가 위의 가목에 따른 등록의 말소신청을 기간 내(30일 이내)에 하지 아니한 경우(제2호)
iii) 해당 어선으로 영위하는 수산업의 허가 · 신고 · 면허 등의 효력이 상실된 후 1년이 지난 경우. 다만, 같은 법 시행령 제4조(직권등록말소의 예외)에 따라 수산업의 허가 · 신고 · 면허 등의 효력이 상실된 후 1년이 경과되기 전이라도 특별자치도지사 · 시장 · 군수 · 구청장이 직권으로 해당 어선의 등록을 말소할 수 있는 경우는 「수산업법」 · 「원양산업발전법」 및 「내수면어업법」에 따른 명령에 위반한 경우로 한다(제3호).

3. 영업정지 기간 중 영업을 한 경우(「낚시 관리 및 육성법」 제38조제1항제3호)
낚시어선의 영업 정지는 〈표 4-11〉 중 4)~8)에 해당 경우로 하고 있다(같은 법 시행규칙 제7조 관련 [별표 2]).

4. 이 법 제25조에 따른 낚시어선업의 신고요건을 충족하지 못하게 된 경우(「낚시 관리 및 육성법」 제38조제1항제4호)

⇒ 본 저서 '제4장 제3절 Ⅲ. 낚시어선업 신고의무 불이행 위반사범' 참조

5. 제27조에 따른 낚시어선업의 영업구역을 위반한 경우(「낚시 관리 및 육성법」 제38조제1항제5호)
가. (영업구역) 낚시어선업의 영업구역은 그 낚시어선의 선적항이 속한 시 · 도지사의 관할 수역으로 한다. 다만, 해양수산부장관이 연접한 시 · 도 간 수역에 대하여 대통령령으로 정하는 바에 따라 공동영업구역을 지정하는 경우에는 그 공동영업구역과 해당 시 · 도지사의 관할 수역을 영업구역으로 한다(법 제27조).[67]
⇒ 낚시어선업자가 낚시인을 낚시어선에 승선시켜 낚시터로 안내할 뿐 그 어선에서 낚시를 하지 아니하는

경우 낚시인의 승선지점과 하선지점 중 1개의 지점이 그 낚시어선의 선적항이 속한 특별시장 · 광역시장 · 도지사 또는 특별자치도지사(이하 "시 · 도지사"라 한다)의 관할 수역에 있고, 다른 1개의 지점이 연접한 다른 시 · 도지사의 관할 수역에 있을 때에는 해당 낚시어선업의 영업은 이 법 제27조 본문에 따른 낚시어선업의 영업구역에서 하는 영업으로 본다(시행령 제17조).

나. (공동영업구역의 지정) 시 · 도지사는 그의 관할 수역과 연접한 다른 시 · 도지사의 관할 수역을 법 제27조 단서에 따른 공동영업구역으로 지정할 필요가 있다고 인정되면 해양수산부령으로 정하는 바에 따라 해양수산부장관에게 그 지정을 요청할 수 있다(시행령 제18조제1항).

⇒ 「낚시 관리 및 육성법 시행령」 제18조제6항의 규정에 따라 낚시어선업의 공동영업구역 지정은 「낚시어선업의 공동영업구역」([농림수산식품부고시 제2012-186호)에 따르고 있다.

---

6. 낚시승객을 승선시킨 상태에서 제30조제1항을 위반하여 낚시어선업자 또는 선원이 술에 취한 상태에서 낚시어선을 조종한 경우(「낚시 관리 및 육성법」 제38조제1항제6호)

⇒ 본 저서 '제4장 제3절 Ⅳ. 술에 취한 상태에서의 조종 금지 등 위반사범' 참조

---

7. 낚시승객을 승선시킨 상태에서 제31조를 위반하여 낚시어선업자 또는 선원이 약물복용의 상태에서 낚시어선을 조종한 경우(「낚시 관리 및 육성법」 제38조제1항제7호)

낚시어선업자 및 선원은 약물복용의 상태에서 낚시어선을 조종하거나 약물복용의 상태에 있는 낚시어선업자 또는 선원에게 낚시어선을 조종하게 하여서는 아니 된다. 이 경우 "약물복용의 상태"란 「마약류관리에 관한 법률」 제2조에 따른 마약 · 향정신성의약품 · 대마 또는 「화학물질관리법」 제22조에 따른 환각물질의 영향으로 정상적인 조종을 할 수 없는 우려가 있는 경우를 말한다(법 제31조).

⇒ 이 법 제31조 후단에 따른 「마약류관리에 관한 법률」 제2조 및 「화학물질관리법」 제22조는 뒤에서 언급하고 있는 〈표 5-9〉 및 〈표 5-10〉을 참조하도록 한다.

---

8. 제48조에 따른 보험이나 공제에 가입하지 아니한 경우(「낚시 관리 및 육성법」 제38조제1항제8호)

가. (보험 등 가입) 낚시어선업자는 같은 법 시행령 제22조제1항제2호에서 정하는 바에 따라 낚시어선의 승객 및 선원의 피해를 보전(補塡)하기 위하여 보험이나 공제에 가입하여야 한다. 다만, 「어선원 및 어선 재해보상보험법」 제2조제1항제3호에 따른 가족어선원에 대한 보험이나 공제는 가입하지 아니할 수 있다(법 제48조 및 같은 법 시행령 제22조제1항).

⇒ 낚시어선업자의 경우: 어선검사증서에 기재된 낚시어선의 최대승선인원의 피해를 보전하기 위한 보험이나 공제(시행령 제22조제1항제2호)

나. (보험 등 가입금액) 같은 법 시행령 제22조제1항에 따른 보험이나 공제의 가입금액은 「자동차손해배상 보장법 시행령」 제3조제1항에 따른 금액 이상으로 한다. 다만, 선원의 경우에는 「어선원 및 어선 재해보상보험법」 제2조제1항제6호에 따른 어선원등의 재해를 보상할 수 있는 금액 이상으로 한다(같은 법 시행령 제22조제2항).

---

66) 최고(催告): '금전을 지급하라', '가옥을 명도하라', '제한(무)능력자의 행위를 추인할 것인가' 등 상대방에게 어떤 행위를 요구하는 통지를 말한다. 최고는 준법률행위로서 법률에 의해 일정한 법률효과가

참고로 이 법 제38조제1항에 따라 영업의 폐쇄명령을 받은 자는 그 영업이 폐쇄된 날부터 1년이 지나지 아니하면 낚시어선업의 신고를 할 수 없도록 하고 있다. 또한 이에 따른 행정처분(정지 · 폐쇄)의 구체적인 기준은 같은 법 시행규칙 제7조 관련 [별표 2] 행정처분기준 제2호다목에서 정하고 있으며, 다음의 〈표 4-12〉와 같다.

부여된다(법제처, 국가법령정보센터, 법률용어 검색, 2015.11.10. 방문. 〈http://www.law.go.kr〉).

67) 「낚시 관리 및 육성법 시행령」 제17조 및 제18조제6항에 따른 영업구역에 있어서의 영업형태와 관련한 내용을 그림으로 나타내면 다음과 같다(농림수산식품부, 『낚시전문교육 교재』-낚시어선업자용-, 2012, 182~184면).

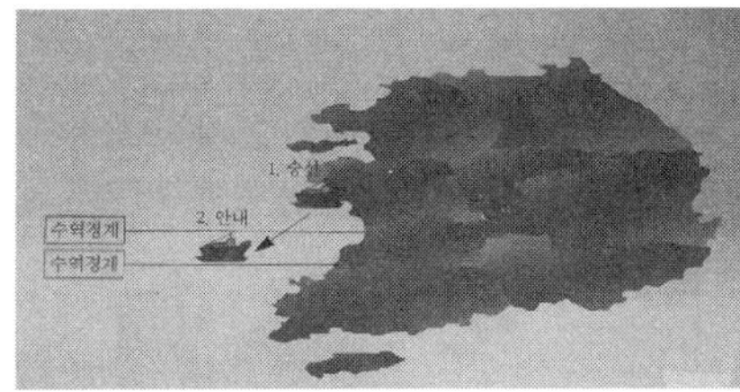

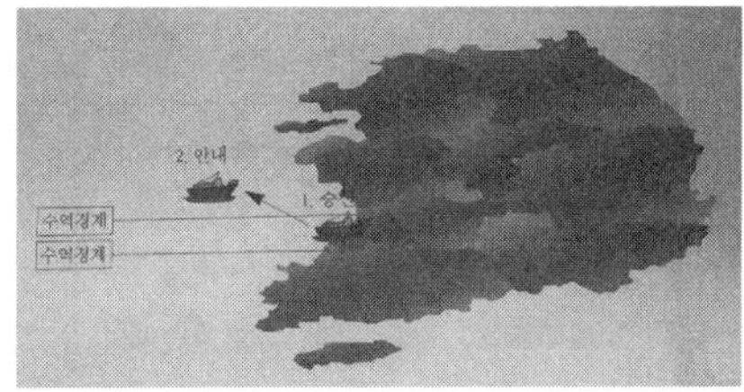

연접한 시 · 도지사 수역까지 안내한 행위(적법한 영업) (좌)
연접한 시 · 도지사 수역에서 승선시켜 관할 수역으로 안내한 행위(적법한 영업) (우)

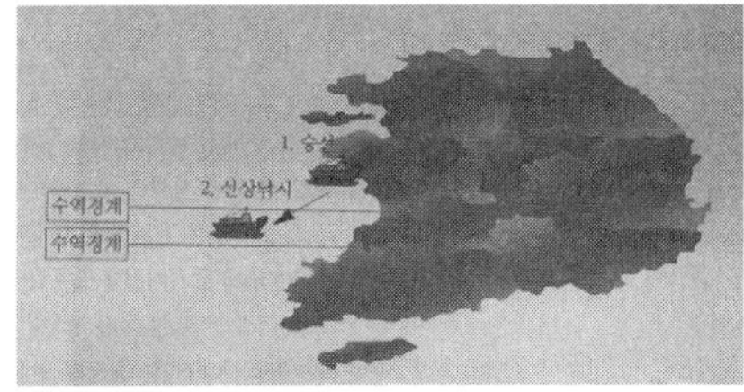

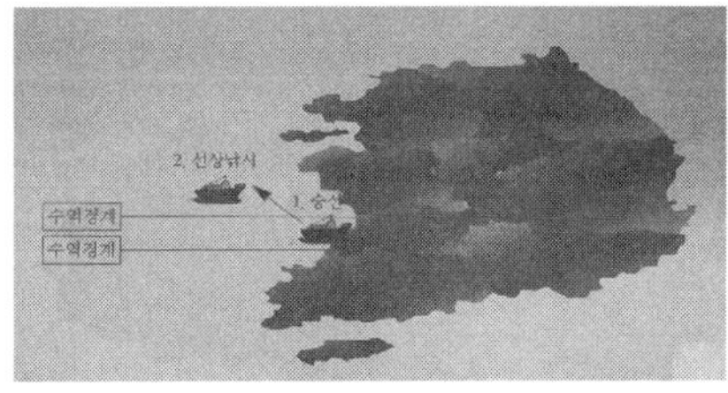

연접한 시 · 도지사의 수역에서 선상낚시를 한 행위(위법한 영업) (좌)
연접한 시 · 도지사 수역에서 승선, 관할 수역에서의 선상낚시를 한 행위(위법한 영업) (우)

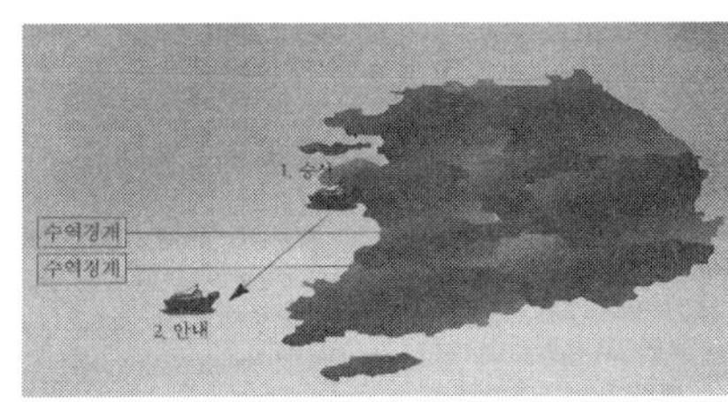

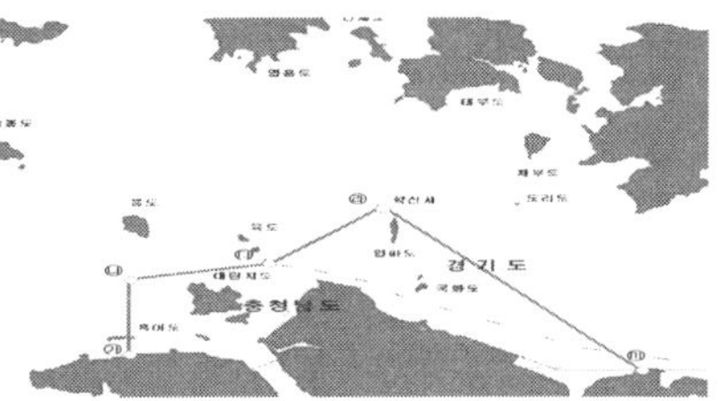

연접하지 않은 시 · 도지사의 수역으로 안내한 행위(위법한 영업) (좌)
공동영업구역(「낚시어선업의 공동영업구역」 중 경기도 · 충청남도 공동영업구역) (우)

〈표 4-12〉 낚시어선업자 위반행위에 대한 행정처분기준

위반행위	근거 법조문	행정처분기준		
		1회 위반	2회 위반	3회 이상 위반
1) 거짓이나 그 밖의 부정한 방법으로 낚시어선업을 신고한 경우	법 제38조 제1항제1호	영업폐쇄		
2) 「어선법」에 따라 어선의 등록이 말소된 경우	법 제38조 제1항제2호	영업폐쇄		
3) 영업정지 기간 중 영업을 한 경우	법 제38조 제1항제3호	영업폐쇄		
4) 법 제25조에 따른 낚시어선업의 신고요건을 충족하지 못하게 된 경우	법 제38조 제1항제4호			
가) 낚시어선이 「수산업법」 또는 「내수면어업법」에 따라 어업허가를 받거나 관리선으로 지정을 받은 어선이 아닌 경우 또는 총톤수 10톤 미만의 동력어선이 아닌 경우		영업정지 1개월	영업정지 3개월	영업폐쇄
나) 낚시어선이 선령(船齡) 20년 초과인 목선(木船)이거나 선령 25년 초과인 강선(鋼船) · 합성수지선 · 알루미늄선인 경우		영업정지 1개월	영업정지 3개월	영업폐쇄
다) 낚시어선에 영 별표 4에 따른 설비를 갖추지 못한 경우		영업정지 1개월	영업정지 3개월	영업폐쇄
5) 법 제27조에 따른 낚시어선업의 영업구역을 위반한 경우	법 제38조 제1항제5호	경고	영업정지 1개월	영업정지 3개월
6) 낚시승객을 승선시킨 상태에서 법 제30조제1항을 위반하여 낚시어선업자 또는 선원이 술에 취한 상태에서 낚시어선을 조종한 경우	법 제38조 제1항제6호	영업정지 1개월	영업정지 3개월	영업폐쇄
7) 낚시승객을 승선시킨 상태에서 법 제31조를 위반하여 낚시어선업자 또는 선원이 약물복용의 상태에서 낚시어선을 조종한 경우	법 제38조 제1항제7호	영업정지 1개월	영업정지 3개월	영업폐쇄
8) 법 제48조에 따른 보험이나 공제에 가입하지 않은 경우	법 제38조 제1항제8호	영업정지 1개월	영업정지 3개월	영업폐쇄

제4절 양벌규정

「낚시 관리 및 육성법」에서는 이 법 제53조의 위법행위에 대해 제54조에 따른 양벌규정을 두고 있으며 다음의 <표 4-13>과 같다.

양벌규정과 관련한 자세한 내용은 본 저서 '제2장 제3절 Ⅵ. 양벌규정'을 참조하고 별도의 언급은 생략하기로 한다.

<표 4-13> 낚시 관리 및 육성법 제53조에 대한 양벌규정

법 제54조 법인의 대표자나 법인 또는 개인의 대리인, 사용인, 그 밖의 종업원이 그 법인 또는 개인의 업무에 관하여 제53조의 위반행위를 하면 그 행위자를 벌하는 외에 그 법인 또는 개인에게도 해당 조문의 벌금형을 과(科)한다. 다만, 법인 또는 개인이 그 위반행위를 방지하기 위하여 해당 업무에 관하여 상당한 주의와 감독을 게을리하지 아니한 경우에는 그러하지 아니하다.

제5장 수상레저안전법 위반 범죄수사

제1절 수상레저안전법의 개요

Ⅰ. 수상레저안전법의 목적 및 구성

「수상레저안전법」의 목적은 수상레저활동의 안전과 질서를 확보하고 수상레저사업의 건전한 발전을 도모하기 위한 것으로 하고 있다(제1조). 한편, 이 법에서 규정하고 있는 주요내용을 개략적으로 살펴보면 ⅰ) 조종면허 등에 관한 사항, ⅱ) 안전준수의무 등에 관한 사항, ⅲ) 안전관리 등에 관한 사항, ⅳ) 수상레저기구 등록 및 검사 등에 관한 사항, ⅴ) 수상레저사업 등에 관한 사항으로 구성되어 있다.

Ⅱ. 수상레저 관련 용어의 정의 및 적용범위

1. 용어의 정의

「수상레저안전법」 제2조에서는 수상레저 활동 등과 관련한 용어에 대해 정의하고 있으며 다음과 같이 규정하고 있다.

ⅰ) "수상레저활동"이란 수상(水上)에서 수상레저기구를 이용하여 취미·오락·체육·교육 등을 목적으로 이루어지는 활동을 말한다(제1호).
ⅱ) "래프팅"이란 무동력수상레저기구를 이용하여 계곡이나 하천에서 노를 저으며 급류 또는 물의 흐름 등을 타는 수상레저활동을 말한다(제2호).
ⅲ) "수상레저기구"란 수상레저활동에 이용되는 선박이나 기구로서 대통령령으로 정하는 것을 말한다(제3호).
ⅳ) "동력수상레저기구"란 추진기관이 부착되어 있거나 추진기관을 부착하거나 분리하는 것이 수시로 가능한 수상레저기구로서 대통령령으로 정하는 것을 말한다(제4호).
ⅴ) "수상"이란 해수면과 내수면을 말한다(제5호).
ⅵ) "해수면"이란 이란 바다의 수류나 수면을 말한다(제6호).

vii) "내수면"이란 하천, 댐, 호수, 늪, 저수지, 그 밖에 인공으로 조성된 담수나 기수(汽水)의 수류 또는 수면을 말한다(제7호).

2. 적용범위

「수상레저안전법」은 이 법 제2조제1호 및 제3호에 따른 수상레저활동에 이용되는 선박이나 기구에 적용된다.

여기에서 수상레저활동에 이용되는 선박이나 기구는 같은 법 시행령 제2조제1항 및 같은 법 시행규칙 제1조의2에 따른 것으로 규정하고 있으며, 다음의 〈표 5-1〉과 같다.

〈표 5-1〉 수상레저안전법 적용대상 수상레저기구의 종류

구 분	수상레저기구의 종류
수상레저안전법 시행령 제2조제1항에 따른 수상레저기구 종류	1. 모터보트, 2. 세일링요트(돛과 기관이 설치된 것을 말한다. 이하 같다), 3. 수상오토바이, 4. 고무보트, 5. 스쿠터, 6. 호버크래프트, 7. 수상스키, 8. 패러세일, 9. 조정, 10. 카약, 11. 카누, 12. 워터슬레드, 13. 수상자전거, 14. 서프보드, 15. 노보트, 16. 그 밖에 제1호부터 제15호까지의 수상레저기구와 비슷한 구조 · 형태 및 운전방식을 가진 것으로서 총리령으로 정하는 것
수상레저안전법 시행규칙 제1조의2에 따른 수상레저기구 종류(같은 법 시행령 제2조제1항제16호 관련)	1. 무동력 요트, 2. 윈드서핑, 3. 웨이크보드, 4. 카이트보드, 5. 케이블 수상스키, 6. 케이블 웨이크보드, 7. 수면비행선박, 8. 수륙양용기구, 9. 공기주입형 고정식 튜브, 10. 물추진형 보드, 11. 그 밖에 같은 법 시행령 제2조제1항제1호부터 제15호까지의 수상레저기구와 비슷한 구조 · 형태 및 운전방식을 가진 것

한편, 이 법에서는 앞의 〈표 5-1〉에서 언급하고 있는 수상레저기구 중 등록의 대상 범위를 별도로 규정하고 있으며, 이에 해당하는 수상레저기구에는 이 법 제30조제3항 및 같은 법 시행령 제22조에 따라 ⅰ) 수상오토바이, ⅱ) 선내기 또는 선외기인 총톤수(「선박법」 제3조제1항제2호에 따른 총톤수를 말한다[1]) 20톤 미만의 모터보트, ⅲ) 추진기관 30마력 이상의 고무보트(공기를 넣으면 부풀고 접어서 운반할 수 있는 고무보트를 제외), ⅳ) 총톤수 20톤 미만의 세일링요트(돛과 기관 모두 설치된 것을 말한다. 이하 같다)와 같은 동력수상레저기구로 제한하고 있다([그림 5-1] 참조).

---

1) "총톤수"는 우리나라의 해사에 관한 법령을 적용할 때 선박의 크기를 나타내기 위하여 사용되는 지표로 규정하고 있다(「선박법」 제3조제1항제2호).

수상오토바이 모터보트

고무보트 세일링요트

출처: 구글검색사이트(Google), http://www.google.co.kr

[그림 5-1] 등록대상 수상레저기구(동력수상레저기구)의 종류

이와 관련해서 이 법 제2조제4호 및 같은 법 시행령 제2조제2항에서는 앞서 언급한 등록대상 수상레저기구인 수상오토바이, 모터보트, 고무보터 및 세일링요트 이외 스쿠터, 호버크래프트[2]를 동력수상레저기구로 구분하고 있으나, 이는 등록 및 안전검사 대상에서 제외하고 있다.[3]

---

2) 호버크래프트(Hovercraft)는 「수상레저안전법」에서 동력수상레저기구로 구분하고 있으나, 이에 대한 등록 및 검사는 「선박법」 및 「선박안전법」에 따라 이루어진다. 한편, 호버크래프트의 검사와 관련해서는 해양수산부장관이 정하여 고시하는 기준인 「공기부양정의 구조 및 설비 등에 관한 기준」을 따르고 있다.

3) 「수상레저안전법」 제2조제4호 및 같은 법 시행령 제2조제2항에서는 모터보트, 세일링요트, 수상오토바이, 고무보트, 스쿠터, 호버크래프트를 동력수상레저기구로 구분해서 규정하고 있으나, 이에 해당하는 동력수상레저기구 모두를 등록 및 안전검사 대상으로 하고 있지 않다. 한편, 동력수상레저기구는 「선박법」 제1조의2제1항제1호에 따른 기선으로, 이 법 제26조제8호에 따라 「수상레저안전법」 제2조제4호에 따른 동력수상레저기구 중 같은 법 제30조에 따라 수상레저기구로 등록된 수상오토바이 · 모터보트 · 고무보트 및 요트를 제외하고는 「선박법」 제8조에 따른 등록대상이 된다. 즉 동력수상레저기구는 해당 소유자의 선택에 따라 「선박법」 및 「수상레저안전법」으로의 등록이 가능하도록 하고 있다. 현행 법체계에서는 선박 또는 수상레저기구를 정상적으로 운항(사용)하기 위해서는 등록과 검사를 동시에 충족할 것을 요구하고 있다. 가령, 「선박법」에 따라 등록된 동력수상레저기구는 「선박안전법」에 의한 선박검사를 받아야 하며, 「수상레저안전법」에 따라 등록된 동력수상레저기구는 이 법에 따른 안

반면, 이 법 제3조제1항에 해당하는 다음의 경우는 이 법을 적용하지 아니하는 것으로 규정하고 있다.

i) 「유선 및 도선 사업법」에 따른 유·도선 사업 및 그 사업과 관련된 수상에서의 행위를 하는 경우(제1호)

ii) 「체육시설의 설치·이용에 관한 법률」에 따른 체육시설업 및 그 사업과 관련된 수상에서의 행위를 하는 경우(제2호)

iii) 「낚시 관리 및 육성법」에 따른 낚시어선업 및 그 사업과 관련된 수상에서의 행위를 하는 경우(제3호)

참고로 종전 해양경찰청에서는 이 법 제1조에 따른 목적에도 불구하고 국가 및 공공기관 소유의 등록대상 수상레저기구(앞의 그림 [5-1] 참조)에 대해서는 별도의 신청이 있는 경우에 한해 등록 및 안전검사가 가능한 것으로 해석하고 있다.[4)]

전검사를 받아야 한다. 하지만 동력수상레저기구의 등록 및 선박검사(안전검사)와 관련한 현행 법체계는 상호 불일치를 보이고 있으므로 동력수상레저기구별로 이와 관련한 내용을 살펴보면 다음과 같다. i) 모터보트 및 세일링요트는 「수상레저안전법」 제30조제3항제2호·제4호 및 같은 법 시행령 제22조제1호·제3호에 따라 「선박법」 제3조제1항제2호에 따른 총톤수 20톤 미만에 한해 「선박법」 및 「수상레저안전법」으로 등록할 수 있으며, 총톤수 20톤 이상의 모터보트 및 세일링요트는 「선박법」에 한해서만 등록 가능하도록 하고 있다. 이 경우 「선박법」에 따라 등록된 동력수상레저기구는 「선박안전법」에 의한 선박검사를 받아야 하며, 「수상레저안전법」에 따라 등록된 동력수상레저기구는 이 법에 따른 안전검사를 받아야 한다. ii) 수상오토바이 및 고무보트(공기를 넣으면 부풀고 접어서 운반할 수 있는 고무보트를 제외한 추진기관 30마력 이상이 설치된 것에 한함)는 「수상레저안전법」 제30조제3항제1호·제3호 및 같은 법 시행령 제22조제2호에 따라 「수상레저안전법」으로만 등록이 가능하다. 왜냐하면 수상오토바이 및 고무보트는 「선박안전법」에 따른 검사기준이 별도로 마련되어 있지 않으므로 「선박법」에 의한 등록은 가능하더라도 검사를 받기 위한 관련 기준의 부재로 인해 등록과 안전검사를 동시에 충족할 있는 「수상레저안전법」 만을 적용할 수 있다. 현행 법체계상 「선박법」에 의해 등록된 선박에 한해서만 「선박안전법」을 적용할 수 있도록 하고 있다. iii) 스쿠터는 「수상레저안전법 시행령」 제2조제2항에 따라 동력수상레저기구로 구분하고 있으나, 「선박법」 및 「수상레저안전법」에서 등록의 대상으로 규정하고 있지 않으므로 비동력수상레저기구와 동일하게 취급된다. 참고로 「선박법」이 2011년 6월 15일 법률 제10799호로 개정되기 이전에는 이 법 제26조제8호에 따라 스쿠터를 등록의 대상으로 규정하고 있었다. 마지막으로 iv) 호버크래프트는 「수상레저안전법」 제30조제3항 및 같은 법 시행령 제22조에 따라 등록의 대상에서 배제되어 있으므로 「선박법」에 의한 등록과 「선박안전법」에 의한 검사를 받도록 규정하고 있다(손영태, 앞의 책, 371~372면).

4) 종전 해양경찰청 수상레저안전과-1232호(2006.5.1.) 공문 참조.

Ⅲ. 수상레저안전법 관련 법령 부칙

여기서는 앞서 언급한 바와 같이 수상레저안전법 관련 법령(법 · 시행령 · 시행규칙) 제 · 개정이 있을 경우 법률의 시행일 및 경과조치에 대해 규정하고 있는 부칙 조항 중 최근 개정된 법령을 중심으로 "선박등"의 운영과 관련해서 해당 범죄수사 시 검토되어야 하는 주요부칙 조항을 중심으로 살펴보았으며, 다음의 〈표 5-2〉~〈표 5-4〉와 같다.

〈표 5-2〉 수상레저안전법 주요부칙 조항

부 칙	주요내용
수상레저안전법〈법률 제7478호, 2005.3.31.〉	**제1조(시행일)** 이 법은 공포 후 1년이 경과한 날부터 시행한다.
	제2조(수상레저기구 등록에 관한 특례) 이 법 시행당시 수상레저활동에 이용되고 있는 수상레저기구는 제30조의 개정규정에 불구하고 이 법 시행 후 1년 이내에 등록을 하여야 한다.
	제6조(수상레저사업에 관한 경과조치) 이 법 시행당시 종전의 규정에 의하여 등록을 한 수상레저사업은 이 법 제39조의 개정규정에 의하여 등록한 것으로 본다.
	제7조(벌칙에 관한 경과조치) 이 법 시행 전의 행위에 대한 벌칙의 적용에 있어서는 종전의 규정에 의한다.
	제8조 (일반적 경과조치) 이 법 시행당시 종전의 규정에 따른 명령 · 조치 또는 처분으로서 이 법에 저촉되지 아니하는 것은 이 법에 의하여 행한 것으로 본다.
수상레저안전법〈법률 제9068호, 2008.3.28.〉	① **(시행일)** 이 법은 공포한 날부터 시행한다. 다만, 제9조 각 호 외의 부분 단서, 제13조제1항제5호부터 제9호까지, 제22조제2항부터 제4항까지, 제33조의2, 제33조의3, 제51조제4호부터 제6호까지 및 제59조제2항의 개정규정은 2008년 7월 1일부터 시행한다.
	③ **(벌칙 등에 관한 경과조치)** 이 법 시행 전의 행위에 대한 벌칙 및 과태료의 적용에 있어서는 종전의 규정에 따른다.
수상레저안전법〈법률 제10799호, 2011.6.15.〉	**제1조(시행일)** 이 법은 공포한 날부터 시행한다. 다만, 제4조의2, 제7조제1항, 제30조제1항 · 제3항 · 제4항, 제31조제3항 · 제4항 · 제5항, 제33조제1항, 제34조, 제36조, 제37조제1항 · 제5항 · 제6항, 제39조제1항 · 제4항, 제39조의2, 제52조제1항 · 제2항의 개정규정은 공포 후 6개월이 경과한 날부터 시행한다.
	제3조(수상레저기구의 구조 · 장치 변경에 관한 적용례) 제36조의 개정규정은 이 법 시행 후 최초로 구조 · 장치를 변경하는 수상레저기구부터 적용한다.
	제4조 (다른 법에 따라 검사를 받아오던 수상레저기구에 대한 경과조치) 이 법 시행 당시 「선박법」 제8조에 따라 등록하고 「선박안전법」에 따라 검사를 받아오던 선박이 제30조의 개정규정에 따라 수상레저기구로 등록하는 경우에는 제37조제1항제1호에 따른 신규검사를 받은 것으로 본다.
	제6조(다른 법률의 개정) 선박법 일부를 다음과 같이 개정한다. 제26조제8호 중 "모터보트 · 수상오토바이 · 고무보트 및 스쿠터"를 "수상오토바이 · 모터보트 · 고무보트 및 요트"로 한다.

부 칙	주요내용
수상레저안전법 〈법률 제13754호, 2016.1.7.〉	**제1조(시행일)** 이 법은 공포 후 6개월이 경과한 날부터 시행한다.
	제2조(고의 또는 중대한 과실로 사실과 다르게 안전검사를 한 경우에 관한 적용례) 제38조제2항제1호의2의 개정규정은 이 법 시행 후 최초로 고의 또는 중대한 과실로 사실과 다르게 안전검사를 한 경우부터 적용한다.
	제3조(사업등록의 유효기간에 관한 특례) ① 이 법 시행 전 제39조에 따른 수상레저사업을 등록한 경우 수상레저사업의 등록 유효기간은 수상레저사업 등록 당시 제출한 사업기간으로 본다. 다만, 사업기간을 10년 이상으로 한 경우에는 그 유효기간을 10년으로 본다. ② 이 법 시행 당시 제1항 단서에 따라 등록 유효기간이 지난 수상레저사업자 또는 6개월 이내에 등록 유효기간이 만료되는 수상레저사업자가 등록 유효기간이 지난 후에도 계속하여 수상레저사업을 하려면 이 법 시행일부터 6개월 이내에 제39조의3제2항의 개정규정에 따라 등록을 갱신하여야 한다.
	제4조(금치산자 등에 대한 경과조치) 제40조제1호의 개정규정에 따른 피성년후견인 또는 피한정후견인에는 법률 제10429호 민법 일부개정법률 부칙 제2조에 따라 금치산 또는 한정치산 선고의 효력이 유지되는 사람을 포함하는 것으로 본다.

〈표 5-3〉 수상레저안전법 시행령 주요부칙 조항

부 칙	주요내용
수상레저안전법 시행령 〈대통령령 제19297호, 2006.1.26.〉	① **(시행일)** 이 영은 2006년 4월 1일부터 시행한다.
	③ **(수상레저기구의 정원산출기준에 관한 적용례)** 이 영 시행당시 수상레저활동에 이용되고 있는 수상레저기구에 대한 제18조제1항 및 제2항의 규정에 따른 수상레저기구의 정원 및 정원산출기준은 법 부칙 제3조의 규정에 따라 검사를 받는 분부터 적용한다.
수상레저안전법 시행령 〈대통령령 제19977호, 2007.3.27.〉	① **(시행일)** 이 영은 2007년 3월 28일부터 시행한다.
	② **(우수정비사업장 인증기준에 관한 적용례)** 별표 9의 개정규정은 이 영 시행 후 최초로 법 제46조에 따라 우수정비사업장 인증을 하는 분부터 적용한다.
수상레저안전법 시행령 〈대통령령 제22827호, 2011.4.4.〉	**제1조(시행일)** 이 영은 공포 후 6개월이 경과한 날부터 시행한다.
	제2조(「선박안전법」에 따른 선박검사를 받은 수상레저기구의 검사에 관한 경과조치) 제22조의 개정규정에 따라 등록대상이 된 수상레저기구에 대하여 이 영 시행 전에 「선박안전법」 제14조에 따른 선박검사를 받은 경우에는 「수상레저안전법」 제37조제1항제1호에 따른 신규검사를 받은 것으로 본다.

〈표 5-4〉 수상레저안전법 시행규칙 주요부칙 조항

부 칙	주요내용
수상레저안전법 시행규칙〈국토해양부령 제31호, 2008.7.1.〉	**제1조(시행일)** 이 규칙은 2008년 7월 1일부터 시행한다.
	제2조(행정처분에 관한 경과조치) 이 규칙 시행 전의 행위에 대한 행정처분기준의 적용에 관하여는 별표 2 및 별표 13의 개정규정에도 불구하고 종전의 규정에 따른다.
	제4조(수상레저사업의 등록기준에 관한 경과조치) 이 규칙 시행당시 종전의 규정에 의하여 등록한 수상레저사업자는 이 규칙 시행 후 6개월 이내에 별표 10의 개정규정에 따른 수상레저사업의 등록기준을 갖추어야 한다.
수상레저안전법 시행규칙〈국토해양부령 제127호, 2009.5.13.〉	**제1조(시행일)** 이 규칙은 공포한 날부터 시행한다.
	제2조(행정처분의 기준에 대한 경과조치) 이 규칙 시행전의 행위에 대한 행정처분기준의 적용에 관하여는 별표 11의 개정규정에 불구하고 종전의 규정에 따른다.
수상레저안전법 시행규칙〈국토해양부령 제415호, 2011.12.14.〉	**제1조(시행일)** 이 규칙은 공포한 날부터 시행한다.
	제2조(수상레저사업의 등록에 관한 경과조치) ① 이 규칙 시행 전에 종전의 규정에 따라 수상레저사업의 등록을 한 경우(제2항에 따라 등록을 한 경우를 포함한다)에는 제30조제1항의 개정규정에 따라 수상레저기구에 태우는 사업 및 수상레저기구를 대여하는 사업의 등록을 한 것으로 본다. ② 이 규칙 시행 당시 수상레저사업의 등록절차가 진행 중인 경우에는 제30조제1항의 개정규정에도 불구하고 수상레저기구에 태우는 사업 및 수상레저기구를 대여하는 사업 모두에 대해서 등록신청을 한 것으로 본다.
수상레저안전법 시행규칙〈국토해양부령 제432호, 2012.1.6.〉	**제1조(시행일)** 이 규칙은 공포한 날부터 시행한다.
	제2조(수상레저기구의 등록에 관한 적용례) ① 제21조제1항제2호의 개정규정은 이 규칙 시행 후 최초로 수상레저기구의 등록을 신청하는 것부터 적용한다. ② 제23조제1항제5호 및 제6호의 개정규정은 이 규칙 시행 후 최초로 수상레저기구의 말소등록을 신청하는 것부터 적용한다.
	제3조(안전검사의 신청 등에 관한 적용례) 제26조제1항 및 제2항의 개정규정은 이 규칙 시행 후 최초로 안전검사를 신청하는 것부터 적용한다.
	제4조(수상레저사업 등록에 관한 적용례) 제30조제1항 단서의 개정규정은 이 규칙 시행 당시 수상레저사업의 등록절차가 진행 중인 것에 대해서도 적용한다.
	제6조(등록번호판에 관한 경과조치) 이 규칙 시행 당시 종전의 규정에 따라 발급받은 등록번호판은 별표 5의 개정규정에 적합한 등록번호판으로 본다.
수상레저안전법 시행규칙〈해양수산부령 제58호, 2013.12.19.〉	**제1조(시행일)** 이 규칙은 공포한 날부터 시행한다.
	제2조(등록취소 또는 업무정지처분에 관한 경과조치) ① 이 규칙 시행 전의 위반행위에 대하여 등록취소 또는 업무정지처분기준을 적용할 때에는 별표 13의 개정규정에도 불구하고 종전의 규정에 따른다. ② 이 규칙 시행 전의 위반 행위로 받은 업무정지처분은 별표 13의 개정규정에 따른 위반행위의 횟수 산정에 포함하지 아니 한다.

부 칙	주요내용
수상레저안전법 시행규칙 〈해양수산부령 제79호, 2014.4.17.〉	**제1조(시행일)** 이 규칙은 공포한 날부터 시행한다.
	제2조(수상레저사업 등록신청에 관한 적용례) ① 제30조제1항 각 호 외의 부분 단서 및 별표 9의2의 개정규정은 이 규칙 시행 전에 수상레저기구를 빌려주는 사업(별표 9의2의 개정규정에 따른 수상레저사업의 형태에 해당되는 것을 말한다)을 등록하려는 자가 등록을 신청하여 이 규칙 시행 후에 등록하는 경우에도 적용한다. ② 제30조제1항제6호의 개정규정은 이 규칙 시행 전에 「마리나항만의 조성 및 관리 등에 관한 법률 시행령」 제27조에 따른 마리나항만시설의 사용허가를 받은 경우에도 적용한다.
	제5조(안전검사 준비사항에 관한 경과조치) 이 규칙 시행 전에 종전의 제26조의2제2항 제1호에 따른 안전검사 준비사항을 갖추고 안전검사를 신청한 경우에는 제26조의2 제2항제1호의 개정규정에도 불구하고 종전의 규정에 따른다.
	제6조(수상레저사업 등록신청에 관한 경과조치) 이 규칙 시행 전에 종전의 제30조제1항 각 호 외의 부분 단서에 따라 서류를 제출하여 수상레저기구(래프팅용 수상레저기구는 제외한다)를 빌려주는 사업(별표 9의2의 개정규정에 따른 수상레저사업의 형태에 해당되지 아니하는 경우를 말한다)을 등록하려는 자는 제30조제1항 각 호 외의 부분 단서의 개정규정에도 불구하고 종전의 규정에 따른다.
	제8조(수상레저기구 등록번호판의 규격에 관한 경과조치) 이 규칙 시행 당시 종전의 별표 5의 규정에 따라 제작되어 사용하고 있는 수상레저기구 등록번호판은 별표 5의 개정규정에도 불구하고 이 규칙 시행 후에도 계속하여 사용할 수 있다.
수상레저안전법 시행규칙 〈총리령 제1266호, 2016.3.4.〉	**제1조(시행일)** 이 규칙은 공포한 날부터 시행한다.
	제2조(행정처분 기준적용에 관한 경과조치) ① 별표 13 바목 및 사목의 개정규정은 이 규칙 시행 이후의 위반행위부터 적용한다. ② 이 규칙 시행 전의 별표 13 바목의 위반사항 중 제45조, 제48조 및 제49조의 규정 또는 명령을 위반한 행위로 받은 행정처분은 별표 13 사목의 개정규정에 따른 위반행위의 차수 산정에 포함하지 아니한다.
	제3조(서식 개정에 관한 경과조치) 이 규칙 시행 당시 종전의 규정에 따른 서식은 이 규칙 시행 이후 3개월까지 이 규칙에 따른 서식과 함께 사용할 수 있다.

참고로 이 법이 2016년 1월 7일 법률 제13754호로 개정되면서 개정에 따른 변경된 법조문은 다음의 〈표 5-5〉와 같으며, 이와 관련해서 본 저서에서는 집필일자에 따라 이 법의 개정에 따른 시행일(2016년 7월 8일) 이전 법률(제13287호)을 위주로 해서 언급하고자 하였다. 또한 이에 추가해서 선박등의 운영과 관련한 벌칙 규정을 제시하면서 개정에 반영된 내용을 필요에 따라 적절히 구분해서 나타내었다.

한편, 본 저서 집필 당시 이 법의 개정과 관련한 「수상레저안전법 시행령」 및 「수상레저안전법 시행규칙」에 대한 추가 개정이 수반되고 있지 않으므로 이 법에서 규정하고 있는 벌칙 적용 시에는 이후 이 법의 위임규정인 시행령 및 시행규칙 개정사항에 대한 추가 검토가 필요하다.

〈표 5-5〉 수상레저안전법 개정 사항(법률 제13754호)

구 분	해당 법조문
개 정	제7조(면허시험의 면제), 제13조(조종면허의 취소 · 정지), 제22조(주취 중 조종 금지), 제34조(보험가입 → 보험등의 가입), 제37조(안전검사), 제38조(안전검사 업무의 대행 등), 제40조(수상레저사업 등록의 결격사유), 제42조(휴업 또는 폐업의 신고 → 휴업 등의 신고), 제44조(보험 등에의 가입 → 보험등의 가입), 제48조(사업자의 안전점검 등 조치), 제49조(영업의 제한 → 영업의 제한 등), 제52조(수수료), 제53조(청문), 제55조(벌칙 적용 시의 공무원 의제), 제56조(벌칙), 제58조(벌칙), 제59조(과태료)
신 설	제39조의3(사업등록의 유효기간 등), 제44조의2(보험등의 가입 여부 정보 제공), 제44조의3(보험등의 가입정보 요청)
삭 제	제46조(수상레저기구의 우수사업장 인증 등), 제47조(형식승인 · 검정 등), 제57조(벌칙)

제2절 수상레저사업 등록 및 영업행위 관련 위반사범 수사

현행 「수상레저안전법」 제56조제1호 및 제2호에서는 수상레저사업의 등록 및 수상레저사업장의 운영 등과 관련해서 발생할 수 있는 범죄행위의 구성요건 및 양형기준을 규정하고 있다.[5)]

위반행위에 대한 수사기관은 앞서 언급한 바와 같이 발생장소에 따라 내수 중 직선 기선 안쪽의 해역 및 해수면에 위치하고 있는 수상레저사업장에서 발생한 위반사범은 국민안전처(해양경비안전본부)에서 그 밖에 내수면에 위치한 수상레저사업장에서 발생한 위반사범은 경찰청에서 각각 담당하게 된다({참고 1-1} 참조).

이에 따라 여기에서는 수상레저사업의 등록 및 수상레저기구를 이용한 영업행위 등과 관련해서 위법행위를 한 자에 대한 사실 관계를 이와 관련한 법령 등을 통해 살펴보고자 한다.

참고로 이 법은 2016년 1월 7일 법률 제13754호로 개정되면서 개정 전 현행 제57조 및 제58조제2호가 제56조로 옮겨지고, 이에 따른 양형기준도 좀 더 강화되었다.

---

5) **현행, 「수상레저안전법」 제56조(벌칙)** 다음 각 호의 어느 하나에 해당하는 자는 1년 이하의 징역 또는 500만원 이하의 벌금에 처한다.
1. 제39조제1항을 위반하여 등록을 하지 아니하고 수상레저사업을 한 자
2. 제51조에 따른 수상레저사업 등록취소 후 또는 영업정지기간에 영업을 한 수상레저사업자

예정, 「수상레저안전법」 제56조(벌칙) 다음 각 호의 어느 하나에 해당하는 자는 1년 이하의 징역 또는 500만원 이하의 벌금에 처한다. 〈개정 2016.1.7.〉
1. 제20조 각 호 외의 부분 본문을 위반하여 조종면허를 받지 아니하고 동력수상레저기구를 조종한 자
2. 제22조제1항을 위반하여 술에 취한 상태에서 동력수상레저기구를 조종한 자
3. 술에 취한 상태라고 인정할 만한 상당한 이유가 있는데도 제22조제2항에 따른 관계공무원의 측정에 따르지 아니한 자
4. 제39조제1항 및 제2항을 위반하여 등록 또는 변경등록을 하지 아니하고 수상레저사업을 한 자
5. 제51조에 따른 수상레저사업 등록취소 후 또는 영업정지기간에 영업을 한 수상레저사업자

[전문개정 2008.3.28.]
[시행일: 2016.7.8.] 제56조

Ⅰ. 수상레저사업 등록의무 불이행 위반사범

제56조(벌칙) 다음 각 호의 어느 하나에 해당하는 자는 1년 이하의 징역 또는 500만원 이하의 벌금에 처한다.
1. 제39조제1항을 위반하여 등록을 하지 아니하고 수상레저사업을 한 자

「수상레저안전법」 제39조제1항 전단에 따라 수상레저기구를 빌려 주는 사업 또는 수상레저활동을 하는 자를 수상레저기구에 태우는 사업(이하 "수상레저사업"이라 한다)을 경영하려는 자는 하천이나 그 밖의 공유수면의 점용 또는 사용의 허가 등에 관한 사항을 다음의 구분에 따른 자에게 등록하도록 하고 있다.

i) 영업구역이 해수면인 경우: 해당 지역을 관할하는 해양경비안전서장(제1호)
ii) 영업구역이 내수면인 경우: 해당 지역을 관할하는 시장 · 군수 · 구청장[6](제2호)
iii) 영업구역이 둘 이상의 해양경비안전서장 또는 시장 · 군수 · 구청장의 관할 지역에 걸쳐 있는 경우: 수상레저사업에 사용되는 수상레저기구를 주로 매어두는 장소를 관할하는 해양경비안전서장 또는 시장 · 군수 · 구청장(제3호)

이와 관련해서, 이 법 제39조제1항 · 제4항 및 같은 법 시행규칙 제30조제1항에 따라 해수면 또는 내수면 중 해당 영업구역에서 수상레저사업을 등록하려는 자는 [별지 제35호서식]의 수상레저사업등록신청서(전자문서로 된 신청서를 포함한다)에 다음의 서류를 첨부하여 해양경비안전서장 또는 시장 · 군수 · 구청장에게 제출하여야 한다.

i) 정관(법인인 경우만 해당한다)(시행규칙 제30조제1항제1호)
ii) 사업장 명세서(시행규칙 제30조제1항제2호)

6) 여기에서의 구청장은 「수상레저안전법」 제21조제2항에 따라 자치구의 구청장을 말하고, 특별자치도의 경우 특별자치도지사를 말하며, 서울특별시 한강의 경우에는 서울특별시의 한강 관리에 관한 업무를 관장하는 기관의 장을 말한다. 이하 이 법의 제3장(안전준수의무), 제4장(안전관리), 제6장(수상레저사업), 제7장(보칙)에서 언급하고 있는 구청장도 같다.

iii) 수상레저기구 및 인명구조용 장비 명세서(시행규칙 제30조제1항제3호)

iv) 종사자 및 인명구조요원(래프팅 가이드를 포함한다)의 명단 및 그 자격을 증명하는 서류(시행규칙 제30조제1항제4호)

v) 영업구역을 표시한 도면(시행규칙 제30조제1항제5호)

vi) 하천이나 그 밖의 공유수면의 점용 또는 사용 등에 관한 허가서(「마리나항만의 조성 및 관리 등에 관한 법률 시행령」 제27조에 따라 마리나항만시설의 사용허가를 받은 경우에는 그 사용허가를 증명하는 서류로 갈음할 수 있다)(시행규칙 제30조제1항제6호)

vii) 수상레저사업자 또는 그 종사자의 면허증[7] 사본(영업구역이 내수면인 경우만 해당한다)(시행규칙 제30조제1항제7호)

다만, 수상레저기구를 빌려주는 사업을 경영하려는 수상레저사업자 중 이 법 제39조제1항 후단 및 같은 법 시행규칙 제30조제1항 단서와 관련한 [별표 9의2]에 해당하는 수상레저사업을 등록하려는 경우에는 등록에 따른 제출서류를 완화할 수 있으며, 다음의 〈표 5-6〉과 같다.

〈표 5-6〉 수상레저기구를 빌려주는 수상레저사업 등록신청 시 구비서류의 완화 조건

수상레저사업의 형태	등록신청 시 구비서류
1. 수면으로부터 직선거리로 10킬로미터 이상 떨어진 지역이면서 하천이나 그 밖의 공유수면의 점용 또는 사용허가 등을 받을 수 없는 지역에서 육상에 보관하는 수상레저기구(래프팅기구는 제외한다)를 빌려주는 수상레저사업 2. 육상에서 보관하는 서프보드 또는 윈드서핑을 빌려주는 수상레저사업(이용자가 직접 해당 수상레저기구를 가져가는 경우로 한정한다)	• 정관(법인인 경우만 해당한다) • 사업장 명세서 • 수상레저기구 장비명세서

이와 같이 등록신청을 받은 해양경비안전서장 또는 시장 · 군수 · 구청장은 같은 법 시행규칙 제30조제4항에 따라 다음의 어느 하나에 해당하는 경우를 제외하고는 등록

7) 여기에서의 “면허증”은 「수상레저안전법」 제9조제1항에 따른 동력수상레저기구 조종면허증을 말한다.

을 해 주도록 하고 있다.

i) 이 법 제40조에 따른 결격사유에 해당하는 경우(시행규칙 제30조제4항제1호)[8]

ii) 같은 법 시행규칙 제30조제3항과 관련한 [별표 10]에 따른 등록기준을 갖추지 못한 경우(시행규칙 제30조제4항제2호)

iii) 그 밖에 이 법 또는 다른 법령에 따른 제한에 위반되는 경우를 제외(시행규칙 제30조제4항제3호)

이 경우 해양경비안전서장 또는 시장 · 군수 · 구청장은 [별지 제36호서식]의 수상레저사업 등록증을 신청인에게 발급하여야 한다.

한편, 같은 법 시행규칙 제30조제5항에 따라 해양경비안전서장 또는 시장 · 군수 · 구청장은 해당 사업장과 영업구역의 물의 깊이, 물의 세기, 운항거리 및 영업형태 등을 고려하여 위험방지에 지장이 없다고 인정될 때에는 같은 조 제3항과 관련한 [별표 10]의 등록기준을 일부 조정하여 적용할 수 있도록 하고 있다.

참고로 이 법이 2016년 1월 7일 법률 제13754호로 개정되면서 사업등록의 유효기

---

8) **현행, 「수상레저안전법」 제40조(수상레저사업 등록의 결격사유)** 다음 각 호의 어느 하나에 해당하는 자는 수상레저사업 등록을 할 수 없다.

1. 미성년자, 금치산자, 한정치산자
2. 금고 이상의 실형(實刑)을 선고받고 그 집행이 끝나거나 집행이 면제된 날부터 2년이 지나지 아니한 자
3. 금고 이상의 형의 집행유예를 선고받고 그 유예기간 중에 있는 자
4. 제51조에 따라 등록이 취소된 날부터 2년이 지나지 아니한 자

[전문개정 2008.3.28.]

예정, 「수상레저안전법」 제40조(수상레저사업 등록의 결격사유) 다음 각 호의 어느 하나에 해당하는 자는 수상레저사업 등록을 할 수 없다. 〈개정 2016.1.7.〉

1. 미성년자, 피성년후견인, 피한정후견인
2. 이 법을 위반하여 징역 이상의 실형(實刑)을 선고받고 그 집행이 끝나거나 집행이 면제된 날부터 2년이 지나지 아니한 자
3. 이 법을 위반하여 징역 이상의 형의 집행유예를 선고받고 그 유예기간 중에 있는 자
4. 제51조에 따라 등록이 취소(이 조 제1호에 해당하여 등록이 취소된 경우는 제외한다)된 날부터 2년이 지나지 아니한 자

[전문개정 2008.3.28.]

[시행일 : 2016.7.8.] 제40조

간에 대한 규정이 신설되었다(제39조의3).[9]

신설되는 제39조의3에서는 수상레저사업의 등록 유효기간을 10년으로 하고 있으며, 10년 미만으로 영업하려는 경우에는 해당 영업기간을 등록 유효기간으로 하고 있다.

Ⅱ. 수상레저사업에 대한 행정처분 조치 위반사범

제56조(벌칙) 다음 각 호의 어느 하나에 해당하는 자는 1년 이하의 징역 또는 500만원 이하의 벌금에 처한다.

2. 제51조에 따른 수상레저사업 등록취소 후 또는 영업정지기간에 영업을 한 수상레저사업자

「수상레저안전법」 제51조에 따라 해양경비안전서장 또는 시장·군수·구청장은 수상레저사업자가 다음의 어느 하나에 해당하는 경우에는 수상레저사업의 등록을 취소하거나 3개월의 범위에서 영업의 전부 또는 일부의 정지를 명할 수 있다. 다만, ⅰ)~ⅲ)까지에 해당하는 경우에는 수상레저사업의 등록을 취소하도록 하고 있다.

다만, ⅰ)~ⅲ) 및 ⅳ)에서 수상레저사업자 또는 그 종사자가 고의로 사람을 사상하게 한 경우에는 1차 위반과 동시에 수상레저사업의 등록을 취소하도록 하고 있다.

또한 ⅳ)에서 수상레저사업자 또는 그 종사자가 과실로 사람을 사상하게 한 경우(과실로 사람에게 2주 이상의 치료를 요하는 상해를 입힌 경우 포함) 및 ⅴ)~ⅶ)에 해당하는 경우에는 3차~4차 위반 시 수상레저사업의 등록을 취소하도록 하고 있다(〈표 5-7〉 참조).

---

9) **예정, 「수상레저안전법」 제39조의3(사업등록의 유효기간 등)** ① 제39조제1항에 따른 수상레저사업의 등록 유효기간은 10년으로 하되, 10년 미만으로 영업하려는 경우에는 해당 영업기간을 등록 유효기간으로 한다.
② 제1항에 따른 등록 유효기간이 지난 후 계속하여 수상레저사업을 하려는 자는 총리령으로 정하는 바에 따라 등록을 갱신하여야 한다.
[본조신설 2016.1.7.]
[시행일: 2016.7.8.] 제39조의3

i) 거짓이나 그 밖의 부정한 방법으로 등록을 한 경우(제1호)

ii) 이 법 제40조 각 호의 어느 하나에 해당하게 된 경우(제2호)

iii) 공유수면의 점용 또는 사용 허가기간 만료 이후에도 사업을 계속하는 경우(제2호의2)[10)]

iv) 수상레저사업자 또는 그 종사자의 고의 또는 과실로 사람을 사상한 경우(제3호)

v) 수상레저사업자가 이 법 제30조, 제32조, 제33조 및 제35조부터 제37조까지의 규정을 위반한 수상레저기구를 수상레저사업에 이용한 경우(제4호)[11)]

vi) 이 법 제39조제2항에 따라 변경등록을 하지 아니한 경우(제5호)[12)]

---

10) 이와 관련해서는 「공유수면 관리 및 매립에 관한 법률」 제11조에 따른 점용 · 사용허가의 기간 등으로 하고 있다.

* 제11조(점용 · 사용허가의 기간 등) 공유수면관리청은 다음 각 호의 구분에 따른 기간 이내로 대통령령으로 정하는 바에 따라 점용 · 사용허가를 하여야 한다.

1. 부두, 방파제, 교량, 수문, 건축물 또는 이와 유사한 견고한 인공구조물: 30년
2. 제1호 외의 인공구조물: 15년
3. 제8조제1항제2호 · 제3호 및 제5호부터 제11호까지의 규정에 따른 점용 · 사용: 5년. 다만, 제8조제1항제5호에 따른 점용 · 사용이 「전기사업법」 제2조에 따른 전기사업자가 전원설비(電源設備)를 설치 · 운영하기 위한 경우에는 30년

11) 「수상레저안전법」 제30조, 제32조, 제33조, 제35조, 제36조 및 제37조에서는 각각 등록, 변경등록, 말소등록, 등록번호판의 부착, 수상레저기구의 구조 · 장치의 변경 및 안전검사에 관한 것을 규정하고 있다. 이 중 이 법이 2016년 1월 7일 법률 제13754호로 개정되면서 제37조제4항이 다음과 같이 변경되었다.

현행, 「수상레저안전법」 제37조(안전검사) ④ 소유자는 제1항 각 호에 따른 검사에 합격하지 못한 수상레저기구를 수상레저활동에 사용하여서는 아니 된다. 다만, 총리령으로 정하는 경우에는 그러하지 아니하다. 〈개정 2013.3.23., 2014.11.19.〉

예정, 「수상레저안전법」 제37조(안전검사) ④ 소유자는 제1항 각 호에 따른 검사를 받지 아니하거나 검사에 합격하지 못한 수상레저기구를 수상레저활동에 사용하여서는 아니 된다. 다만, 총리령으로 정하는 경우에는 그러하지 아니하다.

[전문개정 2008.3.28.]

[시행일: 2016.7.8.] 제37조

12) 「수상레저안전법」 제39조(수상레저사업의 등록 등) ② 제1항에 따라 등록을 한 수상레저사업자는 등록 사항에 변경이 있으면 총리령으로 정하는 바에 따라 변경등록을 하여야 한다. 여기에서의 총리령으로 정하는 바는 같은 법 시행규칙 제31조에 따라 다음과 같이 규정하고 있다.

「수상레저안전법 시행규칙」 제31조(수상레저사업의 변경등록) ① 법 제39조제2항에 따라 등록사항을 변경등록하려는 자는 [별지 제37호서식]의 등록사항 변경등록 신청서에 다음 각 호의 서류를 첨부하여 해양경비안전서장 또는 시장 · 군수 · 구청장에게 제출(정보통신망을 통한 제출을 포함한다)하여야 한다. 이 경우 해양경비안전서장 또는 시장 · 군수 · 구청장은 「전자정부법」 제36조제1항에

vii) 이 법 제43조부터 제45조까지, 제48조 및 제49조의 규정 또는 명령을 위반한 경우(제6호)[13)]

따라 행정정보의 공동이용을 통하여 수상레저사업자의 사업자등록증명서를 확인하여야 하며, 신청인이 확인에 동의하지 아니하는 경우에는 이를 첨부하도록 하여야 한다.

1. 삭제 〈2011.4.11.〉

2. 변경내용을 증명할 수 있는 서류

② 해양경비안전서장 또는 시장·군수·구청장은 제1항에 따른 변경등록의 신청을 받은 경우에는 변경되는 사항에 대하여 사실 관계를 확인한 후 등록사항을 변경하여 적거나 다시 작성한 수상레저사업 등록증을 신청인에게 발급하여야 한다.

13) 「수상레저안전법」 제43조, 제44조, 제45조, 제48조 및 제49조에서는 각각 이용요금, 보험 등에의 가입(보험등의 가입), 안전점검, 사업자의 안전점검 등 조치 및 영업의 제한에 관한 것을 규정하고 있다. 이 중 이 법이 2016년 1월 7일 법률 제13754호로 개정되면서 제44조, 제48조제2항제7호 및 제49조가 다음과 같이 변경되었다.

[수상레저안전법]
현행, 제44조(보험 등에의 가입) 수상레저사업자는 대통령령으로 정하는 바에 따라 그 종사자와 이용자의 피해를 보전하기 위하여 보험이나 공제에 가입하여야 한다.
예정, 제44조(보험등의 가입) 수상레저사업자는 대통령령으로 정하는 바에 따라 그 종사자와 이용자의 피해를 보전하기 위하여 보험등에 가입하여야 한다. 〈개정 2016.1.7.〉 [전문개정 2008.3.28.] [제목개정 2016.1.7.] [시행일 : 2016.7.8.] 제44조 * 여기에서의 "보험등"이라 함은 보험이나 공제를 말하며, 이는 이 법 제34조가 2016년 1월 7일 법률 제13754호로 개정되면서 변경된 것이다.
현행, 제48조(사업자의 안전점검 등 조치) ② 수상레저사업자와 그 종사자는 영업구역에서 다음 각 호의 행위를 하여서는 아니 된다. 7. 제37조에 따른 안전검사 및 제45조에 따른 안전점검을 받지 아니한 수상레저기구를 영업에 이용하는 행위
예정, 제48조(사업자의 안전점검 등 조치) ② 수상레저사업자와 그 종사자는 영업구역에서 다음 각 호의 행위를 하여서는 아니 된다. 〈개정 2016.1.7.〉 7. 제37조에 따른 안전검사를 받지 아니하거나 안전검사에 합격하지 못한 수상레저기구 또는 제45조에 따른 안전점검을 받지 아니한 수상레저기구를 영업에 이용하는 행위 [전문개정 2008.3.28.] [시행일 : 2016.7.8.] 제48조
현행, 제49조(영업의 제한) 해양경비안전서장 또는 시장·군수·구청장은 다음 각 호의 어느 하나에 해당하는 경우에는 수상레저사업자에게 영업구역이나 시간의 제한 또는 영업의 일시정지를 명할 수 있다. 〈개정 2014.11.19.〉 1. 기상·수상 상태가 악화된 경우 2. 수상사고가 발생한 경우 3. 그 밖에 수상레저활동의 안전을 위하여 필요하다고 인정하는 경우 [전문개정 2008.3.28.]
예정, 제49조(영업의 제한 등) ① 해양경비안전서장 또는 시장·군수·구청장은 다음 각 호의 어느 하나에 해당하는 경우에는 수상레저사업자에게 영업구역이나 시간의 제한 또는 영업의 일시정지를 명할 수 있다. 다만, 제3호부터 제5호까지에 해당하는 경우에는 이용자의 신체가 직접 수면에 닿는 수상레저기구 등 대통령령으로 정하는 수상레저기구를 이용한 영업행위에 대해서만 이를 명할 수 있다. 〈개정 2014.11.19., 2016.1.7.〉 1. 기상·수상 상태가 악화된 경우 2. 수상사고가 발생한 경우 3. 유류·화학물질 등의 유출 또는 녹조·적조 등의 발생으로 수질이 오염된 경우 4. 부유물질 등 장애물이 발생한 경우

이와 관련해서 이 법 제56조제2호에서는 해양경비안전서장 또는 시장 · 군수 · 구청장이 수상레저사업의 등록을 취소하거나 영업의 전부 또는 일부의 정지를 명한 이후에도 계속해서 수상레저 영업을 한 수상레저사업자에 대해 처벌하도록 하고 있다.

참고로 이에 따른 수상레저사업의 등록취소 및 업무정지처분에 관한 세부 기준은 같은 법 시행규칙 제44조 관련 [별표 13]에서 정하고 있으며, 다음의 〈표 5-7〉과 같다.

〈표 5-7〉 수상레저사업의 등록취소 또는 업무정지처분의 기준[14)]

위반사항	근거법령	행정처분기준			
		1차위반	2차위반	3차위반	4차위반
가. 거짓이나 그 밖의 부정한 방법으로 등록을 한 경우	법 제51조제1호	등록취소			
나. 법 제40조 각 호의 어느 하나에 해당하게 된 경우 및 공유수면의 점용 또는 사용허가 기간 만료 이후에도 사업을 계속하는 경우	법 제51조제2호 · 제2호의2	등록취소			

5. 사람의 신체나 생명에 피해를 줄 수 있는 유해생물이 발생한 경우
6. 그 밖에 대통령령으로 정하는 사유가 발생한 경우
② 해양경비안전서장 또는 시장 · 군수 · 구청장은 제1항 각 호의 사유가 소멸되거나 완화되었다고 판단되는 경우 영업구역이나 시간의 제한 또는 영업의 일시정지를 해제하여야 한다. 〈신설 2016.1.7.〉
[전문개정 2008.3.28.] [제목개정 2016.1.7.] [시행일 : 2016.7.8.] 제49조

14) 수상레저사업의 등록취소 또는 업무정지처분의 기준 관련 비고 내용은 다음과 같다.
1. 위반행위가 둘 이상인 경우로서 그에 해당하는 각각의 처분기준이 다른 경우에는 그 중 무거운 처분기준에 따른다. 다만, 둘 이상의 처분기준이 모두 업무정지인 경우에는 각 처분기준을 합산한 기간(1년을 초과하는 경우에는 1년을 말한다)을 넘지 않는 범위에서 무거운 처분기준의 2분의 1의 범위에서 가중할 수 있다.
2. 위반행위의 횟수에 따른 행정처분기준은 최근 1년 동안 같은 위반행위로 행정처분을 받은 경우에 적용한다. 이 경우 행정처분 기준의 적용은 같은 위반행위에 대하여 최초로 행정처분을 한 날을 기준으로 하되, 행정처분 후의 위반행위를 대상으로 한다.
3. 업무정지에 해당하는 위반사항으로서 위반행위의 동기, 내용, 횟수 또는 그 결과를 고려할 때 개별기준을 적용하는 것이 현저하게 불합리하다고 인정되는 경우에는 그 처분기준을 2분의 1의 범위에서 감경하여 처분할 수 있다.
4. 다목 2), 3)의 경우 수상레저사업자 또는 그 종사자와 피해자가 손해배상에 관하여 합의한 경우는 제외한다.

위반사항		근거법령	행정처분기준			
			1차위반	2차위반	3차위반	4차위반
다. 수상레저사업자 또는 그 종사자의 고의 또는 과실로 사람을 사상(死傷)한 경우	1) 고의로 사람을 사상한 경우	법 제51조제3호	등록 취소			
	2) 과실로 사람을 사망하게 한 경우	법 제51조제3호	업무정지 1개월	업무정지 2개월	등록 취소	
	3) 과실로 사람에게 2주 이상의 치료가 필요하다고 의사가 진단한 상해를 입힌 경우	법 제51조제3호	경고	업무정지 1개월	업무정지 2개월	등록 취소
라. 수상레저사업자가 법 제30조, 제32조, 제33조 및 제35조부터 제37조까지의 규정을 위반한 수상레저기구를 수상레저사업에 이용한 경우		법 제51조제4호	업무정지 1개월	업무정지 2개월	등록 취소	
마. 법 제39조제2항에 따라 변경등록을 하지 않은 경우		법 제51조제5호	업무정지 1개월	업무정지 2개월	등록 취소	
바. 법 제43조, 제45조, 제48조 및 제49조의 규정 또는 명령을 위반한 경우		법 제51조제6호	경고	업무정지 1개월	업무정지 3개월	등록 취소
사. 법 제44조의 규정을 위반한 경우		법 제51조제6호	업무정지 1개월	업무정지 3개월	등록 취소	

제3절 동력수상레저기구 무면허 및 주취 조종 등 위반사범

현행 「수상레저안전법」 제57조제1호부터 제3호까지 수상레저기구 중 동력수상레저기구의 운영 등과 관련해서 발생할 수 있는 범죄행위의 구성요건 및 양형기준을 규정하고 있다.[15)]

위반행위에 대한 수사기관은 발생장소에 따라 내수 중 직선 기선 안쪽의 해역 및 해수면에서 발생한 위반사범은 국민안전처(해양경비안전본부)에서 그 밖에 내수면에서 발생한 위반사범은 경찰청에서 각각 담당하게 된다.

이에 따라 여기에서는 동력수상레저기구를 이용해서 위법행위를 한 자에 대한 사실 관계를 이와 관련한 법령 및 행정규칙 등을 통해 살펴보고자 한다.

참고로 이 법은 2016년 1월 7일 법률 제13754호로 개정(시행일: 2016년 7월 8일)과 동시에 개정 전 현행 제57조는 제56조로 옮겨지고 전부 삭제되면서, 양형기준에 있어서도 기존 1년 이하의 징역 또는 300만원 이하의 벌금에 처하도록 하던 것을 1년 이하의 징역 또는 500만원 이하의 벌금에 처하도록 강화되었다.

Ⅰ. 동력수상레저기구 무면허조종 위반사범

> **제57조(벌칙)** 다음 각 호의 어느 하나에 해당하는 자는 1년 이하의 징역 또는 300만원 이하의 벌금에 처한다.
> 1. 제20조 각 호 외의 부분 본문을 위반하여 조종면허를 받지 아니하고 동력수상레저기구를 조종한 자

15) **현행, 「수상레저안전법」 제57조(벌칙)** 다음 각 호의 어느 하나에 해당하는 자는 1년 이하의 징역 또는 300만원 이하의 벌금에 처한다.
1. 제20조 각 호 외의 부분 본문을 위반하여 조종면허를 받지 아니하고 동력수상레저기구를 조종한 자
2. 제22조제1항을 위반하여 술에 취한 상태에서 동력수상레저기구를 조종한 자
3. 술에 취한 상태라고 인정할 만한 상당한 이유가 있는데도 제22조제2항에 따른 관계공무원의 측정에 따르지 아니한 자

예정, 제57조 삭제 〈2016.1.7.〉
[시행일: 2016.7.8.] 제57조

「수상레저안전법」 제20조에서는 누구든지 동력수상레저기구조종면허(이하 "조종면허"라 한다)를 받아야 조종할 수 있는 동력수상레저기구를 조종면허를 받지 아니하고(조종면허의 효력이 정지된 경우를 포함한다) 조종하여서는 아니 되는 것으로 규정하고 있다. 다만, 다음의 어느 하나에 해당하는 경우에는 그러하지 아니한다.

i) 1급 조종면허가 있는 자의 감독 하에 수상레저활동을 하는 경우로서 총리령으로 정하는 경우(제1호)

여기에서의 "총리령으로 정하는 경우"란 같은 법 시행규칙 제17조제1항에 따라 다음의 요건을 모두 충족하는 경우를 말하는 것으로 이에 따를 경우에는 무면허조종을 허용하고 있다.

① 동시 감독하는 수상레저기구가 3대 이하인 경우(제1호)

② 해당 수상레저기구가 다른 수상레저기구를 견인하고 있지 아니하는 경우(제2호)

③ 이 법 제39조제1항에 따른 수상레저사업을 등록한 자(이하 "수상레저사업자"라 한다)의 사업장 안에서 탑승 정원이 4명 이하인 수상레저기구를 조종하는 경우(수상레저사업자 또는 그 종사자가 이용객을 탑승시켜 조종하는 경우는 제외한다)(제3호가목)

④ 면허시험과 관련하여 수상레저기구를 조종하는 경우(제3호나목)

⑤ 「초 · 중등교육법」 제2조[16] 및 「고등교육법」 제2조[17]에 따른 학교에서 실

16) 「초 · 중등교육법」 제2조(학교의 종류) 초 · 중등교육을 실시하기 위하여 다음 각 호의 학교를 둔다.
1. 초등학교 · 공민학교
2. 중학교 · 고등공민학교
3. 고등학교 · 고등기술학교
4. 특수학교
5. 각종학교

17) 「고등교육법」 제2조(학교의 종류) 고등교육을 실시하기 위하여 다음 각 호의 학교를 둔다.
1. 대학
2. 산업대학
3. 교육대학
4. 전문대학
5. 방송대학 · 통신대학 · 방송통신대학 및 사이버대학(이하 "원격대학"이라 한다)

시하는 교육 · 훈련과 관련하여 수상레저기구를 조종하는 경우(제3호다목)

⑥ 수상레저활동 관련단체 중 국민안전처장관이 정하여 고시하는 단체가 실시하는 비영리목적의 교육 · 훈련과 관련하여 수상레저기구를 조종하는 경우(제3호라목)[18]

ii) 조종면허를 가진 자와 동승하여 조종하는 경우로서 총리령으로 정하는 경우(제2호) 여기에서의 "총리령으로 정하는 경우"란 앞서 언급한 바와 같이 무면허조종을 허용하고 있는 경우로써 같은 법 시행규칙 제17조제2항에 따라 제1급 조종면허 소지자 또는 요트조종면허 소지자와 함께 탑승하여 조종하는 경우를 말한다. 다만, 해당 면허의 소지자가 이 법 제22조 및 제23조에 위반하여 술에 취한 상태 또는 약물복용 상태에서 탑승하는 경우는 제외하고 있다.

한편, 동력수상레저기구를 조종하고자 하는 자는 이 법 제4조제1항에 따라 제6조에 따른 면허시험에 합격한 후 국민안전처장관의 동력수상레저기구 조종면허를 받아야 할 수 있도록 하고 있다.[19]

조종면허의 종류는 이 법 제4조제2항에 따라 i) 일반조종면허: 제1급 조종면허, 제2급 조종면허(제1호), ii) 요트조종면허(제2호)로 구분하고 있으며,[20] 조종면허의 기준 · 절

---

6. 기술대학
7. 각종학교

18) 여기에서의 "국민안전처장관이 정하여 고시하는 단체"는 「수상레저안전법 시행규칙」 제17조제1항제3호라목의 규정에 의한 수상레저활동 관련단체를 말하는 것으로, 이는 「수상레저안전업무처리규정」 제19조에 따라 다음과 같다.
1. 「청소년 기본법」에 의한 한국청소년단체협의회 가맹단체
2. 「국민체육진흥법」에 의한 대한체육회 가맹단체
3. 정부 및 지방자치단체의 청소년 수련원

19) 동력수상레저기구 조종면허를 받으려는 자는 면허시험 합격 및 수상안전교육 이수 등의 절차를 거치도록 하고 있으며, 이와 관련한 규정은 다음과 같다. i) 「수상레저안전법」 제6조(면허시험), 제7조(면허시험의 면제), 제9조(조종면허의 갱신 등), 제10조(수상안전교육), ii) 같은 법 시행령 제4조(면허시험의 실시), 제5조(필기시험), 제6조(실기시험), 제7조(면허시험의 면제 등), 제7조의2(조종면허의 갱신연기 등), 제8조(수상안전교육의 면제). 참고로 이 중 이 법이 2016년 1월 7일 법률 제13754호로 개정되면서 법 제7조가 변경되었으며, 또한 같은 법 시행령이 2016년 2월 17일 대통령령 제26986호로 개정되면서 시행령 제7조가 변경되었다.

20) 「수상레저안전법」 제4조(조종면허) ③ 일반조종면허의 경우 제2급 조종면허를 취득한 자가 제1급

차 및 방법 등에 필요한 사항은 이 법 제4조제4항, 같은 법 시행령 제3조부터 제8조까지 및 같은 법 시행규칙 제1조의3부터 제5조까지의 규정을 따르도록 하고 있다.[21)]

또한 조종면허를 받아야 하는 동력수상레저기구는 같은 법 시행령 제3조제1항에 따라 제2조제2항에 해당하는 동력수상레저기구 중 추진기관의 최대 출력이 5마력 이상인 것으로 모터보트, 세일링요트, 수상오토바이, 고무보트, 스쿠터 및 호버크래프트에 한하고 있다.

그리고 조종면허의 발급대상은 같은 법 시행령 제3조제2항에 따라 다음과 같이 구분하고 있다.

i) 일반조종면허(제1호)

① 제1급 조종면허: 이 법 제39조제1항에 따라 등록된 수상레저사업의 종사자 및 같은 법 시행령 제11조제1항제1호에 따른 시험대행기관의 시험관(제1호 가목)

② 제2급 조종면허: 같은 법 시행령 제3조제1항에 따라 조종면허를 받아야 하는 동력수상레저기구(세일링요트는 제외한다)를 조종하려는 사람(제1호나목)

ii) 요트조종면허: 세일링요트를 조종하려는 사람(제2호)

이상의 내용에서 언급한 조종면허는 이 법 제11조제1항에 따라 국민안전처장관이 다음의 하나에 해당하는 경우에는 면허증을 발급하도록 하고 있다.[22)]

조종면허를 취득한 때에는 제2급 조종면허의 효력은 상실된다.

21) 「수상레저안전법」 제4조(조종면허) ④ 조종면허의 기준 · 절차 및 방법 등에 필요한 사항은 대통령령으로 정한다. 여기에서 조종면허의 기준 · 절차 및 방법 등에 필요한 사항 다음과 같다. i) 같은 법 시행령 제3조(조종면허 대상 · 기준 등), 제3조의2(조종면허의 결격사유), 제3조의3(조종면허의 결격사유 관련 개인정보의 통보 등), 제4조(면허시험의 실시), 제5조(필기시험), 제6조(실기시험), 제7조(면허시험의 면제 등), 제7조의2(조종면허의 갱신연기 등), 제8조(수상안전교육의 면제), ii) 같은 법 시행규칙 제1조의3(조종면허의 결격사유 관련 개인정보의 통보방법 등), 제1조의4(외국인에 대한 조종면허의 특례), 제2조(면허시험의 공고), 제3조(응시원서의 제출 등), 제4조(실기시험의 채점기준 등), 제4조의2(면허시험이 전부 면제되는 기관 · 단체의 교육내용 운영 등), 제4조의3(조종면허의 갱신연기 등), 제5조(수상안전교육)

22) 「수상레저안전법 시행규칙」 제8조(면허증의 발급 등) ① 해양경비안전서장은 법 제11조제1항에 따라 동력수상레저기구 조종면허시험(이하 "면허시험"이라 한다)의 합격자, 재발급 신청자 또는 갱신

i) 이 법 제6조제1항에 따른 면허시험에 합격하여 면허증을 발급하거나 재발급하는 경우(제1호)
ii) 제9조에 따라 조종면허를 갱신하는 경우(제2호)

그리고 이에 따른 조종면허의 효력은 이 법 제11조제3항에서 규정하고 있는 바와 같이 면허증을 본인이나 그 대리인에게 발급한 때부터 발생한다.

참고로 이 법 제5조제1항에서는 조종면허를 받을 수 없는 결격사유를 규정하고 있으며, 다음의 어느 하나에 해당하는 자로 하고 있다.

i) 14세 미만인 자. 다만, 이 법 제7조제1항제1호에 해당하는 자는 제외한다(제1호).[23)]
ii) 정신질환자(「정신보건법」 제3조제1호의 정신질환자를 말한다. 이하 같다) 중 수상레저활동을 할 수 없다고 인정되어 대통령령으로 정하는 자(제2호).[24)]
iii) 마약·향정신성의약품 또는 대마 중독자(「마약류 관리에 관한 법률」 제2조제2호부터 제4호까지의 규정의 마약·향정신성의약품·대마를 말한다. 이하 같다) 중 수상레저활동을 할 수 없다고 인정되어 대통령령으로 정하는 자(제3호).[25)]
iv) 이 법 제13조제1항에 따라 조종면허가 취소된 날부터 1년이 지나지 아니한 자(제4호).

신청자에게 합격일(재발급의 경우에는 재발급 신청일, 갱신의 경우에는 갱신 신청을 한 날)부터 14일 이내에 별지 제9호서식의 동력수상레저기구 조종면허증(이하 "면허증"이라 한다)을 발급하여야 한다.

23) 조종면허를 받을 수 없는 결격사유 중에는 14세 미만인 자를 포함하고 있으나, 「수상레저안전법」 제7조제1항제1호 및 같은 법 시행령 제7조제1항에 따라 「국민체육진흥법」 제2조제11호에 따른 경기단체(특정 경기 종목에 관한 활동과 사업을 목적으로 설립되고 통합체육회나 대한장애인체육회에 가맹된 법인이나 단체 또는 문화체육관광부장관이 지정하는 프로스포츠 단체를 말한다)에 해당하는 자는 나이에 상관없이 조종면허를 발급받을 수 있도록 하고 있다.

24) 「수상레저안전법 시행령」 제3조의2(조종면허의 결격사유) ① 법 제5조제1항제2호에서 "대통령령으로 정하는 자"란 치매, 정신분열병, 분열형 정동장애, 양극성 정동장애, 재발성 우울장애, 알코올 중독의 정신질환이 있는 사람으로서 해당 분야의 전문의가 정상적으로 수상레저활동을 할 수 없다고 인정하는 사람을 말한다.

25) 「수상레저안전법 시행령」 제3조의2(조종면허의 결격사유) ② 법 제5조제1항제3호에서 "대통령령으로 정하는 자"란 마약, 향정신성의약품 또는 대마 중독자로서 해당 분야의 전문의가 정상적으로 수상레저활동을 할 수 없다고 인정하는 사람을 말한다.

ⅴ) 이 법 제20조 각 호 외의 부분 본문을 위반하여 조종면허를 받지 아니하고 동력수상레저기구를 조종한 자로서 그 위반한 날부터 1년(사람을 사상한 후 구호 등 필요한 조치를 하지 아니하고 달아난 자는 이를 위반한 날부터 4년)이 지나지 아니한 자(제5호).

그 밖에 이 법 제4조의2제1항에서는 수상레저활동을 하려는 외국인이 국내에서 개최되는 국제경기대회에 참가하여 수상레저기구를 조종하는 경우에는 이 법 제4조(조종면허)제1항 및 제20조(무면허조종의 금지)를 적용하지 아니하도록 하는 조종면허의 특례 규정을 두고 있으며, 이에 따라 외국인이 수상레저기구를 조종하는 경우 수상레저기구의 종류 · 조종기간 및 지역, 국제경기대회의 종류와 규모 등에 필요한 사항은 이 법 제4조의2제2항 및 같은 법 시행규칙 제1조의4[26]에서 정하는 것으로 하고 있다.

Ⅱ. 술에 취한 상태에서의 조종 금지 등 위반사범

제57조(벌칙) 다음 각 호의 어느 하나에 해당하는 자는 1년 이하의 징역 또는 300만원 이하의 벌금에 처한다.

2. 제22조제1항을 위반하여 술에 취한 상태에서 동력수상레저기구를 조종한 자
3. 술에 취한 상태라고 인정할 만한 상당한 이유가 있는데도 제22조제2항에 따른 관계공무원의 측정에 따르지 아니한 자

26) 「수상레저안전법 시행규칙」 제1조의4(외국인에 대한 조종면허의 특례) 「수상레저안전법」(이하 "법"이라 한다) 제4조의2제2항에 따라 외국인이 국제경기대회에서 수상레저기구를 조종하는 경우에는 다음 각 호의 기준에 따른다.

1. 수상레저기구의 종류: 영 제2조제2항에 따른 수상레저기구
2. 조종기간: 국제경기대회 개최일 10일 전부터 국제경기대회 기간까지
3. 조종지역: 국내 수역
4. 국제경기대회 종류 및 규모: 2개국 이상이 참여하는 국제경기대회

1. 주취 중 조종 처벌 요건

「수상레저안전법」 제57조제2호에서는 이 법 제22조제1항을 위반하여 술에 취한 상태에서 동력수상레저기구를 조종한 자를 처벌할 수 있도록 하고 있다. 여기에서의 조종은 앞서 언급한 바 있는 「해사안전법」 제2조제22호에서와 같이 "항행 중"의 의미를 포함하고 있다할 것이므로 i) 정박(碇泊)(가목), ii) 항만의 안벽(岸壁) 등 계류시설에 매어 놓은 상태[계선부표(繫船浮標)나 정박하고 있는 선박에 매어 놓은 경우를 포함한다](나목), iii) 얹혀 있는 상태(다목) 등 실제 동력수상레저기구를 사용하고 있지 않은 상태는 제외하는 것으로 해야 한다.

한편, "술에 취한 상태"란 「수상레저안전법」 제22조제5항[27] 및 같은 법 시행령 제17조에 따라 「해사안전법」 제41조제5항에서 술에 취한 상태의 기준을 규정하고 있는 바와 같이 혈중알코올농도 0.03퍼센트 이상으로 하고 있다. 다시 말해서 「수상레저안전법」에 따른 주취 중 동력수상레저기구 조종과 관련한 처벌 요건은 동력수상레저기구를 혈중알코올농도 0.03퍼센트 이상의 음주한 상태에서 조종한 자로 하고 있다.

2. 주취 중 조종 단속 주체 및 조치사항

「수상레저안전법」 제57조제3호에서는 술에 취한 상태라고 인정할 만한 상당한 이유가 있는데도 제22조제2항에 따른 관계 공무원의 측정에 따르지 아니한 자를 처벌할 수 있도록 하고 있다.

여기에서의 "관계 공무원"은 이 법 제22조제2항에 따라 i) 경찰공무원(제1호), ii) 시·군·구 소속 공무원 중 수상레저안전업무에 종사하는 자(제2호)로 규정하고 있다. 한

---

27) **현행, 「수상레저안전법」 제22조(주취 중 조종 금지)** ① 수상레저활동을 하는 자는 술에 취한 상태에서 동력수상레저기구를 조종하여서는 아니 된다.
⑤ 제1항에 따른 술에 취한 상태의 기준은 대통령령으로 정한다.
예정, 「수상레저안전법」 제22조(주취 중 조종 금지) ① 수상레저활동을 하는 자는 술에 취한 상태(「해사안전법」 제41조제5항에 따른 술에 취한 상태를 말한다. 이하 같다)에서 동력수상레저기구를 조종하여서는 아니 된다. 〈개정 2016.1.7.〉
⑤ 삭제 〈2016.1.7.〉
[전문개정 2008.3.28.]
[시행일: 2016.7.8.] 제22조

편, ⅰ)에서의 경찰공무원은 측정 장소에 따라 국민안전처(해양경비안전본부) 및 경찰청 소속 경찰공무원으로 구분하고 있다.[28)]

가령, 내수 중 직선 기선 안쪽의 해역 및 해수면에서 주취 중 동력수상레저기구를 조종한 자로 인정할 만한 상당한 이유가 발생한 경우에는 국민안전처(해양경비안전본부) 소속 경찰공무원이, 그 밖에 내수면에서는 경찰청 소속 경찰공무원이 각각 담당하게 된다.

참고로 이 법 제22조제3항에 따라 관계 공무원(근무복을 착용한 경찰공무원은 제외)이 술에 취하였는지 여부를 측정하는 때에는 그 권한을 표시하는 증표를 지니고 이를 해당 수상레저활동자에게 제시하도록 하고 있다. 또한 술에 취하였는지 여부를 측정한 결과에 불복하는 수상레저활동자에 대하여는 같은 조 제4항에 따라 해당 수상레저활동자의 동의를 받아 혈액채취 등의 방법으로 다시 측정할 수 있도록 하고 있다.

---

28) 동력수상레저기구를 주취 상태에서 조종한 수상레저활동자에 대한 단속 주체는 「수상레저안전법」 제22조제2항제2호에 따른 '시 · 군 · 구 소속 공무원 중 수상레저안전업무에 종사하는 자'를 포함하고 있으나, 이에 해당하는 자는 경찰공무원과는 다르게 음주운항 단속에 따른 직접적인 수사 업무를 수행할 수 없으므로 적발 시 해당 경찰관서에 위반사실을 통보 또는 이관하는 것으로 하고 있다. 왜냐하면 「수상레저안전법」에 규정된 범죄와 이에 관한 범죄 행위는 현행 「사법경찰직무법」 제5조(검사장의 지명에 의한 사법경찰관리) 및 제6조(직무범위와 수사 관할)에서 포함하고 있지 않으므로 이와 관련한 범죄 행위에 대해서는 특별사법경찰권을 행사할 수 없기 때문이다. 따라서 이에 대한 수사 업무는 「형사소송법」 제196조에 해당하는 국민안전처(해양경비안전본부) 또는 경찰청 소속 경찰공무원이 수행하게 된다(제4장 각주 65번 참조).

제4절 동력수상레저기구 약물복용 조종 및 수상레저사업장 운영 등과 관련한 위반사범 수사

현행 「수상레저안전법」 제58조제1호부터 제5호까지의 규정은 동력수상레저기구를 약물복용 등으로 인하여 정상적으로 조종하지 못할 상태에서 조종한 경우와 수상레저사업장의 운영 등과 관련한 사항을 위반한 경우, 이와 관련한 범죄행위의 구성요건 및 양형기준에 대한 것이다.[29)]

위반행위에 대한 수사기관은 앞서 '제5장 제3절 동력수상레저기구 무면허 및 주취조종 등 위반사범'에서 언급한 바와 같이 발생장소에 따라 내수 중 직선 기선 안쪽의 해역 및 해수면에서 발생한 위반사범은 국민안전처(해양경비안전본부)에서 그 밖에 내수면에서 발생한 위반사범은 경찰청에서 각각 담당하게 된다.

이에 따라 여기에서는 동력수상레저기구 이용에 따른 위법행위와 수상레저사업장의 운영에 있어 발생할 수 있는 위법행위에 대한 사실 관계를 이와 관련한 법령 등을 통해 살펴보고자 한다.

참고로 이 법은 2016년 1월 7일 법률 제13754호로 개정되면서 개정 전 현행 제58조 벌칙 규정이 변경되었으며, 다음의 〈표 5-8〉과 같다.

29) 「수상레저안전법」 제58조(벌칙) 다음 각 호의 어느 하나에 해당하는 자는 6개월 이하의 징역 또는 100만원 이하의 벌금에 처한다.
 1. 제23조를 위반하여 약물복용 등으로 인하여 정상적으로 조종하지 못할 우려가 있는 상태에서 동력수상레저기구를 조종한 자
 2. 제39조제2항에 따른 변경등록을 하지 아니하고 수상레저사업을 한 자
 3. 제45조제2항에 따른 정비 · 원상복구의 명령을 위반한 수상레저사업자
 4. 제48조를 위반하여 안전운항을 위하여 필요한 조치를 하지 아니하거나 금지된 행위를 한 수상레저사업자
 5. 제49조에 따른 영업구역이나 시간의 제한 또는 영업의 일시정지 명령을 위반한 수상레저사업자

〈표 5-8〉 수상레저안전법 제58조 벌칙 규정 개정 전·후 비교

구 분	개정 전	개정 후(시행일: 2016.7.8.)	비 고
양형기준	6개월 이하의 징역 또는 100만원 이하의 벌금	6개월 이하의 징역 또는 300만원 이하의 벌금	강화
벌칙 규정	제23조 위반사범(제1호)	제23조 위반사범(제1호)	-
	-	제30조제1항 위반사범(제1호의2)	신설
	-	제37조제4항 위반사범(제1호의3)	신설
	제39조제2항 위반사범(제2호)	삭제(제2호)	제56조제4호로 이동
	제45조제2항 위반사범(제3호)	제45조제2항 위반사범(제3호)	-
	제48조 위반사범(제4호)	제48조 위반사범(제4호)	처벌대상 범위확대 (수상레저사업자 ⇒ 수상레저사업자와 그 종사자)
	제49조 위반사범(제5호)	제49조 위반사범(제5호)	-

Ⅰ. 약물복용 등의 상태에서 조종 금지 위반사범

제58조(벌칙) 다음 각 호의 어느 하나에 해당하는 자는 6개월 이하의 징역 또는 100만 원 이하의 벌금에 처한다.

1. 제23조를 위반하여 약물복용 등으로 인하여 정상적으로 조종하지 못할 우려가 있는 상태에서 동력수상레저기구를 조종한 자

「수상레저안전법」 제58조제1호에서는 이 법 제23조를 위반하여 약물복용 등으로 인하여 정상적으로 조종을 하지 못할 우려가 있는 상태에서 동력수상레저기구를 조종한 자를 처벌할 수 있도록 하고 있으며, 이 경우 이 법 제22조(주취 중 조종 금지)에 따른 위법행위는 제외하고 있다.

여기에서의 조종은 앞서 이 법 제57조제2호와 관련해서 언급한 바와 같이 「해사안전법」 제2조제22호를 따르고 있다 할 수 있으므로 실제 동력수상레저기구를 사용하고 있지 않은 상태는 제외하고 있다 할 것이다.

한편, "약물복용 등으로 인하여 정상적으로 조종을 하지 못할 우려가 있는 상태"란 이 법 제23조에 따라 「마약류관리에 관한 법률」 제2조에 따른 마약·향정신성의약

품 · 대마의 영향, 「화학물질관리법」 제22조에 따른 환각물질의 영향, 그 밖의 사유로 인하여 정상적으로 조종하지 못할 우려가 있는 상태를 말한다.[30)]

「마약류관리에 관한 법률」 제2조에 따른 마약 · 향정신성의약품 · 대마 및 「화학물질관리법」 제22조에 대한 세부 내용은 각각 다음의 〈표 5-9〉 및 〈표 5-10〉과 같다.

〈표 5-9〉 마약류관리에 관한 법률 제2조에 해당하는 마약류

구 분	마약류 종류
마 약	i) "마약"이란 다음 의 어느 하나에 해당하는 것을 말한다(제2호). ㉮ 양귀비 : 양귀비과(科)의 파파베르 솜니페룸 엘(Papaver somniferum L) 또는 파파베르 세티게름 디 · 시(Papaver setigerum D · C)(가목) ㉯ 아편 : 양귀비의 액즙(液汁)이 응결(凝結)된 것과 이를 가공한 것. 다만, 의약품으로 가공한 것은 제외한다(나목). ㉰ 코카 잎[엽] : 코카 관목[(灌木) : 에리드록시론속(屬)의 모든 식물을 말한다]의 잎. 다만, 엑고닌 · 코카인 및 엑고닌 알칼로이드 성분이 모두 제거된 잎은 제외한다(다목). ㉱ 양귀비, 아편 또는 코카 잎에서 추출되는 모든 알카로이드로서 대통령령(시행령 제2조 제1항 [별표 1])으로 정하는 것(라목) ㉲ ㉮부터 ㉱까지에 규정된 것 외에 그와 동일하게 남용되거나 해독(害毒) 작용을 일으킬 우려가 있는 화학적 합성품으로서 대통령령(시행령 제2조제2항 [별표 2])으로 정하는 것(마목) ㉳ ㉮부터 ㉲까지에 열거된 것을 함유하는 혼합물질 또는 혼합제제. 다만, 다른 약물이나 물질과 혼합되어 가목부터 마목까지에 열거된 것으로 다시 제조하거나 제제(製劑)할 수 없고, 그것에 의하여 신체적 또는 정신적 의존성을 일으키지 아니하는 것으로서 총리령(시행규칙 제2조)으로 정하는 것[이하 "한외마약"(限外麻藥)이라 한다]은 제외한다(바목).

30) 참고로 「낚시 관리 및 육성법」 제38조제1항제7호에 따라 시장 · 군수 · 구청장은 낚시승객을 승선시킨 상태에서 제31조(약물복용의 상태에서의 조종 금지)를 위반하여 낚시어선업자 또는 선원이 약물복용의 상태에서 낚시어선을 조종한 경우 낚시어선업자에게 같은 법 시행규칙 제7조에 따른 행정처분인 영업의 정지를 명하고 있으며, 「수상레저안전법」 제58조제1호와 같은 별도의 벌칙 규정을 두고 있지 않다. 한편, 낚시어선업자가 동일한 위반사항으로 3회 이상의 영업정지를 받을 경우에는 「낚시 관리 및 육성법」 제38조(영업의 폐쇄 등)제1항제7호에 따라 낚시어선업의 폐쇄를 명하고 있다. 이와 관련해서 영업이 폐쇄된 낚시어선업을 계속한 자는 이 법 제53조제2항제9호에 따른 처벌(1년 이하의 징역 또는 1천만원 이하의 벌금)을 받을 수 있도록 규정하고 있다.

구 분	마약류 종류
향정신성의약품	ii) "향정신성의약품"이란 인간의 중추신경계에 작용하는 것으로서 이를 오용하거나 남용할 경우 인체에 심각한 위해가 있다고 인정되는 다음의 어느 하나에 해당하는 것으로서 대통령령으로 정하는 것을 말한다(시행령 제2조제3항 [별표 3]부터 [별표 7까지])(제3호). ㉮ 오용하거나 남용할 우려가 심하고 의료용으로 쓰이지 아니하며 안전성이 결여되어 있는 것으로서 이를 오용하거나 남용할 경우 심한 신체적 또는 정신적 의존성을 일으키는 약물 또는 이를 함유하는 물질(가목) ㉯ 오용하거나 남용할 우려가 심하고 매우 제한된 의료용으로만 쓰이는 것으로서 이를 오용하거나 남용할 경우 심한 신체적 또는 정신적 의존성을 일으키는 약물 또는 이를 함유하는 물질(나목) ㉰ ㉮와 ㉯에 규정된 것보다 오용하거나 남용할 우려가 상대적으로 적고 의료용으로 쓰이는 것으로서 이를 오용하거나 남용할 경우 그리 심하지 아니한 신체적 의존성을 일으키거나 심한 정신적 의존성을 일으키는 약물 또는 이를 함유하는 물질(다목) ㉱ ㉰에 규정된 것보다 오용하거나 남용할 우려가 상대적으로 적고 의료용으로 쓰이는 것으로서 이를 오용하거나 남용할 경우 다목에 규정된 것보다 신체적 또는 정신적 의존성을 일으킬 우려가 적은 약물 또는 이를 함유하는 물질(라목) ㉲ ㉮부터 ㉱까지에 열거된 것을 함유하는 혼합물질 또는 혼합제제. 다만, 다른 약물 또는 물질과 혼합되어 ㉮부터 ㉱까지에 열거된 것으로 다시 제조하거나 제제할 수 없고, 그것에 의하여 신체적 또는 정신적 의존성을 일으키지 아니하는 것으로서 총리령(시행규칙 제3조)으로 정하는 것은 제외한다(마목).
대 마	iii) "대마"란 대마초[칸나비스 사티바 엘(Cannabis sativa L)]와 그 수지(樹脂) 및 대마초 또는 그 수지를 원료로 하여 제조된 모든 제품을 말한다. 다만, 대마초의 종자(種子) · 뿌리 및 성숙한 대마초의 줄기와 그 제품은 제외한다(제4호).

〈표 5-10〉 화학물질관리법 제22조제1항에 해당하는 환각물질

구 분	환각물질 종류
환각물질	i) 누구든지 흥분 · 환각 또는 마취의 작용을 일으키는 화학물질로서 대통령령(시행령 제11조)으로 정하는 물질(이하 "환각물질" 이라 한다)을 섭취 또는 흡입하거나 이러한 목적으로 소지하여서는 아니 된다. ㉮ 톨루엔, 초산에틸 또는 메틸알코올(시행령 제11조제1호) ㉯ ㉮의 물질이 들어 있는 시너(도료의 점도를 감소시키기 위하여 사용되는 유기용제를 말한다), 접착제, 풍선류 또는 도료(시행령 제11조제2호) ㉰ 부탄가스(시행령 제11조제3호)

Ⅱ. 수상레저사업장 운영 등과 관련한 위반사범

제58조(벌칙) 다음 각 호의 어느 하나에 해당하는 자는 6개월 이하의 징역 또는 100만 원 이하의 벌금에 처한다.

2. 제39조제2항에 따른 변경등록을 하지 아니하고 수상레저사업을 한 자
3. 제45조제2항에 따른 정비 · 원상복구의 명령을 위반한 수상레저사업자
4. 제48조를 위반하여 안전운항을 위하여 필요한 조치를 하지 아니하거나 금지된 행위를 한 수상레저사업자
5. 제49조에 따른 영업구역이나 시간의 제한 또는 영업의 일시정지 명령을 위반한 수상레저사업자

1. 수상레저사업의 변경등록 위반사범

앞서 언급한 바와 같이 「수상레저안전법」 제39조제1항에 따라 수상레저사업을 경영하려는 자는 하천이나 그 밖의 공유수면의 점용 또는 사용의 허가 등에 관한 사항을 해당 영업구역을 관할하는 해양경비안전서장 또는 시장 · 군수 · 구청장에서 등록하도록 하고 있다. 또한 이와 함께 이 법 제39조제2항에는 같은 조 제1항에 따라 등록한 수상레저사업에 있어서의 변경이 있을 경우 같은 법 시행규칙 제31조제1항에서 정하는 바에 따라 변경등록을 하도록 하고 있다.

이에 따라 등록사항을 변경등록하려는 수상레저사업자는 [별지 제37호서식]의 등록사항 변경등록 신청서에 '변경내용을 증명할 수 있는 서류'(시행규칙 제31조제1항 제2호)를 첨부하여 해양경비안전서장 또는 시장 · 군수 · 구청장에게 제출(정보통신망을 통한 제출을 포함한다)하여야 한다. 이 경우 해양경비안전서장 또는 시장 · 군수 · 구청장은 「전자정부법」 제36조제1항에 따라 행정정보의 공동이용을 통하여 [별지 제36호 서식]의 수상레저사업 등록증을 확인하여야 하며, 신청인이 확인에 동의하지 아니하는 경우에는 이를 첨부하도록 하고 있다.

한편, 해양경비안전서장 또는 시장 · 군수 · 구청장은 변경등록의 신청을 받은 경우에는 「수상레저안전법 시행규칙」 제31조제2항에 따라 변경되는 사항에 대하여 사실

관계를 확인한 후 등록사항을 변경하여 적거나 다시 작성한 수상레저사업 등록증을 신청인에게 발급하여야 한다.

2. 수상레저시설에 대한 정비 또는 원상복구 미이행 위반사범

「수상레저안전법」 제45조제1항에 따라 해양경비안전서장 또는 시장 · 군수 · 구청장은 수상레저활동의 안전을 위하여 관계 공무원으로 하여금 수상레저기구와 선착장 등 수상레저시설에 대하여 안전점검을 실시하도록 하고 있다.

이에 따른 안전점검 결과, 이 법 제45조제2항 전단 및 같은 법 시행규칙 제34조제1항에서 정하는 바에 따라 해양경비안전서장 또는 시장 · 군수 · 구청장은 수상레저사업자에게 정비 또는 원상복구를 명할 수 있으며, 수상레저사업자가 이에 대한 명령을 위반한 경우 처벌할 수 있도록 하고 있다.[31]

한편, 이에 따라 해양경비안전서장 또는 시장 · 군수 · 구청장이 수상레저사업자에게 정비 및 원상복구를 명할 때에는 [별지 제40호서식]의 '정비 및 원상복구 명령서'로 하여야 하며, 수상레저사업자가 정비 및 원상복구 명령을 받은 경우에는 같은 법 시행규칙 제34조제2항에 따라 [별지 제41호서식]의 '정비 및 원상복구 명령 이행계획서'를 해양경비안전서장 또는 시장 · 군수 · 구청장에게 제출하도록 하고 있다.[32]

---

31) 「수상레저안전법」 제45조제2항에서는 같은 조 제1항에 따른 수상레저기구와 선착장 등 수상레저시설에 대한 안전점검을 실시하고 그 결과에 따라 정비 또는 원상복구를 명할 수 있도록 규정하고 있으며, 이 때 명령의 주체는 해양경비안전서장 또는 시장 · 군수 · 구청장으로 하고 있다. 이와 관련, 이 법 제58조제3호에서는 정비 · 원상복구의 명령을 위반한 수상레저사업자를 처벌할 수 있도록 하고 있으나, 이 경우 수상레저사업자의 영업 위치가 경찰청 관할 내수일 경우 이에 대한 수사는 경찰청에서만 담당하게 된다. 왜냐하면 비록 이 법 제45조제2항과 관련한 정비 · 원상복구의 명령을 시장 · 군수 · 구청장이 하고 있으나, 현행 「사법경찰직무법」 제6조(직무범위와 수사 관할)에는 「수상레저안전법」에 규정된 범죄를 포함하고 있지 않기 때문에 이와 관련한 수사는 특별사법경찰권을 행사할 수 없으므로 경찰청에 담당하게 되는 것이다. 다시 말해서 시장 · 군수 · 구청장은 이 법 제58조제3호와 관련한 범죄행위의 수사를 직접 수행할 수 없으며, 경찰청에 고발조치하는 것으로 대신한다 할 것이다. 이와 관련해서는 앞서 언급한 이 법 제57조제3호에도 동일하게 적용된다(이 장 각주 28번 참조).

32) 「수상레저안전법 시행규칙」 [별지 제41호서식]에 따른 '정비 및 원상복구 명령 이행계획서'에서의 이행계획 사항은 기구의 명칭 및 종류, 등록번호 · 등록번호판번호, 정비 및 원상복구할 내용, 이행완료 기한, 소요 비용, 정비불량 및 원상훼손 원인으로 하고 있다.

또한 해양경비안전서장 또는 시장 · 군수 · 구청장은 수상레저시설에 대하여 정비 및 원상복구를 명할 경우 이 법 제45조제2항 후단 및 같은 법 시행규칙 제34조제3항에 따라 정비 또는 원상복구에 필요한 기간을 정하여 해당 수상레저기구의 사용정지를 추가하여 함께 명할 수 있다.

이에 따라 수상레저시설 중에서 수상레저기구의 사용정지를 명할 때에는 같은 법 시행규칙 제34조제3항에 따라 해당 수상레저사업자에게 [별지 제42호서식]의 사용정지명령서를 발급하도록 하고 있으며, 이에 더해 해당 수상레저기구 앞면의 왼쪽 · 오른쪽 상단에 [별지 제43호서식]의 '수상레저기구 사용정지표지'를 각각 붙여 사용정지 명령에 대한 표시를 하고 있다(다음의 [그림 5-2] 참조).

이와 같이 수상레저사업자가 수상레저기구 사용정지에 대한 명령의 표시를 받은 경우에는 부착된 수상레저기구 사용정지표지의 부착 위치를 변경하거나 훼손하여서는 아니 되며, 이 법 제45조에 따른 정비 및 원상복구 명령을 이행하기 전에는 이를 떼어 내는 것을 금지하고 있다(시행규칙 제34조제4항).

참고로 점검을 하는 공무원은 이 법 제45조제3항에 따라 그 권한을 표시하는 증표를 지니고 이를 관계인에게 내보여야 하며, 안전점검이나 대상 항목 등에 필요한 사항은 이 법 제45조제4항 및 같은 법 시행령 제29조에서 정한 것으로 하고 있다.[33]

---

33) 「수상레저안전법 시행령」 제29조(안전점검의 대상) 법 제45조제1항에 따라 실시하는 안전점검의 대상 항목은 다음 각 호와 같다.

1. 제2조제1항 각 호에 따른 수상레저기구의 안정성(법 제37조에 따른 안전검사의 대상이 되는 수상레저기구는 제외한다)
2. 법 제39조에 따른 수상레저사업의 사업장에 설치된 시설 · 장비 등이 등록기준에 적합한지 여부
3. 법 제48조제1항 각 호에 따른 수상레저사업자 등의 안전조치준수 여부
4. 법 제48조제2항 각 호에 따른 행위제한 등의 준수 여부
5. 법 제48조제3항에 따른 인명구조요원 및 래프팅가이드의 자격 · 배치기준의 적합 여부

■ 수상레저안전법 시행규칙 [별지 제43호서식] <개정 2014.11.19.>

수상레저기구 사용정지표지

1. 수상레저기구의 명칭 및 종류 :
2. 수상레저기구 등록번호 :
3. 수상레저기구 등록번호판 번호 :

위의 수상레저기구에 대하여 「수상레저안전법」 제45조제2항, 같은 법 시행규칙 제34조제3항에 따라 사용정지를 명합니다.

해양경비안전서장
시장 · 군수 · 구청장 [인]

주 의 사 항

1. 이 표지는 수상레저기구의 앞면의 왼쪽 · 오른쪽 상단에 각각 붙여야 합니다.
2. 이 표지는 부착 위치를 변경하거나 훼손해서는 아니 됩니다.

※ 비고 : 바탕색은 흰색으로, 문자는 본문은 검은색으로, 제목은 붉은색으로 한다.

134mm×190mm[인쇄용지(특급) 120g/㎡]

[그림 5-2] 수상레저기구 사용정지표지(별지 제43호서식)

3. 수상레저사업자(종사자)의 안전점검 등 조치 위반사범

「수상레저안전법」 제48조제1항에 따라 수상레저사업자와 그 종사자는 수상레저활동의 안전을 위하여 다음의 조치를 하도록 하고 있다. 하지만 이를 따르지 않을 경우 그 처벌대상은 이 법 제58조제4호에 따라 수상레저사업자에게만 적용하고 있으며, 그 종사자는 처벌대상으로 하고 있지 않다.

i) 수상레저기구와 시설의 안전점검(제1호)
ii) 영업구역의 기상 · 수상 상태의 확인(제2호)
iii) 영업구역에서 사고가 발생하는 경우 구호조치 및 해양경비안전관서 · 경찰관서 · 소방관서 등 관계 행정기관에 통보(제3호)
iv) 이용자에 대한 안전장비 착용조치 및 탑승 전 안전교육(제4호)
v) 사업장 내 인명구조요원이나 래프팅가이드의 배치 또는 탑승(제5호)

한편, 위의 v)에 따른 인명구조요원 및 래프팅가이드의 요건 및 배치(또는 탑승)와 관련해서는 같은 법 시행령 제37조제1항 · 제3항 · 제4항에 따라 다음과 같이 규정하고 있다.

① 인명구조요원 및 래프팅가이드의 요건은 같은 법 시행령 제37조제1항과 관련한 [별표 10의2](인명구조요원 및 래프팅가이드 교육기관 지정기준)의 기준을 충족하는 단체나 기관(〈표 5-11〉 참조) 중에서 국민안전처장관이 지정하는 수상레저 관련 단체 또는 기관(이하 이 조에서 "교육기관"이라 한다)에서 교육과정을 마친 후 해당 자격을 취득한 사람으로 하고 있다(제1항).

〈표 5-11〉 인명구조요원 및 래프팅가이드 교육기관 지정기준[34)]

구 분	기 준
1. 자격	수상안전과 관련된 업무를 수행하기 위하여 설립된 법인이나 수상인명구조교육 또는 수상인명구조를 목적으로 설립되어 활동 중인 단체 또는 기관
2. 시설기준	가. 바닥면적 65제곱미터 이상의 강의실 나. 길이 25미터 이상, 최저수심 1미터 이상, 5개 이상 레인을 가지고 있는 수영장
3. 인력 및 장비기준	가. 인명구조요원 또는 래프팅가이드 자격을 갖춘 교육 강사를 5명 이상 둘 것 나. 인명구조요원 또는 래프팅가이드 교육과정별 교육장비를 보유할 것

② 인명구조요원은 해당 수상레저사업의 영업구역에 배치하여야 하며, 래프팅가이드는 영업 중인 래프팅기구마다 1명 이상 탑승하여 영업구역의 안전상태와 탑승객의 안전을 확인하여야 한다. 다만, 운항수역을 관할하는 시장 · 군수 · 구청장이 해당 사업장과 영업구역의 물의 깊이, 유속(流速), 운항거리, 급류의 세기 및 안정성 등을 고려하여 위험방지에 지장이 없다고 인정하는 경우로서 승선정원이 4명 이하인 래프팅기구의 경우에는 래프팅가이드가 다른 래프팅기구에 탑승하여 근접운항하면서 영업구역의 안전 상태와 탑승객의 안전 상태를 확인하게 할 수 있다(제3항).

③ 위 ②의 단서에 따라 래프팅기구를 운항하는 경우 래프팅가이드 1명이 근접운

34) 〈표 5-11〉의 '인명구조요원 및 래프팅가이드 교육기관 지정기준' 관련 비고 내용은 다음과 같다.
1. 제2호란의 시설이 교육기관 소유가 아닌 경우에는 임차를 통하여 교육기간 동안 이용할 수 있어야 한다.
2. 제3호란의 교육과정별 교육장비는 국민안전처장관이 정하여 고시한다. 여기에서의 고시는 「인명구조요원 · 래프팅가이드 자격관리 지침」을 말한다.

항하면서 운항할 수 있는 래프팅기구의 수는 운항수역을 관할하는 시장·군수·구청장이 2대부터 5대까지의 범위에서 정하여야 한다(제4항).

또한 이 법 제48조제2항에서도 수상레저사업자와 그 종사자에게 영업구역에서 다음의 행위를 금지하도록 규정하고 있으나, 이 경우에도 같은 조 제1항과 마찬가지로 이를 따르지 않을 시 이 법 제58조제4호에 따라 수상레저사업자만을 처벌할 수 있도록 하고 있으며, 그 종사자는 처벌대상으로 하고 있지 않다. 이와 관련한 세부 내용은 아래의 <표 5-12>와 같다.

i) 14세 미만인 자(보호자를 동반하지 아니한 자로 한정한다), 술에 취한 자 또는 정신질환자를 수상레저기구에 태우거나 이들에게 수상레저기구를 빌려 주는 행위(제1호)
ii) 수상레저기구의 정원을 초과하여 태우는 행위(제2호)
iii) 수상레저기구 안에서 술을 판매·제공하거나 수상레저기구 이용자가 수상레저기구 안으로 이를 반입하도록 하는 행위(제3호)
iv) 영업구역을 벗어나 영업을 하는 행위(제4호)
v) 제21조에 따른 수상레저활동시간 외에 영업을 하는 행위(제5호)
vi) 대통령령으로 정하는 폭발물·인화물질 등의 위험물을 이용자가 타고 있는 수상레저기구로 반입·운송하는 행위(제6호)
vii) 제37조에 따른 안전검사 및 제45조에 따른 안전점검을 받지 아니한 수상레저기구를 영업에 이용하는 행위(제7호)

참고로 이 법이 2016년 1월 7일 법률 제13754호로 개정되면서 앞의 <표 5-8>에서 보는 바와 같이 제48조제1항 및 제2항을 위반한 자에 대한 처벌대상이 수상레저사업자에서 수상레저사업자와 그 종사자로 확대 적용되었다.[35]

---

35) **현행, 「수상레저안전법」 제58조(벌칙)** 다음 각 호의 어느 하나에 해당하는 자는 6개월 이하의 징역 또는 100만원 이하의 벌금에 처한다.
4. 제48조를 위반하여 안전운항을 위하여 필요한 조치를 하지 아니하거나 금지된 행위를 한 수상레

〈표 5-12〉 수상레저안전법 제48조제2항에 따른 금지행위 관련 세부내용

1. 14세 미만인 자(보호자를 동반하지 아니한 자로 한정한다), 술에 취한 자 또는 정신질환자를 수상레저기구에 태우거나 이들에게 수상레저기구를 빌려 주는 행위(「수상레저안전법」 제48조제2항제1호) 가. **(술에 취한 자)** 혈중알코올농도 0.03퍼센트 이상(법 제22조제5항 및 같은 법 시행령 제17조) 나. **(정신질환자)** 치매, 정신분열병, 분열형 정동장애, 양극성 정동장애, 재발성 우울장애, 알코올 중독의 정신질환이 있는 사람으로서 해당 분야의 전문의가 정상적으로 수상레저활동을 할 수 없다고 인정하는 사람(법 제5조제1항제2호 및 같은 법 시행령 제3조의2제1항)
2. 수상레저기구의 정원을 초과하여 태우는 행위(「수상레저안전법」 제48조제2항제2호) ☞ **(행위 주체에 따른 처분 사항)** 수상레저사업자 와 그 종사자 : 법 제58조제4호 벌칙 적용, 비사업자(개인) : 법 제59조제1항제6호 과태료 적용 가. **(정원 초과 금지)** 수상레저기구의 조종자는 대통령령으로 정하는 바에 따라 그 수상레저기구의 정원을 초과하여 사람을 태우고 운항하여서는 아니 된다(법 제24조). 나. **(정원 산출)** 수상레저기구의 정원은 이 법 제37조에 따른 안전검사에 따라 결정되는 정원으로 한다(같은 법 시행령 제18조제1항). ⇒ 여기에서의 안전검사는 「수상레저기구 안전검사 기준」을 따르고 있으며, 승선정원의 지정 등과 관련해서는 등록대상 동력수상레저기구인 모터보트, 세일링요트(동력요트), 수상오토바이 및 고무보트에 한해 이 기준 제10조를 적용하고 있다. 다. **(미등록 대상 수상레저기구 정원 산출)** 등록의 대상이 되지 아니하는 수상레저기구의 정원은 해당 수상레저기구의 좌석 수 또는 형태 등을 고려하여 국민안전처장관이 정하여 고시하는 정원산출 기준에 따라 산출한다(같은 법 시행령 제18조제2항). ⇒ 여기에서의 고시는 「수상레저안전업무처리규정」을 말하며, 이 규정 제7조에서는 이 법 제30조의 규정에 따라 등록의 대상이 되지 아니하는 수상레저기구에 대한 정원 산출기준을 [별표 6]과 같이 규정하고 있다. 라. **(정원 산출 예외 규정)** 정원을 산출할 때에는 해난구조나 그 밖의 부득이한 사유로 승선한 인원은 정원으로 보지 아니한다(같은 법 시행령 제18조제3항).
3. 영업구역을 벗어나 영업을 하는 행위(「수상레저안전법」 제48조제2항제4호) 수상레저사업 영업구역은 이 법 제39조제1항에 따라 해수면 및 내수면으로 구분하고 있다. 또한 같은 법 시행규칙 제30조제1항제5호에서는 수상레저사업의 등록신청 첨부서류 중 '영업구역을 표시한 도면'을 제출하도록 하고 있으며, 이 영업구역을 벗어나 영업하는 행위는 처벌할 수 있도록 하고 있다.

저사업자

예정, 「수상레저안전법」 제58조(벌칙) 다음 각 호의 어느 하나에 해당하는 자는 6개월 이하의 징역 또는 300만원 이하의 벌금에 처한다.

4. 제48조를 위반하여 안전운항을 위하여 필요한 조치를 하지 아니하거나 금지된 행위를 한 수상레저사업자와 그 종사자

[전문개정 2008.3.28.]

[시행일: 2016.7.8.] 제58조

4. 제21조에 따른 수상레저활동시간 외에 영업을 하는 행위(「수상레저안전법」 제48조제2항제5호)
   가. **(수상레저활동 시간제한)** 누구든지 해진 후 30분부터 해뜨기 전 30분까지는 수상레저활동을 하여서는 아니 된다. 다만, 같은 법 시행규칙 제18조에서 정하는 바에 따라 야간 운항장비를 갖춘 수상레저기구를 이용하는 경우에는 그러하지 아니하다(법 제21조제1항).
   나. **(수상레저활동 시간조정)** 해양경비안전서장 또는 시장 · 군수 · 구청장은 야간 수상레저활동시간을 조정하려는 경우에는 해가 진 후 30분부터 24시까지의 범위에서 조정하여야 한다(법 제21조제2항 및 같은 법 시행규칙 제19조).
   다. **(시간조정 사실 게시)** 해양경비안전서장 또는 시장 · 군수 · 구청장은 시간을 조정한 경우에는 수상레저활동을 하는 자가 보기 쉬운 장소에 그 사실을 공고하여야 한다(법 제21조제3항).

5. 대통령령으로 정하는 폭발물 · 인화물질 등의 위험물을 이용자가 타고 있는 수상레저기구로 반입 · 운송하는 행위(「수상레저안전법」 제48조제2항제6호)
   가. "대통령령으로 정하는 폭발물 · 인화물질 등의 위험물"이란 같은 법 시행령 제38조에 따라 「선박안전법」 제41조제3항에 따른 위험물을 말한다.
      ⇒ 「선박안전법」 제41조제3항에서는 같은 조 제1항 및 제2항의 규정에 따른 위험물의 종류와 그 용기 · 포장, 적재 · 운송 및 저장의 방법, 검사 또는 승인 등에 관하여 필요한 사항은 해양수산부령으로 정하고 있다.
      ⇒ 여기에서 해양수산부령은 「위험물 선박운송 및 저장규칙」을 말하며, 이와 관련한 세부 내용은 이 규칙 제2조제1호 및 제2호에서 규정하고 있다(앞의 〈표 2-21〉 참조).

6. 제37조에 따른 안전검사 및 제45조에 따른 안전점검을 받지 아니한 수상레저기구를 영업에 이용하는 행위(「수상레저안전법」 제48조제2항제7호)

   【안전검사】
   가. **(안전검사 대상)** 다음의 등록 대상 동력수상레저기구로 한정한다(법 제37조제1항).
      ⇒ ⅰ) 수상오토바이, ⅱ) 선내기 또는 선외기인 총톤수(「선박법」 제3조제1항제2호에 따른 총톤수를 말한다) 20톤 미만의 모터보트, ⅲ) 추진기관 30마력 이상의 고무보트(공기를 넣으면 부풀고 접어서 운반할 수 있는 고무보트를 제외), ⅳ) 총톤수 20톤 미만의 세일링요트(돛과 기관이 설치된 것을 말한다)(법 제30조제3항 및 같은 법 시행령 제22조)
   나. **(안전검사 종류 및 시기)** 신규검사, 중간검사, 임시검사로 구분하고 있다(법 제37조제1항 및 제3항).
      ⇒ ⅰ) 신규검사 : 이 법 제30조에 따른 등록을 하려는 경우에 하는 검사
      ⅱ) 정기검사 : 등록 후 5년마다 정기적으로 하는 검사로써 수상레저사업에 이용되는 동력수상레저기구(사업용)는 1년마다, 그 외(개인용 등)는 5년마다
      ⅲ) 임시검사 : 수상레저기구의 구조나 장치를 변경한 경우에 하는 검사
         * 임시검사 대상 : 법 제30조에 따른 등록대상 수상레저기구의 부양성에 영향을 미치는 구조의 변경, 구조물의 설치, 길이 · 너비 · 깊이 및 총톤수의 변경, 최대 출력의 변경 또는 추진기관의 교체 등을 하려는 경우(법 제36조 및 같은 법 시행규칙 제25조)
         * 임시검사를 받는 시기가 정기검사 시기와 중복되는 경우에는 정기검사로 대체할 수 있으며, 이 경우에는 같은 법 시행규칙 제26조제1항 또는 제2항에 따른 정기검사의 신청 시 구조 · 장치의 변경에 관한 사항을 첨부하여야 한다(법 제36조제2항 및 같은 법 시행규칙 제25조제2항).
   다. **(안전검사의 주체)** 국민안전처장관 또는 시 · 도지사는 수상레저기구의 안전검사에 관한 업무의 전부 또는 일부를 국민안전처장관 또는 시 · 도지사가 지정하는 기관이나 단체(이하 "검사대행자" 라 한다)로 하여금 대행하게 할 수 있다(법 제38조)

⇒ 검사대행자 : 선박안전기술공단, 한국수상레저안전연합회 및 한국수상레저안전협회
* 여기에서의 '한국수상레저안전협회'는 한국수상레저안전연합회와는 달리 이 법 제28조의2에 따른 설립근거를 두고 있다.

라. **(안전검사 신청 등)** 같은 법 시행규칙 제26조에서는 안전검사 신청에 필요한 첨부서류, 안전검사를 받아야 하는 기간 및 안전검사의 유효기간 등을 규정하고 있다.

마. **(안전검사 면제 등)** 안전검사 면제 대상은 검사종류에 따라 다음과 같이 구분해서 규정하고 있다(시행규칙 제27조)[36]

⇒ ⅰ) 신규검사 면제 대상

㉮ 「품질경영 및 공산품안전관리법」 제15조에 따라 산업통상자원부장관으로부터 안전인증의 전부 또는 일부를 면제받은 수상레저기구(제1호)

㉯ 「수상레저안전법」 제46조제1항에 따라 우수제조사업장으로 인증받은 사업장에서 제조한 수상레저기구(제2호)

㉰ 「수상레저안전법」 제47조제1항 및 제3항에 따라 형식승인 및 검정을 받은 수상레저기구(제4호)

ⅱ) 정기검사 면제 대상

㉮ 「수상레저안전법」 제46조제1항에 따라 우수정비사업장으로 인증받은 사업장에서 정비를 받은 수상레저기구(제3호)

바. **(사업자용 수상레저기구 안전검사 면제 제한)** 안전검사에 대한 면제는 「수상레저안전법 시행규칙」 제26조제1항에 따라 개인용 수상레저기구 안전검사를 받으려는 자에게만 허용하고 있으며, 이 법 같은 조 제2항에서와 같이 사업자용 수상레저기구 안전검사를 받으려는 자에 대해서는 적용하고 있지 않다.

사. **(안전검사 방법 및 준비사항)** 동력수상레저기구의 검사방법 및 준비사항 등과 관련해서는 「수상레저안전법 시행규칙」 제26조의2 및 「수상레저기구 안전검사 기준」을 따른다.

【안전점검】
본 저서 '제5장 제4절 Ⅱ 2. 수상레저시설에 대한 정비 또는 원상복구 미이행 위반사범' 참조

4. 수상레저 영업의 제한 조치 위반사범

현행 「수상레저안전법」 제49조에 따라 해양경비안전서장 또는 시장 · 군수 · 구청장은 다음의 어느 하나에 해당하는 경우에는 수상레저사업자에게 영업구역이나 시간의 제한 또는 영업의 일시정지를 명할 수 있도록 하고 있으며, 이를 위반할 경우 처벌할 수 있도록 하고 있다.[37]

---

36) 「수상레저안전법」은 2016년 1월 7일 법률 제13754호로 개정되면서 실효성이 떨어지는 수상레저기구의 우수사업장 인증제도(제46조)와 형식승인 · 검정제도(제47조)를 폐지하였다. 하지만 이와 관련한 위임규정(시행령 · 시행규칙)에 대한 추가 개정이 수반되고 있지 않으므로 안전검사의 면제 규정 등 이와 관련 내용 확인 시 추가 검토가 필요하다.

37) **현행, 「수상레저안전법」 제49조(영업의 제한)** 해양경비안전서장 또는 시장 · 군수 · 구청장은 다음 각 호의 어느 하나에 해당하는 경우에는 수상레저사업자에게 영업구역이나 시간의 제한 또는 영업의 일시정지를 명할 수 있다. 〈개정 2014.11.19.〉

i) 기상 · 수상 상태가 악화된 경우(제1호)

ii) 수상사고가 발생한 경우(제2호)

iii) 그 밖에 수상레저활동의 안전을 위하여 필요하다고 인정하는 경우(제3호)

---

1. 기상 · 수상 상태가 악화된 경우
2. 수상사고가 발생한 경우
3. 그 밖에 수상레저활동의 안전을 위하여 필요하다고 인정하는 경우

예정, 「수상레저안전법」 제49조(영업의 제한 등) ① 해양경비안전서장 또는 시장 · 군수 · 구청장은 다음 각 호의 어느 하나에 해당하는 경우에는 수상레저사업자에게 영업구역이나 시간의 제한 또는 영업의 일시정지를 명할 수 있다. 다만, 제3호부터 제5호까지에 해당하는 경우에는 이용자의 신체가 직접 수면에 닿는 수상레저기구 등 대통령령으로 정하는 수상레저기구를 이용한 영업행위에 대해서만 이를 명할 수 있다. 〈개정 2014.11.19., 2016.1.7.〉

1. 기상 · 수상 상태가 악화된 경우
2. 수상사고가 발생한 경우
3. 유류 · 화학물질 등의 유출 또는 녹조 · 적조 등의 발생으로 수질이 오염된 경우
4. 부유물질 등 장애물이 발생한 경우
5. 사람의 신체나 생명에 피해를 줄 수 있는 유해생물이 발생한 경우
6. 그 밖에 대통령령으로 정하는 사유가 발생한 경우

② 해양경비안전서장 또는 시장 · 군수 · 구청장은 제1항 각 호의 사유가 소멸되거나 완화되었다고 판단되는 경우 영업구역이나 시간의 제한 또는 영업의 일시정지를 해제하여야 한다. 〈신설 2016.1.7.〉

[전문개정 2008.3.28.]

[제목개정 2016.1.7.]

[시행일: 2016.7.8.] 제49조

제5절 수상레저기구 이용 등과 관련한 위반사범 수사

「수상레저안전법」 제58조제1호의2 및 제1호의3은 이 법이 2016년 1월 7일 법률 제13754호로 개정되면서 미등록 동록수상레저기구를 수상레저활동에 이용한 자와 검사미필 · 불합격한 수상레저기구를 수상레저활동에 사용한 자를 처벌할 수 있도록 새로이 신설된 규정으로 2016년 7월 8일 시행된다.

여기에서 신설된 이 법 제58조제1호의2와 관련한 위반사항에 해당하는 자에게 적용되는 양형기준은 이 법이 2016년 1월 7일 법률 제13754호로 개정되기 이전 제59조제1항제8호[38]에서 이에 해당하는 자에 대해 100만원 이하의 과태료를 부과하던 것을 6개월 이하의 징역 또는 300만원 이하의 벌금에 처하도록 강화되었다.

그 밖에 이 법 제58조제1호의3과 관련한 위반사항에 해당하는 자에게 적용되는 양형기준은 이 법이 2016년 1월 7일 법률 제13754호로 개정되면서 6개월 이하의 징역 또는 300만원 이하의 벌금에 처하도록 신설된 벌칙 규정이다.

이와 같이 신설된 벌칙 규정은 이 법이 개정되기 전 대부분의 벌칙 적용대상이 수상레저사업자에 치우쳐 있었던 점을 감안할 때 수상레저사업자뿐만 아니라 개인이 행하는 수상레저활동에 있어서도 안전과 관련한 규율이 강화된 것으로 볼 수 있다.

한편, 이와 관련해서 위반행위에 대한 수사기관은 앞서 언급한 바와 같이 발생장소에 따라 내수 중 직선 기선 안쪽의 해역 및 해수면에서 발생한 위반사범은 국민안전처(해양경비안전본부)에서 그 밖에 내수면에서 발생한 위반사범은 경찰청에서 각각 담당하게 된다.

이에 따라 여기에서는 미등록 동력수상레저기구를 수상레저활동에 이용한 자와 검사미필 · 불합격한 수상레저기구를 수상레저활동에 사용한 자에 대한 사실 관계를 이와 관련한 법령 및 행정규칙 등을 통해 살펴보고자 한다.

---

38) 「수상레저안전법」 제59조(과태료) ① 다음 각 호의 어느 하나에 해당하는 자에게는 100만원 이하의 과태료를 부과한다.

8. 제30조제1항을 위반하여 등록을 하지 아니하고 수상레저기구를 수상레저활동에 이용한 자

Ⅰ. 미등록 동력수상레저기구 이용 위반사범

> 第58조(벌칙) 다음 각 호의 어느 하나에 해당하는 자는 6개월 이하의 징역 또는 300만 원 이하의 벌금에 처한다. 〈개정 2016.1.7.〉
> 1의2. 제30조제1항을 위반하여 등록을 하지 아니하고 동력수상레저기구를 수상레저활동에 이용한 자
> 1의3. 제37조제4항의 본문을 위반하여 검사를 받지 아니하거나 검사에 합격하지 못한 수상레저기구를 수상레저활동에 사용한 자
> [시행일: 2016.7.8.] 제58조

1. 동력수상레저기구 등록대상

「수상레저안전법」 제30조제1항에 따라 동력수상레저기구의 소유자는 주소지를 관할하는 시장 · 군수 · 구청장[39]에게 동력수상레저기구를 소유한 날부터 1개월 이내에 등록신청을 하도록 하고 있다.[40]

동력수상레저기구 등록의 대상은 앞서 이미 언급한 바와 같이 이 법 제2조제4호에 따른 수상레저기구를 말하며, 이에 해당하는 것은 이 법 제30조제3항제2호부터 제4호까지의 규정 및 같은 법 시행령 제22조에 따라 다음과 같다([그림 5-1] 참조).

i) 수상오토바이

ii) 선내기 또는 선외기인 총톤수(「선박법」 제3조제1항제2호에 따른 총톤수를 말한다[41]) 20톤 미만의 모터보트

---

39) 여기에서의 구청장은 「수상레저안전법」 제21조제2항과는 다르게 제30조제1항에 따라 자치구의 구청장을 말하고, 특별자치도의 경우 특별자치도지사를 말한다. 이하 같다.

40) 참고로 동력수상레저기구를 소유자 주소지 관할 관청에 등록하도록 하고 있는 반면, 「선박안전법」을 적용받는 선박의 등록은 「선박법」 제8조제1항에 따라 선적항을 관할하는 지방청에 등록하도록 하고 있다. 한편, 동력수상레저기구를 소유한 날부터 1개월 이내에 등록신청을 하지 않는 자에게는 「수상레저안전법」 제59조제1항제8호에 따라 100만원 이하의 과태료를 부과하도록 하고 있다. 이는 「수상레저안전법」이 2016년 1월 7일 법률 제13754호로 개정되면서 신설된 규정이다(시행일: 2016.7.8.).

41) 「선박법」 제3조(선박톤수) ① 이 법에서 사용하는 선박톤수의 종류는 다음 각 호와 같다.

iii) 추진기관 30마력 이상의 고무보트(공기를 넣으면 부풀고 접어서 운반할 수 있는 고무보트를 제외)

iv) 총톤수 20톤 미만의 세일링요트

하지만 시장 · 군수 · 구청장은 이 법 제30조제2항에 따라 i) 등록신청 사항에 거짓이 있는 경우(제1호) 및 ii) 수상레저기구의 구조와 장치가 이 법 제37조제1항[42]에 따른 신규검사기준에 맞지 아니한 경우(제2호)에는 등록신청을 거부할 수 있다.

참고로 여기에서의 "수상레저기구의 구조와 장치"는 「수상레저기구 안전검사 기준」에 따른 검사기준을 만족하여야 하는 것으로 이를 만족하지 못할 경우 등록신청을 거부할 수 있도록 하고 있다. 이와 관련해서는 뒤에서 자세히 언급하고자 한다.

2. 동력수상레저기구 등록의 요건 및 신청절차 등

「수상레저안전법」 제30조제1항에 따라 동력수상레저기구를 등록하려는 자는 같은 법 시행령 제23조제1항에서 규정하고 있는 바와 같이 같은 법 시행규칙 제21조제1항에 따른 [별지 제22호서식]의 동력수상레저기구 등록신청서에 다음의 서류를 첨부하여 주소지를 관할하는 시장 · 군수 · 구청장에게 제출하여야 한다. 다만, 「전자정부법」

---

1. 국제총톤수: 「1969년 선박톤수측정에 관한 국제협약」(이하 "협약"이라 한다) 및 협약의 부속서(附屬書)에 따라 주로 국제항해에 종사하는 선박에 대하여 그 크기를 나타내기 위하여 사용되는 지표를 말한다.
2. 총톤수: 우리나라의 해사에 관한 법령을 적용할 때 선박의 크기를 나타내기 위하여 사용되는 지표를 말한다.
3. 순톤수: 협약 및 협약의 부속서에 따라 여객 또는 화물의 운송용으로 제공되는 선박 안에 있는 장소의 크기를 나타내기 위하여 사용되는 지표를 말한다.
4. 재화중량톤수: 항행의 안전을 확보할 수 있는 한도에서 선박의 여객 및 화물 등의 최대적재량을 나타내기 위하여 사용되는 지표를 말한다.

② 제1항 각 호의 선박톤수의 측정기준은 해양수산부령으로 정한다.

참고로 여기에서의 해양수산부령이 정하는 선박톤수의 측정기군은 「선박톤수의 측정에 관한 규칙」을 말한다.

42) 「수상레저안전법」 제37조(안전검사) ① 제30조제3항에 따른 등록대상 동력수상레저기구를 수상레저활동에 이용하려는 자는 총리령으로 정하는 안전검사의 절차, 검사 방법 및 준비사항 등에 따라 국민안전처장관이 실시하는 다음 각 호의 검사를 받아야 한다.

1. 신규검사: 제30조에 따른 등록을 하려는 경우에 하는 검사

제36조제1항에 따른 행정정보의 공동이용을 통하여 첨부서류에 대한 정보를 확인할 수 있으면 그 확인으로 첨부서류의 제출을 갈음하도록 하고 있다.[43)]

i) 양도증명서나 등록의 원인을 증명하는 서면(시행령 제23조제1항제1호)

ii) 등록의 원인에 대하여 제3자의 동의 또는 승낙이 필요한 경우에는 이를 증명하는 서류(신청서에 제3자가 직접 기명날인한 경우는 제외한다)(시행령 제23조제1항제2호)

iii) 이 법 제37조에 따른 안전검사증 사본(시행령 제23조제1항제3호)

한편, 시장·군수·구청장은 위의 i)~iii)에 따른 첨부서류 외에 신청서의 기재사항 및 첨부서류가 진정한 것임을 증명하기 위하여 필요한 자료의 추가 제출을 요구할 수 있으며(시행령 제23조제2항), 이와 관련해서는 마찬가지로 같은 법 시행규칙 제21조제1항의 [별지 제22호서식] 동력수상레저기구 등록신청서에 다음의 서류를 첨부하여 시장·군수·구청장에게 제출하도록 하고 있다.

i) 이 법 제37조에 따른 안전검사증(사본)(시행규칙 제21조제1항제1호)

ii) 기구와 추진기관의 양도증명서, 제조증명서, 수입허가서, 매매계약서, 그 밖에 등록원인을 증명할 수 있는 서류(시행규칙 제21조제1항제2호)

iii) 등록할 수상레저기구의 사진(전체, 좌측면·우측면 및 후면 각 1매)(시행규칙 제21조제1항제3호)

iv) 보험가입증명서(사본)(시행규칙 제21조제1항제4호)

v) 공유자가 있는 경우 그에 관한 증명서류(시행규칙 제21조제1항제5호)

---

43) 「수상레저안전법 시행규칙」 제21조(등록신청 등) ② 시장·군수·구청장은 제1항에 따른 신청서를 제출받은 경우에는 「전자정부법」 제36조제1항에 따라 행정정보의 공동이용을 통하여 다음 각 호의 서류를 확인하여야 한다. 다만, 제2호 및 제3호의 경우 신청인이 확인에 동의하지 아니하는 경우에는 이를 첨부하도록 하여야 한다.

1. 법인 등기사항증명서(법인인 경우만 해당한다)
2. 주민등록등본(법인인 경우는 제외한다)
3. 외국인등록 사실증명 또는 국내거소신고 사실증명(외국인만 해당한다)

즉 동력수상레저기구를 등록할 때에는 같은 법 시행규칙 제21조제1항에 따른 [별지 제22호서식]에 같은 조에 해당하는 위의 ⅰ)~ⅴ)에 따른 서류를 첨부하도록 하고 있다.

이와 같이 등록신청을 받은 시장 · 군수 · 구청장은 이 법 제31조제1항, 같은 법 시행령 제23조제3항 및 같은 법 시행규칙 제21조제3항에 따라 신청인이 해당 수상레저기구의 소유자인지를 확인하여 [별지 제23호서식]의 '동력수상레저기구 등록원부'에 등록한 후 3일 내에 신청인에게 [별지 제24호서식]의 '동력수상레저기구 등록증'(영문등록증은 [별지 제24호의2서식])과 같은 법 시행규칙 제24조제1항 관련 [별표 5]의 등록번호판을 발급하여야 한다.[44]

이 경우 등록번호판을 발급받은 동력수상레저기구의 소유자는 이 법 제35조 및 같은 법 시행규칙 제24조제2항에 따라 같은 법 시행규칙 제24조제1항에 따른 규격에 맞게 제작된 등록번호판 2개를 수상레저기구의 옆면과 뒷면에 견고하게 부착하여야 한다.[45] 다만, 기구의 구조상 뒷면에 부착하기 곤란한 경우에는 다른 면에 부착할 수 있다.[46]

44) 등록번호판의 기구의 종류, 명칭 및 일련번호는 다음과 같다(「수상레저안전법 시행규칙」 제24조제1항 관련 [별표 5] (제등록번호판의 재질 및 규격 등) 제5호).

기구의 종류	기구의 명칭	일련번호	일련번호
모터보트	MB	00~99	0001~9999
수상오토바이	PW	00~99	0001~9999
고무보트	RB	00~99	0001~9999
세일링요트	YT	00~99	0001~9999

45) 「수상레저안전법」 제59조(과태료) ② 다음 각 호의 어느 하나에 해당하는 자에게는 50만원 이하의 과태료를 부과한다.
7. 제35조를 위반하여 등록번호판을 부착하지 아니한 자

46) 〈동력수상레저기구 등록번호판 부착 위치〉

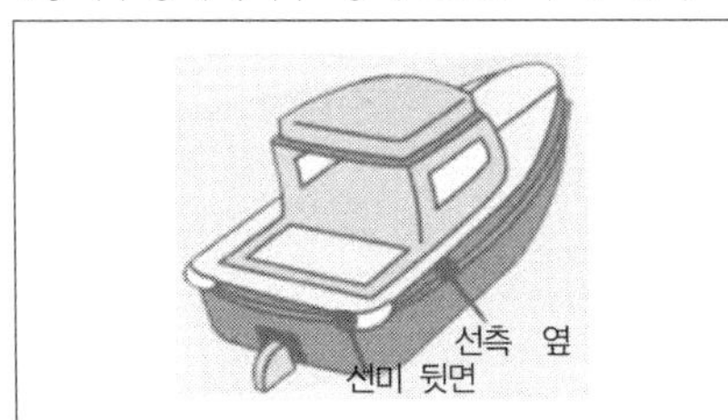

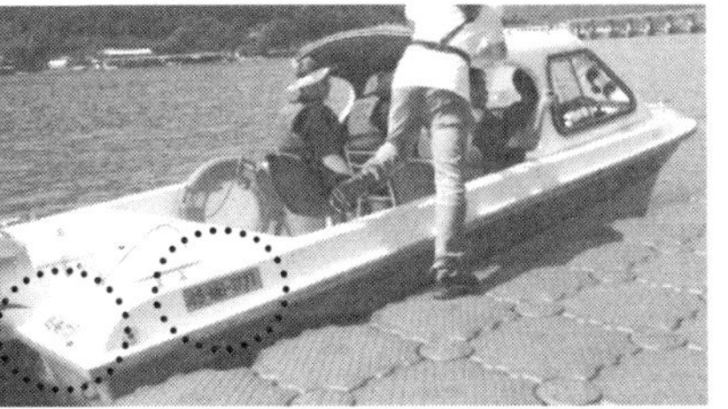

참고로 등록번호판은 같은 법 시행규칙이 2014년 4월 17일 해양수산부령 제79호로 개정되었으나 이 규칙 시행 당시 종전의 [별표 5]의 규정에 따라 제작되어 사용하고 있는 수상레저기구 등록번호판은 [별표 5]의 개정규정에도 불구하고 이 규칙 시행 후에도 계속하여 사용할 수 있도록 하고 있으며, 다음의 〈표 5-13〉과 같다.[47)]

〈표 5-13〉 동력수상레저기구 등록번호판 변경 전·후 비교

구 분	변경 전	변경 후
등록번호판 표시	등록번호판에는 지역(광역시·도) 및 용도(기구의 종류)와 등록순서에 따른 일련번호를 숫자 또는 문자(영문)로 표시하며, 그 숫자의 배열은 다음과 같다.	등록번호판에는 용도(기구의 종류)와 등록순서에 따른 일련번호를 문자(영문) 또는 숫자로 표시하며, 그 숫자의 배열은 다음과 같다.
등록번호판 형태(예시)	01-MB-4567	MB-00-0001

그 밖에 등록된 동력수상레저기구는 이 법 제32조, 같은 법 시행령 제24조 및 같은 법 시행규칙 제22조에 따른 변경등록과 이 법 제33조 및 같은 법 시행규칙 제23조에 따른 말소등록에 있어서의 필요한 사항을 규정하고 있으며, 수상레저사업 변경등록과는 다르게 동력수상레저기구의 변경등록에 따른 벌칙 규정은 별도로 두고 있지 않다. 다만, 이 법 제32조와 관련해서 수상레저기구 변경등록을 하지 아니한 자에게는 이 법 제59조제2항제4호에 따라 50만원 이하의 과태료를 부과하도록 하고 있다.[48)]

Ⅱ. 검사미필 및 불합격 수상레저기구 사용 위반사범

「수상레저안전법」 법률 제13754호로 개정된 이 법 제37조제4항 본문에서는 검사를 받지 아니하거나 검사에 합격하지 못한 수상레저기구를 수상레저활동에 사용하는

47) 「수상레저안전법 시행규칙」 부칙 〈해양수산부령 제79호, 2014.4.17.〉 제8조(수상레저기구 등록번호판의 규격에 관한 경과조치) 이 규칙 시행 당시 종전의 [별표 5]의 규정에 따라 제작되어 사용하고 있는 수상레저기구 등록번호판은 [별표 5]의 개정규정에도 불구하고 이 규칙 시행 후에도 계속하여 사용할 수 있다.

48) 「수상레저안전법」 제59조(과태료) ② 다음 각 호의 어느 하나에 해당하는 자에게는 50만원 이하의 과태료를 부과한다.
4. 제32조를 위반하여 수상레저기구 변경등록을 하지 아니한 자

것을 금지하고 있으며, 이를 위반할 경우 이 법 제58조제1호의3에 따라 처벌할 수 있도록 규정하고 있다.

한편, 여기에서의 수상레저기구는 이 법 제30조제3항제1호부터 제4호까지의 규정 및 같은 법 시행령 제22조에 따른 등록대상 동력수상레저기구를 말한다.

1. 동력수상레저기구 안전검사의 종류 및 검사시기 등

「수상레저안전법」 제30조제3항에 따른 등록대상 동력수상레저기구를 수상레저활동에 이용하려는 자는 안전검사의 절차, 검사 방법 및 준비사항 등에 따라 이 법 제37조제1항에서 규정하고 있는 검사를 받도록 하고 있으며, 이에 해당하는 안전검사의 종류는 다음과 같다.

i) 신규검사: 제30조에 따른 등록을 하려는 경우에 하는 검사(법 제37조제1항제1호)
ii) 정기검사: 등록 후 5년마다 정기적으로 하는 검사(법 제37조제1항제2호)
iii) 임시검사: 수상레저기구의 구조나 장치를 변경한 경우에 하는 검사(법 제37조제1항제3호)

이 중 임시검사는 이 법 제36조제1항 및 같은 법 시행규칙 제25조제1항에 따라 등록대상 동력수상레저기구의 부양성에 영향을 미치는 구조의 변경, 구조물의 설치, 길이·너비·깊이 및 총톤수의 변경, 최대출력의 변경 또는 추진기관의 교체 등 등록대상 동력수상레저기구의 구조·장치의 변경을 하려는 경우에 하는 검사로, 이 경우 해당 소유자는 임시검사에 합격한 후 시장·군수·구청장에게 변경등록을 신청하여야 한다.[49]

그리고 이에 따른 임시검사를 받는 시기가 정기검사와 중복되는 경우에는 이 법 제36조제2항 및 같은 법 시행규칙 제25조제2항에 따라 정기검사로 대체할 수 있으며,

---

49) 「수상레저안전법 시행령」 제24조(변경등록 등) ① 법 제32조에 따라 수상레저기구의 등록사항 중 다음 각 호의 어느 하나에 해당하는 변경이 있는 때에는 그 소유자 또는 점유자는 그 변경이 발생한 날부터 30일 이내에 시장·군수·구청장에게 변경등록을 신청하여야 한다.
1. 매매·증여 등으로 소유권의 변경이 있는 때
2. 소유자의 성명(법인인 경우에는 법인명을 말한다)이나 수상레저기구의 명칭에 변경이 있는 때
3. 이 법 제37조제1항제3호에 따른 임시검사에 합격한 경우

이에 따를 경우에는 정기검사의 신청 시 구조 · 장치의 변경에 관한 사항을 첨부하도록 하고 있다.

한편, 이 법 제37조제3항에서는 검사 대상 동력수상레저기구 중 신규검사 이후 정기적으로 받게 되는 정기검사의 시기에 대해 다음과 같이 규정하고 있다.

i) 수상레저사업에 이용되는 동력수상레저기구는 1년마다
ii) 그 외의 개인용으로 사용하는 동력수상레저기구는 5년마다

다만, 이 법 제37조제4항 단서 및 같은 법 시행규칙 제27조에 따라 다음에 해당하는 경우에는 안전검사를 면제하도록 하고 있으며, 아래의 i), ii) 및 iv)의 경우에는 신규검사를, iii)의 경우에는 정기검사를 면제하고 있다.

i) 「품질경영 및 공산품안전관리법」 제15조에 따라 산업통상자원부장관으로부터 안전인증의 전부 또는 일부를 면제받은 수상레저기구(시행규칙 제27조제1호)
ii) 이 법 제46조제1항에 따라 우수제조사업장으로 인증받은 사업장에서 제조한 수상레저기구(시행규칙 제27조제2호)
iii) 이 법 제46조제1항에 따라 우수정비사업장으로 인증받은 사업장에서 정비를 받은 수상레저기구(시행규칙 제27조제3호)
iv) 이 법 제47조제1항 및 제3항에 따라 형식승인 및 검정을 받은 수상레저기구(시행규칙 제27조제4호)

참고로 앞서 언급한 바와 같이 이 법이 2016년 1월 7일 법률 제13754호로 개정되면서 위의 ii)~iv)와 관련한 이 법 제46조에 따른 수상레저기구 우수제조사업장이나 우수정비사업장 인증제도 및 제47조에 따른 형식승인 · 검정제도가 폐지되었으나, 개정과 동시에 이 법의 위임규정인 「수상레저안전법 시행령」 및 「수상레저안전법 시행규칙」에 대한 추가 개정이 본 저서 집필 당시 수반되고 있지 않다.

따라서 이 법에서 안전검사의 면제 규정 등 이와 관련 내용 확인 시 추가 검토가 필요하다.

2. 동력수상레저기구 안전검사의 신청 및 유효기간 기산

「수상레저안전법」 제37조제1항 및 제2항에 따른 동력수상레저기구의 안전검사를 받으려는 자는 같은 법 시행규칙 제26조제1항 및 제2항에 따라 용도별로 개인레저활동에 이용되는 동력수상레저기구(개인용)와 수상레저사업에 이용되는 동력수상레저기구(사용자용)로 구분해서 신청할 수 있도록 하고 있으며, 이와 관련한 세부 내용은 다음의 〈표 5-14〉와 같다.

또한 안전검사를 받아야 하는 기간은 같은 법 시행규칙 제26조제5항에 따라 검사유효기간 만료일(개인용 동력수상레저기구: 5년, 사업자용 동력수상레저기구: 1년)을 기준으로 하여 전후 각각 30일 이내로 하며, 해당 기간 중에 안전검사에 합격한 경우에는 검사유효기간 만료일에 안전검사를 받은 것으로 본다.

다만, 소유자의 요청이 있는 경우에는 안전검사증의 유효기간 만료일 전 30일 이전에 안전검사를 받을 수 있다.

〈표 5-14〉 동력수상레저기구 용도별 안전검사의 신청 등

구 분	동력수상레저기구의 용도	
	개인용(같은 법 시행규칙 제26조제1항)	사업자용(같은 법 시행규칙 제26조제2항)
안전검사 신청서 서식 및 첨부서류	• (서식) 별지 제29호서식 • (첨부서류) 제1호부터 제2호까지 – 별표 7의 검사대상 장비 명세서(제1호) – 별표 7의2의 구분에 따른 도면[50](별표 7의3 제1호가목 및 나목의 동력수상레저기구만 해당한다)(제1호의2)[51] – 「선박안전법」 제2조제8호에 따른 복원성에 관한 자료(승선정원이 13인 이상인 모터보트 및 세일링요트(돛과 기관이 설치된 것을 말한다. 이하 같다)만 해당한다)(제1호의3)[52] – 검사 면제를 증명하는 서류(면제 대상인 경우만 해당한다)(제2호)	• (서식) 별지 제30호서식 • (첨부서류) 개인용 제2호 첨부서류 제외 – 별표 7의 검사대상 장비 명세서(제1호) – 별표 7의2의 구분에 따른 도면(별표 7의3 제1호가목 및 나목의 동력수상레저기구만 해당한다)(제1호의2) – 「선박안전법」 제2조제8호에 따른 복원성에 관한 자료(승선정원이 13인 이상인 모터보트 및 세일링요트(돛과 기관이 설치된 것을 말한다. 이하 같다)만 해당한다)(제1호의3)
안전검사 주체[53]	• 국민안저처 장관 또는 검사대행자	• 영업구역에 따라 구분 – (해수면) 국민안저처 장관 또는 검사대행자 – (내수면) 특별시장 · 광역시장 · 도지사 · 특별자치도지사 또는 검사대행자
안전검사 면제 규정	• 같은 법 시행규칙 제27조(안전검사의 면제 등) 적용	• 면제규정 없음

50) 「수상레저안전법 시행규칙」 제26조제1항제1호의2와 관련한 해당 동력수상레저기구의 규모별 구분에 따라 제출하여야 하는 도면은 다음과 같다.

구 분	도면의 종류
길이 12미터 미만인 동력 수상레저기구	1. 일반배치도 또는 기구의 길이, 너비, 깊이, 승선정원, 격벽위치, 기관의 종류 및 출력 등이 기재된 제작사의 카탈로그 2. 강재배치도 또는 재료배치도 3. 중앙횡단면도 4. 강도계산서(강화플라스틱 재질의 기구는 선체판두께측정 등에 따른 강도계산서를 말하고 2호 및 3호의 도면을 제출할 수 없는 경우만 해당한다) 5. 선체선도(복원성 적용대상 기구만 해당한다) 6. 배수량등곡선도(복원성 적용대상 기구만 해당한다) 7. 흘수표배치도(복원성 적용대상 기구만 해당한다)
길이 12미터 이상인 동력 수상레저기구	1. 건조사양서(건조에 착수한 때부터 수행하는 검사만 해당한다) 2. 일반배치도 3. 선체선도(복원성 적용대상 기구만 해당한다) 4. 배수량등곡선도(복원성 적용대상 기구만 해당한다) 5. 중앙횡단면도 6. 강재배치도 또는 재료배치도 7. 외판전개도(강선과 알루미늄 재질의 기구만 해당한다) 8. 기관실전체장치도 9. 흘수표배치도(복원성 적용대상 기구만 해당한다) 10. 전기계통도(동시에 사용하는 발전기 합계용량이 50kVA 이상인 것만 해당한다)

【비고】 위 표에도 불구하고 다음 각 호의 어느 하나에 해당하는 경우에는 도면제출의 전부 또는 일부를 생략할 수 있다.
1. 이전에 안전검사를 받은 수상레저기구로서 국민안전처장관 또는 검사대행기관의 확인을 받은 도면에 변경이 없는 경우: 전부 생략
2. 국민안전처장관 또는 검사대행기관의 확인을 받은 도면에 따라 동일한 형식으로 건조되는 수상레저기구의 경우: 전부 생략
3. 국민안전처장관이 정하여 고시하는 선체구조 강도 요건에 적합한 경우에는 다음 각 목의 구분에 따른다. 다만, 승선정원 13인 이상의 복원성 적용대상 모터보트 및 세일링요트 기구의 경우에는 위 표의 구분에 따른 도면을 제출한다.
   가. 길이 12미터 미만인 기구: 일반배치도 또는 카탈로그. 다만, 길이 6미터 미만인 기구의 경우에는 전경사진으로 대체할 수 있다.
   나. 길이 12미터 이상인 기구: 중앙횡단면도, 일반배치도 또는 카탈로그

51) 여기에 해당하는 동력수상레저기구는 다음과 같으며, 이는 개인용 및 사업자용 동력수상레저기구 모두에 적용된다. i) 수상레저사업에 이용하려는 총톤수 2톤 이상의 모터보트 및 세일링요트, ii) 그 외에 수상레저활동에 이용하려는 총톤수 5톤 이상의 모터보트 및 세일링요트, iii) 외국에서 수입되는 i), ii)의 동력수상레저기구

52) 「수상레저안전법 시행규칙」 제26조제1항제1호의3에 따라 승선인원이 13인 이상인 모터보트 및 세일링요트에 대한 복원성 자료는 「수상레저기구 안전검사 기준」 제8조제1항 및 제2항을 따르도록 하고 있으며, 이에도 불구하고 '승선정원이 13명 이상인 고무보트의 복원성'과 관련해서는 이 기준 제8조제3항과 관련한 [별표 3의3]에 따른 복원성 요건에 적합하여야 한다.

53) 「수상레저안전법」 제38조(안전검사 업무의 대행 등) ① 국민안전처장관 또는 시·도지사는 수상레저기구의 안전검사에 관한 업무의 전부 또는 일부를 국민안전처장관 또는 시·도지사가 지정하는 기관이나 단체(이하 "검사대행자"라 한다)로 하여금 대행하게 할 수 있다. 여기에서의 검사대행자는

한편, 이에 따른 안전검사의 유효기간은 같은 법 시행규칙 제26조제6항에 따라 다음에서 구분하고 있는 날부터 기산한다.

i) 최초로 신규검사를 받은 경우: 해당 안전검사증을 발급받은 날(제1호)
ii) 안전검사증의 유효기간 만료일 전후 각각 30일 이내에 정기검사를 받은 경우: 종전 안전검사증 유효기간 만료일의 다음 날(제2호)
iii) 안전검사증의 유효기간 만료일 전 30일 이전에 정기검사를 받은 경우: 해당 안전검사증을 발급받은 날(제3호)
iv) 안전검사증의 유효기간 만료일 후 30일 이후에 정기검사를 받은 경우: 종전 안전검사증 유효기간 만료일의 다음 날(제4호)

3. 동력수상레저기구 안전검사 방법 및 준비사항 등

「수상레저안전법」 제37조제1항 및 제2항에 따른 동력수상레저기구 안전검사의 방법은 같은 법 시행규칙 제26조의2제1항과 관련한 [별표 7의3]과 같으며, 다음의 〈표 5-15〉와 같다.

〈표 5-15〉 동력수상레저기구 안전검사의 방법

1. 신규검사 실시 시기 가. 다음의 동력수상레저기구는 건조에 착수한 때부터 실시한다.[54] 1) 수상레저사업에 이용하려는 총톤수 2톤 이상의 모터보트 및 세일링요트 2) 그 외에 수상레저활동에 이용하려는 총톤수 5톤 이상의 모터보트 및 세일링요트 나. 외국에서 수입되는 가목의 동력수상레저기구에 대해서는 국민안전처장관이 정하여 고시하는 시기에 실시한다.[55] 다. 가목 및 나목 이외의 동력수상레저기구에 대해서는 건조가 완료된 때부터 실시한다.[56] 2. 총톤수측정: 「선박톤수의 측정에 관한 규칙」에 따라 총톤수측정을 실시한다.(모터보트 및 세일링요트만 해당한다) 3. 서류의 확인: 제26조제1항제1호의2에 따른 도면 및 제26조제1항제1호의3에 따른 복원성자료의 적정성을 확인한 후 국민안전처장관이 정하여 고시하는 바에 따라 날인한다.[57] 4. 제1호부터 제3호까지에서 규정한 사항 외의 항해구역(「선박안전법 시행규칙」 제15조제1항에 따른 항해구역) 및 최대승선정원 등에 관하여는 국민안전처장관이 정하여 고시하는 바에 따른다.[58]

「선박안전법」 제45조에 따라 설립된 '선박안전기술공단', 이 법 제28조의2에 따라 설립된 '한국수상레저안전협회', 그리고 '(사단법인)한국수상레저안전연합회'가 이에 해당되며, 실제 현장에서의 안전검사에 관한 업무는 검사대행자가 수행하고 있다.

또한 안점검사의 준비사항은 같은 법 시행규칙 제26조의2제2항에 따라 다음과 같이 규정하고 있다.

i)「선박안전법 시행규칙」 제15조제1항에 따른 연해구역, 근해구역 또는 원양구역을 항해구역으로 하는 동력수상레저기구는 다음에 따른 무선설비를 비치할 것. 이 경우 무선설비는 「전파법」에 따른 성능과 기준에 적합하여야 한다(제1호).

① 위성비상위치지시용 무선표지설비(EPIRB) 또는 그 밖의 수상레저기구의 위치를 송신할 수 있는 설비로서 국민안전처장관이 정하여 고시하는 것(제1

54) 건조에 착수한 때부터 실시하는 동력수상레저기구의 신규검사 준비사항은 「수상레저기구 안전검사 기준」 제6조제1항제1호 관련 [별표 2]에서 규정하고 있다.

55) 외국에서 수입되는 사업자용 2톤 이상, 개인용 5톤 이상의 동력수상레저기구에 대한 신규검사 준비사항은 「수상레저기구 안전검사 기준」 제6조제1항제2호 관련 [별표 3] '건조에 착수한 때부터 실시하는 검사에 준한 검사대상 기구의 신규검사 준비사항'을 따른다. 이는 「선박안전법」 제7조제4항 및 「어선법」 제22조제6항에 따른 '별도건조검사'와 유사한 개념이다.

56) 수상오토바이, 고무보트, 수상레저사업에 이용되는 총톤수 2톤 미만의 모터보트 및 세일링요트, 개인레저활동에 이용되는 총톤수 5톤 미만의 모터보트 및 세일링요트의 신규검사 및 모든 등록대상 동력수상레저기구의 정기검사에 대한 준비사항은 「수상레저기구 안전검사 기준」 제6조제1항제3호 및 제4호와 관련한 [별표 3의2]를 따른다.

57) 승선정원이 13명 이상인 동력수상레저기구는 복원성을 유지하도록 하고 있으며, 이에 대한 자료의 적정성 확인은 「수상레저기구 안전검사 기준」 제8조(복원성)에서 정하는 요건을 따르도록 하고 있다. 하지만 다음의 경우에 있어서는 이에 대한 검사준비를 생략할 수 있도록 하고 있다. 「수상레저기구 안전검사 기준」 제6조(검사의 기준) ② 제1항에도 불구하고 다음 각 호의 어느 하나에 해당하는 경우에는 복원성시험에 관한 준비를 생략할 수 있다.

1. 같은 조선소에서 같은 내용으로 확인된 도면에 따라 건조되는 같은 형태의 후속 기구들에 대하여 경하중량 및 길이 방향의 무게중심위치(LCG) 계산을 위한 시험(이하 "경하중량산정시험"이라 한다)을 한 결과 선행 기구와의 경하중량 또는 LCG의 차이가 다음 조건을 초과하지 아니하는 경우

경하중량(LWT) 차이	길이방향 무게중심위치(LCG) 차이
2.0퍼센트 LWT	0.5퍼센트 LBP

2. 기구의 주요 치수의 변경 없이 기구에서 사용하는 물건의 증설 · 탑재 · 철거 등으로 경하중량 및 중심의 위치에 영향을 미치는 개조를 하는 경우에는 경하중량 및 무게중심 위치(LCG 및 VCG)의 변화를 정확하게 계산한 경하중량산정표에서 경하중량의 증 · 감량이 기존 경하중량의 2.0퍼센트 미만이거나, LCG의 차이가 1.0퍼센트 LBP 미만인 경우
3. 재등록, 용도변경, 도입 · 차용한 기구가 확인받은 복원성자료가 있는 경우로서 복원성에 영향을 미치는 개조 또는 수리가 없었다고 판단되는 경우

58) 여기에서의 "국민안전처 장관이 정하여 고시하는 바"는 「수상레저기구 안전검사 기준」 제7조(항해구역의 지정 등) 및 제10조(승선정원의 지정 등) 등 이 기준에서 규정하고 있는 바를 따르도록 하고 있다.

호가목)

② 초단파대 무선설비(무선전화 및 디지털 선택호출장치를 포함한다) 또는 그 밖의 주파수통신장치로서 국민안전처장관이 정하여 고시하는 것(제1호나목)[59)]

ii) 별표 7의3 제1호가목 및 나목의 동력수상레저기구는 수선하부 검사를 위한 입거, 상가 또는 거선의 준비를 할 것(제2호)

iii) 국제항해에 종사하는 동력수상레저기구는 해당 국제협약에 따른 검사준비를 할 것(제3호)

이에 따라 안전검사 신청을 받은 후 수상레저기구가 안전검사에 합격한 경우에는 해당 수상레저기구별로 같은 법 시행규칙 제26조제3항에 따라 [별지 제31호서식]의 '수상레저기구 안전검사증'을 신청인에게 발급하여야 한다.

또한 이 법 제37조제6항 및 같은 법 시행규칙 제26조제4항에 따라 수상레저기구 안전검사증의 재발급을 받으려는 자는 [별지 제31호의2서식]의 안전검사증 재발급 신청서에 안전검사증을 첨부(훼손된 경우만 해당한다)하여 검사대행자에게 제출하도록 하고 있다.[60)]

참고로 수상레저기구 안전검사증은 앞쪽 · 뒤쪽으로 다음과 같이 구분하고 있다. 앞쪽에는 신규 · 정기 · 임시검사 중 해당 검사종류의 표기, 동력수상레저기구의 제원, 안전검사 면제확인, 항해구역, 항해와 관련한 조건 및 사업자용과 개인용으로 각각 구분한 유효기간을 표기하고 있으며, 뒤쪽에서는 변경사항(연원일, 내용, 확인)을 기재하도록 하고 있다. 다음의 [그림 5-3]은 수상레저기구 안전검사증 앞쪽을 나타낸다.

---

59) 여기에서의 "국민안전처 장관이 정하여 고시하는 것"은 「수상레저기구 안전검사 기준」 제9조(무선설비 등)를 따른다.

60) 수상레저기구 안전검사증을 재발급 받으려는 자는 안전검사증 재발급 신청서에 다음의 서류를 첨부하여 검사대항자에게 제출하도록 하고 있다(이는 안전검사증 재발급 신청서 상의 첨부서류 란에서 확인).

1. 기재사항이 변경된 경우: 해당 안전검사증(훼손된 경우만 해당)
2. 잃어버린 경우: 사유서
3. 헐어 못쓰게 된 경우: 해당 안전검사증

■ 수상레저안전법 시행규칙 [별지 제31호서식] 〈개정 2014.11.19.〉

(앞 쪽)

제 호 (Certificate No:)

수상레저기구 안전검사증
(Survey Certificate for Water Leisure Vessel or Watercraft)

[ ] 신규 [ ] 정기 [ ] 임시
Entry Renewal Temporary

제원 (Data)	종류 (Kind of Vessel or Watercraft)	기구명 (Name of Vessel or Watercraft)	총톤수 (Gross Tonnage)
	승선정원(Number of crew)	제조 연월일 Date of Manufacture (Y/M/D)	기구 번호 (Official Number)
	기관형식 (Cycle of Engines)	기관 번호 (Official Number of Engines)	최대 출력 (Maximum Power)
	길이(Length)	너비(Width)	깊이(Depth)
안전검사 면제확인 (Verification for Exemption from Survey)	정비 · 수리일자(Date of Maintenance / Repair)	제조 · 정비사업장(Place where Manufacture / Maintenance Taken)	확인자(Confirmor)

항해구역(Navigation Area)

항해와 관련한 조건(Conditions for Navigation)

유효기간(Validity)

[ ] 사업자용 (For Business) 년(Y) 월(M) 일(D) ~ 년(Y) 월(M) 일(D)
[ ] 개인용 (For Individual) 년(Y) 월(M) 일(D) ~ 년(Y) 월(M) 일(D)
※ [ ] 에는 해당되는 곳에 √표를 합니다.

「수상레저안전법」 제37조, 같은 법 시행규칙 제26조제3항에 따라 위와 같이 수상레저기구의 안전검사에 합격하였음을 증명합니다.(This certificate is issued in accordance with Article 37 of the Water Leisure Safety Act and Article 26.3 of the Enforcement Regulation of the same act.)

년(Y) 월(M) 일(D)

국민안전처장관(Minister of Public Safety and Security)
시 · 도지사(Mayor · Governor)
안전검사 대행기관장(President of the Agency for Safety Survey)
[인]

210㎜×297㎜[백상지120g/㎡]

[그림 5-3] 수상레저기구 안전검사증(별지 제31호서식)

제6장 유선 및 도선 사업법 위반 범죄수사

제1절 유선 및 도선 사업법의 개요

Ⅰ. 유선 및 도선 사업법의 목적 및 구성

「유선 및 도선 사업법」의 목적은 유선사업(遊船事業) 및 도선사업(渡船事業)(이하 "유·도선사업"이라 한다)에 관하여 필요한 사항을 정하여 유선 및 도선의 안전운항과 유·도선사업의 건전한 발전을 도모함으로써 공공의 안전과 복리의 증진에 이바지하기 위한 것으로 하고 있다(제1조).

한편, 이 법에서 규정하고 있는 주요내용을 살펴보면 ⅰ) 유·도선사업의 면허 또는 신고 등 운영에 관한 사항, ⅱ) 유선사업자의 안전운항 위무 등과 관련한 유선사업에 관한 사항, ⅲ) 도선사업자의 안전운항 의무 등과 관련한 도선사업에 관한 사항, ⅳ) 안전검사 및 안전관리 등에 관한 사항 등으로 구성되어 있다.

Ⅱ. 유선 및 도선 관련 용어의 정의 및 적용범위

1. 용어의 정의

「유선 및 도선 사업법」 제2조에서는 이 법에서 유·도선사업 등과 관련한 용어에 대해 정의하고 있으며 다음과 같이 규정하고 있다.

ⅰ) "유선사업"이란 유선 및 유선장(遊船場)을 갖추고 수상에서 고기잡이, 관광, 그 밖의 유락(遊樂)을 위하여 선박을 대여하거나 유락하는 사람을 승선시키는 것을 영업으로 하는 것으로서 「해운법」을 적용받지 아니하는 것을 말한다(제1호).[1)]

---

1) 「선박안전법」 제2조제10호에 따라 13인 이상의 여객을 운송할 수 있는 선박인 여객선은 사업면허(또는 사업신고)의 종류에 따라 다음과 같이 구분하고 있다(앞서 언급한바 있는 「선박검사증서의 선박용도 표기 지침」 중 여객선 참조). ⅰ) 「해운법」 제4조에 따른 사업면허를 지방청으로부터 발급 받아 이 법 제2조제2호에서 정의하고 있는 "해상여객운송사업"에 사용하고자 하는 선박, ⅱ) 「유선 및 도선 사업법」 제3조에 따라 관할 관청의 면허를 받거나 관할 관청에 신고 후 확인을 받은 후 이 법 제2조제

ii) "도선사업"이란 도선 및 도선장을 갖추고 내수면 또는 대통령령으로 정하는 바다목[2]에서 사람을 운송하거나 사람과 물건을 운송하는 것을 영업으로 하는 것으로서 「해운법」을 적용받지 아니하는 것을 말한다(제2호).

iii) "유선장" 및 "도선장"이란 유선 및 도선(이하 "유 · 도선"이라 한다, [그림 6-1] 참조)을 안전하게 매어두고 승객이 승선 · 하선을 할 수 있게 한 시설과 승객 편의시설을 말한다(제3호).

iv) "수상"이란 내수면과 해수면을 말한다(제4호).

v) "내수면"이란 하천, 댐, 호수, 늪, 그 밖에 인공으로 조성된 담수(淡水)와 기수(汽水)의 수류(水流) 또는 수면을 말한다(제5호).

vi) "해수면"이란 바다의 수류나 수면을 말한다(제6호).

2. 적용범위

「유선 및 도선 사업법」은 이 법 제2조제1호 및 제2호에 따른 유 · 도선사업과 관련해서 수상에서의 행위를 하는데 있어 필요한 사항에 대해 적용되고 있다. 반면, 이 법 제2조의2에서는 적용배제 규정을 두고 있으며, 다음과 같다.

i) 「수상레저안전법」에 따른 수상레저사업 및 그 사업과 관련된 수상에서의 행위를 하는 경우(제1호)

ii) 「체육시설의 설치 · 이용에 관한 법률」에 따른 체육시설업 및 그 사업과 관련된 수상에서의 행위를 하는 경우(제2호)

1호 및 제2호에서 정의하고 있는 "유선사업" 및 "도선사업"에 사용하고자 하는 선박. 이 경우 「선박안전법 시행규칙」 제13조제1항제1호 및 제2호에 따른 선바검사증서 상의 선박용도 란에는 각각 여객선(일반여객선), 여객선(유선), 여객선(도선)으로 표기한다.

2) 「유선 및 도선 사업법 시행령」 제2조(바다목) 「유선 및 도선 사업법」(이하 "법"이라 한다) 제2조제2호에서 "대통령령으로 정하는 바다목"이란 다음 각 호의 해역을 말한다.

1. 내수면과 해수면이 접하는 하구나 만(灣)의 형태를 갖춘 곳으로서 해안 간의 해상거리가 2해리 이내인 해역
2. 육지와 도서(島嶼) 간 및 도서와 도서 간의 거리가 비교적 가깝고 「해운법」에 따른 여객선이 운항되지 아니하는 해역(여객선이 운항되고 있는 도서 중 한 곳과 여객선이 운항되지 아니하는 다른 도서 간의 해역을 포함한다)

iii) 「낚시 관리 및 육성법」에 따른 낚시어선업 및 그 사업과 관련된 수상에서의 행위를 하는 경우(제3호)

유선

도선

출처: 구글검색사이트(Google), http://www.google.co.kr

[그림 6-1] 유 · 도선의 형태

Ⅲ. 유선 및 도선 사업법 관련 법령 부칙

여기서는 앞서 언급한 바와 같이 유선 및 도선 사업법 관련 법령(법 · 시행령 · 시행규칙) 제 · 개정이 있을 경우 법률의 시행일 및 경과조치에 대해 규정하고 있는 부칙 조항 중 최근 개정된 법령을 중심으로 "선박등"의 운영과 관련해서 해당 범죄수사 시 검토되어야 하는 주요부칙 조항을 중심으로 살펴보았으며, 다음의 〈표 6-1〉~〈표 6-3〉과 같다.

〈표 6-1〉 유선 및 도선 사업법 주요부칙 조항

부 칙	주요내용
유선 및 도선 사업법 〈법률 제11344호, 2012.2.22.〉	**제1조(시행일)** 이 법은 공포 후 6개월이 경과한 날부터 시행한다.
	제2조(벌칙 및 과태료에 관한 경과조치) 이 법 시행 전의 행위에 대하여 벌칙 및 과태료를 적용할 때에는 종전의 규정에 따른다.
유선 및 도선 사업법 〈법률 제13193호, 2015.2.3.〉	**제1조(시행일)** 이 법은 공포한 날부터 시행한다. 다만, 제4조의2 및 제9조의 개정규정은 공포 후 1년이 경과한 날부터 시행한다.
	제2조(유선 · 도선의 선령 제한에 관한 적용례) 제4조의2 및 제9조제1항제8호의 개정규정은 이 법 시행 후 최초로 면허를 받거나 신고하는 유 · 도선사업부터 적용한다.
	제3조(이미 면허를 받거나 신고를 한 유 · 도선사업에 관한 경과조치) ① 이 법 시행 당시 이미 면허를 받거나 신고를 한 유 · 도선사업자는 이 법 시행 후 7년 이내에 제4조의2 제1항제1호에 따른 기준에 적합한 선박을 갖추어야 한다. ② 이 법 시행 당시 이미 면허를 받거나 신고를 한 유 · 도선사업의 유효기간이 이 법 시행 후 7년 이내에 종료되어 면허 또는 신고를 갱신하는 경우에는 이 법 시행 후 7년 이내에 제4조의2제1항제1호에 따른 기준에 적합한 선박을 갖추어야 한다.
	제4조(벌칙 및 과태료에 관한 경과조치) 이 법 시행 전의 행위에 대하여 벌칙 및 과태료를 적용할 때에는 종전의 규정에 따른다.

부 칙	주요내용
유선 및 도선 사업법 〈법률 제13441호, 2015.7.24.〉	**제1조(시행일)** 이 법은 공포 후 6개월이 경과한 날부터 시행한다.
	제2조(사업의 면허 또는 신고 시 협의 또는 통보에 관한 경과조치) 이 법 시행 전에 제3조제1항에 따른 유 · 도선사업의 면허신청 또는 신고를 받은 경우에 대해서는 제3조제2항 및 제3항의 개정규정에도 불구하고 종전의 규정에 따른다.
	제3조(유 · 도선사업 휴업기간에 관한 경과조치) 이 법 시행 당시 휴업 중인 유 · 도선사업자의 경우에는 이 법 시행일부터 제7조제2항의 개정규정에 따른 휴업기간을 계산한다.
유선 및 도선 사업법 〈법률 제13751호, 2016.1.7.〉	**제1조(시행일)** 이 법은 공포 후 6개월이 경과한 날부터 시행한다.
	제2조(행정처분에 관한 적용례) 제9조제1항제7호의2 개정규정은 이 법 시행 후 해당 위반행위를 하는 경우부터 적용한다.
	제3조(권한 주체 변경에 관한 경과조치) 이 법 시행 전에 종전의 제3조제1항제3호 단서에 따라 영업구역이 둘 이상의 해양경비안전서의 관할구역에 걸쳐 있고 운항거리가 5해리 이상인 경우의 유 · 도선사업 면허 및 신고의 관할관청으로서 지방해양경비안전본부장이 한 면허발급, 신고수리, 그 밖의 행위와, 해당 지방해양경비안전본부장에 대한 면허신청, 신고, 그 밖의 행위는 각각 제3조제1항제3호의 개정규정에 따라 해양경비안전서장이 한 행위 또는 해양경비안전서장에 대한 행위로 본다.
	제4조(금치산자 등에 대한 경과조치) 제6조제1항1제1호의 개정규정에 따른 피성년후견인 및 피한정후견인에는 법률 제10429호 민법 일부개정법률 부칙 제2조에 따라 금치산 또는 한정치산 선고의 효력이 유지되는 사람을 포함하는 것으로 본다.
	제5조(과징금에 관한 경과조치) 이 법 시행 전의 위반행위에 대한 과징금부과에 대해서는 제9조의2제1항의 개정규정에도 불구하고 종전의 규정에 따른다.

〈표 6-2〉 유선 및 도선 사업법 시행령 주요부칙 조항

부 칙	주요내용
유선 및 도선 사업법 시행령 〈대통령령 제21216호, 2008.12.31.〉	**제1조(시행일)** 이 영은 공포한 날부터 시행한다. 다만, 제21조 개정규정 중 교육시간의 변경부분은 2009년 1월 1일부터 시행한다.
	제2조(경과조치) 이 영 시행 당시 종전의 규정에 따라 면허를 받거나 신고를 한 유 · 도선사업자는 이 영 시행일로부터 6개월 이내에 제17조의 개정규정에 따른 인명구조용 장비 및 시설을 갖추어야 한다.
유선 및 도선 사업법 시행령 〈대통령령 제22624호, 2011.1.17.〉	**제1조(시행일)** 이 영은 공포한 날부터 시행한다. 다만, 제17조 및 제18조의 개정규정은 공포 후 3개월이 경과한 날부터 시행한다.
	제2조(인명구조요원의 자격기준에 관한 경과조치) 이 영 시행 전에 대한적십자사가 실시하는 수상인명구조활동에 관한 소정의 과정을 이수한 사람으로서 제20조제1항제1호의 개정규정에 따른 인명구조요원 자격을 취득하지 못한 사람은 같은 개정규정에도 불구하고 인명구조요원의 자격이 있는 것으로 보되, 이 영 시행 후 3개월까지 해당 자격을 취득하여야 한다.

〈표 6-3〉 유선 및 도선 사업법 시행규칙 주요부칙 조항

부 칙	주요내용
유선 및 도선 사업법 시행규칙 〈행정안전부령 제75호, 2009.4.13.〉	**제1조(시행일)** 이 규칙은 공포한 날부터 시행한다.
	제2조(행정처분기준에 관한 경과조치) 이 규칙 시행 전의 위반행위에 대한 행정처분(과징금 부과처분을 포함한다)은 종전의 규정에 따른다.
유선 및 도선 사업법 시행규칙 〈행정안전부령 제304호, 국토해양부령 제492호, 2012.6.29.〉	**제1조(시행일)** 이 규칙은 2012년 8월 23일부터 시행한다.
	제2조(유 · 도선사업 면허사항 변경신청 등에 관한 적용례) 제3조제4항, 제4조제1항 및 제5조제2항의 개정규정은 이 규칙 시행 후에 신청 또는 신고하는 경우부터 적용한다.
유선 및 도선 사업법 시행규칙 〈총리령 제1247호, 2016.1.27.〉	**제1조(시행일)** 이 규칙은 공포한 날부터 시행한다.
	제2조(서식에 관한 경과조치) 이 규칙 시행 당시 종전의 규정에 따른 서식은 이 규칙 시행 이후 3개월 간 이 규칙에 따른 서식과 함께 사용할 수 있다.

참고로 이 법은 2016년 1월 7일 법률 제13751호로 개정되면서 개정에 따라 변경된 법조문은 다음의 〈표 6-4〉와 같으며, 이와 관련해서 본 저서에서는 집필일자에 따라 이 법의 개정에 따른 시행일(2016년 7월 8일) 이전 법률(제13193호)을 위주로 해서 언급하고자 하였다. 또한 이에 추가해서 선박등의 운영과 관련한 벌칙 규정을 제시하면서 개정에 반영된 내용을 필요에 따라 적절히 구분해서 나타내었다.

〈표 6-4〉 유선 및 도선 사업법 개정 사항(법률 제13751호)

구 분	해당 법조문
개 정	제3조(사업의 면허 또는 신고), 제6조(결격사유), 제7조(유 · 도선사업의 휴업 · 폐업 등), 제8조(영업구역 및 영업시간 등), 제9조(행정처분), 제9조의2(과징금 처분), 제12조(유선사업자 등의 안전운항 의무), 제13조(유선 승객의 준수사항), 제18조(승선 또는 선적의 제한 등), 제33조(보험 등에의 가입), 제35조(요금 등의 게시), 제36조(보조금의 지급 등), 제40조(벌칙), 제41조(벌칙), 제43조(과태료)
신 설	제24조의2(선원 등의 비상상황 대비훈련), 제25조의2(정보시스템의 구축 · 운영)

제2절 사고발생 시의 인명구조 의무 불이행 위반사범 수사

「유선 및 도선 사업법」 제39조제1항부터 제3항까지의 규정은 유·도선사업의 면허를 발급받았거나 신고를 한 자(이하 "유·도선사업자"라 한다)와 선원이 선박사고 및 영업구역[3]에서 사고 발생 시 인명구조에 필요한 조치 의무사항을 위반한 경우, 이와 관련한 범죄행위의 구성요건 및 양형기준에 대한 것이다.[4]

한편, 이는 2014년 4월 16일 발생한 세월호 전복사고 당시 인명구조와 관련한 제도의 전반적인 보완 및 대책 마련을 위한 것으로 이 법이 2015년 2월 3일 법률 13193호로 개정되기 이전 법률 제12844호의 제42조제1항제1호[5]에서 이에 해당하는 자에 대해 200만원 이하의 과태료에 처하던 것을 징역 또는 벌금에 처하도록 강화된 것이다.

위반행위에 대한 수사기관은 앞서 「낚시 관리 및 육성법」 및 「수상레저안전법」에서 언급한 바와 같이 내수 중 직선기선 안쪽의 해역 및 해수면에서 발생한 위반사범

---

3) 「유선 및 도선 사업법 시행령」 제7조(영업구역) ① 법 제8조제1항에 따른 유·도선의 영업구역은 다음 각 호와 같다.
  1. 「선박안전법」을 적용받는 유·도선의 경우에는 선박검사 시에 정해진 항해구역 내에서 관할관청이 지정한 구역 또는 거리 이내
  2. 「선박안전법」을 적용받지 아니하는 유·도선의 경우에는 제13조에 따른 안전검사 시에 정해진 구역 또는 거리 이내
  ② 제1항 각 호에 따른 유·도선의 영업구역 내에 중간 기착지(寄着地)를 정하는 경우에는 다음 각 호의 요건을 갖추어야 한다.
  1. 중간 기착지로 인하여 「해운법」에 따른 해상운송여객사업자의 영업권을 침해할 우려가 없을 것
  2. 유선사업의 경우 중간 기착지로 인하여 사람을 운송하거나 사람과 물건을 운송하는 목적으로 이용될 우려가 없을 것

4) 「유선 및 도선 사업법」 제39조(벌칙) ① 제28조를 위반하여 유·도선사업자와 선원이 인명구조에 필요한 조치를 하지 아니하였을 때에는 1년 이하의 징역 또는 1천만원 이하의 벌금에 처한다.
  ② 제1항의 죄를 범하여 사람을 상해에 이르게 한 때에는 1년 이상 5년 이하의 징역에 처한다.
  ③ 제1항의 죄를 범하여 사람을 사망에 이르게 한 때에는 무기 또는 3년 이상의 징역에 처한다.

5) **구, 「유선 및 도선 사업법」 제42조(과태료)** ① 다음 각 호의 어느 하나에 해당하는 자에게는 200만원 이하의 과태료를 부과한다.
  1. 제7조, 제12조제2항·제4항, 제15조제2항, 제16조제2항·제4항, 제23조제2항, 제24조, 제25조, 제28조, 제29조제1항, 제31조제2항, 제34조제1항·제2항 또는 제35조를 위반한 자

은 국민안전처(해양경비안전본부)에서 그 밖에 내수면에서 발생한 위반사범은 경찰청에서 각각 담당하게 된다({참고 1-1} 참조).

이에 따라 여기에서는 유·도선사업 시 발생할 수 있는 사고에 있어서의 인명구조 등의 조치 불이행과 관련해서 위법행위를 한 자에 대한 사실 관계를 이와 관련한 법령 등을 통해 살펴보고자 한다.

> 제39조(벌칙) ① 제28조를 위반하여 유·도선사업자와 선원이 인명구조에 필요한 조치를 하지 아니하였을 때에는 1년 이하의 징역 또는 1천만원 이하의 벌금에 처한다.
> ② 제1항의 죄를 범하여 사람을 상해에 이르게 한 때에는 1년 이상 5년 이하의 징역에 처한다.
> ③ 제1항의 죄를 범하여 사람을 사망에 이르게 한 때에는 무기 또는 3년 이상의 징역에 처한다.

「유선 및 도선 사업법」 제28조에서는 유·도선사업자와 선원은 선박이 전복·충돌하거나 그 밖에 영업구역에서 사고가 발생한 때에는 인명구조에 필요한 조치를 하도록 하고 있다.

다시 말해서 이는 이 법 제2조제1호 및 제2호에 따른 유·도선사업을 하고자 하는 자와 그 해당 선박에서 종사하는 선원은 선박으로 인한 전복·충돌사고 또는 그 밖의 사고가 영업구역에서 발생할 경우 인명구조에 필요한 조치를 취하도록 하는 의무 강제규정이다.

한편, 여기에서 선박으로 인한 전복·충돌사고가 발생하고 이에 따른 인명구조와 관련한 조치가 수반되어야 하는 경우에는 그 해당 직무의 범위에 대한 적용여부가 명확하다. 하지만 전복·충돌사고 이외 '그 밖에 영업구역에서 발생한 사고'와 관련해서는 유·도선사업자와 선원이 취해야할 의무조치 사항의 범위 및 사고의 유형에 대한 부분을 포괄적으로 규정하고 있어 상당히 모호한 부분이 있다 할 것이다.

이와 관련해서 이 법 제28조에 따라 유·도선사업자와 선원이 각종 사고가 발생한 때에 인명구조에 필요한 조치를 취하도록 하는 것과 관련한 세부 내용에 대해 살펴보면 다음과 같다.

먼저 선박사고 유형 중 충돌 및 전복사고에 대한 구분은 「해양사고의 조사 및 심판에 관한 법률 사무처리 요령」 제13조제1항제1호가목 및 라목에 따른 것으로 다음과 같으며,[6] 이러한 유형의 사고 발생 시 유·도선사업자와 선원은 인명구조에 대한

---

6) 「해양사고의 조사 및 심판에 관한 법률 사무처리 요령」 제13조(사고의 종류) ① 법 제2조제1호나목부터 라목까지에 따른 해양사고는 다음과 같이 구분한다.

1. 선박에 손상이 생긴 경우에는 다음 각 목 중 어느 하나로 한다.
   가. 충돌: 항해중이거나 정박중임을 불문하고 다른 선박과 부딪치거나 맞붙어 닿은 것. 다만, 수면하의 난파선과 충돌한 것은 제외한다.
   나. 접촉: 다른 선박이나 해저를 제외하고 외부물체나 외부시설물에 부딪치거나 맞붙어 닿은 것. 다만, 수면 아래의 시설물 등과 선저가 부딪쳐서 침수되거나 선체에 손상이 발생된 경우에는 좌초로 분류한다.
   다. 좌초: 해저, 암초, 수면 아래의 난파선 또는 간출암이나 해안가 등에 얹히거나 부딪친 것
   라. 전복: 선박이 뒤집혀진 것(가목부터 다목까지, 마목 및 바목의 결과로 발생한 것은 제외한다)
   마. 화재: 불로 인하여 재산·인명 피해가 발생하는 것(가목 내지 라목 등에 뒤따라 발생한 것은 제외한다)
   바. 폭발: 급속한 연소로 인하여 급격한 팽창이나 파열 등이 따르는 것(가목 내지 마목 등에 뒤따라 발생한 것은 제외한다)
   사. 침몰: 가목부터 바목까지 이외에 악천후 조우, 외판 등의 균열이나 파공, 절단 등에 의한 침수의 결과 가라앉은 것
   아. 행방불명: 선박의 존부여부가 90일간 불분명하거나 기타 보험관계기관 등에서 행방불명으로 처리된 것
   자. 기관손상: 「선박기관기준」 제2조에 따른 주기관, 주보일러, 주요한 보조기관 또는 주기관·주보일러·주요한 보조기관 등에 연료·윤활유·공기·냉각수 등을 공급하기 위한 펌프 등 선박추진과 관련된 보기 등이 손상된 것
   차. 추진축계 손상: 추진축계, 추진기 또는 클러치(동력전달장치)가 손상된 것
   카. 조타장치 손상: (유압)조타장치 또는 키가 손상된 것
   타. 속구손상: 속구 등이 손상된 것
   파. 기타: 가목부터 타목 이외의 것
2. 선박에는 거의 손상이 없이 선박 이외의 시설에 손상이 생긴 경우에는 "00손상"으로 분류한다. 이 때 "00"에는 그 시설물의 명칭을 기재한다.
3. "안전저해"란 항해 중 추진기에 폐로프, 폐어망 등 해상부유물이 감기어 항해를 계속할 수 없게 된 경우 등을 말한다.
4. "운항저해"란 모래섬, 뻘 등에 올라앉아 항해를 계속할 수 없게 되었으나 선체에는 손상이 없는 경우 등으로써 절박한 위험의 발생은 없었으나 선박의 통상적인 운항을 불가능하게 하거나 곤란하게 하는 상태를 만들어내어 일반적인 위험이 일어나고 시간적 경과에 따라 그 위험성이 증대할 것이 예상될 경우를 말한다.

적극적인 조치를 취하도록 하고 있다.

i) 충돌: 항해중이나 정박중임을 불문하고 다른 선박과 부딪치거나 맞붙어 닿은 것. 다만, 수면하의 난파선과 충돌한 것은 제외한다(제1호가목).
ii) 전복: 선박이 뒤집힌 것(충돌 · 접촉 · 좌초 · 화재 · 폭발의 결과로 발생한 것은 제외한다)(제1호라목).

다음으로 "그 밖에 영업구역에서 발생한 사고"에서의 영업구역은 이 법 제8조제1항 및 같은 법 시행령 제7조제1항에 따른 유 · 도선의 영업구역을 말하는 것으로 선박의 톤수 및 성능(선박검사 시 「선박안전법」의 적용 유 · 무)에 따라 아래와 같이 규정하고 있으며, 이에 해당하는 영업구역에서 유 · 도선과 관련한 사고 발생 시에도 유 · 도선사업자와 선원은 인명구조에 대한 적극적인 조치를 하여야 한다.

i) 「선박안전법」을 적용받는 유 · 도선의 경우에는 선박검사 시에 정해진 항해구역 내에서 관할관청이 지정한 구역 또는 거리 이내(시행령 제7조제1항제1호)
ii) 「선박안전법」을 적용받지 아니하는 유 · 도선의 경우에는 제13조에 따른 안전검사 시에 정해진 구역 또는 거리 이내(시행령 제7조제1항제2호)

이상의 내용을 정리하면, 이 법 제28조에 따라 유 · 도선사업자와 선원이 인명구조에 필요한 조치를 의무적으로 취하여야 하는 사고의 범위 등은 다음과 같다.

우선 「유선 및 도선 사업법」 제2조의2에 해당하지 아니하고, 제2조제4호 및 제3조제1항에 따른 수상(내수면 및 해수면)에서 유 · 도선사업의 면허 또는 신고를 필한 선박에서 발생한 사고의 유형 중 전복 · 충돌이 해당된다.

또한 앞서 언급한 바와 같이 「해양사고의 조사 및 심판에 관한 법률 사무처리 요령」 제13조제1항에서 규정하고 있는 사고 및 「재난 및 안전관리 기본법」 제3조제1호 나목[7])에서 규정하고 있는 재난 상황 등 해당 영업구역에서 각종 사고가 발생할 경우

7) 「재난 및 안전관리 기본법」 제3조(정의) 이 법에서 사용하는 용어의 뜻은 다음과 같다.

에도 유 · 도선사업자와 선원은 인명구조에 필요한 조치를 취하여할 의무가 있다 할 것이다.

참고로 여기에서의 "사고"는 유 · 도선(유 · 도선장 제외)에서 발생한 해양사고와 그 밖의 각종 사고로 볼 수 있으며, "해양사고"의 정의 등과 관련해서는 「해양사고의 조사 및 심판에 관한 법률」 제2조제1호 및 제1호의2에서 자세히 규정하고 있다.[8)]

---

1. "재난"이란 국민의 생명 · 신체 · 재산과 국가에 피해를 주거나 줄 수 있는 것으로서 다음 각 목의 것을 말한다.
   나. 사회재난: 화재 · 붕괴 · 폭발 · 교통사고(항공사고 및 해상사고를 포함한다) · 화생방사고 · 환경오염사고 등으로 인하여 발생하는 대통령령으로 정하는 규모 이상의 피해와 에너지 · 통신 · 교통 · 금융 · 의료 · 수도 등 국가기반체계의 마비, 「감염병의 예방 및 관리에 관한 법률」에 따른 감염병 또는 '가축전염병예방법'에 따른 가축전염병의 확산 등으로 인한 피해

8) 「해양사고의 조사 및 심판에 관한 법률」 제2조(정의)

1. "해양사고"란 해양 및 내수면(內水面)에서 발생한 다음 각 목의 어느 하나에 해당하는 사고를 말한다.
   가. 선박의 구조 · 설비 또는 운용과 관련하여 사람이 사망 또는 실종되거나 부상을 입은 사고
   나. 선박의 운용과 관련하여 선박이나 육상시설 · 해상시설이 손상된 사고
   다. 선박이 멸실 · 유기되거나 행방불명된 사고
   라. 선박이 충돌 · 좌초 · 전복 · 침몰되거나 선박을 조종할 수 없게 된 사고
   마. 선박의 운용과 관련하여 해양오염 피해가 발생한 사고

1의2. "준해양사고"란 선박의 구조 · 설비 또는 운용과 관련하여 시정 또는 개선되지 아니하면 선박과 사람의 안전 및 해양환경 등에 위해를 끼칠 수 있는 사태로서 해양수산부령으로 정하는 사고를 말한다. 여기에서 "해양수산부령으로 정하는 사고"는 다음에 해당하는 것을 말한다.

「해양사고의 조사 및 심판에 관한 법률 시행규칙」 제2조(준해양사고)

1. 항해 중 운항 부주의로 다른 선박에 근접하여 충돌할 상황이 발생하였으나 가까스로 피한 사태
2. 항로 내에서의 정박 중 다른 선박에 근접하여 충돌할 상황이 발생하였으나 가까스로 피한 사태
3. 입 · 출항 중 항로를 이탈하거나 예정된 항로를 이탈하여 좌초될 상황이 발생하였으나 가까스로 안전한 수역으로 피한 사태
4. 화물을 싣거나 묶고 고정시킨 상태가 불량한 사유 등으로 선체가 기울어져 뒤집히거나 침몰할 상황이 발생하였으나 가까스로 피한 사태
5. 전기설비의 상태 불량 등으로 화재가 발생할 상황이었으나 가까스로 화재가 나지 아니하도록 조치한 사태
6. 해양오염설비의 조작 부주의 등으로 오염물질이 해양에 배출될 상황이 발생하였으나 가까스로 배출되지 아니하도록 조치한 사태
7. 그 밖에 제1호부터 제6호까지의 사태와 유사한 사태로서 해양수산부장관이 정하여 고시하는 사태

제3절 유 · 도선사업 운영 등과 관련한 위반사범 수사

현행「유선 및 도선 사업법」제40조제1호부터 제6호까지의 규정은 유 · 도선 무면허 사업 및 유 · 도선사업에 따른 안전검사 의무 불이행 등 유 · 도선사업의 운영과 관련해서 발생할 수 있는 범죄행위의 구성요건 및 양형기준에 대한 것이다.[9)]

위반행위에 대한 수사기관은 앞서 언급한 바와 같이 발생장소에 따라 내수 중 직선 기선 안쪽의 해역 및 해수면에서 발생한 위반사범은 국민안전처(해양경비안전본부)에서 그 밖에 내수면에서 발생한 위반사범은 경찰청에서 각각 담당하게 된다.

이에 따라 여기에서는 유 · 도선사업 운영 등과 관련해서 위법행위를 한 자에 대한 사실 관계를 이와 관련한 법령 및 행정규칙 등을 통해 살펴보고자 한다.

참고로 이 법은 2016년 1월 7일 법률 제13751호로 개정되면서 개정 전 현행 이 법(제13193호) 제40조 벌칙 규정이 변경되었으며,[10)] 이에는 ⅰ) 제12조제3항 또는 제

---

9) **현행, 「유선 및 도선 사업법」 제40조(벌칙)** 다음 각 호의 어느 하나에 해당하는 자는 1년 이하의 징역 또는 1천만원 이하의 벌금에 처한다.
1. 제3조제1항을 위반하여 면허를 받지 아니하거나 신고를 하지 아니하고 유 · 도선사업을 한 자
2. 제9조제1항에 따라 유 · 도선사업이 폐쇄 또는 정지된 후 유 · 도선사업을 한 자
3. 제12조제2항 또는 제16조제2항을 위반하여 안전에 관한 사항을 안내하지 아니한 자
4. 제20조제1항에 따른 안전검사를 받지 아니하고 유 · 도선을 운항한 자
5. 제24조제1항 또는 제2항을 위반한 자
6. 제26조제1항에 따른 검사 또는 안전점검을 거부 또는 기피하거나 방해한 자

10) **예정, 「유선 및 도선 사업법」 제40조(벌칙)** 다음 각 호의 어느 하나에 해당하는 자는 1년 이하의 징역 또는 1천만원 이하의 벌금에 처한다. 〈개정 2012.2.22., 2014.10.15., 2015.2.3., 2016.1.7.〉
1. 제3조제1항을 위반하여 면허를 받지 아니하거나 신고를 하지 아니하고 유 · 도선사업을 한 자
2. 제9조제1항에 따라 유 · 도선사업이 폐쇄 또는 정지된 후 유 · 도선사업을 한 자
3. 제12조제2항 또는 제16조제2항을 위반하여 안전에 관한 사항을 안내하지 아니한 자
4. 제12조제3항 또는 제16조제3항을 위반하여 유선 또는 도선을 조종한 자
5. 제12조제5항제2호를 위반하여 정원을 초과하여 유선에 승선하게 한 자
6. 제18조제1항제1호를 위반하여 승선 정원, 적재 중량 또는 용량을 초과하여 도선에 승선 또는 선적하게 한 자
7. 제20조제1항에 따른 안전검사를 받지 아니하고 유 · 도선을 운항한 자
8. 제24조제1항 또는 제2항을 위반한 자
9. 제26조제1항에 따른 검사 또는 안전점검을 거부 또는 기피하거나 방해한 자

16조제3항을 위반하여 유선 또는 도선을 조종한 자, ii) 제12조제5항제2호를 위반하여 정원을 초과하여 유선에 승선하게 한 자, iii) 제18조제1항제1호를 위반하여 승선정원, 적재 중량 또는 용량을 초과하여 도선에 승선 또는 선적하게 한 자에 대한 처벌규정을 추가하고 있다.

여기에서 i)~iii)까지에 해당하는 자에 대한 처벌규정은 앞서 언급한 바와 같이 이 법이 2016년 1월 7일 법률 제13751호로 개정되기 이전 현행 이 법(제13193호) 제41조제1호에서 이동한 것으로 양형기준에 있어서도 6개월 이하의 징역 또는 300만원 이하의 벌금에 처하던 것을 1년 이하의 징역 또는 1천만원 이하의 벌금에 처하도록 강화되었다.

I. 유 · 도선사업의 등록 · 신고의무 불이행 위반사범

제40조(벌칙) 다음 각 호의 어느 하나에 해당하는 자는 1년 이하의 징역 또는 1천만원 이하의 벌금에 처한다.

1. 제3조제1항을 위반하여 면허를 받지 아니하거나 신고를 하지 아니하고 유 · 도선 사업을 한 자

「유선 및 도선 사업법」 제3조에서는 유 · 도선사업을 하려는 자에게 유 · 도선의 규모 또는 영업구역에 따라 관할관청의 면허를 받거나 관할관청에 신고하도록 구분해서 규정하고 있으며, 이를 위반할 경우 처벌하도록 하고 있다.

1. 유 · 도선사업 등록관청 및 적용대상

「유선 및 도선 사업법」 제3조제1항에 따라 유 · 도선사업을 하려는 자는 유 · 도선의 규모 또는 영업구역에 따라 다음의 구분에 따른 관할관청의 면허를 받거나 관할

[전문개정 2011.5.30.]
[제39조에서 이동, 종전 제40조는 제41조로 이동 〈2015.2.3.〉]
[시행일: 2016.7.8.] 제40조

관청에 신고하여야 하도록 하고 있다.[11)]

i) 유 · 도선장 또는 영업구역이 내수면과 해수면에 걸쳐 있거나 둘 이상의 특별시 · 광역시 · 특별자치시 · 도 또는 특별자치도(이하 "시 · 도"라 한다)에 걸쳐 있는 경우: 해당 유 · 도선을 주로 매어두는 장소를 관할하는 특별시장 · 광역시장 · 특별자치시장 · 도지사 또는 특별자치도지사(이하 "시 · 도지사"라 한다) 또는 지방해양경비안전본부장(제1호)

ii) 영업구역이 내수면인 경우: 특별자치도지사 · 시장 · 군수 · 구청장(구청장은 자치구의 구청장을 말하며, 이하 "시장 · 군수 · 구청장"이라 한다). 다만, 영업구역이 둘 이상의 특별자치도 · 시 · 군 · 구(구는 자치구를 말하며, 이하 "시 · 군 · 구"라 한다)의 관할구역에 걸쳐 있고 운항거리가 5해리 이상인 경우에는 시 · 도지사, 운항거리가 5해리 미만인 경우에는 해당 유 · 도선을 주로 매어두는 장소를 관할하는 시장 · 군수 · 구청장(제2호)

iii) 영업구역이 해수면인 경우: 해양경비안전서장. 다만, 영업구역이 둘 이상의 해양경비안전서의 관할구역에 걸쳐 있고 운항거리가 5해리 이상인 경우에는 지방해양경비안전본부장, 운항거리가 5해리 미만인 경우에는 해당 유 · 도선을 주로 매어두는 장소를 관할하는 해양경비안전서장(제3호)[12)]

---

11) 참고로 「유선 및 도선 사업법」 제3조(사업의 면허 또는 신고) ② 제1항 각 호에 따라 면허신청 또는 신고를 받은 관할관청(이하 "관할관청"이라 한다)은 유 · 도선사업의 면허를 발급하거나 신고를 수리(受理)할 때에 그 영업구역이 내수면과 해수면에 걸쳐 있거나 둘 이상의 시 · 도 또는 시 · 군 · 구에 걸쳐 있는 경우에는 관계 시 · 도지사나 시장 · 군수 · 구청장 또는 지방해양경비안전본부장이나 해양경비안전서장과 미리 협의하여야 하며, 유 · 도선장이 「자연공원법」 제2조제5호에 따른 공원구역 안에 있는 경우에는 공원관리청과 미리 협의하여야 한다.
③ 관할관청은 유 · 도선사업의 면허를 발급하거나 신고를 수리하였을 때에는 그 내용을 관계 시 · 도지사나 시장 · 군수 · 구청장 또는 지방해양경비안전본부장이나 해양경비안전서장, 공원관리청, 경찰서장, 지방해양항만관서의 장과 「도로법」 제23조에 따른 도로관리청(도선사업만 해당한다) 및 그 밖에 대통령령으로 정하는 관계 기관에 각각 통보하여야 한다.
④ 관할관청은 제1항에 따라 면허를 발급할 때에 유 · 도선의 안전강화 및 편의시설 확보 등을 위하여 총리령으로 정하는 바에 따라 필요한 조건을 붙일 수 있다.

12) **예정, 「유선 및 도선 사업법」 제3조(사업의 면허 또는 신고)** ① 유선사업 및 도선사업(이하 "유 · 도선사업"이라 한다)을 하려는 자는 대통령령으로 정하는 유 · 도선의 규모 또는 영업구역에 따라 다음 각 호의 구분에 따른 관할관청의 면허를 받거나 관할관청에 신고하여야 한다. 면허 또는 신고사항을

iv) 서울특별시의 한강에서 운항하는 유 · 도선의 경우: 서울특별시의 한강 관리에 관한 업무 중 유 · 도선에 관한 업무를 관장하는 기관의 장(제4호)

여기에서 유 · 도선사업 중 유 · 도선의 규모 또는 영업구역에 따라 관할관청의 면허를 받거나 관할관청에 신고하도록 하고 있는 유 · 도선의 대상은 같은 법 시행령 제3조에 따라 다음의 〈표 6-5〉와 같이 구분하고 있다.

〈표 6-5〉 유 · 도선사업 중 면허 또는 신고사업의 대상

유 · 도선사업의 종류	적용대상
면허사업	1. 총톤수가 5톤 이상인 선박 2. 총톤수가 5톤 미만인 선박 중 승객 정원이 13명 이상인 선박 3. 유 · 도선사업의 영업구역이 2해리 이상인 경우
신고사업	면허사업 적용대상에 해당하지 아니하는 유 · 도선사업

2. 유 · 도선사업의 신청절차 등

마찬 가지로 「유선 및 도선 사업법」 제3조제1항에 따라 유 · 도선사업을 하려는 자는 사업의 종류별로 같은 법 시행령 제5조에 따른 기준에 적합한 선박 및 시설 · 장비 · 인력을 갖추고,[13] 같은 법 시행규칙 제3조제1항에서 정하는 바와 같이 이 법 제3조

변경하려는 경우에도 또한 같다. 〈개정 2012.2.22., 2014.11.19., 2016.1.7.〉
3. 영업구역이 해수면인 경우: 해당 유 · 도선을 주로 매어두는 장소를 관할하는 해양경비안전서장 [시행일: 2016.7.8.]

13) 「유선 및 도선 사업법 시행령」 제5조(시설기준) ① 법 제4조에 따른 유선사업의 선박기준 및 시설 · 장비 · 인력 기준은 다음 각 호와 같다.
1. 선박기준: 「선박안전법」 제26조에 따른 선박시설기준에 적합한 선박을 갖출 것. 다만, 「선박안전법」을 적용받지 아니하는 경우에는 제12조에 따른 안전검사를 받은 선박이어야 한다.
2. 시설 · 장비 · 인력 기준: 다음 각 목의 기준에 적합할 것
가. 제17조에 따른 인명구조용 장비의 기준과 시설기준에 맞는 장비와 시설을 갖출 것
나. 「선박직원법」에 적합한 선원을 배치할 것. 다만, 「선박직원법」을 적용받지 아니하는 경우에는 총리령으로 정하는 기준에 적합한 선원을 배치하여야 한다.
다. 제20조에 따른 인명구조요원을 배치할 것
② 법 제4조에 따른 도선사업의 선박기준 및 시설 · 장비 · 인력 기준은 다음 각 호와 같다.
1. 선박기준: 제1항제1호에 따른 선박을 갖출 것

제1항의 구분에 따른 관할관청에 면허를 신청하거나 신고하도록 하고 있다(시행령 제4조).

이와 관련해서, 이 법 제3조제1항 및 같은 법 시행규칙 제3조제1항에 따라 유·도선사업을 하려는 자는 [별지 제1호서식]의 사업면허신청서·사업신고서에 다음의 서류를 첨부하여 이 법 제3조제1항 각각의 구분에 따른 관할관청에 제출하여야 한다.

i) 정관(법인인 경우만 해당한다) 1부(시행규칙 제3조제1항제1호)
ii) 선박의 소유권 또는 사용권을 증명할 수 있는 서류 사본 1부(시행규칙 제3조제1항제2호)
iii) 인명구조용 장비 및 유·도선장 시설명세서 각 1부(시행규칙 제3조제1항제3호)
iv) 선원 및 인명구조요원의 명단(그 자격을 증명하는 서류를 첨부하여야 한다) 각 1부(시행규칙 제3조제1항제4호)
v) 영업구역 도면 1부(시행규칙 제3조제1항제5호)
vi) 하천점용 등 허가서 또는 공유수면점용 등 허가서 사본 1부(시행규칙 제3조제1항제6호)

이와 같이 신청서 또는 신고서를 제출받은 관할관청은 같은 법 시행규칙 제3조제2항에 따라 「전자정부법」 제36조제1항에 따른 행정정보의 공동이용을 통하여 법인 등기사항증명서(법인만 해당한다) 1부(시행규칙 제3조제2항제1호)와 선박검사증서(「선박안전법」을 적용받는 선박만 해당한다) 1부(시행규칙 제3조제2항제2호)를 확인하여야 한다.[14] 다만, 신청인 또는 신고인이 선박검사증서의 확인에 동의하지 아니하는

---

2. 시설·장비·인력 기준: 다음 각 목의 기준에 적합할 것
   가. 제18조에 따른 인명구조용 장비의 기준과 시설기준에 맞는 장비와 시설을 갖출 것
   나. 제1항제2호나목에 따른 선원을 배치할 것
   다. 제20조에 따른 인명구조요원을 배치할 것

14) 「유선 및 도선 사업법」 제4조의2(면허의 기준) ① 관할관청은 유·도선사업의 면허를 하려는 때에는 다음 각 호에 적합한지를 심사하여야 한다. 면허를 변경하려는 경우에도 또한 같다.
1. 유·도선사업 면허 신청자가 보유한 유선 또는 도선의 선령(船齡)이 대통령령으로 정한 기준에 적합할 것
2. 유·도선사업 면허 신청자가 보유한 선박과 시설·장비·인력이 제4조의 시설기준에 적합할 것

경우에는 그 사본을 첨부하게 하도록 하고 있다.

그리고 이에 따른 신청 또는 신고를 받은 관할관청은 그 신청사항 또는 신고사항이 유선 및 도선 사업법 관련 법령(규정)에 적합하다고 인정하는 경우에는 「유선 및 도선 사업법 시행규칙」 제3조제3항과 관련한 [별지 제2호서식]의 사업면허증이나 [별지 제3호서식]의 사업신고확인증을 발급하여야 한다.

한편, 이 법 제3조제1항 후단에 따라 면허 또는 신고사항을 변경하려는 경우에는 같은 조 제1항 전단에 따른 각 호의 구분에 따른 관할관청의 면허를 받거나 관할관청에 신고하여야 있으며, 이와 관련한 절차 등은 같은 법 시행규칙 제3조제4항 및 제5항에 따른 것으로 하고 있다.[15)]

참고로 이 법 제5조제1항 및 제6조에서는 유 · 도선사업의 면허 또는 신고의 유효기간 및 결격사유를 별도로 규정하고 있으며, 다음과 같다.

먼저 이 법 제5조제1항에 따라 유선사업의 면허 또는 신고의 유효기간은 10년으로 하되, 연중 한시적으로 영업하는 경우에는 해당 연도로만 하며, 도선사업의 면허 또는 신고의 유효기간은 영구로 하되, 연중 한시적으로 영업하는 경우에는 5년으로 하고 있다.[16)]

또한 이에 따른 면허 또는 신고의 유효기간이 지난 후 계속하여 사업을 하려는 자는 이 법 제5조제2항 및 같은 법 시행규칙 제5조제2항에 따라 면허를 갱신 받거나

---

② 관할관청은 유 · 도선사업을 신고하려는 자가 보유한 선박의 선령이 제1항제1호의 기준에 적합하지 아니한 경우에는 그 신고를 수리하여서는 아니 된다. 변경신고를 수리하는 경우에도 또한 같다.

15) 「유선 및 도선 사업법 시행규칙」 제3조(사업의 면허 또는 신고) ④ 제3항에 따라 사업면허증이나 사업신고확인증을 발급받은 자가 면허사항이나 신고사항을 변경하려는 경우에는 그 변경사항이 발생한 날부터 7일 이내에 별지 제4호서식의 사업 면허(신고)사항 변경신청서(신고서)에 사업면허증 또는 사업신고확인증과 그 변경사항을 증명할 수 있는 서류를 첨부하여 관할관청에 제출하여야 한다.
⑤ 제4항에 따른 변경신청서 또는 변경신고서를 제출받은 관할관청은 그 신청사항 또는 신고사항이 법, 영 및 이 규칙에 적합하다고 인정하는 경우에는 사업면허증 또는 사업신고확인증을 고쳐 쓰거나 재작성하여 발급하여야 한다.

16) 「유선 및 도선 사업법 시행규칙」 제5조(면허 또는 신고의 갱신) ① 관할관청은 법 제5조제1항에 따른 면허 또는 신고의 유효기간 종료일 1개월 전까지 해당 유 · 도선사업자에게 유 · 도선사업의 갱신에 관한 사항을 전화, 팩스, 전자우편 또는 휴대전화 문자전송 등의 방법으로 알려야 한다.
② 법 제5조제2항에 따라 면허를 갱신받거나 신고를 갱신하려는 자는 면허 또는 신고의 유효기간 종료일 5일 전까지 별지 제9호서식의 사업 면허 · 신고 갱신신청 · 신고서를 관할관청에 제출하여야 한다.
③ 관할관청은 제1항에 따른 신청 또는 신고를 받았을 때에는 그 신청사항 또는 신고사항이 법, 영 및 이 규칙에 적합하다고 인정하면 사업면허증이나 사업신고확인증을 재작성하여 발급하여야 한다.

신고를 갱신하려는 자는 면허 또는 신고의 유효기간 종료일 5일 전까지 [별지 제9호 서식]의 사업 면허 · 신고 갱신신청 · 신고서를 관할관청에 제출하여야 한다.

다음으로 이 법 제6조제1항 및 제2항에서는 유 · 도선사업의 면허를 받거나 신고를 할 수 없는 결격사유에 해당하는 자를 규정하고 있으며, 다음과 같다.[17)]

i) 금치산자 · 한정치산자 또는 미성년자(제1항제1호)

ii) 금고 이상의 형을 선고받고 그 집행이 끝나거나 집행을 받지 아니하기로 확정된 날부터 2년이 지나지 아니한 사람(제1항제2호)

iii) 금고 이상의 형의 집행유예를 선고받고 그 집행유예기간 중에 있는 사람(제1항제3호)

iv) 이 법 제9조제1항에 따라 유 · 도선사업의 면허가 취소된 후 2년이 지나지 아니한 자(제1항제4호)

v) 임원 중 제1호부터 제4호까지의 어느 하나에 해당하는 사람이 있는 법인(제1항제5호)

이에 추가해서 이 법 제6조제2항에서는 제9조제1항에 따라 유 · 도선사업의 폐쇄명령을 받은 자는 그 사업이 폐쇄된 후 1년이 지나지 아니하고는 제3조에 따른 유 · 도

---

17) **예정, 「유선 및 도선 사업법」 제6조(결격사유)** ① 다음 각 호의 어느 하나에 해당하는 자는 제3조에 따른 유 · 도선사업의 면허를 받거나 신고를 할 수 없다. 〈개정 2015.7.24., 2016.1.7.〉

1. 미성년자 · 피성년후견인 또는 피한정후견인
2. 이 법, 「선박안전법」, 「선박법」, 「선박직원법」, 「선원법」, 「해사안전법」, 「수질 및 수생태계 보전에 관한 법률」 또는 「해양환경관리법」을 위반하여 금고 이상의 형을 선고받고 그 집행이 끝나거나 집행을 받지 아니하기로 확정된 날부터 2년이 지나지 아니한 사람
3. 이 법, 「선박안전법」, 「선박법」, 「선박직원법」, 「선원법」, 「해사안전법」, 「수질 및 수생태계 보전에 관한 법률」 또는 「해양환경관리법」을 위반하여 금고 이상의 형의 집행유예를 선고받고 그 집행유예기간 중에 있는 사람
4. 제9조제1항에 따라 유 · 도선사업의 면허가 취소(이 항 제1호에 해당하여 면허가 취소된 경우는 제외한다)된 후 2년이 지나지 아니한 자
5. 임원 중 제1호부터 제4호까지의 어느 하나에 해당하는 사람이 있는 법인

② 제9조제1항에 따라 유 · 도선사업의 폐쇄명령을 받은 자는 그 사업이 폐쇄(이 조 제1항제1호에 해당하여 사업이 폐쇄된 경우는 제외한다)된 후 1년이 지나지 아니하고는 제3조에 따른 유 · 도선사업의 신고를 할 수 없다. 〈개정 2016.1.7.〉 [전문개정 2011.5.30.] [시행일: 2016.7.8.] 제6조

선사업의 신고를 할 수 없도록 하고 있으며, 이와 관련해서는 다음에서 자세히 다루고자 한다.

Ⅱ. 유 · 도선사업에 대한 행정처분 조치 위반사범

제40조(벌칙) 다음 각 호의 어느 하나에 해당하는 자는 1년 이하의 징역 또는 1천만원 이하의 벌금에 처한다.
2. 제9조제1항에 따라 유 · 도선사업이 폐쇄 또는 정지된 후 유 · 도선사업을 한 자

「유선 및 도선 사업법」 제9조제1항에 따라 관할관청은 유 · 도선사업자가 다음의 어느 하나에 해당하면 그 사업의 면허를 취소하거나 그 사업의 폐쇄 또는 3개월 이내의 기간을 정하여 그 사업의 일부 또는 전부의 정지를 명할 수 있도록 규정하고 있다.

다만, 아래의 ⅰ), ⅱ) 및 ix)에 해당하는 경우에는 그 사업의 면허를 취소하도록 하고 있으며, vii)에 해당하는 경우에는 1차 위반 시 사업장 폐쇄를 명하고 있다.

또한 iv)에서 유 · 도선사업자, 선원(인명구조요원을 포함한다), 그 밖의 종사자의 고의 또는 중대한 과실이나 주의의무 태만 등으로 안전사고가 발생한 경우(사망사고 발생 시에는 3차 위반, 그 밖의 안전사고 발생 시에는 4차 위반), ⅴ), vi), viii)에 해당하는 경우에는 4차 위반 시 면허취소 또는 사업장 폐쇄를 명하도록 하고 있다(다음의 〈표 6-6〉 참조).

ⅰ) 제6조제1항 각 호의 어느 하나에 해당하게 된 경우. 다만, 다음의 어느 하나에 해당하는 경우는 제외한다(제1호).
　㉮ 법인이 제6조제1항제5호에 해당하는 경우에 6개월 이내에 그 임원을 교체하여 임명한 경우(제1호가목)
　㉯ 유 · 도선사업자의 상속인이 제6조제1항제1호부터 제4호까지의 어느 하나에 해당하는 경우에 피상속인이 사망한 날부터 6개월 이내에 유 · 도선사업을 다른 사람에게 양도한 경우(제1호나목)

ii) 거짓이나 그 밖의 부정한 방법으로 면허를 받은 사실이 드러난 경우(제2호)

iii) 「공유수면 관리 및 매립에 관한 법률」에 따른 공유수면의 점용 또는 사용 허가기간의 만료, 「하천법」에 따른 하천점용허가 유효기간의 만료, 「농어촌정비법」에 따른 농업생산기반시설이나 용수의 목적 외 사용기간의 만료 및 「어촌 · 어항법」에 따른 어항시설의 점용 또는 사용 허가기간이 만료된 경우. 다만, 공유수면 등의 점용 또는 사용 허가기간의 연장과 관련하여 법적인 분쟁(행정심판 또는 행정소송)이 있는 경우에는 처분을 유예하여야 한다(제2호의2).

iv) 유 · 도선사업자, 선원(인명구조요원을 포함한다. 이하 같다), 그 밖의 종사자의 고의 또는 중대한 과실이나 주의의무 태만 등으로 인하여 안전사고가 발생한 경우(제3호)

v) 사고를 당한 피해자에게 정당한 사유 없이 필요한 보호조치를 하지 아니하거나 피해보상을 하지 아니한 경우(제4호)

vi) 「선박안전법」, 「선박법」, 「선박직원법」, 「수질 및 수생태계 보전에 관한 법률」, 「해양환경관리법」, 그 밖의 관계 법령을 위반한 경우(제5호)

vii) 신고를 하지 아니하거나, 거짓이나 그 밖의 부정한 방법으로 신고를 한 경우(제6호)[18]

---

18) **예정, 「유선 및 도선 사업법」 제9조(행정처분)** ① 관할관청은 유 · 도선사업자가 다음 각 호의 어느 하나에 해당하면 그 사업의 면허를 취소하거나 그 사업의 폐쇄 또는 3개월 이내의 기간을 정하여 그 사업의 일부 또는 전부의 정지를 명할 수 있다. 다만, 제1호 · 제2호 및 제8호에 해당하는 경우에는 그 사업의 면허를 취소하여야 한다. 〈개정 2015.1.20., 2015.2.3., 2016.1.7.〉
6. 제3조제1항, 제3조의3제3항, 제7조제1항, 제32조제1항, 제34조제1항 · 제2항에 따른 신고를 하지 아니하거나 거짓이나 그 밖의 부정한 방법으로 신고를 한 경우
7의2. 제12조제3항 또는 제16조제3항을 위반하여 유선 또는 도선을 조종한 경우
② 제1항에 따라 지방해양경비안전본부장 또는 해양경비안전서장이 도선사업의 면허를 취소하거나 폐쇄 또는 정지를 명하려면 미리 관계 시 · 도지사 또는 시장 · 군수 · 구청장과 협의하여야 한다. 〈개정 2014.11.19.〉
③ 제1항에 따른 행정처분의 세부기준은 총리령으로 정한다. 〈개정 2013.3.23., 2014.11.19.〉
④ 제3조의3에 따른 유 · 도선사업의 승계가 있는 경우 종전의 유 · 도선사업자에 대한 제1항 각 호의 어느 하나의 위반을 사유로 한 행정처분의 효과는 그 처분기간이 끝나는 날까지 유 · 도선사업자의 지위를 승계한 자에게 승계되며, 행정처분의 절차가 진행 중일 때에는 유 · 도선사업자의 지위를 승계한 자에 대하여 그 절차를 계속 진행할 수 있다. 〈개정 2015.7.24.〉
[시행일: 2016.7.8.] 제9조

viii) 이 법 제27조 각 호에 따른 명령을 이행하지 아니한 경우(제7호)[19]

ix) 이 법 제4조의2제1항제1호에 따른 선령 기준에 미달하게 된 경우(제8호)

이와 관련해서 이 법 제40조제2호에서는 관할관청에서 유·도선사업의 면허를 취소하거나 그 사업의 폐쇄 또는 일부 또는 전부의 정지를 명한 이후에도 계속해서 유·도선사업을 한 유·도선사업자에 대해 처벌하도록 하고 있다.

참고로 유·도선사업의 면허취소, 폐쇄 또는 정지에 따른 행정처분의 세부 기준은 같은 법 시행규칙 제9조 관련 [별표 1]에서 정하고 있으며, 다음의 〈표 6-6〉과 같다.

〈표 6-6〉 유·도선사업의 행정처분기준

1. 일반기준
가. 위반행위가 둘 이상인 경우로서 그에 해당하는 각각의 처분기준이 다른 경우에는 그 중 무거운 처분기준(무거운 처분기준이 같을 때에는 그 중 하나의 처분기준을 말한다)에 따르며, 둘 이상의 처분기준이 같은 영업정지인 경우에는 무거운 처분기준의 2분의 1의 범위에서 가중할 수 있되, 각 처분기준을 합산한 기간(3개월을 초과하는 경우에는 3개월을 말한다)을 초과할 수 없다.
나. 위반행위의 횟수에 따른 행정처분의 기준은 최근 1년간 제2호 각 목의 어느 하나의 위반행위를 한 후에 다시 그 목에 해당하는 위반행위로 행정처분을 받은 경우에 적용한다. 이 경우 위반횟수는 같은 위반행위에 대하여 최초로 처분을 한 날과 다시 같은 위반행위를 적발한 날을 기준으로 한다.
다. 사업정지에 해당하는 위반사항으로서 위반행위의 동기·내용·횟수 또는 그 결과를 고려할 때 제2호의 기준을 적용하는 것이 현저하게 불합리하다고 인정되는 경우에는 그 처분기준의 2분의 1 기간까지 경감하여 처분할 수 있다.
라. 이 기준에 명시되지 아니한 사항으로서 처분의 대상이 되는 사항이 있을 때에는 이 기준 중 가장 유사한 사항에 따라 처분한다.

19) 「유선 및 도선 사업법」 제27조(개선명령 등) 관할관청은 유·도선의 안전사고 예방과 공공복리의 증진을 위하여 특히 필요하다고 인정할 때에는 유·도선사업자에게 다음 각 호의 사항을 명할 수 있다.
1. 승선 정원이나 적재 중량 또는 용량의 제한
2. 영업시간 또는 운항횟수의 제한
3. 영업구역의 제한 또는 영업의 일시 정지
4. 유·도선 또는 유·도선장시설의 개선·변경 및 원상복구
5. 운항 약관의 변경
6. 제3조제4항에 따라 유·도선사업 면허 발급 시 붙인 조건의 이행
7. 제4조에 따른 시설기준 등의 유지·관리
8. 제7조제2항에 따른 휴업기간 초과 시 영업재개
9. 제33조에 따른 보험 등에의 가입
10. 그 밖에 안전사고 예방을 위하여 필요한 사항

2. 개별기준

위반사항	근거 법조문	행정처분기준				
		구분	1차 위반	2차 위반	3차 위반	4차 위반
가. 유 · 도선사업자, 선원(인명구조요원을 포함한다), 그 밖의 종사자의 고의 또는 중대한 과실이나 주의의무 태만 등으로 안전사고가 발생한 경우	법 제9조 제1항 제3호	사망 사고 발생시	사업 정지 2개월	사업 정지 3개월	면허 취소 또는 사업장 폐쇄	–
		그 밖의 안전 사고 발생시	사업 정지 1개월	사업 정지 2개월	사업 정지 3개월	면허 취소 또는 사업장 폐쇄
나. 사고를 당한 피해자에게 정당한 사유 없이 필요한 보호조치를 하지 않거나 피해보상을 하지 않은 경우	법 제9조 제1항 제4호	–	사업 정지 1개월	사업 정지 2개월	사업 정지 3개월	면허 취소 또는 사업장 폐쇄
다. 「선박안전법」, 「선박법」, 「선박직원법」, 「수질 및 수생태계 보전에 관한 법률」, 「해양환경관리법」, 그 밖의 관계 법령을 위반한 경우	법 제9조 제1항 제5호	–	경고	사업 정지 1개월	사업 정지 3개월	면허 취소 또는 사업장 폐쇄
라. 신고를 하지 않거나, 거짓이나 그 밖의 부정한 방법으로 신고를 한 경우	법 제9조 제1항 제6호	–	사업장 폐쇄	–	–	–
마. 법 제27 조 각 호에 따른 명령을 이행하지 않은 경우	법 제9조 제1항 제7호	–	경고	사업 정지 1개월	사업 정지 3개월	면허 취소 또는 사업장 폐쇄

한편, 「유선 및 도선 사업법」 제9조의2제1항에서는 유 · 도선사업자 중 도선사업자에 대하여 사업정지를 명하는 경우로서 그 사업정지가 국민에게 심한 불편을 주거나 그 밖에 공익을 해칠 우려가 있을 때에는 사업정지처분을 갈음하여 300만원 이하의 과징금을 부과할 수 있도록 규정하고 있다.[20)]

20) **예정, 「유선 및 도선 사업법」 제9조의2(과징금 처분)** ① 관할관청은 제9조제1항에 따라 도선사업자

이에 따른 과징금을 부과하는 위반행위의 종류, 위반 정도 등에 따른 과징금의 금액 등은 이 법 제9조의2제2항 및 같은 법 시행규칙 제10조제1항과 관련한 [별표 2]에서 정하고 있으며, 다음의 〈표 6-7〉과 같다.

〈표 6-7〉 도선사업자에 대한 과징금 처분 기준[21]

위반행위	근거 법조문	과징금 금액			
		구분	1차 위반	2차 위반	3차 위반
1. 도선사업자, 선원(인명구조요원을 포함한다), 그 밖의 종사자의 고의 또는 중대한 과실이나 주의의무 태만 등으로 안전사고가 발생한 경우	법 제9조 제1항 제3호	사망사고발생 시	200만원	300만원	–
		그 밖의 안전사고발생 시	100만원	200만원	300만원
2. 사고를 당한 피해자에게 정당한 사유 없이 필요한 보호조치를 하지 않거나 피해보상을 하지 않은 경우	법 제9조 제1항 제4호	–	200만원	300만원	–
3. 「선박안전법」, 「선박법」, 「선박직원법」, 「수질 및 수생태계 보전에 관한 법률」, 「해양환경관리법」, 그 밖의 관계 법령을 위반한 경우	법 제9조 제1항 제5호	–	–	100만원	300만원
4. 법 제27조 각 호에 따른 명령을 이행하지 않은 경우	법 제9조 제1항 제7호	–	–	100만원	300만원

에 대하여 사업정지를 명하는 경우로서 그 사업정지가 국민에게 심한 불편을 주거나 그 밖에 공익을 해칠 우려가 있을 때에는 사업정지처분을 갈음하여 1천만원 이하의 과징금을 부과할 수 있다. 〈개정 2016.1.7.〉

② 제1항에 따른 과징금을 부과하는 위반행위의 종류, 위반 정도 등에 따른 과징금의 금액과 그 밖에 필요한 사항은 총리령으로 정한다. 〈개정 2013.3.23., 2014.11.19.〉

③ 관할관청은 제1항에 따른 과징금을 내야 하는 자가 납부기한까지 내지 아니하면 국세 체납처분의 예 또는 「지방세외수입금의 징수 등에 관한 법률」에 따라 징수한다. 〈개정 2013.8.6.〉

[전문개정 2011.5.30.]

[시행일: 2016.7.8.] 제9조의2

21) 위의 〈표 6-7〉에 따른 '도선사업자에 대한 과징금 처분 기준'은 「유선 및 도선 사업법」이 2016년 1월 7일 법률 제13751호로 개정되기 전의 규정으로 현행 제9조의2제1항에 따라 300만원 이하로 부과하고 있는 과징금을 1천만원 이하로 상향하면서 현행 이 기준 또한 추후 개정에 따른 적용에 있어서의 추가 검토가 필요하다. [시행일: 2016.7.8.] 제9조의2

Ⅲ. 유·도선사업자 등의 안전에 관한 안내 의무 위반사범

제40조(벌칙) 다음 각 호의 어느 하나에 해당하는 자는 1년 이하의 징역 또는 1천만원 이하의 벌금에 처한다.

3. 제12조제2항 또는 제16조제2항을 위반하여 안전에 관한 사항을 안내하지 아니한 자

「유선 및 도선 사업법」 제12조제2항 및 제16조제2항에서는 유·도선사업자와 선원은 출항하기 전에 승객에게 다음의 안전에 관한 사항을 영상물 상영 또는 방송 등을 통하여 안내하도록 하는 의무 강제규정을 두고 있으며, 이에 관한 사항을 안내하지 아니한 자에 대해서는 이 법 제40조제3호에 따른 벌칙 조항을 적용할 수 있도록 하고 있다.

i) 안전한 승선·하선 방법 및 선내 위험구역 출입금지에 관한 사항
iii) 인명구조장비 사용법 및 유사 시 대처요령 등 안전에 관한 사항

참고로 이에 따른 규정은 앞서 언급한 바 있는 이 법 제39조에서와 같이 2014년 4월 16일 발생한 세월호 전복사고 당시 인명구조와 관련한 제도의 전반적인 보완 및 대책 마련을 위한 것으로 이 법이 2015년 2월 3일 법률 13193호로 개정되기 이전 법률 제12844호의 제42조제1항제1호[22]에서 이에 해당하는 자에 대해 200만원 이하의 과태료에 처하던 것을 1년 이하의 징역 또는 1천만원 이하의 벌금에 처하도록 강화된 것이다.

Ⅳ. 안전검사 미필 유·도선 운항 위반사범

현행, 「유선 및 도선 사업법」(제13193호) 제40조제4호는 이 법이 2016년 1월 7일

22) 구, 「유선 및 도선 사업법」 제42조(과태료) ① 다음 각 호의 어느 하나에 해당하는 자에게는 200만원 이하의 과태료를 부과한다.
1. 제7조, 제12조제2항·제4항, 제15조제2항, 제16조제2항·제4항, 제23조제2항, 제24조, 제25조, 제28조, 제29조제1항, 제31조제2항, 제34조제1항·제2항 또는 제35조를 위반한 자

법률 제13751호로 개정(시행일: 2016년 7월 8일)되면서 같은 조 제7호로 이동하였으며, 이와 관련한 위반사항에 대한 내용을 살펴보면 다음과 같다.

> 제40조(벌칙) 다음 각 호의 어느 하나에 해당하는 자는 1년 이하의 징역 또는 1천만원 이하의 벌금에 처한다.
> 4. 제20조제1항에 따른 안전검사를 받지 아니하고 유·도선을 운항한 자

1. 안전검사의 대상

「유선 및 도선 사업법」 제20조제1항에 따라 유·도선사업자는 「선박안전법」을 적용받지 아니하는 유·도선(비상구조선을 포함한다)에 대하여 관할관청의 안전검사를 받도록 하고 있다.[23)]

여기에서 「선박안전법」을 적용받지 아니하는 유·도선(비상구조선을 포함한다)은 무동력 선박 등으로 주로 페달식(pedal type) 또는 충전식 전기모터 추진 선박(놀이기구)이 이에 해당되며, 다음의 [그림 6-2]와 같은 형태를 가진다. 선박의 추진방식과 관련한 자세한 설명은 앞서 언급한바 있는 {참고 2-1}을 참조하고 별도의 설명은 생략하기로 한다.

또한 비상구조선은 같은 법 시행령 제17조제2항에서 규정하고 있는 바와 같이 승선 정원 4명 이상, 시속 20노트 이상의 성능을 가진 것을 요구하고 있으며, 다음의 장비를 모두 갖추고 영업구역의 순시와 사고발생 시의 인명구조용으로만 사용하도록 하고 있다. 비상구조선은 대체로 선외기 추진방식의 모터보트 및 고무보트의 형태를 가진다.

---

23) 「유선 및 도선 사업법」 제38조(권한의 위임 등) 제2항 및 같은 법 시행령 제31조(검사·교육의 위탁) 제2호에 따라 관할관청은 이 법 제20조에 따른 안전검사 업무를 '관계 전문기관 또는 단체'에 위탁할 수 있도록 규정하고 있으며, 이 경우 위탁받은 업무를 수행하는 사람은 「형법」 제129조부터 제132조까지의 규정을 적용할 때에는 공무원으로 보고 있다(벌칙 적용에서의 공무원 의제). 예컨대 일부 관할관청에서는 안전검사를 직접 수행하지 아니하고 유·도선사업을 하고자 하는 자에게 선박안전기술공단 등과 같은 선박검사 전문기관으로부터 안전검사를 받은 후 같은 법 시행규칙 제16조에 따른 [별지 제17호서식]의 안전검사증을 제출하도록 요구하고 있는 경우도 있다.

i) 망원경 1개(제1호)

ii) 자기점화등 1개 이상(제2호)

iii) 구명조끼 4개(제3호)

iv) 구명부환 2개 이상(제4호)

v) 드로우 백 1개 이상(제5호)

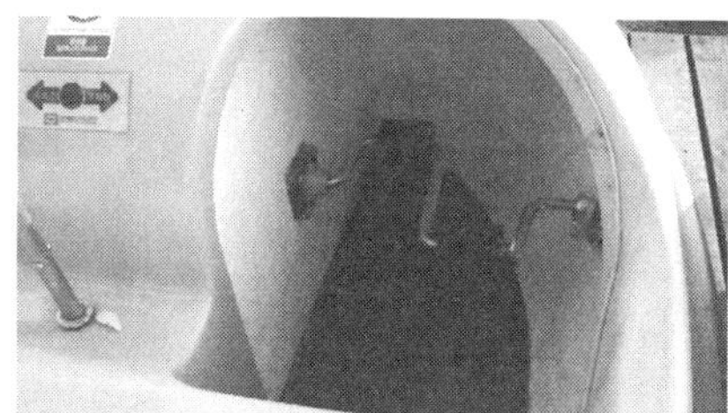

페달식 추진방식

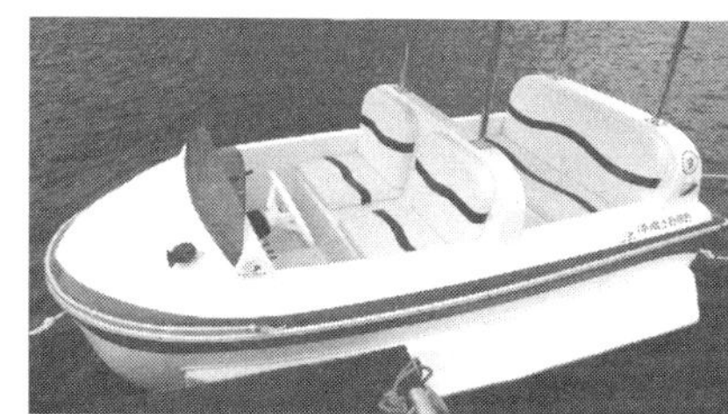

전기모터 추진방식(전기모터 구동용 축전지 외부충전 방식)

[그림 6-2] 안전검사 대상 선박(선박안전법 미적용 선박, 놀이기구)

한편, 앞서 언급한 바와 같이 관할관청은 유·도선사업 면허의 적합여부를 유선 및 도선 사업법 관련 법령에 따라 심사하면서 이 법 제4조의2제1항제1호에 따라 유·도선사업 면허 신청자가 보유한 유선 또는 도선의 선령(船齡)을 대통령령으로 정한 기준에 적합한지에 대해 확인하도록 하고 있다.

여기에서 "대통령령으로 정한 기준"은 같은 법 시행령 제6조의 [별표 1]에 따른 유선 또는 도선의 선령기준을 말하며(〈표 6-8 참조〉), 적용시기와 관련해서는 이 법률 제13193호(2015.2.3.) 부칙 제3조(이미 면허를 받거나 신고를 한 유·도선사업에 관한 경과조치)에 따라 다음과 같이 규정하고 있다.

i) 이 법 시행 당시 이미 면허를 받거나 신고를 한 유 · 도선사업자는 이 법 시행 후 7년 이내에 제4조의2제1항제1호에 따른 기준에 적합한 선박을 갖추어야 한다(제1항).

ii) 이 법 시행 당시 이미 면허를 받거나 신고를 한 유 · 도선사업의 유효기간이 이 법 시행 후 7년 이내에 종료되어 면허 또는 신고를 갱신하는 경우에는 이 법 시행 7년 이내에 제4조의2제1항제1호에 따른 기준에 적합한 선박을 갖추어야 한다(제2항).

〈표 6-8〉 유선 또는 도선의 선령기준

구 분	주요내용
1. 선령의 일반 기준	가. 「선박안전법」의 적용을 받는 유선 또는 도선(각각 비상구조선을 포함한다. 이하 이 표에서 같다): 20년 이하 나. 「선박안전법」의 적용을 받지 않는 유선 또는 도선: 다음의 구분에 따른 선령 1) 목선(木船) 및 합성수지선: 15년 이하 2) 강선(鋼船): 20년 이하
2. 선령의 연장 기준	가. 위의 제1호가목에 따른 선령기준의 적용을 받는 유선 또는 도선이 그 선령기준을 초과한 경우로서 다음의 구분에 따른 요건을 갖춘 경우에는 5년의 범위에서 1년 단위로 그 선령을 연장할 수 있다.[24)] 1) 선령이 20년 초과 25년 이하인 유선 또는 도선: 국민안전처장관이 정하여 고시하는 선박검사기준(이하 "선박검사기준"이라 한다)에 따라 관할관청이 검사를 의뢰하는 검사기관(이하 "검사기관"이라 한다)에서 검사를 실시한 결과 안전운항에 지장이 없는 것으로 판정되었을 것 2) 선령이 25년을 초과한 유선 또는 도선(목선인 유선 또는 도선 및 합성수지선인 유선 또는 도선은 제외한다): 선박검사기준에 따라 검사기관에서 검사를 실시한 결과 및 국민안전처장관이 정하여 고시하는 선박관리평가기준에 따른 선박 평가 결과 안전운항에 지장이 없는 것으로 판정되었을 것
	나. 위의 제1호나목에 따른 선령기준의 적용을 받는 유선 또는 도선(목선인 유선 또는 도선은 제외한다)이 그 선령기준을 초과한 경우로서 법 제20조제1항에 따른 안전검사 결과 안전운항에 지장이 없는 것으로 판정된 경우에는 10년의 범위에서 1년 단위로 그 선령을 연장할 수 있다.
3. 선령의 계산 방법	위의 제1호 및 제2호에 따른 선령은 해당 선박을 진수(進水)한 날부터 계산한다. 다만, 진수한 날을 알 수 없으면 진수한 달의 1일부터, 진수한 달을 알 수 없으면 진수한 해의 1월 1일부터 계산한다.

24) 여기에서의 선박검사기준 및 선박관리평가기준은 「해운법」에 따른 선령 20년 초과 여객선에 적용되고 있는 선박검사기준인 「선령 20년 초과 내항여객선의 선박검사기준」과 유사한 것으로 보이나, 본저서 집필당시에는 관련 기준이 마련되어 있지 않다. 따라서 이와 관련해서는 추후 관련 기준의 제

참고로 이와 같은 선령기준 제한과 관련한 것으로는 이 법에서 규정하고 있는 유 · 도선사업에 따른 유 · 도선 이외 「해운법」 제2조제2호에서 규정하고 있는 "해상여객운송사업"[25]에 따른 여객선에도 적용되고 있다.[26]

2. 안전검사의 시기 및 절차

「유선 및 도선 사업법」 제3조제1항에 따라 유 · 도선사업을 하려는 자는 같은 법 시행령 제4조에 따른 면허신청 또는 신고 시에 이 법 제20조제1항에 따른 안전검사를 받도록 하고 있다(시행령 제12조제1항).

이와 관련해서 「선박안전법」을 적용받지 아니하는 유 · 도선(비상구조선을 포함한다)을 소유한 유 · 도선사업자는 유 · 도선(비상구조선을 포함한다)의 선체구조를 변경하거나 기관을 교체하였을 때에는 같은 법 시행령 제12조제1항에 따른 안전검사를 받은 경우일지라도 10일 이내에 별도의 안전검사를 추가로 받아야 한다(시행령 제12조제2항).

또한 유 · 도선사업자는 같은 법 시행령 제12조제1항 또는 제2항에 따른 안전검사를 받은 후 1년마다 검사유효기간 만료 전까지 정기적으로 안전검사를 받도록 해서 면허신청 또는 신고 대상 유 · 도선에 대한 안전성을 지속적으로 유지 · 관리 하도록

정에 따른 적용에 있어서의 추가 검토가 필요하다.

25) 「해운법」 제2조(정의) 이 법에서 사용하는 용어의 뜻은 다음과 같다.
2. "해상여객운송사업"이란 해상이나 해상과 접하여 있는 내륙수로(內陸水路)에서 여객선 또는 「선박법」 제1조의2제1항제1호에 따른 수면비행선박(이하 "여객선등"이라 한다)으로 사람 또는 사람과 물건을 운송하거나 이에 따르는 업무를 처리하는 사업으로서 「항만운송사업법」 제2조제4항에 따른 항만운송관련사업 외의 것을 말한다.

26) 「해운법 시행규칙」 제5조(여객선의 보유량 등) ② 법 제5조제1항제5호에 따른 해상여객운송사업의 여객선 선령(船齡)기준은 20년 이하로 한다.
③ 제2항에도 불구하고 선령이 20년을 초과한 여객선으로서 해양수산부장관이 정하여 고시하는 선박검사기준에 따라 선박을 검사한 결과 안전운항에 지장이 없는 것으로 판정된 여객선은 5년의 범위에서 1년 단위로 선령을 연장할 수 있고, 선령이 25년을 초과한 여객선[강화플라스틱(FRP) 재질의 선박 및 제1조의2제2호에 따른 여객 및 화물 겸용 여객선은 제외한다]으로서 해양수산부장관이 정하여 고시하는 선박검사기준에 따라 선박을 검사한 결과 및 해양수산부장관이 정하여 고시하는 선박관리평가기준에 따라 선박을 평가한 결과 안전운항에 지장이 없는 것으로 판정된 여객선은 5년의 범위에서 1년 단위로 선령을 연장할 수 있다. 여기에서의 "해양수산부장관이 정하여 고시하는 선박검사기준"은 「선령 20년 초과 내항여객선의 선박검사기준」을 말하며, 이 기준은 「해운법 시행규칙」 제5조의 규정에 따라 선령 20년 초과 내항여객선의 구조 및 설비 등에 관한 검사기준을 정함을 목적으로 하고 있다.

의무화 하고 있다(시행령 제12조제3항).

한편, 이에 따른 안전검사를 받고자하는 유·도선사업자는 같은 법 시행규칙 제16조제1항에 따른 [별지 제16호서식]의 안전검사신청서에 같은 법 시행령 제12조제4항에서 요구하고 있는 다음의 서류를 첨부하여 관할관청에 제출하도록 하고 있다.

i) 선박의 구조도면 1부(구조가 같은 선박이 2척 이상일 경우에는 그 대표되는 선박의 구조도면 1부만 제출한다)(제1호)
ii) 인명구조용 장비에 대한 명세서 1부(제2호)

이와 같은 절차로 안전검사 신청을 받은 관할관청은 같은 법 시행령 제12조제5항에 따라 그 신청 내용이 다음에서 언급하고자 하는 같은 법 시행령 제13조에 따른 안전검사기준에 맞는지를 검사하고, 검사에 합격한 선박마다 같은 법 시행규칙 제16조제1항에 따른 [별지 제17호서식]의 안전검사증([그림 6-3] 참조)을 선박 안의 보기 쉬운 곳에 붙여야 하는 것으로 규정하고 있다.[27)]

3. 안전검사의 기준

앞서 언급한 바와 같이 「유선 및 도선 사업법」 제20조제1항에 따라 유·도선사업자는 「선박안전법」을 적용받지 아니하는 유·도선(비상구조선을 포함한다)에 대하여 관할관청의 안전검사를 받도록 하고 있으며, 안전검사와 관련한 검사기준은 「유선 및 도선 사업법」 제20조제2항 및 같은 법 시행령 제13조에서 다음과 같이 규정하고 있다.

27) 일반적으로 선박등과 관련한 서류(도면, 검사증서, 등록증 등)를 선박 안에 비치하도록 하고 있는 의무사항은 해당 선박등의 소유자에게 부여하고 있으나, 유·도선의 안전검사증은 관할관청에서 선박 안의 보기 쉬운 곳이 붙이도록 하고 있다. 예컨대 「선박안전법」 제17조 및 같은 법 시행규칙 제29조제3항에서는 선박소유자에게 선박검사증서 및 도면 등의 선내(船內) 비치 의무를 두고 있으며, 또한 「어선법」 제15조 및 제29조에서도 선박국적증서 및 어선검사증서 등을 어선의 소유자가 선내에 비치하도록 의무화하고 있다.

i) 같은 법 시행령 제14조[28] 및 [별표 1][29]에 따른 유 · 도선(비상구조선을 포함한다)의 규격 및 시설 · 설비 기준과 선령기준에 맞는지 여부(시행령 제13조제1호)

ii) 같은 법 시행령 제17조 및 제18조에 따른 인명구조용 장비의 기준과 시설기준에 맞는지 여부(시행령 제13조제2호)[30]

iii) 총리령으로 정하는 승선 정원[31], [적재 중량, 적재 용량][32] 및 선원 정원에 맞

28) 「유선 및 도선 사업법 시행령」 제14조(유 · 도선의 규격 및 시설 · 설비 기준 등) ① 「선박안전법」을 적용받지 아니하는 유 · 도선(비상구조선을 포함한다)의 안전검사를 위한 규격 및 시설 · 설비 기준은 다음 각 호와 같다.
1. 선박(제2항에 따른 고시로 정하는 선박은 제외한다)의 길이가 깊이의 10배 또는 너비의 6배를 초과하지 아니할 것
2. 안전운항에 지장을 주지 아니하도록 선체의 내부식성(耐腐蝕性)과 강도를 유지할 것
3. 추진기관이 설치된 선박의 경우 조타(操舵)장치가 유효하게 작동하고, 기관은 안전운항에 지장이 없도록 쉽고 확실하게 조작할 수 있는 기능을 갖추어야 하며, 점검과 보수가 쉬울 것
② 제1항에 따른 규격 등의 기준에 관한 세부적인 사항과 그 밖에 안전운항을 위하여 갖추어야 할 시설 및 설비는 국민안전처장관이 정하여 고시한다.
여기에서의 "국민안전처장관이 정하여 고시"는 「유 · 도선의 규격 및 시설 · 설비기준」을 말한다.

29) 여기에서의 [별표 1]은 앞서 언급한 〈표 6-8〉의 유선 또는 도선의 선령기준을 말한다.

30) 「유선 및 도선 사업법 시행령」 제17조 및 제18조에 따른 인명구조용 장비의 기준과 시설기준은 뒤에서 언급하고 있는 〈표 6-12〉를 참조하도록 한다.

31) 「유선 및 도선 사업법 시행규칙」 제13조(승선 정원 등 기준) ① 법 제11조에 따른 유선의 승선 정원과 법 제14조에 따른 도선의 승선 정원은 승객 및 선원이 안전하게 탑승할 수 있는 장소의 제곱미터 단위의 면적을 0.35제곱미터로 나눈 값으로 한다.
② 도선에 사람과 화물을 함께 싣는 경우에는 화물 55킬로그램을 승선 인원 1명으로 계산한다.
③ 관할관청은 다음 각 호의 어느 하나에 해당하는 경우에는 제1항 및 제2항에도 불구하고 안전운항과 승객수송에 지장이 없다고 인정하는 범위까지 승선 정원을 줄일 수 있다.
1. 제1항 및 제2항의 기준에 따른 승선 정원이 선박의 안전운항에 지장을 준다고 인정하는 경우
2. 유 · 도선사업자가 제1항 및 제2항의 기준에 따른 승선 정원보다 적은 인원의 승선·정원을 신청하는 경우
여기에서의 이 법 제11조에 따른 승선 정원 기준 및 제14조에 따른 승선 정원, 적재 중량 등의 기준을 적용하는 유 · 도선은 「선박안전법」을 적용받지 아니하는 선박을 말한다.

32) 「유선 및 도선 사업법 시행규칙」 제15조(도선의 적재 중량 등 산정기준) ① 법 제14조에 따른 도선의 적재 중량 및 용량의 산정기준은 다음 각 호와 같다.
1. 적재 중량: 선박의 길이 · 너비 · 깊이를 미터 단위로 측정하고 이를 서로 곱하여 얻은 수의 10분의 7에 0.39를 곱하여 얻은 값으로 하되, 그 단위는 톤으로 한다. * 중량(weight, 重量): 일반적으로 무게를 칭함
2. 적재 용량 : 선박의 길이 · 너비 · 깊이를 미터 단위로 측정하고 이를 서로 곱하여 얻은 수의 10분의 7에 0.5를 곱하여 얻은 값으로 하되, 그 단위는 세제곱미터로 한다. * 용량(volume, 容量): 용적 용기 안의 공간부분의 부피를 칭함
② 관할관청은 제1항의 기준에 따른 적재 중량 및 용량이 선박의 안전운항에 지장을 준다고 인정하

는지 여부(시행령 제13조제3호)

한편, 위의 iii)에서 언급하고 있는 "선원"은 「선박직원법」을 적용받지 아니하는 유 · 도선의 선원으로 제한하고 있으며, 이와 관련한 선원의 정원은 「유선 및 도선 사업법」 제23조제1항 및 같은 법 시행규칙 제17조제1항에 따라 1명 이상으로 하고 있다. 다만 승선 정원이 20명 이상인 유 · 도선은 2명 이상을 배치하도록 규정하고 있다.

또한 이에 따른 선원의 자격기준은 「유선 및 도선 사업법 시행규칙」 제17조제2항에 따라 다음에 해당하는 사람일 것을 요구하고 있다.

i) 「선박직원법」에 따른 항해사, 운항사 또는 소형선박조종사의 면허증을 소지한 사람(제1호)
ii) 승선 경력 및 능력 등을 고려하여 관할관청이 별도로 정하는 기준에 맞는 사람(제2호)
iii) 「수상레저안전법」 제4조에 따른 동력수상레저기구 조종면허 중 일반조종면허를 받은 사람(제3호)

다만, 「유선 및 도선 사업법 시행규칙」 제17조제3항에 따라 노로 젓는 보트 등 승객이 조종하는 선박에 대해서는 선원정원 규정을 적용하지 아니한다.

그 밖에 같은 법 시행규칙 제17조제2항에 따라 「선박직원법」의 적용을 받지 아니하는 유 · 도선의 선원기준은 「유선 및 도선의 출입항절차 등에 관한 지침」 제5조(선원의 기준)에서도 규정하고 있으며, 다음의 어느 하나와 같다.

iv) 유 · 도선의 승선경력이 동일한 영업구역에서 6월 이상인 사람. 이 경우 승선경력을 확인할 수 있는 공공기관의 확인서를 첨부하여야 한다(지침 제5조제1항제1호).
v) 「유선 및 도선 사업법 시행령」 제12조에 따른 안전검사 시 관할해양경비안전

는 경우에는 제1항에도 불구하고 안전운항에 지장이 없다고 인정하는 범위까지 적재 중량 및 용량을 줄일 수 있다.

서장이 선원자격 실제운항시험을 실시하여 유 · 도선의 안전운항 조종능력이 있다고 인정하는 사람(지침 제5조제1항제2호).

여기에서 위 ⅴ)에 따라 관할해양경비안전서장이 실시하는 '선원자격 실제운항시험의 기준'은 다음의 어느 하나로 하고 있다(지침 제5조제2항).

㉮ 시동 또는 정지등 기관 조작법(제1호)
㉯ 운항능력(고속전진, 후진, 임의장소 정지, 회전요령 등)(제2호)
㉰ 계류시설에 선박을 안전하게 접안 또는 이탈할 수 있는 능력(제3호)
㉱ 장애물 회피능력(제4호)
㉲ 인명구조시 운항능력(제5호)
㉳ 선체 및 기관이상시 응급처치요령(제6호)

따라서 「선박직원법」을 적용받지 아니하는 유 · 도선의 선원에 대한 자격기준 등은 「유선 및 도선 사업법 시행규칙」 제17조제2항 및 「유선 및 도선의 출입항절차 등에 관한 지침」 제5조에 따른 기준을 만족해야 하는 것으로 규정하고 있다.

참고로 위에서 언급하고 있는 "「선박직원법」을 적용받지 아니하는 유 · 도선의 선원"이란 이 법 제2조제1호가목3)에서 규정하고 있는 바와 같이 「유선 및 도선 사업법」 제3조에 따라 영업구역을 바다 이외의 지역(해수면을 제외한 내수면 등)으로 하여 면허를 받거나 신고된 유 · 도선에 종사하는 선원을 말한다.[33)]

일반적으로 선박소유자는 「선박직원법」 제11조제1항 및 같은 법 시행령 제22조(승무기준)제1항에 따라 선박의 항행구역, 크기, 용도 및 추진기관의 출력과 그 밖에 선박 항행의 안전에 관한 사항을 고려하여 선박직원의 승무기준에 맞는 해기사(제10조

33) 「선박직원법」 제2조(정의) 이 법에서 사용하는 용어의 뜻은 다음 각 호와 같다.
1. "선박"이란 「선박안전법」 제2조제1호에 따른 선박과 「어선법」 제2조제1호에 따른 어선을 말한다. 다만, 다음 각 목의 어느 하나에 해당하는 선박은 제외한다.
가. 총톤수 5톤 미만의 선박. 다만, 총톤수 5톤 미만의 선박이라 하더라도 다음의 어느 하나에 해당하는 선박에 대하여는 이 법을 적용한다.
3) 「유선 및 도선사업법」 제3조에 따라 영업구역을 바다로 하여 면허를 받거나 신고된 유선 · 도선

의2에 따라 승무자격인정을 받은 사람을 포함한다)를 승무시키도록 하고 있으며, 이에 따라 규정하고 있는 선박별 선박직원의 최저승무기준은 같은 법 시행령 제22조제1항에 따른 [별표 3]의 '선박직원의 최저승무기준'에서 자세히 규정하고 있다.

예컨대 평수구역을 항해하는 총톤수 200톤 미만(소형선박[34]을 제외) 여객선의 갑판부의 승무기준을 살펴보면, 선박직원 중 선장은 5급 항해사의 승무자격을 갖추도록 의무화하고 있다.

■ 유선 및 도선 사업법 시행규칙 [별지 제17호서식] <개정 2016.1.27.>

<table>
<tr><td colspan="6">제 호
안 전 검 사 증</td></tr>
<tr><td rowspan="3">사업자</td><td colspan="5">상호(명칭)</td></tr>
<tr><td colspan="3">성명(대표자)</td><td colspan="2">생년월일</td></tr>
<tr><td colspan="5">주소</td></tr>
<tr><td rowspan="6">선박의 명세</td><td colspan="2">선 명</td><td>총톤수</td><td>승선 정원</td><td>적재 중량(용량)</td></tr>
<tr><td colspan="2"></td><td></td><td>승객 명
선원 명</td><td></td></tr>
<tr><td colspan="2">선 질</td><td>추진기관</td><td>구 조</td><td>제조 연월일</td></tr>
<tr><td colspan="2"></td><td></td><td>연장: m
폭 : m
깊이: m</td><td></td></tr>
<tr><td rowspan="2">선박 제조자</td><td colspan="2">상 호</td><td colspan="2">성명</td></tr>
<tr><td colspan="4">주 소</td></tr>
<tr><td>영업구역</td><td colspan="5"></td></tr>
<tr><td>영업시간</td><td colspan="5"></td></tr>
<tr><td>유효기간</td><td colspan="5">년 월 일 ~ 년 월 일</td></tr>
<tr><td colspan="6">「유선 및 도선 사업법」 제20조, 같은 법 시행령 제12조제5항 및 같은 법 시행규칙 제16조제1항에 따라 위와 같이 안전검사를 하였음을 증명합니다.
년 월 일
국민안전처장관, 지방해양경비안전본부장, 해양경비안전서장
시ㆍ도지사, 시장ㆍ군수ㆍ구청장 직인</td></tr>
</table>

210㎜ × 297㎜[백상지 150g/㎡]

[그림 6-3] 안전검사증(별지 제17호서식)

34) 여기에서의 소형선박은 「선박안전법」에서 규정하고 있는 소형선박(선박길이가 12미터 미만인 선박)과는 다르게 총톤수 25톤 미만의 선박을 말한다(「선박직원법 시행령」 제2조제5호).

Ⅴ. 유 · 도선사업자 등의 안전교육 의무 위반사범

현행, 「유선 및 도선 사업법」(제13193호) 제40조제5호는 이 법이 2016년 1월 7일 법률 제13751호로 개정(시행일: 2016년 7월 8일)되면서 같은 조 제8호로 이동하였으며, 이와 관련한 위반사항에 대한 내용을 살펴보면 다음과 같다.

> 제40조(벌칙) 다음 각 호의 어느 하나에 해당하는 자는 1년 이하의 징역 또는 1천만원 이하의 벌금에 처한다.
> 5. 제24조제1항 또는 제2항을 위반한 자

「유선 및 도선 사업법」 제24조제1항에 따라 유 · 도선사업자, 선원, 그 밖의 종사자는 유 · 도선의 안전운항에 필요한 교육을 이수하도록 하고 있으며, 이에 따른 안전교육의 교육시간은 같은 법 시행령 제21조제2항에서 매년 8시간 이내로 규정하고 있다.

또한 교육과목은 같은 법 시행령 제21조제3항 및 같은 법 시행규칙 제19조제1항에서 정하는 것으로 다음과 같다.

ⅰ) 운항규칙 등 수상교통의 안전에 관한 과목(시행규칙 제19조제1항제1호)
ⅱ) 생존기술, 응급조치, 인명구조용 장비 사용법 등 수난구호에 관한 과목(시행규칙 제19조제1항제2호)
ⅲ) 그 밖에 유 · 도선사업 및 유 · 도선의 안전운항에 관하여 필요한 과목(시행규칙 제19조제1항제3호)

그 밖에 같은 법 시행규칙 제19조제2항에서는 교육에 필요한 사항으로 특별시장 · 광역시장 · 도지사 또는 국민안전처장관(지방해양경비안전본부장을 포함한다)에게 유 · 도선의 안전운항에 필요한 교육을 실시할 때 필요하다고 인정하는 경우에는 시장 · 군수 · 구청장 또는 해양경비안전서장이나 관계 전문기관에 위임하거나 위탁하여 실시할 수 있도록 하고 있다.

이와 관련해서는 이 법 제38조제2항 및 같은 법 시행령 제31조제1호에서 규정하고 있는 바와 같이 관할관청은 이 법 제24조(유 · 도선사업자 등의 안전교육)에 따른 교육업무를 관계 전문기관 또는 단체에 위탁할 수 있도록 규정하고 있으며, 이 중 교육업무 위탁기관은 「한국해양수산연수원법」에 따른 한국해양수산연수원(유 · 도선사업자 등의 안전교육만 해당한다)이 이에 해당한다.

이 경우 위탁받은 업무를 수행하는 사람은 앞서 언급한 이 법 제20조에 따른 검사업무를 위탁받아 업무를 수행한 사람과 마찬가지로 「형법」 제129조부터 제132조까지의 규정을 적용할 때에는 공무원으로 보고 있다(벌칙 적용에서의 공무원 의제).

한편, 이 법 제24조제2항에 따라 유 · 도선사업자는 선원 및 그 종사자가 교육을 이수하는 데에 필요한 조치를 취하는 것은 물론, 교육을 이수하지 아니한 선원 및 그 종사자를 근무하게 하여서는 아니 되도록 하고 있다.

참고로 이에 따른 규정 또한 앞서 언급한 바와 같이 2014년 4월 16일 발생한 세월호 전복사고 당시 인명구조와 관련한 제도의 전반적인 보완 및 대책 마련을 위한 것으로 이 법이 2015년 2월 3일 법률 제13193호로 개정되기 이전 제42조제1항제1호[35]에서 이에 해당하는 자에 대해 200만원 이하의 과태료에 처하던 것을 1년 이하의 징역 또는 1천만원 이하의 벌금에 처하도록 보다 강화된 것이다.

Ⅵ. 검사 등과 관련한 공무집행 위반사범

현행, 「유선 및 도선 사업법」(제13193호) 제40조제6호는 이 법이 2016년 1월 7일 법률 제13751호로 개정(시행일: 2016년 7월 8일)되면서 같은 조 제9호로 이동하였으며, 이와 관련한 위반사항에 대한 내용을 살펴보면 다음과 같다.

---

35) **구, 「유선 및 도선 사업법」 제42조(과태료)** ① 다음 각 호의 어느 하나에 해당하는 자에게는 200만원 이하의 과태료를 부과한다.

1. 제7조, 제12조제2항 · 제4항, 제15조제2항, 제16조제2항 · 제4항, 제23조제2항, 제24조, 제25조, 제28조, 제29조제1항, 제31조제2항, 제34조제1항 · 제2항 또는 제35조를 위반한 자

> 제40조(벌칙) 다음 각 호의 어느 하나에 해당하는 자는 1년 이하의 징역 또는 1천만원 이하의 벌금에 처한다.
> 6. 제26조제1항에 따른 검사 또는 안전점검을 거부 또는 기피하거나 방해한 자

「유선 및 도선 사업법」 제26조제1항에 따라 관할관청은 유 · 도선의 안전운항과 위해방지를 위하여 관계 공무원으로 하여금 유 · 도선 및 유 · 도선장에 대하여 검사[36] 또는 안전점검을 하도록 하여야 하며, 관계인에게 필요한 질문 또는 보고를 하게 하거나 장부 등을 검사하게 할 수 있도록 하고 있다.[37]

이 경우 관할관청의 검사 또는 안전점검을 거부 · 기피 또는 방해한 자에 대해서는 이 법 제40조제6호에 따라 처벌하고 있다.

이와 관련한 안전점검 대상항목과 그 밖에 안전점검에 필요한 사항은 이 법 제26조제2항 및 같은 법 시행령 제23조에서 다음과 같이 규정하고 있으며, 그 세부 내용은 다음의 〈표 6-9〉와 같다.

i) 이 법 제4조에 따른 시설 · 장비 등의 기준에 맞는지 여부(시행령 제23조제1호)
ii) 이 법 제12조 및 제16조에 따른 유 · 도선사업자 등의 안전운항의무를 준수하는지 여부(시행령 제23조제2호)
iii) 이 법 제13조 및 제19조에 따른 유 · 도선 승객의 준수사항을 준수하는지 여부(시행령 제23조제3호)
iv) 이 법 제18조에 따른 승선 또는 선적의 제한 등을 준수하는지 여부(시행령 제23조제4호)
v) 이 법 제22조제2항에 따른 인명구조용 장비의 기준과 인명구조요원의 자격 · 배치 기준에 맞는지 여부(시행령 제23조제5호)

---

36) 여기에서의 "검사"는 「유선 및 도선 사업법 시행령」 제31조(검사 · 교육의 위탁) 제2호에 따라 관할관청이 지정하는 관계 전문기관 또는 단체에 위탁할 수 있도록 하고 있는 "안전검사"와는 구별되는 것으로 관할관청에서 직접 수행하는 것을 말한다.

37) 「유선 및 도선 사업법」 제26조 ③ 제1항에 따라 검사 등을 하는 공무원은 그 권한을 표시하는 증표를 지니고 이를 관계인에게 보여 주어야 한다.

vi) 이 법 제23조에 따른 선원의 정원 및 자격기준에 맞는지 여부(시행령 제23조제6호)
vii) 그 밖에 유·도선의 안전운항을 위하여 필요한 사항(시행령 제23조제7호)

〈표 6-9〉 유·도선 및 유·도선장에 대한 안전점검 사항

1. 이 법 제4조에 따른 시설·장비 등의 기준에 맞는지 여부(「유선 및 도선 사업법 시행령」 제23조제1호)
   가. (유선사업의 선박기준 및 시설·장비·인력 기준) (법 제4조 및 시행령 제5조제1항)
      i) 선박기준: 「선박안전법」 제26조에 따른 선박시설기준에 적합한 선박을 갖출 것. 다만, 「선박안전법」을 적용받지 아니하는 경우에는 제12조에 따른 안전검사를 받은 선박이어야 한다(시행령 제5조제1항제1호).
      ii) 시설·장비·인력 기준: 다음의 기준에 적합할 것(시행령 제5조제1항제2호)
         ㉮ 「유선 및 도선 사업법 시행령」 제17조에 따른 인명구조용 장비의 기준과 시설기준에 맞는 장비와 시설을 갖출 것(가목)
         ㉯ 「선박직원법」에 적합한 선원을 배치할 것. 다만, 「선박직원법」을 적용받지 아니하는 경우에는 총리령으로 정하는 기준에 적합한 선원을 배치하여야 한다(나목).
            ⇒ 위의 가. ii).㉯의 단서와 관련해서는 「유선 및 도선 사업법」 제23조제1항, 같은 법 시행규칙 제17조제2항 및 「유선 및 도선의 출입항절차 등에 관한 지침」 제5조를 따른다(본 저서 '제6장 제3절 Ⅳ. 3. 안전검사의 기준' 참조).
         ㉰ 「유선 및 도선 사업법 시행령」 제20조에 따른 인명구조요원을 배치할 것(다목)
   나. (도선사업의 선박기준 및 시설·장비·인력 기준) (법 제4조 및 시행령 제5조제2항)
      i) 선박기준: 위의 가. i)에 따른 선박을 갖출 것(시행령 제5조제2항제1호)
      ii) 시설·장비·인력 기준: 다음의 기준에 적합할 것(시행령 제5조제2항제2호)
         ㉮ 「유선 및 도선 사업법 시행령」 제18조에 따른 인명구조용 장비의 기준과 시설기준에 맞는 장비와 시설을 갖출 것(가목)
         ㉯ 위의 가. ii).㉯에 따른 선원을 배치할 것(나목)
         ㉰ 「유선 및 도선 사업법 시행령」 제20조에 따른 인명구조요원을 배치할 것(다목)

---

2. 이 법 제12조 및 제16조에 따른 유·도선사업자 등의 안전운항의무를 준수하는지 여부(「유선 및 도선 사업법 시행령」 제23조제2호)
   가. (유선사업자 등의 안전운항 의무) (법 제12조)
      i) 유선사업자와 선원은 선박의 안전을 점검하고 기상 상태를 확인하는 등 안전운항에 필요한 조치를 하여야 하며, 승객에게 위해(危害)가 없도록 수면(水面)의 상황에 따라 안전하게 유선을 조종하도록 하여야 한다(제1항).
      ii) 유선사업자와 선원은 출항하기 전에 승객에게 안전한 승선·하선 방법, 선내 위험구역 출입금지에 관한 사항, 인명구조장비 사용법, 유사 시 대처요령 등 안전에 관한 사항을 영상물 상영 또는 방송 등을 통하여 안내하여야 한다(제2항).
      iii) 유선사업자와 선원은 음주, 약물중독, 그 밖의 사유로 정상적인 조종을 할 수 없는 우려가 있는 경우에는 유선을 조종하여서는 아니 된다. 이 경우 음주로 정상적인 조종을 할 수 없는 우려가 있는 경우란 「해사안전법」 제41조제5항[38]에 따른 술에 취한 상태를 말한다(제3항).
      iv) 유선사업자와 선원은 안전운항을 위하여 필요한 경우 및 대통령령으로 정하는 소형 유선[39]의 경우에는 승객 등 승선자 전원에게 구명조끼를 착용하도록 하여야 한다(제4항).
      v) 유선사업자, 선원, 그 밖의 종사자는 유선 및 유선장에서 다음 각 호의 행위를 하여서는 아니 된다(제5항).
         ㉮ 보호자를 동반하지 아니한 14세 미만의 사람, 술에 취한 사람(제6호 단서에 따른 유선에 승선하는 경우는 제외한다), 「정신보건법」 제3조제1호에 따른 정신질환자[40]로 의심되는 사람으로서 자신 또는 타인의 안전을 해할 위험이 크다고 인정되는 사람[보호자가 동승(同乘)하는 경우에는 제외한다],

말이나 행동이 상당히 수상하다고 의심되는 사람 또는 「감염병의 예방 및 관리에 관한 법률」 제2조 제13호에 따른 감염병환자에게 유선을 대여하거나 승선하게 하는 행위(제1호)

㉯ 정원을 초과하여 승선하게 하는 행위(제2호)[41]

㉰ 요금 외의 금품을 요구하는 행위(제3호)

㉱ 정당한 사유 없이 운항을 기피하는 행위(제4호)

㉲ 무리하게 승선을 권유하거나 정당한 사유 없이 승선 또는 선박 대여를 거부하는 행위(제5호)

㉳ 유선 내에서 주류를 판매하거나 제공하는 행위 또는 유선 내에 주류를 반입하게 하는 행위. 다만, 「관광진흥법」에 따라 등록(제3조의2에 따라 일반관광유람선업 등록이 의제된 경우를 포함한다)한 관광유람선과 대통령령으로 정하는 유선의 경우에는 그러하지 아니하다(제6호).[42]

㉴ 도박, 고성방가 또는 음란행위 등 공공질서와 선량한 풍속을 해치는 행위(제7호)

㉵ 영업시간 외에 항행하거나 영업구역 외 또는 항행구역(배를 매어두는 장소와 영업구역이 격리되어 있는 경우의 그 구간을 말한다. 이하 같다) 외에서 항행하는 행위(제8호)

㉶ 대통령령으로 정하는 폭발물 · 인화물질 등 위험물[43]을 일반 승객과 함께 반입하거나 운송하는 행위(위험물 보관시설 등 격리시설을 설치하여 선원 등 종사자가 안전하게 관리할 수 있는 경우는 제외한다)(제9호)

㉷ 수상에 유류 · 분뇨 · 폐기물을 버리는 행위(제10호)

㉸ 유선의 운항 중 구명조끼, 구명부환(救命浮環), 구명줄 등 인명구조용 장비나 설비에 잠금장치를 하는 행위(제11호)
〈신설 2016.1.7.〉 [시행일: 2016.7.8.]

나. (도선사업자 등의 안전운항 의무) (법 제16조)

ⅰ) 도선사업자와 선원은 선박의 안전을 점검하고 기상 상태를 확인하는 등 안전운항에 필요한 조치를 하여야 하며, 승객과 적재물에 위해가 없도록 수면의 상황에 따라 안전하게 도선을 조종하도록 하여야 한다(제1항).

ⅱ) 도선사업자와 선원은 출항하기 전에 승객에게 안전한 승선 · 하선 방법, 선내 위험구역 출입금지에 관한 사항, 인명구조장비 사용법, 유사 시 대처요령 등 안전에 관한 사항을 영상물 상영 또는 방송 등을 통하여 안내하여야 한다(제2항).

ⅲ) 도선사업자와 선원은 음주, 약물중독, 그 밖의 사유로 정상적인 조종을 할 수 없는 우려가 있는 경우에는 도선을 조종하여서는 아니 된다. 이 경우 음주로 정상적인 조종을 할 수 없는 우려가 있는 경우란 「해사안전법」 제41조제5항에 따른 술에 취한 상태를 말한다(제3항).

ⅳ) 도선사업자와 선원은 안전운항을 위하여 필요한 경우 및 대통령령으로 정하는 소형 도선의 경우에는 승객 등 승선자 전원에게 구명조끼를 착용하도록 하여야 한다(제4항).

---

3. 이 법 제13조 및 제19조에 따른 유 · 도선 승객의 준수사항을 준수하는지 여부(「유선 및 도선 사업법 시행령」 제23조제3호)

가. (유선 승객의 준수사항) (법 제13조)

ⅰ) 유선의 승객은 안전수칙을 준수하고, 운항질서의 유지 및 위해방지를 위한 주의를 다하여야 한다(제1항).

ⅱ) 유선의 승객은 다음 각 호의 행위를 하여서는 아니 된다(제2항).

㉮ 정원을 초과하여 승선을 요구하는 행위(제1호)

㉯ 유선사업자, 선원, 그 밖의 종사자의 구명조끼 착용 지시나 그 밖에 안전운항 및 위해방지를 위한 주의사항 또는 지시를 위반하는 행위

㉰ 제12조제5항제6호 단서에 해당하지 아니하는 유선 내에서 술을 마시거나 그 밖에 선내의 질서를 어지럽히는 행위(제3호)

㉱ 인명구조용 장비나 그 밖의 유선 설비를 파손하여 그 효용을 해치는 행위(제4호)

㉲ 제12조제5항제7호 또는 제9호에 해당하는 행위(제5호)

㉳ 조타실(操舵室), 기관실 등 선장이 지정하는 승객출입 금지장소에 선장 또는 그 밖의 종사자의 허락 없이 출입하는 행위

ⅲ) 승객이 유선을 빌려 스스로 유선을 조종하는 경우에 그 승객에 대하여는 제12조제3항, 같은 조 제5항제6호 및 제8호를 준용한다(제3항).

ⅳ) 승객이 유선을 빌려 스스로 조종하는 경우에 해당 유선을 조종하는 승객은 유선장과 연락 가능한 통신장비를 휴대하고 연락체계를 유지하여야 한다(제4항). 〈신설 2016.1.7.〉 [시행일: 2016.7.8.]

나. (도선 승객의 준수사항) (법 제19조)

ⅰ) 도선의 승객은 안전수칙을 준수하고 운항질서의 유지 및 위해방지를 위한 주의를 다하여야 한다(제1항).

ⅱ) 도선의 승객에 대하여는 제13조제2항을 준용한다. 이 경우 "유선사업자"는 "도선사업자"로, "유선"은 "도선"으로 보며, 제13조제2항제3호 중 "제12조제5항제6호 단서에 해당하지 아니하는 유선"은 "제18조제1항제4호 단서에 해당하지 아니하는 도선"으로 본다(제2항).

4. 이 법 제18조에 따른 승선 또는 선적의 제한 등을 준수하는지 여부(「유선 및 도선 사업법 시행령」 제23조제4호)

가. (승선 또는 선적의 제한 등) (법 제18조)

ⅰ) 도선사업자, 선원, 그 밖의 종사자는 도선과 도선장에서 다음 각 호의 행위를 하여서는 아니 된다(제1항).

㉮ 승선 정원, 적재 중량 또는 용량을 초과하여 승선시키거나 선적하는 행위(제1호)[44]

㉯ 정당한 사유 없이 승선을 거부하는 행위(제2호)

㉰ 운임 외의 금품을 요구하는 행위(제3호)

㉱ 도선 내에서 주류를 판매하거나 제공하는 행위 또는 도선 내에 주류를 반입(운송을 목적으로 싣는 것은 제외한다)하게 하는 행위. 다만, 대통령령으로 정하는 도선의 경우에는 그러하지 아니하다(제4호).[45]

㉲ 음란행위나 그 밖에 선량한 풍속을 해치는 행위(제5호)

㉳ 영업시간 외에 항행하거나 영업구역 외 또는 항행구역 외에서 항행하는 행위(제6호)

㉴ 수상에 유류 · 분뇨 · 폐기물을 버리는 행위(제7호)

㉵ 도선의 운항 중 구명조끼, 구명부환, 구명줄 등 인명구조용 장비나 설비에 잠금장치를 하는 행위(제8호) 〈신설 2016.1.7.〉 [시행일: 2016.7.8.]

ⅱ) 도선사업자, 선원, 그 밖의 종사자는 다음 각 호의 어느 하나에 해당하는 사람 또는 물건을 일반 승객 또는 물건과 함께 운송하여서는 아니 된다. 다만, 위험물 보관시설 등 격리시설을 설치하여 선원 등 종사자가 안전하게 관리할 수 있는 경우에는 그러하지 아니하다(제2항).

㉮ 감염병환자 또는 「정신보건법」 제3조제1호에 따른 정신질환자로 의심되는 사람으로서 자신 또는 타인의 안전을 해할 위험이 크다고 인정되는 사람(보호자가 동승하는 경우에는 제외한다)(제1호)

㉯ 시체(제2호)

㉰ 대통령령으로 정하는 폭발물 · 인화물질 등 위험물(제3호)

㉱ 승객에게 불쾌감을 주거나 위해를 끼칠 우려가 있는 물건(제4호)

5. 이 법 제22조제2항에 따른 인명구조용 장비의 기준과 인명구조요원의 자격 · 배치기준에 맞는지 여부(「유선 및 도선 사업법 시행령」 제23조제5호)

가. (유 · 도선의 인명구조용 장비 등) (같은 법 시행령 제17조 및 제18조)

⇒ 뒤에서 언급하고 있는 본 저서 '제6장 제4절 Ⅰ. 5. 인명구조용 장비의 비치 등 위반사범' 참조

6. 이 법 제23조에 따른 선원의 정원 및 자격기준에 맞는지 여부(「유선 및 도선 사업법 시행령」 제23조제6호)

가. (선원 정원 등의 기준) (법 제23조제1항 및 같은 법 시행규칙 제17조)

⇒ 선원의 정원 및 자격기준과 관련한 내용은 본 저서 '제6장 제3절 Ⅳ. 3. 안전검사의 기준' 참조

참고로 여기에서의 거부·기피 또는 방해에 대한 의미는 다음과 같다.[46)]

i) 거부(拒否): 남의 요청이나 제안 따위를 동의하거나 받아들이지 않고 물리침
ii) 기피(忌避): 어떤 대상이나 일 따위를 직접 하거나 부딪치기를 꺼리어 피함
iii) 방해(妨害): 남의 일을 잘못되게 하거나 못하게 함

38) 「해사안전법」 제41조(술에 취한 상태에서의 조타기 조작 등 금지)제5항에 따라 술에 취한 상태의 기준은 혈중알코올농도 0.03퍼센트 이상으로 한다.

39) 「유선 및 도선 사업법 시행령」 제10조(소형 유·도선) 법 제12조제4항에서 "대통령령으로 정하는 소형 유선" 및 법 제16조제4항에서 "대통령령으로 정하는 소형 도선"이란 각각 총톤수 5톤 미만의 선박 중 관할관청이 해당 영업구역의 수심(水深)·수세(水勢)·운항거리 등을 고려하여 승객 등 승선자가 구명조끼를 착용할 필요가 있다고 인정하여 지정하는 선박을 말한다.

40) 「정신보건법」제3조(정의) 이 법에서 사용하는 용어의 정의는 다음과 같다.
1. "정신질환자"라 함은 정신병(기질적 정신병을 포함한다)·인격장애·알코올 및 약물중독 기타 비정신병적정신장애를 가진 자를 말한다.

41) 유선의 승선 정원 등과 관련한 내용은 본 저서 '제6장 제3절 Ⅳ. 3. 안전검사의 기준' 및 '제6장 제4절 Ⅰ. 2. 유선의 승선 정원 초과 및 영업시간(구역) 외의 항행 위반사범' 참조.

42) 「유선 및 도선 사업법 시행령」 제11조(주류의 판매·반입 등) 법 제12조제5항제6호 단서에서 "대통령령으로 정하는 유선"이란 길이 24미터 이상으로서 총톤수 50톤 이상인 선박을 말한다.

43) 「유선 및 도선 사업법 시행령」 제11조의2(폭발물·인화물질 등 위험물) 법 제12조제5항제9호 및 제18조제2항제3호에서 "대통령령으로 정하는 폭발물·인화물질 등 위험물"이란 화약·폭약·탄약 등 폭발물, 고압가스 및 인화성 액체류로서 총리령으로 정하는 것을 말한다. 여기에서의 "총리령으로 정하는 것"이란 「유선 및 도선 사업법 시행규칙」 제14조(위험물의 범위) 영 제11조의2에서 "총리령으로 정하는 것"이란 「위험물 선박운송 및 저장규칙」 제2조제1호 및 제2호에 따른 위험물 및 산적액체위험물을 말한다(〈표 2-21〉 참조).

44) 도선에 있어서의 승선 정원, 적재 중량 또는 용량과 관련한 내용은 본 저서 '제6장 제3절 Ⅳ. 3. 안전검사의 기준' 및 '제6장 제4절 Ⅰ. 4. 도선의 승선 정원 및 적재 중량(용량) 초과 위반사범' 참조.

45) 「유선 및 도선 사업법 시행령」 제11조(주류의 판매·반입 등) 법 제18조제1항제4호 단서에서 "대통령령으로 정하는 도선"이란 길이 24미터 이상으로서 총톤수 50톤 이상인 선박을 말한다.

46) 이희승, 앞의 책, 1182, 1565, 2969면 재인용.

제4절 유·도선사업자 등의 안전운항 의무 및 관할관청의 개선명령 위반사범

「유선 및 도선 사업법」 제41조제1호부터 제3호까지의 규정은 i) 유·도선사업자 등의 안전운항 의무사항, ii) 도선사업자·선원 등이 지켜야하는 승선 또는 선적의 제한 준수사항, iii) 유·도선사업자가 유·도선의 사고 시에 대비하여 인명구조용 장비 비치 및 인명구조요원 배치 의무사항, iv) 관할관청에서 유·도선사업자를 대상으로 한 개선명령 준수의무 사항을 위반한 경우, 이와 관련한 범죄행위의 구성요건 및 양형기준에 대한 것이다.[47]

한편, 이와 관련한 유·도선사업자 등의 의무준수 사항(이 법 제12조 및 제18조 관련 등)은 앞서 〈표 6-9〉에서 언급한 바와 같이 이 법 제26조제2항 및 같은 법 시행령 제23조에 따라 관할관청이 수행하는 유·도선 및 유·도선장에 대한 안전점검 사항에 포함된 것으로 여기에서는 별도의 언급은 생략하기로 한다.

다만, 선박등의 운영과 관련한 벌칙 규정을 제시하면서 추가 설명이 필요한 부분에 대해서는 구분해서 자세히 나타내었다.

참고로 이 법은 2016년 1월 7일 법률 제13751호로 개정되면서 개정 전 현행 이 법률(제13193호) 제41조에 따른 벌칙 규정 중 일부는 다른 조문으로 이동하였으며, 또한 같은 조로 벌칙 규정이 새로이 추가되는 등 다음의 〈표 6-10〉과 같이 변경되었다.[48]

---

47) **현행, 「유선 및 도선 사업법」 제41조(벌칙)** 다음 각 호의 어느 하나에 해당하는 자는 6개월 이하의 징역 또는 300만원 이하의 벌금에 처한다.

1. 제12조제3항, 같은 조 제5항제1호부터 제9호까지(제13조제3항에 따라 준용되는 경우를 포함한다), 제16조제3항, 제18조제1항제1호부터 제6호까지, 같은 조 제2항 또는 제22조제1항을 위반한 자
2. 삭제 〈2012.2.22.〉
3. 제27조에 따른 명령을 위반한 자

48) **예정, 「유선 및 도선 사업법」 제41조(벌칙)** 다음 각 호의 어느 하나에 해당하는 자는 6개월 이하의 징역 또는 500만원 이하의 벌금에 처한다. 〈개정 2012.2.22., 2016.1.7.〉

1. 제8조제4항 또는 제6항을 위반하여 기상특보 발효 시 유·도선을 운항하거나 유·도선의 운항제한에 따르지 아니한 자
2. 제12조제5항제1호·제3호부터 제9호까지(제13조제3항에 따라 준용되는 경우를 포함한다)·제11호, 제18조제1항제2호부터 제6호까지·제8호, 같은 조 제2항 또는 제22조제1항을 위반한 자

〈표 6-10〉 유선 및 도선 사업법 제41조 벌칙 규정 개정 전 · 후 비교

구 분		개정 전	개정 후(시행일: 2016.7.8.)	비 고
양형기준		6개월 이하의 징역 또는 300만 원 이하의 벌금	6개월 이하의 징역 또는 500만 원 이하의 벌금	강화
벌칙 규정	제1호	제12조제3항 위반사범	제8조제4항 또는 제6항 위반사범(신설)	제40조제4호로 이동
		제12조제5항제1호부터 제9호까지(제13조제3항에 따라 준용되는 경우 포함)의 위반사범		제40조제5호로 이동 (제12조제5항제2호에 한함)
		제16조제3항 위반사범		제40조제4호로 이동
		제18조제1항제1호부터 제6호까지의 위반사범		제40조제6호로 이동 (제18조제1항제1호에 한함)
		제18조제2항 위반사범		제41조제2호로 이동
		제22조제1항 위반사범		제41조제2호로 이동
	제2호	삭 제 〈2012.2.22.〉	제12조제5항제1호 · 제3호부터 제9호까지(제13조제3항에 따라 준용되는 경우 포함) · 제11호 위반사범	제41조제1호에서 이동 (제12조제5항제11호 및 제18조제1항제8호 신설)
			제18조제1항제2호부터 제6호까지 · 제8호의 위반사범	
			제18조제2항 위반사범	
			제22조제1항 위반사범	
	제3호	제27조 위반사범	제27조 위반사범	–

Ⅰ. 유 · 도선 이용 등과 관련한 위반사범

여기에서는 「유선 및 도선 사업법」 제41조제1호에서 규정하고 있는 벌칙 규정 중 앞서 〈표 6-11〉에서 언급한 내용 중 추가 설명이 필요한 부분을 구분해서 자세히 나타내었다.

---

3. 제27조에 따른 명령을 위반한 자
[전문개정 2011.5.30.]
[제40조에서 이동, 종전 제41조는 제42조로 이동 〈2015.2.3.〉]
[시행일: 2016.7.8.] 제41조

제41조(벌칙) 다음 각 호의 어느 하나에 해당하는 자는 6개월 이하의 징역 또는 300만 원 이하의 벌금에 처한다.
1. 제12조제3항, 같은 조 제5항제1호부터 제9호까지(제13조제3항에 따라 준용되는 경우를 포함한다), 제16조제3항, 제18조제1항제1호부터 제6호까지, 같은 조 제2항 또는 제22조제1항을 위반한 자
2. 삭제 〈2012.2.22.〉

1. 음주 · 약물중독 등의 상태에서 조종 금지 위반사범

「유선 및 도선 사업법」 제12조제3항 및 제16조제3항에 따라 유 · 도선사업자와 선원은 음주, 약물중독, 그 밖의 사유로 정상적인 조종을 할 수 없는 우려가 있는 경우에는 유 · 도선 조종을 금지 하도록 하고 있으며, 이를 위반한 경우에는 현행 이 법 제41조제1호에 따른 처벌규정을 적용할 수 있도록 하고 있다.

여기에서 유 · 도선의 조종은 앞서 언급한 바와 같이 「해사안전법」 제2조제22호에서와 같이 "항행 중"의 의미를 포함하고 있다할 것이므로 i) 정박(碇泊)(가목), ii) 항만의 안벽(岸壁) 등 계류시설에 매어 놓은 상태[계선부표(繫船浮標)나 정박하고 있는 선박에 매어 놓은 경우를 포함한다](나목), iii) 얹혀 있는 상태(다목)로 실제 유 · 도선을 항행하고 있지 않은 상태는 제외하는 것으로 해야 한다.

또한 "음주로 정상적인 조종을 할 수 없는 우려가 있는 경우"란 「해사안전법」 제41조제5항에 따른 술에 취한 상태를 말하는 것으로 이는 이 법 제41조(술에 취한 상태에서의 조타기 조작 등 금지)제5항에서 술에 취한 상태의 기준을 규정하고 있는 바와 같이 혈중알코올농도 0.03퍼센트 이상으로 하고 있다(「유선 및 도선 사업법」 제12조제3항 후단 및 제16조제3항 후단).

한편, 「유선 및 도선 사업법」에서는 "약물중독으로 정상적인 조종을 할 수 없는 우려가 있는 경우"에도 이 법 제12조제3항 및 제16조제3항에 따라 유 · 도선사업자와 선원에게 유 · 도선 조종을 금지시키고 있으나, 이 법 제12조제3항 및 제16조제3항 각각의 후단에 따른 '술에 취한 상태의 기준'과 같은 위법행위에 대한 세부 규정을 명확히 제시하고 있지 않다.

반면, 앞서 언급한 바 있는 「낚시 관리 및 육성법」 제31조(약물복용의 상태에서의 조종 금지)[49] 및 「수상레저안전법」 제23조(약물복용 등의 상태에서 조종 금지)[50]에서는 이와 관련한 선박등의 조종 금지에 따른 처벌 관련 규정을 두고 있다.

이에 따라 「유선 및 도선 사업법」 제12조제3항 및 제16조제3항에서 규정하고 있는 약물중독으로 정상적인 조종을 할 수 없는 우려가 있는 자가 이를 위반하여 유선 또는 도선을 조종할 경우, 이에 대한 처벌은 「낚시 관리 및 육성법」 제31조 및 「수상레저안전법」 제23조에서 준용하고 있는 「마약류관리에 관한 법률」 및 「화학물질관리법」 등의 관련 벌칙 규정을 적용할 수 있을 것이다.

참고로 이 법이 2016년 1월 7일 법률 제13751호로 개정(시행일 : 2016년 7월 8일)되면서 제41조제1호 벌칙 규정 중 제12조제3항 및 제16조제3항을 위반한 자는 제40조제4호로 이동하였으며, 양형기준은 6개월 이하의 징역 또는 300만원 이하의 벌금에 처하던 것을 1년 이하의 징역 또는 1천만원 이하의 벌금에 처하도록 강화되었다.

---

49) 「낚시 관리 및 육성법」 제31조(약물복용의 상태에서의 조종 금지) 낚시어선업자 및 선원은 약물복용의 상태에서 낚시어선을 조종하거나 약물복용의 상태에 있는 낚시어선업자 또는 선원에게 낚시어선을 조종하게 하여서는 아니 된다. 이 경우 "약물복용의 상태"란 「마약류관리에 관한 법률」 제2조에 따른 마약 · 향정신성의약품 · 대마 또는 「화학물질관리법」 제22조에 따른 환각물질의 영향으로 정상적인 조종을 할 수 없는 우려가 있는 경우를 말한다. 이와 관련해서 「낚시 관리 및 육성법」 제38조제1항제7호에 따라 시장 · 군수 · 구청장은 낚시승객을 승선시킨 상태에서 제31조(약물복용의 상태에서의 조종 금지)를 위반하여 낚시어선업자 또는 선원이 약물복용의 상태에서 낚시어선을 조종한 경우 낚시어선업자에게 같은 법 시행규칙 제7조에 따른 행정처분인 영업의 정지를 명하고 있으며, 「수상레저안전법」 제58조제1호와 같은 별도의 벌칙 규정을 두고 있지 않다. 한편, 낚시어선업자가 동일한 위반사항으로 3회 이상의 영업정지를 받을 경우에는 「낚시 관리 및 육성법」 제38조(영업의 폐쇄 등) 제1항제7호에 따라 낚시어선업의 폐쇄를 명하고 있으며, 이와 관련해서 영업이 폐쇄된 낚시어선업을 계속한 자는 이 법 제53조제2항제9호에 따른 처벌(1년 이하의 징역 또는 1천만원 이하의 벌금)을 받도록 규정하고 있다. 이는 「수상레저안전법」 제58조제1호와 같은 직접적인 처벌규정은 아니나, 행정처분 등을 통하여 어느 정도의 제재수단은 두고 있다 할 것이다.

50) 「수상레저안전법」 제23조(약물복용 등의 상태에서 조종 금지) 수상레저활동을 하는 자는 제22조에 따른 경우 외에 「마약류관리에 관한 법률」 제2조에 따른 마약 · 향정신성의약품 · 대마의 영향, 「화학물질관리법」 제22조에 따른 환각물질의 영향, 그 밖의 사유로 인하여 정상적으로 조종하지 못할 우려가 있는 상태에서 동력수상레저기구를 조종하여서는 아니 된다. 이와 관련한 벌칙 규정은 다음과 같다. 「수상레저안전법」 제58조(벌칙) 다음 각 호의 어느 하나에 해당하는 자는 6개월 이하의 징역 또는 100만원 이하의 벌금에 처한다. 1. 제23조를 위반하여 약물복용 등으로 인하여 정상적으로 조종하지 못할 우려가 있는 상태에서 동력수상레저기구를 조종한 자

2. 유선의 승선 정원 초과 및 영업시간(구역) 외의 항행 위반사범

「유선 및 도선 사업법」 제12조제5항제2호 및 제8호에서는 유선사업자, 선원, 그 밖의 종사자에게 유선 및 유선장에서 정원을 초과하여 승선하게 하는 행위와 영업시간 외에 항행하거나 영업구역 외 또는 항행구역(배를 매어두는 장소와 영업구역이 격리되어 있는 경우의 그 구간을 말한다. 이하 같다) 외에서 항행하는 행위를 금지하도록 요구하고 있다.

한편, 여기에서의 승선 정원, 영업시간 및 영업구역과 관련한 기준은 이 법 제8조[51]

---

51) **현행, 「유선 및 도선 사업법」 제8조(영업구역 및 영업시간 등)** ① 유 · 도선의 영업구역은 선박의 톤수 및 성능에 따라 대통령령으로 정한다.

* 이 법 제8조제1항에 따른 유 · 도선의 영업구역은 같은 법 시행령 제7조제1항에 따라 「선박안전법」을 적용받는 유 · 도선 및 「선박안전법」을 적용받지 아니하는 유 · 도선으로 구분해서 적용하고 있다.

② 유 · 도선의 영업시간은 해 뜨기 전 30분부터 해 진 후 30분까지로 한다. 다만, 대통령령으로 정하는 바에 따라 야간운항에 필요한 조명시설 등 안전운항 시설과 장비를 갖춘 경우에는 해뜨기 전 30분 이전 또는 해 진 후 30분 이후에도 영업을 할 수 있다. 〈개정 2011.5.30., 2015.7.24.〉

* 여기에서의 유 · 도선사업의 면허를 발급받은 자나 신고가 수리된 자(이하 "유 · 도선사업자"라 한다)가 이 법 제8조제2항 단서에 따라 해뜨기 전 30분 이전 또는 해 진 후 30분 이후 유 · 도선 영업을 하려는 경우에는 같은 법 시행령 제8조에 따른 해당 유 · 도선 등에 다음의 시설 및 장비를 모두 갖추는 경우에 한해 허용하고 있다. i) 해당 유 · 도선: 전등 1개 이상, 자기점화등 1개 이상, 등(燈)이 부착된 승선 정원에 해당하는 수의 구명조끼를 다음으로 ii) 해당 유 · 도선장: 자기점화등 1개 이상, 승선장 및 하선장에 각각 100럭스 이상의 조도(照度)를 갖춘 조명시설

〈해당 관련 장비〉

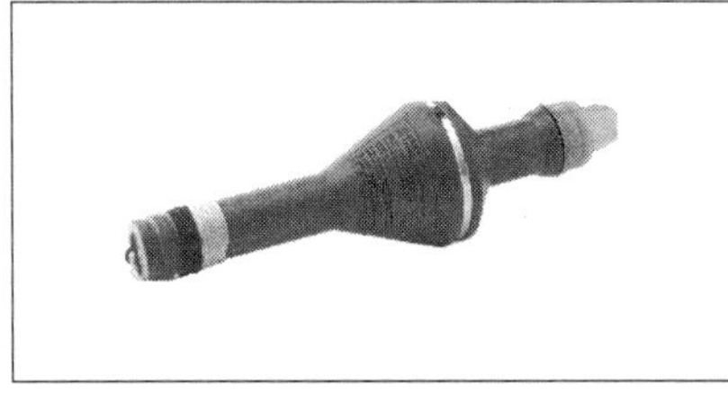

자기점화등

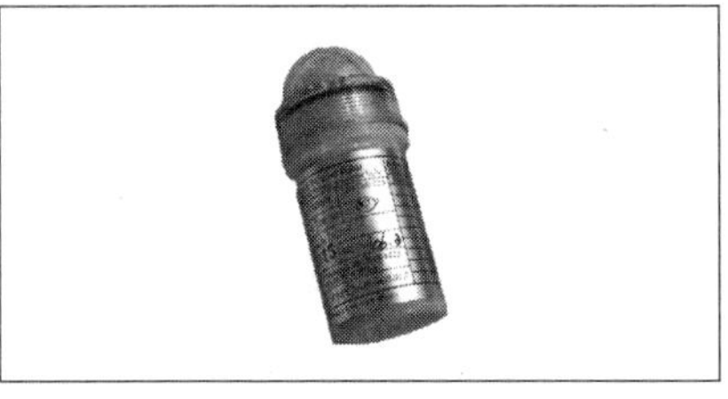

구명조끼등

③ 제1항과 제2항은 다음 각 호의 어느 하나에 해당하는 경우에는 적용하지 아니한다. 〈개정 2011.5.30.〉

1. 응급환자가 발생한 경우
2. 공공 목적으로 운항이 필요한 경우
3. 삭제 〈2015.7.24.〉

④ 삭제 〈1999.1.18.〉

⑤ 평수구역(平水區域)(평수구역이 없는 해수면의 경우에는 대통령령으로 정하는 범위의 해수면) 내

및 제11조에 따라 「선박안전법」을 적용받는 유선 및 「선박안전법」을 적용받지 아니하는 유선에 각각 구분해서 적용하고 있으며 이와 관련한 위반사항에 대한 확인은 다음의 〈표 6-11〉과 같다.

〈표 6-11〉 유선의 승선 정원, 영업구역 및 영업시간 확인 규정

구 분		관련 규정
선박안전법을 적용받는 유선52)	승선 정원	• 「선박안전법」 제8조제2항에 따른 선박검사증서상의 최대승선인원으로 승선인원 초과여부 확인
	영업 구역	• 「유선 및 도선 사업법 시행령」 제7조제1항제1호에 따라 선박검사 시에 정해진 항해구역 내에서 관할관청이 지정한 구역 또는 거리 ⇒ 같은 법 시행규칙 제3조제3항에 따른 '사업면허증'[별지 제2호서식] 및 '사업신고확인증'[별지 제3호서식] 상의 영업구역으로 확인
	영업 시간	• 「유선 및 도선 사업법」 제8조제2항에 따라 해 뜨기 전 30분부터 해 진 후 30분까지 ⇒ 같은 법 시행규칙 제3조제3항에 따른 '사업면허증'[별지 제2호서식] 및 '사업신고확인증'[별지 제3호서식] 상의 영업구역으로 확인

에서 운항하는 유 · 도선은 기상특보(주의보에 한정한다) 발효 시에도 운항할 수 있다. 다만, 시장 · 군수 · 구청장 또는 해양경비안전서장이 해당 영업구역의 실제 기상상태를 확인하여 안전운항에 지장이 있다고 판단할 때에는 운항을 제한할 수 있다.

* 이 법 제8조제5항에 따라 기상특보 발효 시 운항할 수 있는 해수면의 범위는 같은 법 시행령 제9조와 관련한 [별표 2]를 따른다.

예정, 「유선 및 도선 사업법」 제8조(영업구역 및 영업시간 등) ①~③(현행과 같음)

<u>④ 유 · 도선은 기상특보(「기상법」 제14조에 따른 기상특보를 말한다. 이하 같다) 발효 시 운항할 수 없다. 〈신설 2016.1.7.〉</u>

<u>⑤ 제4항에도 불구하고 「선박안전법」 제8조제3항에 따른 항해구역 중 평수구역(平水區域)(평수구역이 없는 해수면의 경우에는 대통령령으로 정하는 범위의 해수면을 말한다)에서 운항하는 유 · 도선은 총리령으로 정하는 기준 및 절차에 따라 기상특보(대통령령으로 정하는 기상특보에 한정한다) 발효 시에도 운항할 수 있다. 〈개정 2016.1.7.〉</u>

<u>⑥ 시장 · 군수 · 구청장 또는 해양경비안전서장은 제5항에 따라 운항이 허용된 경우에도 해당 영업구역의 실제 기상상태를 확인하여 안전운항에 지장이 있다고 판단할 때에는 유 · 도선의 운항을 제한할 수 있다. 〈신설 2016.1.7.〉</u>

[제목개정 2011.5.30.]

<u>[시행일: 2016.7.8.] 제8조</u>

52) 「선박안전법」을 적용받는 유선의 승선 정원 및 항해구역과 관련해서는 본 저서 '제2장 제3절 Ⅰ. 1. 항해구역 위반사범 및 2. 최대승선인원 초과 선박 항해 위반사범'을 참조하도록 한다.

구 분		관련 규정
선박안전법을 적용받지 아니하는 유선	승선 정원	• 「유선 및 도선 사업법 시행령」 제12조제5항 및 같은 법 시행규칙 제16조제1항에 따른 안전검사증[별지 제17호서식] 상의 승선 정원으로 승선 인원 초과 여부 확인[53]
	영업 구역	• 「유선 및 도선 사업법 시행령」 제7조제1항제2호에 따라 이 시행령 제13조에 따른 안전검사 시에 정해진 구역 또는 거리 ⇒ 같은 법 시행규칙 제3조제3항에 따른 '사업면허증' 및 '사업신고확인증'상의 영업구역으로 확인(안전검사증 상에도 같은 내용 포함)
	영업 시간	• 「유선 및 도선 사업법」 제8조제2항에 따라 해 뜨기 전 30분부터 해 진 후 30분까지 ⇒ 같은 법 시행규칙 제3조제3항에 따른 '사업면허증' 및 '사업신고확인증'상의 영업시간으로 확인(안전검사증 상에도 같은 내용 포함)

참고로 이 법이 2016년 1월 7일 법률 제13751호로 개정(시행일 : 2016년 7월 8일)되면서 제41조제1호 벌칙 규정 중 제12조제5항제2호를 위반한 자는 제40조제5호로 이동하였으며, 양형기준은 6개월 이하의 징역 또는 300만원 이하의 벌금에 처하던 것을 1년 이하의 징역 또는 1천만원 이하의 벌금에 처하도록 강화되었다.

3. 인명구조용 장비(설비) 비치방법 위반사범

「유선 및 도선 사업법」 제12조제5항제11호 및 제18조제1항제8호는 이 법이 2016년 1월 7일 법률 제13751호로 개정되면서 유 · 도선의 운항 중 구명조끼, 구명부환(救命浮環), 구명줄 등 인명구조용 장비나 설비[54]에 잠금장치를 하는 행위에 대해 처벌할

53) 「유선 및 도선 사업법 시행규칙」 제13조(승선 정원 등 기준) ① 법 제11조에 따른 유선의 승선 정원과 법 제14조에 따른 도선의 승선 정원은 승객 및 선원이 안전하게 탑승할 수 있는 장소의 제곱미터 단위의 면적을 0.35제곱미터로 나눈 값으로 한다.

54) 〈인명구조용 장비(설비) 등〉

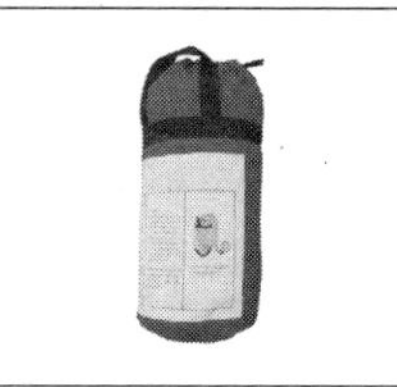

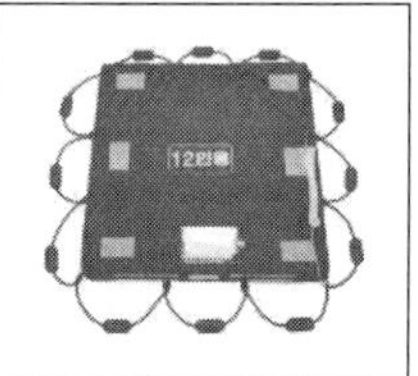

구명조끼 / 구명줄 / 구명부환 / 드로우 백 / 구명부기

출처: 구글검색사이트(Google), http://www.google.co.kr

수 있도록 신설된 규정으로 2016년 7월 8일 시행된다.

여기에서의 "운항 중"은 앞서 언급한 바와 같이 「선박위해처벌법」 제2조제2호에 따라 항행뿐만 아니라 정박(碇泊), 계류(繫留), 대기(待機) 등 해양에서의 선박의 모든 사용 상태를 말하는 것으로 유·도선에 비치하고 있는 인명구조용 장비나 설비는 어떠한 경우에도 잠금장치를 하여서는 아니 되며, 비상시 적절히 조치할 수 있도록 비치하여야 한다.[55]

4. 도선의 승선 정원 및 적재 중량(용량) 초과 위반사범

「유선 및 도선 사업법」 제18조제1항제1호에서는 도선사업자, 선원, 그 밖의 종사자에게 도선과 도선장에서 승선 정원, 적재 중량 또는 용량을 초과하여 승선시키거나 산적하는 행위를 하여서는 아니 하도록 규정하고 있다.

한편, 여기에서 도선의 승선 정원 기준은 앞서 언급한 유선과 마찬가지로 「선박안전법」을 적용받는 도선 및 「유선 및 도선 사업법」 제14조에 따라 「선박안전법」을 적용받지 아니하는 도선으로 구분하고 있다.

반면, 도선의 적재 중량 및 용량의 산정기준에 있어서는 「유선 및 도선 사업법 시행규칙」 제15조제1항에 따라 「선박안전법」을 적용받지 아니하는 도선에 한해서 적용된다.

이와 관련해서 먼저 도선 중 「선박안전법」을 적용받는 도선의 승선 정원 초과여부는 이 법 제8조제2항에 따른 선박검사증서 상에 기재된 최대승선인원으로 확인이 가능할 것이며,[56] 이 법을 적용받지 아니하는 도선의 승선 정원 초과여부 확인에 있어서는 「유선 및 도선 사업법 시행령」 제12조제5항 및 같은 법 시행규칙 제16조제1항에 따른 [별지 제17호서식]의 안전검사증 상에 기재된 승선 정원을 통해 확인할 수 있다.

여기에서 안전검사증 상에 기재된 도선의 승선 정원과 관련한 기준은 「유선 및 도

55) 참고로 「선박위해처벌법」 제2조제2호에서 규정하고 있는 "운항"은 항해, 정박(碇泊), 계류(繫留), 대기(待機) 등 해양에서의 선박의 모든 사용 상태를 말하는 것으로 항해(항행)의 개념을 포함하고 있어 "운항"과 "항행"에 대한 용어사용에 있어서의 명확한 구분이 필요하다.

56) 「선박안전법」을 적용받는 도선의 승선 정원과 관련해서는 본 저서 '제2장 제3절 Ⅰ. 2. 최대승선인원 초과 선박 항해 위반사범'을 참조하도록 한다.

선 사업법 시행규칙」 제13조제1항 및 제2항에 따른 것으로 하고 있으며, 이는 「선박안전법」을 적용받지 아니하는 도선에 한해 제한적으로 적용된다.[57)]

다음으로 도선의 적재 중량 및 용량 등의 산정기준에 있어서는 「유선 및 도선 사업법 시행규칙」 제15조에서 규정하는 것으로 하고 있다.[58)]

참고로 「유선 및 도선 사업법」이 2016년 1월 7일 법률 제13751호로 개정(시행일: 2016년 7월 8일)되면서 제41조제1호 벌칙 규정 중 제18조제1항제1호를 위반한 자는 제40조제6호로 이동하였으며, 양형기준은 6개월 이하의 징역 또는 300만원 이하의 벌금에 처하던 것을 1년 이하의 징역 또는 1천만원 이하의 벌금에 처하도록 강화되었다.

5. 인명구조용 장비의 비치 등 위반사범

「유선 및 도선 사업법」 제22조제1항에 따라 유·도선사업자는 유·도선의 사고 시에 대비할 수 있는 인명구조용 장비를 갖추지 아니하거나 인명구조요원을 배치하지 아니하고는 영업을 할 수 없으며, 이를 위반한 자에 대해서는 이 법 제41조제1호에

---

57) 「유선 및 도선 사업법 시행규칙」 제13조(승선 정원 등 기준) ① 법 제11조에 따른 유선의 승선 정원과 법 제14조에 따른 도선의 승선 정원은 승객 및 선원이 안전하게 탑승할 수 있는 장소의 제곱미터 단위의 면적을 0.35제곱미터로 나눈 값으로 한다.

② 도선에 사람과 화물을 함께 싣는 경우에는 화물 55킬로그램을 승선 인원 1명으로 계산한다.

③ 관할관청은 다음 각 호의 어느 하나에 해당하는 경우에는 제1항 및 제2항에도 불구하고 안전운항과 승객수송에 지장이 없다고 인정하는 범위까지 승선 정원을 줄일 수 있다.

1. 제1항 및 제2항의 기준에 따른 승선 정원이 선박의 안전운항에 지장을 준다고 인정하는 경우
2. 유·도선사업자가 제1항 및 제2항의 기준에 따른 승선 정원보다 적은 인원의 승선 정원을 신청하는 경우

58) 「유선 및 도선 사업법 시행규칙」 제15조(도선의 적재 중량 등 산정기준) ① 법 제14조에 따른 도선의 적재 중량 및 용량의 산정기준은 다음 각 호와 같다.

1. 적재 중량: 선박의 길이·너비·깊이를 미터 단위로 측정하고 이를 서로 곱하여 얻은 수의 10분의 7에 0.39를 곱하여 얻은 값으로 하되, 그 단위는 톤으로 한다.
   * 중량(weight, 重量): 일반적으로 무게를 칭함
2. 적재 용량: 선박의 길이·너비·깊이를 미터 단위로 측정하고 이를 서로 곱하여 얻은 수의 10분의 7에 0.5를 곱하여 얻은 값으로 하되, 그 단위는 세제곱미터로 한다.
   * 용량(volume, 容量): 용적 용기 안의 공간부분의 부피를 칭함

② 관할관청은 제1항의 기준에 따른 적재 중량 및 용량이 선박의 안전운항에 지장을 준다고 인정하는 경우에는 제1항에도 불구하고 안전운항에 지장이 없다고 인정하는 범위까지 적재 중량 및 용량을 줄일 수 있다.

따라 처벌할 수 있도록 하고 있다.

이에 따라 같은 법 시행령 제17조 및 제18조에서는 유선(유선장 포함) 및 도선(도선장 포함)에 갖추도록 하고 있는 인명구조용 장비의 기준과 시설기준에 대해 규정하고 있으며, 다음의 〈표 6-12〉와 같다.

참고로 「유선 및 도선 사업법」이 2016년 1월 7일 법률 제13751호로 개정(시행일: 2016년 7월 8일)되면서 제41조제1호에 따른 벌칙 규정은 같은 조 제2호로 이동하였으며, 양형기준은 6개월 이하의 징역 또는 300만원 이하의 벌금에 처하던 것을 6개월 이하의 징역 또는 500만원 이하의 벌금에 처하도록 강화되었다.

〈표 6-12〉 인명구조용 장비의 기준 및 시설기준

구 분	세부기준
유선 및 유선장 「유선 및 도선 사업법 시행령」 제17조	**Ⅰ. 인명구조용 장비의 기준과 시설기준** 1. 유선에는 승선 정원의 120퍼센트 이상에 해당하는 수의 구명조끼(구명조끼 중 20퍼센트는 소아용으로 하여야 한다)를 갖출 것 2. 유선장에 유선(5톤 이상의 선박으로서 제6호에 따른 장비를 갖춘 유선은 제외한다)이 30척 이하인 경우에는 1척 이상, 31척 이상 50척 이하인 경우에는 2척 이상, 51척 이상인 경우에는 50척을 초과하는 50척마다 1척씩 더한 수 이상의 비상구조선을 갖출 것 3. 승선 정원이 5명 이상이거나 추진기관을 설치한 유선에는 그 승선 정원의 30퍼센트 이상에 해당하는 수의 구명부환(救命浮環)을 갖출 것. 다만, 승선 정원의 50퍼센트 이상(영업구역이 내수면인 경우에는 25퍼센트 이상)을 태울 수 있는 수의 구명정(救命艇), 구명뗏목 또는 구명부기(救命浮器)를 갖춘 경우에는 승선 정원의 15퍼센트 이상에 해당하는 수의 구명부환으로 한다. 4. 승선 정원이 13명 이상인 유선에는 유선마다 지름 10밀리미터 이상, 길이 30미터 이상의 구명줄 1개 이상이나 드로우 백(throw bag) 1개 이상을 갖출 것 5. 유선장에는 노도(櫓棹)[59]가 있는 유선 수의 10퍼센트 이상에 해당하는 수의 선박에 필요한 예비 노도를 갖출 것 6. 2해리 이상을 운항하는 유선에는 유선장 또는 가까운 무선국과 연락할 수 있는 통신장비를 갖출 것 7. 영업구역이 내수면인 유선(2해리 미만을 운항하는 유선의 경우에는 추진기관을 설치한 유선 중 야간운항을 하는 유선만 해당한다)에는 위성항법장치(GPS)를 이용하여 위치정보를 취득할 수 있는 휴대전화를 갖출 것 8. 승선 정원이 13명 이상인 유선에는 유선마다 선실 · 조타실 및 기관실별로 1개 이상의 소화기를 갖출 것 9. 유선장에는 유선을 안전하게 매어두는 시설과 승객의 승선 · 하선에 필요한 1개 이상의 구명부환을 갖춘 승강장 설비를 갖출 것 10. 유선장에는 승객이 이용하기에 적정한 규모의 대기시설, 매표소, 화장실을 갖출 것 11. 삭제 〈2016.1.22.〉(같은 법 시행령 제8조가 전문개정 되면서 11호 삭제됨)[60] 12. 잠수를 영업 수단으로 하는 유선의 유선장에는 그 영업에 적정한 규모의 해상선착장과 「선박안전법」 제8조부터 제12조까지의 규정에 따른 선박의 검사에 합격한 승객운송선 및 비상구조선을 갖출 것

구 분	세부기준
유선 및 유선장 「유선 및 도선 사업법 시행령」 제17조 (계속)	위 Ⅰ. 2호 및 12호의 비상구조선은 승선 정원 4명 이상, 시속 20노트 이상의 성능을 가진 것으로서 다음의 장비를 모두 갖추어야 하며, 영업구역의 순시와 사고발생 시의 인명구조용으로만 사용하여야 한다. ⅰ) 망원경 1개 ⅱ) 자기점화등 1개 이상 ⅲ) 구명조끼 4개 ⅳ) 구명부환 2개 이상 ⅴ) 드로우 백 1개 이상
	Ⅱ. 인명구조용 장비의 비치요건 1. 유선에 갖추어 두어야 하는 인명구조용 장비는 해양수산부장관이 고시하는 선박구명설비기준에 적합한 것이어야 한다. 다만, 위의 Ⅰ. 1호에 따른 장비는 관할관청이 해당 영업구역의 수심 · 수세 및 운항거리 등을 고려하여 사용에 지장이 없다고 인정하는 경우에는 그러하지 아니하다. 2. 위의 Ⅰ. 1호부터 5호까지의 규정에 따른 인명구조용 장비는 승객, 선원, 인명구조요원, 그 밖의 종사자가 쉽게 이용할 수 있도록 갖추어 두어야 한다.
도선 및 도선장 「유선 및 도선 사업법 시행령」 제18조	**Ⅲ. 인명구조용 장비의 기준과 시설기준** 1. 유선 및 유선장에 갖추도록 하고 있는 인명구조용 장비 중 위의 Ⅰ. 1호 및 3호에 해당하는 장비를 갖출 것 2. 도선마다 지름 10밀리미터 이상, 길이 30미터 이상의 구명줄 1개 이상이나 드로우 백 1개 이상을 갖출 것 3. 승객을 주로 운송하는 도선에는 도선마다 선실 · 조타실 및 기관실별로 1개 이상의 소화기를 갖추고, 화물을 주로 운송하는 도선에는 취급하는 화물에 발생한 화재를 진압할 수 있는 소화설비를 갖출 것 4. 노도가 있는 도선에는 도선마다 해당 노선에 적응하는 데 필요한 수의 예비 노도를 갖출 것 5. 승객을 주로 운송하는 도선의 경우 도선 주위에 난간 등의 위험방지 설비를 할 것 6. 도선장에는 도선장 간의 연락설비를 갖출 것 7. 유선 및 유선장에 갖추도록 하고 있는 장비 중 위의 Ⅰ. 6호 · 7호 및 9호부터 10호까지에 해당하는 장비와 시설을 갖출 것. 이 경우 “유선”은 “도선”으로, “유선장”은 “도선장”으로 본다.
	Ⅳ. 인명구조용 장비의 비치요건 1. 도선에 갖추어 두어야 하는 인명구조용 장비에 관하여는 위의 유선 및 유선장의 인명구조용 장비 시설기준인 ‘Ⅱ. 인명구조용 장비의 비치요건’을 준용한다.

59) 노도(櫓棹)는 노와 상앗대를 말하며, 이와 관련해서는 제2장 각주 16번, 17번을 참조하도록 한다.

60) **구, 「유선 및 도선 사업법 시행령」 제8조(영업시간의 적용 예외)** 법 제8조제3항제3호에서 “대통령령으로 정하는 사유가 있는 경우”란 야간운항에 필요한 조명시설 등 안전운항시설과 장비를 갖추고 운항하는 경우를 말한다. [전문개정 2012.6.29.] 여기에서의 야간운항에 필요한 안전운항 시설 및 장비는 이 시행령 제17조제1항제11호에서 ‘야간운항을 하는 유선에는 1개 이상의 자기점화등을, 해당 유선장에는 1개 이상의 자기점화등과 승객의 승선 · 하선에 필요한 총리령으로 정하는 조명시설을 갖출 것’으로 규정하고 있었으나, 같은 법 시행령 제8조가 2016년 1월 22일 대통령령 제26931호로 아래와 같이 개정되면서 이 시행령 제17조제1항제11호는 삭제되었다.

또한 이와 관련해서 이 법 제22조제2항 및 같은 법 시행령 제20조에서는 유 · 도선 사업자가 배치하여야 하는 인명구조요원에 대한 기준을 규정하고 있으며, 다음의 〈표 6-13〉과 같다.

〈표 6-13〉 인명구조요원 자격 및 배치기준

구 분	세부기준
인명구조요원 자격 및 배치기준 「유선 및 도선 사업법 시행령」 제20조	Ⅰ. 인명구조요원 자격기준 1. 「수상레저안전법」 제48조제3항에 따른 인명구조요원 자격을 취득한 사람 2. 해군 또는 국민안전처 소속 경찰공무원으로 복무한 자로서 수상인명구조에 경험이 있는 사람 3. 「한국해양수산연수원법」에 따른 한국해양수산연수원에서 안전 및 해양사고방지교육을 이수한 사람 4. 그 밖에 제1호 및 제3호에 상당하는 자격이 있다고 관할관청이 인정하는 사람
	Ⅱ. 인명구조요원 배치기준(최소인원수) 1. 유선사업 ⅰ) 승객 정원이 13명 미만인 유선 : 30척까지는 1명으로 하되, 30척을 초과하는 경우에는 30척을 초과하는 20척마다 1명을 추가한 인원수 ⅱ) 승객 정원이 13명 이상인 유선 : 승객 정원 50명 까지는 1명, 51명 이상 100명까지는 2명으로 하되, 100명을 초과하는 경우에는 100명을 초과하는 100명마다 1명을 추가한 인원수 2. 도선사업 ⅰ) 승객 정원이 50명 이하인 도선 : 1명 ⅱ) 승객 정원이 51명 이상인 도선 : 승객 정원이 100명까지는 2명으로 하되, 100명을 초과하는 경우에는 100명을 초과하는 100명마다 1명을 추가한 인원수
	Ⅲ. 인명구조요원 추가 산정기준 유 · 도선의 선원이 위의 Ⅰ에 따른 자격을 갖춘 경우에는 인명구조요원의 임무를 겸할 수 있고, 위의 Ⅱ에 따른 인명구조요원 최소인원수에 포함하여 산정할 수 있다.

현행,「유선 및 도선 사업법 시행령」 제8조(야간운항에 필요한 안전운항 시설 및 장비) 유 · 도선사업의 면허를 발급받은 자나 신고가 수리된 자(이하 "유 · 도선사업자"라 한다)가 법 제8조제2항 단서에 따라 해뜨기 전 30분 이전 또는 해 진 후 30분 이후 유 · 도선 영업을 하려는 경우에는 해당 유 · 도선 등에 다음 각 호의 구분에 따른 시설 및 장비를 모두 갖추어야 한다.

1. 해당 유 · 도선: 다음 각 목의 모든 장비
   가. 전등 1개 이상
   나. 자기점화등 1개 이상
   다. 등(燈)이 부착된 승선 정원에 해당하는 수의 구명조끼
2. 해당 유선장 또는 도선장(이하 "유 · 도선장"이라 한다): 다음 각 목의 모든 시 설 및 장비
   가. 자기점화등 1개 이상
   나. 승선장 및 하선장에 각각 100럭스 이상의 조도(照度)를 갖춘 조명시설

[전문개정 2016.1.22.]

Ⅱ. 관할관청의 개선명령 위반사범

> 제41조(벌칙) 다음 각 호의 어느 하나에 해당하는 자는 6개월 이하의 징역 또는 300만 원 이하의 벌금에 처한다.
> 3. 제27조에 따른 명령을 위반한 자

「유선 및 도선 사업법」 제27조에 따라 관할관청은 유 · 도선의 안전운항과 위해방지 및 공공복리의 증진을 위하여 특히 필요하다고 인정할 때에는 유 · 도선사업자에게 다음의 사항을 명할 수 있도록 규정하고 있으며, 이에 따른 관할관청의 명령을 위반한 자에 대해서는 이 법 제41조제3호에 따라 처벌할 수 있도록 하고 있다.

i) 승선 정원이나 적재 중량 또는 용량의 제한(제1호)
ii) 영업시간 또는 운항횟수의 제한(제2호)
iii) 영업구역의 제한 또는 영업의 일시 정지(제3호)
iv) 유 · 도선 또는 유 · 도선장시설의 개선 · 변경 및 원상복구(제4호)
v) 운항 약관의 변경(제5호)
vi) 이 법 제3조제4항에 따라 유 · 도선사업 면허 발급 시 붙인 조건의 이행(제6호)
vii) 이 법 제4조에 따른 시설기준 등의 유지 · 관리(제7호)
viii) 이 법 제7조제2항에 따른 휴업기간 초과 시 영업재개(제8호)
ix) 이 법 제33조에 따른 보험 등에의 가입(제9호)
x) 그 밖에 안전사고 예방을 위하여 필요한 사항(제10호)

이는 위의 i)~ix)와 관련한 규정에도 불구하고 유 · 도선의 안전운항과 위해방지 및 공공복리의 증진을 위하여 관할관청이 특히 필요하다고 인정할 때에는 해당 규정에서 명시하고 있는 사항을 위반하지 않은 경우에도 유 · 도선의 운항을 임의로 제한해서 규제할 수 있는 규정이다. 이와 관련한 세부 내용은 다음의 〈표 6-14〉와 같다.

참고로 관할관청은 같은 법 시행령 제24조제1항에 따라 유 · 도선사업자에게 필요한 조치를 명할 때에는 서면으로 하도록 하고 있으며 다만, 안전운항을 위하여 긴급한 조치가 필요한 경우에는 말이나 그 밖의 방법을 할 수 있도록 하는 예외규정을 두고 있다.

〈표 6-14〉 유 · 도선사업자에 대한 안전운항 등을 위한 조치 사항

1. 승선 정원이나 적재 중량 또는 용량의 제한(「유선 및 도선 사업법」 제27조제1호)
   ⇒ 승선 정원이나 적재 중량 또는 용량과 관련한 내용은 본 저서 '제6장 제4절 Ⅰ. 2. 유선의 승선 정원 초과 및 영업시간(구역) 위반사범 및 4. 도선의 승선 정원 및 적재 중량(용량) 초과 위반사범' 참조

2. 영업시간 또는 운항횟수의 제한(「유선 및 도선 사업법」 제27조제2호)
   ⇒ 영업시간과 관련한 내용은 본 저서 '제6장 제4절 Ⅰ. 2. 유선의 승선 정원 초과 및 영업시간(구역) 위반사범' 참조
   ⇒ 운항횟수와 관련한 기준은 별도로 규정하고 있지 않으나, 이 법 제27조와 같은 상황발생 시 유 · 도선사업자가 정하고 있는 운항횟수를 관할관청에서 임의로 제한할 수 있도록 하고 있음

3. 영업구역의 제한 또는 영업의 일시 정지(「유선 및 도선 사업법」 제27조제3호)
   ⇒ 영업구역과 관련한 내용은 본 저서 '제6장 제4절 Ⅰ. 2. 유선의 승선 정원 초과 및 영업시간(구역) 위반사범' 참조
   ⇒ 영업의 일시 정지와 관련한 기준은 별도로 규정하고 있지 않으나, 이 법 제27조와 같은 상황발생 시 관할관청에서는 유 · 도선 영업의 일시 정지를 명령할 수 있음
   * 유 · 도선의 영업구역은 선박의 톤수 및 성능에 따라 대통령령으로 정한다(법 제8조제1항).
   ⇒ 여기에서 대통령령으로 정하는 유 · 도선의 영업구역은 다음과 같다(시행령 제7조제1항).
   ㉮ 「선박안전법」을 적용받는 유 · 도선의 경우에는 선박검사 시에 정해진 항해구역 내에서 관할관청이 지정한 구역 또는 거리 이내(제1호).
   ㉯ 「선박안전법」을 적용받지 아니하는 유 · 도선의 경우에는 제13조에 따른 안전검사 시에 정해진 구역 또는 거리 이내(제2호)
   ⇒ 위의 ㉮ 및 ㉯에 따른 유 · 도선의 영업구역 내에 중간 기착지(寄着地)를 정하는 경우에는 다음의 ㉰ 및 ㉱ 요건을 갖추어야 한다(시행령 제7조제2항).
   ㉰ 중간 기착지로 인하여 「해운법」에 따른 해상운송여객사업자의 영업권을 침해할 우려가 없을 것(제1호).
   ㉱ 유선사업의 경우 중간 기착지로 인하여 사람을 운송하거나 사람과 물건을 운송하는 목적으로 이용될 우려가 없을 것(제2호).

4. 유 · 도선 또는 유 · 도선장시설의 개선 · 변경 및 원상복구(「유선 및 도선 사업법」 제27조제4호)
   ⇒ 유 · 도선 또는 유 · 도선장시설에 대한 개선 · 변경 및 원상복구 명령은 관할관청에서 이 법 제27조에 따른 상황발생 시 명하는 것으로 그 밖에 이와 관련한 명령은 일반적으로 이 법 제26조에 따른 검사 또는 안전점검을 행하면서 이루어질 수 있다(본 저서 '제6장 제3절 Ⅵ. 검사 등과 관련한 공무집행 위반사범' 참조).

5. 운항 약관의 변경(「유선 및 도선 사업법」 제27조제5호)
가. (운항약관) (법 제32조)
ⅰ) 유 · 도선사업자는 대통령령으로 정하는 바에 따라 운항약관을 정하여 사업면허의 신청 또는 사업신고를 할 때 관할관청에 신고하여야 한다. 이를 변경하려는 경우에도 또한 같다(제1항).
ⅱ) 위 ⅰ)의 운항약관에는 유 · 도선의 승객 · 수하물 및 소하물의 운송 조건, 운송에 대한 유 · 도선사업자의 책임, 피해보상을 위한 보험 또는 공제의 가입 등 총리령으로 정하는 사항이 포함되어야 한다(제2항).
나. (운항약관의 신고) (시행령 제26조)
ⅰ) 이 법 제32조에 따라 운항약관의 신고 또는 변경신고를 하려는 유 · 도선사업자는 총리령으로 정하는 신고서에 운항약관을 첨부하여 관할관청에 제출하여야 한다.
다. (운항약관) (시행규칙 제21조)
ⅰ) 같은 법 시행령 제26조에 따른 운항약관의 신고 또는 변경신고는 [별지 제20호서식]에 따른다(제1항).
ⅱ) 이 법 제32조제2항에서 "총리령으로 정하는 사항"이란 다음 각 호의 사항을 말한다(제2항).
㉮ 운항약관의 적용범위에 관한 사항(제1호)
㉯ 요금 · 운임의 수수 또는 환급에 관한 사항(제2호)
㉰ 부가운임에 관한 사항(도선의 경우만 해당한다)(제3호)
㉱ 화물의 인도 · 인수 · 보관 및 취급에 관한 사항(도선의 경우만 해당한다)(제4호)
㉲ 운송책임 및 배상에 관한 사항(제5호)
㉳ 사업자의 면책에 관한 사항(제6호)
㉴ 피해보상을 위하여 가입한 보험 또는 공제에 관한 사항(제7호)
㉵ 승객 및 차량 승선권의 예매 · 발권 등에 관한 사항(제8호)

---

6. 이 법 제3조제4항에 따라 유 · 도선사업 면허 발급 시 붙인 조건의 이행(「유선 및 도선 사업법」 제27조제6호)
가. (사업의 면허 또는 신고) (법 제3조제4항)
ⅰ) 관할관청은 제1항에 따라 면허를 발급할 때에 유 · 도선의 안전강화 및 편의시설 확보 등을 위하여 총리령으로 정하는 바에 따라 필요한 조건을 붙일 수 있다.
나. (유 · 도선사업의 면허조건) (시행규칙 제3조의2)
ⅰ) 관할관청은 유 · 도선사업의 면허를 발급할 때에 이 법 제3조제4항에 따라 다음 각 호의 사항을 면허의 조건으로 붙일 수 있다.
㉮ 해당 지역의 특성 등을 고려할 때 유 · 도선의 안전 제고를 위하여 관할관청이 필요하다고 인정하는 사항(제1호)
㉯ 주차장, 승객 대기시설 및 화장실 등 승객 편의시설 확보에 관한 사항(제2호)

---

7. 이 법 제4조에 따른 시설기준 등의 유지 · 관리(「유선 및 도선 사업법」 제27조제7호)
⇒ 시설기준 등의 유지 · 관리와 관련한 내용은 본 저서 '제6장 제2절 Ⅱ. 인명구조용 장비 및 인명구조요원의 요건, 제3절 Ⅰ. 2. 유 · 도선사업의 신청절차 등 및 Ⅳ. 안전검사 미필 유 · 도선 운항 위반사범' 참조

---

8. 이 법 제7조제2항에 따른 휴업기간 초과 시 영업재개(「유선 및 도선 사업법」 제27조제8호)
가. (유 · 도선사업의 휴업 · 폐업 등) (법 제7조)
ⅰ) 유 · 도선사업자는 그 사업을 휴업 또는 폐업하거나 선박의 일부를 운항 중단하려면 총리령으로 정하는

바에 따라 미리 관할관청에 신고하여야 한다(제1항).

ii) 위 i)에 따른 휴업의 경우 휴업기간은 도선의 경우는 계속하여 6개월, 유선의 경우는 계속하여 1년을 넘을 수 없다(제2항).

제7조(유 · 도선사업의 휴업 · 폐업 등) ① 유 · 도선사업자는 다음 각 호의 어느 하나에 해당하는 경우 총리령으로 정하는 바에 따라 미리 관할관청에 신고하여야 한다. 〈개정 2016.1.7.〉

1. 사업을 휴업 또는 폐업하거나 선박의 일부를 운항중단하려는 경우
2. 휴업기간 또는 운항중단기간 중 사업 또는 운항을 재개하려는 경우

② 제1항제1호에 따른 휴업의 경우 휴업기간은 도선의 경우는 계속하여 6개월, 유선의 경우는 계속하여 1년을 넘을 수 없다. 〈개정 2016.1.7.〉

[전문개정 2015.7.24.]

[시행일: 2016.7.8.] 제7조

나. (휴업 · 폐업 등의 신고) (시행규칙 제6조)

i) 이 법 제7조에 따라 휴업 또는 폐업을 하려는 자는 [별지 제10호서식]의 사업 휴업 · 폐업 신고서에 사업면허증 또는 사업신고확인증을 첨부하여 휴업일 또는 폐업일 3일 전까지 관할관청에 제출하여야 한다(제1항)

ii) 이 법 제7조에 따라 유 · 도선의 운항을 중단하려는 자는 [별지 제10호서식]의 사업 운항중단신고서를 운항중단 시작일 3일 전까지 관할관청에 제출하여야 한다. 다만, 기관 고장 등 부득이한 사유가 있는 경우에는 운항중단 당일에 신고할 수 있다(제2항).

iii) 위 i) 및 ii)에 따라 휴업 · 폐업 또는 운항중단신고를 한 자는 지체 없이 그 휴업기간, 폐업일 또는 운항중단 기간을 유 · 도선장에 게시하여야 한다(제3항).

iv) 위 i) 및 ii)에 따라 휴업 또는 운항중단신고를 한 자가 휴업 또는 운항중단 기간 중에 영업을 다시 시작하려는 경우에는 [별지 제10호서식]의 사업 재개신고서를 영업재개일 3일 전까지 관할관청에 제출하여야 한다(제4항).

---

9. 이 법 이 법 제33조에 따른 보험 등에의 가입(「유선 및 도선 사업법」 제27조제9호)

가. (보험 등에의 가입) (법 제33조)

i) 유 · 도선사업자는 대통령령으로 정하는 바에 따라 승객, 선원, 그 밖의 종사자의 피해보상을 위하여 보험 또는 공제에 가입하여야 한다.

제33조(보험 등에의 가입) ① 유 · 도선사업자는 대통령령으로 정하는 바에 따라 승객, 선원, 그 밖의 종사자의 피해보상을 위하여 보험 또는 공제에 가입하여야 한다. 〈개정 2016.1.7.〉

② 제1항에 따른 보험 또는 공제의 가입금액 및 가입시기 등에 필요한 사항은 대통령령으로 정한다. 〈신설 2016.1.7.〉

[전문개정 2011.5.30.]

[시행일: 2016.7.8.] 제33조

나. (보험 등에의 가입) (시행령 제27조)

i) 유 · 도선사업자는 이 법 제33조에 따라 승객, 선원, 그 밖의 종사자의 피해보상을 위하여 사업 개시 전까지(보험 또는 공제의 유효기간이 만료되는 경우에는 그 만료일 전까지) 보험 또는 공제에 가입하여야 한다.

Ⅲ. 기상특보 발효 시 운항금지 및 운항제한 명령 위반사범

예정, 「유선 및 도선 사업법」 제41조제1호는 이 법이 2016년 1월 7일 법률 제13751호로 개정(시행일: 2016년 7월 8일)되면서 신설된 벌칙 규정으로 이와 관련한 이 법 제8조제4항 및 제6항 또한 새로이 신설된 규정이다.

> 제41조(벌칙) 다음 각 호의 어느 하나에 해당하는 자는 6개월 이하의 징역 또는 500만원 이하의 벌금에 처한다. 〈개정 2012.2.22., 2016.1.7.〉
> 1. 제8조제4항 또는 제6항을 위반하여 기상통보 발효 시 유·도선을 운항하거나 유·도의 운항제한에 따르지 아니한 자
>
> [시행일: 2016.7.8.] 제41조

예정, 「유선 및 도선 사업법」 제8조제4항에서는 유·도선은 기상특보 발효 시 운항할 수 없도록 규정하고 있다. 또한 같은 조 제6항(현행, 같은 조 제5항 단서 부분)에 따라 시장·군수·구청장 또는 해양경비안전서장은 이 법 제8조제5항[61] 따라 운항이 허용된 경우에도 해당 영업구역의 실제 기상상태를 확인하여 안전운항에 지장이 있다고 판단할 때에는 유·도선의 운항을 제한할 수 있으며, 이를 위반한 자에 대해서는 이 법 제41조제1호에 따라 처벌할 수 있도록 하고 있다.

이 법 제8조제5항에서는 「선박안전법」 제8조제3항에 따른 항해구역 중 평수구역(平水區域) (평수구역이 없는 해수면의 경우에는 대통령령으로 정하는 범위의 해수면을 말한다)에서 운항하는 유·도선은 총리령으로 정하는 기준 및 절차에 따라 기상특보(대통령

---

61) **현행, 「유선 및 도선 사업법」 제8조(영업구역 및 영업시간 등)** ⑤ 평수구역(平水區域)(평수구역이 없는 해수면의 경우에는 대통령령으로 정하는 범위의 해수면) 내에서 운항하는 유·도선은 기상특보(주의보에 한정한다) 발효 시에도 운항할 수 있다. 다만, 시장·군수·구청장 또는 해양경비안전서장이 해당 영업구역의 실제 기상상태를 확인하여 안전운항에 지장이 있다고 판단할 때에는 운항을 제한할 수 있다. **예정, 「유선 및 도선 사업법」 제8조(영업구역 및 영업시간 등)** ⑤ 제4항에도 불구하고 「선박안전법」 제8조제3항에 따른 항해구역 중 평수구역(平水區域)(평수구역이 없는 해수면의 경우에는 대통령령으로 정하는 범위의 해수면을 말한다)에서 운항하는 유·도선은 총리령으로 정하는 기준 및 절차에 따라 기상특보(대통령령으로 정하는 기상특보에 한정한다) 발효 시에도 운항할 수 있다. 〈개정 2016.1.7.〉 [시행일: 2016.7.8.] 제8조

령으로 정하는 기상특보에 한정한다) 발효 시에도 운항할 수 있도록 허용하고 있다.

한편, 「유선 및 도선 사업법」 제8조제5항 본문에서 "대통령령으로 정하는 범위"란 같은 법 시행령 제9조와 관련한 [별표 2]의 '기상특보 발효 시 운항할 수 있는 해수면의 범위'를 말한다.

하지만 유 · 도선이 이와 같은 기상특보 발효 시 운항할 수 있는 해수면의 범위에서 운항이 허용된 경우에도 해당 영업구역의 실제 기상상태를 확인하여 안전운항에 지장이 있다고 판단할 때에는 현행, 이 법 제8조제5항 단서(예정, 같은 조 제6항)에서 규정하고 있는 것과 같이 유 · 도선의 운항을 제한할 수 있다. 이 경우 같은 법 시행규칙 제7조(기상특보 발효 시의 운항제한 기준)에 따라 특별자치도지사 등 이 법 제3조제1항에 따른 유 · 도선사업의 면허 또는 신고 관할관청은 유 · 도선의 운항제한에 관한 기준을 정하여 공고하도록 하고 있다.

이와 관련한 기준으로는 현재 부산 · 동해 · 부안해양경비안전서에서 각각 「유선 및 도선 운항제한 기준」을 공고하고 있으며 다음의 {참고 6-1}과 같다.

참고로 여기에서의 기상특보[62]는 「기상법」 제14조(선박 또는 항공기에 대한 예보 및 특보) 같은 법 시행령 제9조(선박에 대한 예보 및 특보)를 따르도록 하고 있다.[63]

---

62) "기상특보"에서 특보는 「기상법」 제2조제10호에 따라 "기상현상으로 인하여 중대한 재해가 발생될 것이 예상될 때 이에 대하여 주의를 환기하거나 경고를 하는 예보를 말하는 것으로, 여기에서의 "기상현상"이란 이 법 제2조제4호에 따라 기상, 지상, 수상 및 대기권 밖의 여러 현상이 기상, 지상 및 수상에 미치는 현상으로 구분하여 정의하고 있다. 한편, 기상, 지상, 수상은 이 법 제2조제1호부터 제3호까지에서 다음과 같이 정의하고 있다. i) 기상(氣象): 대기의 여러 현상을 말한다. ii) 지상(地象): 기상과 밀접한 관련이 있는 지면 또는 지중에서 일어나는 여러 현상을 말한다. iii) 수상(水象): 기상 또는 지상과 밀접한 관련이 있는 내륙의 하천, 호수 또는 해양에서 일어나는 여러 현상을 말한다. 따라서 기상특보는 기상, 지상, 수상 및 대기권 밖의 여러 현상 등으로 인하여 중대한 재해가 발생될 것이 예상될 때 이에 대하여 주의를 환기하거나 경고를 하는 예보를 말한다.

63) 「기상법」 제14조 ① 기상청장은 선박 또는 항공기의 안전운항에 필요한 예보 및 특보를 하여야 한다. ② 제1항에 따른 예보 및 특보의 종류 · 내용에 필요한 사항은 대통령령으로 정한다. 여기에서의 대통령령은 다음과 같다.

「기상법 시행령」 제8조(일반인을 위한 예보 및 특보) ① 법 제13조제1항에 따른 기상현상에 관한 예보는 기온 · 강수 등에 관하여 정시 또는 수시로 하되, 다음 각 호의 예보로 구분하여 발표한다. 이 경우 예보의 세부 종류 · 내용 및 대상구역에 관한 사항은 기상청장이 정한다.

1. 초단기예보: 예보대상기간 6시간 이내
2. 단기예보: 예보대상기간 3일 이내
3. 중기예보: 예보대상기간 10일 이내

{참고 6-1} 유선 및 도선 운항제한 기준 공고

⇒ 이 기준은 「유선 및 도선 사업법」 제8조제5항 및 같은 법 시행규칙 제7조(기상특보 발효시의 운항제한 기준)에 따라 기상특보(주의보에 한함) 발효 시 유 · 도선의 운항을 제한하기 위한 근거 기준으로 마련된 것임

Ⅰ. 부산해양경비안전서공고[시행 2015.1.23.] [제2015-6호, 2015.1.23., 제정]

• 운항제한 기준(전면통제: 기상특보(주의보에 한함) 발효 시)

구 분	톤수별 운항제한 기준			
	10톤 미만(소형유 · 도선)	10톤 이상~30톤 미만	30톤 이상~100톤 미만	100톤 이상
유 선	전면통제	풍속: 12m/s 이상 파고: 2m 이상 시정: 1㎞ 이내	풍속: 14m/s 이상 파고: 2.5m 이상 시정: 1㎞ 이내	풍속: 14m/s 이상 파고: 3m 이상 시정: 1㎞ 이내
도 선	전면통제	풍속: 14m/s 이상 파고: 2.5m 이상 (대평1가: 2m 이상) 시정: 1㎞ 이내 (대평1가: 500m 이내)	풍속: 14m/s 이상 파고: 3m 이상 시정: 1㎞ 이내	풍속: 14m/s 이상 파고: 3m 이상 시정: 1㎞ 이내

【비고】 1. 운항제한 조건은 기상청 발표 해상날씨를 기준으로 하되, 기상감안 운항통제권자가 조정할 수 있다.
2. 운항제한은 풍속 · 파고 · 시정 중 한 개의 조건만 해당되어도 운항을 제한한다.

• 운항구역: 평수구역 제9구(「선박안전법 시행규칙」 제15조제2항 별표4)

---

4. 장기예보: 예보대상기간 11일 이상

② 법 제13조제1항에 따른 기상현상에 관한 특보는 다음 각 호의 어느 하나에 해당하는 기상현상으로 인하여 중대한 재해발생이 예상될 때 해당 지역에 대하여 그 정도에 따라 주의보 및 경보로 구분하여 발표한다. 이 경우 특보의 발표기준에 관한 사항은 기상청장이 정한다.

1. 호우
2. 대설
3. 폭풍해일
4. 삭제 〈2015.1.20.〉
5. 태풍
6. 강풍
7. 풍랑
8. 황사
9. 건조
10. 한파
11. 폭염
12. 안개

「기상법 시행령」 제9조(선박에 대한 예보 및 특보) 법 제14조제1항에 따른 선박의 안전운항에 필요한 해상예보 및 해상특보에 관하여는 제8조의 규정을 준용한다.

63) 평수구역(平水區域)과 관련한 내용은 본 저서 '제2장 제3절 Ⅰ. 1. 항해구역 위반사범'을 참조하고 별도의 언급은 생략하기로 한다.

Ⅱ. 동해해양경비안전서고시[시행 2016.2.12.] [제2016-2호, 2016.2.12., 제정]

• 운항제한 기준(전면통제: 기상특보(주의보에 한함) 발효 시)

구 분	톤수별 운항제한 기준			
	10톤 미만(소형유 · 도선)	10톤 이상~30톤 미만	30톤 이상~100톤 미만	100톤 이상
유 선	전면통제	풍속: 12m/s 이상 파고: 2m 이상 시정: 1km 이내	풍속: 14m/s 이상 파고: 2.5m 이상 시정: 1km 이내	풍속: 14m/s 이상 파고: 3m 이상 시정: 1km 이내
도 선	전면통제	풍속: 12m/s 이상 파고: 2m 이상 시정: 1km 이내	풍속: 14m/s 이상 파고: 2.5m 이상 시정: 1km 이내	풍속: 14m/s 이상 파고: 3m 이상 시정: 1km 이내

【비고】 1. 운항통제 조건은 실제 기상상태 기상청 파고 부이를 기준으로 한다.
〈파고부이 설치현황 (연안 1~2해리)〉
- 강원도: 연곡, 삼척
- 울릉도: 혈암, 구암, 울릉도(도동)
2. 운항통제는 풍속 · 파고 · 시정 중 한 개의 조건만 해당되어도 운항을 제한한다.

• 적용구역: 평수구역이 없는 해수면의 운항구역[기상특보 발효 시 운항할 수 있는 해수면의 범위(제9조 관련) 참조]

* 제3구~5구(강릉~임원), 제6구(울릉도 일원)

Ⅲ. 부안해양경비안전서공고[시행 2016.5.17.] [제2016-5호, 2016.5.17., 제정]

• 운항제한 기준(전면통제: 기상특보(주의보에 한함) 발효 시)

구 분	톤수별 운항제한 기준			
	110톤 미만(소형유 · 도선)	10톤 이상~30톤 미만	30톤 이상~100톤 미만	100톤 이상
유 선	전면통제	풍속: 12m/s 이상 파고: 2m 이상 시정: 1km 이내	풍속: 14m/s 이상 파고: 2.5m 이상 시정: 1km 이내	풍속: 14m/s 이상 파고: 3m 이상 시정: 1km 이내
도 선	전면통제	풍속: 12m/s 이상 파고: 2m 이상 시정: 1km 이내	풍속: 14m/s 이상 파고: 2.5m 이상 시정: 1km 이내	풍속: 14m/s 이상 파고: 3m 이상 시정: 1km 이내

【비고】 1. 운항제한 조건은 기상청에서 발표하는 해상날씨 기준에 따른다.
2. 운항제한은 풍속 · 파고 · 시정 중 한 개의 조건만 해당되어도 운항을 제한한다.

• 운항구역: 평수구역 제6구(「선박안전법 시행규칙」 제15조제2항 관련 별표4의 수역)

제5절 양벌규정

「유선 및 도선 사업법」에서는 이 법 제40조 또는 제41조의 위법행위에 대해 제42조에 따른 양벌규정을 두고 있으며 다음의 〈표 6-15〉와 같다. 양벌규정과 관련한 자세한 내용은 본 저서 '제2장 제3절 Ⅵ. 양벌규정'을 참조하고 별도의 언급은 생략하기로 한다.

〈표 6-15〉 유선 및 도선 사업법 제40조 또는 제41조에 대한 양벌규정

법 제42조 법인의 대표자나 법인 또는 개인의 대리인, 사용인, 그 밖의 종업원이 그 법인 또는 개인의 업무에 관하여 제40조 또는 제41조의 위반행위를 하면 그 행위자를 벌하는 외에 그 법인 또는 개인에게도 해당 조문의 벌금형을 과(科)한다. 다만, 법인 또는 개인이 그 위반행위를 방지하기 위하여 해당 업무에 관하여 상당한 주의와 감독을 게을리하지 아니한 경우에는 그러하지 아니하다.

참고문헌

국립독성연구원, "ATSDR에서 작성한 크로뮴의 독성", 인터넷자료, 2007.

권 민, "철 결핍이 신장에서의 카드뮴 축적과 독성에 미치는 영향", 중앙대학교 대학원 박사학위논문, 2014.

김영철, "새롭게 조명해보는 납의 독성", 한국과학기술정보연구원, 2012.

김인현, 『해상법』, 법문사, 2003.

농림수산식품부, 『낚시전문교육 교재』-낚시어선업자용-, 2012.

박경현, 『선박법규해설』, 한국해사문제연구소, 1985.

박성일, 『신해사법규』, 해인출판사, 2007.

박영선, 『선박안전법해설』, 재단법인 한국해사문제연구소, 2008.

박종범, "수은과 비소가 애기장대의 생장에 미치는 영향", 한국환경과학회지 제15권(제2호), 2006.

법제처, 『법령 입안 · 심사 기준』, 2012.

손영태, "해양경비안전본부의 해양경찰권 적정 운영방안에 관한 연구", 한국경호경비학회 제42호, 2015.

______, 『해양경찰법체계』, 지식인, 2014.

신효진, 『형법요론』, 한국서원, 2002.

______, 『형사소송법요론』, 한국서원, 1999.

이상도, 『법률영한사전』, 청림출판, 2002.

이희승, 『국어대사전』, 민중서림, 2003.

해양경찰청, 『해양경찰백서』, 2012.

中尾 巧 · 城祐一郎 · 竹中ゆかり · 谷口俊男 『海事犯罪』, 立,花書房, 2010.

http://www.google.co.kr(구글검색사이트)

http://www.khoa.go.kr(국립해양조사원)

http://www.ngii.go.kr(국토지리정보원)

http://www.naver.com(네이버검색사이트)

http://www.law.go.kr(법제처)
http://aca.kmi.re.kr(한국해양수산개발원 해양아카데미)
http://www.hansannews.com(한산신문)
http://www.me.go.kr(환경부)
http://www.mof.go.kr(해양수산부)

【참고 법규】

구 분		집필일자 당시(현행, 예정) 참고 법규('16년 5월 기준)
선박안전법 관련 법규	법	[시행 2015.7.7.] [법률 제13002호, 2015.1.6.]
	시행령	[시행 2015.10.8.] [대통령령 제26385호, 2015.7.6.]
	시행규칙	[시행 2015.7.15.] [해양수산부령 제151호, 2015.7.15.]
어선법 관련 법규	법	[시행 2014.11.19.] [법률 제12844호, 2014.11.19.]
	시행령	[시행 2015.1.1.] [대통령령 제25840호, 2014.12.9.]
	시행규칙	[시행 2015.1.8.] [해양수산부령 제134호, 2015.1.8.]
낚시 관리 및 육성법 관련 법규	법	[시행 2015.1.1.] [법률 제11862호, 2013.6.4.]
	시행령	[시행 2015.12.30.] [대통령령 제26774호, 2015.12.30.]
	시행규칙	[시행 2014.12.31.] [해양수산부령 제127호, 2014.12.31.]
수상레저안전법 관련 법규	법	예정, [시행 2016.7.8.] [법률 제13754호, 2016.1.7.]
		현행, [시행 2015.11.19.] [법률 제13287호, 2015.5.18.]
	시행령	[시행 2016.2.17.] [대통령령 제26986호, 2016.2.17.]
	시행규칙	[시행 2016.3.4.] [총리령 제1266호, 2016.3.4.]
유선 및 도선 사업법 관련 법규	법	예정, [시행 2016.7.8.] [법률 제13751호, 2016.1.7.]
		현행, [시행 2016.2.4.] [법률 제13193호, 2015.2.3.]
	시행령	[시행 2016.2.4.] [대통령령 제26945호, 2016.2.3.]
	시행규칙	[시행 2016.2.12.] [총리령 제1258호, 2016.2.12.]